Ulrich Blum/Frank Leibbrand (Hrsg.)

Entrepreneurship und Unternehmertum

VORWORT

Entrepreneure stellen das Salz in der Suppe der Wirtschaft dar. Zumeist sind sie Eigentümerunternehmer, die ein mittelständisches Unternehmen mit innovativen Produkten zum Erfolg führen. Manchmal sind sie angestellte Manager, vielleicht auch Mitarbeiter von Finanzintermediären, seltener Führungskräfte in öffentlichen Einrichtungen. Nicht jeder Unternehmer ist Entrepreneur, aber jeder Entrepreneur muß etwas unternehmen – auf keinen Fall ist er ein Unterlasser.

In diesem Buch wird betont, daß Entrepreneurship nicht nur eine besondere Form des Handelns und damit eine Funktionserfüllung im ökonomischen Kontext darstellt, sondern auch eine besondere Geisteshaltung voraussetzt. Der Entrepreneur ist – im Vergleich zu „normalen" Individuen – in der Lage, durch den qualifizierteren Umgang mit Ungewißheit, dem besseren Beurteilungsvermögen, den besseren Sozialkompetenzen Zukunftswerte zu schaffen, und erblindet nicht durch Routine. Damit grenzen wir Entrepreneurship von einer Vielzahl von anderen Führungsfähigkeiten ab, die einem hohen Maß an Rationalität bzw. logischer Beherrschbarkeit unterliegen. Denn offensichtlich stellt Entrepreneurship eine Qualität dar, die sehr schwer zu fassen ist. Mit Sicherheit reicht es nicht aus, alle Entscheidungsprobleme logisch zu durchdringen und rational zu lösen, wie dies in üblichen Textbüchern vorschlagen wird, denn dann wären alle rationalen Entscheider Entrepreneure und hätten Erfolg. Das herausragende Individuum, das wir hier beschreiben, wäre gar nicht mehr zu erkennen.

Damit stellt sich eine zentrale Frage: Gibt es überhaupt ein sinnvolles Lehrprogramm für Entrepreneurship, kann man es erlernen, oder muß es als eine Qualität angesehen werden, die durch Gene und die Macht der Meme geprägt ist? Wenn im Kern Persönlichkeitseigenschaften von besonderer Bedeutung sind, dann hätte die Erfolgsfaktorenforschung den Entrepreneur schon profilieren können – das ist aber bis heute nicht geschehen. Diese Breite der erforderlichen Qualitäten, dieser anscheinend offene Mix an persönlichen Eigenschaften, mag darauf hindeuten, daß es weniger das Lehr- und Erlernbare ist, was den Engpaß darstellt, sondern vielmehr der Umgang damit, also die Geisteshaltung.

Hier löst sich obige zentrale Frage auf: Entrepreneure denken das Unternehmen anders als sonstige Führungskräfte. Das Buch wendet sich damit an alle, die diese Eigenschaft besitzen, ob als Eigentümer oder Manager eines vorhandenen Unternehmens oder als Gründer, aber auch an Personen im staatlichen Bereich oder bei Finanzintermediären, von denen zunehmend unternehmerisches Handeln verlangt wird. Unternehmer, die sich in bürokratischer Verwaltung ihres Unternehmens erschöpfen, wird das Buch allenfalls als Mahnung empfohlen.

Aus dieser Konzeption heraus ergibt sich auch das Besondere des Ansatzes: Das Buch zeichnet sich durch die klare Vorstellung vom Entrepreneur und damit dem Grundprinzip, „wie man ein Unternehmen denken muß", aus. Es gibt einen umfassenden Einblick in die Aufgaben eines Entrepreneurs (Gründer sowie etablierte Unternehmer) aus der ökonomischen Sicht, d.h. in der Synthese aus Volkswirtschaftslehre, Betriebswirtschaftslehre und Rechtswissenschaft. Im Zentrum steht dabei stets das unternehmerische Denken, das sowohl „normale" Unternehmer und Manager auszeichnen sollte, als auch im Zentrum des Handelns von Gründern, Wirtschaftsförderern und -beratern stehen muß. Damit entstehen Spannungsbögen von der Begriffsklärung über die Erfolgsfaktoren bis zu den Umfeldbedingungen, vom strategischen Verhalten über die Geschäftsplanung zum Risikomanagement, von der Finanzierung und der Förderpolitik über den erforderlichen Beitrag der Gemeinden zum Kompendium der juristischen Fragen. Dabei wird immer darauf geachtet, daß die Relevanz der Fragestellung für Entrepreneure verdeutlicht, die theoretischen Grundlagen angegeben und die Umsetzungsmöglichkeiten aufgezeigt werden; zudem enthält jedes Kapitel eine Zusammenfassung.

Da es nicht den prototypischen Entrepreneur gibt, lassen sich unterschiedliche Schwerpunkte, mit denen das Buch gelesen und seine Inhalte erarbeitet werden können, aufzeigen. Je nachdem, ob der Entrepreneur ein Manager oder ein Eigentümer, ein Gründer oder ein Alteingesessener, ein Finanzintermediär oder ein Wirtschaftsförderer ist, differiert sowohl das Interesse für die einzelnen Kapitel als auch deren Wichtigkeit. Am Ende des ersten Kapitels haben wir daher versucht, mit Hilfe einer differenzierten Leseanleitung den unterschiedlichen Blickwinkeln gerecht zu werden.

Wir wollen an dieser Stelle allen Dank sagen, die zum Gelingen des Buchs beigetragen haben. Besonders hervorheben wollen wir nur Frau Manja Otte und Frau Manuela Rothe, denen es gelungen ist, der Formatierung, Orthographie und Grammatik dieses Textes Herr zu werden.

Dresden, im April 2001

Ulrich Blum
Frank Leibbrand

INHALTSVERZEICHNIS

Vorwort V

ABBILDUNGSVERZEICHNIS XVII

TABELLENVERZEICHNIS XXI

TEIL I: MOTIVATION – ENTREPRENEURSHIP ALS ALLGEMEINE HANDLUNGSMAXIME 1

1. Entrepreneurship oder wie man ein Unternehmen denken muß 3
   1.1 Von Unternehmern und Entrepreneuren 3
       1.1.1 Die Relevanz der Entrepreneure 3
       1.1.2 Die Begriffe „Unternehmer" und „Entrepreneur" 6
   1.2 Die Erforschung des Unternehmers 9
       1.2.1 Die Historie des Unternehmers in der ökonomischen Theorie 9
       1.2.2 Methodische Probleme der Unternehmerforschung 15
       1.2.3 Inhalte der Unternehmerforschung 18
       1.2.4 Die Managementwissenschaft und ihr Unternehmer 23
       1.2.5 Resümee 24
   1.3 Unsere Auffassung von Entrepreneurship 26
   1.4 Entrepreneure und Unternehmenserfolg 34
   1.5 Kriterien eines Entrepreneurship-Lehrprogramms 39
       1.5.1 Ist Entrepreneurship lehrbar? 39
       1.5.2 Lehrbare Fähigkeiten eines Entrepreneurs 43
       1.5.3 Sinnvolle Erweiterungen des Lehrprogramms für Entrepreneure 47
       1.5.4 Leseanleitung 50
   1.6 Literatur 52

2. Unternehmensgründungen und -insolvenzen 57
   2.1 Einordnung in das Entrepreneurship 57
   2.2 Unternehmensgründungen in den 90er Jahren – die Dynamik in nackten Zahlen 61
       2.2.1 Das Fehlen einer Gründerstatistik oder die Suche nach der richtigen Datenbasis 61
       2.2.2 Gründungsturbulenzen: Gewerbean- und -abmeldungen 63

2.2.3 Selbständig-originäre Unternehmensgründungen und -liquidationen des Instituts für Mittelstandsforschung 81
2.2.4 Neue Selbständigkeit nach dem sozio-ökonomischen Panel (SOEP) 85

2.3 Insolvenzen 87
2.3.1 Empirischer Befund 87
2.3.2 Insolvenzgründe 99
2.3.3 Insolvenzrechtliche Aspekte 100

2.4 Zusammenfassung der wesentlichen Aspekte 106

2.5 Literatur 108

3. Gründungsforschung 111

3.1 Einordnung in das Entrepreneurship 111

3.2 Ein kurzer Überblick über die Gründungsforschung 112
3.2.1 Betriebliche Gründungsaktivität 114
3.2.2 Erfolgs- und Entwicklungschancen neugegründeter Betriebe 117
3.2.3 Staatliche Förderung von Betriebsgründung 120

3.3 Neuere Studien zur Charakterisierung der Neuen Selbständigkeit 125
3.3.1 Untersuchungen des DIW zur Neuen Selbständigkeit 125
3.3.2 Struktur der selbständigen Akademiker nach einer Studie des ZEW 129
3.3.3 Unternehmensgründungen aus der Arbeitslosigkeit heraus 130
3.3.4 GILBRATs Law oder der Zusammenhang zwischen Größe und Wachstum bei Existenzgründungen 131
3.3.5 Die Schätzung von Überlebenswahrscheinlichkeiten aus Exit-Kohorten 131
3.3.6 Erfolgsfaktoren von Wachstumsführern 134
3.3.7 Wie beeinflußt die Person des Unternehmensgründers den Unternehmenserfolg? 135
3.3.8 Überlebens- und Wachstumschancen neugegründeter Betriebe in der Region Leipzig 143
3.3.9 Existenzgründer im Ost-West-Vergleich: Die Studie von DICKWACH und JUNGBAUER-GANS 145
3.3.10 Unternehmensnachfolge – Untersuchungen des IW 147
3.3.11 Technologie- und Gründerzentren (TGZ) in Deutschland 148
3.3.12 Wirkungen des KfW- und des ERP-Innovationsprogramms 153

3.4 Zusammenfassung der wesentlichen Aspekte 154

3.5 Literatur 156

Inhaltsverzeichnis IX

TEIL II: LANGFRISTIGE PLANUNG UND STRATEGISCHES VERHALTEN 161

4. Trends und Frühaufklärung: das fundierte Orakel 163

    4.1   Einordnung in das Entrepreneurship... 163

    4.2   Verfahren der Trendanalyse 164
            4.2.1   Szenarien.. 164
            4.2.2   Prognosen... 166
            4.2.3   Frühwarnsysteme 167
            4.2.4   Frühwarnsysteme und Risikomanagement............................. 171

    4.3   Globale Megatrends.. 171
            4.3.1   Welche Trends dominieren die Zukunft? 171
            4.3.2   Sinkende Transaktionskosten... 173
            4.3.3   Die Struktur der Transaktionskosten und der
                     institutionelle Wandel 173
            4.3.4   Konkrete Megatrends im Konsumentenbereich 182

    4.4   Zusammenfassung wesentlicher Aspekte... 184

    4.5   Literatur.. 185

5. Entrepreneurship zwischen Rationalität und Emotionalität 187

    5.1   Einordnung in das Entrepreneurship... 187

    5.2   Rationale Entscheidungsmodelle des Individuums 189
            5.2.1   Überblick.. 189
            5.2.2   Rationale Entscheidung unter Sicherheit............................... 191
            5.2.3   Rationale Entscheidung unter Unsicherheit 192

    5.3   Alternative Handlungsmodelle 195
            5.3.1   Bounded Rationality.. 195
            5.3.2   Inkrementalismus 195
            5.3.3   Evolutionsökonomie.. 196
            5.3.4   Heuristisches Verhalten... 197
            5.3.5   Das Handlungsmodell der Psychologie 199
            5.3.6   Die Handlungsregulation – ein systemisches,
                     psychologisches Modell 199
            5.3.7   Soziologische Lebensweltkonzepte....................................... 202
            5.3.8   Prospect-Theorie – ein deskriptiv intendierter Rational-
                     Choice-Approach der Psychologie.. 203
            5.3.9   Die Vielfalt der Verhaltensmodellierung 205

    5.4   Strategisches Wettbewerbsverhalten im Oligopol............................... 205
            5.4.1   Homogene Produkte.. 206
            5.4.2   Inhomogene Produkte 211

5.5 Nichtkooperative Spiele 215
    5.5.1 Grundlagen 215
    5.5.2 Dilemmastrukturen 219

5.6 Signale und Preissetzung 222

5.7 Strategisches Management – der Aufbau eines Wettbewerbsvorteils 224

5.8 Zusammenfassung der wesentlichen Aspekte 225

5.9 Literatur 228

TEIL III: DIE UMSETZUNG VON STRATEGIE- UND RISIKOMANAGEMENT 233

6. Erfolgsfaktoren, Strategien und Geschäftspläne von Entrepreneuren 235

6.1 Einordnung in das Entrepreneurship 235

6.2 Erfolgsfaktoren von Unternehmen – theoretische Erklärungsansätze 237
    6.2.1 Ressourcenorientierte Ansätze: Stärken und Schwächen 238
    6.2.2 Industrieökonomischer Ansatz: „structure-conduct-performance-Hypothese" 239
    6.2.3 Strategische Trägheit 242
    6.2.4 Psychologische Handlungsanomalien/Handlungsfehler 243
    6.2.5 Handel und Markt 245
    6.2.6 Zusammenfassung 246

6.3 Erfolgsfaktoren von Unternehmen – empirische Ergebnisse 247

6.4 Erfolgsfaktoren bei Existenzgründungen – empirische Untersuchungen 252

6.5 Konsequenzen für die Beurteilung von Gründungskonzepten 255

6.6 Umfeld- und Branchenanalysen 257
    6.6.1 Allgemeine Charakterisierung der Branche 258
    6.6.2 Konjunktur und Wachstum 259
    6.6.3 Synthese: Marktattraktivität und Wettbewerbskräfte 259
    6.6.4 Kaufkriterien 260
    6.6.5 Betriebswirtschaftliche Vergleichszahlen 261

6.7 Geschäftspläne 261
    6.7.1 Intention von Geschäftsplänen bei Unternehmensgründungen 261
    6.7.2 Inhalt des Existenzgründungsplans 262

6.8 Zusammenfassung der wesentlichen Aspekte 272

	6.9	Anhang 1: Faustregeln für unternehmerische Entscheidungen – ein Entscheidungskompaß 273	
		6.9.1 Die Relevanz betriebswirtschaftlicher Methoden – und ihre Probleme in der Praxis 273	
		6.9.2 Ein Leitfaden von Faustregeln – eine Ergänzung zu traditionellen Methoden 275	
		6.9.3 Faustregeln: die Sichtweise der psychologischen Handlungstheorie 278	
		6.9.4 Der Entscheidungskompaß: Die wichtigsten Faustregeln in der Übersicht 282	
		6.9.5 Zusammenfassung 287	
	6.10	Anhang 2: Existenzgründungsberatungsbericht 288	
	6.11	Anhang 3: Hilfmittel 309	
		6.11.1 Bewertungsbogen des Gründungskonzeptes 309	
		6.11.2 Marktattraktivität und Wettbewerbskräfte: Der PORTER-Ansatz 311	
		6.11.3 Anhaltswerte für betriebswirtschaftliche Kennzahlen 316	
	6.12	Literatur 318	

7. Venture Capital – „Smart Money" für Entrepreneure 321

7.1	Einordnung in das Entrepreneurship 321	
7.2	Finanzplanung im Rahmen des Business Plans und Mittel der Gründungsfinanzierung 323	
	7.2.1 Finanzplanung 323	
	7.2.2 Finanzierungsquellen und Finanzierungsstruktur 324	
	7.2.3 Interne und externe Finanzierungsquellen für Unternehmensgründungen 325	
	7.2.4 Die Bedeutung von externen Eigenfinanzierungsmitteln für die „Entrepreneurial Finance" 329	
7.3	Venture Capital: Besonderheiten gegenüber traditionellen Finanzierungsformen 331	
	7.3.1 Begriffsabgrenzung und Einordnung in die Struktur der Finanzierungsformen 331	
	7.3.2 Überdurchschnittliche Renditeerwartungen bei umfassender Betreuung 333	
7.4	Venture Capital im Kontext der ökonomischen Theorie 334	
7.5	Der deutsche Venture-Capital-Markt im Überblick 337	
	7.5.1 Historie und Entwicklung des deutschen Venture-Capital-Marktes 337	

7.5.2 Die deutsche VC-Marktentwicklung im internationalen Vergleich 340

7.6 Modalitäten einer Venture Capital-Finanzierung 341
7.6.1 Klassische VC-Finanzierungsphasen 341
7.6.2 Finanzierungsmodelle 344
7.6.3 Ablauf einer VC-Finanzierung 345
7.6.4 Arten von VC-Gesellschaften 350
7.6.5 Beteiligungsbörsen und Beteiligungsvermittlung 354

7.7 Entwicklungspotentiale für den deutschen VC-Markt........................ 355

7.8 Zusammenfassung der wesentlichen Aspekte 358

7.9 Literatur 359

8. Wertorientiertes Risikomanagement für Entrepreneure 363

8.1 Einordnung in das Entrepreneurship... 363

8.2 Der Denkrahmen des Entrepreneurs: Das Paradigma der Wertorientierung... 364

8.3 Risikomanagement im Kontext der wertorientierten Unternehmensführung 370

8.4 Bedeutung des Risikomanagements für Existenzgründer 373

8.5 Kernfragen eines strategischen Risikomanagements.......................... 374
8.5.1 Welche Faktoren bedrohen Erfolg und Erfolgspotentiale? 374
8.5.2 Welche Kernrisiken soll das Unternehmen selbst tragen? 375
8.5.3 Welcher risikoorientierte Erfolgsmaßstab ist die Basis der Unternehmenssteuerung? 376
8.5.4 Wieviel Eigenkapital ist als „Risikodeckungspotential" nötig?... 378

8.6 Risikomaße und Risikokategorien 380
8.6.1 Marktrisiko 381
8.6.2 Leistungsrisiko 381
8.6.3 Kostenstrukturrisiko („Operating Leverage") 382
8.6.4 Finanzstrukturrisiko („Financial Leverage")........................... 382
8.6.5 Das Gesamtrisiko 382

8.7 Elemente eines Risikomanagementsystems....................................... 385
8.7.1 Risikoanalyse 385
8.7.2 Risikoaggregation 387
8.7.3 Risikobewältigung... 389
8.7.4 Organisatorische Gestaltung von Risikomanagementsystemen und Monitoring 390

8.8	Maßnahmen zur Optimierung der Risikoposition	390
	8.8.1 Finanzieller Bereich	391
	8.8.2 Marketing	392
	8.8.3 Organisation, Mitarbeiter, Führung, Planung	392
8.9	Zusammenfassung der wesentlichen Aspekte	393
8.10	Anhang: Erläuterungen zur Fundamentalgleichung	393
8.11	Literatur	395

TEIL IV: DER STAAT ALS ENTREPRENEUR 397

9. Standortwettbewerb und staatliche Förderung 399

9.1	Einordnung in das Entrepreneurship	399
9.2	Der Staat als Standortproduzent	400
	9.2.1 Standorte als Ergebnis hoheitlichen Handelns	400
	9.2.2 Die Vermarktung von Standorten	401
9.3	Ziele und Instrumente der Strukturpolitik	402
	9.3.1 Regionale und sektorale Strukturpolitik	402
	9.3.2 Legitimation des Staatseingriffs in der Strukturpolitik	404
9.4	Die einzelbetriebliche Förderung	406
	9.4.1 Ziele	406
	9.4.2 Die staatliche Förderung als Anreizproblem bei Informationsasymmetrie	406
	9.4.3 Mitnahmeeffekte und rent-seeking	408
	9.4.4 Der regionale Ansatz	409
	9.4.5 Theorie der Exportbasis	410
9.5	Der Erfolg von Ansiedlungen in strukturschwachen Räumen	413
	9.5.1 Kriterien des Ansiedlungserfolgs	413
	9.5.2 Verflechtungsanalyse und Schlüsselsektoren	414
	9.5.3 Fertigungsorganisation und indirekt geschaffene Beschäftigung	416
	9.5.4 Räumliche Implikationen	419
	9.5.5 Marktintegration, Beschaffungs- und Absatzreichweite	419
	9.5.6 Wirkungen der Förderung auf die Kapitalstruktur der Unternehmen	420
9.6	Zusammenfassung wesentlicher Aspekte	421
9.7	Literatur	423

10. Kommunen als Kreatoren eines gründerfreundlichen Klimas – eine empirische Untersuchung 425

10.1 Einordnung in das Entrepreneurship 425

10.2 Ausgangslage und Problemfeld 428

10.3 Vorgehensweise 429

10.4 Spezifik der Untersuchung und Stichprobe 431
    10.4.1 Untersuchungsziele 431
    10.4.2 Angewandte Untersuchungsmethode und aufgetretene Probleme 432
    10.4.3 Untersuchungsraum und Struktur der Stichprobe 432

10.5 Wie schätzen Gemeinden die Erwartung von Unternehmensgründern an sie ein? 433

10.6 Ergebnisse der Kommunenbefragung 435
    10.6.1 Erste Kontaktaufnahme mit der Kommune 435
    10.6.2 Beurteilung des Gesprächs 436
    10.6.3 Die qualitativen Voraussetzungen der Kommune 437

10.7 Kochmützen 447

10.8 Engpässe und Verbesserungsmöglichkeiten 452

10.9 Zusammenfassung der wesentlichen Aspekte 454

10.10 Literatur 455

TEIL V: RECHTLICHE ASPEKTE FÜR DEN ENTREPRENEUR 457

11. Gesellschafts- und Vertragsrecht 459

11.1 Einleitung und Einordnung in das Entrepreneurship 459

11.2 Rechtsformen 460
    11.2.1 GbR – Gesellschaft bürgerlichen Rechts 461
    11.2.2 Der Einzelhandelskaufmann 462
    11.2.3 OHG – offene Handelsgesellschaft 467
    11.2.4 KG – Kommanditgesellschaft 473
    11.2.5 Stille Gesellschaft 476
    11.2.6 KG auf Aktien und GmbH & Co. KG 479
    11.2.7 Partnerschaftsgesellschaft für freie Berufe 481
    11.2.8 GmbH 482
    11.2.9 AG – Aktiengesellschaft 491
    11.2.10 Wahl der Rechtsform 497
    11.2.11 Gesellschaftsverträge 507

11.3 Unternehmenskäufe 510
    11.3.1 Einleitung 510
    11.3.2 Das vorvertragliche Verhältnis zwischen Verkäufer und
           Käufer 511
    11.3.3 Der Kaufvertrag 514
    11.3.4 Einzelrechtsnachfolge an allen oder einzelnen
           Unternehmensbestandteilen (Asset Deal) 515
    11.3.5 Der Beteiligungserwerb (Share Deal) 520
    11.3.6 Der Kaufpreis 522

11.4 Zusammenfassung der wesentlichen Aspekte 524

11.5 Literatur 525

12. Wettbewerbs-, Produkthaftungs- und Arbeitsrecht 527

12.1 Einleitung und Einordnung in das Entrepreneurship 527

12.2 Wettbewerbsrechtliche Aspekte 528
    12.2.1 Einführung 528
    12.2.2 Gesetz gegen Wettbewerbsbeschränkungen (GWB) 529
    12.2.3 Gesetz gegen unlauteren Wettbewerb (UWG) 537
    12.2.4 Schutz von Patenten, Gebrauchsmustern und Marken 546

12.3 Produkthaftungsrecht 548
    12.3.1 Das Produkthaftungsgesetz vom 1. Januar 1990 548
    12.3.2 Deliktische Produkthaftungsansprüche 549

12.4 Arbeitsrecht 551
    12.4.1 Das Arbeitsrecht im Rechtssystem 551
    12.4.2 Individualarbeitsrecht 556
    12.4.3 Kollektives Arbeitsrecht 573

12.5 Zusammenfassung der wesentlichen Aspekte 578

12.6 Literatur 581

AUTORENVERZEICHNIS 585

SACHWORTVERZEICHNIS 591

AUTORENPROFILE 611

ABBILDUNGSVERZEICHNIS

Abb. 1.1	Untersuchungszusammenhang	38
Abb. 2.1	Selbständige und mithelfende Familienangehörige zu zivilen Erwerbspersonen in verschiedenen Ländern	60
Abb. 2.2	Originäre Gründungen und Liquidationen in Westdeutschland	82
Abb. 2.3	Originäre Gründungen und Liquidationen in Ostdeutschland	83
Abb. 2.4	Gründungen, Liquidationen und Selbständige 1973 – 1995	84
Abb. 3.1	Arbeitslosen- und Selbständigenquote von 1950 – 1995	115
Abb. 3.2	Anteile an allen ausscheidenden Unternehmen nach Unternehmensalter	133
Abb. 3.3	Mediatorenmodell des unternehmerischen Erfolges	142
Abb. 3.4	Kausalmodell des unternehmerischen Erfolges	143
Abb. 3.5	Alterspyramide der Selbständigen in Deutschland	147
Abb. 3.6	Generationenwechsel bei den Selbständigen in Deutschland	148
Abb. 4.1	Branchenentwicklung	176
Abb. 4.2	Kapitalausstattung je Erwerbstätigen in Westdeutschland, Japan und den USA 1970 – 1994	180
Abb. 4.3	Entwicklung von Nettolohn- und -gehaltssumme, Lohnsteuer und Sozialversicherungsbeiträgen in Westdeutschland je abhängig Beschäftigten 1960 – 1997	181
Abb. 5.1	Handlungsmodell mit Erwartungsbildung	191
Abb. 5.2	Handlungsmodell nach Dörner	199
Abb. 5.3	Modell der Handlungsregulation	201
Abb. 5.4	Zwei Spiele in extensiver Form	216
Abb. 5.5	Zwei Spiele in Matrixdarstellung	217
Abb. 6.1	Wettbewerbskräfte gemäß Porter	240
Abb. 6.2	Erfolgsfaktoren – Umfrage bei mittelständischen Unternehmern	248
Abb. 6.3	Kausalstruktur der Erfolgsfaktoren bei JENNER	252
Abb. 6.4	Strategische Grundsätze eines Robusten Unternehmens	264

Abb. 6.5	Portfoliodarstellung von Marktattraktivität und Wettbewerbsvorteilen	266
Abb. 7.1	Vergleich von Wachstumsraten europäischer Unternehmen mit und ohne Wagniskapitalfinanzierung	322
Abb. 7.2	Einordnung des Venture Capital in die Struktur der Finanzierungsformen	332
Abb. 7.3	Portfolioentwicklung deutscher Kapitalbeteiligungsgesellschaften 1990 – 1999	340
Abb. 7.4	Phasenschema idealtypischer Venture Capital-Finanzierungen	342
Abb. 7.5	Ausgestaltungen von Corporate Venture Capital	353
Abb. 7.6	Zusammensetzung eingeworbener Fondsmittel für Private Equity-Investitionen (1999)	357
Abb. 8.1	Unternehmenswert als „Discounted Cashflow" (DCF)	365
Abb. 8.2	Unternehmenswert als Wert der einzelnen Geschäftsfelder (GF)	366
Abb. 8.3	Determinanten des Unternehmenswerts	367
Abb. 8.4	Wertsteigerungspotentiale	368
Abb. 8.5	Optimierung der operativen Werttreiber	369
Abb. 8.6	Rendite-Risiko-Portfolio	372
Abb. 8.7	Erfolgspotentiale eines Unternehmens	375
Abb. 8.8	Abschätzung risikoadäquater Eigenkapitalkosten	378
Abb. 8.9	Aggregierte Risikoposition und Kapitalkosten	380
Abb. 8.10	Fundamentalgleichung des Risikomanagements	383
Abb. 8.11	Risikoinventar	386
Abb. 8.12	Risikoaggregation und -quantifizierung	387
Abb. 8.13	Dichtefunktion des Gewinns als Ergebnis einer Monte-Carlo-Simulation	388
Abb. 9.1	Beispiel der Wertschöpfungstruktur in der Bauphase einer Betriebsstätte in Sachsen	416
Abb. 10.1	Ausgewählte Ergebnisse der Umfrage bei den bayerischen Gemeinden	434
Abb. 10.2	Terminvereinbarung	435
Abb. 10.3	Willkommener Besucher	436

Abb. 10.4	Durchschnittliche Gesprächsdauer	437
Abb. 10.5	Informationsbereitstellung	439
Abb. 10.6	Beurteilung der Zusammenarbeit mit dem Wirtschaftsförderer	440
Abb. 10.7	Kenntnis der Standortfaktoren	441
Abb. 10.8	Vermittlung von Ansprechpartnern	447
Abb. 10.9	Gesamtkennzahl für die Qualität der Wirtschaftsförderung	451
Abb. 11.1	Übersicht über Inhalte eines GmbH-Gesellschaftsvertrages	507

Tabellenverzeichnis

Tab. 1.1	Schulen nach CANTILLONs Vorarbeiten	15
Tab. 1.2	Statische und dynamische Unternehmerfunktionen	18
Tab. 1.3	Personal-verhaltensorientierte Unternehmermerkmale	21
Tab. 1.4	Erlernbare Entrepreneur-Fähigkeiten	44
Tab. 1.5	Lernziele und –inhalte einer Entrepreneur-Ausbildung	45
Tab. 1.6	Lerninhalte einer Entrepreneur-Ausbildung	49
Tab. 2.1	Selbständigenquote in verschiedenen Ländern	59
Tab. 2.2	Tatsächliche Gründungen unter den Gewerbeanmeldungen	66
Tab. 2.3	Zu- und Abgänge im Gewerberegister für die Jahre 1991 – 2000	68
Tab. 2.4	Zu- und Abgänge im Gewerbe- und Handelsregister für die Jahre 1997 bis 2000	69
Tab. 2.5	Gewerbeanmeldungen nach Wirtschaftszweigen und Rechtsformen	72
Tab. 2.6	Gewerbeabmeldungen nach Wirtschaftszweigen und Rechtsformen	74
Tab. 2.7	Gewerbeummeldungen, Saldo und Ersetzungsquoten nach Wirtschaftszweigen und Rechtsformen	76
Tab. 2.8	Dynamik der Gewerbean- und -abmeldungen nach Wirtschaftszweigen und Rechtsformen	77
Tab. 2.9	Entwicklung der Insolvenzen in Deutschland von 1985 – 2000	91
Tab. 2.10	Insolvenzquoten nach Wirtschaftsbereichen und Rechtsformen, alte Bundesländer, 1980 – 1994	92
Tab. 2.11	Insolvenzen und -quoten nach Wirtschaftsbereichen, 1994 – 1998	93
Tab. 2.12	Insolvenzen, -quoten und Unternehmensanzahl nach Rechtsformen, 1950 – 1998	94
Tab. 2.13	Insolvenzquoten ausgewählter Branchen im Jahr 1998	95
Tab. 2.14	Insolvenzquoten ausgewählter Branchen im Jahr 2000	96
Tab. 2.15	Anteil insolventer Unternehmen nach Beschäftigten	97
Tab. 2.16	Insolvenzen nach Umsatzgrößenklassen	98

Tab. 2.17	Insolvenzen nach Unternehmensalter in Westdeutschland im Jahre 1997	99
Tab. 3.1	ERP-Kreditzusagen 1997	123
Tab. 3.2	Eckdaten der ERP-Gründungsförderung	124
Tab. 3.3	„Neue Selbständige" in Deutschland, 1990 bis 1996	126
Tab. 3.4	Das Profil „Neuer Selbständiger" in Deutschland, 1990 bis 1996	127
Tab. 3.5	Aufgabe der Selbständigkeit in Deutschland, 1990 bis 1996	128
Tab. 3.6	Selbständigkeit unter Akademikern	129
Tab. 3.7	Exit-Kohorten 1990 – 1992	132
Tab. 3.8	Wirkungen von Persönlichkeitseigenschaften auf den unternehmerischen Erfolg	136
Tab. 3.9	Differenzierungsfähigkeit der Erfolgsfaktoren zwischen den Erfolgreichen und den Nicht-Erfolgreichen	140
Tab. 3.10	Geschäftsfelder von Gründungen nach Häufigkeit	145
Tab. 3.11	Betriebsmerkmale von Gründungen in München und Leipzig	146
Tab. 3.12	Abgrenzung der TGZ von verwandten Einrichtungen	149
Tab. 3.13	Potentiell zu untersuchende Aspekte	150
Tab. 3.14	Empirische Basis der Untersuchungen	152
Tab. 5.1	Dimensionen der Unsicherheit	190
Tab. 5.2	Übersicht über Wettbewerbsmodelle im Duopol	211
Tab. 5.3	Gefangenendilemma	219
Tab. 5.4	Spiel im Duopol	220
Tab. 5.5	Chicken game: Ziege vs. Hund	221
Tab. 5.6	Soziales Optimum	222
Tab. 6.1	Ergebnisse des PIMS-Projektes	249
Tab. 6.2	Erfolgsfaktoren und potentieller Kundennutzen	257
Tab. 6.3	Marktattraktivität und Renditewirkung	260
Tab. 6.4	Kennzahlen für beispielhafte deutsche Branchen	316
Tab. 7.1	Fremdfinanzierungsquellen für junge Unternehmen	326
Tab. 7.2	Eigenfinanzierungsquellen für junge Unternehmen	327

Tabellenverzeichnis

Tab. 7.3	Finanzierungsquellen für High-Tech-Ventures in frühen Gründungsphasen	330
Tab. 7.4	Bruttoinvestitionen der Venture Capital Gesellschaften im internationalen Vergleich	340
Tab. 7.5	Charakteristika der einzelnen VC-Finanzierungsphasen	343
Tab. 7.6	Neue Märkte an den europäischen Börsen	350
Tab. 7.7	Mittelverwendung deutscher Beteiligungsgesellschaften nach Finanzierungsphasen	356
Tab. 8.1	Indikatoren für Risiko	379
Tab. 8.2	Ausprägung von Risikokategorien in verschiedenen Branchen	384
Tab. 9.1	Leistungsbilanz Ostdeutschlands, 1998	411
Tab. 9.2	Wertschöpfungseffekte einer PKW-Produktion	417
Tab. 9.3	Die räumliche Beschaffungs- und Absatzstruktur sächsischer Betriebe des verarbeitenden Gewerbes im Jahr 1998	420
Tab. 10.1	Bedeutung einzelner Institutionen bei Problemlösungen für ansässige Unternehmen in 25 großen deutschen Städten	427
Tab. 10.2	Unternehmenslegenden	430
Tab. 10.3	Einschränkungen hinsichtlich Umweltbeanspruchungen in den Gemeinden	443
Tab. 11.1	Die Rechtsformen der Einzelkaufleute, OHG, KG, GmbH & Co. KG, GmbH und Aktiengesellschaft	502

Teil I: Motivation – Entrepreneurship als allgemeine Handlungsmaxime

Armin Schaller

1. Entrepreneurship oder wie man ein Unternehmen denken muß

1.1 Von Unternehmern und Entrepreneuren

1.1.1 Die Relevanz der Entrepreneure

New Economy, Internet-Start-Ups, Venture Capital, Dot.Com-Munity, Gründerboom: Unternehmerische Aktivitäten sind salonfähig geworden. Gemäß einer Studie[1] des Instituts für Medienanalyse „Medien Tenor" vom Frühjahr 2000 erschienen vor allem in deutschen Printmedien seit Februar 2000, ausgehend von den führenden Köpfen der New Economy, doppelt so häufig positive Beiträge über Manager und Unternehmer als im Jahr zuvor. In der angelsächsischen Welt gilt der „Entrepreneurial Spirit" nicht erst seit Silicon Valley als „Driving Force" eines anhaltenden und konkurrenzfähigen Wirtschaftswachstums. Schon seit Jahrhunderten spielen Unternehmer in der Wirtschafts- und Gesellschaftsordnung der Nationen eine zentrale Rolle. Daran hat sich bis heute grundsätzlich nichts geändert, wenngleich natürlich durch die enorme Beschleunigung der wirtschaftlichen Dynamik heute einige Akzentverschiebungen in Bedeutung von und Anforderungen an Unternehmer festzustellen sind. Auch in der sozialwissenschaftlichen Forschung nimmt das seit der Entwicklung der neoklassischen Theorie der Unternehmung um die Jahrhundertwende weitgehend erlahmte Interesse an Unternehmern in den vergangenen 20 Jahren wieder deutlich zu. Schließlich hat auch die Politik den Unternehmer als Vitalisierungsspritze für Volkswirtschaften, verbunden vor allem mit der

---

1   Kurzfassung in der „Wirtschaftswoche", Nr. 25 vom 15.6.2000.

Hoffnung auf die Generierung von Arbeitsplätzen, wiederentdeckt, so daß die Klärung der Fragen zu Funktion, Wirkung und Bedeutung von Unternehmern - mithin zu ihrem originären Wesen und der Begründung ihrer Existenz – hohe Relevanz besitzt. Die Durchleuchtung dessen, was den Unternehmer eigentlich ausmacht, gewinnt gerade vor dem Hintergrund, daß Forschung und Politik fast ein Jahrhundert lang dem stets existenten Unternehmer kaum Beachtung schenkten, eine eigentümliche Bedeutung voll unklarer Selbstverständlichkeit. Die Annahme, der institutionelle Rahmen einer Volkswirtschaft stelle den entscheidenden oder zumindest einen relevanten Engpaß bei der Entwicklung eines starken und dynamischen Unternehmertums dar, impliziert gerade vor dem Hintergrund gezielter Fördermaßnahmen, sich mit der Erforschung von Unternehmern auseinanderzusetzen sowie die Bestimmungsgründe und Konsequenzen ihres Wirkens zu verstehen. Im folgenden sind die aus der Praxis resultierenden Erwartungshaltungen an ein vitales Unternehmertum überblicksartig zusammengestellt:

- Grundsätzlich sind Unternehmer Träger einer Vielzahl wichtiger Funktionen im praktischen Wirtschaftsleben. So koordinieren sie zum Beispiel die Allokation von Ressourcen durch und in ihrem Unternehmen, übernehmen Kapitalrisiko und unternehmerisches Risiko oder gewährleisten technischen Fortschritt durch die wettbewerbsorientierte Durchsetzung von Innovationen.

- Durch die in den letzten Jahren entstandenen Finanzinnovationen hat sich die Ausgangsbasis für die solide Finanzierung von neuen und etablierten Unternehmen deutlich verbessert. Ein vitales Unternehmertum kann demnach Venture Capital für gute Ideen und Projekte attrahieren, was eine potentielle Verbesserung der Effizienz der Kapitalallokation bewirkt.

- Ein vitales Unternehmertum in einem Wirtschaftsraum fördert die Mobilisierung der dortigen Entwicklungspotentiale und beschleunigt so die wirtschaftliche und gesellschaftliche Entwicklung. Dies führt gerade vor dem Hintergrund des zunehmenden globalen Wettbewerbs zu einer Steigerung der Wettbewerbsfähigkeit, wobei die Innovationsorientierung der Unternehmer und damit die permanente Effizienzverbesserung eine zentrale Rolle spielen.

- Eine rege Gründungsaktivität sowie ein hoher Besatz an Unternehmern stimuliert das Wirtschaftswachstum und damit das Pro-Kopf-Einkommen der betreffenden Wirtschaftsräume. Dies hängt unmittelbar mit der unterstellten positiven Wirkung eines starken und wachsenden Unternehmertums auf die Schaffung von Arbeitsplätzen und damit von Einkommen zusammen.

- Erfolgreiche Unternehmer sind Vorbild und Ansporn für andere Leistungsmotivierte. Dadurch wird auch eine Förderung des Bewußtseins der Eigenverantwortlichkeit und der Selbstverwirklichung erreicht. Die Ergründung von unternehmerischen Motivationen ist dabei zugleich Basis und Zweck. Die Vorbildfunktion dynamischer leistungsmotivierter Unternehmer muß dazu propagiert statt negiert werden.

1.1. Von Unternehmern und Entrepreneuren

- Letztlich bewirken Unternehmer eine Stärkung der demokratisch-liberalen marktwirtschaftlichen Wirtschafts- und Gesellschaftsordnung, da Unternehmertum, Demokratie und Marktwirtschaft praktisch untrennbar zusammengehören.

Der Ruf nach mehr Unternehmertum zur Förderung der Wirtschafts- und Innovationskraft einer Volkswirtschaft sowie zum Abbau der Arbeitslosigkeit ist zwar intuitiv einleuchtend und zum Beispiel über die Schaffung von Arbeitsplätzen bei Gründung eines Unternehmens auch pragmatisch argumentierbar, explizite theoretische Fundierungen liegen für die vermuteten Wirkungsbeziehungen aber nicht vor. So ist trotz einiger empirischer Untersuchungen wenig bekannt, welche (politisch steuerbaren) Faktoren tatsächlich nachhaltig Gründungsaktivitäten stimulieren, welche nachhaltigen Wirkungen von reger Gründungsaktivität auf eine Volkswirtschaft ausgehen[2] oder welche – unternehmer-individuellen – Faktoren hinreichend **kausal** den Erfolg eines Unternehmens beeinflussen. Vielmehr ist in Deutschland auf Firmenebene – speziell im Bereich der Erfolgsfaktoren von Unternehmen und Unternehmern[3] – ein empirisches Forschungsdefizit zu beklagen, das nicht zuletzt auf einen chronischen Datenmangel in diesen Forschungsfeldern zurückzuführen ist. Wir werden uns deshalb dieser Thematik vor allem in den Kapiteln 2, 3 und 6 ausführlicher widmen[4].

Selbst vor dem Hintergrund der nicht genau bestimmbaren Wirkungsbeziehungen zwischen unternehmerischen Aktivitäten einerseits und Erfolg bzw. Wachstum und Wohlstand andererseits ist es aber unmittelbar einsichtig, daß ein vitales Unternehmertum für eine intakte Volkswirtschaft nützlich oder sogar unabdingbar ist. Wegen der zentralen Rolle des Wettbewerbsprinzips ist die unternehmerische Funktion ein konstituierendes Element für unsere demokratisch-liberale marktwirtschaftliche Wirtschafts- und Gesellschaftsordnung.

Die gewünschten positiven Wirkungen gehen aber nur von einem Unternehmertum aus, das zahlreichen Ansprüchen hinsichtlich Dynamik, Verbesserungswillen, Tatkraft und Zielerreichung genügt. Schon SCHUMPETER (1911) hatte in seiner gerade in der Gegenwart der Sytemtransformationen in Mittel- und Osteuropa wieder häufiger zitierten „Theorie der wirtschaftlichen Entwicklung" den dynamischen Unternehmer – den schöpferischen Zerstörer – im Auge. Dieser setzt immer aufs Neue Innovationen durch, und Schumpeter grenzt demgegenüber den statischen Wirt, der einem Unternehmen nur

---

[2] Beispielsweise seien folgende nicht eindeutig zu beantwortende Frage angeführt: Resultiert aus einer Zunahme von Gründungen auch eine Zunahme von Insolvenzen? Werden die unerwünschten Wirkungen der Insolvenzen von den erwünschten der Neugründungen überkompensiert? Beschleunigen die Gründungen und die korrespondierenden Insolvenzen den nötigen Strukturwandel?

[3] Vgl. hierzu ACS und AUDRETSCH (1993).

[4] Da der Erfolg von Unternehmern und der von Unternehmen untrennbar verbunden sind und die Frage nach der Erfolgsrelevanz verschiedener Einflußfaktoren – speziell der Unternehmerperson selbst – eine zentrale Rolle für die Unternehmensführung spielt, werden wir bereits in Abschnitt 1.4 grundlegende Begriffsklärungen und Denkstrukturen hierzu einführen.

vorsteht, aber nicht den Anforderungen an ein dynamisches Unternehmertum gerecht wird, als Nicht-Unternehmer ab.

Von der (Sub-)Spezies der dynamischen Unternehmer geht man implizit auch heute aus, wenn von Vorbildlichkeit und Förderwürdigkeit die Rede ist. In diesem Zusammenhang rückt der Begriff des **Entrepreneurship** immer mehr in den Vordergrund. Entrepreneurship als besondere Geisteshaltung[5] suggeriert Eigenschaften wie Dynamik, Tatkraft, Innovation, Kreativität oder Überzeugungskraft. Sind nun die oben skizzierten dynamischen Unternehmer diejenigen, die diese – das wird implizit von allen Verwendern dieses Begriffes unterstellt - unbestreitbar positiven Eigenschaften als Handlungsprinzip verkörpern? Was sind dann **Entrepreneure,** die wegen der verbalen Identität dieses erst recht für sich beanspruchen dürfen? Der naheliegendste Ansatz wäre es, die „dynamischen Unternehmer" generell als Entrepreneure zu bezeichnen und ihnen dann auch Entrepreneurship zuzubilligen. Das deutsche Wort **Unternehmertum** würde dann etwas anderes als Entrepreneurship bezeichnen, da hierunter auch die „statischen Unternehmer" eingeordnet werden müßten. Unternehmertum wäre somit im Gegensatz zu Entrepreneurship kein handlungsleitendes Attribut sondern ein Oberbegriff. Diese Kategorisierung erscheint aber noch als zu wenig fundiert, um eine endgültige Festlegung treffen zu können, der jedoch eine hohe Bedeutung zukommt, da eine unklare Begriffsauffassung hinsichtlich der für dieses Buch zentralen Konzeption **Entrepreneurship** zwangsläufig zu Verwirrung führen würde[6]. Da es weder eine einheitliche Begriffsbelegung gibt noch eindeutige Kriterien existieren, die eine Identifizierung von Personen als Entrepreneure erlauben würden, ist es für eine Klärung unerläßlich, die Stammwörter **Unternehmer** und **Entrepreneur** auf ihre Bedeutung und eventuelle Unterschiede zu untersuchen.

1.1.2 Die Begriffe „Unternehmer" und „Entrepreneur"

Es ist intuitiv einleuchtend, daß der **Unternehmer** an der Spitze eines Unternehmens steht, und demnach kann diese grundsätzliche implizite Vorstellung als Unternehmensleiter im deutschen Sprachraum unterstellt werden. Eine einheitliche Definition von Unternehmer existiert allerdings selbst im normalen Sprachgebrauch erwartungsgemäß nicht. So findet man unterschiedliche jeweils zielgerichtete perspektivische Definitionsansätze zum Beispiel im deutschen Wörterbuch, in Gesetzestexten, soziologischen Betrachtungen oder historischen Abhandlungen.

Das ursprünglich dem Französischen entspringende Wort **Entrepreneur** hat sich mittlerweile im englischen Sprachraum als Bezeichnung für den ‚klassischen' oder ‚traditio-

---

[5] Im Englischen spricht man analog vom „Entrepreneurial Spirit".
[6] Diese Verwirrung ist in den Medien bereits weithin zu beobachten, da zum einen **Entrepreneurship** für viele noch ein unbekanntes Wort ist und für die meisten zumindest kein vertrauter und klar belegter Begriff.

1.1. Von Unternehmern und Entrepreneuren

nellen' Unternehmer durchgesetzt. Wenngleich der Entrepreneur primär als (innovativer) Unternehmensgründer aufgefaßt wird, der an formal höchster Stelle in der Unternehmenshierarchie steht und zudem Kapital an dem Unternehmen hält, gibt es für diesen Selbständigen in kleinen und mittleren Unternehmen im Englischen nur noch einen alternativen Ausdruck mit gleicher bzw. ähnlicher inhaltlicher Belegung: den „Owner-Manager". In nahezu allen englischsprachigen Abhandlungen zum Unternehmer wird jedoch die Bezeichnung Entrepreneur verwendet (vgl. SCHALLER, 1998). Damit ist es offensichtlich, daß es sich beim Entrepreneur in der englischen Verwendung eigentlich um die Übersetzung bzw. das Äquivalent des deutschen Wortes „Unternehmer" handeln müßte[7]. Ein Blick in das Englisch-Lexikon (LANGENSCHEIDT, 1988, S. 1.353) bestätigt dies: an erster Stelle der Übersetzungen rangiert der Entrepreneur. Darüber hinaus finden sich nur noch spezifisch verwendungsbezogene Begriffe wie der „Employer", der die Funktion des Arbeitgebers betont, der „Contractor", der eine Vertragsbeziehung charakterisiert oder der „Industrialist", der bei historischen Abhandlungen im Vordergrund steht. Auch im OXFORD DICTIONARY (1974, S. 292) steht der Entrepreneur allgemein und umfassend für die „*person who organizes and manages a commercial undertaking*". Sind dann also alle Unternehmer Träger von Entrepreneurship?

Im folgenden werden wir uns auf die Begriffsbelegung von Entrepreneurship im deutschen Sprachgebrauch konzentrieren und schließlich in Abschnitt 1.3 unsere Auffassung diesbezüglich als Grundlage für dieses Buch erarbeiten.

Im Deutschen werden seit einiger Zeit der **Unternehmer** und der **Entrepreneur** nicht als synonyme Übersetzungen[8] sondern als differenzierende Bezeichnungen parallel verwendet, und so ist es für ein grundlegendes Verständnis von Entrepreneurship unverzichtbar, diese Unterscheidung auf ihre Sinnhaftigkeit und Bedeutung zu hinterfragen. Umgangssprachlich fand eine eher scherzhafte Begriffsabgrenzung zwischen „vorbildlichen", energischen, tatkräftigen, kreativen, dynamischen, „echten" Unternehmern von den weniger vorbildlichen dadurch statt, daß man letztere als „Unterlasser" bezeichnete. Mittlerweile findet aber im deutschen Sprachgebrauch der Begriff des Entrepreneurs immer mehr Verwendung, und man ist versucht, nun den „echten" Unternehmer mit dem Prädikat „Entrepreneur" zu versehen. Dies geschieht implizit auch – besonders im nichtwissenschaftlichen Bereich. Im Zusammenhang mit dem Gründungs- und Börsenboom seit Ende der 90er Jahre drängt sich aber eine andere Begriffsauffassung immer mehr in den Vordergrund: Ein Entrepreneur ist ein (innovativer) Unternehmensgründer,

---

[7] SCHUMPETER (1934) bezeichnet in „The Theory of Economic Development", der englischen Version von seiner „Theorie der wirtschaftlichen Entwicklung", den Unternehmer ebenso als „Entrepreneur".

[8] Dabei wäre es durchaus möglich und keinesfalls ungewöhnlich, wenn die Auffassung von bestimmten Personen wie zum Beispiel Unternehmern und ihrem Wirken in den unterschiedlichen Sprachkulturen selbst bei Vorliegen klarer und eindeutiger Übersetzungen bisweilen erheblich variieren kann. Solche gesellschaftlich-kulturellen Phänomene tiefgehender zu klären, ist aber nicht Aufgabe und Gegenstand dieses Buches. Hier sei auf die entsprechende wissenschaftliche Fachliteratur (siehe WELZEL, 1995, S. 6ff und die dort zitierte Literatur) verwiesen, die sich näher mit diesen konzeptionellen Problemen beschäftigt.

der mit seiner Produktentwicklung und unter Einsatz seines (Eigen-) Kapitals eine neue (Unternehmens-) Organisation erschafft. Dies ist aber als eindeutige Abgrenzung wenig geeignet, da man dann auch einen Zeitraum festlegen müßte, nach dem ein Unternehmensgründer nicht mehr als Entrepreneur bezeichnet werden dürfte. Bliebe aber jeder ehemalige Gründer für immer Entrepreneur, dann würden nur Unternehmer, die nie gegründet haben, keine Entrepreneure sein. Dies würde dann nur für solche zutreffen, die ein Unternehmen gekauft und nicht selbst gegründet haben, was im Widerspruch zur Auffassung im Rahmen staatlicher Förderprogramme stünde, da dort die Unternehmenskäufer, die damit erstmalig eine selbständige Existenz begründen, Neugründern gleichgestellt werden.

Zusammenfassend kann man festhalten, daß im deutschsprachigen Raum ein „Unternehmer" und ein „Entrepreneur" nicht das gleiche sind, sondern der Entrepreneur eine Untermenge aus dem Oberbegriff der Unternehmer darstellt. Im Rahmen seiner im Alltag immer häufigeren begrifflichen Verwendung wird meist unbewußt unterstellt, daß er sich durch eine besondere Ausprägung hinsichtlich der bei Unternehmensgründungen besonders häufig anzutreffenden unternehmerischen Attribute auszeichnet, nämlich Kreativität, Innovation, Unternehmensgestaltung und nachhaltige Dynamik.

Entrepreneurship als das vom Entrepreneur vertretene Denk- und Handlungsprinzip ist dann die analoge Untermenge von Unternehmertum, was der vagen und meist subjektiven Vorstellung des „vorbildlichen Unternehmers" als Träger von Entrepreneurship entspricht. Innovative Unternehmensgründungen[9] mit weitgehend neuartigen Leistungsangeboten – im Sinne der schöpferischen Zerstörung von SCHUMPETER – mögen in vielen Fällen mit der Idealvorstellung von „Entrepreneurship" zusammenfallen. Dies muß aber nicht so sein, da zum einen auch innovative Gründer häufig scheitern[10] bevor sie unternehmerische Akzente am Markt und in der Öffentlichkeit setzen konnten und es zum anderen viele „gestandene Unternehmer" gibt, die mehr dynamischen Innovationsgeist bzw. „Entrepreneurial Spirit" verkörpern als die meisten Gründer. Wir wollen deshalb bereits an dieser Stelle festhalten, daß die Beschränkung von Entrepreneurship auf (innovative) Unternehmensgründungen nicht zweckmäßig ist.

---

9   In der englischsprachigen wissenschaftlichen Literatur spricht man im Hinblick auf den Prozeß der Unternehmensgründung von „Creating of New Organizations". Explizit nicht gemeint ist damit der (notarielle) Gründungsakt selbst, was im Deutschen sprachlich nicht differenziert wird.

10 Dies soll nicht heißen, daß Unternehmenserfolg grundsätzlich ein Kriterium für das Vorhandensein von Entrepreneurship ist. Man käme sonst schnell in die Verlegenheit, erfolglose aber trotzdem tatkräftige und innovativ denkende und handelnde Gründer und auch etablierte Unternehmer nicht mehr einordnen zu können. Die Möglichkeit des Scheiterns von Ideen – das Risiko – ist ja gerade ein immanenter Bestandteil unternehmerischer Existenz. Nähere Ausführungen zum Problem des Unternehmenserfolgs finden sich in Abschnitt 1.4 sowie in den Kapiteln 3 und 6. An dieser Stelle ist lediglich gemeint, daß ein Unternehmensgründer an einer Marktetablierung scheitern kann und somit gar nicht den Vollumfang unternehmerischer Existenz erreicht.

Wie die Begriffsvielfalt und ihre Unschärfe zeigen, ist man von einer allgemein akzeptierten Definition weit entfernt. Es ist also eine weitere Klärung nötig, bevor ein solides Arbeitsverständnis von Entrepreneurship für dieses Buch festgelegt werden kann. Der Dissens bei der Begriffsbelegung ist ein untrügliches Zeichen dafür, daß eine Theorie des Unternehmers fehlt. Es ist deshalb hilfreich, im nächsten Abschnitt die Erforschung des Unternehmers in der ökonomischen Literatur zu betrachten und der Frage nachzugehen, ob tatsächlich keine Theorie des Unternehmers existiert.

1.2 Die Erforschung des Unternehmers

1.2.1 Die Historie des Unternehmers in der ökonomischen Theorie

Der Unternehmer als Funktionsträger fand bereits sehr frühe Erwähnung in der ökonomischen Profession. Für mehr als zwei Jahrhunderte nahm er eine Schlüsselrolle zum Verständnis des Wirtschaftsgeschehens und des Marktprozesses ein. Viele Pioniere der ökonomischen Forschung waren der Meinung: „He runs the market system". Der aus der französischen Sprache stammende Terminus **Entrepreneur** trat erstmals im 18. Jahrhundert in den Vordergrund. Man geht davon aus, daß er durch CANTILLON (1755/1931) eingeführt und von SAY (1803/1971) bekannt gemacht wurde. Dabei stand für CANTILLON die Übernahme des unternehmerischen Risikos besonders im Vordergrund, während SAY der Verdienst zukommt, als erster den Unternehmer als dynamischen Faktorkombinierer herausgearbeitet zu haben. Diese frühen Unterschiede in der Schwergewichtssetzung und dementsprechend in der prinzipiellen Auffassung des Unternehmers und seiner Funktionen zeigen ein Problem, das bis heute ungelöst ist und beträchtliche Friktionen in der ökonomischen Erforschung des Unternehmers bewirkt hat. Zusätzlich gab es auch damals bereits in der von der englischen Sprache dominierten ökonomischen Literatur Verständnisprobleme, und der Begriff „Entrepreneur" wurde verschiedentlich übersetzt zum Beispiel mit ‚Merchant', ‚Adventurer' oder ‚Employer'. CASSON zitiert in diesem Zusammenhang den Entrepreneur bzw. seine genaue Bedeutung als denjenigen, der ein Projekt unternimmt: „... *though the precise meaning is the undertaker of a project*" (CASSON, 1985, S. 256). Bis heute konnte man sich immer noch nicht auf eine einheitliche Begriffsauffassung einigen, was nicht zuletzt seine Ursache in der unklaren Auffassung der Unternehmerfigur selbst und seiner Funktionen findet. Wir werden darauf noch zurückkommen. In England wurde der Begriff des Entrepreneurs dann durch MILL (1848) populär gemacht, der ihn als stehenden Begriff in die englische Sprache einführte. Seit dieser Zeit standen sich dann der **Entrepreneur** in der angelsächsischen und der **Unternehmer** in der deutschen Literatur als die überwiegend bis ausschließlich verwendeten Begriffe gegenüber. Daran hat sich bis heute nichts geändert.

Der Unternehmer genoß weitreichende Beachtung in den meisten ökonomischen Theorieansätzen bis Anfang des 20. Jahrhunderts[11] – meist sogar mit expliziter Berücksichtigung seiner Person und Funktion. Hierbei hat sich unter anderem auch der Neoklassiker MARSHALL (1890) hervorgetan, der den Unternehmer in seiner Rolle als Faktorkombinierer und Organisator sogar als einen vierten Produktionsfaktor neben Boden, Arbeit und Kapital skizziert. Umso bemerkenswerter ist das beinahe abrupte Verschwinden des Unternehmers aus der ökonomischen Forschung mit dem Durchbruch der neoklassischen Theorie gegen Ende des 19. Jahrhunderts[12]. In ihrer Theorie der Unternehmung setzte die Neoklassik den Unternehmer mit ‚seinem' Unternehmen gleich, indem sie das Treffen von Entscheidungen durch die Annahme vollkommener Information trivialisierte. Dem Unternehmer verblieb so nur eine statische und passive Rolle. Das Entstehen der Groß-Unternehmen und ihrer Führungsriege – den Managern – verschob das Interesse in Forschung und Lehre zusätzlich zuungunsten des Unternehmers.

Trotzdem wurden gerade im 20. Jahrhundert wichtige Grundsteine für die gedankliche Durchdringung und die konzeptionelle Fassung des Unternehmers gelegt. Hierbei tat sich Anfang des Jahrhunderts besonders SCHUMPETER hervor, der vielen als der nachdrücklichste und anschaulichste Autor gilt, der dem Unternehmer Gestalt verleiht. Daneben spielten auch weitere Autoren eine bedeutende Rolle, von denen wir hier KNIGHT, KIRZNER und CASSON mit ihren wesentlichen Aussagen und grundlegenden Inhaltskonzepten im folgenden kurz vorstellen. Sie haben mit ihren umfangreichen Arbeiten wesentlich zum Verständnis der Unternehmerfunktion beigetragen.

1.2.1.1 Joseph Schumpeter

Das zentrale Werk von Joseph SCHUMPETER (1911, 1934, 1964), in dem er dem Unternehmer eine überragende Rolle im Wirtschaftssystem verleiht, ist die „Theorie der wirtschaftlichen Entwicklung", die erstmals 1911 erschien. WELZEL (1995, S. 113) bezeichnet SCHUMPETER als „*geistigen Vater der zeitgenössischen Unternehmerforschung*", da er „*den Unternehmer aus seiner ‚theoretischen Randständigkeit' befreit*" habe. In der Tat hat SCHUMPETER den Unternehmer wesentlich präziser und nachdrücklicher als zentrales Wirtschaftssubjekt herausgearbeitet, als das die Autoren vor ihm getan haben. Durch die Verknüpfung volkswirtschaftlichen Theoretisierens mit psychologischen Elementen und attributions-verhaltenstheoretischen Betrachtungen des Unternehmers hat SCHUMPETER mit seinen Arbeiten eine verständnisfördernde Eindringlichkeit erreicht wie kaum ein anderer Ökonom. Demnach ist der Unternehmer die entscheidende treibende Kraft der wirtschaftlichen Entwicklung, was er durch das **Durchsetzen immer neuer Faktorkombinationen** erreicht. Durch diese beständigen – von immer anderen Unternehmern ausgelösten – Innovationen bleibt eine Volkswirtschaft nie in einem statischen Gleichgewicht, sondern entwickelt sich durch die ‚**schöpferische Zerstörung**' der Unternehmer dynamisch weiter. Nach SCHUMPETER sind Unternehmer dabei aber weder Erfinder noch Risikoträger wie die Kapitalisten genauso wenig wie nur Vorsteher in

---

11   Einen guten und tiefschürfenden Überblick bietet WELZEL, 1995.
12   Eine sehr gute Abhandlung hierüber findet sich in BARRETO (1989).

einem Unternehmen. Unternehmer sind immer **dynamische Unternehmer,** und dieses ‚Prädikat' ist eine Erscheinung im Zeitablauf, so daß man nicht durch eine innegehaltene formale Stellung Unternehmer auf Lebenszeit sein kann. Nicht-dynamische Unternehmer sind ‚statische Wirte', gleich welche Position in welcher Organisation sie bekleiden. Damit erhält der Unternehmer bei SCHUMPETER eine überaus aktive Rolle, die neben der aus instrinsischer Veranlagung erwachsenden kreativ-dynamischen Innovationstätigkeit vor allem die Aufgabe und den Prozeß des Entscheidungstreffens umfaßt. Damit sind auch Angestellte – und nicht nur Manager – prinzipiell in der Lage, dynamischer Unternehmer zu werden, sofern sie herausragende innovative bzw. Innovation auslösende Entscheidungen statt täglicher Routineentscheidungen tatsächlich treffen – nicht nur treffen können.

1.2.1.2 Frank Knight

Frank KNIGHT (1921) gilt als der ‚Risikopionier' der Ökonomie, wenngleich er keineswegs der erste war, der sich mit dem Problem des Risikos beschäftigt oder den Begriff eingeführt hat. Diese Ehre gebührt – wie oben erwähnt – CANTILLON, in dessen Tradition KNIGHT in gleicher Weise auf bestehendes aber nicht ausreichend präzisiertes Gedankengut zurückgreift, wie das auch SCHUMPETER mit seinen auf Innovation und Kombination beruhenden unternehmerischen Funktionskonzepten tut, die sich – wie ebenfalls oben erwähnt – schon bei SAY finden. Aber ebenso wie SCHUMPETER erreicht auch KNIGHT durch seine Präzision und Schärfe der Abgrenzung und Darstellung eine Klarheit der Begriffe und ihres Verständnisses wie keiner vor ihm. KNIGHT führte die heute vor allem in der strategischen Unternehmensplanung übliche Unterscheidung von **Risiko** und **Unsicherheit** ein. Während man bei Risiko die möglichen zukünftigen Ereignisse und die Wahrscheinlichkeit ihres Eintretens kennt und rechentechnisch erfassen kann, ist das bei Unsicherheit nicht möglich. Deshalb sind Risiken diversifizierbar oder überwälzbar, mit Unsicherheiten geht das nicht. KNIGHT legt nun dar, daß wahre unternehmerische Tätigkeit darin bestünde, sich mit dem Problem der Ungewißheit auseinanderzusetzen und in unsicheren Entscheidungssituationen die Konsequenzen der Entscheidungen zu tragen. Damit wird der Unternehmer nicht nur in seiner Hauptfunktion zum **Träger des Risikos** und übernimmt als Inhaber eines Unternehmens die volle Verantwortung für die komplexen Entscheidungen unter Unsicherheit, sondern er zeichnet sich gegenüber den angestellten Managern, die Routineentscheidungen treffen, auch dadurch aus, daß er besondere Befähigungen hat, echte Führungsentscheidungen zu treffen.

1.2.1.3 Israel Kirzner

KIRZNER (1978, 1983, 1983b) steht als aktueller Vertreter der sogenannten Österreichischen Schule[13] in einer langen Tradition namhafter Ökonomen wie zum Beispiel v. MISES oder v. HAYEK. Diese betonen seit jeher die zentrale Rolle von Information in der

---

13 Die in den USA gebräuchliche Bezeichnung für diese ökonomische Tradition ist „Neo-Austrians".

Ökonomie und sehen dementsprechend den Entrepreneur als das entscheidende Wirtschaftssubjekt, das mit dem Beschaffen und zielgerichteten Auswerten von Information betraut ist. Der Entrepreneur wird so zum **Finder von Arbitragemöglichkeiten**[14] über Zeit und Raum, und er ist nach KIRZNER in ständiger Alarmbereitschaft, solche Gelegenheiten aufzuspüren und auszunutzen. Diese Wachsamkeit in Verbindung mit der Fähigkeit, Gelegenheiten auch tatsächlich gewinnbringend zu verwerten, macht den Entrepreneur zum Schlüsselfaktor des Marktprozesses. Interessant ist in diesem Zusammenhang, daß KIRZNER den Entrepreneur damit als jemanden ansieht, der auf Änderungen reagiert, während er bei SCHUMPETER derjenige ist, der die Änderungen auslöst. Wenngleich dies einen nicht unbedeutenden Unterschied in der Fokussierung der unternehmerischen Funktionen darstellt, sieht CASSON[15] diese beiden Auffassungen nicht als unvereinbar an. Änderungen, die ein Entrepreneur ausgelöst hat, können der Anlaß für andere sein zu reagieren, was wiederum Änderungen für weitere Entrepreneure auslöst. Damit wird schnell offensichtlich, daß man alle Änderungen als induziert von anderen Änderungen ansehen kann. Bemerkenswert erscheint, daß bei KIRZNER die Qualität und nicht der Neuigkeitsgrad einer Entscheidung von Entrepreneuren im Vordergrund stehen. Auch hier findet sich ein Unterschied zu SCHUMPETER, der zwar die Frage erörtert, ob das rechtzeitige Abbrechen einer zum Scheitern verurteilten Innovation den Entscheider zum Entrepreneur qualifiziert, jedoch in seinem Gesamtwerk unübersehbar die Innovation als das den Entrepreneur Ausmachende in den Vordergrund stellt.

1.2.1.4 Mark Casson

CASSON gilt unter den zeitgenössischen Unternehmerforschern als der profilierteste, der nicht nur den Entrepreneur in den Mittelpunkt seines Denkens und seiner Arbeit stellt, sondern der in seinem bereits 1982 erschienen Werk „The Entrepreneur – An Economic Theory" den Versuch unternimmt, eine umfassende Theorie des Entrepreneurs zu entwickeln, die diesen in die Hauptlinie der ökonomischen Theorie – der neoklassischen Tradition – integrierbar macht. CASSON selbst betrachtet es als sein Lebenswerk, diese einheitliche und empirisch testbare Theorie des ökonomischen und sozialen Fortschritts so zu gestalten, daß auch eine Lösung der **zentralen Frage unternehmerischen Wirkens** in greifbare Nähe rückt – die nach den **Bestimmungsgründen von Erfolg**. Dazu wird dann auch das Scheitern von Unternehmern bzw. die Nicht-Erfüllung der unternehmerischen Funktion erklärbar, was er aber bisher noch nicht erreicht hat. Das Werk CASSONs ist derart umfangreich, daß hier nur die besonderen Charakteristika dargestellt werden können.

---

14 Arbitrage wird hierbei verstanden als die Tätigkeit des Vermittelns zwischen Angebot und Nachfrage und damit als Spekulation im ursprünglichen Sinne des lateinischen Wortstammes. Letztendlich scheint die in der Finanzwirtschaft herrschende Auffassung von Arbitrage als vollkommen sichere, gewinnbringende Transaktion ohne jeglichen Zeitbedarf wenig realitätsnah und deshalb für unsere Zwecke im Hinblick auf die Unternehmerfunktion wenig sinnvoll zu sein (siehe hierzu insbesondere SCHNEIDER, 1995, S. 36-38).

15 Sinngemäß findet sich diese Beurteilung zum Beispiel in CASSON, 1987, S. 151.

1.2. Die Erforschung des Unternehmers

CASSON hat den Anspruch, eine strikt ökonomische Theorie zu entwickeln. Er geht aus von dem Theoriegebäude der Neoklassik, formuliert aber auf Basis seiner Kritik an deren statischem Konzept des vollkommenen Wettbewerbs mit vollkommenen Märkten einige abweichende Annahmen. Da unvollständige, ungleich verteilte Informationen und das Vorhandensein von Transaktionskosten für die ökonomischen Austauschprozesse eine überaus bedeutsame Realität sind, weist CASSON dem Unternehmer die Rolle[16] des „Koordinators" zu. Um seine Koordinationsentscheidungen durchzusetzen, bedient sich der Unternehmer der von ihm geschaffenen Institution der „Market-Making-Firm", die das von der Neoklassik ausgeblendete Marktversagen beheben soll. Wie auch in den Ansätzen von ALCHIAN und DEMSETZ (1972) und JENSEN, MECKLING (1976) nutzt also auch der Unternehmer bei CASSON die Marktunvollkommenheiten durch Vertragsabschlüsse aus und versucht, die durch seine Tätigkeit verursachten (Informations- und) Transaktionskosten zu minimieren. Dies tut er mit dem Ziel der Gewinnmaximierung als rationaler Handlungsgrundlage. Durch seine Ausgleichs- und Überbrückungsfunktion führt der Unternehmer Gleichgewichte herbei und wird so zum Pendant des Marktpreissystems.

Neben dieser Koordinationsleistung, die theoretisch auch eine Institution übernehmen könnte, betont CASSON die Individualität der Unternehmerfigur. Der Entrepreneur ist immer eine Person – also ein Einzelindividuum[17] – was CASSON deutlich von orthodoxen Ökonomen unterscheidet. Weiterhin expliziert er im Rahmen der Koordinationsleistung des Unternehmers das **Treffen ökonomischer Entscheidungen höchster Komplexität als zentrale Aufgabe des Entrepreneurs**[18]. Da dieses Entscheiden bei CASSON eine eigenständige ökonomische Funktion darstellt, die er neben bzw. zusammen mit der Koordination dem Unternehmer zurechnet, wird dieser dadurch zur zentralen Figur der Ökonomie. Der Entrepreneur zeichnet sich durch ein besonders hohes Urteilsvermögen aus, was ihn überhaupt erst befähigt, die zentralen Entscheidungen zu treffen[19]. Die Annahme der Gewinnmaximierung als Berücksichtigung der Eigeninteressen des Entrepreneurs bei CASSON stellt ebenso wie die Verbindung von Entrepreneurship mit der Annahme rational-sozialen Verhaltens eine Vereinfachung der Theorie dar, die ihren Aufbau und ihre Integration in die bestehende ökonomische Theorie aber erst möglich macht. Damit wird die Ausschaltung des Unternehmers aus der Theorie der Unterneh-

---

16 Der Unternehmer erfüllt eine dynamische Funktion. CASSON hat eine rein funktionale Sicht des Unternehmers und verweist explizit alle Ansätze der personal-verhaltensorientierten Perspektive als wirtschaftshistorische oder soziologische Erklärungsversuche als nicht ökonomisch aus seiner Theorie (CASSON, 1982, S. 22).
17 Er kann demnach nicht wie in der Neoklassik mit einer Institution zusammenfallen, also zum Beispiel mit dem Unternehmen wegen der gleichen Funktionen gleichgesetzt werden.
18 Gegenstand der Entscheidungen ist die Koordination der Produktionsfaktoren bzw. knapper Ressourcen. Das Mittel der Entscheidung ist der effektive Umgang mit Informationen.
19 CASSON nennt die außerordentlichen Entscheidungen „judgemental decisions" und dementsprechend die Eigenschaft des Entrepreneurs „entrepreneurial judgement". Demnach sind Entrepreneure bei CASSON (1982, S. 23ff) „human beings of superior judgement".

mung der Neoklassik aufgehoben und CASSONs Ansatz gewinnt den Vorteil, eine vorhersagende Theorie zu sein.

CASSON (1987, S. 151) selbst begreift seine Theorie als so umfassend, daß er die von uns abgehandelten Autoren – SCHUMPETER, KNIGHT und KIRZNER – als Spezialfall seiner Theorie ansieht. Durch seine Konzentration auf die Entscheidungsfunktion des Unternehmers, die dieser in besonderen Situationen durch rationales Beschaffen von Informationen und Auswerten derselben mit einem überdurchschnittlichen Urteilsvermögen wahrnimmt, ist die Behauptung von CASSON zwar intuitiv einleuchtend, soll aber hier keiner näheren Kritik unterzogen werden. Festzuhalten bleibt, daß es ihm gelungen ist, einen Weg aufzuzeigen, wie die ökonomische Theorie dem Unternehmer und seiner zentralen Rolle in der Praxis durch die Entwicklung einer formalen Theorie mit dem Potential der Integration in den Mainstream der Ökonomie Rechnung tragen kann.

1.2.1.5 Essenz

In der Gesamtschau wird deutlich, daß vier zentrale Unternehmerfunktionen herausgearbeitet wurden, nämlich **Innovation**, das Tragen von **Risiko**, das **Entdecken** und das **Koordinieren**. Obwohl für die Übernahme dieser Funktionen sicher bestimmte persönliche menschliche Eigenschaften der Träger – also der Unternehmer – förderlich sind, so werden diese attributsorientierten Dimensionen von den Autoren wenig ausführlich behandelt und nicht in den Vordergrund gestellt. Wenngleich zum Beispiel SCHUMPETER über den Charakter und die Motive des Unternehmers psychologisiert und CASSON ihn als „human being of superior judgement" bezeichnet, könnte man trotzdem schlußfolgern, daß sich der Entrepreneur über die von ihm wahrgenommenen Funktionen definiert.

Interessant sind auch die im Prinzip der unseren ähnliche Strukturierung der historischen Entwicklung der Unternehmerforschung bzw. die Darstellung der forscherischen Traditionen und die Auswahl namhafter Autoren, wie sie sich in SCHOPPE (1995) finden. Er sieht auch CANTILLON als einen Pionier, der entscheidende Vorarbeiten geleistet hat, und ordnet ihm gewissermaßen drei Schulen als seine Nachfolger zu, die sich aus seinen Konzepten heraus entwickelt haben. Mit dieser Struktur lehnt sich SCHOPPE an HÉBERT und LINK (1988) an, die mit ihrem Werk „The Entrepreneur – Mainstream Views & Radical Critiques" einen der meist zitierten Referenzpunkte in der Unternehmerforschung geschaffen haben.

Tab. 1.1 Schulen nach CANTILLONs Vorarbeiten (nach SCHOPPE, 1995, S. 282[20])

Cantillon (1755)		
American School	German School	Austrian School
(Chicago) „uncertainty"	„innovation and change"	„disequilibrium and human action"
Knight (1921)	v. Thünen (1826)	v. Mises (1949)
Schultz (1975)	Schumpeter (1911)	Kirzner (1973)

1.2.2 Methodische Probleme der Unternehmerforschung

Während die Unternehmerforschung im 20. Jahrhundert trotz der grundlegenden Arbeiten der oben skizzierten Klassiker wenig Beachtung fand, ist seit den 80er Jahren eine spürbare Wiederbelebung des Unternehmers in der ökonomischen Forschung zu verzeichnen: Dies äußert sich in einer zunehmenden Zahl von Fachkonferenzen, Kompendien und Überblicksdarstellungen, die allerdings keine klare oder gemeinsame Linie erkennen lassen[21].

Wenn man sich heute einen Überblick über den Stand und die Ergebnisse der Unternehmerforschung verschaffen will, so ist dies relativ einfach und unmöglich zugleich. Einfach, weil in den reichlich verfügbaren Überblickswerken nahezu alle Details nachlesbar sind, unmöglich, weil selbst die zur Orientierung geschaffene Literatur derart uneinheitlich ist und die jeweiligen Standpunkte und Perspektiven der Autoren oft so weit auseinanderliegen, daß sich selbst für den geübten Leser kein klares Bild ergibt. Deutliche Worte hierfür findet der von uns bereits als einer der Hauptvertreter der Unternehmerforschung herausgearbeitete CASSON (1990, S. XIII), der bereits im Vorwort seines Referenzbandes „Entrepreneurship" schreibt: „*The literature is extremely diffuse*"[22]. Die Strukturierung der Unternehmerforschung ist selbst ein individuell-kreativer Akt und priorisiert die Präferenzen der Autoren und damit ihre Informationsauswahl. Woran liegt das, wenn doch Entrepreneurship „*der Kristallisationspunkt der Wirtschaftswissenschaft*" (RIPSAS, 1997, S. VIII) sein soll? Die Antwort ist genauso zwiespältig wie das Urteil über den Aufwand für einen Überblick über die Erforschung von Entrepreneurship. Gerade weil Entrepreneurship der Kristallisationspunkt der Wirtschaftswissen-

---

20 Die Literaturquellen sind dem Original zu entnehmen.
21 Beispielhaft seien hier genannt: VESPER (1981); KENT, SEXTON und VESPER (1982); RONEN (1983); SEXTON und SMILOR (1986); HÉBERT und LINK (1988); BARRETO (1989); DONCKELS und MIETTINEN (1990); CASSON (1990); WELZEL (1995).
22 Bezeichnend sind auch die Titel mancher wissenschaftlicher Fachbeiträge wie zum Beispiel „In Search of the Meaning of Entrepreneurship" (HÉBERT und LINK, 1989) oder „What are we talking about when we talk about Entrepreneurship?" (GARTNER, 1990).

schaft ist und zu seinem Verständnis nicht nur alle ökonomischen Teildisziplinen sondern auch andere Wissenschaften wie Soziologie oder Psychologie bemüht werden müssen, wird hier die ganze Problematik der Wirtschaftswissenschaften offenbar. Reproduzierbarkeit von Beobachtungen, Realitätsnähe, Prognosefähigkeit - neben der für jede Theorie gewünschten Einfachheit - verdeutlichen diese Anforderungen das seit jeher bestehende Dilemma der Ökonomie. Die Forderung vieler Ökonomen nach einer Interdisziplinarität ihrer Profession wird am Phänomen des Unternehmers besonders deutlich. Da dieser als ein außergewöhnliches Individuum begriffen wird, das vor allem durch unvorhersehbare und unvorhergesehene Entwicklungen und Handlungen Bedeutung erlangt, ist er in der Tat der Kristallisationspunkt der Wirtschaftswissenschaft. Wie soll man ihn analytisch fassen? Kann er mit den Mitteln der ökonomischen Theorie überhaupt erklärt werden?

Die prinzipielle Beziehung des Phänomens „Unternehmer" zur ökonomischen Theorie ist an seinen Definitionsansätzen und der Geschichte der forscherischen Traditionen, in der sich insbesondere seine zahlreichen Facetten als immer neue Fragestellungen widerspiegeln, ablesbar. Nachdem wir im ersten Teil dieses Abschnitts die Historie der Unternehmerforschung skizziert haben, wollen wir nachfolgend nun einen kurzen Abriß zum Stand der ökonomischen Erforschung des Unternehmers wiedergeben.

In den wirtschaftswissenschaftlichen Abhandlungen zum Unternehmer findet sich keine eigenständige Methodik oder ein typischer Werkzeugkasten, sondern man bedient sich je nach Fokus der Fragestellung in anderen Bereichen der ökonomischen Theorie. So kommen Ansätze aus der Entscheidungslehre, der Betriebswirtschaftslehre bzw. der Managementwissenschaften genauso zum Einsatz wie Beschreibungen im Rahmen der makroökonomischen Konjunktur-, Wachstums- oder Innovations- bzw. Diffusionsforschung. Echte Integrationsversuche in andere ökonomische Theorien oder in das gesamte ökonomische Theoriegebäude sind aber spärlich und meist ohne umfassenden Anspruch. Es dominieren verbale Beschreibungen, formale Ansätze finden kaum Verwendung[23]. In Anbetracht der Relevanz des Unternehmers muß man um so erstaunter schlußfolgern, daß bis heute keine explizite, einheitliche oder gar umfassende, Theorie des Unternehmers' bzw. eine ,Theory of Entrepreneurship' existiert[24]. Deshalb bleibt nur noch nach existierenden Theoriefragmenten und Erklärungsansätzen und deren Einordnung zu fragen.

Die ökonomische Disziplin hat gegen Ende des letzten Jahrhunderts mit der „Theorie der Unternehmung" versucht, die Funktionsweise der Marktwirtschaft unter Einbeziehung von Unternehmungen und deren Verhalten mikroökonomisch zu fundieren. Mittlerweile hat sich durch die Weiterentwicklung der Mikroökonomischen Theorie zum Beispiel in

---

[23] Ein Zitat von CASSON (1987, S. 151-153) in dem renommierten Nachschlagewerk „The New Palgrave" verdeutlicht dies eindrucksvoll: *„There are several theories of the entrepreneur, but very few mathematical models which formally analyse entrepreneurial behaviour within a closed economic system."*

[24] Wie die Analyse von SCHALLER (1998) zeigt, existiert keine formale, vollständige oder gar einheitliche Theorie des Unternehmers in der ökonomischen Tradition.

1.2. Die Erforschung des Unternehmers

Form der Berücksichtigung von Transaktionskosten, der Vertragstheorie oder der Prinzipal-Agent-Modelle auch die Theorie der Unternehmung vor allem hinsichtlich der Vorgänge in einem Unternehmen erheblich verfeinert. Deshalb sollte man annehmen, daß die ökonomische Erforschung des Unternehmers auch an der Theorie der Unternehmung ansetzt. Dies ist aber nicht so. Obwohl der Unternehmer seiner Position nach ein einzelwirtschaftliches Phänomen ist, überwiegen Untersuchungen der unternehmerischen Funktionen und ihrer Wirkungen im makroökonomischen Kontext. Wie bei unserer historischen Übersicht dargestellt, untersuchen SCHUMPETER, KNIGHT und KIRZNER vor allem die Funktionen des Unternehmers im allgemeinen Wirtschaftsgeschehen und seine damit korrespondierende gesellschaftliche Rolle. Sie stehen damit stellvertretend für nahezu alle Autoren; eine der wenigen Ausnahmen war zum Beispiel MARSHALL mit seinem Ansatz, den Unternehmer als vierten Produktionsfaktor für „Organisation" zu etablieren. Erst in neuerer Zeit wird fallweise versucht, den Unternehmer in einzelwirtschaftlicher Perspektive mit mikroökonomischen Methoden analytisch zu durchdringen. Neben CASSON sind hier noch COVIN und SLEVIN (1991) oder HERRON und ROBINSON (1993) als Beispiele zu nennen. Eine Sonderstellung nehmen die zahlreichen Ansätze zur Entscheidung ein, ein Entrepreneur zu werden, sowie BAUMOL (1983, 1993), der sich um die Formalisierung der Unternehmerforschung sehr verdient gemacht hat, jedoch selbst kein eigenes durchgängiges mikrofundiertes Unternehmermodell konzipiert hat. Die fehlende Mikrofundierung ist in der Vielzahl der Betrachtungen des Unternehmerphänomens im makroökonomischen Kontext die Regel. Ein gutes Beispiel hierzu ist HEUSS (1965), der erst seine Marktphasentheorie entwickelte und nachträglich den verschiedenen Phasen im Produktlebenszyklus korrespondierende Unternehmertypen zuordnete. Überhaupt finden sich in der Unternehmerforschung, wie oben schon erwähnt, wenig formal-analytische Ansätze, die meisten theoretischen Konzepte zur Erfassung von Entrepreneurship sind deskriptiver Natur, prognosefähige Modelle existieren praktisch nicht. Viele persönlichkeitsorientierte Beschreibungen des Unternehmers sowie ‚typischer' Profile (Psychogramme) verlassen sogar die Disziplin der Ökonomie. In der Theorie der Unternehmung fehlen formale Modelle, die explizit den Unternehmer als Individuum in seinem Mikroumfeld thematisieren. Dort wird der Unternehmer als Gewinnmaximierer ohne Limitationen verstanden, das heißt, er wird immer noch mit der Unternehmung und ihren Entscheidungen als Ganzes gleichgesetzt und muß deshalb nicht gesondert betrachtet werden. Es erscheint schon als erstaunlich, daß der Unternehmer von den Forschern, die im Bereich einer Theorie des Entrepreneurship arbeiten, nicht formal modelliert wird, aber noch verwunderlicher ist es, daß der Unternehmer bis heute in der erheblich weiterentwickelten Theorie der Unternehmung immer noch nicht explizit in Erscheinung tritt.

1.2.3 Inhalte der Unternehmerforschung

Wir wollen uns nach diesem kurzen Aufriß der methodologischen Probleme bei der Suche und der Entwicklung einer Theorie des Unternehmertums nun den inhaltlichen Kategorien und Forschungsschwerpunkten widmen, wie sie sich heute in der ökonomischen Forschung darstellen. Die prinzipiellen Denkansätze und die Herangehensweisen zur Konkretisierung des Unternehmerphänomens lassen sich in zwei Kategorien gliedern, nämlich in die **funktionalen und die personal-verhaltensorientierten** Betrachtungen. WELZEL grenzt gemäß der methodologischen bedingten Zielorientiertheit von Definitionen eine funktionale und eine personale Unternehmerforschung ab (WELZEL, 1995, S. 21ff). Während die funktionale Unternehmerforschung versucht, *„den Unternehmer in einen Gesamtzusammenhang zu stellen, um dadurch seine Stellung und Bedeutung zu erklären und seine Daseinsberechtigung zu begründen"* (ebenda, S. 25), steht bei der personal-verhaltensorientierten Unternehmerforschung *„die Persönlichkeit des Unternehmers, die sowohl ideal- und realtypisch als auch normativ und positiv untersucht wird"* (ebenda, S. 30) im Vordergrund. Demnach werden personal-verhaltensorientierte Definitionsansätze Unternehmer zum Beispiel als Individuen mit hoher Leistungsmotivation, überdurchschnittlicher Unsicherheitstoleranz und hoher Durchsetzungskraft verstehen, wohingegen eine funktional orientierte Definition den Unternehmer zum Beispiel im juristisch-statischen Denken als Unternehmensinhaber, Arbeitgeber oder Gewinnempfänger oder in dynamischer Sichtweise als Innovator oder Koordinator sehen wird. Die funktionale Sichtweise läßt sich also weiter unterteilen in die Betrachtung der **statischen** und die der **dynamischen Unternehmerfunktionen**.

Die folgende Übersicht stellt die Funktionen mit jeweiliger Zuordnung namhafter Autoren dar.

Tab. 1.2 Statische und dynamische Unternehmerfunktionen (nach SCHOPPE, 1995, S. 282f[25])

Statische Unternehmerfunktionen	Autoren
Kapitalgeber/ Kapitalist/ Kapitalanwender	Turgot (1766), Smith (1776), Marx (1867), v. Mises (1949)
Manager i. S. v. „Oberaufseher"	Say (1803), Mill (1848), Marshall (1890), v. Menger (1871)
Unternehmensinhaber/ Eigentümer	Quesnay (1758), v. Wieser (1924), Pigou (1929), Hawley (1907)
Arbeitgeber / Auslaster von Produktionsfaktoren	Keynes (1936), Sauermann (1937)
Empfänger des Residualeinkommens	Mataja (1884)

---

25 Die Literaturquellen sind dem Original zu entnehmen.

Dynamische Unternehmerfunktionen	Autoren
Risikoträger bei Ungewißheit / Spekulant / Grundlegender Disponent	Cantillon (1755), Knight (1921), v. Thünen (1826), Shackle (1955)
Innovator/ Durchsetzer neuer Kombinationen / schöpferischer Zerstörer / Marktentwickler	Schumpeter (1911), Heuss (1965), Weber (1905)
Vertragschließender	Bentham (1793)
Auserwählter (protestantische Ethik)	Weber (1905)
Arbitrageur / Informationsverwerter / Nutzer und Beseitiger von Ungleichgewichten	Kirzner (1973), v. Mises (1949), v. Hayek (1937), Cantillon (1755), Walras (1896)
Entscheidungsträger / Verteiler von Ressourcen zwischen unterschiedlichen Verwendungsrichtungen	Cantillon (1755), Keynes (1944), Shackle (1955), Cole (1946), Schultz (1975)
Industrielenker / captain of industry / Wirtschaftskapitän	Say (1803), Sombart (1913), Schumpeter (1911), Redlich (1956)
Organisator / Koordinator / Kombinierer von Produktionsfaktoren / Haftender / Eigner des Produkts	Say (1803), Clark (1924), Schmoller (1923), Davenport (1908), Hawley (1907)
Unternehmer = Unternehmung = Firma	Stauss (1944)
Beseitiger von Ineffizienzen / Nutzer organisatorischer Unzulänglichkeiten anderer Unternehmen (Unternehmer)	Leibenstein (1978)
Entscheidungsträger mit überdurchschnittlichem Urteilsvermögen	Casson (1982), Hébert/Link (1988)
Transaktionsminimierer / Pendant zum Marktpreissystem / Nutzer von Marktunvollkommenheiten durch Vertragsabschlüsse	Coase (1937), Williamson (1975), Casson (1982), Penrose (1959), Alchian/Demsetz (1972), Jensen/Meckling (1976)

WIEANDT (1994, S. 20) unterteilt die dynamischen Unternehmerfunktionen verkürzend in eine **personale**, eine **institutionelle** und eine **funktionale Sichtweise** und behandelt im folgenden auch nur diese, da er die Theorie der dynamischen Unternehmerfunktionen als diejenige betrachtet, die die Verbannung des Unternehmers aus der Theorie der Unternehmung aufheben und somit letztere weiterentwickeln kann.

Auch SCHNEIDER behandelt den Unternehmer ausgehend von seinen Funktionen und grenzt ihn scharf vom Manager oder anderen Personen ab, denen Unternehmerfunktionen nur zeitweise übertragen werden oder die *„wie ein Schauspieler"* (SCHNEIDER, 1995, S. 33) ihre Rolle gut oder schlecht spielen können. SCHNEIDER (1995, S. 33) stellt die Unternehmerfunktionen in einen einzelwirtschaftlichen Kontext und hält *„für eine Theorie, die Handlungssysteme unter dem Gesichtspunkt einer Verringerung von Einkommensunsicherheiten erforscht"*[26], drei Unternehmerfunktionen für zentral: (a) die zeitweise Übernahme von Einkommensunsicherheiten anderer Menschen als Institutionenbegründende Unternehmerfunktion, (b) die Suche nach Arbitrage- bzw. Spekulationsgewinnen als institutionenerhaltende Funktion nach außen und (c) das Durchsetzen von Änderungen als institutionenerhaltende Funktion innerhalb der Organisation. Trotz der anderen Akzentuierung und der einzelwirtschaftlichen Perspektive lassen sich doch wieder die Elemente **Risiko, Entdecken, Innovation** und **Koordination** identifizieren. Das Treffen von Entscheidungen ist implizit in allen Unternehmerfunktionen von SCHNEIDER enthalten, wird von diesem aber nicht in der Form in den Vordergrund gestellt, wie wir das beispielsweise bei CASSON gesehen haben.

Wie man an dem Ansatz von SCHNEIDER ablesen kann, ist eine zur Abgrenzung **statisch-dynamisch** alternative funktionale Untergliederung hinsichtlich der **gesamt- und einzelwirtschaftlichen Funktionen** des Unternehmers möglich. So ist der Unternehmer in gesamtwirtschaftlicher Dimension zum Beispiel Arbeitgeber, Entwicklungsmotor oder Risikoträger, während in einzelwirtschaftlicher Perspektive der Koordinator oder der Entscheidungsträger im Vordergrund steht. Offensichtlich ist dies aber nicht überschneidungsfrei. Schließlich lassen sich noch attributsorientierte Definitionskriterien identifizieren und zwar **externe und interne** hinsichtlich des Unternehmer-Individuums. Externe Definitionskriterien finden sich vor allem im juristisch-institutionellen Bereich und legen zum Beispiel fest, daß Unternehmer im Sinne des BGB der ist, der beim Werksvertrag der Vertragspartner ist oder der sich gegenüber dem Besteller zur Herstellung des Werkes gegen Vergütung verpflichtet (nach GABLER Wirtschaftslexikon, 1984, S. 1770). Interne Definitionskriterien entsprechen im wesentlichen den personalverhaltensorientierten und haben somit soziologisch-psychologischen Charakter. Externe Definitionskriterien sind für eine ökonomische Erforschung wenig hilfreich, da sie so-

---

26 Zum besseren Verständnis sei angemerkt, daß SCHNEIDER die Betriebswirtschaftslehre als eine Einzelwirtschaftstheorie der Institutionen betrachtet, deren Aufgabe es sei, durch Berücksichtigung des Problems des Auftragshandelns die Einkommensunsicherheiten der Individuen zu verringern. Da der in der deutschsprachigen wirtschaftswissenschaftlichen Forschung sehr renommierte SCHNEIDER nicht gerade als Freund angelsächsischer Forschungstradition mit deren Tendenz zu Vereinfachungen und dem Folgen von Mehrheitstrends bekannt ist, sei vor allem sein hier zitiertes Werk allen Interessierten als zwar sehr dicht geschriebenes aber umso erfrischender anders fokussierendes Grundlagenwerk zur Lektüre empfohlen. Gleichwohl sei hier angemerkt, daß auch ein Zusammenschluß von mehreren Individuen als geschäftsführende Gesellschafter die Einkommensunsicherheit aufgrund einer guten Passung der Gesellschafter reduziert, ohne daß hierbei die Einkommensunsicherheit von einer Person auf eine andere transferiert wird.

1.2. Die Erforschung des Unternehmers

wohl für die Eigenschaften als auch für die tatsächlich wahrgenommenen Funktionen zu viel Spielraum lassen und somit die Heterogenität der Grundgesamtheit zu groß wäre. Der Ansatz, den Unternehmer als ein außergewöhnliches Individuum mit ebensolchen Eigenschaften und Fähigkeiten zu betrachten und ihn deshalb mittels dieser zu identifizieren und auf seine Wirkung hin zu untersuchen, genoß lange Zeit regen Zuspruch. Wir haben deshalb nachfolgend in einer Auswahl die am häufigsten genannten Unternehmermerkmale zusammengestellt und sie nach persönlichkeitsorientierten sowie nach verhaltensorientierten Kriterien getrennt.

Tab. 1.3 Personal-verhaltensorientierte Unternehmermerkmale (eigene Darstellung)

Persönlichkeitsattribute (historisch-soziologisch sowie charakterorientiert)	Typische bzw. tendenzielle Ausprägungen bei Unternehmern
Ethnische Herkunft	Randgruppe
Religiöser Hintergrund	Protestantisch
Elternhaus	Unternehmerhaushalt
Ausbildung	Sehr gut (höhere Anforderungen) oder unterdurchschnittlich (weniger andere Chancen)
Fachwissen	Hoch (Produktspezialist) oder unterdurchschnittlich (weniger andere Chancen)
Urteilsvermögen / Denkvermögen	Hoch
Kreativität	Überdurchschnittlich
Leidensdruck	Überdurchschnittlich (Gründer aus Not) oder gering („Unternehmer aus Leidenschaft")

Verhaltensmerkmale (prozeßorientiert)	Ausprägungen bei Unternehmern
Need for Achievement (N-Achievement)	Hohe Leistungs- und Verantwortungsbereitschaft
Internal Locus of Control	Hohes Verlangen, das eigene Schicksal selbst zu bestimmen
Tolerance of Ambiguity	Wohlfühlen in unsicheren und unstrukturierten Situationen
Motivationsstärke	Hoch bei sich und gegenüber anderen
Innovationsfähigkeit	Hoch und dauerhaft
Durchsetzungsvermögen / Führungsstärke	Überdurchschnittlich
Durchhaltevermögen / Hartnäckigkeit / Zähigkeit	Hoch

Das von uns bereits angesprochene Defizit bezüglich empirischer Untersuchungen im Rahmen der Unternehmerforschung wird verständlicher, wenn man sich die typische Kritik an Theorien betrachtet, die solche persönliche Eigenschaften von Entrepreneuren in den Vordergrund stellen. Sie seien schwierig zu testen, und da das Verhalten von Unternehmern konstitutionell unvorhersehbar ist, tendieren alle Entrepreneurship-Theorien dahin, nicht empirisch überprüfbar zu sein. Empirische Untersuchungen im Rahmen der Unternehmerforschung sind spärlich und zeigen meist einen eher soziologischen Charakter. Empirische Ergebnisse finden sich zum Beispiel bei der Ermittlung von Einflußfaktoren auf die Entscheidung, Unternehmer zu werden[27], oder zu ex post ermittelten Charakteristika erfolgreicher Unternehmer[28]. Leider handelt es sich meist um theorielose Faktensammlungen statt um hypothesengeleitete Falsifizierungsansätze.

Ein weiteres Problem der eigenschaftsbezogenen Perspektive bei der Erforschung des Unternehmers ist die implizite Unterstellung einer bestimmten Kombination von personal-verhaltensorientierten Merkmalen durch alle Autoren – auch von denen, die nicht explizit diese Perspektive verfolgen. Denn auch bei funktionalen Betrachtungen gehen die Forscher davon aus, daß „ihr" Unternehmer auch dazu befähigt ist, die Funktionen erfolgreich ausfüllen zu können, weswegen sein Merkmalsprofil eine dafür „passende" Ausprägung haben muß. Der stärkste Kritikpunkt rührt jedoch daher, daß die Eigenschaften weder notwendig noch hinreichend für den Erfolg der unternehmerischen Tätigkeit sind. Wir folgen daher der heute allgemein vorherrschenden Meinung, daß der

---

27 Eine gute Übersicht findet sich in MÜLLER-BÖLING und KLANDT, 1993.
28 Im deutschsprachigen Bereich sei hier zum Beispiel auf KLANDT, 1980, KLANDT, 1984 oder PLASCHKA, 1986 verwiesen.

Eigenschaftsansatz für die ökonomische Unternehmerforschung wenig zweckmäßig ist, und gehen im weiteren deshalb von einem funktionalen Unternehmerbild aus.

1.2.4 Die Managementwissenschaft und ihr Unternehmer

Nicht vergessen wollen wir eine kurze Beleuchtung der theoretischen Behandlung des Unternehmerphänomens in der Betriebswirtschaftslehre und den Managementwissenschaften. Wie SCHNEIDER gezeigt hat, ist auch hier eine grundsätzliche Begriffsklärung notwendig, um ein Forschungsprogramm abgrenzen und umsetzbare Erkenntnisse gewinnen zu können. Mehr noch als in der deutschen Betriebswirtschaftslehre versucht die angloamerikanische Managementwissenschaft, konkrete Handlungsanleitungen für die Praxis zur Verfügung zu stellen. Umso wichtiger wäre es, auch hier festlegen zu können, für welche Personen in welchen Situationen die Tips anwendbar sein sollen. Aber genauso wie in der theoretischen Ökonomie ist man von einem präzisen oder allgemein akzeptierten Begriffsverständnis weit entfernt. So kommen zum Beispiel BLANCHFLOWER UND OSWALD (1990, S. 22) zu dem wenig Klarheit schaffenden Urteil, daß der Entrepreneur „*the most elusive and least understood form of economic behavior*" sei. Noch ernüchternder ist das Ergebnis einer von GARTNER (1990, S. 28) durchgeführten Delphi-Studie, die zu dem Ergebnis kommt: „*We need to be aware that when we talk about entrepreneurship we carry around a wide range of beliefs*". GARTNER (1990, S. 25f) identifiziert im Rahmen dieser Studie vor allem folgende Merkmale des Entrepreneurs bei den befragten Wissenschaftlern, Führungskräften der Wirtschaft und Politikern in den USA als deren – leider uneinheitliche – Wahrnehmungen und Einstellungen: Innovation – Schaffung von Organisationen – Wertgenerierung – Erzielung von Profit – Wachstum – Einzigartigkeit – ‚Owner-Manager'. Die Bandbreite der Kriterien sowie vor allem die stark variierenden Auffassungen der von GARTNER befragten Personen verdeutlichen eindrucksvoll, wie wenig Klarheit tatsächlich herrscht[29]. So kommt GARTNER (1990, S. 28) zu dem abschließenden Urteil, daß „*a definition of entrepreneurship has yet to emerge*" und weiter „*if many different meanings for entrepreneurship exist, then it behooves us to make sure that others know what we are talking about*".

Wir wollen deshalb nur die zentralen Konzepte und Kategorien im Zusammenhang mit Entrepreneurship, über die weitgehend Einigkeit herrscht, darstellen[30]. So rückt neben

---

[29] Für alle Interessierten sei GARTNER's Studie zum Lesen empfohlen, da sie in knapper Form die Problematik umreißt und als eine der wenigen empirischen Untersuchungen Belege für die herrschende Begriffsunsicherheit in Theorie und Praxis anführt.

[30] HISRICH und PETERS (1992, S. 10) finden in einer Analyse verschiedener angloamerikanischer Definitionen von Entrepreneurship einige – uns mittlerweile recht vertraute - Gemeinsamkeiten wie zum Beispiel das Tragen von Risiko, das Organisieren, das Schöpfen („Creating") oder die Neuartigkeit. Sie entwickeln daraus eine eigene Definition in Form einer Synthese, in der sie die Elemente Innovation und Wertschöpfung in den Vordergrund stellen.

dem Entscheidungsaspekt und dem Verfolgen von neuen Gewinnchancen immer mehr der Gründungsaspekt in den Vordergrund. Noch allgemeiner und unserer Ansicht nach wesentlich zweckmäßiger ist aber das Konzept der Wertsteigerung durch den Entrepreneur. Die Wertschöpfung ist nicht nur die Wurzel und Aufgabe allen Unternehmerischen, sondern bringt die immer wieder im Zusammenhang mit Entrepreneuren genannte Funktion der Innovation und generell des Entdeckens und Durchsetzens von Neuem in ihrer ökonomischen Wirkung zum Ausdruck. Diese Sicht erhält zunehmend Unterstützung durch die Lehrinhalte und Lehrbücher amerikanischer Business Schools, die Entrepreneurship als einen Prozeß definieren, durch den Wert gesteigert wird[31]. Um Wert zu steigern, muß man vorher neue Wertschöpfungspotentiale entdecken. Im Zusammenhang mit der heute oft „Shareholder Value" genannten wertorientierten Unternehmensführung zeichnet sich sogar eine Zusammenführung der vielen Ansätze der ökonomischen Teildisziplinen – und nicht zuletzt der der Unternehmerforschung – auf einen gemeinsamen umhüllenden Nenner ab. Wir werden darauf in Abschnitt 1.3 nochmals zurückkommen.

1.2.5 Resümee

Die Kategorisierungen der Definitionskriterien für Unternehmer bzw. Entrepreneure zeigen die Bandbreite der unterschiedlichen Perspektiven, unter denen man sich dem Unternehmer nähern bzw. ihn auffassen kann (vgl. SCHALLER, 1998). Sie sind erwartungsgemäß nicht überschneidungsfrei und verdeutlichen damit das Problem der Begriffs-, Auffassungs- und inhaltlichen Belegungsvielfalt. So wurden im Laufe der Zeit sehr viele unterschiedliche Unternehmerkonzepte entwickelt, die gemäß dem jeweiligen Forschungsziel die nach Meinung des entsprechenden Autors charakteristischen Attribute eines Unternehmers in Form einer Definition mit funktionalen und personalen Elementen zusammenfassen. Beispielhaft sei hier auf Tab. 1.1 und Tab. 1.2 verwiesen, die die historisch bedeutsamsten Konzepte und Autoren wiedergeben, jedoch die zahlreichen Varianten in der stetig wachsenden Zahl von Publikationen in den 80er und 90er Jahren noch nicht enthalten. Diese bringen zwar keine substantiell neuen Begriffsbelegungen, tragen aber durch die immer wieder neuen Akzentuierungen zu der uneinheitlichen Vielfalt von Unternehmerauffassungen maßgeblich bei.

Wie eine begrifflich-konzeptionelle Literaturanalyse des Autors zeigt (SCHALLER, 1998), findet man auch in der ökonomischen Literatur eine verwirrende Vielfalt von Auffassungen des Unternehmers, was auf die unterschiedlichen Forschungsziele der mittlerweile recht zahlreichen Autoren und ihre forschungskonformen Inhaltskonzepte bezüglich des Unternehmers zurückzuführen ist. Die Internationalität der Unternehmerforschung vergrößert dieses Problem zusätzlich, da keine eindeutigen und inhaltsidentischen Übersetzungen existieren. So finden in der deutschsprachigen und der dominierenden englischsprachigen Literatur zum Beispiel der Unternehmer, der Unternehmens-

---

31 Als Beispiel sei genannt STEVENSON et AL. (1994, S. 5).

1.2. Die Erforschung des Unternehmers

leiter, der Firmeninhaber, der KMU-Leiter[32], der Existenzgründer, der Owner-Manager, der Entrepreneur, der Intrapreneur, oder sogar der Top Manager und der Führer mit jeweils individueller Begriffsauffassung gleichermaßen Verwendung. Eine herausragende Rolle spielt dabei heute der Begriff des Entrepreneurs, für den in der internationalen ökonomischen Unternehmerforschung länderspezifisch eine unüberschaubare Vielzahl von Definitionen sowie von begrifflichen Abgrenzungen und Verfeinerungen existiert. Dies beruht im wesentlichen auf der Tatsache, daß er sowohl im Französischen als auch im Englischen und Deutschen – und zwar jeweils mit anderen Nuancierungen – verwendet wird. Eine gute Übersicht zur Problematik des Unternehmerbegriffs findet sich in WELZEL (1995, S. 6ff), der folgerichtig nach dem englischen, dem französischen und dem deutschen Sprachraum unterscheidet. Er legt sogar dar, daß sich im angloamerikanischen Sprachraum eine eigenständige **begriffliche Unternehmerforschung** etabliert hat, die jedoch im deutschsprachigen Raum abgelehnt wird (WELZEL, 1995, S. 7).

Wie schon mehrfach angedeutet, schließt ein weiter gefaßtes Verständnis von Entrepreneurship auch Top-Manager und „Intrapreneurs" ein. Letzterer Begriff ist ein Kunstwort, das aus den Elementen „Intraorganisational" und „Entrepreneur" gebildet wurde, um den Typ Manager zu kennzeichnen, der vorzugsweise in sehr großen Organisationen wie ein „richtiger Unternehmer" denkt und handelt. Dafür wird er in manchen Unternehmenskulturen sogar mit weitreichenden Vollmachten in einem nach Unternehmer-Prinzipien gestalteten eigenen Verantwortungsbereich ausgestattet und zusätzlich mit einem von ihm zu verfügenden Budget für die Realisierung seines unternehmensinternen „Unternehmer-Projektes" bedacht. Explizit nicht gemeint mit Intrapreneur sind die Top-Manager in einem größeren Unternehmen. Diese können aber – wie oben kurz angesprochen – durchaus je nach Begriffsauffassung Entrepreneur sein. Maßgeblich für die Akzeptanz einer solchen Sichtweise ist die Auffassung, daß Unternehmerfunktionen prinzipiell delegierbar sind.

In den letzten zwei Jahrzehnten rücken verstärkt Unternehmensgründer als Entrepreneure in den Vordergrund. Eine Reihe von Autoren setzt Entrepreneurs mit Unternehmensgründern gleich und mithin Entrepreneurship mit „Creating of New Organizations"[33]. Entgegen dieser auch in der öffentlichen Diskussion im deutschen Sprachraum sich immer mehr verfestigenden Meinung ist aber Unternehmensgründung nach wie vor nur ein Aspekt von Unternehmertum und Entrepreneurship. Entrepreneurship ist viel mehr als nur die Untersuchung und Stimulierung des Gründungsphänomens und erschöpft sich nicht in der Vorbereitung und Durchführung von Unternehmensgründungen – zur Erinnerung sei zum Beispiel nur die Innovationsfunktion angeführt, die offensichtlicherweise unabhängig von einem formalen Akt der Gründung oder der Schaffung neuer Organisationen ist. Die seit dem Ende der 90iger Jahre zunehmend populärere ‚lernende Organisation' ist gerade ein Konzept zur Bewältigung laufender Innovationen innerhalb eines

---

32 KMU ist eine als eigenständiges Akronym verwendete Abkürzung von „kleine und mittelgroße Unternehmen".
33 Beispielsweise tun dies sehr konsequent GARTNER, 1989, S. 47 oder RIPSAS, 1997, S. 71.

Unternehmens. Kurzum, Gründer sind (zumeist) Entrepreneure, aber nicht jeder Entrepreneur muß auch ein Gründer sein.

Als Fazit läßt sich festhalten, daß auch unsere kurze Literaturübersicht die Diffusität des Unternehmerbegriffs, die schon bei der sprachlichen Betrachtung offenbar wurde, ebenso wie unsere Vermutung, daß keine in sich geschlossene, umfassende oder gar allgemein akzeptierte Unternehmertheorie existiert, bestätigt. Es hat sich sogar gezeigt, daß es auch in der englischen Sprache weder in Praxis noch in Theorie eine einheitliche Auffassung darüber gibt, was ein **Entrepreneur** ist. Dennoch läßt sich konstatieren, daß in Literatur und Praxis der Entrepreneur überwiegend im Zusammenhang mit Innovationen auftritt. Dabei ist die Auffassung in der englischsprachigen Literatur grundsätzlich breiter, da hier kein weiteres Wort mit umfassender Bedeutung existiert, das als Bezeichnung für eine Obermenge dienen könnte. Im Deutschen hat man das ursprüngliche Wort „Unternehmer" zur Verfügung, so daß hier die Verwendung von „Entrepreneur" die Verleihung eines Prädikats für besondere Unternehmer bedeutet. Dieses Prädikat läßt sich im wesentlichen auf die Attribute innovativ und dynamisch verdichten, was die Bedeutung der Innovation als Bestandteil unternehmerischen Handeln bzw. von Entrepreneurship unterstreicht. Dieses Fazit der Literaturanalyse deckt sich mit unserer intuitiven Vermutung aus Abschnitt 1.1, wo wir alleine durch linguistische Betrachtungen zu einem ähnlichen Ergebnis kamen. Damit haben wir nun ausreichend Grundlagen erarbeitet, eine sowohl theoretisch als auch praktisch zweckmäßige Präzisierung des Begriffs Entrepreneurship anzugeben.

1.3 Unsere Auffassung von Entrepreneurship

Methodologisch gesehen kann eine Definition nie richtig oder falsch sein kann, sondern lediglich sinnvoll oder weniger sinnvoll. Werden spezielle Erklärungsziele verfolgt, so kann es durchaus sinnvoll sein, daß sich auch die verwendeten Definitionen für eine Begrifflichkeit unterscheiden. Dies ist beispielsweise von den Definitionsversuchen eines Unternehmens bekannt, wenn die Verfügungsgewalt über die zuletzt entlohnte Ressource, die Anordnung von Arbeitseinsätzen oder die transaktionskostensenkende Institution im Vordergrund steht. Letztendlich stellt sich deshalb für uns nicht die Frage nach einer allgemeingültigen Definition für Entrepreneurship[34], sondern lediglich danach, was für unser Anliegen sinnvoll ist. Natürlich schmerzt bei einem so zentralen Begriff wie dem des Unternehmers bzw. des Entrepreneurs das Fehlen einer weitgehend akzeptierten Definition oder zumindest eines relativ homogenen Begriffsverständnisses. Wir wollen deshalb nicht eine willkürliche Arbeitsbegriffsfestlegung treffen, sondern um den von uns in Abschnitt 1.2 herausgearbeiteten „harten Kern" herum das verbindende

---

34 Wie unsere vorausgegangenen Betrachtungen gezeigt haben, wäre das auch nicht besonders ergiebig.

1.3. Unsere Auffassung von Entrepreneurship

Element zwischen theoretischer Ökonomie und Betriebswirtschaftslehre bzw. Managementwissenschaften als Verständnis von Entrepreneurship aufbauen. Wir konzentrieren uns also auf bestimmte wirtschaftlich aktive Individuen und betrachten in erster Linie ihre Funktionen und die Art und Weise, wie sie diese ausfüllen. Damit steht für uns der unternehmerische Prozeß im Vordergrund, was einen funktionalen mit einem verhaltensorientierten Ansatz kombiniert. Daß die hierfür in Frage kommenden Personen je nach Aufgabenerfüllung spezielle Eigenschaften haben müssen, betrachten wir als eine Nebenbedingung, die für uns nicht im Vordergrund steht. Wie wir bereits bei unserer Darstellung des Eigenschaftsansatzes im Rahmen der Unternehmerforschung in Abschnitt 1.2 erläutert haben, waren die Bemühungen, notwendige oder hinreichende charakteristische Unternehmereigenschaften zu isolieren, nicht von Erfolg gekrönt. Dieses Problem werden wir im Zusammenhang mit den Erfolgskriterien in Abschnitt 1.4 nochmals aufgreifen.

Bevor wir unsere Auffassung von Entrepreneurship darlegen, wollen wir noch **Entrepreneure** und **Unternehmer** voneinander abgrenzen[35]. Wir haben bereits ausführlich darauf hingewiesen, daß diese Abgrenzung notwendig ist, da im deutschen Sprachgebrauch mittlerweile beide Begriffe nebeneinander existieren und ohne eine klare Unterscheidung die ganze Euphorie um Entrepreneure sich als kaschierende Wortspielerei entpuppen würde. Wir ziehen diese Abgrenzung vor die Skizzierung der Bestandteile von Entrepreneurship, da diese dann eindeutig zuordenbar sind und dem Leser dadurch die vorläufige Verwirrung erspart wird, ob die genannten Elemente in gleicher Weise für Unternehmer und Entrepreneure gelten.

Zwischen Unternehmern und Entrepreneuren existiert keine eindeutige Teilmengenbeziehung. Vielmehr sind weder alle Unternehmer Entrepreneure noch sind alle Entrepreneure Unternehmer. Um aus der etablierten Verwendung in der deutschen Sprache nicht unnötig auszuscheren und damit alles andere als allgemein akzeptierbare Klarheit zu schaffen, belassen wir den Unternehmer im Rahmen seiner statischen formal-juristischen Definitionskriterien. Demnach ist jeder **Unternehmer**, der Eigentum an einem Unternehmen besitzt und dieses auch verantwortlich leitet. Alle Mischfälle lassen wir bewußt außen vor – so zum Beispiel den Seniorchef, der alle Managementtätigkeiten an seinen Nachfolger delegiert hat oder den Kapitalgeber, der keine aktive Mitwirkung an dem anteilig oder vollständig von ihm besessenen Unternehmen ausübt. Ebenso kann niemand Unternehmer sein, der keine Anteile an dem Unternehmen hält; dieser Personenkreis zählt zu den angestellten Managern – gleichgültig, ob sie „unternehmerisch" denken oder handeln. Eine andere Auffassung von Unternehmern mag im Einzelfall zum Beispiel zur Anerkennung besonderer Leistungen eines einzelnen berechtigt sein, stiftet aber alleine schon aus sprach-historischen und Akzeptanzgründen Verwirrung, der kein praktischer oder theoretischer Nutzen gegenübersteht. Für die „Grenzfälle", die aus besonderem Handeln heraus entstehen, verwenden wir stattdessen den Begriff des Entrepreneurs. Ein **Entrepreneur** muß demnach nicht zwingend Eigentum an einem Unter-

---

35 Eine Unterscheidung von **Entrepreneurship** und **Unternehmertum** ergibt sich dann analog.

nehmen besitzen oder es in oberster Instanz leiten, wenngleich vor allem letzteres fast unumgänglich ist, um Entscheidungen der Art zu treffen, die einen Entrepreneur kennzeichnen. Wir werden darauf im folgenden ausführlicher eingehen. Ein Entrepreneur ist auch nicht an eine Unternehmensorganisation gebunden, er kann prinzipiell auch in anderen Institutionen wie zum Beispiel in Politik oder Verwaltung vorkommen. Was einen Entrepreneur von anderen Wirtschaftssubjekten und insbesondere auch von ‚normalen Unternehmern' unterscheidet, ist das **Element des Neuen** in seinem Handeln. Entrepreneure sind ständig auf der Suche nach kreativen und innovativen Arbitragemöglichkeiten und unterliegen bei ihren komplexen echten Führungsentscheidungen[36] einem hohen Maß an Unsicherheit in einem unstrukturierten Problemumfeld. Durch ihre hohe Urteilskraft wählen sie Ideen, die sich durchsetzen und wirtschaftlich wertschöpfend umsetzen lassen. Wir fassen den Begriff des Entrepreneurs also relativ weit, und ein dynamischer Unternehmer im Sinne der Pioniere der Unternehmerforschung ist sicherlich intuitiv – nahezu – das gleiche, aber einerseits schließt Dynamik nicht zwingend das Steigern von Wert ein und andererseits fordert die Komponente des Neuen mehr als nur Dynamik, die sich zum Beispiel auch auf das Verfolgen von graduellen Verbesserungen beziehen kann. Umgangssprachlich ist ein Entrepreneur ein **Macher** – also eine Person, die eine Chance erkennt und anpackt, mithin Erfolg hat. Typischerweise findet man solche Charaktere besonders häufig unter der Unternehmerschaft, was ja schon das Stammwort „unternehmen" zum Ausdruck bringt[37].

Durch die Koppelung an eine Erfolgsgröße kann das Prädikat Entrepreneur nur im Nachhinein verliehen werden. Dieser Erfolg hat seine Ursachen in einer rational zugängigen Komponente, einer subjektiven Komponente und in reinem Zufall bzw. Glück. Das rationale Entscheiden eines Unternehmers soll durch dieses Buch verbessert werden. Durch eine perfekte Umsetzung der Entscheidungsprozesse würde man roboterartige Manager erhalten, so daß schnell klar wird, daß hierin nicht das den Entrepreneur Ausmachende liegen kann. In der subjektiven Komponente, d.h. dem Abschätzen der Realität bzw. der zukünftigen Realität, welche dann in Form von Annahmen an das rationale Entscheidungskalkül übergeben wird, muß der Entrepreneur besser sein als andere[38].

Damit ist auch klar, daß die Eigenschaft, ein Entrepreneur zu sein, einem Prädikat gleichkommt, das eine Person im Zeitablauf innehaben kann oder auch nicht. Offensichtlich ist damit auch die Handlungs- und Prozeßorientierung dieses Prädikats, das außer dem Element des Neuen durch die Dimension der Wertsteigerung auch einen noch

---

36 Zum Begriff der „echten Führungsentscheidungen" und ihrer Abgrenzung von Routineentscheidungen findet sich eine erschöpfende empirische Untersuchung in HAUSCHILDT et al. (1983).

37 Zur Erinnerung sei an dieser Stelle angemerkt, daß die zweifelsohne oft geringfügigen Auffassungsunterschiede dennoch zu der großen Begriffsverwirrung geführt haben, wie wir sie ausführlich in Abschnitt 1.1 und 1.2 dargestellt haben.

38 Damit ist auch klar, daß ein Entrepreneur, dessen Erfolg auf einem gelungenen Abschätzen zukünftiger Chancen beruht, von einem glücklichen Unternehmer, dessen Erfolg auf von ihm nicht beeinflußbaren äußeren Umständen beruht, mittels statistischen Kalküls nur bei wiederholten Projekten (Gründungen) unterschieden werden kann.

1.3. Unsere Auffassung von Entrepreneurship

näher einzugrenzenden Erfolgsbestandteil impliziert. Der Name für dieses Prädikat ist **Entrepreneurship** – es kennzeichnet also eine besondere Form des Handelns, einen innovativen und wertsteigerungsorientierten wirtschaftlichen Prozeß. Wir wollen nun im folgenden näher beleuchten, welche weiteren Bestandteile von Entrepreneurship von Bedeutung sind, bevor wir abschließend die erarbeiteten Kriterien in einer Übersicht zusammenstellen.

Der **Entrepreneur** entscheidet, ob, was und wie produziert wird[39]. Er ist der letzte Entscheider. Dieser Freiheitsgrad bzw. Freiheitsgrade sind nötig, um die exzeptionellen Entscheidungen auch durchsetzen und verantworten zu können. Insofern ist es sinnvoll, Angehörige des mittleren Managements besser als Intrapreneure zu bezeichnen, dafür aber Top Managern die Möglichkeit einzuräumen, Entrepreneure zu sein. Analoges gilt für Non-Profit-Organisationen, auf die wir aber nicht näher eingehen wollen. Das Problem der Wertschöpfung in unserem Verständnis in Hinsicht auf Entrepreneure in Non-Profit-Organisationen werden wir in Abschnitt 1.4 kurz abhandeln. An dieser Stelle wollen wir vorerst bezüglich der Wertschöpfung nicht zwischen den gewinnorientierten Organisationen und solchen ohne Gewinnorientierung unterscheiden.

Der Entrepreneur schafft Werte, und Werte erzeugt nur, wer neue Wertschöpfungspotentiale erkennen und strukturieren kann. Damit muß der Entrepreneur ein Suchender und ein Entdecker sein, da dieser Prozeß des Aufspürens neuartiger Faktorkombinationen Voraussetzung für deren Durchsetzung ist. Damit wird offensichtlich, daß auch Unternehmensgründer Entrepreneure sind, sofern sie über den formalen Akt der Gründung hinaus auch Wert schaffen, was praktisch immer mit Wachstum verbunden ist. Viele Gründer scheitern, weil ihre Idee und deren praktische Realisierung im Sinne einer marktmäßigen Durchsetzung weit auseinanderklaffen bzw. letztere überhaupt nicht gelingt. Insofern ist das „Creating of New Organizations" nur insoweit unter Entrepreneurship einzuordnen, wenn mit der „Organisation" nicht bloß die Vorbereitung sondern auch die Durchführung einer Marktetablierung verbunden ist. Keinesfalls steht aber im Rahmen von Entrepreneurship der Unternehmensgründer im Vordergrund, da neue Or-

---

[39] In den Internet-Companies der „New Economy" findet man häufig Gründerteams – also mehrere Personen, die gleichermaßen hinter der Idee stehen und sich den Kapitalbesitz am Unternehmen teilen. Diese sind dann im Prinzip alle Entrepreneure. Da dann meist für einen Außenstehenden nicht klar ist, welches Mitglied aus dem Team letztendlich die exzeptionellen Entscheidungen trifft oder welches Abstimmungsverfahren gewählt wird, falls alle gleichermaßen an den außerordentlichen Entscheidungen beteiligt sind, wollen wir den Fall von „Multi-Führungs-Teams" hier nicht ausführlich behandeln. Folgende Betrachtungsweise berechtigt zu dieser Vereinfachung: Bei einer dominanten Person innerhalb eines ursprünglichen Teams ist dieser der Entrepreneur, und es liegt kein Spezialfall mehr vor. Handelt es sich um ein echtes „Multi-Führungs-Team", kann man dieses entweder als Ganzes den Entrepreneur nennen, was unserem Weglassen spezifischer personaler Eigenschaften zusätzlich Erklärungsstärke verleiht. Man kann aber auch mehrere Entrepreneure mit uneinheitlicher Entscheidungsfindung zulassen, diese müssen dann aber zwangsläufig einen abgegrenzten Entscheidungsbereich haben, in dem sie quasi autonom sind, womit für den dann zu betrachtenden Entscheidungsbereich wiederum kein Spezialfall mehr vorliegt.

ganisationen zum einen nicht zwingend nötig sind, um Neukombinationen am Markt durchzusetzen, und zum anderen nicht alle „New Organizations" Neugründungen von Unternehmensgründern sein müssen.

Einen wichtigen Aspekt haben wir im Rahmen unserer Abgrenzung des Entrepreneurs angesprochen: die hohe Urteilsfähigkeit. Diese sowie die damit verbundene besondere Entscheidungsfähigkeit von Entrepreneuren hebt sie im wirtschaftlichen Prozeß charakteristisch von anderen Wirtschaftssubjekten ab. Und genau hier liegt die Quelle für die häufigsten Mißverständnisse und vorschnelle für Fehlauszeichnungen von Individuen als Entrepreneure. Eine gute Idee zu haben, aus der sich scheinbar Kapital schlagen läßt, reicht eben noch nicht aus, um sich als Entrepreneur zu qualifizieren. Man denke nur an die immer zahlreicher werdenden Businessplan-Wettbewerbe, die ja nicht nötig wären, wenn jeder Gründer alleine das Know-how und die Urteilskraft zur Wertschöpfung mittels seiner Idee besäße. In diesem Zusammenhang wird in der Literatur häufig auf das Problem hingewiesen, daß Unternehmensgründer fehlendes ökonomisches Know-how und Managementwissen durch beauftragte Spezialisten kompensieren sollten[40]. Zusammengefaßt soll dies aber auch nicht heißen, daß man nur Entrepreneur werden kann, wenn man alles alleine weiß und kann. Ein Entrepreneur muß aber in jedem Fall in der Lage sein, nach Einholen der relevanten Informationen – was auch durch Delegation geschehen kann – diese zu beurteilen und die Verfolgung seiner Idee von diesem Urteil abhängig zu machen. Hat er sich für eine Durchführung bzw. Durchsetzung entschieden, so muß er auch die Verantwortung dafür tragen. Wäre dies nicht so, wäre die Interessenkongruenz durchbrochen und eine Grundregel allen Managements – nämlich die Identität von Kompetenz und Verantwortung – verletzt. Dies würde immer mehr Hasardeure anlocken, und über den Selektionsmechanismus würden die schlechten Ideen und ihre Vertreter schnell isoliert und eliminiert. Insofern wäre die Interessenkongruenz dann wieder hergestellt. Erst die verantwortliche Umsetzung der Idee bis hin zur Etablierung auf einem Markt berechtigt zum Führen des Prädikats „Entrepreneur". Daß es von einer Idee bis zur Marktetablierung ein weiter Weg mit vielen Rückschlägen sein kann, ist eine schmerzhafte Erfahrung für viele Aus- und Neugründer, die vielen Euphorikern selbst nach der Einführung eines Unternehmens am „Neuen Markt" nicht erspart blieb. Der Aspekt der überdurchschnittlichen Urteilskraft als immanenter Bestandteil von Entrepreneurship erhält starke Unterstützung vor allem von CASSON, der es als das den Entrepreneur am meisten Kennzeichnende ansieht, ein besonderes Urteilsvermögen für komplexe und unstrukturierte Situationen zu haben[41]. Für CASSON ist es deshalb im Gegensatz zur Neoklassik relevant, **wer** eine Entscheidung im Unternehmen trifft, was dem Entrepreneur als dem für außergewöhnliche Führungsentscheidungen unter Unsicherheit besonders Befähigten eine aktive Rolle verleiht und ihn sogar unentbehrlich macht.

---

40 Vgl. zum Beispiel RIPSAS, 1997, S. 60.
41 CASSON (1982, S.23) nennt die besondere Eigenschaft, solche Entscheidungen – bei ihm „judgemental decisions" – treffen zu können, „entrepreneurial judgement".

1.3. Unsere Auffassung von Entrepreneurship

Mit Blick auf die moderne[42] Theorie der Unternehmung kann man den Entrepreneur auch als einen besonderen Produktionsfaktor auffassen, der im Sinne der Neuen Institutionenökonomie die Transformations- oder die Transaktionskosten[43] in systematischer und entscheidender Weise beeinflußt.

In unserem Verständnis bearbeitet der Entrepreneur also Projekte[44] mit einem begrenzten Zeithorizont. Seine Grundlage ist eine kreativ-innovative Idee zur Neukombination von Produktionsfaktoren, die auf der Grundlage einer zeitlichen oder räumlichen Arbitragemöglichkeit beruht, und die er wertschaffend in die Realität umsetzen will. Er bildet dafür eine Zweckgemeinschaft der Produktionsfaktoren auf Zeit mit dem Ziel, die Wertschöpfung für sich als Bezieher des Residualeinkommens – in der Regel monetär – realisieren zu können. Dies kann in Form laufender Gewinne geschehen oder – was heute zunehmend leichter möglich ist und deshalb auch verstärkt ins Auge gefaßt wird – durch einen Verkauf der realisierten Idee. Dies kommt meist dem sogenannten „Exit" gleich, was dem Verkauf des Unternehmens bzw. der Anteile des Entrepreneurs am Unternehmen entspricht. Generell ist es heute für Entrepreneure ein erklärtes Ziel, „Harvesting" zu betreiben und das Führen eines Unternehmens, das das Vehikel zur Umsetzung der innovativen Idee war, nicht als Lebensaufgabe zu betrachten[45]. Entrepreneurship ist ja gerade ein Prädikat für innovatives Denken und Handeln und nicht für das möglichst lange Führen eines Unternehmens. Damit wird auch klar, weshalb der Wertorientierung[46] – dem Shareholder-Value – als Erfolgsmaßstab eine ständig steigende Bedeutung zukommt. Wir werden auf diesen zentralen Aspekt der Wertschöpfung in Abschnitt 1.4

---

[42] Damit sind die Weiterentwicklungen innerhalb der Theorie der Unternehmung gemeint, wie sie vor allem von COASE und WILLIAMSON angestoßen wurden. Der Begriff selbst wurde von SCHOPPE (1995) übernommen, der seinem Kompendium eben diesen Titel verliehen hat.

[43] Zu dieser Unterscheidung siehe beispielsweise WALLIS und NORTH, 1986.

[44] Dabei greifen wir bei der Bezeichnung „Projekt" auf die zeitgemäße Auffassung zurück, daß selbst Unternehmen Projekte sind – also Aufgaben mit begrenztem Zeithorizont innerhalb gegebener aber nicht unveränderlicher Restriktionen. Die Vorstellung von einem Unternehmen als Lebenswerk, das selbst mehrere Generationen überdauert, ist gerade in Anbetracht der zunehmenden Beschleunigung des wirtschaftlichen Geschehens und den daraus resultierenden Anforderungen an die Änderungsfähigkeit von Unternehmen so archaisch, daß sie für die Vorstellung, „wie man ein Unternehmen denken muß", nicht mehr als Grundlage verwendet werden sollte. Die Transformation der meisten Unternehmen muß heute selbst in relativ kurzen Zeiträumen so umfassend sein, daß es irrelevant ist, ob nun eine formaljuristische Änderung damit einhergeht oder nicht.

[45] Als anschauliche Beispiele mögen hier diverse Karrieren von „Dot.Com-Gründern" dienen, die es bisweilen geschafft haben, mittels nur einer Produktidee wie die Schaffung eines neuen Portals oder dem Zugang zu einer neuen Zielgruppe enorme Werte auf der von ihnen für ihr Projekt verwendeten Organisation zu vereinen. Verkäufe an Groß-Unternehmen oder eigene Börsengänge („IPO") waren dann das ersehnte Harvesting oder sogar der „Exit" des bzw. der Entrepreneure.

[46] Im Zusammenhang mit Unternehmen nennt man dies präziser wertorientierte Unternehmensführung (siehe hierzu auch Kapitel 8).

zurückkommen, wenn wir den oft strapazierten Zusammenhang zwischen Entrepreneuren und Erfolg näher untersuchen.

Mit **Entrepreneurship** meinen wir die Verhaltensweise und das Wirken von Entrepreneuren sowohl als Einstellung und handlungsleitendes Prinzip als auch als Bezeichnung für die daraus resultierenden Ergebnisse. Wir weisen an dieser Stelle nochmals eindringlich daraufhin, daß wir in dieser Untersuchung nicht eine allgemeingültige und alle behandelten Aspekte umschließende Definition erarbeiten wollen, da diese wegen des Facettenreichtums des Unternehmerindividuums bzw. des Entrepreneurs zu umfangreich und damit auch wenig aussagekräftig werden würde. Es geht uns vielmehr darum, die Kernelemente zu identifizieren und zu isolieren, die Entrepreneurship zu etwas Besonderem und Einzigartigem machen, was es von anderen Einstellungen und Handlungsweisen in der Ökonomie abgrenzt. Bei diesen Kernelementen haben wir wiederum nur die ausgewählt, die für eine Einordnung von Entrepreneurship in den Kontext der ökonomischen Theorie notwendig bzw. nützlich sind. Letztendlich ist es unser erklärtes Ziel, eine neuartige und theoretisch wie praktisch gleichermaßen fundierte, einsichtige und anwendbare Grundlage dafür zu schaffen, wie man Unternehmen denken muß. Deshalb stehen für uns die Kriterien Neuartigkeit und Innovation, exzeptionelle Entscheidungen treffen sowie die resultierende Wertschöpfung als Meßkategorie für die zentrale Frage nach dem Erfolg wirtschaftlichen Handelns im Vordergrund. Persönliche Attribute wie die in der Vergangenheit häufig untersuchten Charaktereigenschaften des Entrepreneur-Individuums lassen wir aus den bekannten Gründen weg.

Wir kombinieren einen funktionalen mit einem verhaltensorientierten Ansatz und betrachten ausschließlich den deutschen Sprachgebrauch[47]. Demnach ist ein **Entrepreneur** ein Wirtschaftssubjekt mit folgenden Eigenschaften:

- Er entscheidet, ob, was und wie produziert wird. Er ist der letzte Entscheider. Er trifft exzeptionelle Entscheidungen, setzt sie durch und verantwortet sie. Er ist ein Macher – also eine Person, die eine Chance erkennt und anpackt.

- Er beeinflußt die Transformations- oder die Transaktionskosten in systematischer und entscheidender Weise.

- Er besitzt den höchsten Freiheitsgrad innerhalb einer abgegrenzten Organisation.

- Man findet Entrepreneure typischerweise unter der selbständigen Unternehmerschaft und besonders häufig bei den Unternehmensgründern. Man kann sie aber auch – mit einigen Abstrichen hinsichtlich der Freiheitsgrade – unter den Top Managern von Groß-Unternehmen oder von Non-Profit-Organisationen identifizieren und gegebenenfalls sogar in Politik und Verwaltung. Angehörige des mittleren Managements sind dagegen als Intrapreneure zu bezeichnen, falls sie unternehmerisch denken und

---

47 Im englischen Sprachgebrauch ist außer dem Wort „Entrepreneur" für den typischen KMU-Unternehmer kein anderer Begriff so gebräuchlich. Das verwirrt und verurteilt jeden Versuch einer international allgemeingültigen Definition im vornherein zum Scheitern.

1.3. Unsere Auffassung von Entrepreneurship

handeln und dies auch dürfen. Ein Entrepreneur muß demnach nicht zwingend Eigentum an einem Unternehmen besitzen.

- Sein Handeln ist sehr stark von dem Element des Neuen geprägt. Er ist ständig auf der Suche nach kreativen und innovativen Arbitragemöglichkeiten. Er muß ständig Wertsteigerungspotentiale erkennen und strukturieren können. Damit ist der Entrepreneur ein Suchender und ein Entdecker.
- Er besitzt eine hohe Urteilskraft und Entscheidungsfähigkeit. Er fühlt sich nicht unwohl in ungewissen, schlecht strukturierten Entscheidungssituationen.
- Er steht synonym für das Schaffen von Werten.
- Ein Entrepreneur bearbeitet Projekte mit einem begrenzten Zeithorizont. Er bildet dafür eine Zweckgemeinschaft der Produktionsfaktoren auf Zeit mit dem Ziel, die Wertschöpfung für sich als Bezieher des Residualeinkommens realisieren zu können.
- Da es relevant ist, **wer** eine Entscheidung im Unternehmen trifft, besitzt der Entrepreneur eine zentrale Rolle und ist für eine Wettbewerbswirtschaft unentbehrlich.
- Entrepreneur zu sein, ist ein Prädikat, das eine Person im Zeitablauf innehaben kann oder auch nicht.

Abschließend weisen wir erneut auf den Unterschied zwischen „Unternehmer" und „Entrepreneur" hin, um die Abgrenzung so deutlich wie möglich zu machen. **Unternehmer** ist jeder, der Eigentum an einem Unternehmen besitzt und dieses auch verantwortlich leitet. Er kann ein Entrepreneur sein – dieses Prädikat kann er sich erwerben, es aber auch wieder verlieren. Nicht jeder Entrepreneur ist ein Unternehmer, da ein Entrepreneur nicht zwingend an eine Unternehmensorganisation gebunden ist.

Mit vorstehenden theoretisch-konzeptionellen Abschnitten wollten wir das Verständnis davon fördern, was man unter Entrepreneurship versteht und was es als besonderes Prädikat ausmacht. Diese Basis ist unumgänglich, wenn man verstehen will, wie die Fähigkeiten gefördert und gelehrt werden können, die für ein erfolgreiches Entrepreneurship notwendig und hilfreich sind. Grob gesprochen geht es uns darum, Hilfestellung dabei zu leisten, „unternehmerisch" zu denken und sich bietende Chancen richtig einschätzen und realisieren zu können. Dafür ist es von zentraler Bedeutung, „richtig" entscheiden zu können. Deshalb wollen wir wichtige Grundlagen und ebenso einen Anreiz bieten, sich mit dem Trainieren der Entscheidungsqualität intensiv zu beschäftigen. Wäre dies so einfach, wie von ökonomischen Laien hartnäckig behauptet, und wären die situationsabhängigen Wirkungsketten in der unternehmerischen Realität bekannt, dann könnte eine Volkswirtschaft gezielt die für unternehmerische Aktivität notwendigen Grundeinstellungen, Eigenschaften, Kenntnisse und Fertigkeiten lehren und fördern. Dies ist aber offensichtlich nicht der Fall und die Suche nach geeigneten Stimulanzien unternehmerischer Aktivität wie auch das erst langsam einsetzende Umdenken hinsichtlich des akademischen Lehrangebots für eine Unternehmerausbildung zeigen den Handlungsbedarf.

Wir wollen mit diesem Buch die Erfolgswahrscheinlichkeit der Ideenumsetzung mittels unternehmerischen Wirkens erhöhen. Deshalb richtet sich dieses Buch auch an die, die durch die Zurverfügungstellung einer geeigneten Infrastruktur Einfluß auf die unternehmerischen Aktivitäten und ihre Erfolgspotentiale haben. Im Vordergrund unserer Betrachtungen hinsichtlich der für Entrepreneure relevanten Organisationen stehen Unternehmen wegen ihrer überragenden Bedeutung für das wirtschaftliche Geschehen und wegen der Tatsache, daß sie das bevorzugte Terrain für die Betätigung von Entrepreneuren sind. Dennoch beziehen wir auch andere für Entrepreneurship relevante Umfelder ein, indem wir zum Beispiel die infrastrukturellen Aufgaben des Staates in den Kapiteln 9 und 10 thematisieren.

1.4   Entrepreneure und Unternehmenserfolg

Was ist unternehmerischer Erfolg, wie mißt man ihn und wie kann man ihn gezielt herbeiführen? Was man im ersten Moment nicht glauben mag, wird einem bei genauerem Hinsehen schmerzlich bewußt: Die Ökonomie ist sich bei diesen zentralen Fragen immer wieder aufs Neue uneins auf der Suche nach allgemein akzeptierten Antworten, und die Bestimmungsgründe für Erfolg sind immer noch weitgehend ein Mysterium. Unzählige „Management-Bestseller" fanden Absatz, weil die Autoren mit immer wieder neuen genial einfachen Patentrezepten der Sorge und der Hilflosigkeit der wirtschaftlichen Entscheidungsträger das Wort redeten. Die theoretische Ökonomie hat ebenso wie die fachlich fundierte Betriebswirtschaftslehre in Sachen Popularität mitzuhalten. Da es die Seriosität verbietet, eine breite Leserschaft mit vermeintlichen Wundermitteln zu ködern, diese aber meist nur leicht verdauliche und praxistaugliche Kost vertragen, klafft seit jeher eine große Lücke zwischen „Theorie" und „Praxis". Umfassende **Denkzeuge** für die unternehmerische Realität in leicht verständlicher Schriftform zu schaffen, ist nicht gerade leicht für einen meist auf sein Fachgebiet reduzierten Betriebswirtschaftswissenschaftler und erschwerend kommt hinzu, daß es eine Formel für den unternehmerischen Erfolg nicht gibt. Es ist noch nicht einmal gelungen, notwendige und/oder hinreichende Erfolgsfaktoren zu identifizieren, und eine Wirkungsasymmetrie[48] der Einflußfaktoren erschwert dieses Problem zusätzlich. Wir kommen darauf auch in den Kapiteln 3 und 6 zurück.

---

48   Mit Wirkungsasymmetrie ist gemeint, daß oft das Vorhandensein eines bestimmten Erfolgsfaktors schon ausgereicht hat, ein Unternehmen – zumindest auf Zeit – erfolgreich zu machen. Das Fehlen dieses Faktors bei einem anderen Unternehmen muß aber nicht unbedingt dessen Mißerfolg bedeuten. Umgekehrt ist es analog: das Fehlen gewisser Einflußparameter kann bereits für einen Konkurs verantwortlich sein, jene bewirken aber nicht zwangsläufig Erfolg, wenn sie vorhanden sind.

1.4. Entrepreneure und Unternehmenserfolg

Für Unternehmer als die obersten Entscheidungsträger in ihrem Wirkungsumfeld bzw. in ihrer Organisation ist dies eigentlich ein trostloses Resümee. Obwohl sie und ihre Aufgaben gerade wegen ihrer exponierten Stellung eigentlich interessante Objekte der wirtschaftswissenschaftlichen Forschung sein müßten, kam die ökonomische Theorie nicht über das abwägende Erörtern der Natur und der Funktionen des Unternehmers hinaus. Wir haben das in Abschnitt 1.1 und Abschnitt 1.2 ausführlich dargestellt. Erschwerend zu bzw. ursächlich verbunden mit den fehlenden theoretischen Erkenntnissen kommt das insbesondere im deutschen Sprachraum herrschende Defizit an Datenmaterial zu Erfolgsfaktoren von Unternehmen und den Einflüssen von Unternehmern auf Verhalten und Erfolg ‚ihres' Unternehmens.

Was ist demnach zu tun? Wir wollen das Problem schrittweise angehen, indem wir zunächst das wichtigste Erfolgskriterium für Unternehmen – nämliche richtige Entscheidungen – in Verbindung bringen mit dem Wirtschaftssubjekt, das diese Entscheidungen trifft – in unserem Kontext also der Entrepreneur. Danach widmen wir uns den bisherigen Bemühungen der Forschung, den Entrepreneur und seine Eigenschaften bzw. Handlungsweise auf ihre Erfolgsrelevanz hin zu überprüfen. Schließlich legen wir unsere Definition für Unternehmenserfolg dar und skizzieren die prinzipiellen daraus resultierenden Anforderungen an den Entrepreneur.

Die Entwicklung eines Unternehmens ist die Abfolge der Konsequenzen der vom Unternehmen getroffenen Entscheidungen. Nach unserer Auffassung vom Entrepreneur ist dieser der oberste Entscheider im Unternehmen und trifft deshalb die den Rahmen und den Entwicklungskorridor des Unternehmens vorgebenden (strategischen) Entscheidungen. Der Entrepreneur ist somit die wesentliche Determinante des Unternehmensverhaltens. Wenn die Abfolge der Entscheidungen dem Unternehmen Erfolg beschert, dann beruht dieser Erfolg im wesentlichen auf dem Wirken des Entrepreneurs. Damit hängt der Unternehmenserfolg unmittelbar von der Qualität der Entscheidungen des Entrepreneurs ab. Nachdem wir nun in Abschnitt 1.3 dargelegt haben, daß eine zentrale Komponente des Entrepreneurs die Wertschöpfung ist, muß er also mit seinem Unternehmen Wert schaffen. Die Schaffung von Wert durch bzw. in einem Unternehmen ist für uns auch der Definitionsansatz für Unternehmenserfolg[49]. Ein Unternehmen ist erfolgreich, wenn es seinen Wert nachhaltig steigern kann. Da diese Wertsteigerung das Werk des Entrepreneurs ist, verdient er letztlich sein Prädikat nur, wenn er sein Unternehmen erfolgreich macht - also den Wert nachhaltig steigert. Entrepreneur nach unserer Auffassung kann ein Unternehmer somit nur sein, wenn er auch erfolgreich ist. Da Wertschaf-

---

[49] Ein subjektives Erfolgsverständnis, das vor allem bei „Owner-Managern" sehr häufig anzutreffen ist (und das maßgeblich auf Selbstverwirklichung abstellt) und zum Beispiel von HAMER (1988) ausführlich dargestellt und als Referenz für das Verständnis von Unternehmern vorgeschlagen wird, lehnen wir nachdrücklich ab. Auf dieser Basis ließe sich niemals ein umfassendes und übertragbares Denkzeug für Unternehmen entwickeln, lediglich Psychologen könnten Einzelfälle analysieren und gegebenenfalls Therapien vorschlagen. Ein verläßlicher Beurteilungsmaßstab für die grundsätzlich für alle Unternehmer unerläßliche Kapitalaufnahme wäre völlig illusorisch.

fung nahezu untrennbar mit Innovationen und Wachstum verbunden ist, sehen wir die Wertschaffung nicht als isoliertes Zusatzkriterium, sondern als fast zwangsläufige Konsequenz an. Die Qualität der Entscheidungen des Entrepreneurs ist das letztendliche Kriterium, das alle Teilkriterien für Entrepreneurship „rund macht". Versiegt der Erfolg, läßt also die Qualität der Entscheidungen nach oder werden Innovationen vernachlässigt, verliert der Entrepreneur sein Prädikat.

Entrepreneurship als dynamisches Handlungsprinzip „vorbildlicher" Unternehmer setzen wir also nicht implizit sondern explizit mit erfolgreicher Unternehmensführung gleich. Dies fordert aber, den Kreis der Personen, die das Prädikat „Entrepreneurship" verdienen, stark zu limitieren und nicht jeden Gründer oder jeden dynamischen Unternehmer mit guten Ideen und charismatischem Auftreten als Entrepreneur zu bezeichnen. Selbst wenn man von der beeindruckenden Zahl von im Durchschnitt fast 30.000 Unternehmenspleiten über die letzten fünf Jahre alleine in Deutschland absieht und sich nur auf die überlebenden Unternehmer konzentriert, ist es wenig sinnvoll, diese nur wegen der Tatsache des Überlebens bereits als erfolgreich zu bezeichnen. Würde man von erfolgreichen Unternehmen nur verlangen, daß sie Gewinne statt Verluste erzielen, kann man schätzungsweise bereits von mehreren hunderttausend erfolglosen Unternehmen ausgehen[50]. Diese Zahl wird noch erheblich größer, wenn man eine angemessene Mindestverzinsung des eingesetzten Kapitals – unter Einbeziehung von Risikoaspekten – fordern würde. Es gibt also – schon nach diesen verhältnismäßig weichen Kriterien – sehr viele erfolglose Unternehmen und damit auch erfolglose Unternehmer, die in dem Zustand der Erfolglosigkeit sicher nicht mehr das Prädikat „Entrepreneur" verdienen. LEIBENSTEIN (1968, 1978, 1987) geht sogar soweit, daß er im Rahmen der Anwendung seiner X-Effizienztheorie auf Unternehmer diese im Erfolgsfalle als außergewöhnlich begabt dafür bezeichnet, daß sie X-Ineffizienzen[51] vermeiden können (LEIBENSTEIN, 1978,

---

50 Leider existiert in Deutschland keine „Erfolgsstatistik von Unternehmen". Dennoch kann aus Untersuchungen der Deutschen Bundesbank zur Ertragslage ostdeutscher und westdeutscher Unternehmen aus den Dezil-Angaben geschlossen werden, daß ca. 25 % aller Unternehmen im Jahre 1995, das sind ca. 700.000 Unternehmen, eine negative Umsatzrendite hatten (siehe DEUTSCHE BUNDESBANK, 1998, S. 58). Speziell für Ostdeutschland liegen diese Zahlen sogar höher (ca. 35 %), hat doch das zweite Quartil eine durchschnittliche Umsatzrendite von 0,0 % im Jahre 1996 und 0,1 % im Jahre 1997 (siehe DEUTSCHE BUNDESBANK, 1999, S. 81). Auch die KREDITANSTALT FÜR WIEDERAUFBAU (1998, S. 9f. und 20f.) gibt die Streuung der Umsatzrendite über Quartilinformationen an. Daraus läßt sich folgern, daß in Westdeutschland vermutlich knapp unter 25 % und in Ostdeutschland gut über 25 % aller Unternehmen eine negative Umsatzrendite haben.

51 LEIBENSTEIN verwendet die Bezeichnung X-Effizienztheorie, weil er keinen besseren Ausdruck für die von ihm identifizierten X-Ineffizienzen finden konnte. Dabei handelt es sich um eine suboptimale Leistungserbringung von Individuen in einer Organisation, die daher rührt, daß aufgrund unvollständiger Verträge hinsichtlich der zu erbringenden Arbeitsleistung der Interpretationsspielraum durch die Individuen im Sinne eines Prinzipal-Agent-Problems ausgenutzt wird und somit die geforderte Arbeitsleistung zu einer Variablen des eigenen Ermessens gemacht wird. Eine suboptimale Ausnutzung der Produktionsfaktoren der Organisation ist die Folge. Diese Abweichung vom Optimum bezeichnet er als X-

S. 9f). Das heißt nichts anderes, als daß für LEIBENSTEIN Erfolg die Ausnahme und Mißerfolg die Regel ist. Hier zeigt sich erneut die Zweckmäßigkeit des Einschlusses von Wertschaffung in die Kriterien für Entrepreneurship, da sonst dieses Prädikat zu reiner Beliebigkeit ohne jeglichen Aussagewert verkommen würde. Erfolgreiches Entrepreneurship enthält nach unserer Auffassung also ein redundantes Adjektiv und wäre lediglich als zusätzliche Auszeichnung für besonders außergewöhnliche Erfolge verwendbar.

Den „Normalfall der Erfolglosigkeit" auszublenden oder im Zuge einer Gründereuphorie zu vernachlässigen, würde der komplexen Welt der unternehmerischen Aktivitäten nicht gerecht. Entrepreneurship birgt immer erhebliche Risiken[52], da Unternehmenserfolg niemals sicher vorhersagbar ist oder gar garantiert werden kann. Wäre dies nicht so, dann könnte man Unternehmenserfolg unfehlbar immer erreichen und er stünde jedem zu jeder Zeit offen. Damit wäre aber das Wettbewerbsprinzip nicht mehr gegeben und gerade das unternehmerische Element des dynamischen Durchsetzens risikobehafteter Neukombinationen wäre irrelevant – ja sogar unnötig und damit nicht mehr existent. Neuerungen stellen immer Chance und Gefahr gleichzeitig dar, und ein unternehmerisches Projekt kann damit auch fehlschlagen – das ist ein immanenter Bestandteil allen unternehmerischen Handelns und ein Grundprinzip unserer Wirtschaftsordnung. Somit muß der Unternehmer immer ambivalent gesehen werden: er kann erfolgreich und erfolglos sein. Ist er erfolgreich und verdankt dies nicht reinem Glück und erfüllt er auch die sonstigen oben skizzierten Anforderungen, erhält er das Prädikat Entrepreneur. Derart ausgezeichnete Individuen haben die Forscher seit jeher dazu verleitet, ihre besonderen Charakteristika zu identifizieren, um damit die Grundlage für die Reproduzierbarkeit ihres Erfolges zu legen. Diesen Aspekt, den wir schon in Abschnitt 1.2 mehrfach angerissen haben, wollen wir nun im folgenden vertiefen.

Die Frage nach dem Einfluß der Persönlichkeit auf den Erfolg wird kontrovers diskutiert. Angesichts des Zusammenwirkens vieler Faktoren kann eine Partial-Analyse, beispielsweise unter der Vernachlässigung der Umweltbedingungen, nur äußerst eingeschränkte Ergebnisse liefern. So hängt der Erfolg eines Unternehmensgründers sehr viel mehr mit den Handlungsmöglichkeiten und Handlungsstrategien als mit der Persönlichkeit zusammen, wohingegen die Entscheidung, Unternehmer zu werden, durch die Persönlichkeitsmerkmale stark geprägt wird[53]. Letztere zeigen eine erhöhte Leistungsmoti-

---

Ineffizienzen. Damit ist es auch nicht möglich, eine exakte Produktionsfunktion zu spezifizieren. Der Entrepreneur bei LEIBENSTEIN setzt nun genau bei diesen X-Ineffizienzen an, weil er als ein besonderer Produktionsfaktor diese zu beseitigen versucht.

52 Vgl. Kapitel 8.
53 Eine grundlegende Anmerkung ist an dieser Stelle angebracht: Die Entscheidung, Unternehmer zu werden, ist eine echte strategische Entscheidung, die viele Unternehmensforscher beschäftigt, bei uns aber gänzlich in den Hintergrund tritt. Dies liegt daran, daß man die Entscheidung, Entrepreneur zu werden, eben nicht treffen kann. Manche versuchen es zu werden, ob es aber gelingt, ist mehr als fraglich. Was Menschen also bewegt, unternehmerisch tätig zu werden, ist für uns nachrangig, da wir aus Unternehmern Entrepreneure machen wollen und damit „Gründungen" erleichtern und Unternehmenserfolg transparenter machen wollen. Wenn wir im folgenden also Umfeldfaktoren untersuchen, so nicht primär mit dem

vation, eine erhöhte Risikobereitschaft und eine erhöhte Toleranz gegenüber unklaren Situationen (siehe RAUCH und FRESE 1998, S. 10f). Von theoretischer Seite ist klar, daß es nicht nur einen Unternehmertyp gibt, sondern dieser nur im Zusammenhang mit den Umweltbedingungen, also einem Wechselspiel von Person, Strategie und Umwelt definiert werden kann. So müssen in der Regel ein Bauunternehmer oder ein Gastwirt extrovertiert sein, ein Softwareentwickler hingegen nicht.

In der Regel beruht der Unternehmenserfolg auf Persönlichkeitseigenschaften bzw. Humankapital (Wissen und Erfahrung), den Umweltbedingungen und den sich daraus ergebenden Strategien, wie dies in Abb. 1.1 dargestellt ist.

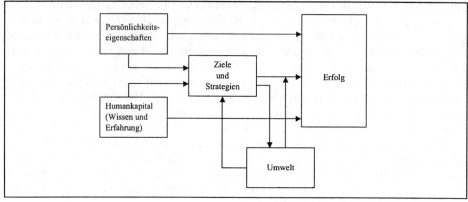

Abb. 1.1   Untersuchungszusammenhang (siehe RAUCH und FRESE, 1998, S. 28)

Nach einer Literaturübersicht in RAUCH und FRESE (1998, S. 5-34) sind die für den Erfolg wesentlichen Persönlichkeitseigenschaften die Leistungsmotivation, die internale Kontrollüberzeugung, eine mittlere bis geringe Risikobereitschaft, Selbstsicherheit, Innovationsbereitschaft und Eigeninitiative. Das Humankapital umfaßt neben der Ausbildung und Branchenerfahrung auch spezifische Fertigkeiten wie Management-Skills, Netzwerkfähigkeit, technisches Wissen und Eigeninitiative. Bei den Strategien, die in der Psychologie eher prozeßorientiert[54] und damit planerisch interpretiert werden, steht ein genauer Unternehmensplan und die Planung kritischer Schritte ganz oben, die reaktive Strategie erweist sich als ungünstig. Bei den Umweltbedingungen sind die Auswirkungen starken Wettbewerbs durchaus umstritten, neue und kleine Unternehmen haben

---

Ziel der Erhöhung der Unternehmerzahl, sondern viel mehr um die Komplexität, in der der Entrepreneur zu versinken droht, zu verringern. Gelingt das, so kann sich der Entrepreneur stärker auf das „bessere" Abschätzen der zukünftigen Realität, auf das Erkennen von Arbitragemöglichkeiten konzentrieren.

54   In der Betriebswirtschaft wird die Strategie in Anlehnung an PORTER (1986) eher inhaltlich interpretiert. Damit stehen dann Strategien zur Erreichung der Kostenführerschaft, der Produktdifferenzierung oder der Marktdifferenzierung (Nischenpolitik) im Mittelpunkt.

es jedoch schwerer, einen Erfolg aufzuweisen. Ein ähnliches Modell findet sich in HERRON und ROBINSON (1993, S. 290), das in seiner maximalen Ausbaustufe die Einflüsse auf den Erfolg noch weiter unterteilt und insbesondere den Erfolg als „Value Creation Performance" – also als Wertgenerierungsmeßgröße – operationalisiert. Vertieft wird der hier angeführte Zusammenhang zwischen Unternehmerpersönlichkeit, dessen Strategien, den Umweltbedingungen und dem Erfolg in den Kapiteln 3 und 6. An dieser Stelle wollen wir festhalten, daß eine Erfolgs(faktoren)analyse bei Unternehmern multidimensional zu sein hat. Uni- oder bivariate Analysen geben allenfalls erste Anhaltspunkte zur Modellierung. Der unternehmerische Erfolg ergibt sich aus dem Zusammenspiel von Persönlichkeit, Können, Erfahrungen und Fertigkeiten des Unternehmers, der Motivation zur Selbständigkeit, den Zielen und Strategien für das Unternehmen und den Umweltbedingungen.

Als Fazit folgt, daß wie auch in der Leadership-Forschung, die hinsichtlich der Ermittlung für den Erfolg relevanter Persönlichkeitsmerkmale keine stabilen oder nachhaltigen Erkenntnisse erzielen konnte, auch in der Unternehmerforschung keine notwendigen oder hinreichenden Erfolgsfaktoren auf der persönlich-verhaltensorientierten Ebene des Unternehmers nachgewiesen werden konnten [55].

Wie sollen nach dieser Erkenntnis dann aber Entrepreneure ausgebildet werden? Ihrer Qualifizierung kommt wegen ihrer exponierten Stellung als oberster Entscheider und zentraler Erfolgsfaktor für das Unternehmen derart hohe Bedeutung zu, daß auch ohne Kenntnis personaler charakterbasierter Erfolgsfaktoren ein Ausbildungsprogramm generiert werden muß. Bevor wir unseren eigenen Vorschlag für ein Lehrprogramm skizzieren und damit auch den Kontext für dieses Buch generieren, wollen wir im nächsten Abschnitt erarbeiten, welche Fähigkeiten prinzipiell lehrbar sind und welche Ansätze hierzu existieren.

1.5 Kriterien eines Entrepreneurship-Lehrprogramms

1.5.1 Ist Entrepreneurship lehrbar?

Die Ausbildung zum Entrepreneur beginnt mit der zentralen Frage, ob Entrepreneurship überhaupt erlernbar ist. Seit etwa 20 Jahren beschäftigen sich einige Autoren mit dieser

---

[55] Dieses Fazit findet sich in nahezu allen Werken, die sich mit der empirischen Erforschung des Unternehmers auseinandersetzen. Exemplarisch seien hier die Überblickswerke von SZYPERSKI und KLANDT (1981) und MÜLLER-BÖLING und KLANDT (1993) genannt. Siehe auch Kapitel 3.

Problematik, und sie wird trotz der langsam wachsenden Zahl von Lehrstühlen für Entrepreneurship sehr kontrovers diskutiert. Charakteristisch für das typischerweise einem Entrepreneur Eigene, das im SCHUMPETER'schen Prozeß ständig unvorhersehbar Neues hervorbringt, ist das Moving-Target-Problem – also die konstitutionelle Unfaßbarkeit dynamisch komplexer Phänomene[56].

Damit sehen einige Autoren bereits die Unmöglichkeit der Trainierbarkeit von Entrepreneurship. So hypothetisiert BAUMOL (1983, S. 30), daß eine bestimmte Aktivität, die konstitutionell das Entrepreneurship ausmacht, analytisch exakt geklärt und einer größeren Anzahl Studenten gelehrt werden könnte. Dann könnten diese mit diesem Wissen die geklärte Aktivität als festen Bestandteil ihres Repertoires anwenden. Damit wäre diese Aktivität Routine und nicht mehr ‚entrepreneurial' und somit hätten die Studenten nun eben doch keine Entrepreneurship-Eigenschaft erlernt. Die erstrebenswerte Eigenschaft bzw. das Wissen hätte sich also entwertet, indem sie/es erlernt wurde. „*To observe the subject is to make it disappear*" (BAUMOL, 1983, S. 30). Die analytische Faßbarkeit von Entrepreneurship und damit seine Lehrbarkeit sind also vor dem Hintergrund zu sehen, daß Entrepreneurship von seinem Charakter her keine Routine ist und auch kaum Routine-Elemente enthält. Vielmehr besteht es aus solchen – ökonomischen – Handlungen, die sich einer Standardisierung oder der Identifizierung systematischer und dauerhafter Bestandteile entziehen[57] (vgl. BAUMOL, 1983, S. 30). Folgende Elemente von „entrepreneurial activities" finden sich bei BAUMOL (1983, S. 30):

- das Üben der Vorstellungskraft,

- die Trennung von standardisierten Praktiken,

- die permanente Wahrnehmungsbereitschaft,

- das schnelle Erfassen neuer Gelegenheiten und

- die Nutzung innovativer Verfahrensweisen zum eigenen Vorteil.

Der Zusammenhang mit der ökonomischen Theorie ist hierbei nicht gerade offensichtlich, und ein Ausbildungsprogramm zum Erlernen bzw. Trainieren obiger Fähigkeiten läßt sich nicht aus den bekannten Bausteinen zum Beispiel eines Ökonomiestudiums zusammensetzen. Wir wollen außerdem nochmals darauf hinweisen, daß die Betrach-

---

56 Konstitutionelle Unfaßbarkeit bedeutet, daß dynamisch komplexe Phänomene prinzipiell von ihrer Natur und Beschaffenheit („Konstitution") her analytisch nicht erfaßt, durchdrungen und modelliert werden können. Die konstitutionelle Unfaßbarkeit resultiert bereits aus dem Zusatz ‚komplex', der bedeutet, daß die Zusammenhänge derart vielschichtig sind, daß sie in geschlossener funktionaler Form nicht dargestellt werden können. Dies kommt auch in dem Moving-Target-Problem zum Ausdruck, weil sich dynamisch komplexe Phänomene von ihrem analytischen Betrachter weg bewegen und nie wieder in derselben bereits als Ausschnitt beobachteten Form auftreten.

57 Die Ausführungen von BAUMOL ergänzen unsere Sichtweise, nach der keinesfalls hinreichende, sondern allenfalls verschiedene notwendige Bedingungssysteme für unternehmerischen Erfolg bzw. ‚Entrepreneurial Spirit' existieren.

tung des begrifflichen Problems in den vorangegangenen Abschnitten und die operationale Darlegung unserer Auffassung in Abschnitt 1.3 unabdingbar auch und gerade für die Entwicklung von Schulungsprogrammen für eine Ausbildung zum Unternehmer bzw. Entrepreneur ist. Der Versuch der Vermittlung von Fähigkeiten zur Führung eines Unternehmens und zur Wertschaffung mittels Entrepreneurship muß mißlingen, wenn die Besonderheiten dieser Verhaltensweisen, die sie von „normalem" ökonomischen Verhalten unterscheiden, nicht eindeutig und präzise geklärt und als Grundlagen für die Ausbildung verfügbar sind. Das Trainieren von Entrepreneurial Skills muß vor allem bei den von Entrepreneuren zu treffenden Entscheidungen in einem unsicheren und hochkomplexen Umfeld ansetzen. Das immer wieder aufs Neue zu praktizierende Erkennen und Ergreifen von Chancen auf Gewinn, die innovativen Neukombinationen von Produktionsfaktoren und das Schaffen von Wert als zentrale Elemente der Tätigkeit eines Entrepreneurs und damit seiner Ausbildung stellen im Idealfall Ausfluß eines überdurchschnittlichen Urteilsvermögens und einer Entscheidungsfreudigkeit dar, die mit einer hohen Qualität der Entscheidungen einhergehen. Die Entscheidungen des Entrepreneurs stehen im Vordergrund, seine Ausbildung muß die Entscheidungsfreude und die Entscheidungsqualität formen und fördern. So etwas ist möglich, aber nicht einfach.

Die deutsche wirtschaftswissenschaftliche Ausbildung ist auf Managementfunktionen in großen Institutionen ausgerichtet, so daß sie vom Zuschnitt her nur bedingt zur Vermittlung der unternehmerischen Grundqualifikationen geeignet ist. Es stehen nach wie vor klar strukturierte Entscheidungsprobleme im Vordergrund, und der Tiefgang im Fachwissen der Teildisziplinen hat Vorrang vor einer echten Interdisziplinarität, die die Souveränität des Individuums als Voraussetzung für echte Entscheidungsfreude gerade im Hinblick auf innovative Lösungen in unsicheren und hochkomplexen Umgebungen fördern könnte. Da Unternehmer-Entrepreneure die Gesamt- und Letztverantwortung für ein Unternehmen tragen und es führen müssen[58], sind sie die nicht mehr weiter weisungsgebundenen letztendlichen Entscheidungsträger. Dies unterscheidet sie von den meisten Managern, da nur die obersten Top-Manager eine vergleichbare – aber dennoch durch verschiedene Gremien stärker beschränkte – Entscheidungsfreiheit haben. Der Tiefgang in den speziellen Teildisziplinen der Betriebswirtschaftslehre, wie er in der klassischen Hochschulausbildung – für Manager – vermittelt wird, ist für einen Entrepreneur zwar nicht sinnlos, besitzt aber eine verminderte Priorität. Der Entrepreneur muß immer mehr ein Generalist oder Fachgeneralist denn ein Fachspezialist sein. Dem unausweichlichen Zwang zum Treffen exzeptioneller Entscheidungen sollte dadurch Rechnung getragen werden, daß mehr Zusammenhangswissen über die Wirkungsweise ökonomischer Prozesse in und für Unternehmen vermittelt wird und die Fähigkeit und Lust des Entscheidens gefördert wird. Deshalb halten wir die Klärung folgender Fragen durch die wissenschaftliche Forschung hinsichtlich der gezielten Entwicklung einer Entrepreneurship-Ausbildung für außerordentlich wichtig:

---

58 Dies ist auch bei kleinen Unternehmen eine besondere Anforderung, die fast immer – leider auch von den Leitern der Unternehmen – unterschätzt wird.

- Ergründung der Entscheidungsmechanismen bei Unternehmern bzw. Entrepreneuren: Sind diese signifikant anders als bei anderen Entscheidern? Haben beispielsweise Entrepreneure andere Heuristiken als Manager?

- Kann man durch Ausbildung und Training die Entscheidungsfreude und die Entscheidungsqualität – vor allem in hochkomplexen und unsicheren Umgebungen – nachhaltig steigern? Ist dies empirisch überprüfbar?[59]

- Wie läßt sich der Beitrag des Entrepreneurs zum Unternehmenserfolg identifizieren? Hierbei werden verschiedene notwendige Bedingungsgeflechte aus den Bereichen Persönlichkeitsmerkmale, Handlungsstrategien, mikrosoziales Umfeld etc. angesprochen.

- Ist es möglich, den Entrepreneur[60] in die Unternehmenstheorie – mithin in die Mikroökonomische Theorie – zu integrieren, um sicherzustellen, daß auch eine Prognosemöglichkeit hinsichtlich der zu erwartenden Wirkungen ausgehend von den Einzigartigkeiten der Spezies „Entrepreneur" gegeben ist?

Diese Fragen sind noch nicht geklärt. Heißt dies nun, daß eine Ausbildung zum Entrepreneur deshalb noch überhaupt nicht möglich ist? Wir sind der Meinung, daß trotz der bestehenden schmerzhaften Lücken in der Grundlagenforschung dennoch zahlreiche Ansatzpunkte existieren, um die ein Schulungsprogramm aufgebaut werden kann. Welche Fähigkeiten eines Entrepreneurs prinzipiell und welche bereits heute lehrbar sind, wollen wir im folgenden Abschnitt erarbeiten, in dem wir unter anderem eine Auswahl der existierenden Vorschläge für eine Entrepreneurship-Ausbildung vorstellen. Den geneigten Leser möchten wir erneut auf die unterschiedlichen Auffassungen von Entrepreneurship hinweisen. Bei fast allen vorhandenen Ausbildungskonzepten für Entrepreneure wird Entrepreneurship praktisch identisch gesehen mit Unternehmertum. Da dies bei uns nicht der Fall ist[61], steht bei uns demnach das charakteristische Element von Entrepreneurship im Vordergrund unserer Ausbildungskonzeption und dieses Buches.

---

59 Ein im deutschen Sprachraum auch in nicht-wissenschaftlichen Kreisen populär gewordenes Buch, das sich mit diesem Problem auseinandersetzt und ein Training vor allem durch die Simulation komplexer Entscheidungssituationen mittels Computerprogrammen vorschlägt, ist DÖRNER (1992).

60 Auch der Unternehmer ist noch nicht in die Unternehmenstheorie integriert. Gemäß unserer Begriffsfestlegung in Abschnitt 1.3 wäre dies eine Voraussetzung dafür, auch den Entrepreneur, der ja besonders häufig in Unternehmensorganisationen vorkommt, in eine solche Theorie einbetten zu können. Wir wollen uns aber weiterhin nach erfolgter Begriffsklärung auf den Entrepreneur beschränken, um durch Parallelverwendung der Begriffe „Unternehmer" und „Entrepreneur" keine unnötige und von uns selbst beklagte konzeptionelle Unklarheit zu erzeugen.

61 Vgl. unsere ausführliche Darstellung in Abschnitt 1.3.

1.5.2 Lehrbare Fähigkeiten eines Entrepreneurs

Bei der Schulung von Unternehmern bzw. im Rahmen der Ausbildung von Entrepreneuren werden generell lehrbare und nicht lehrbare Fähigkeiten unterschieden. Zum Beispiel gelten Eigenschaften wie Kreativität, Risikobereitschaft oder Innovativität als förderbar nicht jedoch als lehrbar. Man geht dabei davon aus, daß grundsätzlich nur Detail- und Strukturwissen lehrbar ist. Auf dieser Basis haben in den letzten 20 Jahren mehrere Autoren Vorschläge für die Ausbildung von Entrepreneuren entwickelt, die größtenteils ihren Ursprung in den USA haben. Eine nicht mehr ganz aktuelle Übersicht stammt von VESPER (1990), eine neueren Datums von SCHUBERT (1997). Als spezielle Beispiele seien genannt WILKIE und DEEKS (1973), VESPER (1982), SZYPERSKI und KLANDT (1990), die Planspiele für die Ausbildung einsetzen, WEIHE et al. (1991), WEIHE (1993), GRÜNER (1993), HISRICH (1993), LÜCK und BÖHMER (1994), RIPSAS (1997) und SCHUBERT (1997).

Die als erlernbar vermuteten Fähigkeiten und Fertigkeiten werden von SCHUBERT (1997, S. 6f) als „skills" bezeichnet. Er unterscheidet weiter in „technical skills" mit kaufmännischem und sonstigem technischen Wissen, „human skills" mit sozialen Fertigkeiten und „conceputal skills" mit der Fähigkeit zum analytischen, planerischen, strategischen und kreativen Denken. Ähnlich unterscheiden auch WILKIE und DEEKS (1973, S. 6ff und S. 24) sowie HISRICH (1993, S. 30), deren Ansätze hinsichtlich der lehrbaren Fähigkeiten[62] wir im folgenden gegenüberstellen. Die von uns in diesem Buch behandelten Themen sind mit einem „ja" gekennzeichnet.

---

62 In den von uns zitierten Quellen wird statt „lehrbare Fähigkeiten" der Terminus „erlernbare Fähigkeiten" verwendet.

Tab. 1.4 Erlernbare Entrepreneur-Fähigkeiten (Quelle: SCHUBERT 1997, S. 7)

WILKIE / DEEKS		HISRICH	
Enterpreneurial skills		**Technical skills**	
Innovation		Writing	
Risk Taking	ja	Oral Communication	
Tactical Planning		Monitoring Environment	
Negotiating		Technical Business Management	
Trouble Shouting		Technology	
Inter Personal Communication		Interpersonal	
		Listening	
		Ability to Organize	ja
		Network Building	
		Management Style	
		Coaching	
		Being a Team Player	
Administrative Skills		**Business Management Skills**	
Objective Setting	ja	Planning and Goal Setting	ja
Policy Formulation	ja	Decision Making	ja
Strategic Planning	ja	Human Relations	
Organisation	ja	Marketing	
Co-ordinating		Finance	ja
Formal Communications		Accounting	
Monitoring	ja	Management	ja
Stabilising		Control	ja
		Negotiation	
		Venture Launch	
		Managing Growth	
Common Managerial Skills		**Personal Entrepreneurial Skills**	
Decision Making	ja	Inner Control/Disciplined	
Problem Solving	ja	Risk Taking	ja
Information Processing		Innovative	
		Change Oriented	
		Persistent	
		Visionary Leader	

1.5. Kriterien eines Entrepreneurship-Lehrprogramms

Wir wollen im folgenden SCHUBERT (1997) näher betrachten, da er als relativ aktuelle Quelle den Stand zahlreicher Ansätze erfaßt und bewertet. Er stellt eine Synopse bestehender Konzepte dar und bietet einen umfassenden eigenen Ansatz. Allerdings steht bei SCHUBERT der Unternehmensgründer im Vordergrund, eine explizite Abgrenzung zu einem exakt spezifizierten „Entrepreneur" fehlt[63]. Wenn man die gründungsspezifischen Aspekte übergeht, bleibt aber ein Kern übrig, der als Gerüst auch für etablierte Unternehmer angesehen werden kann. SCHUBERT (1997, S. 40) faßt die Lernziele und Lerninhalte nach einer ausführlichen Diskussion der verschiedenen von ihm betrachteten Angebote anderer Autoren wie folgt zusammen. Die in diesem Buch abgehandelten Themen sind wiederum mit einem „ja" gekennzeichnet.

Tab. 1.5   Lernziele und -inhalte einer Entrepreneur-Ausbildung (Quelle: SCHUBERT 1997, S. 40)

1. Allgemeinwissen (Geschichte, Geographie, Politik, Soziologie, Philosophie, Anthropologie, Sprachen oder Kunst)	
2. Allgemeines Kaufmännisches Wissen	
• Wertschöpfung	ja
- Beschaffung	
- Produktion	
- Vertrieb (Marketing)	
• Unterstützende Aktivitäten	
- Finanzierung (Liquiditätsplanung, Kapitalbeschaffung)	ja
- Innerbetriebliche Organisation/Betriebsplanung	
- Planung (strategisch, operativ)	ja
- Rechnungswesen (Finanzbuchhaltung, Kostenrechnung, Controlling)	
- Investitionsplanung	ja
- Rechtliche und steuerliche Fragenkreise	ja

---

[63] Wie zu vermuten war, ist dies bei allen uns bekannten Ansätzen zu einer Ausbildung im Fach „Entrepreneurship" der Fall. Die Autoren gehen von einem meist nicht explizierten Verständnis von Entrepreneuren bzw. Unternehmern aus und versuchen demnach stets, ein relativ allgemein gehaltenes Ausbildungspaket zu schnüren. Da die Ausbildungskonzepte sowohl in deutscher wie auch in englischer Sprache formuliert sind, kommen hier auch wieder die sprachspezifischen Auffassungsunterschiede zum Tragen.

3. Gründungsspezifisches Wissen	
• Generierung von Geschäftsideen	ja
• Ideenschutz und Patente	ja
• Gründungsplanung und Machbarkeitsprüfung	ja
• Gründungsfinanzierung	ja
• Standortwahl	
• Rechtliche Fragen der Unternehmungsgründung	ja
• Steuerliche Fragen zur Unternehmungsgründung	ja
4. Hintergrundwissen zur Unternehmungsgründung	
• Volkswirtschaftliche und gesellschaftliche Auswirkungen von Unternehmertum	ja
• Unternehmungsgründung als Forschungsgebiet	ja
5. Gründungswichtige Fertigkeiten	
• Problemlösen und Entscheiden	ja
• Kreatives Denken	ja
• Selbständiges Lernen	ja
• Mitarbeiterführung	
• Verhandeln und Überzeugen	
• Präsentation	
• Networking	
• Streßbewältigung	
• Zeitmanagement	
6. Motivationale Lernziele	
• Leistungsmotivation	
• Risikobereitschaft	
• Zähigkeit	
7. Unternehmungsgründung in speziellen Branchen	ja
8. Unternehmungsgründung als Karrierealternative	
• Psychologische und sonstige Anforderungen an Unternehmer	
• Darstellung der unternehmerischen Aufgabe	ja
• Reduzierung des persönlichen Risikos (persönliche Versicherungen, Versicherungs- und Abgabenpflichten des Unternehmers für angestellte Mitarbeiter, betriebliche Versicherungen) und soziale Sicherung	ja

Als konzeptioneller Rahmen sind die vorgestellten Ansätze umfassend und sinnvoll, jedoch fehlt gerade bei den betriebswirtschaftlich-strategischen Themen der nötige Tiefgang. Positiv zu vermerken ist die Aufnahme von „Problemlösen und Entscheiden" als Ausbildungsbestandteil bei SCHUBERT. Selbst grundsätzliche Bemerkungen zu den weiteren Bestandteilen dieses Bausteins, beispielsweise Grundlagen menschlichen Handelns und Entscheidens, fehlen aber.

Uns geht es hier nicht um die Konzeption eines vollständigen Ausbildungsprogramms, da dieses den Rahmen dieses Buches sprengen würde. Vielmehr wollen wir im folgenden Abschnitt sinnvolle Ergänzungen und Akzentuierungen für eine Ausbildung zum Entrepreneur anbieten, die wir im weiteren Verlauf des Buches genauer thematisieren werden. Zusätzlich weisen wir noch auf häufig oder sogar immer vernachlässigte Ausbildungselemente hin, die wir im Laufe unserer Arbeit an Hochschulen, in der Ausbildung und in unserer praktischen Arbeit in unseren eigenen Unternehmen als für die Unternehmensführung – mithin für das „Treffen exzeptioneller Entscheidungen in einem hochkomplexen und unsicheren Umfeld" – als bedeutsam kennengelernt haben. „Wie man ein Unternehmen denken muß", der Untertitel dieses Buches, soll vermittelt werden. Dazu müssen viele Bereiche integriert werden, wobei diese teilweise nur in ihrer Struktur dargestellt werden können. Für die Vertiefung sei dann auf die umfangreiche Standardliteratur, die wir keinesfalls ersetzen wollen und können, verwiesen.

1.5.3 Sinnvolle Erweiterungen des Lehrprogramms für Entrepreneure

Aufgrund der Tatsache, daß in erster Linie Unternehmensgründer eine Ausbildung zu Entrepreneuren in Anspruch nehmen müssen, haben wir diesen Aspekt zusätzlich zu den grundlegenden Informationen im Rahmen der Kapitel 2 und 3 sowie auch im Kapitel 6 verarbeitet. Man sollte aber nicht übersehen, daß Geschäftspläne schon immer – explizit oder eben nur implizit – ein wesentlicher Bestandteil der Unternehmensplanung waren und keinesfalls auf Gründungspläne reduziert werden sollten. Außerdem haben wir in den Kapiteln 11 und 12 viele Fakten zusammengestellt, die zwar für Gründer besondere Relevanz besitzen, aber ebenso für etablierte Entrepreneure und Unternehmen hilfreich und bisweilen auch neu sein dürften. Neben der Vermittlung des gründungsspezifischen Wissens und der Wissenserweiterung zu den volkswirtschaftlichen Wirkungen der Unternehmensgründungen und der Unternehmensgründungsforschung ist es uns ein besonderes Anliegen, die Fertigkeiten des Problemlösens und Entscheidens, das kreativ-strategische Denken und Handeln sowie die bewußte Einschätzung des Risikos und den richtigen Umgang damit zu fördern. Mit der Auswahl der Themen in den Kapiteln 5, 6 und 8 tragen wir diesem in besonderer Weise Rechnung. Daß die Schaffung von Wert unser genereller Erfolgsmaßstab und insbesondere der für Entrepreneure ist, kommt ebenso explizit zum Ausdruck wie die Grundlagen und Zusammenhänge seiner Berechnung.

Wir sind grundsätzlich der Ansicht, daß es für den Erfolg von Entrepreneuren lediglich hilfreiche und teilweise lehrbare Grundqualifikationen gibt, die mit den Abstrichen der angesprochenen empirischen Überprüfungsprobleme und der Wirkungsasymmetrie bestenfalls als notwendig, keinesfalls aber als hinreichend für Erfolg anzusehen sind. Solche Kernelemente einer Entrepreneur-Ausbildung vereinfachen es für den Träger, unternehmerisch tätig zu sein. Wie „gut" ein Entrepreneur sein wird und wieviel Erfolg er haben wird, läßt sich nur schwer vorhersagen. Das für Entrepreneurship als charakteristisch angesehene analytisch unfaßbare kreative Element, das immanent evolutorischen Charakter hat, zeigt sich erst während der unternehmerischen Tätigkeit und bei unterschiedlichen Individuen im Zeitablauf in unterschiedlichen Ausprägungen. Talente können eigentlich erst „on the job" entdeckt werden bzw. sich selbst als solche entdecken. Es wird in einer analytischen Disziplin wie der Ökonomie oft unterstellt, daß man mit Fleiß in der Ausbildung sowie dem Beherzigen erlernbarer Regeln und Routinen das Fingerspitzengefühl von Ausnahmetalenten wettmachen kann. Das ist zwar im Prinzip richtig, doch wie wir bereits mehrfach angesprochen haben, ist Entrepreneurship eben gerade dadurch gekennzeichnet, daß es nicht aus festen Regeln besteht, die jedermann erlernen kann. Wie BAUMOL (1983, S. 30) dargelegt hat, gäbe es dann kein Entrepreneurship mehr. Der Leser sollte sich also bewußt sein, daß Verhalten im Sinne eines kreativen und innovativen Entrepreneurship zwar trainierbar jedoch wegen der konstitutionellen Unfaßbarkeit dynamisch komplexer Phänomene nicht vollständig erlernbar ist.

Wir sind der Auffassung, daß eine Ausbildung zum Entrepreneur außer den meist im Grund-studium an Hochschulen vermittelten Basisinhalten eines wirtschaftswissenschaftlichen Studiums vor allem die nachfolgend beschriebenen zentralen Elemente enthalten sollte. Wir beschränken uns in diesem Buch auf die von der ökonomischen Profession zu vermittelnden Qualifikationen und lassen persönlichkeitsorientierte Aspekte wie zum Beispiel Rhetorik oder Motivationstraining außen vor. Die von uns in diesem Buch behandelten Aspekte sind mit einem „ja" gekennzeichnet.

1.5. Kriterien eines Entrepreneurship-Lehrprogramms

Tab. 1.6   Lerninhalte einer Entrepreneur-Ausbildung (Quelle: eigene Darstellung)

Ökonomische Unternehmenstheorie und Neue Theorie der Unternehmung	(ja)
Grundkenntnisse und Überblick zu den Ansätzen für eine Unternehmer-Theorie bzw. eine Theorie des Entrepreneurship	ja
Handlungstheorie	ja
Entscheidungstheorie, Entscheidungsheuristiken	ja
Erkenntnisse der Erfolgsfaktorenforschung	ja
Strategische Unternehmensplanung	ja
Risikomanagement	ja
Wertorientierte Unternehmensführung	ja
Beispielhafte Branchenstudien und volkswirtschaftliche Hintergrundinformationen	(ja)
Wettbewerbsanalysen, Analyse des relevanten Marktes	(ja)
Verfahren der Informationsrecherche und -auswertung zu komplexen Problemen (inklusive Grundkenntnisse in multivariaten statistischen Analyseverfahren)	
Investition und Finanzierung	ja
Vertiefungen in den betriebswirtschaftlichen Teildisziplinen Marketing, Beschaffung, Logistik, Produktion	
Erstellung von Business-Plänen bzw. Projekt-Plänen	ja
Führungsinformationssysteme auf Kennzahlenbasis	
Auslandspraktika, Case Studies, Gruppeninteraktionen mit Führungsaufgaben	
Simulationen und Planspiele als Training komplexer Entscheidungen	
Zeitplanung, Selbstmanagement	
Gesprächsführung, Verhandlungsführung	
Personalauswahl und –führung	
Zentrale rechtliche Aspekte im Rahmen der Führung von Unternehmen	ja
Staatliche Förderung	ja
Verwaltung als Teil des unternehmerischen Prozesses	ja

1.5.4 Leseanleitung

Folgende „Entrepreneur-Prototypen" schlagen wir als Identifikationshilfe vor:

1. Der **Gründungsentrepreneur**: Er muß in der Realität des Marktes unter Beweis stellen, daß er das Potential zum erfolgreichen Unternehmer – zum Entrepreneur – besitzt. Für ihn ist das gesamte Buch Pflichtlektüre, da es als umfassendes Kompendium zur persönlichen Qualifikation dient. Steht er noch in der ökonomischen Gründungsplanung, so kann er die Kapitel zu den kommunalen und rechtlichen Aspekten aufschieben. Er sollte sie aber spätestens dann studieren, wenn die Wahl der Rechtsform ansteht, Verträge gestaltet werden müssen, Patente oder Gebrauchsmuster benötigt werden oder die Wahl eines Standorts explizit getroffen werden muß.

2. Der etablierte mittelständische Eigentümer-Entrepreneur: Sein Bestreben muß es sein, Entrepreneur zu bleiben. Die gesellschafts- und arbeitsrechtlichen Fragestellungen sind weitgehend gelöst, dagegen sind für ihn das Finden von erfolgversprechenden strategischen Geschäftsperspektiven, die nachhaltig starke Positionierung im Markt und das explizite Risikomanagement von zentraler Bedeutung (Kapitel 4, 5, 6, 8). Die Auffrischung des Wissens um die Erfolgsfaktoren von Gründern (Kapitel 3) – neue Produkte können stets als eigenständige, „zu gründende" Projekte verstanden werden – hilft gegen betriebsbedingtes aus etablierten Routinen resultierendem „Scheuklappendenken". Für neue Produkte beziehungsweise innovative marktorientierte Projekte sind das Kapitel 2 über die Brancheneinschätzung anhand von Statistiken zu Gründungen und Insolvenzen und die Abschnitte über Unternehmenskäufe, Patente und Gebrauchsmuster sowie das zur Produkthaftung (11.3, 12.2, 12.3) hilfreich.

3. Der etablierte mittelständische Manager-Entrepreneur (mit Ambitionen auf unternehmerischer Verantwortung): Für ihn gelten die Hinweise unter 2. analog. Zusätzlich sollte er sich aber im Hinblick auf in Erwägung gezogene MBOs und MBIs die Frage stellen, ob das betreffende mittelständische Unternehmen in Bezug auf seine Finanzierung richtig strukturiert ist und welche Änderungen sinnvoll wären. Hierfür sind dann die Kapitel zur Finanzierung und zur öffentlichen Förderung relevant (Kapitel 7, 9 sowie Abschnitt 3.2).

4. Der Manager im Großunternehmen mit Entrepreneurial Spirit: Für ihn wird es immer wichtiger, sich intensiv in die Denkstrukturen eines Eigentümer-Entrepreneurs versetzen zu können. Dies ist die Grundlage für die anzustrebende Kombination der jeweiligen Vorteile von Klein- und Großunternehmen. So verspricht die Flexibilität kleiner Einheiten – diese gebildet aus den umfangreichen Humanressourcen eines Großunternehmens – gepaart mit der (Finanz-) Kraft des letzteren besonderen Erfolg bei der Etablierung und Durchführung innovativer Projekte. Wir raten zu einem Leseprogramm wie unter 2., gegebenenfalls ergänzt um die Erörterung von Standortfragen (Kapitel 9, 10). Die Mobilität von Betriebsteilen aus Großunternehmen ist erfahrungsgemäß weitreichender als die von familienbezogenen mittelständischen Unter-

1.5. Kriterien eines Entrepreneurship-Lehrprogramms

nehmen, wodurch erstere den Anteil am Unternehmens- bzw. Projekterfolg, der auf der Ausschöpfung der Potentiale durch Standortveränderungen beruht, leichter realisieren können und auch sollten. Auch die rechtlichen Aspekte von Unternehmenskäufen (Abschnitt 11.3) können in diesem Zusammenhang relevant werden.

5. Der schumpetersche Finanzier: Um seinen Unternehmenserfolg sicherzustellen, nämlich die Maximierung der Rendite des in vielversprechende und wachsende Unternehmen investierten Kapitals bei akzeptablen Risiko, sollte er die Entrepreneure verstehen, die er finanziert. Im Fokus stehen dabei die Fragen von Markt- und Risikoeinschätzung (Kapitel 2, 6, 8) und gegebenenfalls die Wahl eines Standorts mit geeigneter Infrastruktur und hilfreichen Netzwerkstrukturen sowie bestmöglicher Förderung (Kapitel 9, 10). Die Inhalte aus der Venture Capital Finanzierung (Kapitel 7) dürften bekannt sein.

6. Der dynamische Standortförderer: Er sollte das Ziel seiner Arbeit – nämlich die Anwerbung und Betreuung von Entrepreneuren als die zentralen wirtschaftlichen Standortfaktoren – aus deren Blickwinkel strukturieren und beurteilen. Damit ist es unabdingbar, den Entrepreneur nicht nur in seiner unternehmerischen Dynamik (Kapitel 2, 4, 6), sondern auch in seinen Beschränkungen zu verstehen, weshalb auch die Rechtskapitel besondere Bedeutung erlangen (Kapitel 11, 12). Die Standortkapitel (Kapitel 9, 10) sollten als Arbeitsbasis und „Handwerkszeug" des Standortförderers vorausgesetzt werden können; er möge sie deshalb überschlagen.

Für unser Anliegen ist es von besonderer Bedeutung, ein „Denkzeug" für die Verbesserung der Qualität der Entscheidungsfindung zu vermitteln. Da wir vor allem Strukturwissen als lehrbar betrachten, bieten wir in den folgenden Kapiteln die theoretische Ausgangsbasis dafür an, **„ein Unternehmen denken"** zu können. Über diese für jedes umfassende Verständnis von Unternehmen und Unternehmenserfolg unverzichtbare und in der Literatur bisher so nicht verfügbare Konzeption hinaus findet der Leser für seine eigenen Entscheidungen auch eine Fülle konkreter praktischer Handlungsanleitungen für ein erfolgreiches Entrepreneurship. Außerdem sind das Buch und die Kapitel so aufgebaut, daß eine Nutzung als Nachschlagewerk sowohl für den Einsteiger als auch für den erfahrenen Praktiker unterstützt wird. Wir hoffen außerdem, daß es uns mit diesem Buch als Ganzes gelingt, die Entscheidungsfreude gerade in hochkomplexen und unsicheren Entscheidungsumfeldern zu fördern und beim Leser „Lust auf Entrepreneurship" zu wecken.

1.6 Literatur

Acs, Zoltan J., Audretsch, David B., 1993, Small Firms and Entrepreneurship. Cambridge, University Press.

Alchian, Armen A., Demsetz, Harold, 1972, Production, Information Costs and Economic Organization. In: The American Economic Review, 62. Jg., Nr. 5, S. 777-795.

Barreto, Humberto, 1989, The Entrepreneur in Microeconomic Theory. London/NewYork, Routledge.

Baumol, William J., 1983, Towards Operational Models of Entrepreneurship. In: Ronen, Joshua (Hrsg.), Entrepreneurship. Massachusetts-Toronto, Price Institute for Entrepreneurial Studies, Lexington.

Baumol, William J., 1993, Formal entrepreneurship theory in economics: existence and bounds. In: Journal of Business Venturing, No. 8, S. 197-210.

Blanchflower David, Oswald, Andrew, 1990, What makes a young entrepreneur? Discussion Paper. London School of Economics.

Cantillon, Richard, 1755/1931, Essai sur la nature du commerce en générale. Deutsche Übertragung von Hella Hayek: Abhandlung über die Natur des Handelns im Allgemeinen. Sammlung sozialwissenschaftlicher Meister, hrsg. Von Heinrich Waentig, Band 35, Jena.

Casson, Mark, 1982, The Entrepreneur. Oxford, Martin Robertson.

Casson, Mark, 1985, Entrepreneurship. In: Kuper Adam, Kuper Jessica (Hrsg.). The Social Science Encyclopedia. London-Boston-Henley, Routledge & Kegan, Paul, S. 256-257.

Casson, Mark, 1987, Entrepreneur. In: Eatwell, John, Milgate, Murray, Newman, Peter (Hrsg.). The New Palgrave – A Dictionary of Economics. Band 2. London/New York/Tokio, S. 151-153.

Casson, Mark (Hrsg.), 1990, Entrepreneurship. Hants/England, Brooksfield/Vermont.

Covin, Jeffrey G.; Slevin, Dennis P., 1991, A Conceptual Model of Entrepreneurship as Firm Behavior. In: Entrepreneurship Theory and Practice, S. 7-25.

Deutsche Bundesbank, 1998, Methodische Grundlagen der Unternehmensbilanzstatistik der deutschen Bundesbank, Monatbericht 10/98, S. 51-67.

Deutsche Bundesbank, 1999, Ertragslage und Finanzierungsverhältnisse ostdeutscher Unternehmen im Jahre 1997, Monatbericht 7/99, S. 75-89.

Donckels, Rik; Miettinen, Asko (Hrsg.), 1990, New Findings and Perspectives in Entrepreneurship. Aldershot-Brooksfield.

Dörner, Dietrich, 1992, Die Logik des Mißlingens. Reinbek, Rowohlt.

1.6. Literatur

Frese, M., 1998, Erfolgreiche Unternehmensgründer: Psychologische Analysen und praktische Anleitungen für Unternehmer in Ost- und Westdeutschland, Verlag für angewandte Psychologie, Göttingen u.a.

Gabler-Wirtschaftslexikon, 1984, Band 6 U-Z. Wiesbaden, 11. Auflage, S. 1770.

Gartner, William B., 1989, Asking 'Who is an entrepreneur?' is the Wrong Question. In: Entrepreneurship Theory and Practice, S. 47-68.

Gartner, William B., 1990, What are we talking about when we talk about entrepreneurship? In: Journal of Business Venturing, No.5, S. 15-28.

Grüner, Herbert, 1993, Entrepreneurial Learning - Ist eine Ausbildung zum Unternehmertum möglich? In: ZfBW, 89. Jg., Heft 5, S. 485-509.

Hamer, Eberhard, 1988, Wie Unternehmer entscheiden. Motive und Verhalten mittelständischer Firmenchefs. Landsberg/Lech, mi-Poller Verlag Moderne Industrie.

Hauschildt, Jürgen, Gemünden, Hans-Georg, Grotz-Martin, S., Haidle, U., 1983, Entscheidungen der Geschäftsführung. Tübingen.

Hébert, Robert F., Link, Albert N., 1988, The Entrepreneur. New York, Praeger.

Hébert, Robert F., Link, Albert N., 1989, In Search of the Meaning of Entrepreneurship. In: Small Business Economics, Heft 1, S. 39-49.

Herron, Lanny, Robinson, Richard B. Jr., 1993, A structural Model of the effects of entrepreneurial characteristics on venture performance. In: Journal of Small Business Venturing, 8. Jg., Heft 3, S. 281-294.

Heuss, Ernst, 1965, Allgemeine Markttheorie, J.C.B. Mohr (Paul Siebeck), Tübingen.

Hills, Gerald E., 1984, Entrepreneurship Education in the United States. In: Albach, Horst, Held, Thomas (Hrsg.): Betriebswirtschaftslehre mittelständischer Unternehmen, S. 782-795.

Hisrich, R., 1993, Toward an organization model for entrepreneurship education. In: Klandt, H., Müller-Böling, D. (Hrsg.). Internationalizing Entrepreneurship Education and Training, Köln und Dortmund, S. 16-41.

Hisrich, Robert D., Peters, Michael P., 1992, Entrepreneurship – Starting, Developing and Managing a New Enterprise. 2. Auflage, Boston, IRWIN.

Hornby, A. S., 1974, Oxford Advanced Learner's Dictionary of Current English. Oxford University Press.

Jensen, Michael C., Meckling, William H., 1976, Theory Of The Firm: Managerial Behavior, Agency Costs And Ownership Structure. In: Journal of Financial Economics 3, North-Holland Publishing Company, S. 305-360.

Kent, Calvin A., Sexton, Donald L., Vesper, Karl H. (Hrsg.), 1982, Encyclopedia of Entrepreneurship. New Jersey, Prentice-Hall, Englewood Cliffs.

Kirchhoff, Bruce A., 1991, Entrepreneurship's Contribution to Economics. In: Entrepreneurship Theory and Practice, Vol. 16, S.93-112.

Kirzner, Israel M., 1978, Wettbewerb und Unternehmertum, J.C.B. Mohr (Paul Siebeck), Tübingen.

Kirzner, Israel M., 1983, Die Zentrale Bedeutung Unternehmerischen Entdeckens. Vortrag vor dem Kolloquium des Instituts für Wirtschaftspolitik am 24. Januar 1983, S. 207-224.

Kirzner, Israel M., 1983b, Entrepreneurs and the Entrepreneurial Function. In: Ronen, J. (Hrsg.), 1983, Entrepreneurship. Massachusetts-Toronto, Lexington, Price Institute for Entrepreneurial Studies, S. 281-290.

Klandt, Heinz, 1980, Die Person des Unternehmensgründers als Determinante des Gründungserfolgs (Personal attributes of new business owners as a determinant of success). In: Betriebswirtschaftliche Forschung und Praxis, No. 4, S. 321-335.

Klandt, Heinz, 1984, Aktivität und Erfolg des Unternehmensgründers. Eine empirische Analyse unter Einbeziehung des mikrosozialen Umfeldes (The activities and achievements of new business owners: an empirical analysis concerning the micro-social context). Bergisch Gladbach, Eul Verlag.

Knight, Frank H., 1921, Risk, Uncertainty and Profit. New York, Houghton, Mifflin Co.

Kreditanstalt für Wiederaufbau, 1998, Befriedigende Eigenkapitalausstattung, schwache Ertragslage – Neuere Entwicklungen der Bilanzdaten ostdeutscher Unternehmen, in: KfW-Beitrage zur Mittelstands- und Strukturpolitik, Nr. 3, Februar 1998, Frankfurt/Main, URL: http://www.kfw.de/DE/Research/Mittelstnd99/NeueBundes.jsp, 07.05.01.

Langenscheidt, 1988, Langenscheidts Handwörterbuch Englisch-Deutsch. Neubearbeitung 1988, 1. Auflage. Berlin-München.

Leibenstein, Harvey, 1968, Entrepreneurship and Development. In: American Economic Review, 58, S. 72-83.

Leibenstein, Harvey, 1978, General X-Efficiency Theory and Economic Development. New York-London-Toronto.

Leibenstein, Harvey, 1987, Entrepreneurship, Entrepreneurial Training and X-Efficiency Theory. In: Journal of Economic Behavior and Organization 8), S. 191-205.

Lück, Wolfgang, Böhmer, Annette, 1994, Entrepreneurship als wissenschaftliche Disziplin in den USA. In: ZfbF, 46. Jg., Heft 5, S. 403-420.

Marshall, Alfred, 1890, Principles of Economics. London.

Mill, John Stewart, 1848/1965, Principles of Political Economy (Originalwerk 1848). Hrsg.von J.M. Robson, Toronto, 1965.

Müller-Böling, Detlef, Klandt, Heinz, 1993, Unternehmensgründung. In: Hauschild, Jürgen, Grün, Oskar. Auf dem Weg zu einer Realtheorie der Unternehmung - Ergebnisse empirischer betriebswirtschaftlicher Forschung, Stuttgart, S. 135-178.

Plaschka, Gerhard, 1986, Unternehmenserfolg. Eine vergleichende empirische Untersuchung von erfolgreichen und nicht erfolgreichen Unternehmensgründern. Wien, Service-Fachverlag der Wirtschaftsuniversität.

Porter, Michael. E., 1986, Wettbewerbsvorteile. Frankfurt a. M.

Rauch, A, Frese, M., 1998, Was wissen wir über die Psychologie erfolgreichen Unternehmertums? – Ein Literaturüberblick. In: Frese, M., (Hrsg.), S. 5-34.

Ripsas, Sven, 1997, Entrepreneurship als ökonomischer Prozeß. Wiesbaden, Gabler, DeutscherUniversitätsVerlag.

Ronen, Joshua (Hrsg.), 1983, Entrepreneurship. Massachusetts-Toronto, Price Institute for Entrepreneurial Studies, Lexington.

Say, Jean Baptiste, 1803/1971, A Treatise of Political Economy or the Production, Distribution and Consumption of Wealth (Originaltitel: Traité d'économie politique). New York, 1971.

Schaller, Armin, 1998, Grundlagen einer ökonomischen Unternehmertheorie. Vorlesungsskript zum Zyklus „Entrepreneurship in Politik und Wirtschaft" an der Universität Dresden.

Schneider, Dieter, 1995, Betriebswirtschaftslehre. Band 1: Grundlagen. München/Wien, Oldenbourg.

Schoppe, Siegfried G. (Hrsg.), 1995, Moderne Theorie der Unternehmung. München/Wien, Oldenbourg.

Schubert, R., 1997, Lernziele für Unternehmungsgründer. Eul Verlag, Lohmar, Köln.

Schumpeter, Joseph A., 1911/1934/1964, Theorie der wirtschaftlichen Entwicklung. 6. Auflage von 1964. Unveränderter Nachdruck der 1934 erschienenen 4. Auflage. Berlin, Duncker & Humblot.

Schumpeter, Joseph A., 1934, The Theory of Economic Development. Cambridge/Mass.

Sexton, Donald L., Smilor, Raymond W. (Hrsg.), 1986, The Art and Science of Entrepreneurship. Cambridge, Massachusetts.

Stevenson Howard H., Roberts, Michael J., Grousbeck, H. Irving, 1994, New Business Ventures and the Entrepreneur. 4. Auflage, Boston: IRWIN.

Szyperski, N., Klandt, Heinz, 1981, The Empirical Research on Entrepreneurship in the Federal Republic of Gemany. In: Vesper, K. H. (Hrsg.). Frontiers of Entrepreneurship Research. Proceedings of the 1981 Conference on Entrepreneurship at Babson College, Wellesley.

Szyperski, N./Klandt, H., 1990, Diagnose und Training der Unternehmerfähigkeit mittels Planspiel. In: Szyperski, N., Roth, P. (Hrsg.). Entrepreneurship - Innovative Unternehmensgründung als Aufgabe. Stuttgart, S. 110-123.

Vesper, Karl. H. (Hrsg.), 1981, Frontiers of Entrepreneurship Research. Proceedings of the 1981 Conference on Entrepreneurship at Babson College, Wellesley.

Vesper, Karl H., 1982, Research on education for entrepreneurship. In: Encyclopedia of Entrepreneurship. Edited by Kent, Calvin A., Sexton, Donald L., Vesper, Karl H., Prentice-Hall, Inc., Englewood Cliffs, New Jersey 07632, S. 321-351.

Vesper, Karl. H., 1990, Summary of Entrepreneurship Education Survey. Universität von Washington.

Wallis, J.J., North, D.C., 1986, Measuring the Transaction Sector in the American Economy, 1870-1970. In: Engerman, S.L., Gallman, R.E. (eds.), 1986, Long-Term Factors in American Economic Growth. Vol. 51 of the Income and Wealth Series, Chicago, University of Chicago Press, 95-161.

Weihe, Hermann J., Klenger, Franz, Plaschka, Gerhard /Reich, Frank-Reiner, 1991, Unternehmerausbildung – Ausbildung zum Entrepreneur. Eine Studie zur Situation der Aus- und Weiterbildung von Unternehmensgründern, FGF Entrepreneurship-Research Monographien Band 2, Förderkreis Gründungs-Forschung Köln-Dortmund.

Weihe, Hermann J., 1993, Entrepreneuship-training as an integral part of an engineering education at the Fachhochschule Lüneburg. In: Internationalizing Entrepreneurship Education and Training: proceedings of the IntEnt'92 Conference, hrsg. von Klandt, Heinz, Müller-Böling, Detlef, Köln/Dortmund: Förderkreis Gründungs-Forschung, S. 178-184.

Welzel, Burkhard, 1995, Der Unternehmer in der Nationalökonomie. Untersuchungen zur Wirtschaftspolitik. Band 101, hrsg. vom Institut für Wirtschaftspolitik an der Universität zu Köln.

Wieandt, Axel, 1994, Die Theorie der dynamischen Unternehmerfunktionen. In: WiSt, Heft 1, Januar 1994, S. 20-24.

Wilkie, R., Deeks, J., 1973, The training and development of small firm owner-managers and managers. Bradford.

Frank Leibbrand

2. Unternehmensgründungen und -insolvenzen

2.1 Einordnung in das Entrepreneurship

Als Lösung zur Überwindung der Arbeitsmarktkrise wird häufig angeführt, Deutschland benötige mehr Unternehmer und weniger Arbeitnehmer. Der Staat habe dafür Sorge zu tragen, daß sich das Unternehmertum reibungslos entfalten könne. Damit stellt sich die Frage, ob die institutionellen Arrangements tatsächlich den Engpaß für Gründungen, wobei wir hierunter nicht nur die Existenzgründungen, sondern eigentlich alle in Unternehmen ausgelagerten, neuen Projekte verstehen, darstellen. Es erscheint daher sinnvoll, zunächst einen Überblick über die Fakten des Gründungs- und Insolvenzgeschehens zu geben. Insbesondere wird dem Entrepreneur und seinem Umfeld dadurch die Gründerdynamik und die dadurch bewirkten Veränderungen, beispielsweise der Branchenstruktur oder der Rechtsformenzusammensetzung, bekannt. Im Sinne des Entrepreneurs als „human being of superior judgement" ist für den Gründer natürlich wichtig, das Wirken der volkswirtschaftlichen Rahmenbedingungen auf die Unternehmensdynamik zu kennen.

Hierbei soll nicht verschwiegen werden, daß die Gründungsdynamik in zweifacher Hinsicht wirkt. Zum einen wollen alle Gründer neuen Wert schaffen und können so Entrepreneure werden, und zum anderen treiben die Markteintritte auch bestehende Unternehmer an, so daß auch diese einen Anreiz haben, Entrepreneure zu sein bzw. zu werden. Das pure Gründungsgeschehen ist also nur eine Facette des Entrepreneurships, wobei auch die Kenntnisse hierüber in mehrfacher Hinsicht eingesetzt werden können. Zunächst einmal ist natürlich die Objektivität der zugrunde liegenden Dynamik für jede Entscheidung, gleichgültig ob sie seitens der Wirtschaftspolitik oder seitens der Unternehmer getroffen wird, wichtig. Die daraus abgeleiteten Risikoprofile der einzelnen Branchen treiben dann wiederum den Strukturwandel an, was sich dann auch in den

Erfolgsfaktoren in der Gründungsforschung in Kapitel 3, die ohne diese Datengrundlage undenkbar wäre, niederschlägt.

Ziel dieses Beitrages ist nicht, potentiellen Gründern Mut zur (vor)schnellen Gründung zu machen, sondern ganz im Sinne einer kritischen Wissenschaft den Lebenszyklus von Unternehmen zu beleuchten und die Bedeutung des Gründungsgeschehens als einen möglichen Aspekt des Entrepreneurships herauszuarbeiten.

Die kritische Sicht des Wissenschaftlers mahnt vor einer Überstrapazierung statistischer Ergebnisse. Insbesondere zur Überwindung der Arbeitsmarktkrise wird angeführt, Deutschland benötige mehr Unternehmer und weniger Arbeitnehmer. Verschiedenste (politische) Akteure sind damit beschäftigt, Initiativen zur Förderung der Unternehmensgründungen zu starten. Darunter fallen beispielsweise die Entrepreneurship-Ausrichtungen an Universitäten oder Überbrückungshilfen der Arbeitsämter an Arbeitslose, falls diese ein (tragfähiges) Unternehmen gründen. Auch das steigende Volumen des Venture Capitals in Deutschland, welches teilweise mit Unterstützung der Länder hervorgebracht wird, ist ein Indiz hierfür. Als Grundlage wird oft die sowohl im historischen als auch im internationalen Vergleich geringe Selbständigenquote[64] angeführt. Was sagen hierzu die Zahlen?

---

64 Problematisch und nicht zu lösen bleibt jedoch die Messung der Selbständigen. So gründen typische Selbständige schon mal eine GmbH und fallen dann nicht mehr unter die Selbständigen. Ungeachtet dieser Problematik wird im folgenden anhand von OECD-Daten die Frage nach einer zu niedrigen Selbständigenquote in Deutschland beantwortet.

2.1. Einordnung in das Entrepreneurship

Tab. 2.1 Selbständigenquote in verschiedenen Ländern (Quelle: OECD, 1998)

Land	Deutschland		Frankreich	Großbritannien		USA		Kanada		Japan	
Jahr	SQ-CE D	SFQ-CE D	SQ-CE F	SQ-CE UK	SFQ-CE UK	SQ-CE USA	SFQ-CE USA	SQ-CE CA	SFQ-CE CA	SQ-CE J	SFQ-CE J
1960	12,7%	22,8%	30,7%	7,5%	7,5%	13,8%	16,1%	17,2%	17,2%	22,7%	46,6%
1961	12,4%	22,3%	29,9%	7,3%	7,3%	13,8%	16,0%	17,3%	17,3%	21,9%	44,9%
1962	12,0%	21,5%	28,9%	7,2%	7,2%	13,2%	15,3%	16,6%	16,6%	21,0%	43,1%
1963	11,8%	20,8%	27,8%	7,1%	7,1%	12,6%	14,5%	16,1%	16,1%	20,7%	41,8%
1964	11,4%	20,0%	26,7%	7,0%	7,0%	12,3%	14,2%	15,6%	15,6%	20,3%	40,6%
1965	11,1%	19,4%	25,9%	6,8%	6,8%	11,8%	13,6%	14,4%	14,4%	19,9%	39,2%
1966	11,1%	19,1%	25,2%	6,7%	6,7%	11,1%	12,7%	13,0%	13,0%	19,5%	37,9%
1967	11,3%	19,2%	24,6%	7,2%	7,2%	9,6%	11,1%	12,9%	12,9%	19,7%	37,6%
1968	11,0%	18,8%	24,0%	7,3%	7,3%	9,3%	10,7%	12,2%	12,2%	19,7%	37,0%
1969	10,6%	17,8%	22,7%	7,6%	7,6%	9,2%	10,5%	12,0%	12,0%	19,7%	36,4%
1970	10,2%	16,9%	21,6%	7,8%	7,8%	8,9%	10,2%	11,6%	11,6%	19,2%	35,0%
1971	9,8%	15,9%	20,7%	8,4%	8,4%	8,9%	10,2%	11,4%	11,4%	18,7%	33,3%
1972	9,6%	15,3%	19,9%	8,3%	8,3%	8,7%	9,9%	10,7%	10,7%	18,5%	32,3%
1973	9,4%	14,8%	19,1%	8,2%	8,2%	8,5%	9,7%	9,9%	9,9%	18,4%	31,1%
1974	9,3%	14,4%	18,5%	8,1%	8,1%	8,6%	9,6%	9,9%	9,9%	18,3%	30,4%
1975	9,3%	14,2%	18,2%	8,1%	8,1%	8,7%	9,7%	8,4%	9,8%	18,0%	30,0%
1976	9,1%	13,6%	17,8%	8,0%	8,0%	8,4%	9,3%	8,3%	9,7%	17,7%	29,4%
1977	8,8%	13,0%	17,4%	7,8%	7,8%	8,4%	9,3%	8,6%	9,9%	17,6%	29,3%
1978	8,7%	12,7%	17,2%	7,7%	7,7%	8,4%	9,2%	8,9%	10,2%	17,8%	29,6%
1979	8,5%	12,2%	17,0%	7,6%	7,6%	8,5%	9,3%	8,8%	10,2%	17,6%	29,1%
1980	8,5%	11,9%	16,8%	8,1%	8,1%	8,7%	9,4%	8,6%	9,7%	17,2%	28,1%
1981	8,5%	11,8%	16,7%	8,8%	8,8%	8,7%	9,4%	8,4%	9,6%	16,9%	27,5%
1982	8,7%	11,8%	16,4%	9,2%	9,2%	8,9%	9,6%	8,8%	9,9%	16,7%	27,1%
1983	8,9%	11,8%	16,2%	9,5%	9,6%	9,1%	9,7%	9,1%	10,2%	16,4%	26,4%
1984	8,9%	11,8%	16,1%	11,3%	11,4%	8,9%	9,4%	9,3%	10,3%	15,9%	25,7%
1985	9,0%	11,6%	16,0%	11,5%	11,5%	8,7%	9,1%	9,3%	10,2%	15,8%	25,4%
1986	8,9%	11,5%	15,8%	11,5%	11,5%	8,5%	8,9%	8,9%	9,7%	15,6%	24,9%
1987	8,9%	11,3%	15,6%	12,4%	12,4%	8,6%	8,9%	9,0%	9,7%	15,5%	24,8%
1988	8,9%	11,2%	15,4%	12,6%	12,6%	8,6%	9,0%	9,0%	9,6%	15,1%	24,2%
1989	8,9%	11,1%	14,9%	13,3%	13,3%	8,5%	8,9%	8,8%	9,3%	14,6%	23,3%
1990	8,9%	10,8%	13,3%	13,3%	13,3%	8,5%	8,8%	9,1%	9,6%	14,1%	22,3%
1991	8,2%	9,7%	12,9%	13,0%	13,0%	8,7%	9,0%	9,4%	9,9%	13,5%	21,2%
1992	8,5%	9,9%	12,6%	13,3%	13,3%	8,4%	8,7%	9,6%	10,0%	13,1%	20,2%
1993	8,8%	10,2%	12,3%	13,1%	13,1%	8,5%	8,8%	10,1%	10,7%	12,6%	19,1%
1994	9,2%	10,6%	12,0%	13,5%	14,1%	8,7%	8,8%	10,5%	10,9%	12,3%	18,6%
1995	9,2%	10,6%	11,6%	13,5%	14,0%	8,4%	8,5%	10,2%	10,7%	12,1%	18,3%
1996	9,2%	10,6%	11,4%	13,1%	13,6%	8,3%	8,4%	10,9%	11,3%	11,8%	17,7%

SQ-CE ist dabei definiert als der Quotient aus Selbständigen und zivilen Erwerbspersonen und SFQ-CE als der Quotient aus der Summe von Selbständigen und mithelfenden Familienangehörigen zu den zivilen Erwerbspersonen. Für Frankreich sind nur die Zahlen zu den Selbständigen vorhanden.

Vergleicht man nun die Selbständigenquoten mit mithelfenden Familienangehörigen (siehe auch die folgende Abbildung), so fällt lediglich Japan mit einer außerordentlich hohen Rate aus dem Rahmen. Die USA markieren im Jahr 1996 mit 8,4 % den niedrigsten, Japan mit 17,7 % den höchsten Stand. Über die Zeit ist jedoch ein Konvergenzprozeß zu beobachten, bei dem sich Deutschland im Mittelfeld bewegt. Es scheint also doch eher so zu sein, daß die Art des Unternehmenszweckes die Organisationsform (Rechtsform, Größe, ...) international einheitlich beeinflußt.

Der Anteil der mithelfenden Familienangehörigen nimmt stetig ab. Nimmt man die USA bezüglich der annähernden Vollbeschäftigung als Vorbild, so wird unmittelbar klar, daß eine hohe Selbständigenquote weder eine notwendige noch eine hinreichende Bedingung sein kann, d.h. kein Garant für Vollbeschäftigung ist. Es kommt vielmehr darauf an, wie erfolgreich die selbständigen Unternehmer sind, d.h. wie lange sie überleben und wieviel Beschäftigung dort entsteht. Deshalb soll im folgenden auch das Gründungs- und Insolvenzgeschehen und in Kapitel 3 die empirische Gründungsforschung detailliert betrachtet werden.

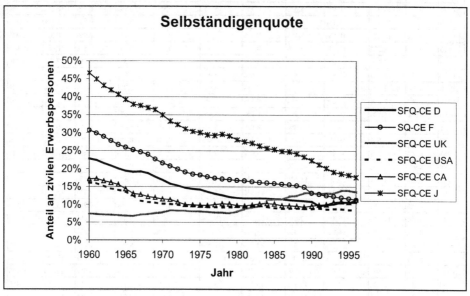

Abb. 2.1 Selbständige und mithelfende Familienangehörige zu zivilen Erwerbspersonen in verschiedenen Ländern (Quelle: OECD, 1998)

2.2 Unternehmensgründungen in den 90er Jahren – die Dynamik in nackten Zahlen

2.2.1 Das Fehlen einer Gründerstatistik oder die Suche nach der richtigen Datenbasis

Statistische Daten über Gründungen oder gar Existenzgründungen gibt es in Deutschland nicht. Informationen über die quantitative Entwicklung von Unternehmensgründungen und -liquidationen sind jedoch eine wichtige Voraussetzung für die Beurteilung der Vitalität und der Funktionsfähigkeit der Märkte und des Strukturwandels. Wo könnte man nun fündig werden?

Die Statistik der Erwerbstätigen eignet sich nicht als Gründungsstatistik, da sie eine Personen- und keine Betriebsstatistik ist. Ein Teil der Erwerbstätigen gibt im Rahmen des Mikrozensus teilweise eine zweite Erwerbstätigkeit an. Die Auffassung über die Erwerbstätigkeit, ob freiberuflich oder abhängig, obliegt der befragten Person. Eine Berücksichtigung der jeweiligen Arbeitsstätte erfolgt indessen nicht.

Häufig wird auch die Umsatzsteuerstatistik als Gründungsstatistik empfohlen. Diese Statistik hat sicherlich viele Vorzüge, die sie zu einer Gründungsstatistik qualifizieren könnte. Sie beruht auf der Auswertung monatlicher und vierteljährlicher Voranmeldungen, zu der diejenigen Unternehmer verpflichtet sind, deren Umsatz über 32.500 DM und deren Steuer über 1.000 DM im Jahr beträgt. Sie enthält allerdings nicht die Unternehmen mit Kleinstumsätzen[65], niedriger Umsatzsteuerschuld, die nahezu ausschließlich steuerfreie Umsätze tätigen bzw. bei denen keine Steuerzahllast entsteht (z.B. niedergelassene Ärzte und Zahnärzte ohne Labor, Behörden, Versicherungsvertreter, landwirtschaftliche Unternehmen), oder nicht-ganzjähriger Tätigkeit. Außerdem ist nicht jeder Zugang eines Unternehmens eine selbständige Gründung. Ein Großteil der Zu- und Abgänge spiegelt die Konjunkturschwankung von Unternehmen mit Umsätzen um die aktuelle Freistellungsgrenze wider. Auch die Scheinunternehmertätigkeit, bei der private Transaktionen aus steuerlichen Gründen in ein Unternehmen ausgelagert werden, und die Gründungen durch juristische Personen, beispielsweise im Zuge einer Restrukturierung der Unternehmensform, sind in den Zahlen enthalten. Außerdem bildet sie die Freien Berufe nur unvollkommen ab und enthält keine Angaben über Selbständige, die nicht-umsatzsteuerpflichtigen Tätigkeiten nachgehen (z.B. Versicherungswirtschaft). Insofern würde die Umsatzsteuerstatistik das Gewerbean- und -abmeldegeschehen unterschätzen.

---

65 Nicht in die Umsatzsteuerstatistik einbezogen waren Steuerpflichtige mit Jahresumsätzen von bis zu DM 8.500 (1958 – 1960), DM 12.500 (1961 – 1966, höhere Grenzen galten ab 1950 für freie Berufe und Handelsvertreter), DM 12.000 (1968 – 1978), DM 20.000 (1980 – 1989), DM 25.000 (1990 – 1995) und DM 32.500 (seit 1996).

Ob dadurch das Existenzgründungsgeschehen über- oder unterschätzt wird, kann freilich nicht beantwortet werden.

Häufig werden zur Beurteilung des Gründungsgeschehens die An- und Abmeldungen des Gewerbe- und Handelsregisters herangezogen. Diese berücksichtigen nur meldepflichtige Betriebe (Betriebszwecke). Nicht eingetragen sind die freiberuflichen Selbständigen (Rechtsanwalt, Architekt, Arzt, Wirtschaftsprüfer, Notar, wissenschaftliche, künstlerische und schriftstellerische Tätigkeit) und die Urproduktion (Land- und Forstwirtschaft, Fischerei, Garten- und Weinbau, Bergbau). Deshalb sind die Zahlen zum Gründungsgeschehen in den Gewerberegistern um rund ein Viertel zu erhöhen. Von 1984 bis 1992 wurden die Zahlen für Westdeutschland aus den Gewerbemeldungen von Bayern, Berlin, Hessen, Niedersachsen, Nordrhein-Westfalen, Rheinland-Pfalz und Saarland hochgerechnet. Von 1993 bis 1995 kam Baden-Württemberg hinzu, so daß dadurch 92 % aller Unternehmen repräsentiert werden. Seit 1996 werden die Gewerbemeldungen bundesweit einheitlich erfaßt und aufbereitet, wobei nun Berlin-West zu Ostdeutschland gerechnet wird.

Die Zahlen der Gewerbeanzeigenstatistik beinhalten neben den selbständig-originären Gründungen und Stillegungen auch unselbständige Gründungen und Stillegungen, also neugegründete oder geschlossene Zweigbetriebe (siehe hierzu insbesondere Fußnote 74), Scheinanmeldungen sowie Nebenerwerbs- und Erweiterungsgründungen. Das Institut für Mittelstandsforschung (IfM Bonn), welches das Markteintritts- und das Marktaustrittsgeschehen auf der Basis beobachteter Gewerbemeldeaktivitäten auf Bundeslandebene und empirischer Erhebungen schätzt, geht deshalb davon aus, daß die Gewerbemeldezahlen um ca. 30 % gekürzt werden müssen, um die wirklichen Neugründungen zu ermitteln. Trotz dieser Hochrechnungen ist die Aussage der IfM-Gründungsstatistik eingeschränkt, fehlen doch die freien Berufe und derivative Existenzgründungen (Übernahmen). Weitere Nachteile (im Vergleich zu einer eigenständigen Gründerstatistik) bestehen darin, daß das Material nicht alle Angaben enthält, die es erlauben würden, Überlebensquoten, Beschäftigungs- und Umsatzwirkungen des Gründungsgeschehens, Geschlecht des Gründers und ähnlich wichtige Fragen zu beantworten.

STRUCK (1999) zeigt am Beispiel des Saarlandes für das Jahr 1985, zu welchen unterschiedlichen Ergebnissen die Gewerbeanmeldungen und die Umsatzsteuerstatistik kommen können. Die Zugangsmeldungen in der Umsatzsteuerstatistik bewegen sich auf einem Niveau von knapp 50 % der Gewerbeanmeldungen. Nimmt man noch hinzu, daß davon nicht alle eine (selbständig-originäre) Existenzgründung sind, so liegt der prozentuale Anteil noch darunter. STRUCK setzt ihn mit 40 % an, wohingegen das Institut für Mittelstandsforschung im gleichen Jahr in der Bundesrepublik lediglich eine Korrektur auf ca. 72 % vornimmt. Das BMWi berichtete Anfang des Jahres 2000 die Gewerbemeldedaten für die ersten drei Quartale von 1999, nach der auf 591.000 Anmeldungen 161.000 „echte" Neuerrichtungen kommen, die wirtschaftliche Substanz besaßen, d.h. sie waren entweder in ein Register oder die Handwerksrolle eingetragen oder beschäftigten wenigstens einen Arbeitnehmer. Demzufolge müßte also eine Korrektur auf 34 %[66] erfolgen[67].

2.2.2 Gründungsturbulenzen: Gewerbean- und -abmeldungen

Das Gründungsgeschehen, welches den An- und Abmeldungen bei den Gewerbe- und Handelsregistern entnommen wurde, ist äußerst turbulent. Zunächst ist es jedoch wichtig zu wissen, wie die Statistik zustande kommt. Teilweise werden zur Beurteilung des Gründungsgeschehens nur Unternehmen mit mehr als 20 Mitarbeitern berücksichtigt, teilweise werden sie auch der Umsatzsteuerstatistik entnommen. Bei letzteren werden alle Unternehmen/Betriebe berücksichtigt, deren Umsatz mehr als 32.500 DM beträgt, die also umsatzsteuerpflichtig waren.

Statistiken, die auf den Gewerbe- und Handelsregistereinträgen beruhen, berücksichtigen nur meldepflichtige Betriebe (Betriebszwecke)[68]. Dabei wird bei einer Gewerbeanmeldung sowohl die vollkommene Neugründung als auch die Übernahme eines bestehenden Gewerbes als auch der Eintritt von neuen Gesellschaftern als auch die Änderung der Rechtsform als auch der Zuzug aus einem anderen Meldebezirk erfaßt. Bei den Gewerbeabmeldungen werden die entsprechenden Pendants berücksichtigt. Die Gewerbeummeldung erfaßt die Änderung oder Erweiterung der wirtschaftlichen Tätigkeit oder eine Verlegung innerhalb des Meldebezirks[69].

Zusätzlich zur Eintragung ins Gewerberegister muß sich jeder Inhaber eines vollkaufmännischen Gewerbebetriebes ins Handelsregister eintragen lassen. Ein Gewerbebetrieb erfordert eine kaufmännische Betriebsweise, wenn zur Wahrung der Übersichtlichkeit eine doppelte Buchführung erforderlich ist[70]. Als Faustregel kann gelten, daß ein Unter-

---

66 Im Durchschnitt sind ca. 80 % der Anmeldungen Neuerrichtungen, so daß gilt 161.000/(0,8*591.000)=0,34.
67 Es bleibt freilich offen, ob in allen Branchen und bei allen Rechtsformen eine Korrektur auf 34 %, d.h. eine Proportionalität zu den reinen Meldezahlen, richtig ist.
68 Ins Gewerberegister muß sich jeder eintragen lassen, sobald er gewerblich aktiv werden will (bzw. wird), unabhängig davon, ob es sich dabei um den Betrieb einer Hauptniederlassung oder einer Zweigniederlassung oder einer unselbständigen Zweigstelle handelt (zur Unterscheidung siehe Fußnote 74 und LEINER, 2001). Ein Gewerbe ist dabei jede erlaubte selbständige, planmäßige, auf Dauer und Gewinnerzielung angelegte Tätigkeit mit Ausnahme der wissenschaftlichen, künstlerischen, lehrenden, heilenden und rechtsberatenden sowie solcher Tätigkeiten, die nach der Verkehrsauffassung nicht als Gewerbe gelten (z.B. Eheanbahnung). Kein Gewerbe anmelden müssen Selbständige der freien Berufe und der Urproduktion, weshalb – wie bereits oben erwähnt – die Zahlen zum Gründungsgeschehen in den Gewerberegistern um rund ein Viertel zu erhöhen sind.
69 Detaillierte Ausführungen findet man in LEINER (2001).
70 Wesentliche Kriterien dafür sind Vorhandensein von Bank- und Postscheckverkehr, Ver-

nehmen mit einem jährlichen Handelsumsatz von über 300.000 DM oder einem Dienstleistungsumsatz von über 150.000 DM in der Regel zwecks übersichtlicher Geschäftsführung vollkaufmännischer Einrichtungen bedarf und somit eintragungsfähig und ab einer Größenordnung von etwa 500.000 DM Jahresumsatz auch eintragungspflichtig ist. Sinken die Umsätze nachhaltig unter diese Größenordnung ab, ist der Kaufmann umgehend im Interesse der Wahrheit des Registers verpflichtet, das Erlöschen seiner Firma (nicht die Beendigung seines Geschäftsbetriebs!) zur Eintragung in das Handelsregister anzumelden. Im Gegensatz zu den natürlichen Personen bedarf die GmbH nicht der Voraussetzungen, daß sie ein Gewerbe betreibt und einen in kaufmännischer Weise eingerichteten Geschäftsbetrieb erfordert. Sie muß stets in das Handelsregister eingetragen werden, um ihre Rechtsfähigkeit zu erlangen.

Das Handelsregister ist ein öffentliches Verzeichnis, das beim jeweiligen Amtsgericht geführt wird und von jedermann eingesehen werden kann. Dies stellt einen grundlegenden Unterschied zum Gewerberegister dar. Die darin enthaltenen Daten dürfen nur auszugsweise an verschiedene im § 14 Abs. 5 ff GewO genau bezeichnete Institutionen in genau definiertem Umfang[71] weitergegeben werden. Gemäß § 149 GewO wird beim Bundeszentralregister ein Gewerbezentralregister geführt, in dem vor allem die Entscheidungen von Verwaltungsbehörden einzutragen sind, aus welchen die Untersagung einer Ausführungserlaubnis eines Gewerbes oder Leitung eines Betriebes eines bestimmten Bewerbers hervorgeht. So kann von der Genehmigungsbehörde leicht die Vorlage von Versagungsgründen der Gewerbeerlaubnis des Antragstellers überprüft werden.

Handwerksbetriebe werden sowohl in die Handwerksrolle als auch in das Gewerberegister eingetragen. Unter einem Handwerksbetrieb versteht man dabei gemäß § 1 Abs. 2 HwO einen Gewerbebetrieb, der handwerksmäßig betrieben wird und vollständig oder in wesentlichen Tätigkeiten ein Gewerbe umfaßt. Als Beispiele für handwerksmäßige Gewerbe kann man u.a. Maurer, Zimmerer, Dachdecker, Maler, Schneider, Glaser, Friseure, Bäcker und Kfz-Mechaniker als kleine Auswahl angeben.

Auch nach LEINER (2001) sind die Aussagen zum Gründungsgeschehen auf der Basis der Gewerbeanzeigen mit hoher Unsicherheit behaftet. So kann der Anteil der Neugründungen mit wirtschaftlichem Potential nicht genau identifiziert werden. Die Gewerbeanmeldung ist lediglich eine Absichtserklärung und ein einmaliger Akt, bei dem eine spätere Überprüfung oder Erfolgskontrolle nicht stattfindet. Außerdem sind nicht alle Gründungen anmeldepflichtig, was zu einer Unterschätzung führt.

Für die Beurteilung des Gründungsgeschehens sind gerade Informationen über die wirtschaftlich relevanten, tatsächlichen Gründungen und Stillegungen und deren Auswirkungen auf den Arbeitsmarkt und die Wirtschaftsstruktur von Interesse. Die Angaben

---

bindlichkeiten und Forderungen größeren Umfangs, Kreditverkehr sowie Umsatz, Gewerbekapital und Zahl der Beschäftigten in größerem Umfang.

71 Zumeist beschränkt es sich auf Name, betriebliche Anschrift und angezeigte Tätigkeit des Gewerbetreibenden.

über originäre Gründungen, d.h. bisher nicht existenter und nun tatsächlich wirtschaftlich aktiver Neugründungen, sowie über endgültig aus dem Markt ausscheidende Betriebe, die als tatsächliche Stillegungen gelten, lassen sich jedoch in den Meldebögen nicht direkt identifizieren. So können teilweise aus den Angaben im Gewerbemeldebogen unmittelbar die Fälle, bei denen es sich nicht um originäre Gründungen handeln kann, von den Neuerrichtungen getrennt werden. Dies trifft auf die Fälle von Inhaberwechseln, Verlegungen des Unternehmenssitzes, Änderungen der Rechtsform oder Gesellschafterein- oder -austritte zu, für die explizite Identifizierungsmerkmale in den jeweiligen Meldebögen existieren. In der Summe führt dies zu einer erheblichen Überschätzung der Anmeldungen, wohingegen die Um- und Abmeldungen aufgrund von Erfassungslücken stark unterschätzt werden (siehe hierzu insbesondere LEINER, 2001).

Als wirtschaftlich bedeutende Neugründungen, eine sogenannte „Echte Neuerrichtung", wird eine Gewerbeanmeldung eingestuft, sobald im Gewerbemeldebogen entweder eine Gesellschaftsform angegeben ist oder die Beschäftigung von Arbeitnehmern geplant ist oder ein Rollen bzw. Registereintrag vorliegt. Auswertungen für das Bundesland Baden-Württemberg zeigen, daß die Anteile der „Echten" und „Sonstigen Neuerrichtungen" einerseits regional zwischen einzelnen Landkreisen und andererseits zwischen einzelnen Wirtschaftszweigen stark schwanken (vgl. DREHER, 1999).

Insgesamt wird das Gründungsgeschehen bei Verwendung der Gewerbeanmeldedaten erheblich überzeichnet, da zum einen Meldungen vorgenommen werden, die letztlich nicht zu einer Gründung führen und zum anderen auch andere Motive einer Gewerbeanmeldung existieren, die eine Identifizierung tatsächlicher Gründungen erschweren wie beispielsweise Scheingründungen, Auslagerung (Scheinselbständigkeit), Nebenerwerb oder Mehrfachnennungen. BRÜDERL et al. (1996, S. 74) beziffern den Anteil der Scheingründungen an den Gewerbeanzeigen für Oberbayern mit 20 %. Dieses Ergebnis kann aber nicht generell auf andere Regionen übertragen werden. HARHOFF und STEIL (1997, S. 20) schätzen den Anteil der Scheingründungen für Ostdeutschland auf deutlich über 20 %, da die hohe finanzielle Förderung neuer Unternehmen einen weiteren Anreiz zur Anmeldung von Scheingewerben bietet. Bezüglich der Scheinselbständigkeit werden in der Literatur Zahlen von bis zu 1,5 Millionen Scheinselbständigen für das Bundesgebiet genannt. Das IAB schätzt die Anzahl der Scheinselbständigen dagegen auf 179.000 (BDA, 1997, S. 1).

LEINER (2001) untersucht die Qualität der Gewerbeanzeigen der Stadt Regensburg aus dem Jahr 1998. Es wurden insgesamt 1.485 Gewerbeanzeigen abgegeben, davon 1.134 Neuerrichtungen eines Betriebes, 262 Übernahmen eines bestehenden Betriebes, 67 Verlegungen aus einem anderen Meldebezirk und 21 Gesellschaftereintritte. Insgesamt wurden 1.066 Betriebe neu errichtet, 232 übernommen, 60 verlegt und 19 Betriebe nahmen neue Gesellschafter auf. Die Zuordnung zu den Wirtschaftsbereichen ist äußerst unsicher, selbst die Einteilung in Industrie, Handel, Handwerk und Sonstiges hat einen Zuordnungsfehler zwischen 25 % und 50 %.

Zur Beurteilung der Qualität der Typisierung und einer Verwendung von Neuerrichtungen als Gründungsindikator erfolgte eine Überprüfung aller Neuerrichtungsmeldungen durch einen Besuch vor Ort. Die Einteilung in „Echte" (31 %) und „Sonstige Neuerrichtungen" ist zwar insgesamt mit einer Qualitätsverbesserung verbunden, dennoch existiert selbst unter den „Echten Neuerrichtungen" eine nicht unerhebliche Fehlerquote (siehe nachfolgende Tabelle). So sind davon lediglich bei 56,5 % der Betriebe noch sowohl die Gründungsperson als auch der angemeldete Betrieb auffindbar. Dies macht dann noch lediglich 17,5 % aller angemeldeten Betriebe aus. Wir halten fest, daß lediglich ein Sechstel aller Gewerbeanmeldungen sicher wirtschaftsaktiv sind.

Tab. 2.2 Tatsächliche Gründungen unter den Gewerbeanmeldungen (Quelle: LEINER, 2001)

Ergebnis der Begehung bzw. Befragung	Neuerrichtungen		
	Insgesamt	Echte	Sonstige
Gründerperson auffindbar Angemeldeter Betrieb auffindbar	27,7 %	56,5 %	14,7 %
Hinweis auf die Gründerperson Kein Hinweis auf den angemeldeten Betrieb	40,3 %	18,7 %	50,1 %
Kein Hinweis auf die Gründerperson Kein Hinweis auf den angemeldeten Betrieb	24,1 %	19,0 %	26,4 %
Betrieb nicht mehr existent	7,9 %	5,7 %	8,8 %
Summe	100 %	100 %	100 %
Gesamtzahl	1.066	331	735

Zwar können die Befunde nach LEINER (2001) für das Fallbeispiel der Stadt Regensburg nicht ungeprüft auf andere Regionen übertragen werden, dennoch zeigen sich Schwächen der Datenbasis bei der Abbildung des tatsächlichen Gründungsgeschehens, die auch bei Verwendung der als „echt" eingestuften Neuerrichtungen nicht ausgeräumt werden können. Eine exakte Quantifizierung des Fehlers ist nicht möglich, es kann aber davon ausgegangen werden, daß mindestens ein Viertel der gemeldeten Betriebe nicht existiert. Bezüglich der Typisierung in „Echte" und „Sonstige Neuerrichtungen" beträgt der Fehler nach den Erkenntnissen für die Stadt Regensburg mindestens 16 %, was sich zum einen aus der Existenz tatsächlicher Neuerrichtungen unter den „Sonstigen Neuerrichtungen" und zum anderen aus den fehlenden Hinweisen auf wirtschaftlich aktive Unternehmen unter den „Echten Neuerrichtungen" ergibt.

Nach dieser Einführung in die Gewerbeanzeigenstatistik und die verschiedenen Register fällt die Beurteilung der Zahlen zu den Gewerbean-, -um- und -abmeldungen leichter. Anhand der Zahlen der Creditreform wird die Dynamik der letzten zehn Jahre augenscheinlich (siehe Tab. 2.3). Der Rückgang bei den Neuzugängen in Ostdeutschland ist gebremst und liegt in den letzten Jahren bei ca. 140.000. Erfreulicherweise sind die Löschungen eher rückläufig. Insgesamt betrug der Überschuß in Ostdeutschland in den letzten 10 Jahren fast 700.000 Gewerbe. Aufgrund des Aufholprozesses nach der deutschen Einheit entspricht dies ca. 50 % des westdeutschen summierten Saldos, wobei jedoch anzumerken ist, daß der Anmeldeüberschuß in Ostdeutschland inzwischen auf einem niedrigen Niveau liegt. In Westdeutschland sind die Neuzugänge zwar rückläufig, die Löschungen gingen jedoch noch stärker zurück, so daß beim Saldo die Talsohle der Jahre 1996 und 1997 klar durchschritten ist. Insgesamt entstanden in den letzten 10 Jahren im Saldo über 2 Millionen Gewerbe, von denen ca. drei Viertel (1,5 Mio.) wirtschaftsaktiv waren bzw. sind. Wie hoch der Bestand an Unternehmen insgesamt ist, bleibt jedoch äußerst unklar[72].

---

72 Je nach statistischer Quelle erhält man andere Zahlen. Das Statistische Bundesamt, das sich bei Statistiken zum produktiven Gewerbe hauptsächlich auf Unternehmen mit mehr als 20 Mitarbeitern konzentriert, zählte ohne Land- und Forstwirtschaft und Fischerei im Jahre 1996 ca. 1,4 Millionen Unternehmen. Nach Berechnungen der Insolvenzstatistik summieren sich die Unternehmen in Land- und Forstwirtschaft und Fischerei im Jahre 1996 auf knapp 60.000 Unternehmen. Eine Zählung aller Betriebe in dieser Branche kommt laut Datenreport 1997 auf mehr als das 11fache, nämlich knapp 700.000. Zieht man die Zahlen der Umsatzsteuerstatistik heran und somit alle Unternehmen mit einem Umsatz von mehr als DM 32.500, so kommt man auf insgesamt ca. 2,8 Millionen Unternehmen in den Jahren 1996 - 1998. Diese Zahlen sollen im folgenden zugrunde gelegt werden.

Tab. 2.3 Zu- und Abgänge im Gewerberegister für die Jahre 1991 – 2000, (Quelle: CREDITREFORM, 2000)

Jahr	Westdeutschland			Ostdeutschland			Deutschland		
	Neuzugang	Löschung	Saldo	Neuzugang	Löschung	Saldo	Neuzugang	Löschung	Saldo
1991	476.000	290.000	186.000	320.100	88.000	232.100	796.100	378.000	418.100
1992	488.000	345.000	143.000	247.000	120.000	127.000	735.000	465.000	270.000
1993	512.000	360.000	152.000	223.300	122.000	101.300	735.300	482.000	253.300
1994	518.000	380.000	138.000	175.000	116.400	58.600	693.000	496.400	196.600
1995	537.000	390.000	147.000	180.000	131.800	48.200	717.000	521.800	195.200
1996	600.000	490.100	109.900	154.000	126.500	27.500	754.000	616.600	137.400
1997	655.000	549.700	105.300	140.000	116.000	24.000	795.000	665.700	129.300
1998	714.700	585.500	129.200	143.400	119.000	24.400	858.100	704.500	153.600
1999	722.000	591.000	131.000	138.000	119.000	19.000	860.000	710.000	150.000
2000	695.000	520.000	175.000	137.000	109.300	27.700	832.000	629.300	202.700
Σ	5.917.700	4.501.300	1.416.400	1.857.800	1.168.000	689.800	7.775.500	5.669.300	2.106.200

Detailliertere Angaben zum Gründungsgeschehen der Jahre 1997-2000, gemessen in den Neuzugängen und Löschungen in den Handels- und Gewerberegistern, sind der folgenden Tabelle zu entnehmen. Bemerkenswert ist, daß sich inzwischen in Ost- und Westdeutschland der Anteil der im Saldo hinzukommenden wirtschaftsaktiven Unternehmen am Gesamtsaldo auf gute 70 % eingependelt hat. In den Jahren zuvor war dieser Anteil in Ostdeutschland noch wesentlich höher, nämlich bei 88 %. Bei wirtschaftsaktiven Betrieben ist die Tätigkeit auf Dauer und mit der Absicht der Gewinnerzielung angelegt, es handelt sich nicht um Betriebe für Einmalgeschäfte oder Steuersparmodelle[73]. Nicht überraschend ist die Aufteilung zwischen den beiden Registern. Bei den Anmeldungen beträgt in Westdeutschland (Ostdeutschland) das Verhältnis zwischen Gewerbe- und Handelsregister 8:1 (6:1), wohingegen die Abmeldungen beim Gewerberegister prozentual viel höher sind, so daß beim Saldo das Verhältnis bei 2:1 (1,8:1) wesentlich niedri-

---

[73] In der Gewerbeanzeigenstatistik gilt ein Unternehmen als wirtschaftsaktiv („Echte Neuerrichtung"), sobald im Gewerbemeldebogen entweder eine Gesellschaftsform angegeben ist oder die Beschäftigung von Arbeitnehmern geplant ist oder ein Rollen- bzw. Registereintrag vorliegt. Nach dem Statistischen Bundesamt ist ein Unternehmen wirtschaftsaktiv, wenn Arbeitsplätze geschaffen wurden und ein Handelsregister- oder Handwerksrolleneintrag vorliegt. Die Creditreform faßt dies etwas weiter, wenn nämlich Arbeitsplätze geschaffen wurden und ein Lieferanten- oder Bankkredit in Anspruch genommen wurde. Letzteres erfährt die Auskunftei durch ein Auskunftsersuchen der Bank.

ger liegt. Lediglich im Jahr 2000 änderte sich das Bild in Westdeutschland zum (noch) Besseren. So stiegen sowohl die Anmeldungen im Handelsregister als auch der positive Saldo überproportional an. Auch der Anteil der wirtschaftsaktiven Unternehmen am Saldo stieg in Westdeutschland von 70 % über 73 % auf 77 % an. Die Dynamik ist sehr erfreulich, das Umfeld für Entrepreneure scheint sich verbessert zu haben.

Tab. 2.4 Zu- und Abgänge im Gewerbe- und Handelsregister für die Jahre 1997 bis 2000, (Quelle: CREDITREFORM, 1998 und 2000)

		Westdeutschland			Ostdeutschland		
	Jahr	Anmel-dung	Abmel-dung	Saldo	Anmel-dung	Abmel-dung	Saldo
Gewerberegister	1997	582.700	514.000	68.700	120.000	107.000	13.000
	1998	636.200	549.000	87.200	122.800	108.200	14.600
	1999	640.000	554.000	86.000	119.000	107.000	12.000
	2000	603.000	485.000	118.000	117.000	99.000	18.000
Handelsregister	1997	72.300	35.700	36.600	19.600	9.000	10.600
	1998	78.500	36.500	42.000	20.600	10.800	9.800
	1999	82.000	37.000	45.000	19.000	12.000	7.000
	2000	93.000	35.000	58.000	20.000	10.000	10.000
Gesamt	1997	655.000	549.700	105.300	139.600	116.000	23.600
	1998	714.700	585.500	129.200	143.400	119.000	24.400
	1999	722.000	591.000	131.000	138.000	119.000	19.000
	2000	696.000	520.000	176.000	137.000	109.000	28.000
wirtschaftsaktiv	1997			74.000			20.700
	1998			90.400			21.400
	1999			96.000			14.000
	2000			135.000			20.000
nicht wirtschaftsaktiv	1997			31.300			2.900
	1998			38.800			3.000
	1999			35.000			5.000
	2000			40.000			8.000

Die Zahlen der CREDITREFORM unterscheiden sich etwas von denen der Gewerbeanzeigenstatistik in Tab. 2.5 bis Tab. 2.8. Dennoch besitzen beide dieselbe Basis. In letzterer werden die Gewerbemeldungen via statistischer Landesämter aufbereitet und dann zusammengefügt. Die Creditreform nutzt ebenfalls die Gewerbemeldezettel. Die Zuordnung zu den Wirtschaftsbereichen (WZ93) ist jedoch keinesfalls eindeutig, so daß sich hier beide Statistiken unterscheiden können. Außerdem zählt die Creditreform West-Berlin weiterhin zu den alten Ländern, wohingegen die offizielle Statistik seit 1992 Berlin komplett den neuen Ländern zuordnet. Auch bezüglich der Definition von „wirtschaftsaktiv" unterscheiden sich beide Ansätze (siehe hierzu insbesondere Fußnote 73). Aufgrund der wohl besseren Übereinstimmung mit der Zuordnung zu den Wirtschaftsbereichen und des höheren Detaillierungsgrades konzentrieren wir uns im folgenden auf die Gewerbeanzeigenstatistik. Aus dieser gehen detaillierte Angaben zur Verteilung auf Branchen und Rechtsformen hervor.

Bei den Gewerbeanmeldungen sind ca. 26-27 % echte, d.h. wirtschaftsaktive Neuerrichtungen (Betriebsgründungen), ca. 53 % sonstige Neuerrichtungen, nur 16 % Übernahmen und 4 % Zuzüge. Bei den Gewerbeabmeldungen sind ca. 16-22 % echte Stillegungen und ca. 55 % vollständige Aufgaben von Kleingewerben oder Nebenerwerbsbetrieben. Eine Verlagerung findet in 7 % aller Fälle statt, bei 20 % wird ein weiter bestehender Betrieb infolge von Verkauf, Verpachtung, Erbfolge, Änderung der Rechtsform oder Austritt eines Gesellschafters vollständig oder teilweise aufgegeben. Das Verhältnis bei den echten Neuerrichtungen von Hauptniederlassungen zu Zweigniederlassungen bzw. -stellen[74] liegt bei ca. 3:1, bei den echten Stillegungen sank das Verhältnis von 5,5 im Jahre 1997 über 4,9 und 4,1 auf 2,4 im Jahre 2000. Ein Erklärungsmodell könnte sein, daß die Wirtschaft verstärkt über Zweigniederlassungen und Zweigstellen organisiert wird. Ein anderes könnte sein, daß Zweigbetriebe häufig angemeldet, aber dann doch nicht realisiert werden[75].

Der Unternehmensnachschubfaktor, d.h. das Verhältnis der wirtschaftsaktiven Neuerrichtungen eines Jahres zu dem Unternehmensbestand nach Umsatzsteuerstatistik, gibt ein Indiz, wie leicht der Strukturwandel über die normale Fluktuation bewältigt werden kann, und liegt bei 7-7,7 %. Der Unternehmensausstiegsfaktor, d.h. das Verhältnis der wirtschaftsaktiven Stillegungen eines Jahres zu dem Unternehmensbestand nach Umsatzsteuerstatistik, gibt ein Indiz, wieviel Wettbewerbsdruck auf bestehende Unternehmen zukommt, und liegt bei 4-5 %. Das Wachstum des Unternehmensbestands sank von

---

[74] Eine Hauptniederlassung definiert sich als Mittelpunkt des Geschäftsverkehrs eines Betriebes, der sich bei Personenhandelsgesellschaften und juristischen Personen am Sitz des Unternehmens befindet. Dieser kann aber auch in der Wohnung des Gewerbetreibenden liegen. Eine Zweigniederlassung bezeichnet einen Betrieb mit selbständiger Organisation, selbständigen Betriebsmitteln und gesonderter Buchführung, dessen Leiter Geschäfte selbständig abzuschließen und durchzuführen befugt ist. Die Kategorie der unselbständigen Zweigstelle erfüllt diese Bedingungen einer Zweigstelle nicht, sondern ist lediglich eine feste örtliche Anlage oder Einrichtung, die der Ausübung eines stehenden Gewerbes dient, beispielsweise ein Auslieferungslager.

[75] Wir erinnern uns, daß bei Gewerbeanmeldungen der Vollzug nicht kontrolliert wird.

2.2. Unternehmensgründungen in den 90er Jahren – die Dynamik in nackten Zahlen 71

3,6 im Jahre 1997 über 3,4 und 3,1 auf 2,0 im Jahre 2000. Insgesamt sind diese Wachstumszahlen jedoch zu hoch. Laut Umsatzsteuerstatistik stieg der Bestand vom Jahr 1996 auf das Jahr 1997 um 1,3 %, d.h. um fast 35.000 Unternehmen, und von 1997 auf 1998 um 2,2 %, d.h. um gut 62.000 Unternehmen. Dem stehen ein Saldo bei den wirtschaftsaktiven Gewerbebetrieben von knapp 99.000 und knapp 96.000 Unternehmen gegenüber, d.h. es besteht eine Differenz von 64.000 bzw. 33.500 Unternehmen[76]. Bezogen auf 210.000 (215.000) Anmeldungen wirtschaftsaktiver Unternehmen scheinen 30 % bzw. 16 % der Anmeldungen nicht durchgeführt zu werden. Dies deckt sich im übrigen mit der Beobachtung von LEINER (2001), nach der nur in 56 % aller echten Neuerrichtungen sowohl die Gründerperson als auch der Betrieb auffindbar waren, und bei weiteren 19 % existierte wenigstens noch ein Hinweis auf die Gründerperson.

---

[76] Anhand dieser Zahlen wird natürlich die Brandbreite der in Abschnitt 2.2.1 diskutierten Korrekturfaktoren deutlich. Für das Angleichen der Wachstumszahlen benötigt man im Jahre 1997 eine Korrektur auf 35 %, was dem von STRUCK (1999) vorgeschlagenen Faktor sehr nahe kommt, und im Jahr 1998 eine Korrektur auf 65 %. In letzteren spiegelt sich der Vorschlag des IfMs wider.

Tab. 2.5 Gewerbeanmeldungen nach Wirtschaftszweigen und Rechtsformen

Gewerbeanmeldungen nach Wirtschaftszweigen und Rechtsformen [1]

nach Wirtschaftszweigen [2]	insgesamt				echte Neuerrichtungen, Hauptniederlass.				echte Neuerrichtungen, Zweign./-stelle			
	1997	1998	1999	2000	1997	1998	1999	2000	1997	1998	1999	2000
Land- u. Forstwirtschaft	11.035	11.050	10.405	10.274	2.028	2.038	1.925	1.809	180	194	162	183
Verarb. Gewerbe	41.237	41.558	36.937	33.852	12.475	12.821	11.636	10.318	2.995	3.089	2.834	2.828
Baugewerbe	72.896	72.951	67.288	64.337	30.715	31.853	29.278	26.532	2.653	2.476	2.194	2.289
Handel, Instandhaltung und Reparatur von KFZ und Gebrauchsgütern	267.716	263.022	240.028	226.978	42.805	42.216	38.968	35.488	26.130	25.719	24.171	24.850
Gastgewerbe	74.336	74.111	70.186	66.062	8.151	8.757	8.663	8.031	2.854	3.094	2.855	2.935
Verkehr und Nachrichtenübermittlung	43.777	43.735	40.943	37.067	6.982	7.250	7.494	6.828	2.896	2.883	4.750	2.839
Kredit- u. Versicherungsgew.	40.027	41.817	43.647	45.232	2.707	2.842	2.994	3.119	1.869	1.946	2.339	2.001
Erbringung von Dienstleistungen überwiegend für Unternehmen	177.996	188.203	194.776	198.311	39.109	41.760	46.231	44.289	7.356	7.772	8.396	8.697
Erbringung von sonstigen öffentl. und persönl. Dienstleistungen	58.477	58.679	60.493	56.348	10.502	10.780	10.905	9.420	3.333	3.238	3.011	3.095
Übrige Wirtschaftszweige	15.438	16.251	16.232	16.711	2.944	3.108	3.139	3.053	1.407	1.371	1.360	1.390
nach Rechtsformen												
Einzelunternehmen	627.825	632.333	594.557	574.360	62.553	65.455	59.919	52.753	21.897	21.778	19.717	19.184
OHG	2.665	2.686	3.110	3.109	844	1.028	1.350	1.363	462	411	430	412
KG	1.963	1.850	2.104	2.064	698	680	1.008	884	438	406	325	357
GmbH & Co. KG	13.857	14.902	16.875	16.667	5.072	5.567	7.007	5.894	3.997	3.918	3.885	4.396
Gesellschaft des bürgerl. Rechts	47.826	47.860	45.550	42.026	34.597	34.792	33.156	30.661	2.036	1.979	1.986	1.795
GmbH	96.738	100.144	103.186	103.400	51.224	52.740	55.393	53.061	19.134	19.547	19.114	20.408
AG	2.991	3.599	8.862	6.572	576	789	1.355	2.194	1.387	1.353	4.290	2.132
sonstige Rechtsformen	9.070	8.003	6.691	6.974	2.854	2.374	2.045	2.077	2.322	2.390	2.325	2.423
insgesamt	802.935	811.377	780.935	755.172	158.418	163.425	161.233	148.887	51.673	51.782	52.072	51.107

1) Ohne Automatenaufsteller und Reisegewebe. 2) Klassifikation der Wirtschaftszweige, Ausgabe 1993 (WZ 93). Quelle: Statistisches Bundesamt, Fachserie 2, R5, 1997 - 1988

2.2. Unternehmensgründungen in den 90er Jahren – die Dynamik in nackten Zahlen 73

Tab. 2.5 Gewerbeanmeldungen nach Wirtschaftszweigen und Rechtsformen (Fortsetzung)

Gewerbeanmeldungen nach Wirtschaftszweigen und Rechtsformen [1]

nach Wirtschaftszweigen [2]	sonstige Neuerrichtungen				Zuzug				Übernahmen			
	1997	1998	1999	2000	1997	1998	1999	2000	1997	1998	1999	2000
Land- u. Forstwirtschaft	7.497	7.409	6.960	6.983	432	497	473	504	898	912	885	795
Verarb. Gewerbe	14.829	14.288	11.949	10.767	2.376	2.550	2.312	2.546	8.562	8.810	8.206	7.393
Baugewerbe	29.159	27.947	25.460	25.253	3.403	3.522	3.424	3.904	6.966	7.153	6.932	6.359
Handel, Instandhaltung und Reparatur von KFZ und Gebrauchsgütern	143.890	139.733	125.508	115.540	9.202	9.497	9.245	9.870	45.689	45.857	42.136	41.230
Gastgewerbe	18.935	18.236	17.979	16.870	517	405	402	407	43.879	43.619	40.287	37.819
Verkehr und Nachrichtenübermittlung	27.465	27.030	21.420	21.367	2.033	2.074	2.019	2.061	4.401	4.498	5.260	3.972
Kredit- u. Versicherungsgew.	31.977	33.233	33.412	35.472	2.121	2.411	2.579	2.974	1.353	1.385	2.323	1.666
Erbringung von Dienstleistungen überwiegend für Unternehmen	114.396	119.710	120.265	123.483	8.576	9.930	10.086	11.901	8.559	9.031	9.798	9.941
Erbringung von sonstigen öffentl. und persönl. Dienstleistungen	35.444	35.448	37.399	34.909	1.601	1.657	1.783	1.978	7.597	7.556	7.395	6.946
Übrige Wirtschaftszweige	8.913	9.553	9.427	10.057	440	495	473	585	1.734	1.724	1.833	1.626
nach Rechtsformen												
Einzelunternehmen	431.775	432.232	409.600	400.572	21.966	23.811	23.458	25.453	89.634	89.057	81.863	76.398
OHG					70	79	84	112	1.289	1.168	1.246	1.222
KG					95	89	80	114	732	675	691	709
GmbH & Co. KG					576	537	569	753	4.212	4.880	5.414	5.624
Gesellschaft des bürgerl. Rechts	730	355	179	129	1.082	1.249	1.296	1.445	9.381	9.485	8.933	7.996
GmbH					6.621	6.968	6.953	8.351	19.759	20.889	21.726	21.580
AG					102	122	161	254	926	1.335	3.056	1.992
sonstige Rechtsformen					189	183	195	248	3.705	3.056	2.126	2.226
insgesamt	432.505	432.587	409.779	400.701	30.701	33.038	32.796	36.730	129.638	130.545	125.055	117.747

1) Ohne Automatenaufsteller und Reisegewebe. 2) Klassifikation der Wirtschaftszweige, Ausgabe 1993 (WZ 93). Quelle: Statistisches Bundesamt, Fachserie 2, R5, 1997 - 2000

Tab. 2.6 Gewerbeabmeldungen nach Wirtschaftszweigen und Rechtsformen

Gewerbeabmeldungen nach Wirtschaftszweigen und Rechtsformen [1]

	insgesamt			Echte Stillegungen, Hauptniederlassung				Echte Stillegungen, Zweign./-stelle			
nach Wirtschaftszweigen [2]	1997	1998	1999	2000	1997	1998	1999	2000	1997	1998	1999	2000
Land- u. Forstwirtschaft	8.324	8.345	8.396	8.049	1.000	1.068	1.163	1.163	60	67	84	124
Verarb. Gewerbe	39.173	39.158	37.298	34.002	8.294	8.503	7.840	7.638	944	1.118	1.392	2.101
Baugewerbe	60.692	63.443	62.742	62.473	14.821	15.672	15.365	16.263	925	1.134	1.221	2.010
Handel, Instandhaltung und Reparatur von KFZ und Gebrauchsgütern	245.226	246.188	244.505	228.209	31.298	32.142	32.596	32.197	8.736	10.339	12.748	22.399
Gastgewerbe	71.566	73.047	70.542	68.263	7.506	8.681	9.366	9.779	1.049	1.288	1.434	2.765
Verkehr und Nachrichtenübermittlung	41.876	42.788	42.827	35.600	4.965	5.181	5.167	5.336	1.587	1.900	2.064	2.676
Kredit- u. Versicherungsgew.	35.748	36.535	38.394	35.641	1.647	1.757	1.727	2.097	553	623	1.008	1.621
Erbringung von Dienstleistungen überwiegend für Unternehmen	127.812	134.532	145.902	138.566	18.720	19.974	20.753	21.087	2.113	2.431	3.039	5.170
Erbringung von sonstigen öffentl. und persönl. Dienstleistungen	41.899	41.949	45.525	42.037	4.907	4.985	5.634	5.254	850	1.034	1.289	2.274
Übrige Wirtschaftszweige	9.548	10.229	10.632	9.903	1.088	1.215	1.311	1.229	268	363	437	718
nach Rechtsformen												
Einzelunternehmen	540.410	551.511	563.079	518.524	33.360	36.645	38.620	39.785	7.087	8.741	10.156	16.953
OHG	4.544	3.511	2.936	3.327	1.092	1.114	1.059	1.027	229	201	264	472
KG	2.675	2.846	2.931	2.382	1.023	1.064	1.094	911	190	228	353	421
GmbH & Co. KG	8.943	10.324	10.169	10.411	2.820	2.990	2.973	2.809	1.080	1.501	1.846	3.186
Gesellschaft des bürgerl. Rechts	40.682	41.935	41.213	40.261	21.534	22.226	22.602	22.182	596	630	757	1.185
GmbH	73.875	75.973	74.284	76.383	32.022	32.980	32.588	33.174	6.283	7.166	8.789	15.388
AG	4.373	4.900	5.639	4.222	315	331	355	402	915	1.022	1.463	2.175
sonstige Rechtsformen	6.362	5.214	6.512	7.233	2.080	1.828	1.631	1.753	705	808	1.088	2.078
insgesamt	681.864	696.214	706.763	662.743	94.246	99.178	100.922	102.043	17.085	20.297	24.716	41.858

1) Ohne Automatenaufsteller und Reisegewebe. 2) Klassifikation der Wirtschaftszweige, Ausgabe 1993 (WZ 93) Quelle: Statistisches Bundesamt, Fachserie 2, R5, 1997 - 2000

2.2. Unternehmensgründungen in den 90er Jahren – die Dynamik in nackten Zahlen 75

Tab. 2.6 Gewerbeabmeldungen nach Wirtschaftszweigen und Rechtsformen (Fortsetzung)

Gewerbeabmeldungen nach Wirtschaftszweigen und Rechtsformen [1]

nach Wirtschaftszweigen [2]	vollst. Aufgabe Kleingew./Nebenerwerb				Verlagerung				Teilw./vollst. Aufgabe weiter besteh. B.			
	1997	1998	1999	2000	1997	1998	1999	2000	1997	1998	1999	2000
Land- u. Forstwirtschaft	5.573	5.418	5.380	5.133	623	653	694	719	1.068	1.139	1.073	910
Verarb. Gewerbe	16.359	15.861	15.705	13.436	3.448	3.343	3.133	3.369	10.128	10.333	9.228	7.458
Baugewerbe	30.308	31.525	31.732	30.753	4.675	4.946	4.859	5.230	9.963	10.166	9.565	8.217
Handel, Instandhaltung und Reparatur von KFZ und Gebrauchsgütern	134.821	133.229	134.123	119.947	13.757	14.035	13.876	14.345	56.614	56.443	51.164	39.321
Gastgewerbe	26.814	28.473	28.585	27.211	865	656	569	602	35.332	33.949	30.588	27.906
Verkehr und Nachrichtenübermittlung	25.065	24.932	25.881	20.414	2.663	2.815	2.724	2.783	7.596	7.960	6.991	4.391
Kredit- u. Versicherungsgew.	27.520	27.783	28.188	25.366	3.461	3.750	3.887	4.461	2.567	2.622	3.584	2.096
Erbringung von Dienstleistungen überwiegend für Unternehmen	79.366	82.706	92.126	83.108	13.531	14.619	15.068	16.574	14.082	14.802	14.916	12.627
Erbringung von sonstigen öffentl. und persönl. Dienstleistungen	24.643	24.714	27.582	24.855	2.536	2.529	2.732	2.912	8.963	8.687	8.288	6.742
Übrige Wirtschaftszweige	5.567	5.852	6.222	5.515	649	747	734	886	1.976	2.052	1.928	1.555
nach Rechtsformen												
Einzelunternehmen	374.905	379.723	395.076	355.451	33.007	34.684	34.835	36.964	92.051	91.718	84.392	69.371
OHG					102	111	122	136	3.121	2.085	1.491	1.692
KG					154	128	124	138	1.308	1.426	1.360	912
GmbH & Co. KG					761	776	824	896	4.282	5.057	4.526	3.520
Gesellschaft des bürgerl. Rechts	1.131	770	448	287	1.829	1.945	1.870	1.889	15.592	16.364	15.536	14.718
GmbH					9.918	10.056	10.091	11.293	25.652	25.771	22.816	16.528
AG					132	130	162	249	3.011	3.417	3.659	1.396
sonstige Rechtsformen					305	263	248	316	3.272	2.315	3.545	3.086
insgesamt	376.036	380.493	395.524	355.738	46.208	48.093	48.276	51.881	148.289	148.153	137.325	111.223

1) Ohne Automatenaufsteller und Reisegewebe. 2) Klassifikation der Wirtschaftszweige, Ausgabe 1993 (WZ 93). Quelle: Statistisches Bundesamt, Fachserie 2, R5, 1997 - 2000

Tab. 2.7   Gewerbeummeldungen, Saldo und Ersetzungsquote nach Wirtschaftszweigen und Rechtsformen

Gewerbeummeldungen, Saldo und Ersetzungsquote nach Wirtschaftszweigen und Rechtsformen [1)]

	Gewerbeummeldungen												Saldo wirtschaftsaktiver Untern.						Dynamik: Ersetzungsquote			
	insgesamt				Änderung Betriebstätig.				echte Neuerrichtung				echte Stillegung					-Saldo/echte Neuerrichtung			
	1997	1998	1999	2000	1997	1998	1999	2000	1997	1998	1999	2000	1997	1998	1999	2000	1997	1998	1999	2000
nach Wirtschaftszweigen [2)]																					
Land- u. Forstwirtschaft	2.032	2.101	2.064	2.234	996	1.008	1.005	1.074	1.148	1.097	840	705	48%	51%	60%	65%
Verarb. Gewerbe	9.224	9.042	8.803	8.662	3.405	3.238	3.109	3.058	6.232	6.289	5.238	3.407	60%	60%	64%	74%
Baugewerbe	19.835	21.335	20.404	21.555	8.621	9.216	8.497	9.116	17.622	17.523	14.886	10.548	47%	49%	53%	63%
Handel, Instandhaltung und Reparatur von KFZ und Gebrauchsgütern	61.169	60.765	59.005	54.648	29.917	28.270	27.219	24.244	28.901	25.454	17.795	5.742	58%	63%	72%	90%
Gastgewerbe	5.950	5.739	5.145	4.959	4.506	4.393	3.973	3.770	2.450	1.882	718	-1.578	78%	84%	94%	114%
Verkehr und Nachrichtenübermittlung	12.250	12.717	13.131	11.805	5.283	5.103	5.548	4.608	3.326	3.052	5.013	1.655	66%	70%	59%	83%
Kredit- u. Versicherungsgew.	11.286	12.825	14.873	16.442	4.195	5.106	6.404	7.696	2.376	2.408	2.598	1.402	48%	50%	51%	73%
Erbringung von Dienstleistungen überwiegend für Unternehmen	42.144	45.202	46.254	45.810	16.902	17.345	19.044	17.564	25.632	27.127	30.835	26.729	45%	45%	44%	50%
Erbringung von sonstigen öffentl. und persönl. Dienstleistungen	11.517	11.862	12.520	11.777	5.480	5.311	5.573	5.072	8.078	7.999	6.993	4.987	42%	43%	50%	60%
Übrige Wirtschaftszweige	2.988	3.230	3.131	3.240	1.008	999	1.002	1.070	2.995	2.901	2.751	2.496	31%	35%	39%	44%
nach Rechtsformen																					
Einzelunternehmen	133.828	139.639	142.289	136.573	64.689	64.924	67.337	63.099	44.003	41.847	30.860	15.199	48%	52%	61%	79%
OHG	704	616	581	664	265	249	241	281	-15	124	457	276	101%	91%	74%	84%
KG	539	557	538	535	190	187	199	203	-77	-206	-114	-91	107%	119%	109%	107%
GmbH & Co. KG	3.429	3.850	2.840	3.041	1.546	1.910	946	934	5.169	4.994	6.073	4.295	43%	47%	44%	58%
Gesellschaft des bürgerl. Rechts	8.453	8.411	8.021	7.875	3.520	3.372	3.196	3.089	14.503	13.915	11.783	9.089	60%	62%	66%	72%
GmbH	29.008	29.509	28.914	29.850	9.191	8.596	8.686	8.718	32.053	32.141	33.130	24.907	54%	56%	56%	66%
AG	764	756	777	1.009	211	164	230	280	733	789	3.827	1.749	63%	63%	32%	60%
sonstige Rechtsformen	1.670	1.480	1.370	1.585	701	587	539	668	2.391	2.128	1.651	669	54%	55%	62%	85%
insgesamt	178.395	184.818	185.330	181.132	80.313	79.989	81.374	77.272	98.760	95.732	87.667	56.093	53%	56%	59%	72%

1) Ohne Automatenaufsteller und Reisegewebe.   2) Klassifikation der Wirtschaftszweige, Ausgabe 1993 (WZ 93).

Quelle: Statistisches Bundesamt, Fachserie 2, R5, 1997 - 2000

2.2. Unternehmensgründungen in den 90er Jahren – die Dynamik in nackten Zahlen

Tab. 2.8 Dynamik der Gewerbean- und -abmeldungen nach Wirtschaftszweigen und Rechtsformen

Gewerbean- und -abmeldungen nach Wirtschaftszweigen und Rechtsformen [1)]

Dynamik: Unternehmensnachschubfaktor [3)], **-ausstiegsfaktor** [4)] **und -wachstum** [5)] | **wirtschaftsaktiver Unternehmen**

nach Wirtschaftszweigen [2)]	# Untern. 1996	Nachschub 1997	Ausstieg 1997	Wachstum 1997	# Untern. 1997	Nachschub 1998	Ausstieg 1998	Wachstum 1998	# Untern. 1998	Nachschub 1999	Ausstieg 1999	Wachstum 1999	Nachschub 2000/98	Ausstieg 2000/98	Wachstum 2000/98
	USt-Statistik				USt-Statistik				USt-Statistik						
Land- u. Forstwirtschaft	57.834	3,8%	1,8%	2,0%	59.336	3,8%	1,9%	1,8%	61.101	3,4%	2,0%	1,4%	3,3%	2,1%	1,2%
Verarb. Gewerbe	293.335	5,3%	3,1%	2,1%	293.061	5,4%	3,3%	2,1%	294.675	4,9%	3,1%	1,8%	4,5%	3,3%	1,2%
Baugewerbe	305.896	10,9%	5,1%	5,8%	311.350	11,0%	5,4%	5,6%	317.658	9,9%	5,2%	4,7%	9,1%	5,8%	3,3%
Handel, Instandhaltung und Reparatur von KFZ und Gebrauchsgütern	746.578	9,2%	5,4%	3,9%	743.308	9,1%	5,7%	3,4%	746.996	8,5%	6,1%	2,4%	8,1%	7,3%	0,8%
Gastgewerbe	260.738	4,2%	3,3%	0,9%	259.403	4,6%	3,8%	0,7%	257.744	4,5%	4,2%	0,3%	4,3%	4,9%	-0,6%
Verkehr und Nachrichtenübermittlung	125.790	7,9%	5,2%	2,6%	125.806	8,1%	5,6%	2,4%	127.517	9,6%	5,7%	3,9%	7,6%	6,3%	1,3%
Kredit- u. Versicherungsgew.	17.175	26,6%	12,8%	13,8%	16.628	28,8%	14,3%	14,5%	16.950	31,5%	16,1%	15,3%	30,2%	21,9%	8,3%
Erbringung von Dienstleistungen überwiegend für Unternehmen	659.777	7,0%	3,2%	3,9%	682.782	7,3%	3,3%	4,0%	715.951	7,6%	3,3%	4,3%	7,4%	3,7%	3,7%
Erbringung von sonstigen öffentl. und persönl. Dienstleistungen	229.987	6,0%	2,5%	3,5%	238.329	5,9%	2,5%	3,4%	250.431	5,6%	2,8%	2,8%	5,0%	3,0%	2,0%
Übrige Wirtschaftszweige	65.815	6,6%	2,1%	4,6%	67.756	6,6%	2,3%	4,3%	70.960	6,3%	2,5%	3,9%	6,3%	2,7%	3,5%
nach Rechtsformen															
Einzelunternehmen	1.971.181	4,3%	2,1%	2,2%	1.992.356	4,4%	2,3%	2,1%	2.033.853	3,9%	2,4%	1,5%	3,5%	2,8%	0,7%
OHG + GbR	236.911	16,0%	9,9%	6,1%	243.054	15,7%	9,9%	5,8%	251.332	14,7%	9,8%	4,9%	13,6%	9,9%	3,7%
GmbH & Co. KG + KG	91.521	11,2%	5,6%	5,6%	93.147	11,3%	6,2%	5,1%	96.057	12,7%	6,5%	6,2%	12,0%	7,6%	4,4%
GmbH	413.344	17,0%	9,3%	7,8%	418.269	17,3%	9,6%	7,7%	426.724	17,5%	9,7%	7,8%	17,2%	11,4%	5,8%
AG	2.445	80,3%	50,3%	30,0%	2.723	78,7%	49,7%	29,0%	3.139	179,8%	57,9%	121,9%	137,8%	82,1%	55,7%
sonstige Rechtsformen	47.523	10,9%	5,9%	5,0%	48.210	9,9%	5,5%	4,4%	48.878	8,9%	5,6%	3,4%	9,2%	7,8%	1,4%
insgesamt	2.762.925	7,6%	4,0%	3,6%	2.797.759	7,7%	4,3%	3,4%	2.859.983	7,5%	4,4%	3,1%	7,0%	5,0%	2,0%

1) Ohne Automatenaufsteller und Reisegewebe.
2) Klassifikation der Wirtschaftszweige, Ausgabe 1993 (WZ 93).
3) Unternehmensnachschubfaktor = echte Neuerrichtungen / Unternehmensbestand
4) Unternehmensausstiegsfaktor = echte Stillegungen / Unternehmensbestand
5) Unternehmenswachstum = Saldo / Unternehmensbestand

Quelle: Statistisches Bundesamt, Fachserie 2, R5, 1997 - 2000

Doch kommen wir nun zur Beurteilung der unterschiedlichen Rechtsformen. Definitionsgemäß gibt es nur bei Einzelunternehmen (und vereinzelt auch bei GbRs) sonstige Neuerrichtungen, so daß die echten Neuerrichtungen einen viel höheren Anteil an den Gewerbeanmeldungen bei allen anderen Rechtsformen einnehmen. Die Übernahmen sind bei den Rechtsformen OHG, KG, GmbH, GmbH & Co KG und AG überdurchschnittlich, wohingegen die GmbHs überdurchschnittlich mobil sind. Das Verhältnis bei echten Gründungen von Hauptniederlassungen zu „Zweigbetrieben" liegt bei den GmbHs unter dem Durchschnitt und bei den AGs sogar extrem niedrig. Bei letzteren kommen auf drei Hauptniederlassungsgründungen nicht eine sondern eben sechs bis sieben Gründungen eines Zweigbetriebes. Bei den GbRs hingegen entfallen echte Gründungen von Zweigbetrieben fast vollständig. Bei den AGs und den GmbH & Co KGs dominieren bei den echten Stillegungen die von Zweigbetrieben. Zum Unternehmensbestandszuwachs tragen hauptsächlich die Rechtsformen der GmbH, der Einzelgesellschaft, der GbR und die der GmbH & Co KG bei. Die KG und die OHG scheinen aus der Mode gekommen zu sein und ersetzen allenfalls den Bestand. Die AGs sind im Jahre 1999 rapide gewachsen, was durchaus auch an der Einführung und Durchsetzung der Kleinen AG liegen könnte. Dennoch muß man bei der Interpretation der Zahlen zur AG vorsichtig sein. Wir betrachten in diesen Tabellen nämlich den nach der Umsatzsteuerstatistik ermittelten Unternehmensbestand. Nachfragen beim Institut für Mittelstandsforschung, Bonn, und beim Statistischen Bundesamt ergaben, daß die ca. 3.900 AGs im Jahre 1999 aus ca. 28.000 Organschaften bestehen[77]. Damit sind die Nachschubfaktoren und die Wachstumszahlen bei den AGs nicht sinnvoll zu interpretieren. Zusammenfassend läßt sich sagen, daß die GmbH, KG, GmbH & Co KG und die GbR als Gesellschaftsformen gefragt sind, die Einzelunternehmung ist auf dem Rückzug, OHG und KG sind nicht mehr gefragt.

Nach den Rechtsformen wollen wir uns nun den Wirtschaftszweigen zuwenden. Zuvor muß jedoch erwähnt werden, daß die hier getätigten Einschätzungen der Branchen mit Vorsicht zu genießen sind. Sie beinhalten nicht die hierzu äußerst wichtigen Umsatz-, Auftragseingangs- und Beschäftigtenzahlen, etc. und deren Entwicklung. Vielmehr konzentrieren wir uns ausschließlich auf die Gewerbeanzeigenstatistik, deren Schwächen

---

77 In den Gewerbemelderegistern werden Aktiengesellschaften bei der Neuerrichtung zunächst pro Gründungsgesellschafter als Gewerbe angemeldet. Fällt auf, daß eine Gesellschaft durch mehrere Personen gegründet wurde, so werden die Anmeldungen zusammengeheftet und nur als eine Neuerrichtung gezählt, andernfalls eben pro Gesellschafter eine. Damit ist die Anzahl der Neuerrichtungen, der Aufgaben und des Saldos tendenziell zu hoch. Auch in der Umsatzsteuerstatistik gibt es eine Besonderheit, die sich bei den Aktiengesellschaften stärker als sonst auswirkt. Teilweise werden Holdings als AGs gegründet, die selbst keinen Umsatz über DM 32.500 erreichen und somit auch nicht zu den Unternehmen der Umsatzsteuerstatistik zählen. Gravierender erscheint jedoch, daß viele Tochtergesellschaften (AG, GmbH, ...) als Teil einer Organschaft die Umsatzsteuer über die Muttergesellschaft abführen und somit die Tochtergesellschaften nicht in der Umsatzsteuerstatistik gezählt werden. Die in der Umsatzsteuerstatistik gezählte Anzahl von AGs wird somit stark unterschätzt.

2.2. Unternehmensgründungen in den 90er Jahren – die Dynamik in nackten Zahlen 79

weiter oben bereits angesprochen wurden. In unseren Zahlen kommt jedoch der Optimismus der Gründer zum Ausdruck und auf lange Sicht muß auch dieser die Realität einbeziehen. Die hier formulierte Einschätzung ist also den anderen Branchenanalysen hinzuzuziehen, will diese aber keinesfalls ersetzen. Dabei könnte es sich bei diesen Zahlen auch um einen Frühindikator für den Konjunkturverlauf handeln.

Die Land- und Forstwirtschaft ist gekennzeichnet durch einen hohen Anteil der Nebenerwerbsgründungen, kaum echten Gründungen und Stillegungen als Zweigbetriebe, ein unterdurchschnittliches Wachstum des Unternehmensbestands und einen unterdurchschnittlichen Unternehmensnachschub- und -ausstiegsfaktor. Übernahmen finden selten statt. Das Verhältnis von Hauptniederlassungen zu Zweigbetrieben bei echten Neuerrichtungen und echten Stillegungen liegt stets über 10:1. Diese ruhige Branche scheint für Entrepreneure uninteressant zu sein.

Das Verarbeitende Gewerbe entwickelt sich nach den Kennzahlen für Dynamik auch unterdurchschnittlich und läßt beim Wachstum des Unternehmensbestandes nur das rückläufige Gastgewerbe und die Landwirtschaft hinter sich. Wenn jedoch Gründungen stattfinden, dann verstärkt als echte Neuerrichtung von Hauptniederlassungen. Ein unterdurchschnittlicher Nachschub- und Ausstiegsfaktor und ein geringes Unternehmensbestandswachstum lassen hohe Markteintritts- und -austrittsschranken vermuten. In diese für Marktsassen eher ruhige Branche kann ein potentieller Konkurrent nur schwer eindringen. Allenfalls ersetzen wenige neue Unternehmen mit neuen Produkten alteingesessene Unternehmen mit Produkten am Ende des Marktzyklusses.

Interessant ist die Beurteilung des Baugewerbes. Eigentlich handelt es sich um eine Krisenbranche, wobei die Gewerbeanzeigenstatistik dies überhaupt nicht zeigt. Es dominieren echte Gründungen von Hauptniederlassungen, Übernahmen finden selten statt. Obwohl die Unternehmen des Baugewerbes nur 11 % aller Unternehmen und weniger als 9 % der Gewerbeanmeldungen ausmachen, sind sie für 17-18 % des Zuwachses an wirtschaftsaktiven Unternehmen verantwortlich, auch bei einem überdurchschnittlichen Nachschubfaktor, d.h. es ist Bewegung in der Branche. Die aus dieser Branche bekannten hohen Insolvenzquoten spiegeln sich nicht in den leicht überdurchschnittlichen Ausstiegsfaktoren wider und müssen demnach in erster Linie auf (den hohen Kapitalbedarf und) die schlechte Zahlungsmoral der öffentlichen Hand und nicht auf einen hohen Verdrängungswettbewerb zurückgeführt werden.

Die Dynamik im Handel trägt beinahe erschreckende Züge. So werden neue wirtschaftsaktive Unternehmen verstärkt als „Zweigbetriebe" gegründet. Die Handelsunternehmen machen laut Umsatzsteuerstatistik gut ein Viertel des Unternehmensbestand aus, der Anteil am Zuwachs der wirtschaftsaktiven Gewerbebetriebe sinkt von 29 % im Jahre 1997 auf gut 10 % im Jahre 2000. Die Ersetzungsquoten waren deshalb im Jahr 1997 unterdurchschnittlich und wuchsen stetig (über den Durchschnitt) an. Der Unternehmensbestand wächst in den letzten drei Jahren unterdurchschnittlich. In den Jahren 1997 und 1998 entwickelte sich die Struktur zu mehr Zweigbetrieben, doch dieser Trend scheint in den Jahren 1999 und 2000 abzuflauen. Sowohl bei den An- als auch bei den

Abmeldungen ist das Verhältnis nun bei 1,4:1. Die Nachschub- und die Ausstiegsfaktoren lagen stets über dem Durchschnitt und das bei einem unterdurchschnittlichen Unternehmensbestandswachstum. Dies deutet auf einen harten Verdrängungswettbewerb auch mit potentieller Konkurrenz hin.

Das Gastgewerbe ist seit 1997 ein gesättigter Markt, der durch hohe Übernahmezahlen, sie machen immerhin fast 60 % aller Gewerbeanmeldungen (Durchschnitt 16 %) aus, ein unterdurchschnittliches Wachstum des Unternehmensbestandes, im Jahr 2000 schrumpfte der Bestand sogar, und einen unterdurchschnittlichen Nachschub- und Ausstiegsfaktor gekennzeichnet ist. Hier findet der Verdrängungswettbewerb nicht in der Art statt, daß ein neues Unternehmen eintritt und dafür kurze Zeit später ein anderes den Markt verlassen muß, sondern von einem in Not geratenen Unternehmen wird direkt der Standort übernommen. Vor dem Hintergrund der äußerst spezifischen Investitionen in dieser Branche ein äußerst rationales Vorgehen. Kurzum, diese Branche empfiehlt sich nicht für den durchschnittlichen Existenzgründer; wohl aber kann ein Entrepreneur bei der richtigen Übernahme und einem innovativen Konzept durchaus großen Erfolg haben. Dennoch werden Kreditvergaben an Unternehmen dieser Branche extrem begründungsbedürftig bleiben.

Die Branche des Verkehrs und der Nachrichtenübermittlung beinhaltet sowohl Logistikunternehmen als auch solche der Postdienste und der Telekommunikation mit teilweise unterschiedlicher Dynamik. Das Geschäft wird verstärkt über Zweigbetriebe ausgeweitet. Ähnlich wie beim Handel lagen die Nachschub- und die Ausstiegsfaktoren stets über dem Durchschnitt und das bei einem unterdurchschnittlichen Unternehmensbestandswachstum, d.h. es besteht auch hier (die Tendenz zum) Verdrängungswettbewerb.

Im Kredit- und Versicherungsgewerbe gibt es unterdurchschnittlich viele An- und Abmeldungen wirtschaftsaktiver Unternehmen. Mehr als zwei Drittel der Unternehmen sollen im Nebenerwerb oder mit Kleinumsätzen betrieben werden. Es scheint der „nebenberufliche Versicherungsmakler" das An- und Abmeldegeschehen zu dominieren. Für Übernahmen eignen sich die Unternehmen dieser Branche eher weniger. Die Nachschubfaktoren und das Unternehmensbestandswachstum lassen sich nicht vernünftig beurteilen, da in der Umsatzsteuerstatistik viele Unternehmen aufgrund der Steuerbefreiung nicht geführt werden. Die Zahlen in der Tabelle sind deshalb stark überhöht.

Das Dienstleistungsgewerbe für Unternehmen ist der Star aller Wirtschaftszweige. Hierunter fallen beispielsweise das Grundstücks- und Wohnungswesen, Verleih, Leasing, Hard- und Software, Datenbanken, Rechts-, Steuer- und Unternehmensberatungen, Architektur- und Ingenieurbüros, Werbung, Zeitarbeit oder Gebäudereinigung. Diese Branche meldet mehr Hauptniederlassungen als Zweigbetriebe an und ab. Der Anteil an Nebenerwerbsunternehmen und solchen mit Kleinstumsätzen liegt leicht über dem Durchschnitt. Für Übernahmen eignen sich Unternehmen des Dienstleistungssektors eher weniger. Die Nachschubfaktoren sind durchschnittlich, die Ausstiegsfaktoren unterdurchschnittlich, so daß der Unternehmensbestand überdurchschnittlich wächst. Die Überlebenschancen in diesem Wirtschaftszweig sind einfach höher als in anderen.

Der Wirtschaftszweig der öffentlichen und persönlichen Dienstleistungen verhält sich absolut durchschnittlich. Lediglich der Nachschub- und der Ausstiegsfaktor sind leicht unterdurchschnittlich. Dies deutet darauf hin, daß in diese ruhige (geschützte) Branche evtl. aufgrund von fehlender Reputation schwer einzudringen ist oder daß kein Anreiz besteht, in diesem gesättigten Markt ein Unternehmen zu gründen.

In allen Branchen, mit Ausnahme der Dienstleistungsbranche, ist ein Anstieg der Ersetzungsquoten bei den wirtschaftsaktiven Unternehmen – und nur diese interessieren uns hier – festzustellen, d.h. die Neugründungen dienen hauptsächlich dazu, die ausscheidenden Unternehmen zu ersetzen. Dieser Anstieg von 53 % auf gut 72 % und der leichte Rückgang der „echten" Gründungen von ca. 210.000 auf 200.000 und der Anstieg der echten Abmeldungen von ca. 110.000 auf 142.000, d.h. der Saldo sinkt von 99.000 auf 56.000, sprechen eine deutliche Sprache, daß das Umfeld für Entrepreneure schwieriger wird. Diese Aussage steht im Gegensatz zu der Interpretation der Zahlen der Creditreform, die für das Jahr 2000 wesentlich optimistischer aussahen.

2.2.3 Selbständig-originäre Unternehmensgründungen und -liquidationen des Instituts für Mittelstandsforschung

Seit 1996 werden die Gewerbemeldungen in der Bundesrepublik Deutschland bundeseinheitlich erfaßt. Bis 1995 wurden die Gewerbemeldungen in den Bundesländern Baden-Württemberg, Bayern, Berlin, Hessen, Niedersachsen, Nordrhein-Westfalen, Rheinland-Pfalz und Saarland sowie komplett in den neuen Bundesländern statistisch verwertbar aufbereitet. Alle alten Länder verzeichneten in den letzten Jahren eine wachsende Zahl an Gewerbeanmeldungen, aber auch die Gewerbeabmeldungen nahmen zu: Der Saldo aus An- und Abmeldungen war regelmäßig positiv (siehe Abb. 2.2).

Ein umgekehrtes Bild ergibt sich in den neuen Bundesländern: Die Zahl der Gewerbeanmeldungen nimmt seit Beginn der Erfassung der Gewerbemeldungen und Rekordanmeldungen in den ersten Jahren nach der Vereinigung kontinuierlich ab, während die Gewerbeabmeldungen zunehmen. Der Saldo der Gewerbemeldungen ist auch hier regelmäßig positiv, aber stark rückläufig (siehe Abb. 2.3).

Die Gewerbean- und -abmeldungen erlauben Rückschlüsse auf die Gründungen (selbständig-originäre) und Liquidationen (selbständig-originäre), also Unternehmensneuerrichtungen und -aufgaben, wobei das Meldegeschehen um Übernahmen und unselbständige Zweigstellenerrichtungen bereinigt werden muß. Dies ist aufgrund der weitgehend fehlenden Aufschlüsselung des Datenmaterials überregional nicht möglich, so daß für die alten Bundesländer hilfsweise auf vom Institut für Mittelstandsforschung Bonn beim Landesamt für Datenverarbeitung und Statistik NW für Nordrhein-Westfalen ermittelte

Anteilswerte zurückgegriffen und davon ausgegangen wird, daß keine länderspezifischen Abweichungen bestehen. Danach entfallen 69,5 % der Gewerbeanmeldungen auf Gründungen und 68,3 % der Gewerbeabmeldungen auf Liquidationen. Unter Berücksichtigung dieser Anteilswerte ergeben sich die in Abb. 2.2 und Abb. 2.3 aufgeführten Gründungs- und Liquidationszahlen in der Bundesrepublik Deutschland.

Die Zahlen der Gründungen und Liquidationen zeigen für die alten Länder cum grano salis eine kontinuierliche Zunahme der Unternehmensfluktuation im Zeitraum 1973 bis 1999. Bei den Gründungen ergibt sich eine Zunahme von 147.739 im Jahre 1973 auf mehr als 430.000 im Jahre 1999 (+ 190 %), die Liquidationen steigen von 144.222 auf 381.000 (+ 164 %). Die jährlichen Salden sind seit dem Jahr 1976 positiv, der höchste Anstieg des Unternehmensbestandes ist im Jahre 1992 zu verzeichnen. Im Jahre 1996 ist erstmals seit 1986 ein Rückgang der Gründungen zu verzeichnen, der aber vermutlich auf die veränderte Zuordnung West-Berlins mit knapp 26.000 Gründungen im Jahr 1995 zurückzuführen ist, so daß lediglich der Rückgang im Jahre 1999 bedenklich erscheint.

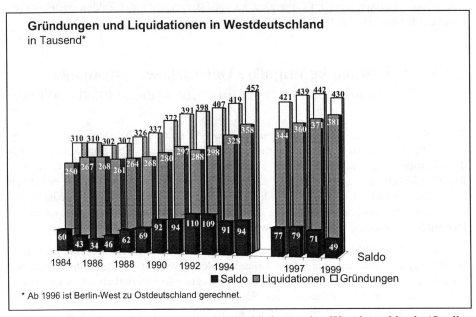

Abb. 2.2 Originäre Gründungen und Liquidationen in Westdeutschland (Quelle: INSTITUT FÜR MITTELSTANDSFORSCHUNG, BONN[78]

---

78 Die Zahlen für 1984 – 1992 basieren auf den Gewerbemeldungen von Bayern, Berlin, Hessen, Niedersachsen, Nordrhein-Westfalen, Rheinland-Pfalz und Saarland; die für 1993 – 1995 enthalten ebenfalls Baden-Württemberg. Für 1996/97 liegen die Ergebnisse aller Bun-

2.2. Unternehmensgründungen in den 90er Jahren – die Dynamik in nackten Zahlen   83

Die Zahl der Neugründungen in Deutschland fiel nach den Berechnungen des Instituts für Mittelstandsforschung, Bonn, im Jahr 1999 im Vergleich zum Vorjahr um 3 % auf 522.000; die Zahl der Unternehmensliquidationen ist um 1,7 % auf 466.000 gestiegen. Der Saldo aus Neugründungen und Stillegungen ist mit +56.000 Unternehmen der niedrigste seit 1990 und seitdem rückläufig. Ein Rückgang von 30 % im letzten Jahr stimmt jedoch bedenklich.

Unterschiedlich beurteilt das Institut die Gründungsdynamik in West- und Ostdeutschland. Während in Westdeutschland der Gründungssaldo mit einem Zugewinn von 49.000 Unternehmen zwar im vierten Jahr rückläufig aber immer noch substanziell ist, ist der Gründungsüberschuß in Ostdeutschland auf ganze 7.000 Unternehmen zusammengeschmolzen. In den neuen Bundesländern reicht die Zahl der Neugründungen gerade noch aus, um einen absoluten Rückgang der Unternehmenszahlen aufzuhalten.

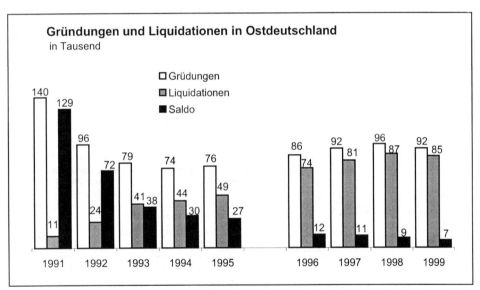

Abb. 2.3 Originäre Gründungen und Liquidationen in Ostdeutschland (Quelle: INSTITUT FÜR MITTELSTANDSFORSCHUNG, Bonn, 2000)[79]

Das Institut schließt aus diesem Befund, daß in den neuen Bundesländern zwar nach wie vor eine hohe aktive Bereitschaft zur Selbständigkeit vorhanden ist, es aber zu wenigen

---

desländer vor, für 1998 sind die Ergebnisse für Bremen und das Saarland hochgerechnet. Ab 1996 wird Berlin-West zu Ostdeutschland gerechnet.

79 Tatsächliche Markteintritte, geschätzt auf der Basis der Gewerbeanmeldungen und empirischer Erhebungen.

Unternehmen gelingt, die ersten kritischen fünf Lebensjahre zu überleben. Das wird deutlich an dem sprunghaften Anstieg der Liquidationen zwischen 1995 (dem Jahr 5 nach der deutschen Vereinigung) und 1996. Bisher ist es nicht gelungen, die Zahl der Stillegungen auf ein gemessen an den Neuerrichtungen erträgliches Maß zu reduzieren.

Mit den positiven Gründungssalden stieg auch die Zahl der Selbständigen in den alten Bundesländern seit 1976 von 1.751.000 (1976) auf 2.503.000 (1995), nachdem bis Mitte der 70er Jahre ein Rückgang registriert wurde (siehe Abb. 2.4). Die Entwicklung in den neuen Bundesländern ist ähnlich.

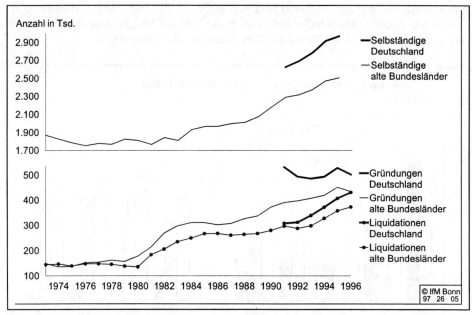

Abb. 2.4 Gründungen, Liquidationen und Selbständige 1973 – 1995 (Quelle: Statistisches Bundesamt; Institut für Mittelstandsforschung, Bonn)

2.2.4 Neue Selbständigkeit nach dem sozio-ökonomischen Panel (SOEP)

Die Schätzungen zum Umfang von Existenzgründungen in Deutschland beruhen auf der Statistik der Gewerbean- und -abmeldungen, auf Daten der Beschäftigtenstatistik oder auf Daten von Kreditauskunfteien (vgl. DIW, 1997 und die dort angegebenen Quellen). Zumeist werden dabei die Ein-Personen-Unternehmen, Freiberufler, Kleinst- und landwirtschaftlichen Betriebe nicht oder in unzureichendem Maße erfaßt. Deshalb bietet sich eine repräsentative Befragung privater Haushalte an. Das sozio-ökonomische Panel (SOEP) des DIW ist eine solche repräsentative Wiederholungsbefragung, bei der 12.245 Personen in knapp 5.921 Haushalten (Deutsche und Ausländer in der BRD) in einem Alter von 16 Jahren oder mehr seit 1984 befragt werden. Seit 1990 wurde die Befragung auf das Gebiet Ostdeutschlands auf 4.453 Personen in 2.179 Haushalten ausgedehnt. Im Jahre 1997 wurden davon in Westdeutschland (Ostdeutschland) noch 8.467 (3.844) Personen in 4.225 (1.942) Haushalten erreicht, wobei verschiedene Haushalte inzwischen umgezogen sind.

Bei diesen Befragungen werden alle Selbständigen, d.h. neben den selbständigen Gewerbetreibenden auch die Freiberufler, berücksichtigt. Bei den Neugründungen liegt der Anteil ersterer zwischen 70-75 %. Insgesamt beschäftigten gut 3 Mio. Selbständige in Deutschland ca. 13-14 Millionen Personen, davon 7,7 Mio. als Festangestellte (siehe LAGEMAN et al., 1997). Von den 3 Mio. Selbständigen waren 1,1 Millionen weniger als 5 Jahre, 0,7 Millionen 5 bis 10 Jahre und 1,2 Millionen bereits mehr als 10 Jahre selbständig. Laut Mikrozensus ist die Anzahl der Selbständigen bis April 1997 auf 3,53 Millionen angestiegen.

In seinem Monatsbericht 38/98 berichtet das DIW (1998), daß in der Zeit von 1990 bis 1996 gut 2 Mio. Personen eine selbständige Erwerbstätigkeit aufgenommen haben, davon knapp 1,5 Mio. im Westen und 560.000 im Osten. Denen stehen knapp 1,6 Mio. Personen gegenüber, die eine selbständige Tätigkeit aufgegeben haben, davon 1,24 Mio. im Westen und 330.000 im Osten; von diesen waren etwa 2/3 im Westen und 1/3 im Osten bereits vor dem Jahr 1990 selbständig. Die hohen Gründungsturbulenzen (als Saldo aus Neuanmeldungen und Abmeldungen) weisen darauf hin, daß zur Ausweitung der Selbständigkeit ein mühseliger Weg begangen werden muß.

Speziell in neuerer Zeit könnten neben den oben erwähnten Faktoren die folgenden Gründe die Personen verstärkt in die Selbständigkeit geführt haben:

- in der klassischen Hierarchie haben sich die Aufstiegschancen durch das Ausdünnen des mittleren Managements verschlechtert,
- die Dezentralisierung der Unternehmen und die Privatisierung öffentlicher Einrichtungen haben neue Märkte für Gründer geschaffen,

- der Zugriff des Staats bei Steuern und Sozialabgaben machen die Selbständigkeit attraktiv, weil Sozialabgaben nicht anfallen und die Steuergestaltung gewisse Freiräume eröffnet. Für das Alter scheint die gesetzliche Rente nach neueren Berechnungen unter Zugrundelegung des demographischen Faktors ohnehin ziemlich unsicher zu sein,
- die erhöhte Arbeitslosigkeit dürfte besonders in Ostdeutschland einen „push-Faktor" darstellen.

Wenn eine Gründung nicht einen völlig neuen Markt bedient – was natürlich das Schönste darstellt –, muß sie sich in einem umkämpften Markt durchsetzen und behaupten. Viele Gründungen scheitern dann daran, daß der Markt, auf dem ihre Unternehmen tätig sind, nicht wächst, so daß auf dem Weg zum Erfolg den Konkurrenten Marktanteile abgenommen werden müssen. Lokale Märkte stellen in diesem Sinne ein hohes Risiko dar, während überregionale Märkte mehr Freiräume eröffnen, aber auch mentale und logistische Probleme erzeugen. Selbständigkeit muß sich vor allem auf expandierende überregionale Märkte oder auf echte lokale Marktnischen konzentrieren, ansonsten besitzt die/der Selbständige zu wenig Marktpotential mit der Folge harter Abhängigkeiten (Quasi-Selbständigkeit) oder niedriger Einkommen (z.B. manche freie Berufe). Sind diese Bedingungen nicht gegeben, so ist zu erwägen, ein existierendes Unternehmen zu übernehmen – beispielsweise im Rahmen einer Nachfolgeregelung.

Viele erfolgreiche Gründer haben es mehrfach versucht und haben aus dem Scheitern im ersten Anlauf viel gelernt. Es ist daher wichtig, sich schon bei der Gründung auf den Marktaustritt einzustellen. Das bedeutet, daß

- Irreversibilitäten, vor allem im Bereich der Rechtsform und des Anlagevermögens, sowie Genehmigungsverfahren vermieden werden sollten.
- das Risiko auf mehrere Schultern verteilt werden sollte. Je mehr interne Stützen in Form von Partnern existieren, desto weniger sind von außen vonnöten.
- juristischer Sachverstand genutzt werden sollte, auch wenn dies Geld kostet. Die Scheu vor sauberen Verträgen kann teuer kommen.

Regionale Venturefonds (mit Banken und Sparkassen) zur Versorgung mit Eigenkapital aus der Region – anstelle einer technokratischen Großbörse – können den Weg weisen. Sie kombinieren Renditeorientierung mit dem „Dorfschwestergedanken", d.h. der kompetenten Pflege des Bestandes und der Betreuung der Gründer. Mehr Eigenkapital vermindert auch die Kriminalisierung der Gründer. Und letztlich könnte dies eine Umerziehung der Banken bewirken, weg von Pfandleihermentalität.

2.3 Insolvenzen

Im Gegensatz zu den Liquidationen werden die qualitativ wesentlich anders zu beurteilenden Insolvenzen bundeseinheitlich bei den Statistischen Landesämtern erfaßt. Insolvenzen entstehen aufgrund von Zahlungsunfähigkeit und Überschuldung. Alle anderen Unternehmensabgänge, und das sind mehr als 90 %, werden in der Statistik der Zahlungsschwierigkeiten (Insolvenzstatistik) nicht erfaßt. Die Aussagekraft der Insolvenzzahlen im Hinblick auf die Gefahren für den und die Entwicklungen des Standortes Deutschland ist deshalb durchaus eingeschränkt. Trotzdem stellen die Insolvenzen eine wichtige Kennzahl insbesondere für Existenzgründer dar, weil sie von den Insolvenzen stärker betroffen sind als andere Unternehmen[80], wobei der erhöhte Anteil junger Unternehmen an den Insolvenzen nicht weiter verwunderlich ist, da doch gerade bei ihnen die Eigenkapitaldecke sehr dünn ist, so daß von ihnen im Vergleich zum Altbestand sehr viel weniger der (zufälligen) exogenen Schocks aufgefangen werden können. Aus den Zahlen selbst lassen sich auch über die besonders insolvenzgefährdeten Wirtschaftszweige Rückschlüsse auf den Strukturwandel ziehen.

Bei den Insolvenzquoten ist zu berücksichtigen, daß nicht alle zwanghaften Schließungen in der Insolvenzstatistik Niederschlag finden. So handelt es sich bei den meisten Gastgewerbebetrieben um Minderkaufleute, deren Zahlungsschwierigkeiten häufig über nicht in der Insolvenzstatistik erfaßte Zwangsvollstreckungsmaßnahmen geregelt werden.

2.3.1 Empirischer Befund

In der Zeit von 1985 bis 1991, also kurz nach der Wiedervereinigung Deutschlands, nahm die Zahl der Unternehmensinsolvenzen stetig ab (siehe Tab. 2.9). Anschließend in der sowohl in West- als auch in Ostdeutschland sehr turbulenten Zeit der Neugründungen und nachfolgenden sehr hohen Insolvenzraten stiegen die Insolvenzen wieder an, wobei allerdings äußerst vorsichtig vermutet werden kann, daß sich der Anstieg verlangsamt hat und jetzt wohl zunächst eine Stabilisierung eintritt. In den neuen Ländern hat sich der nahezu exponentielle Anstieg von 1991 bis 1995 verlangsamt. Wegen des einerseits großen und noch jungen Unternehmensbestandes in den neuen Bundesländern und

---

80 Nach SZYPERSKI und NATHUSIUS (1977) sind etwa 50 % aller Insolvenzen in Westdeutschland aus der Altersklasse bis 5 Jahre. Nach neueren Zahlen der Creditreform sind 51 % der insolventen Unternehmen sechs Jahre und jünger. Auch die Zahlen aus der Unternehmensgrößenstatistik 1997/98 zeigen an, daß der Anteil an den Insolvenzen der bis zu achtjährigen Unternehmen zwischen 1980 und 1994 zwischen 74 % und 81 % schwankte. Dabei ist jedoch zu berücksichtigen, daß der Anteil der Insolvenzen an den Unternehmensliquidationen weniger als 10 % beträgt.

des anderseits großen Anteils alter Unternehmen aus früheren Zeiten ist die Insolvenzquote (vereinigungsbedingt) in den neuen Bundesländern wesentlich höher als in den alten. Durch die insgesamt 27.500 Unternehmensinsolvenzen (12.900 private Insolvenzen) wurden im Jahre 2000 ca. 35 Mrd. DM an Forderungen bei privaten Gläubigern nicht bedient, bei der öffentlichen Hand (vor allem bei den Sozialversicherern und dem Finanzamt) weiter 18 Mrd. DM. Insgesamt wurden fast 500.000 (direkte) Arbeitsplätze vernichtet. Trotz fehlender Zahlen zu den Arbeitsplatzverlusten bei den sonstigen Unternehmensabmeldungen aus den Statistiken der Gewerberegister kann der Arbeitsplatzverlust bei insolventen Unternehmen als relevant bezeichnet werden. Bei den insolventen Unternehmen wurden im Schnitt 18 Arbeitsplätze vernichtet. Geht man davon aus, daß bei allen vollständigen Aufgaben eines Unternehmens im Schnitt 1½ Arbeitsplätze vernichtet werden, so ergibt sich daraus ein weiterer Verlust von ca. 700.000 (direkten) Arbeitsplätzen[81], d.h. über die Insolvenzen wird ein Großteil der direkten Arbeitsplatzverluste abgewickelt.

Tab. 2.10 bis Tab. 2.12 geben einen Überblick über die Schwankungen der Insolvenzen von Unternehmen und Freien Berufen in Deutschland in den Jahren 1950 bis 1998 in den verschiedenen Wirtschaftsbereichen und bei verschiedenen Rechtsformen. Für die Darstellung der Entwicklung über die verschiedenen Wirtschaftsbereiche sind zwei Tabellen nötig, da sich die Systematik der Wirtschaftszweige, d.h. die Zuordnung der Unternehmen zu den Branchen geändert hat. Für die Zeit von 1980 bis 1993 wurde nach der Systematik der Wirtschaftszweige, Ausgabe 1979, und ab 1994 nach der Klassifikation der Wirtschaftszweige, Ausgabe 1993, klassifiziert. Untereinander sind die Zahlen also nur eingeschränkt vergleichbar.

In Tab. 2.10 erkennt man, daß die Insolvenzquoten von 1980 bis 1985 anstiegen, um 1991 zur Zeit des Einheitsbooms wieder auf eine sehr tiefe Quote von 4,0 Insolvenzen auf 1.000 Unternehmen zu fallen. Anschließend wurde wieder verstärkt Spreu von Weizen getrennt, die Insolvenzquote stieg im Gebiet der alten Länder bis 1994 auf 6,7 an. Dabei fällt auf, daß das Baugewerbe und der Großhandel mit ungefähr doppelt so hohen Quoten stets weit über dem Durchschnitt lagen. Auch das Kredit- und Versicherungsgewerbe liegt 50 % darüber. Ausgesprochen ruhig geht es bei der Energie- und Wasserversorgung, im Bergbau und bei der Handelsvermittlung mit nur einem Zehntel der sonstigen Raten zu. Das Handwerk verläuft mit einer hälftigen Quote auch eher ruhig. So wie das Verarbeitende Gewerbe stets mit ca. 25 % leicht über dem Durchschnitt liegt, so sind die Dienstleistungen auf einem Niveau von ca. 70 % stets nur unterdurchschnittlich betroffen. Bei den Rechtsformen sind die GmbHs mit einer dreifachen Insolvenzquote

---

[81] Nach dem DIW (1998) haben ca. 46 % der Abgänger aus der Selbständigkeit keine Mitarbeiter angestellt, ca. 38 % weniger als 5 Mitarbeiter und ca. 16 % mehr als 5 Mitarbeiter. Vermutlich vor allem in der letzten Gruppe finden die Übernahmen statt, waren doch nur 30 % aller Abgänge mit einer Auflösung des Betriebes verbunden. Die daraus abgeschätzte Zahl von im Schnitt 1½ vernichteten Arbeitsplätzen pro Gewerbestillegung ist somit eine grobe Näherung.

2.3. Insolvenzen

absolute Spitzenreiter, die AGs als weitere Kapitalgesellschaften liegen hingegen mit nur 21 % über dem Durchschnitt relativ stabil. Die Einzelunternehmen bilden das Gegengewicht mit einer hälftigen Insolvenzrate.

Auch bei neuer Wirtschaftszweigeinteilung (siehe Tab. 2.11) ändert sich das Bild bei den Wirtschaftszweigen in den Jahren 1994 bis 1998 nicht grundlegend. Bei durchschnittlich 9,8 Insolvenzen auf 1.000 Unternehmen im Jahre 1998, d.h. knapp 1 %[82], liegt das Baugewerbe mit 2,62 % außerordentlich über dem Schnitt. Beim Großhandel scheint der große Ausleseprozeß zum Erliegen gekommen zu sein. Die Rate liegt nur noch 20 % über dem Durchschnitt. Mit leicht aber stets überdurchschnittlichen Insolvenzquoten können ansonsten nur noch das Verarbeitende Gewerbe, Verkehr und Nachrichtenübermittlung und Kreditinstitute und Versicherungsgewerbe dienen. Anscheinend liegt dort der Wettbewerbsdruck relativ hoch, wobei dies seine Ursache in einer Konzentration der Branche, einem Aussterben einer Branche oder einem relativ hohen Austauschsatz bei niedrigen Markteintrittskosten haben kann. Ausgesprochen niedrig für die Jahre 1994 bis 1998 sind die Insolvenzquoten in den Branchen Energie- und Wasserversorgung, Fischerei und Fischzucht, Erziehung und Unterricht sowie Bergbau und Gewinnung von Steinen und Erden. Dies liegt teilweise daran, daß es sich um geschützte Bereiche, "natürliche" Monopole, mit hohen Markteintrittskosten (versunkene Kosten in Kapitalstock, Reputation, etc.) handelt. Bei den Dienstleistungen bestätigt sich das positive Bild der Gewerbeanzeigenstatistik, daß Deutschland aus dem Weg zur Dienstleistungsgesellschaft in diesem Bereich einen niedrigeren Ausleseprozeß (auf dem 70 %-Niveau) hat. Bemerkenswert sind die niedrigen Insolvenzraten im Einzelhandel, der eigentlich unter einem hohen Wettbewerbsdruck steht. Dabei muß jedoch die kleine Geschäftsgröße berücksichtigt werden, so daß der Strukturwandel nicht über die Insolvenz, sondern durch den einfachen Rückzug aus dem Markt bewältigt wird. Auch das Handwerk ist mit einer Insolvenzquote von 0,53 % unterdurchschnittlich und gleicht somit einem geschützten Bereich.

In der Tab. 2.12 haben wir für die Rechtsformen die benötigten Daten aus mehreren Statistiken selbst zusammengestellt und die Insolvenzquoten berechnet. So werden in der offiziellen Statistik bis 1990 in der Regel die Insolvenzquoten aus den Insolvenzen und dem Unternehmensendbestand berechnet, ab 1991 dann relativiert auf den Anfangsbestand. Aus mangelnder Datenverfügbarkeit sind unsere Zahlen sowohl für 1980 als auch für 1992 auf den Endbestand relativiert, ansonsten stets zum Anfangsbestand und unterscheiden sich deshalb auch leicht von den ansonsten veröffentlichten Zahlen. 1992 wird erstmals Ostdeutschland integriert, so daß hier keine Anfangsbestandszahlen vorliegen. Die Unternehmenszahlen für die Kapitalgesellschaften (GmbH und AG) entstammen

---

[82] Die echten Stillegungen von Unternehmen machen einen Anteil von 17 % bis 21 % an den Gewerbeabmeldungen aus. Nimmt man jedoch den in Fußnote 76 erläuterten Korrekturfaktor von ca. 35 % an, so reduzieren sich die Abgänge auf gut 6 %, so daß 1 % an insolventen (und größeren) Unternehmen einen nicht zu vernachlässigenden Anteil darstellen. Der negative Beschäftigungseffekt ist sogar größer.

einer eigens hierzu bis 1993 geführten Statistik des Statistischen Bundesamtes. Die Insolvenzquoten von 1994 bis 1998 stammen direkt vom Statistischen Bundesamt, welches die fortgeschriebene Kapitalgesellschaftenstatistik verwendet. Alle anderen Unternehmensbestandszahlen wurden der Umsatzsteuerstatistik entnommen, wobei die Zahlen in den geraden Jahren von 1980-1996 durch die Statistik erfaßt wurden. Für die Zwischenjahre wurden interpolierte Werte herangezogen.

Die Kapitalgesellschaften sind natürlich auch in der zweiten Hälfte der 90er Jahre weit über dem Durchschnitt, wobei jedoch hervorsticht, daß die AG seit der Einführung der Kleinen AG bei den Insolvenzraten bis auf 2,35 % stark zugelegt hat und beinahe mit den GmbHs (2,76 %) gleichgezogen hat. Die GbR (zusammen mit der OHG und der KG) ist am wenigsten insolvenzgefährdet. Die Insolvenzrate liegt bei einem Siebtel des Durchschnitts. Aus dem Blickwinkel der Dynamik gibt es Positives zu berichten, so scheint der immense Anstieg der Insolvenzquoten in den 90er Jahren abgebremst zu sein.

2.3. Insolvenzen

Tab. 2.9 Entwicklung der Insolvenzen in Deutschland von 1985 – 2000 (Quelle: CREDITREFORM, 1998 und 2000 und BMWi, 1998, S. 51ff)

Entwicklung der Insolvenzen in Deutschland von 1985 - 2000

Jahr	Westdeutschland						Ostdeutschland				
	Gesamt-insolvenz	Untern.-insolvenz	private Insolvenz	priv. Forder. Verluste [1]	öffentl. Forder.	Arbeitsplatz-verluste	Gesamt-insolvenz	Untern.-insolvenz	private Insolvenz	priv. Forder. Verluste [1]	öffentl. Forder.
1985	18.876	13.625		5.251	15,0						
1986	18.842	13.500		5.342	14,0						
1987	17.589	12.098		5.491	12,0						
1988	15.936	10.562		5.374	9,0						
1989	14.643	9.590		5.053	8,1						
1990	13.271	8.730		4.541	9,2	8,0	63.000				
1991	12.922	8.445		4.477	10,0	9,0	64.000	401		9	
1992	14.117	9.828		4.289	18,0	12,0	100.000	1.185		93	
1993	17.537	12.821		4.716	24,0	14,0	235.000	2.761		434	
1994	20.092	14.913		5.179	26,0	14,0	267.000	4.836		925	6,0
1995	21.714	16.470		5.244	30,0	15,0	292.000	7.071		1.197	6,0
1996	23.078	18.111		4.967	31,0	15,0	317.000	8.393		5.874	8,0
1997	24.212	19.348		4.864	28,0	15,0	348.000	9.186		7.419	10,0
1998	25.162	19.886		5.276	25,0	13,0	313.000	8.815		8.126	11,0
1999	25.110	19.050		6.060	27,0	12,0	291.000	8.760		7.942	10,0
2000	31.400	20.000		11.400		11,0	300.000	9.000		7.570	10,0
										1.500	8,0

Jahr	Deutschland						
	Gesamt-insolvenz	Untern.-insolvenz	private Insolvenz	priv. Forder. Verluste [1]	öffentl. Forder.	Arbeitsplatz-verluste	U.insol./ U.abmeld.
1985	18.876	13.625		5.251	15,0		
1986	18.842	13.500		5.342	14,0		
1987	17.589	12.098		5.491	12,0		
1988	15.936	10.562		5.374	9,0		
1989	14.643	9.590		5.053	8,1		
1990	13.271	8.730		4.541	9,2	8,0	63.000
1991	13.323	8.837		4.486	10,0	9,0	64.000	2,3%
1992	15.302	10.920		4.382	18,0	12,0	100.000	2,3%
1993	20.298	15.148		5.150	30,0	20,0	235.000	3,1%
1994	24.928	18.824		6.104	34,0	20,0	333.000	3,8%
1995	28.785	22.344		6.441	40,0	22,0	394.000	4,3%
1996	31.471	25.530		5.941	42,0	23,0	487.000	4,1%
1997	33.398	27.474		5.924	38,0	21,0	554.000	4,1%
1998	33.977	27.828		6.149	35,0	19,0	501.000	4,0%
1999	33.870	26.620		7.250	35,0	18,0	471.000	3,7%
2000	40.400	27.500		12.900			490.000	4,4%

Die aktuellen Zahlen stammen von Creditreform. Dabei wird West-Berlin nach wie vor zu Westdeutschland gezählt.
Die Zahlen für das Jahr 2000 sind von der Creditreform geschätzt.
1) Forderungsverluste privater Gläubiger in Mrd. DM
2) Forderungsverluste der öffentlichen Hand (Sozialversicherung, Finanzamt) in Mrd. DM

Tab. 2.10 Insolvenzquoten nach Wirtschaftsbereichen und Rechtsformen, alte Bundesländer, 1980 – 1994

Insolvenzquoten von Unternehmen und Freien Berufen in den alten Bundesländern, 1980 - 1994, nach Wirtschaftsbereichen (WZ79) und Rechtformen															
Wirtschaftsbereich	1980	1981	1982	1983	1984	1985	1986	1987	1988	1989	1990	1991	1992	1993	1994
Land- und Forstwirtschaft, Fischerei	3,1	4,0	5,6	5,6	5,1	6,5	6,7	5,6	4,6	4,1	4,1	3,8	4,1	4,4	5,4
Energie- und Wasserversorgung, Bergbau	1,0	0,5	0,7	0,7	0,7	0,9	0,4	0,6	0,8	0,4	-	0,4	0,4	0,6	0,4
Verarbeitendes Gewerbe	4,8	6,4	8,4	8,6	7,6	8,0	7,4	7,1	6,2	5,6	5,2	4,9	6,3	8,7	9,1
Baugewerbe	7,1	10,4	14,5	13,1	14,4	16,8	15,6	13,7	11,7	10,5	8,5	8,4	9,3	11,5	13,8
Großhandel	6,6	8,3	11,3	11,5	11,5	12,1	12,6	11,4	9,5	9,5	8,8	8,3	9,7	12,9	14,1
Handelsvermittlung	0,6	0,9	1,0	1,0	1,1	0,9	1,1	0,8	0,6	0,7	0,4	0,7	0,6	0,9	1,2
Einzelhandel	2,3	3,2	4,7	4,7	4,5	5,0	5,2	4,5	3,7	3,5	2,9	2,8	3,2	4,0	4,8
Verkehr und Nachrichtenübermittlung	4,1	5,5	7,4	7,3	6,2	7,2	6,3	6,1	5,9	5,4	5,4	5,2	6,5	9,8	9,2
Kreditinstitute, Versicherungsgewerbe	6,4	6,0	7,1	8,0	8,2	6,7	10,3	9,7	9,2	8,2	6,8	7,9	8,1	10,2	10,3
Dienstleistungen von Unternehmen und Freien Berufen	2,8	3,6	4,8	5,0	4,7	5,7	5,4	4,8	3,8	3,3	2,9	2,8	3,2	4,1	4,5
insgesamt	3,8	5,0	6,8	6,8	6,5	7,4	7,0	6,3	5,2	4,8	4,2	4,0	4,7	6,1	6,7
darunter Handwerk	1,5	2,2	3,7	4,2	4,3	4,3	4,4	3,8	3,3	2,7	2,4	2,0	2,0	2,7	3,0
nach Rechtsformen															
Einzelunternehmen	1,9	2,4	3,3	3,5	3,3	3,7	3,5	3,1	2,6	2,3	2,0	1,9	2,1	2,7	2,9
Personenges. (OHG, KG, GbR, GmbH&Co)	3,6	4,9	6,4	5,8	5,8	6,2	5,5	4,6	3,6	3,0	2,4	2,1	2,5	3,0	3,1
Gesellschaften m.b.H.	11,9	15,4	20,6	19,0	18,4	20,4	20,2	17,8	15,2	13,4	11,6	11,4	12,7	14,2	18,1
Aktiengesellschaften, einschl. KGaA	5,1	6,5	6,1	10,4	7,5	9,3	8,2	8,0	5,5	4,4	5,2	4,1	7,1	7,5	x
Sonstige Unternehmen	0,5	0,7	1,3	1,0	1,1	1,4	1,0	0,6	0,9	1,4	1,0	0,5	1,0	0,6	1,4

Insolvenzquote = Insolvenzen je 1000 Unternehmen (Umsatzsteuerstatistik).
Quelle: Statistisches Bundesamt, Insolvenzverfahren, Fachserie 2, Reihe 4.1; Statistisches Bundesamt Umsatzsteuer, Fachserie 14, Reihe 8; Berechnungen des Instituts für Mittelstandsforschung, Bonn; Statistisches Bundesamt, Insolvenzhäufigkeiten, Lange Rei

2.3. Insolvenzen

Tab. 2.11 Insolvenzen und -quoten nach Wirtschaftsbereichen, 1994 – 1998 (Quelle: BMWi, 1998, S. 53f)

Insolvenzen von Unternehmen und Freien Berufen in Deutschland, 1994 - 1998, nach Wirtschaftsbereichen

	Wirtschaftsbereich	1994 # Insolv.	1994 Ins.quote	1995 # Insolv.	1995 Ins.quote	1996 # Insolv.	1996 Ins.quote	1997 # Insolv.	1997 Ins.quote	1998 # Insolv.	1998 Ins.quote
A	Land- und Forstwirtschaft	328	5,7	381	6,6	403	7,0	479	8,1	509	8,3
B	Fischerei und Fischzucht	2	2,2	3	3,4	4	4,6	3	3,4	7	7,9
C	Bergbau, Gewinnung von Steinen und Erden	16	5,2	15	4,9	22	7,1	14	4,5	26	8,3
D	Verarbeitendes Gewerbe	3.183	10,6	3.348	11,3	3.643	12,4	3.598	12,3	3.287	11,2
E	Energie- und Wasserversorgung	2	0,3	8	1,2	10	1,3	11	1,4	7	0,8
F	Baugewerbe	3.971	13,3	5.542	18,4	7.041	23,0	7.788	25,0	8.112	25,5
G50	KFZ-Handel, Instandhaltung und Reparatur von KFZ, Tankstellen	633	6,4	755	7,7	717	7,3	776	7,7	758	7,4
G51	Großhandel, Handelsvermittlung (Ohne KFZ-Handel)	2.038	9,5	2.440	11,7	2.595	12,8	2.537	12,6	2.317	11,6
	Einzelhandel (ohne KFZ-Handel und Tankstellen); Rep. von										
G52	Gebrauchsgütern	2.153	4,6	2.389	5,3	2.655	6,0	2.798	6,3	3.069	6,9
H	Gastgewerbe	1.006	3,7	1.235	4,5	1.476	5,7	1.679	6,5	1.819	7,1
I	Verkehr und Nachrichtenübermittlung	1.321	10,3	1.457	11,5	1.499	11,9	1.558	12,4	1.468	11,5
J	Kreditinstitute, Versicherungsgewerbe	146	8,2	140	8,0	182	10,6	198	11,9	191	11,3
K70/71	Grundstücks-, Wohnungswesen, Vermietung beweglicher Sachen	823	3,5	1.101	4,6	1.409	5,8	1.689	6,7	1.821	6,9
	Erbringung von Dienstleistungen überwiegend für Untern.,										
K72-74	Datenverarbeitung, FuE	2.491	6,2	2.724	6,6	2.944	7,1	3.189	7,4	3.210	7,1
M	Erziehung und Unterricht	130	5,4	127	5,2	97	4,0	101	4,1	89	3,5
N	Gesundheits-, Veterinär- und Sozialwesen	99	3,5	99	3,5	161	5,6	224	7,4	265	8,3
O	Erbringung sonstiger öffentlicher und persönlicher Dienstleistungen	495	2,2	580	2,5	672	2,9	832	3,5	873	3,5
	insgesamt	**18.837**	**6,8**	**22.344**	**8,0**	**25.530**	**9,2**	**27.474**	**9,8**	**27.828**	**9,7**
	darunter Handwerk	1.821	3,2	2.186	3,9	3.051	5,3	3.223	5,4	3.194	5,2

Insolvenzquote = Insolvenzen je 1000 Unternehmen (Umsatzsteuerstatistik)
Quelle: Statistisches Bundesamt, Insolvenzverfahren, Fachserie 2, Reihe 4.1; Statistisches Bundesamt Umsatzsteuer, Fachserie 14, Reihe 8; Berechnungen des Instituts für Mittelstandsforschung Bonn.

Tab. 2.12 Insolvenzen, -quoten und Unternehmensanzahl nach Rechtsformen, 1950 – 1998 (Quelle: BMWi, 1998, S. 55)

Insolvenzen, Insolvenzquoten und Unternehmensanzahl nach Rechtsformen [1]	1950	1960	1970	1980	1990	1991	1992	1993	1994	1995	1996	1997	1998
Einzelunternehmen+eingetr. Untern.	3.410	1.606	1.672	2.506	3.043	2.923	3.521	4.977	6.044	7.073	8.351	8.970	9.696
Insolvenzquote auf Anfangsbestand			1,2	1,9	2,0	1,9	1,8	2,6	3,1	3,5	4,2	4,6	4,9
Unternehmensendbestand				1.305.445	1.545.264	1.565.000	1.926.988	1.972.710	2.018.431	1.994.806	1.971.181	1.992.356	2.033.853
Personengesellschaften (Summe)	587	241	446	747	630	555	672	830	946	1.137	1.272	1.484	1.456
Insolvenzquote auf Anfangsbestand			2,7	3,6	2,5	2,1	2,3	2,8	3,1	3,6	3,9	4,5	4,3
Unternehmensendbestand				210.335	258.513	262.500	297.484	308.306	319.128	323.780	328.432	336.201	347.389
OHG, KG, GbR	587	241	446	262	183	156	213	250	255	287	297	347	334
Insolvenzquote auf Anfangsbestand				2,2	1,1	0,9	1,0	1,2	1,2	1,2	1,3	1,5	1,4
Unternehmensendbestand				120.684	173.294	178.000	210.167	220.357	230.547	233.729	236.911	243.054	251.332
GmbH & Co. KG	-	-	-	485	447	399	459	580	691	850	975	1.137	1.122
Insolvenzquote auf Anfangsbestand				5,4	5,2	4,7	5,3	6,6	7,9	9,6	10,8	12,4	12,0
Unternehmensendbestand				89.651	85.219	84.500	87.317	87.949	88.581	90.051	91.521	93.147	96.057
Gesellschaften m.b.H.	826	232	583	3.038	5.017	4.943	6.568	9.208	11.670	13.933	15.689	16.746	16.413
Insolvenzquote auf Anfangsbestand		6,8	7,9	13,5	12,5	11,4	11,9	16,8	19,6	23,5	26,4	28,2	27,6
Unternehmensendbestand		35.430	80.146	255.940	433.731	465.660	549.659	593.912					
Aktiengesellschaften, KGaA	10	2	13	11	13	11	20	29	36	39	59	62	79
Insolvenzquote auf Anfangsbestand	4,3	0,8	5,6	5,1	5,2	4,1	6,2	9,0	10,7	11,6	17,6	18,5	23,5
Unternehmensendbestand	2.329	2.545	2.304	2.141	2.682	2.806	3.219	3.358					
Sonstige Unternehmen	62	6	2	13	27	13	139	104	128	162	159	212	184
Insolvenzquote auf Anfangsbestand				0,4	0,8	0,4	3,0	2,3	2,8	3,5	3,4	4,5	3,8
Unternehmensendbestand				30.169	35.138	35.750	45.818	46.179	46.539	47.031	47.523	48.210	48.878
Unternehmen zusammen	4.895	2.087	2.716	6.315	8.730	8.445	10.920	15.148	18.824	22.344	25.530	27.474	27.828
Insolvenzquote auf Anfangsbestand			1,7	3,7	4,2	4,0	4,1	5,8	6,9	8,0	9,2	9,9	9,9
Unternehmensendbestand				1.688.690	2.103.973	2.146.030	2.631.812	2.709.443	2.787.074	2.775.000	2.762.925	2.797.759	2.859.983

*) Bis 1956 ohne Saarland.
1) Insolvenzen (Konkurse + Vergleichsverfahren ohne Anschlußkonkurse) je 1000 Unternehmen; bis einschließlich 1991 ohne neue Länder und Berlin (Ost).

2.3. Insolvenzen

Aus einer detaillierteren Brancheneinteilung ergeben sich auch nach Ost und West unterschieden immense Unterschiede in der Insolvenzquote (siehe Tab. 2.13). Bemerkenswert ist, daß in Ostdeutschland die Insolvenzquote im Jahre 1998 mit 1,47 % mehr als doppelt so hoch war wie in Westdeutschland mit 0,63 %. Der Stahl- und Leichtmetallbau, die vorbereitende Baustellenarbeit sowie der Hoch- und Tiefbau lagen mit mehr als dem Dreifachen und 4,5 % im Jahre 1998 deutlich an der Spitze.

Tab. 2.13 Insolvenzquoten ausgewählter Branchen im Jahr 1998
(Quelle: Creditreform, Unternehmensentwicklung 1998)

Insolvenzquoten ausgewählter Branchen im Jahr 1998		
Branche	West	Ost
Stahl- u. Leichtmetallbau		4,67%
vorbereitende Baustellenarbeit	1,68%	4,52%
Hoch- u. Tiefbau	1,79%	4,52%
Großhandel mit Rohstoffen, Halbwaren, Altmaterial, Reststoffen		3,23%
Erschließung, Kauf, Verkauf v. Grundstücken, Gebäuden u. Wohnungen	1,49%	3,15%
Herstellung v. Konstr.-, Fertigbaut., Ausbauelementen u.ä. aus Holz		2,81%
Bauinstallationen		2,59%
Recycling von nichtmetallischen Altmaterialien und Rohstoffen	2,40%	
sonstiges Baugewerbe		2,29%
Herstellung von Kunststoffwaren		2,25%
Branchendurchschnitt	**0,63%**	**1,47%**

Für das Jahr 2000 stellt die Creditreform[83] die Zahlen leider nicht mehr nach Ost und West unterschieden dar. Dennoch wird klar, daß die Spitzenreiter bezüglich der Insolvenzquoten alles andere als stabil sind. Lediglich das Sonstige Baugewerbe blieb in dieser Gruppe, ansonsten herrscht eine rege Branchenrotation. Natürlich fällt auf, daß das Baugewerbe mit mehreren Branchen vertreten ist und daß die Spitzenreiter nun auch fünf- bis sechsfache Insolvenzraten zustande bringen. Der Ausleseprozeß scheint härter geworden zu sein. Nach CREDITREFORM (2000, S. 20) zeichnen sich alle besonders betroffenen Branchen durch Kleinstbetriebe bezüglich Beschäftigten und Umsatz und eher geringe Zugangshürden bei der Finanzierung von Existenzgründungen aus.

---

[83] Die Insolvenzquoten der Creditreform sind in der Regel kleiner als die des Statistischen Bundesamtes, da die Creditreform von einem um ca. 20 % höheren Unternehmensbestand ausgeht.

Tab. 2.14 Insolvenzquoten ausgewählter Branchen im Jahr 2000
(Quelle: Creditreform, Unternehmensentwicklung 2000)

Insolvenzquoten ausgewählter Branchen im Jahr 2000	
Branche	Deutschland
Abbruch-, Spreng- und Entrümpelungsgewerbe, Erdbewegungsarbeiten	6,45%
Private Kurierdienste	5,43%
sonstiges Baugewerbe	5,25%
Sonstige private Kurierdienste	4,97%
Diskotheken und Tanzlokale	4,76%
Dämmung gegen Kälte, Wärme, Schall und Erschütterung	4,73%
Abdichtung gegen Wasser und Feuchtigkeit	4,71%
Gerüstbau	4,36%
Erlaubnisfreier und freigestellter Straßengüterverkehr	4,32%
Branchendurchschnitt	0,95%

Die Unterscheidung nach Hauptwirtschaftsbereichen und Ost und West zeigt auch eine deutlich erhöhte Insolvenzquote für Ostdeutschland. So ergaben Schätzungen der CREDITREFORM (2000, S. 18f.) für das Jahr 2000 einen Anstieg der Insolvenzquote für die alten Bundesländer über alle Branchen gemittelt auf 0,79 % und in den neuen Ländern auf 1,9 %, das Verhältnis von Ost zu West liegt relativ konstant bei 2,4. Dabei fallen insbesondere die extrem hohen Raten im Bau (3,22 %) auf, d.h. nahezu jedes 27. Unternehmen im Bau geht im Laufe eines Jahres in Deutschland in die Insolvenz.

Der Anteil der insolventen Unternehmen nach der Beschäftigtenzahl gibt einen ersten Eindruck, daß sich auch hiernach die Insolvenzquoten unterscheiden könnten (siehe Tab. 2.15). Freilich werden für genauere Aussagen Angaben über die Referenzbasis benötigt. Nach CREDITREFORM (2000, S. 21) haben ca. 80 % der 3,2 Millionen Betriebe weniger als 10 Beschäftigte, so daß die kleinen Unternehmen sowohl in Ost- als auch Westdeutschland unterrepräsentiert sind.

Tab. 2.15 Anteil insolventer Unternehmen nach Beschäftigten (Quelle: CREDITREFORM, 1998, S. 18, sowie 2000, S. 21)

Anteil insolventer Unternehmen nach Beschäftigten								
	Westdeutschland				Ostdeutschland			
Beschäftigte	1997	1998	1999	2000	1997	1998	1999	2000
1-5 Personen	55,4%	58,0%	54,9%	60,4%	41,0%	44,2%	46,1%	48,3%
6-10 Personen	14,2%	13,4%	14,8%	15,8%	18,6%	18,1%	18,2%	18,8%
11-20 Personen	9,7%	8,9%	10,4%	11,2%	17,2%	17,1%	17,0%	17,1%
21-50 Personen	6,6%	6,1%	7,6%	8,1%	11,6%	11,9%	10,9%	11,5%
51-100 Personen	1,9%	1,7%	2,3%	2,8%	3,3%	2,8%	3,1%	3,0%
>100 Personen	1,2%	1,0%	8,5%	1,8%	1,8%	1,2%	3,9%	1,3%
keine Angaben	11,0%	10,9%	1,5%	0,0%	6,5%	4,7%	0,8%	0,0%
Gesamt	100,0%	100,0%	100,0%	100,0%	100,0%	100,0%	100,0%	100,0%

Der Anteil der insolventen Unternehmen nach dem Umsatz zeigt deutlich auf, daß sich die Insolvenzquoten nach Umsatzklassen unterscheiden (siehe Tab. 2.16). Ein Vergleich der Verteilung insolventer Unternehmen auf Umsatzklassen mit der aller Unternehmen ergibt nach dem hier anzuwendenden Chi-Quadrat Goodness-Of-Fit-Test sowohl für Westdeutschland als auch für Ostdeutschland einen hoch signifikanten Unterschied. Zum Vergleich werden hierzu die Unternehmenszahlen der Umsatzsteuerstatistik aus dem Jahre 1998 herangezogen. Die Anzahl der tatsächlichen Insolvenzen unterschreitet in Westdeutschland die der erwarteten (proportional zur entsprechenden Unternehmensstruktur in Westdeutschland) nur im Bereich von 32.500 DM – 250.000 DM. In Ostdeutschland finden sich weniger Insolvenzen als erwartet sowohl in den kleinen Umsatzklassen (32.500 DM – 500.000 DM) als auch in den großen (über 100 Mio. DM). Offensichtlich braucht man zur Insolvenz eine Mindestmasse, die über einem Umsatz von 250.000 DM – 500.000 DM liegt. Diese Aussage deckt sich mit CREDITREFORM (2000) und den Zahlen aus der Umsatzsteuerstatistik für das Jahr 1998, wonach fast 70 % aller Unternehmen einen Umsatz von höchstens 500.000 DM erwirtschaften. An den Insolvenzen sind sie jedoch mit weniger als 25 % beteiligt. Streng genommen liegt der Unterschied im Jahre 1998 hauptsächlich in der Klasse mit einem Umsatz bis 250.000 DM begründet. Bei insgesamt 53 % aller Unternehmen ist der Anteil an den Insolvenzen mit ca. 8 % verschwindend gering.

Bei den Signifikanztests für West- und Ostdeutschland, d.h. der Überprüfung, ob den Insolvenzen in verschiedenen Umsatzklassen entsprechend der Anteile am Unternehmensbestand eintreten, und der Berücksichtigung aller Umsatzgrößenklassen über 32.500 DM fällt auf, daß sich sogar jede Klasse für sich genommen, außer der Umsatzklasse über 100 Mio. DM, auf dem 5 % Signifikanzniveau unterscheidet. Bleibt die Umsatzklasse zwischen 32.500 DM – 250.000 DM, deren Anteil an den Insolvenzen viel zu gering ist, unberücksichtigt, dann unterscheiden sich alle Umsatzklassen, außer der Umsatzklasse über 50 Mio. DM – 100 Mio. DM, auf dem 5 % Signifikanzniveau. Drastisch überhöht sind die Insolvenzwahrscheinlichkeiten in Westdeutschland in den Umsatzbereichen zwischen 1 Mio. DM und 50 Mio. DM und in Ostdeutschland in den

Umsatzbereichen zwischen 1 Mio. DM und 10 Mio. DM, was jedoch außer an den Beiträgen zum Signifikanzniveau auch an den in der Tabelle ausgewiesenen Insolvenzquoten abgelesen werden kann. Auch die Ost-West-Struktur unterscheidet sich signifikant für alle Klassen, außer der Klasse zwischen 5 Mio. DM und 10 Mio. DM. So hat Ostdeutschland eine höhere Insolvenzquote in den Umsatzklassen 500.000 DM – 5 Mio. DM, ansonsten niedrigere als Westdeutschland.

Tab. 2.16 Insolvenzen nach Umsatzgrößenklassen (Quelle: CREDITREFORM, 1998, S. 28)

Insolvenzen nach Umsatzgrößenklassen, 1998[1)]								
	Westdeutschland				Ostdeutschland			
	Insolvenz		Unternehmen		Insolvenz-	Insolvenz		Unternehmen		Insolvenz-
Umsatz, Mio. DM	absolut	prozentual	absolut	prozentual	quote	absolut	prozentual	absolut	prozentual	quote
bis 0,2	1.574	8,2%	1.250.032	53,0%	1,3	685	7,7%	268.889	53,5%	2,5
0,3 - 0,5	3.245	16,9%	384.856	16,3%	8,4	1.344	15,1%	82.895	16,5%	16,2
0,6 - 1,0	3.667	19,1%	285.000	12,1%	12,9	1.807	20,3%	61.943	12,3%	29,2
1,1 - 5,0	7.411	38,6%	328.829	13,9%	22,5	3.809	42,8%	70.684	14,1%	53,9
5,1 - 10,0	1.728	9,0%	50.284	2,1%	34,4	774	8,7%	9.943	2,0%	77,8
10,1 - 50,0	1.402	7,3%	45.851	1,9%	30,6	445	5,0%	6.881	1,4%	64,7
50,1 - 100,0	115	0,6%	6.469	0,3%	17,8	27	0,3%	600	0,1%	45,0
> 100,0	58	0,3%	6.341	0,3%	9,1	9	0,1%	486	0,1%	18,5
Gesamt	19.200	100,0%	2.357.662	100,0%	8,1	8.900	100,0%	502.321	100,0%	17,7

1) geschätzt durch Creditreform, Unternehmensentwicklung 1998, Umsatzsteuerstatistik 1998

Hinsichtlich des Alters der insolvent gewordenen Unternehmen zeigt sich ein enormes Übergewicht der jüngeren Unternehmen: Gut drei Viertel der Insolvenzen betreffen Unternehmen, die weniger als 8 Jahre alt sind. Die Zahlen für die alten Länder und für Deutschland schwanken zwischen 1980 und 1996 zwischen 74 % und 81,5 %, wobei in Westdeutschland der Höchststand 1980 erreicht wurde, um dann bis 1988 kontinuierlich auf 74 % abzusinken. Im Zuge der Wiedervereinigung stiegen die Zahlen für Deutschland dann wieder auf knapp über 80 % an. Im Jahre 1997 betrug der Anteil der jungen insolventen Unternehmen in den alten Bundesländern 71,5 % (13.831 Unternehmen bis 8 Jahre zu 5.517 Unternehmen älter als 8 Jahre). Zu Beginn des Jahrzehnts betrug der Anteil noch 76,8 %. In Ostdeutschland, welches natürlich noch von den nun in die schwierige Phase kommenden Gründungen Anfang der 90er Jahre dominiert wird, betrug der Anteil jüngerer Unternehmen 96 % (7.834 Unternehmen bis 8 Jahre zu 292 Unternehmen älter als 8 Jahre). Aus diesen Zahlen kann jedoch nicht geschlossen werden, ob die Insolvenzhäufigkeit bei jungen Unternehmen drastisch höher liegt. Dazu bedürfte es der Kenntnis des Bestandes der Unternehmen mit ihrem zugehörigen Alter, der jedoch auch mittels einer Kohortenanalyse geschätzt werden könnte. Da jedoch der Anteil der jungen Unternehmen an den Insolvenzen höher liegt als bei Unternehmensliquidationen, kann schon von einer besonderen Gefährdung gesprochen werden (siehe auch Fußnote 97).

Die Kreuztabellierung von Alter und Branche ist sicherlich hoch interessant. Die insolventen Unternehmen in der Baubranche sind durchschnittlich am jüngsten, gefolgt von

Handel und Dienstleistung, im Verarbeitenden Gewerbe ist das Alter am höchsten wie auch aus der folgenden Tabelle ersichtlich ist.

Tab. 2.17 Insolvenzen nach Unternehmensalter in Westdeutschland im Jahre 1997 (Quelle: CREDITREFORM, 1997, S. 21)

	Verarb. Gewerbe	Bau	Handel	Dienstlei- stung	Branchen- durchschnitt
0-2 Jahre	12,6	20,9	16,7	16,9	17,2
3-4 Jahre	14,7	21,0	20,4	19,4	19,5
5-6 Jahre	12,1	13,6	15,5	15,1	14,5
7-8 Jahre	11,1	9,1	11,4	11,4	10,8
9-10 Jahre	7,3	6,6	7,4	7,2	7,1
>10 Jahre	42,2	28,8	28,6	29,9	30,8

Vergleicht man die Insolvenzquotenentwicklung in den Bundesländern mit dem Bundesergebnis, dann wird deutlich, daß einige Länder über die gesamte Beobachtungsperiode hinweg eine überdurchschnittlich hohe Insolvenzanfälligkeit aufweisen (z.B. Bremen, Nordrhein-Westfalen, Hessen, Saarland, Berlin), andere hingegen regelmäßig unter dem Bundesdurchschnitt liegen (z.B. Rheinland-Pfalz, Baden-Württemberg, Bayern).

2.3.2 Insolvenzgründe

Äußerst wertvoll im Hinblick auf die Prognose einer bevorstehenden Insolvenz ist die Untersuchung der DEUTSCHEN BUNDESBANK (1992), bei der mittels Diskriminanzanalyse aus den Bilanzen bei der Kreditwürdigkeitsprüfung für das Wechselgeschäft aus 2.651 Insolvenzen eine Verteilung über verschiedene Bilanzkennzahlen errechnet wird und eine Zuordnung zu drei verschiedenen Bonitätsbereichen erfolgt. Besonders aussagekräftig sind die drei Einzelkennzahlen Eigenkapitalquote, Kapitalrückflußquote und Umsatzrendite vor Gewinnsteuern.

Bei 41 % aller insolventen Unternehmen war die Eigenkapitalquote, definiert als das Verhältnis von Eigenkapital zu Bilanzsumme, negativ, bei weiteren 41 % lag die Quote zwischen 0 und 10 %. 44 % der insolvent werdenden Unternehmen waren nicht mehr in der Lage, die laufenden Betriebsausgaben durch entsprechende Einnahmen zu decken. Die Kapitalrückflußquote, der Cash Flow in Relation zum eingesetzten Kapital (gebundenes Vermögen, Bilanzsumme), war negativ, bei weiteren 19 % lag sie zwischen 0 %

und 4 %. Die Umsatzrendite vor Gewinnsteuern war bei 46 % aller insolventen Unternehmen negativ und bei weiteren 22 % zwischen 0 % und 1 %[84].

Nicht ganz so eindeutig waren die Ergebnisse bei der Cash-Flow-Marge und dem dynamischen Verschuldungsgrad. Die Cash-Flow-Marge, definiert als das Verhältnis von Cash-Flow zu Umsatz, lag bei 71 % der Konkursfälle unter 2 %. Der dynamische Verschuldungsgrad, definiert als das Verhältnis der Differenz von Verbindlichkeiten und liquiden Mittel zum Cash-Flow, betrug bei 85 % aller Konkursfälle mehr als 6,25 %.

Die oben angeführten Einzelkennzahlen wurden dann mittels einer Diskriminanzfunktion auf eine Gesamtkennzahl verdichtet, anhand der es möglich war, die insolvent gewordenen Unternehmen einem Bereich mit einwandfreier Bonität (A-Bereich), einem Übergangsbereich (Grauzone, B-Bereich) und einem Gefährdungsbereich (C-Bereich) zuordnen. Die Konkurse bei im A-Bereich eingeordneten Unternehmen waren fast ausschließlich auf Folgekonkurse oder Konkursdelikte zurückzuführen. Die Zuordnung der insolventen Unternehmen zum Gefährdungsbereich schwankt zwischen 58 % fünf Jahre vor der Insolvenz und 77 % ein Jahr davor, d.h. sachgerecht aufbereitete und analysierte Jahresabschlüsse signalisieren frühzeitig Insolvenzrisiken. Die Überlebensrate eines Unternehmens im C-Bereich beträgt 75 %, im B-Bereich 90 % und im A-Bereich 98 %. Die Risiken im C-Bereich sind also erheblich höher, führen aber nicht zwangsläufig zum Ausscheiden aus dem Markt[85].

2.3.3 Insolvenzrechtliche Aspekte[86]

2.3.3.1 Einordnung

Mit Wirkung vom 1. Januar 1999 trat die Insolvenzordnung (InsO) vom 5. Oktober 1994 in Kraft. Mit gleichem Datum wurden die Gesetze zur Konkurs-, Vergleichs- und Gesamtvollstreckungsordnung aufgehoben. Die Insolvenzordnung ersetzt in den alten Bundesländern die Konkursordnung vom 10. Februar 1877. Diese war am 1. Oktober 1879 in Kraft getreten.

Im Jahre 1950 waren in Westdeutschland 4.466 Konkurse zu verzeichnen. Als das Wirtschaftsleben in der Bundesrepublik Deutschland nach der Währungsreform wieder in Gang kam, nahm die Zahl der Konkurse in den Folgejahren stark ab. Erstmals 1973

---

84   Siehe zu diesen Kennzahlen auch die Ausführungen in Kapitel 6 und in Kapitel 8. Insbesondere wird dadurch die Auffassung des Eigenkapitals als Risikodeckungspotential eindrucksvoll gestützt.

85   Inzwischen hat die DEUTSCHE BUNDESBANK (1999) ihr Verfahren verbessert und erreicht korrekte Zuordnungen bei insolventen Unternehmen in Höhe von 77 % und bei solventen Unternehmen in Höhe von 80 %.

86   Der Inhalt dieses Abschnitts basiert auf einem Text von M. Veltins.

wurde die Anzahl der Konkurse des Jahres 1950 wieder überschritten. Sie nahm seit der Ölpreiskrise von 1974 und einer rezessiven Wirtschaftsentwicklung in ihrem Gefolge ein nicht bekanntes Ausmaß an und stieg bis 1985 auf 13.625 Unternehmensinsolvenzen (siehe für detaillierte Zahlen die Tab. 2.9). Infolge einer anziehenden Konjunktur und der Wiedervereinigung, die diesbezüglich wie eine Sonderkonjunktur zu interpretieren ist, sank die Anzahl der Unternehmensinsolvenzen bis auf 8.730 im Jahre 1990, um anschließend wieder drastisch anzusteigen. Im Jahre 2000 sind in Deutschland ca. 27.500 Unternehmenskonkurse und -vergleiche gemeldet worden. Die Höhe der betroffenen Forderungen privater Gläubiger wird im Durchschnitt der Jahre 1998 – 2000 mit 38 Mrd. DM, die der öffentlichen Hand mit 19 Mrd. DM angegeben. Einschließlich öffentlicher Insolvenzschäden wird der Schaden im Jahr 2000 mit insgesamt 53 Mrd. DM angegeben. Durch Insolvenzen gingen 2000 ca. 490.000 direkte Arbeitsplätze verloren.

Neue soziale Lasten, insbesondere Ansprüche aus – auch im Konkurs abzuschließenden – Sozialplänen, dazu hohe Steuern und andere Abgaben belasteten nach dem alten Konkursrecht die Konkursmassen. Wegen der unzulänglichen Kapitalausstattung der Unternehmen wurden Bank- und Lieferantenkredite noch stärker in Anspruch genommen, so daß bei nachlassender Konjunktur die ohnehin zu knappen Aktiva von Unternehmen weitgehend zur Absicherung des Ausfallrisikos von Kreditgebern herangezogen wurden. Im Insolvenzfall waren damit die an der Gleichbehandlung der Gläubiger ausgerichteten konkursrechtlichen Verteilungsregeln außer Kraft gesetzt. Das Schuldnervermögen wird heutzutage ganz überwiegend von Sicherungsgläubigern beansprucht, so daß bis Ende 1998 auf einen einfachen Konkursgläubiger eine Konkursquote von 1 bis 3 % entfiel, sofern das Konkursverfahren eröffnet wurde. Die Massearmut der Insolvenz hatte jedoch die Folge, daß etwa 75 % der beantragten Konkursverfahren nicht durchgeführt werden konnten, weil mangels einer die Kosten deckenden Masse entweder der Eröffnungsantrag abgelehnt oder das Verfahren eingestellt werden mußte[87]. Der Konkurs ist daher durch den ungeordneten Zugriff der einzelnen Gläubiger verdrängt worden. Damit bestand die Gefahr, daß Schuldner sich der Haftung für ihre Verbindlichkeiten entziehen, durch Manipulationen vor oder in der Krise folgenlos Vermögen beiseite schaffen und durch Konkursverschleppung oder leichtfertiges Schuldenmachen ihren Gläubigern Schäden zufügen, ohne zur Verantwortung gezogen zu werden. Lebensunfähige, an sich konkursreife Unternehmen nahmen noch länger am Geschäftsverkehr teil und schädigten ihre Partner, die ihnen Forderungen kreditierten, ohne die finanzielle Krisenlage erkennen zu können. Aufgrund des sogenannten „Konkurses des Konkurses" wurden Vorschläge für eine große Insolvenzrechtsreform seit dem Jahre 1978 erarbeitet.

Ausgangspunkt war die Frage, ob im Konkursrecht der Gläubigerschutz oder die Fortführung des Unternehmens im Vordergrund steht (vgl. hierzu insbesondere Chapter 11

---

87 Hier greift inzwischen die neue Insolvenzordnung. Nach CREDITREFORM (2000) sind die mangels Masse abgelehnten Verfahren im Jahr 2000 (1999) auf 46 % (58 %) in Westdeutschland und auf 58 % (65 %) in Ostdeutschland zurückgegangen.

der amerikanischen Konkursordnung). Bisher bestanden in der Bundesrepublik bereits Unterschiede zwischen Konkurs (West) und Gesamtvollstreckung (Ost), wobei jedoch die Erhaltung von Unternehmen nicht vorgesehen war und allenfalls bei außerordentlichen Fähigkeiten des Sequestors angegangen wurde.

Unter dem Eindruck der Vorschläge der Insolvenzrechtsreform wurde die Gesamtvollstreckungsordnung des Ministerrats der DDR vom 1. Juli 1990 in den neuen Bundesländern aufgrund einer besonderen Regelung im Einigungsvertrag in der Fassung der Bekanntmachung vom 23. Mai 1991 (BGBl. I S. 1185) in den Rang eines Bundesgesetzes erhoben. Das Gesetz hatte das Ziel, eine Zerschlagung der Unternehmen dann zu verhindern, wenn eine Sanierung und Fortsetzung des Betriebes möglich war.

Zeitlich parallel wurde das Arbeitsrecht an das neue Insolvenzrecht angepaßt. So kann ein Konkursverwalter binnen drei Monaten kündigen, wogegen der Arbeitnehmer binnen drei Wochen Klage beim Arbeitsgericht einreichen muß. Die Sozialauswahl für betriebsbedingte Kündigungen wurde vereinfacht und bei der Klage gegen diese Kündigung die Beweislast umgekehrt. Künftig muß der Mitarbeiter nachweisen, daß sein Arbeitsplatz doch noch existiert.

Mit der am 1. Januar 1999 in Kraft getretenen Insolvenzordnung wurden mehrere Ziele verfolgt. Das Hauptziel der Insolvenzordnung ist die Weiterführung des Unternehmens an statt, wie bisher, die Liquidation. Der Konkursverwalter mutiert somit vom Bestatter zum Geburtshelfer, auch weil er Ansprüche befristet zurückweisen kann. Ein Anliegen des Gesetzgebers besteht darin, eine einheitliche Regelung für das Insolvenzverfahren zu treffen. Durch die Insolvenzordnung sollen die Aussichten der Insolvenzgläubiger auf Befriedigung verbessert werden. Dies wird dadurch versucht, daß die Anforderungen an die Eröffnungsmasse gering gehalten werden. Schließlich soll der Verwirklichung der Grundsätze des Insolvenzrechts verstärkt Rechnung getragen werden. Zu ihnen gehört v.a. die gleichmäßige Gläubigerbefriedigung, die Gläubigerautonomie und die Formalisierung des Verfahrens.

2.3.3.2 Insolvenzverfahren

Das neue Insolvenzverfahren tritt nicht nur an die Stelle des Konkursverfahrens, sondern es ersetzt auch das Verfahren nach der Vergleichsordnung. Bezweckt wird die bestmögliche Befriedigung des Gläubigers (vgl. § 1 InsO). Dies kann sowohl durch die Liquidation des insolventen Unternehmens oder auch durch dessen Sanierung erreicht werden.

Gemäß § 11 InsO sind alle natürlichen und juristischen Personen, alle Gesellschaften ohne Rechtspersönlichkeit, der Nachlaß und das Gesamtgut insolvenzfähig. Dem redlichen Schuldner (nur natürliche Personen) wird nach siebenjähriger Bewährungszeit Gelegenheit gegeben, sich von seinen restlichen Verbindlichkeiten zu befreien. Das Insolvenzverfahren wird auf Antrag des Gläubigers oder des Schuldners eröffnet. Der Antrag kann jedoch zurückgenommen werden bis das Insolvenzverfahren eröffnet oder der Antrag rechtskräftig abgewiesen ist. Die Eröffnung des Insolvenzverfahrens setzt voraus, daß ein Eröffnungsgrund gegeben ist. Allgemeiner Eröffnungsgrund ist die Zahlungsunfähigkeit. Der Schuldner ist zahlungsunfähig, wenn er nicht in der Lage ist, die fälligen Zahlungspflichten zu erfüllen. Zahlungsunfähigkeit ist in der Regel dann anzunehmen, wenn der Schuldner seine Zahlungen eingestellt hat. Beantragt der Schuldner die Eröffnung des Insolvenzverfahrens, so ist auch die drohende Zahlungsunfähigkeit Eröffnungsgrund. Der Schuldner droht zahlungsunfähig zu werden, wenn er voraussichtlich nicht in der Lage sein wird, die bestehenden Zahlungspflichten im Zeitpunkt der Fälligkeit zu erfüllen. Bei einer juristischen Person ist auch die Überschuldung Eröffnungsgrund. Überschuldung liegt vor, wenn das Vermögen des Schuldners die bestehenden Verbindlichkeiten nicht mehr deckt. Bei der Bewertung des Vermögens des Schuldners ist jedoch die Fortführung des Unternehmens zugrundezulegen, wenn dies nach den Umständen überwiegend wahrscheinlich ist.

Abweichend von der bisherigen Konkursordnung ist der Insolvenzverwalter gehalten, den Betrieb fortzuführen. Aus diesem Grund ist er berechtigt, eine Betriebsänderung durchzuführen. Für den insoweit notwendigen Interessenausgleich und Sozialplan sind für den Insolvenzverwalter durchsetzbare Sonderregelungen vorgesehen. Die Ansprüche der Arbeitnehmer werden gesetzlich begrenzt. Hierdurch soll es ermöglicht werden, den Betrieb – ggf. mit verringerter Mitarbeiterzahl – fortzusetzen. Der Insolvenzverwalter ist ferner berechtigt, den Betrieb im Ganzen oder mit Zustimmung der Gläubigerversammlung an eine dem Schuldner nahestehende Person zu veräußern.

Durch die Stärkung der Gläubigerautonomie werden die Gläubiger in die Lage versetzt, zu entscheiden, ob das Unternehmen zu sanieren ist, oder aber ob es zu liquidieren ist. Die früheren Mindestvoraussetzungen nach § 7 Abs. 1 VerglO, insbesondere die Mindestquote von 35 %, gelten dabei nicht mehr als Voraussetzung für Sanierungsversuche. Vielmehr können die Gläubiger auf Grundlage eines Berichts des Insolvenzverwalters entscheiden, ob das Unternehmen sanierungsfähig ist oder nicht. Der Verwalter hat zur Unterrichtung der Gläubiger hierzu einen sogenannten Bericht zu erstellen, in dem auch Sanierungsmöglichkeiten aufgezeigt werden sollen.

Die Gläubigerversammlung, die über die Sanierung auf Grundlage des Berichts des Verwalters entscheiden soll, trägt die Bezeichnung Berichtstermin. Die Gläubiger entscheiden dann, ob das insolvente Unternehmen stillgelegt oder aber – zumindest vorläufig – fortgeführt werden soll (§§ 156, 157 InsO).

Die Sanierung kann nach den Regelungen der InsO auf zweierlei Art und Weise ermöglicht werden. Zum einen kann eine übertragende Sanierung erfolgen. Die Sanierung besteht in diesem Fall darin, daß das Unternehmen oder aber Teile des Unternehmens an Dritte übertragen werden. Im zweiten Fall erfolgt die Sanierung erfolgt auf der Grundlage eines Insolvenzplanes (§ 218 InsO). Dieser wird entweder von dem Schuldner oder aber von dem Insolvenzverwalter ausgearbeitet und vorgelegt. Nach den §§ 220, 221 InsO besteht dieser Insolvenzplan aus zwei Teilen: Zum einen dem Teil, der die geplanten wirtschaftlichen Maßnahmen darzustellen hat. Zum anderen aus dem gestaltenden Teil, der die beabsichtigten Eingriffe in Gläubigerrechte aufzeigt.

Ähnlich den Regelungen der bisher geltenden Vergleichsordnung ist wohl zu erwarten, daß auch im Rahmen des Sanierungsplanes primär zunächst ein Forderungsverzicht eines Teils der Gläubiger geregelt werden wird; dieser Aspekt wird Gegenstand des gestaltenden Teils des Sanierungsplanes sein. Vom Ablauf her haben alle von dem gestaltenden Teil des Sanierungsplanes betroffenen Gläubigergruppen darüber zu entscheiden, ob sie dem Sanierungskonzept zustimmen. Der Sanierungsplan ist angenommen, wenn in jeder Gruppe zum einen die einfache Mehrheit zugestimmt hat und zum anderen die Summe der Ansprüche der zustimmenden Gläubiger höher ist als die Hälfte der Summe der Ansprüche aller abstimmenden Gläubiger, d.h. es muß eine einfache Mehrheit nach Köpfen und eine einfache Mehrheit nach Forderungssummen erreicht sein, beides bezogen nur auf die Gläubiger, die an der Abstimmung tatsächlich auch teilnehmen (vgl. § 244 InsO). Im Anschluß an die Abstimmungen bedarf der Insolvenzplan schließlich der Bestätigung durch das Gericht. Das Gericht wird die Bestätigung dann nicht verweigern, wenn nicht einzelne betroffene Gläubiger gegen den Plan opponieren (vgl. § 251 InsO). Mit Rechtskraft des bestätigenden Beschlusses treten die im gestaltenden Teil des Plans geregelten Rechtswirkungen ein (vgl. § 254 InsO).

Auch gegenüber den Mitarbeitern hat der Verwalter mehr Rechte bekommen. So bestehen verkürzte Kündigungsfristen bei Betriebsvereinbarungen. Individuelle Kündigungsfristen in bezug auf die Arbeitsverhältnisse werden ebenfalls verkürzt. Im Hinblick auf Betriebsänderungen im Sinne des § 111 ff Betriebsverfassungsgesetz und die, insbesondere bei Massenentlassungen normalerweise erforderlichen, Interessenausgleichs- und Sozialplanverhandlungen sind Erleichterungen zugunsten des Verwalters vorgesehen. Zwar besteht auch weiterhin die Pflicht, bei einer Betriebsänderung einen Interessenausgleich zu versuchen[88]. Nach den § 121, 122 InsO ist allerdings in bezug auf den Interessenausgleich ein beschleunigtes Verfahren möglich. So kann der Verwalter sofort die Einigungsstelle anrufen. Er kann aber auch auf die Anrufung der Einigungsstelle verzichten und gemäß § 122 Abs. 1 InsO die Zustimmung des Arbeitsgerichts zur Betriebsänderung ohne Durchführung eines Einigungsstellenverfahrens beantragen, wenn innerhalb von drei Wochen nach Verhandlungsbeginn ein Interessenausgleich nicht zustande gekommen ist. Das Arbeitsgericht hat in einem solchen Fall die Zustimmung zu erteilen, wenn dies die wirtschaftliche Lage des Unternehmens auch unter Berücksichtigung der sozialen Belange der Arbeitnehmer erfordert (vgl. § 122 Abs. 2 InsO). Der Beschluß des Arbeitsgerichts wird grundsätzlich sofort rechtskräftig, es sei denn, daß das Arbeitsgericht die Rechtsbeschwerde zum Bundesarbeitsgericht zuläßt. Andererseits muß man diesbezüglich beachten, daß ein ähnliches Ergebnis auch durch § 113 Abs. 3 Betriebsverfassungsgesetz erreicht werden kann, da in dessen Neufassung die Frist für den Versuch eines Interessenausgleichs auf höchstens drei Monate verkürzt wurde und

---

88 Die Stellung des Betriebsrates in bezug auf das Insolvenzverfahren ist in der InsO geregelt. Ausgehend von § 218 Abs. 3 InsO bestehen bei der Aufstellung des Sanierungsplanes Mitwirkungsrechte des Betriebsrats (und auch des Sprecherausschusses der leitenden Angestellten).

möglicherweise ein Gerichtsverfahren nach § 122 InsO kaum schneller ist. Dennoch sind die erweiterten Möglichkeiten nach InsO in diesem Zusammenhang sehr geeignet.

Soweit es aufgrund von möglichen Massenentlassungen zu einem Sozialplan kommt, bleibt es grundsätzlich bei den bisherigen Regelungen. Das hier bisher für die Behandlung von Sozialplänen in Konkurs- und Vergleichsverfahren maßgebliche Sozialplangesetz verlor seine Geltung allerdings mit Ablauf des Jahres 1998 (vgl. § 8 Sozialplangesetz) und wurde ersetzt durch die §§ 123, 124 InsO. Danach wird das Sozialplanvolumen auf einen Gesamtbetrag von 2 ½ Monatsverdiensten der von der Entlassung betroffenen Arbeitnehmer begrenzt, wobei dies der bisher geltenden Regelung des § 2 Sozialplangesetz entspricht. Allerdings darf für die Sozialplanforderung nicht mehr als ein Drittel der Masse verwendet werden, die ohne einen Sozialplan für die Insolvenzgläubiger zur Verfügung stünde.

Neben den dargeschilderten faktischen Druckmöglichkeiten durch die Ankündigung von Massenentlassungen lassen sich auch durch § 125 Abs. 1 InsO Änderungskündigungen durchsetzen, mit denen sich ebenfalls auch betriebsweit Änderungen des Lohnes durchsetzen lassen. Diesbezüglich bestehen allerdings die typischen Unwägbarkeiten, insbesondere die erst nach einem erheblichen Zeitablauf erfolgende abschließende gerichtliche Beurteilung der Zulässigkeit der Änderungskündigung.

Neu eingeführt ist die sogenannte Restschuldbefreiung des Schuldners. Ist dieser eine natürliche Person, so wird er nach dem Gesetz von den im Insolvenzverfahren nicht erfüllten Verbindlichkeiten gegenüber den Insolvenzgläubigern unter bestimmten Voraussetzungen auf Antrag befreit. Der Schuldner ist verpflichtet, seine pfändbaren Forderungen auf Bezüge aus einem Dienstverhältnis oder an deren Stelle tretende laufende Bezüge für die Zeit von 7 Jahren nach der Aufhebung des Insolvenzverfahrens an einen vom Gericht zu bestimmenden Treuhänder abzutreten. Das Insolvenzgericht entscheidet alsdann über den Antrag des Schuldners nach Anhörung der Insolvenzgläubiger und des Insolvenzverwalters durch Beschluß. Die Restschuldbefreiung ist jedoch zu versagen, wenn der Schuldner, insbesondere wegen eines Konkursvergehens, zuvor rechtskräftig verurteilt worden ist. Das Gesetz findet auch Anwendung auf sogenannte Verbraucher-Insolvenzverfahren. Auch für sogenannte Kleinverfahren kann ein Schuldenbereinigungsplan vorgelegt werden, der zu einer Befreiung des Schuldners von seinen Verbindlichkeiten führt.

2.4 Zusammenfassung der wesentlichen Aspekte

Die Gründungsdynamik und deren Auswirkungen in Deutschland ist mit dem gegenwärtigen Instrumentarium nur unvollständig und relativ grob abzuschätzen. Dennoch können auch aus den gegenwärtigen Statistiken wichtige Erkenntnisse abgeleitet werden:

- Eine hohe Selbständigenquote ist weder eine notwendige noch eine hinreichende Bedingung, d.h. kein Garant für Vollbeschäftigung. Es kommt vielmehr darauf an, wie erfolgreich die selbständigen Unternehmer sind, d.h. wie lange sie überleben und wieviel Beschäftigung dort entsteht.

- Im internationalen Vergleich liegt Deutschland mit der Selbständigenquote im Mittelfeld. Zudem ist eine Konvergenz der Zahlen zu beobachten.

- Es fehlt eine verläßliche Gründungsstatistik. Deshalb sind alle von den Forschern herausgearbeiteten Ergebnisse stets vor dem Hintergrund der verwendeten (und fast immer unzureichenden) Datenbasis zu interpretieren. Um auf die selbständig-originären Existenzgründungen zu schließen, müßten die Zahlen aller Gewerbeanmeldungen auf einen Prozentsatz zwischen 34 % und 72 % gekürzt werden. Anschließend müßte dann ein Aufschlag für die Freien Berufe von ca. 25 % erfolgen.

- Über alle Gewerbemeldungen hinweg ersetzen 60–70 % aller wirtschaftsaktiven echten Neuerrichtungen ein aufgelöstes wirtschaftsaktives Unternehmen, der Rest erhöht den Bestand. Pro Jahr kommen rund 7–8 % des Unternehmensbestandes als neue Unternehmen hinzu, wobei 4–5 % der bestehenden Unternehmen ersetzt werden und der Rest zu einem Wachstum des Unternehmensbestands auf der Basis der Unternehmenszahlen aus der Umsatzsteuerstatistik um ca. 2–3 % (siehe zur Interpretation unbedingt den Kommentar auf der Seite 71 in Fußnote 76) führt.

- Das Verarbeitende Gewerbe ist durch hohe Eintrittsschranken charakterisiert, der Dienstleistungssektor ist dynamisch und bietet Chancen. Im Gastgewerbe, Handel, (inkl. Instandhaltung und Reparatur von KFZ und Gebrauchsgütern) sowie Verkehr und Nachrichtenübermittlung herrscht ein starker Verdrängungswettbewerb auch mit potentieller Konkurrenz. Die aus der Baubranche, die aus dieser Perspektive günsitg aussieht, bekannten hohen Insolvenzquoten müssen in erster Linie auf den hohen Kapitalbedarf und nicht auf den hohen Verdrängungswettbewerb zurückgeführt werden.

- Haushaltsbefragungen wie das sozio-ökonomische Panel (SOEP) bieten eine ergänzende Datenbasis für Analysen zur Gründungsforschung. Sie bieten eine untere Grenze für die selbständig-originären Existenzgründungen[89]. Die verschiedenen Da-

---

89 Wenn man von den Partnergründungen einmal absieht. Ein Fehler entstünde auch, wenn man den Gründungsboom der Wiedervereinigung durch einfaches Mitteln fortschreiben würde.

2.4. Zusammenfassung der wesentlichen Aspekte

tenquellen lassen Zahlen zwischen 20.000 und 150.000 solcher Gründungen pro Jahr zu, wobei diese Werte wohl eher zwischen 40.000 und 100.000 liegen dürften.

- Bei den Insolvenzen besteht ein Übergewicht der jüngeren Unternehmen: ca. 50 % aller Insolvenzen stammen aus der Altersklasse bis 5 bzw. 6 Jahre und jünger, gut drei Viertel der Insolvenzen betreffen Unternehmen, die jünger als 8 Jahre sind. Viele „freiwillige" Unternehmensaufgaben, und das sind mehr als 90 %, werden in der Statistik der Zahlungsschwierigkeiten (Insolvenzstatistik) allerdings nicht erfaßt.

- In Ostdeutschland ist die Insolvenzquote mit 1,47 % mehr als doppelt so hoch wie in Westdeutschland mit 0,63 % (im Jahre 1998). Der Stahl- und Leichtmetallbau, die vorbereitende Baustellenarbeit sowie der Hoch- und Tiefbau liegen mit mehr als dem Dreifachen und 4,5 % deutlich an der Spitze. Schätzungen für das Jahr 2000 zeigen, daß die Spitzenreiter bezüglich der Insolvenzquoten alles andere als stabil sind. Lediglich das Sonstige Baugewerbe blieb in dieser Gruppe, ansonsten herrscht eine rege Branchenrotation. Es fällt auf, daß das Baugewerbe mit mehreren Branchen vertreten ist und daß die Spitzenreiter nun auch fünf- bis sechsfache Insolvenzraten zustande bringen.

- Die Insolvenzquoten nach Umsatzklassen unterscheiden sich. Sowohl in den kleinen Umsatzklassen (32.500 DM – 500.000 DM) als auch in den großen (über 100 Mio. DM) sind weniger Insolvenzen als erwartet. Zur Insolvenz benötigt man eine Mindestgröße, die über einem Umsatz von ca. 500.000 DM liegt. Drastisch überhöht sind die Insolvenzwahrscheinlichkeiten in Westdeutschland in den Umsatzbereichen zwischen 1 Mio. DM und 50 Mio. DM und in Ostdeutschland in den Umsatzbereichen zwischen 1 Mio. DM und 10 Mio. DM.

- Bei der Prognose einer bevorstehenden Insolvenz sind die drei Einzelkennzahlen Eigenkapitalquote (82 % aller insolventen Unternehmen haben eine Quote unter 10 %), Kapitalrückflußquote (63 % „< 4 %") und Umsatzrendite vor Gewinnsteuern (68 % „< 1 %") besonders aussagekräftig. Die Überlebensrate eines Unternehmens im Gefährdungsbereich beträgt 75 %, im Übergangsbereich 90 % und im Bereich einwandfreier Bonität 98 %.

- Das Hauptziel der ab dem Jahr 1999 geltenden Insolvenzordnung ist die Weiterführung des Unternehmens anstatt, wie bisher, die Liquidation. Die Konkursverwaltung mutiert somit vom Bestattungsinstitut zur Intensivstation, auch weil sie Ansprüche befristet zurückweisen kann. Bis Ende 1998 konnten etwa 80 % der beantragten Konkursverfahren wegen Massearmut nicht durchgeführt werden. Dies Zahl ging bis zum Jahr 2000 auf ca. 50 % zurück. An das neue Insolvenzrecht wurde auch das Arbeitsrecht angepaßt. Die Sozialauswahl für betriebsbedingte Kündigungen wurde vereinfacht. Für den insoweit notwendigen Interessenausgleich und Sozialplan sind für den Insolvenzverwalter durchsetzbare Sonderregelungen vorgesehen.

2.5 Literatur

BDA (Hrsg.), 1997, Zahl der „Scheinselbständigen" wird hochgespielt, in: Kurz-Nachrichten-Dienst, Nr. 54, 15. Juli 1997, S. 1.

BMWi, 1997, Unternehmensgrößenstatistik 1997/98 – Daten und Fakten.

BMWi, 1998, Wirtschaft in Zahlen '98, Koelblin Druck u. Verlag, Baden-Baden.

Brüderl, J.; Preisendörfer, P.; Ziegler, R., 1996, Der Erfolg neugegründeter Betriebe. Eine empirische Studie zu den Chancen und Risiken von Unternehmensgründungen, Duncker & Humblot, Berlin.

Creditreform, 1997, Unternehmensentwicklung – Insolvenzen, Neugründungen und Löschungen – Jahr 1997, mimeo.

Creditreform, 1998, Unternehmensentwicklung – Insolvenzen, Neugründungen und Löschungen – Jahr 1998, mimeo.

Creditreform, 1999, Unternehmensentwicklung – Insolvenzen, Neugründungen und Löschungen – Jahr 1999, mimeo.

Creditreform, 2000, Insolvenzen, Neugründungen, Löschungen. Eine Untersuchung zur Unternehmensentwicklung – Jahr 2000, mimeo.

Deutsche Bundesbank, 1992, Die Untersuchung von Unternehmensinsolvenzen im Rahmen der Kreditwürdigkeitsprüfung durch die Deutsche Bundesbank, Monatsbericht, 1/1992, S. 30-36.

Deutsche Bundesbank, 1999, Zur Bonitätsbeurteilung von Wirtschaftsunternehmen durch die Deutsche Bundesbank, Monatsbericht, 1/1999, S. 51-63.

Deutsches Institut für Wirtschaftsforschung (DIW), 1997, „Neue Selbständige" in Deutschland in den Jahren 1990 bis 1995, Wochenbericht Nr. 41/97.

Dreher, Ch., 1999, Gewerbeanzeigenstatistik – eine regionale Betrachtung, in: Baden-Württemberg in Wort und Zahl, Heft 3/1999, S. 119-127.

Harhoff, D.; Steil, F., 1997, Die ZEW-Gründungspanels – Konzeptionelle Überlegungen und Analysepotential, in: Harhoff, D. (Hrsg.), 1997, Unternehmensgründungen – Empirische Analysen für die alten und neuen Bundesländer, Baden-Baden, S. 11-28.

Institut für Mittelstandsforschung Bonn, 2000, Rückgang bei den Unternehmensgründungen und Anstieg der Liquidationen lassen den deutschen Gründungssaldo im Jahre 1999 schrumpfen, online im Internet, URL: http://www.ifm-bonn.de/dienste/-gruend.htm, 6.12.00.

Lageman, B.; Voelzkow, H.; Rosenbladt, 1997, Möglichkeiten zur Verbesserung des wirtschafts- und gesellschaftspolitischen Umfeldes für Existenzgründer und kleine und mittlere Unternehmen – Wege zu einer neuen Kultur der Selbständigkeit (Zusammenfassung), Gutachten im Auftrag des Bundesministeriums für Wirtschaft, Essen, Köln, München.

2.5. Literatur

Leiner, R., 2001, Die Gewerbeanzeigenstatistik, in Fritsch, M., (Hrsg.), Gründungsatlas, erscheint demnächst.

OECD, 1998, Annual Labor Force Statistics, 1998/2.

Struck, J., 1999, Quo vadis Gründungsstatistik? Kurzfassung eines Auszuges aus einer Dissertation zu Stand und Entwicklungschancen einer Gründungsstatistik in der Bundesrepublik Deutschland, Deutsche Ausgleichsbank, wissenschaftliche Reihe, Band 10, mimeo.

Szyperski, N.; Nathusius, K., 1977, Probleme der Unternehmungsgründung – Eine betriebswirtschaftliche Analyse unternehmerischer Startbedingungen, Poeschel, Stuttgart.

Frank Leibbrand

3. Gründungsforschung

3.1 Einordnung in das Entrepreneurship

In Kapitel 2 wurde das Fehlen einer Existenzgründungsstatistik beklagt. Dennoch ergaben die herangezogenen Statistiken ein überwiegend einheitliches Bild eines Kommens und Gehens von Unternehmen. Obwohl wir keine internationalen Vergleichszahlen herangezogen haben, liegt der Schluß nahe, daß bei einem Unternehmensnachschubfaktor von zwischen 3 % und 10 % (siehe hierzu insbesondere die Tab. 2.7 und Tab. 2.8 mit den Kommentierungen auf S. 76ff.) bei stetig wachsender Anzahl von Unternehmen der Strukturwandel durchaus lebhaft ist. Ob, wo und wie dieser Strukturwandel dann letztendlich wirkt, soll in diesem Kapitel zur Gründungsforschung mit einem Schwerpunkt auf den in verschiedenen Studien erarbeiteten Erfolgsfaktoren der Gründer erarbeitet werden.

Im Sinne des Entrepreneurs als „human being of superior judgement" ist für den Gründer natürlich wichtig, seine Position relativ zu den anderen (Durchschnitt) zu bewerten, um nicht blauäugig ins Verderben zu rennen. Ziel dieses Beitrages ist hierbei nicht, potentiellen Gründern Mut zu machen, damit sie möglichst schnell gründen, sondern ganz im Sinne einer kritischen Wissenschaft die Gründung von verschiedenen Aspekten zu beleuchten.

Gleich an dieser Stelle soll jedoch vor einer Überbewertung und falschen Interpretation auch der statistisch signifikanten Ergebnisse gewarnt werden. Statistische Aussagen gelten nur für den Durchschnitt und sind zur Prognose im Einzelfall nicht oder nur eingeschränkt tauglich, auch weil gerade jede statistische Analyse im Einzelfall äußerst wichtige Informationen vernachlässigen muß. So folgt aus der Feststellung einer erhöhten Überlebenswahrscheinlichkeit größerer Gründungsunternehmen (gemessen in Beschäftigung) ganz sicher nicht, daß bei der Gründung eines Einzelhandelsgeschäfts die

Erhöhung der zunächst geplanten Beschäftigung von 2 auf 10 Mitarbeiter die Überlebenschancen verbessert. Eine solche kausale Interpretation ist unzulässig, da bei der statistischen Analyse davon ausgegangen wird, daß jede Gründung unter den jeweiligen Gegebenheiten (nahezu) optimal konzipiert wurde. Würde hingegen diese Untersuchung nur den Einzelhandel berücksichtigen, dann könnte das Ergebnis als Hinweis auf eine Mindestgröße des Einzugsgebietes interpretiert werden.

Als Anhaltspunkte sind die Ergebnisse dennoch sehr wertvoll, da es dem Gründer die Grundlage für zu beantwortende Fragen bietet. Scheinbar ungünstige Aussichten müssen im Einzelfall dann widerlegt werden. Insofern sind die hier dargelegten Ergebnisse auch für die Partner des Gründers, insbesondere die Banken, wertvoll, da sie die (scheinbar) ungünstigen Merkmale einer Gründung darlegen und damit das Gespräch mit dem Gründer vorstrukturieren, und gleichsam dadurch erkennen, daß er – neben dem Gründer – auch ein Entrepreneur ist. Es ist beispielsweise bekannt, daß die Baubranche insgesamt und damit auch für Neugründungen äußerst problematisch ist. Damit verstärkt sich der Begründungsdruck auf den Entrepreneur, weshalb ausgerechnet seine Existenzgründung in diesem schwierigen Umfeld überleben soll. Hier könnte dann eine Lösung darin liegen, daß der Entrepreneur ganz andere Leistungen, z.B. Projektmanagement, anbietet und somit eigentlich gar nicht mit den anderen Unternehmen der Branche verglichen werden kann. Auch dann bleibt aber die Abhängigkeit von äußerst unsicheren Kunden.

Auch im Textilbereich, um ein zweites Beispiel zu geben, kann die Abgrenzung der Industriestruktur in der gewählten Untersuchung zu wenig detailliert gewesen sein. So fallen in diesen Bereich sowohl die Produzenten von einfachen Textilien als auch die von neuen Werkstoffen. Die Chancen ersterer werden in Deutschland wesentlich schlechter eingeschätzt als die Chancen zweiterer. Im Einzelfall ist also stets nach einer überzeugenden kausalen (theoretischen) Argumentation auf die durch die statistischen Untersuchungen aufgeworfenen Fragen zu suchen.

3.2 Ein kurzer Überblick über die Gründungsforschung

Die Anpassung betrieblicher Strukturen an sich verändernde Rahmenbedingungen vollzieht sich über Prozesse der Neugründung von Betrieben, Strukturanpassung bestehender Betriebe und betrieblicher Sterbeprozesse, wobei unser Interesse ausschließlich den Geburts- und Sterbeprozessen gilt. Die drei zentralen Themen der Gründungsforschung konzentrieren sich auf[90]

---

90 Siehe hierzu PREISENDÖRFER (1996).

3.2. Ein kurzer Überblick über die Gründungsforschung

- das betriebliche Gründungsgeschehen,
- die Erfolgs- und Entwicklungschancen neugegründeter Betriebe und
- die Förderung und Unterstützung des Betriebsgründungsgeschehens.

In einem äußerst lesenswerten Überblicksartikel kommen MÜLLER-BÖLING und KLANDT (1993) auch zu diesem Ergebnis, wenngleich sie zur Strukturierung einen Ansatz über Forschungsstrategien und Forschungsobjekte wählen. Bei ersteren unterscheiden sie die nur selten verwendete Falsifikationsstrategie aus dem Begründungszusammenhang, nach der aus der Theorie abgeleitete Thesen mit empirischen Daten getestet werden. Weite Bereiche der empirischen Gründungsforschung sind jedoch den explorativen Strategien aus dem Entdeckungszusammenhang zuzuordnen, in denen das erstmalige Erkennen von Zusammenhängen (unter Vernachlässigung von Fragen wie Repräsentativität) akzentuiert wird. Die dritte Forschungsstrategie, die Konstruktionsstrategie, bezieht sich auf den Verwendungs- bzw. Verwertungszusammenhang und hat zum Ziel, bestehende Erkenntnisse zielorientiert zu nutzen, d.h. mit bestimmen Maßnahmen vorgegebene Ziele (technologisch) unter Ausnutzen der empirischen oder theoretischen Erkenntnisse zu erreichen. Es dominieren Fallstudien und vergleichende Fallstudien.

MÜLLER-BÖLING und KLANDT (1993) ordnen 61 Studien aus 47 Publikationen[91], veröffentlicht zwischen 1974 und 1991, anhand der Forschungsobjekte. Studien, die sich auf die Eigenschaften der Person oder das persönliche (mikrosoziale) Umfeld oder auf strukturelle oder prozessuale Eigenschaften der Unternehmung und deren Umfeld (generelles Umsystem sowie Gründungsinfrastruktur) konzentrieren, lassen Aussagen über die Gründungsaktivität zu. Die wichtigsten Aussagen aus den Studien zum qualifizierten Erfolg werden in Abschnitt 3.2.2 zusammengefaßt.

Die wichtigsten volkswirtschaftlichen Beiträge zur Gründungsforschung stammen aus der Industrieökonomik und der Arbeitsmarktforschung. Letztere konzentriert sich auf das Potential zur Schaffung neuer Arbeitsplätze durch Kleinbetriebe und kleinbetriebliche Neugründungen und wurde angestoßen durch Arbeiten von BIRCH (1979, 1987). Die Industrieökonomik konzentriert sich auf Marktzutrittsbeschränkungen und -barrieren, Fragen des Wettbewerbs und der Unternehmenskonzentration, Überlegungen zur minimalen und optimalen Betriebsgröße usw.[92]. Daraus werden dann Folgerungen auf die im Markt befindlichen Kleinstunternehmen sowie die bestehenden Anreize zu Neugründungen gezogen.

---

91   23 % der Studien analysieren univariat (Häufigkeiten), so daß nur deskriptive Aussagen möglich sind, 54 % bivariat, womit zumindest Tendenzaussagen zu treffen sind, und 23 % multivariat (multiple Regressionen). Die Studien wurden zwischen 1964 und 1991 durchgeführt. 2 % der Studien bezog sich auf einen Zeitraum vor 1975, 26 % auf 1975-1979, 36 % auf 1980-1984 und 36 % auf 1985-1991.

92   Für eine weitere allgemeine Übersicht siehe SCHERER und ROSS (1990); für eine speziell auf den kleinbetrieblichen Sektor bezogene Zusammenschau siehe STOREY (1994).

Auch die Betriebswirtschaftslehre, Soziologie und die Psychologie beschäftigen sich mit der Gründungsforschung, wobei in letzterer seit langem eine Entrepreneurship-Forschung dergestalt betrieben wird, daß nach mehr oder weniger stabilen Persönlichkeitsmerkmalen und Verhaltensweisen erfolgreicher Unternehmer gesucht wird[93].

3.2.1 Betriebliche Gründungsaktivität

Die meisten Arbeiten zur Gründungsaktivität stellen eine Deskription der Zahl der Gründungen mit ihrer zeitlichen Entwicklung und strukturellen Verschiebung dar und sind dem Bereich des explorativen Forschens zuzurechnen. Darunter lassen sich die nachfrage- bzw. umweltorientierten Ansätze und die angebots- bzw. personenzentrierten Ansätze unterscheiden. Erstere befassen sich mit den strukturellen Bedingungen, die Betriebsgründungen mehr oder weniger stimulieren, letztere fokussieren auf das Reservoir unternehmerischer Talente und dessen Ausschöpfung.

Bis Mitte der 70er Jahre bestand die Tendenz zu größeren Unternehmenseinheiten und damit ein Rückgang der Selbständigenquote (SFQ), die im Jahre 1950 gemessen als Anteil der Selbständigen und mithelfenden Familienangehörigen an den Erwerbstätigen noch 33 % betrug. Neben der gestiegenen Arbeitslosigkeit und der Tertiärisierung der Wirtschaft werden als mögliche Ursachen eines Rückgangs der Neugründungen und damit der Selbständigenquote die flexible Spezialisierung, hochleistungsfähige Kleintechnologien, Deregulierung von Märkten, Verschiebungen in der internationalen Arbeitsteilung, betriebliche Auslagerungsstrategien sowie das Streben nach stärker selbstbestimmten Arbeitsformen in der einschlägigen Forschung kontrovers diskutiert. Es ist durchaus offen, ob die Arbeitslosenquote die Selbständigenquote beeinflußt oder umgekehrt. So ist beispielsweise für den Zeitraum 1960 bis 1995 die SFQ GRANGER kausal für die ALQ bei Lagstruktur 1 und 2, nicht jedoch umgekehrt. Nimmt man jedoch nur den Zeitraum von 1982 bis 1995, so wird dieses Ergebnis instabil und verkehrt sich in das Gegenteil, allerdings statistisch insignifikant[94].

---

93 Für einen Überblick siehe auch KLANDT (1984).
94 Der GRANGER Kausalitätstest weist eher auf Vorläufercharakteristika und Informationsähnlichkeiten hin, aber nicht auf echte Kausalität. Beim Test, ob SFQ GRANGER kausal für die ALQ bei Lagstruktur 2 ist, wird überprüft, ob die Hinzunahme der Variablen SFQ_{t-1} und SFQ_{t-2} einen signifikanten Erklärungsbeitrag zur Autoregressionsgleichung $ALQ_t = b_1*ALQ_{t-1}+b_2*ALQ_{t-2}$ haben. Anzumerken bleibt, daß die GRANGER Kausalität bei größeren Lagstrukturen verschwindet, so daß wir davon ausgehen sollten, daß weder in der einen noch in der anderen Richtung zwischen der Arbeitslosenquote und der Selbständigenquote ein signifikanter Zusammenhang besteht.

3.2. Ein kurzer Überblick über die Gründungsforschung

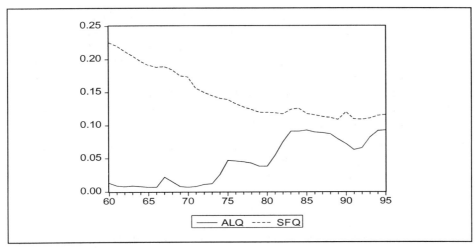

Abb. 3.1 Arbeitslosen- und Selbständigenquote von 1950 – 1995

Die nachfrage- bzw. umwelt- bzw. umfeldorientierten Ansätze charakterisieren die bestehenden Gelegenheits- bzw. Opportunitätsstrukturen und beschreiben die Nachfrage nach unternehmerischen Talenten. Das Unternehmerangebot wird als unproblematisch angesehen. Die angebots- bzw. personenorientierten Ansätze verweisen auf die Merkmale der handelnden Personen, welche die mehr oder weniger selektive Nutzung der Gelegenheiten bewirken.

In der Industrieökonomik werden hauptsächlich Modelle zur Nachfrage nach Unternehmerpersönlichkeiten[95] formuliert. So werden die Bedingungen einer Branche bzw. eines Produktmarktes als zentrale Bestimmungsfaktoren für den Zustrom neuer Betriebe gesehen. Überdurchschnittliche Gewinnspannen, positive Umsatz- bzw. Nachfrageentwicklungen, geringe Kapitalintensität oder ein niedriger Konzentrationsgrad führen zu höheren Gründungsraten. Dies wird in empirischen Studien überwiegend bestätigt. Dennoch haben die Modelle Schwierigkeiten, längerfristige Veränderungen der Gründungsraten oder Unterschiede im internationalen Kontext zu erklären. Auch eine günstige konjunkturelle Lage erhöht die Gründungsraten. Prosperierende Regionen sind vor allem durch eine überdurchschnittliche Gründungsquote ausgezeichnet (BIRCH, 1987). Nach der sogenannten Incubator-These, der zufolge der letzte Arbeitgeber (Incubator) vor dem Wechsel in die Selbständigkeit einen Einfluß auf das Gründungsverhalten ausübt, stimu-

---

95 In der üblichen Unterscheidung der Volkswirtschaftslehre gilt die Industrieökonomie als Bereich, der sich mit den Angebotsbedingungen für die Güterproduktion befaßt. Unser Augenmerk gilt aber den Unternehmerpersönlichkeiten. Die Industrieökonomik leitet nun aus Rahmenbedingungen die entstehende Industriestruktur ab, woraus sich dann letztendlich die Nachfrage nach Unternehmern ergibt.

liert eine kleinbetriebliche Strukturierung der Wirtschaft Neugründungen. Die (Aus-) Gründungen haben eine gewisse Ähnlichkeit hinsichtlich der angebotenen Produkte, Größe und Kunden mit der Incubatororganisation (vgl. KLANDT, 1984). Zu den weiteren relevanten Umweltfaktoren zählen auch die konkreten Standortfaktoren. Aus dem Bereich des Förderumfeldes gilt die Gründungsberatung als besonders wertvoll, wobei insbesondere der Steuerberater und mit wenigen Abstrichen auch der Unternehmensberater als kompetent angesehen werden. Kammern und Verbände werden hingegen weniger in Erwägung gezogen (vgl. MISCHON und MORTSIEFER, 1981).

Die personenzentrierten Ansätze befassen sich mit der Vorfrage der generellen Bereitschaft in der Bevölkerung, den Schritt in die berufliche Selbständigkeit zu vollziehen. Dabei wird zwischen Selbständigkeit aus der "Ökonomie der Not" und der Selbständigkeit aus der "Ökonomie der Selbstverwirklichung" (BÖGENHOLD, 1987) bzw. zwischen einem "dissatisfaction" und einem "opportunity model of entrepreneurial motivation" (STONER und FRY, 1982) unterschieden. Befragungen ergeben als dominierende Faktoren die Autonomie, Unabhängigkeit und Entscheidungsfreiheit als Motivation, wohingegen finanzielle Überlegungen eher zweitrangig sind. Dennoch legt die positive Korrelation von Selbständigkeits- und Arbeitslosenquote[96] die Vermutung nahe, daß ein Anstieg der Selbständigenquote auch einen Reflex auf die Arbeitslosigkeit darstellt. Bei diesen Ansätzen dominiert die Rational-Choice-Perspektive.

Diesen gegenübergestellt sind die sogenannten Disadvantage-Modelle unternehmerischer Motivation, die davon ausgehen, daß vor allem negative Erfahrungen und Benachteiligungen – ganz nach dem Motto "Not macht erfinderisch" – den Schritt in die Selbständigkeit fördern.

Hoffnungen, daß es über die Zeit konstante Persönlichkeitsmerkmale gibt, unabhängig von den Umfeldbedingungen, sind anscheinend zu optimistisch. Man erinnert sich an die sogenannte Leadership-Forschung, die nach mehr als dreißig Jahren umfassender Bemühungen zu der schmerzlichen Einsicht gelangen mußte, daß es – unabhängig vom jeweiligen Kontext – wohl doch keine konsistenten Persönlichkeitsattribute erfolgreicher Führungspersonen gibt.

Dennoch sollen die in MÜLLER-BÖLING und KLANDT (1993, S. 146ff) zusammengefaßten univariaten Ergebnisse nicht verschwiegen werden. Das Durchschnittsalter der Gründer liegt bei ca. Mitte dreißig und nimmt tendenziell ab. Unternehmensgründer sind deutlich besser ausgebildet als der Durchschnitt aller Erwerbspersonen, aber auch schlechter als die angestellten Führungskräfte. Die Persönlichkeitsstruktur der Gründer ist durch starkes Dominanzstreben, hohe Begeisterungsfähigkeit, soziale Initiative und Individualismus geprägt. Wichtigste Leitmotive sind das Leistungsmotiv und das Unab-

---

96   Die positive Korrelation besteht ab ca. 1982 und beträgt ca. 0,5. Beginnt der Untersuchungszeitraum bereits in den 70er oder 60er Jahren, so ist die Korrelation negativ, bedingt durch den Abbau der Selbständigenquote seit 1950 und den Aufbau der Arbeitslosigkeit seit ca. 1974. Der Korrelationskoeffizient geht dann zurück bis -0,8.

hängigkeitsstreben mit der Möglichkeit zur Durchsetzung eigener Ideen. Unter den Merkmalen der Intelligenzleistungen ist die Kreativität ein markantes gründerbezogenes Kriterium.

Eine Faktorenanalyse der Gründungsmotive und -vorbehalte ergab, daß erstere zu Einkommen, Status, Selbstverwirklichung und Unabhängigkeitsstreben zusammengefaßt werden können und letztere zu Streß und Mehrarbeit, negative gesellschaftliche Bedingungen, persönliche Voraussetzungen sowie gute Position in abhängiger Beschäftigung (vgl. SZYPERSKI und KLANDT, 1981).

Dies verstärkt die Resultate der Forschung bei den Nachfrageansätzen, bei denen neben der Industrieökonomik ein soziologischer Ansatz Beachtung verdient. Dieser richtet sein Hauptaugenmerk auf das mikrosoziale Umfeld der Akteure und wird unter dem Stichwort „network approach to entrepreneurship" (ALDRICH und ZIMMER, 1986) diskutiert. Sie werfen der Industrieökonomik vor, die relevanten Umfeldbedingungen zumeist auf einem zu hohen Aggregationsniveau anzusiedeln. So führt beispielsweise auch die Selbständigkeit des Vaters und Großvaters verstärkt zu einer eigenen Selbständigkeit. In einer multiplen Regression hängt die tatsächliche Gründungsaktivität in der Rangfolge ihrer Bedeutung von der Einstellung des Ehepartners, dem Gehalt beim Inkubator, einem Konkurs des Inkubators und der Selbständigkeit der Großeltern ab (vgl. KLANDT 1984). Die persönliche Einstellung zur Selbständigkeit hängt ab von Persönlichkeitsmerkmalen, der persönlichen Situation sowie der Inkubatororganisation (in dieser Reihenfolge). Bemerkenswert ist, daß die wahrnehmungsverzerrten Meinungsvariablen aussagekräftiger sind als die Faktvariablen (vgl. SZYPERSKI und KLANDT, 1981).

In der Regel ist das Eigenkapital in der Gründungsphase die hauptsächliche, wenn nicht gar ausschließliche Finanzierungsquelle, wobei es öffentlich geförderten Unternehmen leichter fällt, Fremdkapital aufzunehmen (vgl. MÜLLER-BÖLING und KLANDT, 1993, S. 150f).

3.2.2 Erfolgs- und Entwicklungschancen neugegründeter Betriebe

Der Erfolg eines Unternehmens bemißt sich zunächst einmal darin, ob und wie lange es am Markt existieren kann. Anschließend werden Größen wie Profitabilität und Wachstum (Umsatz, Beschäftigung, Gewinn, etc.) relevant. Doch auch aus der Sicht des Gründers kann der Erfolg analysiert werden. Dann treten Variablen wie Einkommensverbesserung, Unabhängigkeit, Arbeitszufriedenheit, Zielerreichung etc. hinzu. Eine Faktorenanalyse mit 24 unterschiedlichen Erfolgsoperationalisierungen von KLANDT (1984) ergab eine 4-Faktorenlösung mit den Faktoren persönlicher Zielerreichungsgrad, Zufriedenheit mit Leben und Arbeit, Gewinn und Umsatz.

Die konkreten Aussagen der unterschiedlichen Studien zu den Erfolgsaussichten „neuer" Unternehmen ist stets vor dem Hintergrund der verwendeten Statistiken zu interpretieren. In Deutschland fehlt nämlich eine Gründungsstatistik, weshalb häufig die Gewerbeanmeldungen oder die Umsatzsteuerstatistiken zur Ermittlung verwendet werden (siehe hierzu die Ausführungen in Abschnitt 2.2.1 auf Seite 61ff).

PREISENDÖRFER (1996) stellt fest, daß der Fortbestand neugegründeter, in der Regel sehr kleiner Betriebe insbesondere in der Anfangsphase prekär ist. Die Wahrscheinlichkeit, daß ein Unternehmen in Konkurs geht, liegt in den ersten fünf bis sieben Betriebsjahren sehr hoch[97]. 40 - 50 % der Betriebe überleben die ersten fünf Jahre nicht. Erst nach 10 Jahren besteht kaum noch ein signifikanter Einfluß des Unternehmensalters auf die Überlebensfähigkeit des Unternehmens (vgl. HUNSDIEK und MAY-STROBL, 1986). Diese hohen Anteile junger Unternehmen an den Insolvenzen ist jedoch nicht weiter verwunderlich, da doch gerade bei ihnen die Eigenkapitaldecke sehr dünn ist, so daß von ihnen im Vergleich zum Altbestand sehr viel weniger der (zufälligen) exogenen Schocks aufgefangen werden können.

STRUCK (1999, S. 10) hingegen ermittelt verschiedene Aufgabequoten, je nach betrachteter Grundgesamtheit:

- bei Betrachtung aller (formellen) Gründungen, einschließlich Nebenerwerbs- und unselbständigen Gründungen, liegt die Ausfallquote in den ersten drei bis fünf Jahren bei ca. 50 %[98],
- bei Betrachtung von Existenzgründungen, d.h. einer Bereinigung um Gründungen von juristischen Personen (Umstrukturierung von Unternehmen), Scheinunternehmertätigkeit (private Transaktionen wie Immobilienkauf) reduziert sich die Aufgabequote bereits auf 20 % innerhalb von 7 Jahren,
- bei einer weiteren Einschränkung auf staatlich geförderte Existenzgründungen halbiert sich die Aufgabequote auf 10 % innerhalb der ersten sieben Jahre[99].

---

97 Nach SZYPERSKI und NATHUSIUS (1977) stammen etwa 50 % aller Insolvenzen in Westdeutschland aus der Altersklasse bis 5 Jahre. Nach neueren Zahlen der Creditreform sind 51 % der insolventen Unternehmen sechs Jahre und jünger. Auch die Zahlen aus der Unternehmensgrößenstatistik 1997/98 zeigen an, daß der Anteil an den Insolvenzen der bis zu achtjährigen Unternehmen zwischen 1980 und 1994 zwischen 74 % und 81 % schwankte. Dabei ist jedoch zu berücksichtigen, daß der Anteil der Insolvenzen an den Unternehmensliquidationen weniger als 10 % beträgt.

98 Diese Überschätzung der Bestandsgefährdung auf der Basis von Meldedaten liegt unter anderem auch darin, daß findige Unternehmer zumeist mehrere Betriebe gleichzeitig halten und zwischen Rechtsformen und Betrieben hin und her wechseln.

99 HUNSDIEK und MAY-STROBL (1987) kamen bereits 1987 zu einem ähnlichen Ergebnis, daß nämlich die Ausfallquoten öffentlich geförderter Unternehmen (Eigenkapitalhilfeprogramm) im ersten Jahr bei 0,3 %, im zweiten bei 0,9 % und im dritten Jahr bei 2,3 %, d.h. in den ersten drei Jahren bei 3,5 % liegt.

3.2. Ein kurzer Überblick über die Gründungsforschung

Im Rahmen einer Enquete-Kommission „Zukunft der Erwerbstätigkeit" des LANDTAGS von NORDRHEIN-WESTFALEN (1998) wurden folgende Daten ermittelt:

- Bei den meisten Gründern verläuft das Wachstum sehr langsam; diejenigen, die acht Jahre überstanden haben, unterscheiden sich in ihrem Marktaustrittsverhalten nicht vom Bestand. Der Durchschnitt hat im 1. Jahr 5,3 Beschäftigte, im 7. Jahr 11,8 Beschäftigte (vgl. HUNSDIEK und MAY-STROBL, 1986).
- Nur 13 % der Selbständigen haben 5 oder mehr Mitarbeiter.
- Nur 5 % der Neugründungen expandieren stark; nach 5 Jahren machen diese 50 % des gesamten Beschäftigungseffektes der Neugründungen, nach 10 Jahren sogar 75 % aus (vgl. LAGEMAN et al., 1997).

Mit PREISENDÖRFER (1996) gelingt es nur einem Drittel der überlebenden Betriebe, ein Umsatz- und Beschäftigtenwachstum zu erzeugen. GERLACH und WAGNER (1992) können jedoch keinen signifikanten statistischen Zusammenhang zwischen Betriebsgröße und Firmenwachstum finden. Sie stellen eine bemerkenswerte Konstanz des Beschäftigungsbeitrages einer Gründungskohorte im Zeitablauf fest. Beschäftigungsverluste durch Marktaustritt werden durch Beschäftigungsgewinne durch betriebliche Expansion ausgeglichen, so daß tatsächlich die Beschäftigungszuwächse im Gründungsjahr einen Hinweis auf die längerfristigen Beschäftigungseffekte geben.

Die Untersuchung der Erfolgschancen neugegründeter Betriebe wird wiederum in drei Faktorenbereiche, die personen-, die betriebs- und die umfeldbezogenen, eingeteilt. Die zahlreichen Untersuchungen lassen sich selten vergleichen, zu sehr hängen die Resultate von Design und gewählten Stichproben ab. Beispielhaft sollen jedoch einige Befunde aus der Studie von BRÜDERL, PREISENDÖRFER und ZIEGLER (1996) angeführt werden, da sie das Gesamtbild der Forschung recht gut wiedergeben. Höheres Humankapital der Gründer führt zu einer Erhöhung der Überlebenswahrscheinlichkeit, wobei es hierzu auch widersprüchliche Ergebnisse gibt (vgl. MÜLLER-BÖLING und KLANDT, 1993, S. 157). Mit zunehmender Berufserfahrung zielen die Gründer jedoch auf weniger betriebliches Wachstum. Die Branchenerfahrung als Qualifikationsmerkmal hat eine überragende Bedeutung für die Überlebenswahrscheinlichkeit und den Umsatzerfolg (vgl. KLANDT, 1984), wohingegen die Selbständigkeits- oder Vorgesetzten- oder Managementerfahrung keine systematischen Effekte bringen. Erfolgreiche Gründer zeichnen sich durch ein starkes Dominanzstreben und ein erhebliches Maß an Selbstsicherheit aus, was sich positiv auf den Umsatzerfolg auswirkt.

Vollständig neu errichtete Betriebe scheitern häufiger, sind jedoch auch dynamischer. Das wesentliche Problem bei der Gründung ist die Kapitalversorgung (vgl. MAY, 1981). Zwischen der Höhe des eingesetzten Startkapitals und dem Umsatzerfolg besteht eine hohe positive Korrelation (vgl. KLANDT, 1984). Die Branche und die Rechtsform haben hingegen keinen Einfluß auf diese Größe (vgl. ALBACH et al., 1985). Der Unternehmenserfolg hängt nicht von der Größe der Inkubatororganisation ab (vgl. KLANDT, 1984).

Je nach akzentuiertem Bereich (Personen, Betrieb, Umfeld) existieren unterschiedliche Theorien zur Erklärung des Erfolges bzw. der Erfolgswahrscheinlichkeit, nämlich die Humankapitaltheorie, egozentrierte Netzwerke, Firmennetzwerke, der Transaktionskostenansatz und die Organisationsökologie. Über die gesamtwirtschaftlichen Wirkungen werden jedoch kaum Aussagen getroffen. So ist weitgehend unklar, ob aus gesamtwirtschaftlicher Sicht eine hohe oder eher eine niedrige betriebliche Fluktuationsquote vorteilhaft ist. So kann der Zu- und Abstrom ein Indiz für hohen Wettbewerb sein, wobei allerdings gleichzeitig die Innovationsfähigkeit sinken könnte. Es besteht allerdings Konsens, daß die Kleinbetriebe und betrieblichen Neugründungen zumindest seit Mitte der 70er Jahre einen nennenswerten positiven Beitrag zur Schaffung von Arbeitsplätzen leisten. Bemerkenswert in diesem Zusammenhang ist, daß lediglich 4 % der Firmen, die zu einem bestimmten Zeitpunkt beginnen, nach 10 Jahren 50 % der Arbeitsplätze der Gründungskohorte bereitstellen (vgl. STOREY, 1994). Nach LAGEMAN et al. (1997) vereinen 5 % der Unternehmen nach 10 Jahren sogar 75 % des Beschäftigungseffektes auf sich. Daraus ergibt sich ein Potential zur selektiven Förderung, so daß sich weitere Forschung mit dem Ziel der staatlichen Steuerung über Fördergelder lohnen könnte.

3.2.3 Staatliche Förderung von Betriebsgründung

Vor allem in Zeiten hoher Arbeitslosigkeit führt das Argument, Neugründungen schüfen Arbeitsplätze, zur wirtschaftspolitischen Förderung des Gründungsgeschehens. Konsequenterweise haben Förderprogramme von Existenzgründern Konjunktur, relativ unabhängig von bisherigen Erfahrungen und damit auch unabhängig von der Tatsache, daß weltweit täglich Tausende von Unternehmen mit, aber auch ohne Förderung gegründet werden. Bei diesen Konzepten konkurrieren die umfassende Förderung von Grundstückskauf, Infrastrukturbereitstellung, Kreditzusagen, Investitionszulagen, Beratung, Training, Absatzhilfen etc.[100] und die am Engpaß orientierte Hilfe zur Selbsthilfe. Verständlicherweise ist der engpaßorientierte Ansatz wesentlich günstiger, können so doch keine Subventionsmaximierer entstehen. Diese Art der staatlichen Gestaltungspolitik muß auch die unterschiedlichen sektoralen Wirkungen berücksichtigen. Es gilt, auf die zukunftsträchtigen Branchen zu setzen, wobei allerdings umstritten ist, ob der Staat gegenüber den Akteuren vor Ort einen Informationsvorsprung besitzt, der ihn befähigt, die Weichen für die Zukunft zu stellen. Dies wird speziell von v. HAYEK (1945) und mit ihm von der Österreichischen Schule abgelehnt. Auch die neueren Erkenntnisse der Informationsökonomie unterstützen die These vom Informationsvorsprung des Staates nicht.

---

100 Auf den entstehenden Förderdschungel werden wir weiter unten noch eingehen.

3.2. Ein kurzer Überblick über die Gründungsforschung

Die Begründung für die Unterstützung ist vielfältig. So müßte der Staat daran interessiert sein, die 4 % der Gründer zu fördern, die 50 % der Beschäftigten ausmachen, d.h. eine „Pick-the-winner"-Strategie (FRITSCH, 1990, S. 334f.) zu wählen, dem aber die Idee des Nachteilsausgleichs, der auch gesetzlich verankert ist, entgegensteht. Es sollen nicht die Top-Betriebe gefördert werden, das Hauptaugenmerk wird auf einkommens- und vermögensschwache Gründer in benachteiligten Regionen gelenkt.

Offensichtlich erhöht die staatliche Förderung (Kredite) die Überlebensfähigkeit von Betrieben. Unklar sind jedoch die dahinter stehenden Prozesse und ihre Wirkungen auf die gesamtwirtschaftliche Effizienz. Würden die geförderten Betriebe nur die nicht geförderten Betriebe verdrängen, brächte eine Förderung keinen Netto-Effekt. Außerdem ist das Ausmaß des „Mitnahmeeffekts" von entscheidender Bedeutung. Nach Schätzungen beträgt er bis zu 50 %.

Wichtige Aspekte für die Forschung entstammen auch aus den Untersuchungen zur Informationsasymmetrie[101]. Eine anreizkompatible Förderung könnte dies besser in Rechnung stellen, um Verdrängungsprozesse (Crowding Out) zu reduzieren. Einen weiteren wichtigen Aspekt stellen die versunkenen Kosten vor Ort dar. Speziell bei der Förderung von großen Unternehmen (beispielsweise Infineon oder AMD in Dresden) stellen sie eine obere Grenze für die Subventionszahlen dar, da das Unternehmen selbst noch einen Teil der Immobilität verkraften muß. Daraus entsteht der Anreiz, den Standort nicht zu wechseln.

Die bisherigen wirtschaftsorientierten Förderkategorien der Gemeinschaftsaufgabe (regionalpolitische Hilfen) sind im wesentlichen die Förderung der einzelbetrieblichen gewerblichen Wirtschaft (einschließlich Fremdenverkehr) als Zuschuß (Zuwendungsempfänger: Private) und die Förderung der wirtschaftsnahen Infrastruktur zur Unterstützung des produzierenden Gewerbes als Zuschuß (Zuwendungsempfänger: Gemeinden). Die wesentlichen, für den privaten Investor relevanten Förderprogramme zur Investitionsförderung und Existenzgründung sind das Eigenkapitalhilfeprogramm, das ERP-Programm für die Existenzgründung und -erweiterung, das KfW-Mittelstandsprogramm und das DtA-Existenzgründungsprogramm[102]. Auch die steuerliche Förderung durch eine Investitionszulage und Sonderabschreibungen sind zu berücksichtigen. Weitere Förderprogramme – es besteht ein Förderdschungel mit weit mehr als 500 Förderprogrammen – nehmen Bezug auf Betriebsmittel, Liquiditätshilfen, Bürgschaften, Absatz-

---

101 Unter Informationsasymmetrie verstehen wir, daß die in die Wirtschaftsförderung integrierten Personen einen unterschiedlichen Informationsstand besitzen. So weiß der Investor in der Regel genau, ob er die Investition auch ohne Förderung getätigt hätte oder wie hoch die Förderung hatte sein müssen, um ihn genau an diese Schwelle zu bringen.
102 Seit Anfang 1997 integrierte die ERP-Wirtschaftsförderung das bewährte Instrument der Eigenkapitalhilfe, mit dem die Existenzgründer eigenkapitalähnliche Mittel erhalten können. Damit befindet sich die Eigenkapitalhilfe und das Existenzgründungsdarlehen nunmehr in einer Hand.

förderung, Umweltschutz, Information, Schulung, Beratung, Forschung, Innovation, Beschäftigung von am Arbeitsmarkt Benachteiligten, etc.

Das Eigenkapitalhilfe-Programm zählt bei Gründern zu den wichtigsten, da von der Eigenkapitalbasis wiederum die Kreditbewilligung abhängt. Nach einer Umfrage der Deutschen Ausgleichsbank aus dem Jahre 1994 legen Firmenkundenberater der Banken und Sparkassen durchschnittlich eine Eigenkapitalquote von 38,7 % bei der Kreditbewilligung an und damit weit mehr als der Durchschnitt in der deutschen Industrie. Insgesamt wurden 40 % der Finanzierungsanfragen (in den Jahren 1992 und 1993) zurückgewiesen. Als häufigen bzw. sehr häufigen Ablehnungsgrund nannten die Berater zu geringes Eigenkapital (84,4 % aller Berater), keine ausreichenden Sicherheiten (75,4 %), Zweifel an der Rentabilität des Unternehmens (75,1 %), unzureichende Qualifikation (60,4 %), kein plausibles Unternehmenskonzept (57,7 %), Gründung in einer Problembranche (48,7 %) und Zweifel an der persönlichen Eignung (47,8 %). Deshalb ist es auch kaum verwunderlich, daß 97 % das Eigenkapitalhilfe-Programm für geeignet halten. Dem Verzicht auf die Absicherung der Eigenkapitaldarlehen kommt mit 93 % die größte Bedeutung (wichtig bzw. sehr wichtig) zu, gefolgt von der 10-jährigen tilgungsfreien Laufzeit (93 %) und der Zinsfreiheit in den ersten Jahren (91 %).

Zu den beiden wichtigsten mittelstandspolitischen Förderinstrumenten, das auch den Anpassungsprozeß in Ostdeutschland beschleunigen soll(te), zählt auch das ERP-Programm (European Recovery Program) mit der Gewährung zinsgünstiger Darlehen. Seit der Auflegung im Jahre 1949 bis Ende des Jahres 1998 konnten insgesamt Kredite in Höhe von 175 Milliarden DM gewährt werden. Seit 1990 konzentriert sich die Hilfe auf Ostdeutschland. Zur Erneuerung des Kapitalstocks und dem Aufbau selbständiger Existenzen und eines Mittelstandes wurden in Ostdeutschland bis zum Jahr 1998 durch ERP-Kredite (und seit 1997 auch Eigenkapitalhilfe) rund 285.000 Zusagen mit einem Kreditvolumen von 60 Mrd. DM erteilt, von denen ca. 56 Mrd. DM abflossen und ein Investitionsvolumen von 185 Mrd. DM anschoben. Damit wurden 3.450.000 Beschäftigte (bei Antragstellung) und 200.000 Existenzgründungen gefördert[103].

Im Jahre 1997 wurden in Westdeutschland 6.012 kleineren und mittleren Unternehmen 40.126 Kredite in Höhe von 8.184 Mio. DM und in Ostdeutschland 4.592 Unternehmen 16.552 Kredite in Höhe von 5.121 Mio. DM zugesagt, d.h. insgesamt 10.604 Unternehmen mit 46.678 Kreditzusagen in einer Höhe von insgesamt 13,3 Milliarden DM (siehe

---

103 Die Wichtigkeit der ERP-Kredite und des EKH-Programms wird deutlich, wenn man es mit den übrigen Förderungen der gewerblichen Wirtschaft vergleicht. Der Vergleich basiert auf den auch vom Bund unterstützten Fördermaßnahmen für Ostdeutschland von Mitte 1990 bis Ende 1998. Mit der Gemeinschaftsaufgabe wurde mit einem Zusagevolumen (Investitionszuschüsse) von 44 Mrd. DM ein Investitionsvolumen von 200 Mrd. DM angeschoben und 1.285.000 Arbeitsplätze geschaffen/gesichert. Mit den Investitionszulagen und den Sonderabschreibungen in Höhe von 75 Mrd. DM wurde ein Investitionsvolumen von ca. 580 Mrd. DM angeschoben. Mit den Bürgschaften wurde bei einem Mittelabfluß in Höhe von 8,4 Mrd. DM ein Investitionsvolumen von ca. 41 Mrd. DM angeschoben.

3.2. Ein kurzer Überblick über die Gründungsforschung

auch Tab. 3.1). In Westdeutschland schaffen das Eigenkapitalhilfeprogramm, das Existenzgründungsprogramm und das Regionalprogramm sowohl Breitenwirkung (viele Unternehmen) als auch Volumen. Ein hohes Volumen erreichen noch das Innovationsprogramm und die rationelle Energieverwendung, wohingegen das Ausbildungsplätzeprogramm viele Unternehmen (9,4 %) bei geringem Volumen (2 %) erreicht. In Ostdeutschland dominieren das Eigenkapitalhilfeprogramm, das Existenzgründungsprogramm und das Aufbauprogramm. Auch das Umwelt- und Energiesparprogramm besitzt noch ein nennenswertes Volumen. Bemerkenswert ist noch, daß im Innovationsprogramm, im Bürgschaftsprogramm und im Umwelt- und Energiesparprogramm hohe Summen pro Antrag bewilligt werden.

Tab. 3.1   ERP-Kreditzusagen 1997, (Quelle: BMWi, 1999, S. 53f)

ERP-Kreditzusagen 1997						
	Westdeutschland			Ostdeutschland		
Programm	Anzahl	Mio. DM	DM pro Antrag	Anzahl	Mio. DM	DM pro Antrag
Eigenkapitalhilfe-Programm (EKH)	10.976	949,2	86.480	5.895	1.182,5	200.594
Existenzgründungsprogramm	18.253	2.366,8	129.666	5.291	1.069,9	202.211
Aufbauprogramm, nur in den NL				4.283	2.105,3	491.548
Regionalprogramm, nur in den AL	4.583	1.031,9	225.158			
Innovationsprogramm	555	1.343,1	2.420.000	89	145,8	1.638.202
Ausbildungsplätzeprogramm	3.778	166,4	44.044	654	34,3	52.446
Beteiligungsprogramm	226	99,4	439.823	80	50,4	630.000
Darlehen an Bürgschaftsbanken	16	56,9	3.556.250	1	3,0	3.000.000
Umwelt und Energiesparprogramm	1.714	1.750,0	1.021.004	259	529,4	2.044.015
Exportfinanzierungsprogramm	25	420,9	16.836.000	0	0,0	
Summe der Kreditzusagen	40.126	8.184,6	203.972	16.552	5.120,6	309.364
geförderte Unternehmen	6.012			4.592		
Kreditzusage pro Unternehmen	6,67			3,60		

Für die ERP-Gründungsförderung liegen detaillierter Angaben vor (siehe Tab. 3.2). Die Anzahl der geförderten Personen bewegt sich im Verhältnis der Bevölkerungsanteile, wobei jedoch in Ostdeutschland deutlich höhere (ungefähr das 1,5-fache an) Investitionen pro geförderter Person angestoßen werden. Mit letzteren gehen auch die neu geschaffenen Arbeitsplätze einher, so daß in Ostdeutschland überdurchschnittlich viele neue Arbeitsplätze entstanden. Der Schwerpunkt der Fördervorhaben lag auf Sektoren (industrielles Gewerbe, Dienstleistungen, Handel) mit lokalem Absatzgebiet - wobei das industrielle Gewerbe zunehmend wichtiger wird und bereits jetzt einen Anteil von knapp 50 % bei mehr als dreifach so hohen Investitionssummen pro geförderter Person hat -, deren Entwicklung jedoch nicht losgelöst von der Industrie verläuft. Die unternehmensorientierten Dienstleistungen hängen unmittelbar, die haushaltsorientierten Dienstleistungen nur mittelbar von der Entwicklung im warenproduzierenden Gewerbe ab. Für den überregionalen Absatz ist die Förderung nach der GA (Gemeinschaftsaufgabe „Verbesserung der regionalen Wirtschaftsstruktur") zuständig (siehe hierzu Kapitel 9). Mit einer unterdurchschnittlichen industriellen Exportbasis der neuen Länder steht die wirtschaftliche Perspektive vieler Existenzgründer auf wackeligen Beinen. Sie hängt von den

Transferzahlungen von West nach Ost, die noch die fehlende Exportbasis ersetzen, ab. Die Rückführung dieser Transfers wird eine entscheidende Rolle für die Überlebensfähigkeit von Betrieben spielen.

Tab. 3.2   Eckdaten der ERP-Gründungsförderung (Quelle: DTA, 2000)

Geförderte Personen in der ERP-Gründungsförderung							
Alte Bundesländer							
	Anzahl geförderter Personen	Inv.-summe TDM	Mittelwert Inv.-Summe TDM	Beschäftigte bei Antragstellung	Mittelwert Beschäftigte bei Antragstellung	neugeschaffene Arbeitsplätze	Mittelwert neugeschaffene Arbeitsplätze
1995 Gesamt	19.176	9.550.395	498	173.376	9	37.208	1,94
1996 Gesamt	20.766	10.271.879	494,6	318.716	15	35.660	1,72
1997 Gesamt	27.512	26.485.380	962,7	428.508	16	41.455	1,51
1998 Gesamt	27.566	13.843.294	502,2	310.262	11	45.727	1,66
1999 Gesamt, davon	21.057	12.903.896	612,8	364.867	17	36.737	1,74
industr. Gewerbe	4.422	7.078.404	1.600,70	236.627	54	9.189	2,08
Baugewerbe	3.416	897.600	262,8	29.986	9	4.614	1,35
Handel	5.491	2.241.199	408,2	38.894	7	8.635	1,57
Dienstleistungen	7.728	2.686.693	347,7	59.360	8	14.299	1,85
Neue Bundesländer							
	Anzahl geförderter Personen	Inv.-summe TDM	Mittelwert Inv.-Summe TDM	Beschäftigte bei Antragstellung	Mittelwert Beschäftigte bei Antragstellung	neugeschaffene Arbeitsplätze	Mittelwert neugeschaffene Arbeitsplätze
1995 Gesamt	15.169	11.651.930	768,1	197.878	13,04	41.459	2,73
1996 Gesamt	10.871	8.735.971	803,6	130.722	12,02	27.716	2,55
1997 Gesamt	8.728	13.007.262	1.490,30	117.179	13,43	23.875	2,74
1998 Gesamt	7.039	6.551.626	930,8	90.017	12,79	19.725	2,8
1999 Gesamt, davon	5.192	4.523.297	871,2	69.499	13,39	15.989	3,08
industr. Gewerbe	1.170	2.549.969	2.179,50	33.146	28,33	4.720	4,03
Baugewerbe	712	212.096	297,9	7.824	10,99	1.880	2,64
Handel	1.240	598.973	483	9.085	7,33	3.077	2,48
Dienstleistungen	2.070	1.162.259	561,5	19.444	9,39	6.312	3,05

Angesichts anhaltender Arbeitslosigkeit und mangelnder Entwicklungsdynamik wird bisweilen eine Förderung gefordert, die den Schwerpunkt auf die Entwicklung einer neuen Unternehmerklasse legt. Hier stehen die unterschiedlichen Trainingskonzepte der Personen im Vordergrund. Eine solche Gründungsoffensive stellt eine Art „deus ex machina" dar: Eine neue dynamische Unternehmerklasse entfaltet sich und schafft Beschäftigung und Einkommen.

Trainingskonzepte zur Verbesserung des Humankapitals bieten hierzu sicherlich eine Möglichkeit. Dabei unterscheidet man die Wissensvermittlung durch Frontalunterricht und die auf die Umsetzung zielenden partizipativen Trainingsprogramme. Bei letzterem lernt der Teilnehmer das "knowing how" und nicht das "knowing that". Es führt jedoch kein Weg daran vorbei, daß der Zugang zu Kredit, Boden, Beratung und technischer Hilfe bedeutsamer als Trainingsprogramme für Existenzgründungen sind. Außerdem hängen diese von der Existenz einer kaufkräftigen Nachfrage ab. Sind die regionalen und sektoralen Absatzchancen begrenzt, die Kaufkraft rückgängig, so stagnieren Kleinstunternehmen unabhängig von ihrer Förderung.

3.3 Neuere Studien zur Charakterisierung der Neuen Selbständigkeit

3.3.1 Untersuchungen des DIW zur Neuen Selbständigkeit

In seinem Monatsbericht 38/98 berichtet das DIW, daß in der Zeit von 1990 bis 1996 2,04 Mio. Personen eine Erwerbstätigkeit aufgenommen haben, davon 1,48 Mio. im Westen und 560.000 im Osten[104]. Die Datenbasis ist das sozio-ökonomische Panel (SOEP) des DIW, eine repräsentative Wiederholungsbefragung (siehe hierzu die Ausführungen in Abschnitt 2.2.4 auf Seite 85) der Jahre 1990 bis 1997. Mithelfende Familienangehörige wurden nicht berücksichtigt.

Bei den westdeutschen „Neuen Selbständigen" lag der Anteil der Freiberufler bei ca. 30 %, bei den ostdeutschen nur bei 23 %. Die Dienstleistungsanteile lagen bei 70 % bzw. 64 %. Interessant ist weiter, daß der Anteil der Neugründungen, die einen bis fünf Mitarbeiter beschäftigen, in Ost und West bei knapp 40 % liegt – der Unterschied liegt bei den Einpersonengründungen, bei denen der Westen führt, während bei den Gründungen mit 5 und mehr Mitarbeitern der Osten vorne liegt, was sicher auch der erhöhten Zahl (geförderter) gewerblicher Gründungen sowie von MBOs und MBIs im Osten geschuldet ist.

In Westdeutschland besitzt die Selbständigkeit als Berufseinstieg (nach der Ausbildung oder aus der Nichterwerbstätigkeit heraus) mit über 30 % eine beachtliche Bedeutung. In Ostdeutschland drängt die (drohende oder vorliegende) Arbeitslosigkeit, stärker als das auf den ersten Blick ersichtlich ist, in diese Erwerbsalternative. Der Anteil derer, die ganz sicher oder wahrscheinlich in den nächsten zwei Jahren ihren Arbeitsplatz verlieren werden, macht in Ostdeutschland immerhin 28 % der Gründungen aus im Vergleich zu nur 5 % in Westdeutschland. Aus einem Vergleich der beiden Berichte des DIW (1997 und 1998) wird jedoch ersichtlich, daß diese Zahl für Ostdeutschland rückläufig ist, was seine natürliche Erklärung in der Einbeziehung der äußerst unsicheren Nachwendezeit hat.

---

104 Das Konfidenzintervall dieser Hochrechnung beträgt für Westdeutschland [1.140.000; 1.760.000] und für Ostdeutschland [400.000; 800.000].

Tab. 3.3 „Neue Selbständige" in Deutschland, 1990 bis 1996, (Quelle: DIW, 1998)

	West	Ost
In % der jahresdurchschnittlichen Anzahl der Erwerbstätigen von 1990 bis 1996	5,2	8,2
In 1.000 Personen	1.484	559
darunter als ... in %		
Freiberufler	30,0	23,3
Selbständiger Gewerbetreibender	67,5	74,7
darunter im Dienstleistungssektor in %	70,0	64,4
darunter zu Beginn der Selbständigkeit ... in %		
ohne Mitarbeiter	47,3	41,4
mit weniger als 5 Mitarbeitern	37,3	38,4
mit 5 und mehr Mitarbeitern	15,4	20,2
davon waren zuvor ... in %		
erwerbstätig	56,0	72,3
arbeitslos (beim Arbeitsamt gemeldet)	13,7	16,2
sonstiges (in Ausbildung, nicht erwerbstätig)	30,3	11,5

Angaben zur Sozialisation der Gründer zeigen deutlich, daß Qualifikation und familiärer Hintergrund bedeutsam sind; das mittlere Gründungsalter liegt dabei bei 36 Jahren in Ost und West gleich auf. Wesentlich erscheint vor allem die Verfügbarkeit von Wohneigentum, die im Osten weit über dem Bevölkerungsdurchschnitt von 28 % liegt, während im Westen kein Unterschied zu verzeichnen ist. Dies unterstreicht die Bedeutung von Wohneigentum als banktübliche Sicherheit. Schließlich liegt im Osten der Anteil der weiblichen Gründer sehr hoch. Weiterhin interessant ist die hohe Zufriedenheit der Gründer mit ihrer Lage. Nachfolgende Tabellen enthalten die wichtigsten Angaben.

Tab. 3.4 Das Profil „Neuer Selbständiger" in Deutschland, 1990 bis 1996, (Quelle: DIW, 1998)

	West	Ost
Altersdurchschnitt	35,8	36,9
weiblich (in %)	33,6	40,6
Single (in %)	31,3	19,9
Vater war bzw. ist selbständig (in %)	18,7	-
Haus- bzw. Wohnungseigentum (in %)	44,0	38,0
berufliche Ausbildung		
• keine abgeschlossene Ausbildung (in %)	9,7	-
• abgeschlossene Ausbildung (in %)	73,5	85,7
• Hochschul- bzw. Fachhochschulabschluß (in %)	16,8	14,3
Berufserfahrung		
• bis zu 10 Jahren (in %)	23,7	21,5
• 10 bis 20 Jahre (in %)	48,1	46,2
• 21 Jahre und mehr (in %)	28,2	32,3
Branchenerfahrung (in %)	31,6	31,0
hohe Arbeitszufriedenheit[105]	58,0	59,0
hohe Zufriedenheit mit Haushaltseinkommen[105]	21,3	15,3

Von besonderem Interesse sind die Gründungsturbulenzen, also der Saldo aus Zu- und Abgängen. In Westdeutschland behaupteten sich nach einem Jahr knapp 90 %, nach drei Jahren gut 75 % und nach fünf Jahren 66 % der Selbständigen. In Ostdeutschland übten nach einem Jahr ebenfalls 90 %, nach drei Jahren gut 82 % und nach fünf Jahren gut 60 % noch ihre selbständige Tätigkeit aus.

Besonders interessant ist, daß die Aufgabe der Selbständigkeit in einem Drittel der Fälle im Westen und einem Fünftel der Fälle im Osten zu einer Aufgabe des Betriebs führt, was die Bedeutung der Bestandspflege unterstreicht. Nicht erfaßt ist allerdings, inwieweit eine Umwandlung in eine Kapitalgesellschaft zu Abgängen führt. Im Westen sind zwei Drittel der Gründer Männer und 60 % der Abgänger; im Osten liegen die Zahlen 60 % und 80 %. Die nachfolgende Tabelle zeigt die wesentlichen Daten der Abgänge.

---

[105] Berücksichtigt wurden Werte zwischen 8 und 10 auf einer 11er Skala von 0 (ganz und gar nicht zufrieden) bis 10 (ganz und gar zufrieden).

Tab. 3.5 Aufgabe der Selbständigkeit in Deutschland, 1990 bis 1996, (Quelle: DIW, 1998)

	West	Ost
in % der jahresdurchschnittlichen Anzahl der Erwerbstätigen (1990 bis 1996)	3,3	4,8
in 1.000 Personen	1.240	330
darunter als ... in %		
• „Neue Selbständige" (1990-1996)	34,5	67,6
darunter als ... in %		
• Freiberufler	32,3	19,8
• Selbständiger Gewerbetreibender	49,9	80,2
• Sonstige/Landwirt	17,8	-
darunter als ... in %		
• Dienstleistungssektor	58,9	61,3
darunter ... in %		
• Aufgabe des eigenen Geschäfts/Familienbetriebs	31,3	22,5
davor zuvor ... in %		
• ohne Mitarbeiter	43,6	32,6
• mit weniger als 5 Mitarbeitern	33,2	39,3
• mit 5 und mehr Mitarbeitern	23,2	28,1
Weiblich (in %)	59,2	79,5
Alter	47,2	41,3
Ausübung der Tätigkeit in Jahren	15,1	7,0
davon Übergang in ... in %		
• abhängige Erwerbstätigkeit	33,3	40,8
• Arbeitslosigkeit	7,6	15,5
• Rente/Sonstiges	59,1	43,7

Das Gros der Abgänge (65,5 %) in Westdeutschland stammt aus Gründungen von vor 1990, so daß ein nennenswerter Umschlag festgestellt werden kann. In Ostdeutschland kann dies aufgrund des sehr niedrigen Anfangsbestandes natürlich noch nicht der Fall sein. Dies legt durchaus nahe, daß die Bestandspflege von bestehenden Unternehmen auch aus arbeitsmarktpolitischen Gesichtspunkten interessant ist, werden doch stets größere Unternehmen aufgelöst als gegründet.

3.3.2 Struktur der selbständigen Akademiker nach einer Studie des ZEW

Die Struktur der selbständigen Akademiker wurde vom ZEW (1998) für die Jahre 1991, 1993 und 1995 für Deutschland ausgewertet. Erhebliche Unterschiede zeigen sich dabei in der Fähigkeit, Selbständigkeit zu vermitteln, zwischen West und Ost, weil kein Bereich existiert, bei dem der Osten - trotz der erheblichen Potentiale – vor dem Westen führt, was möglicherweise nicht nur der Tatsache geschuldet ist, daß es sich hier um Bestands- und nicht um Flußgrößen handelt, d.h. die geringeren Niveaus sind auch dem Nachholbedarf geschuldet. Die wichtigsten Angaben sind nachfolgender Tabelle zu entnehmen.

Tab. 3.6 Selbständigkeit unter Akademikern, (Quelle: ZEW, 1998)

Studienabschluß	Alte Bundesländer			Neue Bundesländer		
	1991	1993	1995	1991	1993	1995
Architektur	37,9	44,1	38,7	16,9	33,4	35,1
Bauwesen	19,4	21,6	21,3	7,2	15,1	13,9
Maschinenbau	9,5	10,1	9,7	5,9	8,5	12,2
Elektrotechnik	6,7	7,9	8,1	4,6	9,1	13,3
Sonst. Ingenieure	25,5	27,3	31,1	18,7	14,5	16,8
Mathematik	3,5	4,3	3,5	1,9	2,8	4,7
Informatik	10,5	10,3	9,3	1,2	2,7	10,0
Biologie	3,7	4,3	11,6	-	-	-
Chemie	4,7	6,7	5,7	1,6	3,7	6,0
Physik	3,9	7,3	10,7	3,4	8,3	8,3
Sonst. Naturwissenschaften	9,7	12,6	12,7	2,8	9,8	9,1
Betriebswirtschaftslehre	13,6	14,8	16,1	6,1	11,0	9,1
Rechtswesen	28,7	27,7	29,2	14,6	27,9	31,6

Volkswirtschaftslehre und Statistik	13,6	10,2	16,3	4,6	10,3	12,0
Politik- und Sozialwissenschaft	15,1	11,1	13,4	12,3	5,5	9,0
Medizin	43,1	43,7	45,9	28,3	44,3	43,6
Pharmazie	37,6	41,2	39,5	13,2	9,8	31,6
Sozialarbeit	5,9	5,0	7,1	-	4,2	11,6
Geisteswissenschaften	8,4	6,1	7,4	3,9	6,4	6,7
Psychologie	26,5	29,2	33,9	4,0	7,6	5,0
Kunst/Musik sonstige	22,4	24,8	28,0	18,1	14,1	18,5
Alle	14,2	14,8	15,9	7,4	12,3	13,5

3.3.3 Unternehmensgründungen aus der Arbeitslosigkeit heraus

PFEIFFER und REIZE (1998a) untersuchen, ob sich Unternehmen, die aus der Arbeitslosigkeit mit Überbrückungshilfen oder aus der Erwerbs- bzw. Nichterwerbstätigkeit heraus gegründet werden, in ihrer Überlebenswahrscheinlichkeit im ersten Jahr und dem Beschäftigtenwachstum im ersten Jahr unterscheiden. Mittels eines Probability-Modells, welches auch Selektionseffekte[106] berücksichtigt, kommen sie zu dem Ergebnis, daß in Ostdeutschland die Gründungen Arbeitsloser eine schwach signifikant niedrigere Überlebenswahrscheinlichkeit im ersten Jahr haben, sich jedoch hinsichtlich des Beschäftigungswachstums nicht unterscheiden. In Westdeutschland können nach Kontrolle der Selektionseffekte keine Unterschiede in Bezug auf Überlebenswahrscheinlichkeit und Beschäftigungswachstum jeweils im ersten Jahr zu sonstigen Existenzgründungen festgestellt werden.

Die Datenbasis bezieht sich auf 11 (4) westdeutsche (ostdeutsche) Arbeitsmarktdistrikte. Betrachtet werden nur Existenzgründer mit bis zu 15 (18) Gründungsbeschäftigten aus dem Zeitraum 4. Quartal 1993 bis 3. Quartal 1995. Das ergab insgesamt 5.320 (4.311) Unternehmen, wovon 223 (395) Überbrückungsgelder erhielten.

---

106 Unter dem Selektionseffekt versteht man in diesem Zusammenhang, daß die Gruppe der Arbeitslosen sich systematisch von der anderen Gruppe (Referenzgruppe) unterscheidet. Erwartet man beispielsweise, daß die Geförderten ohne Förderung ein geringeres Einkommen hätten als die Referenzgruppe, dann würde eine OLS-Schätzung zu verzerrten Ergebnissen (bezüglich der Wirkung der Förderung) führen.

In Westdeutschland führt ein erhöhter Quotient von Arbeitslosigkeit zu offenen Stellen zu einem signifikant höheren Anteil von Gründungen aus der Arbeitslosigkeit heraus. Durch eine einprozentige Erhöhung des Arbeitslosenbestandes in den alten Bundesländern nahmen die Gründungen um 5,7 % zu, d.h. im Jahre 1995 führte die Zunahme der Arbeitslosigkeit um 25.000 Personen (etwa ein Prozent) zu 3.075 zusätzlichen Gründungen. Zum Vergleich soll nicht unerwähnt bleiben, daß Wirtschaftswachstum wesentlich besser geeignet ist, die Gründungsaktivitäten zu stimulieren. Ein Prozent mehr Wachstum erhöht die Zahl der Existenzgründungen um 30.000, d.h. um zehnmal mehr als die Arbeitslosigkeit. Die Arbeitslosen selbst gründen überdurchschnittlich im Handel, Reparatur- und Gastgewerbe sowie im Kleinstgewerbebereich (vgl. PFEIFFER und REIZE, 1998b).

3.3.4 GILBRATs Law oder der Zusammenhang zwischen Größe und Wachstum bei Existenzgründungen

GILBRATs Law behauptet, daß die Unternehmensgröße keinen Einfluß auf das Unternehmenswachstum hat. Mittlerweile gilt jedoch die Widerlegung dieses Zusammenhangs bereits als stylisierter Fakt (vgl. ACS und AUDRETSCH, 1990). Nach SCHMALENSEE (1989) sowie SCHERER und ROSS (1990) nimmt das Wachstum von Unternehmen mit ihrer Größe ab. CABRAL (1995) erklärt das stärkere Wachstum junger Unternehmen mit der aufgrund der geringeren Überlebenswahrscheinlichkeit zu niedrigen Anfangsinvestitionen (im Vergleich zum langfristigen Gleichgewicht), die dann mit dem Überleben aufgeholt werden.

ALMUS und NERLINGER (1999) untersuchen 40.000 Gründungen westdeutscher Unternehmen aus der Zeit 1989 bis 1996 aus dem Verarbeitenden Gewerbe, die nicht älter als 5 Jahre sind. In 5 Modellen wird jeweils über einen Zweijahreszeitraum getestet, ob das Beschäftigtenwachstum einem Random Walk gehorcht. Auch bei Korrektur des nicht korrekten Vergleichs ihres Tests mit Gilbrats Laws bleiben ihre Folgerungen erhalten, daß nämlich kleine Unternehmen erhöhte Wachstumspotentiale besitzen und zwar unabhängig davon, ob sie technologieorientiert sind oder nicht.

3.3.5 Die Schätzung von Überlebenswahrscheinlichkeiten aus Exit-Kohorten

Der Forschungszweig der industriellen Ökologie (industrial ecology) beschäftigt sich mit Geburt und Sterben, Wachsen und Schrumpfen von Firmen und dessen Konsequenzen über die Zeit. WAGNER (1999) untersucht 11.272 Betriebe (Betriebsstätten) aus dem Verarbeitenden Gewerbe in Niedersachsen, die in den Jahren 1978 bis 1992 zumindest einmal eine positive Beschäftigtenzahl meldeten. In der Exit-Kohorte 1990 befinden sich dann alle Unternehmen, die 1989 eine positive Beschäftigtenzahl meldeten und in den Jahren 1990-1994 keine. Die Exit-Kohorten 1991 (1992) sind analog definiert und meldeten für die Jahre 1991-1994 (1992-1994) keine Beschäftigten[107]. WAGNER stellt zwei Fragen:

- Steigt die Überlebenswahrscheinlichkeit mit der Größe und dem Alter des Unternehmens?
- Kündigt sich das Ausscheiden eines Unternehmens frühzeitig an?

Dazu berücksichtigt er explizit die Entwicklung vor dem Ausscheiden eines Unternehmens. In den Exit-Kohorten von 1990-1992 gehörten zwischen 58,2 % und 62,7 % zu den Unternehmen, die älter als 10 Jahre waren. Insgesamt ergibt sich folgendes detailliertes Bild:

Tab. 3.7   Exit-Kohorten 1990 – 1992 (Quelle: WAGNER, 1999, eigene Berechnungen)

		Exit-Kohorte 1990			Exit-Kohorte 1991			Exit-Kohorte 1992		
		Anzahl	Anteil	kumuliert	Anzahl	Anteil	kumuliert	Anzahl	Anteil	kumuliert
Jahr	Bestand	257	= Gesamtzahl		274	= Gesamtzahl		304	= Gesamtzahl	
1978	7584	157	61,1%	100,0%	162	59,1%	100,0%	162	53,3%	100,0%
1979	7408	3	1,2%	38,9%	5	1,8%	40,9%	7	2,3%	46,7%
1980	7415	2	0,8%	37,7%	5	1,8%	39,1%	4	1,3%	44,4%
1981	7416	10	3,9%	37,0%	7	2,6%	37,2%	4	1,3%	43,1%
1982	7250	2	0,8%	33,1%	2	0,7%	34,7%	4	1,3%	41,8%
1983	7068	7	2,7%	32,3%	4	1,5%	33,9%	4	1,3%	40,5%
1984	6947	3	1,2%	29,6%	11	4,0%	32,5%	6	2,0%	39,1%
1985	6883	8	3,1%	28,4%	11	4,0%	28,5%	11	3,6%	37,2%
1986	6773	5	1,9%	25,3%	17	6,2%	24,5%	14	4,6%	33,6%
1987	6688	10	3,9%	23,3%	9	3,3%	18,2%	9	3,0%	28,9%
1988	6630	22	8,6%	19,5%	11	4,0%	15,0%	16	5,3%	26,0%
1989	6722	28	10,9%	10,9%	16	5,8%	10,9%	27	8,9%	20,7%
1990	6694				14	5,1%	5,1%	22	7,2%	11,8%
1991	6640							14	4,6%	4,6%
1992	6643									

Die graphische Darstellung der Anteile an allen in einem Jahr ausscheidenden Unternehmen nach Unternehmensalter unterstützt WAGNERs Ergebnisse aus der ökonometrischen Analyse.

---

107   In der Stichprobe wurden bei knapp 2 % aller Unternehmen eine Unterbrechung der Meldung für ein oder zwei Jahre festgestellt, die anschließend dennoch existierten. Bei einer Unterbrechung von mehr als drei Jahren sinkt diese Überschätzung der Abgänge auf 0,75 % ab.

3.3. Neuere Studien zur Charakterisierung der Neuen Selbständigkeit 133

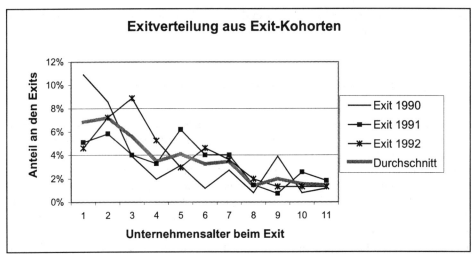

Abb. 3.2 Anteile an allen ausscheidenden Unternehmen nach Unternehmensalter

WAGNER kontrolliert in seiner ökonometrischen Analyse (lineares Probability-Modell) sehr detailliert mit 190 Industriezweigevariablen die Effekte der Branchenstruktur. Er bestätigt die üblichen Ergebnisse, daß nämlich die Austrittswahrscheinlichkeit mit dem Unternehmensalter und der Unternehmensgröße (gemessen in Mitarbeiterzahl) abnimmt. Für die Arbeitsproduktivität kann er keine über die Kohorten stabilen und signifikanten Effekte nachweisen.

Bei der Interpretation der Exit-Wahrscheinlichkeiten als Austrittswahrscheinlichkeiten in einer Gründungskohorte ist jedoch Vorsicht geboten. Beide Zahlen stimmen dann überein, wenn kein Wachstum bzw. Schrumpfen des Unternehmensbestandes während des gesamten Zeitraumes (und damit sind in der Regel mehr als 50 Jahre gemeint) stattfand. Ist der Unternehmensbestand (um 5 % jährlich) gewachsen, so überschätzen die Exit-Zahlen die Austrittswahrscheinlichkeit einer Gründungskohorte (um ca. das Doppelte in den ersten 5 Jahren). Geht man von den durchschnittlichen Zahlen aller Exit-Kohorten aus und einem Schrumpfen des Unternehmensbestandes von 1 %, wie in den Daten von WAGNER, dann unterschätzen die Zahlen die Austrittswahrscheinlichkeit aus einer Gründungskohorte um ca. 20 % in den ersten Jahren.

Wie sich dadurch die Signifikanzniveaus bei der Schätzung verändern werden, ist ambivalent. Die Ergebnisse bleiben jedoch qualitativ erhalten. Daß nur 25 % aller ausscheidenden Unternehmen der Altersgruppe bis 5 Jahre angehören, muß in die Welt der Gründungskohorten übersetzt werden und bedeutet dann, daß ca. 30 % einer Gründungskohorte in den ersten 5 Jahren ausscheiden. Das Ausscheiden der Unternehmen selbst kündigt sich nicht an, obwohl die Beschäftigungsverluste von der Blütezeit bis ein

Jahr vor dem Ausscheiden beträchtlich sind, so daß der direkte Arbeitsplatzverlust allenfalls eine untere Schranke angibt.

3.3.6 Erfolgsfaktoren von Wachstumsführern

An eine Existenzgründung – sei es durch Neugründung oder durch Übernahme eines bestehenden Betriebes – sind immer große Hoffnungen und hohe Erwartungen geknüpft. Doch gerade zu Beginn stehen viele Gründer vor sehr speziellen betriebswirtschaftlichen und rechtlichen Problemstellungen, deren Lösungen oft große Schwierigkeiten bereiten: 1997 gab es rund eine halbe Million Existenzgründungen; parallel dazu mußten rund 440.000 Unternehmer ihre Selbständigkeit wieder aufgeben. Dabei wäre es für jeden Unternehmensgründer hilfreich gewesen, Fehler zu vermeiden, die andere schon gemacht haben. Er muß nur wissen, welches die kritischen Erfolgsfaktoren sind und wie man die typischen Fehlerquellen ausräumen kann. HEIL (1999) will die Erfolgsfaktoren beleuchten und geht dazu den folgenden Fragen nach:

- Wie entwickeln sich junge Unternehmen in den ersten Jahren?
- Wie stark ist das Unternehmenswachstum?
- Welche Faktoren haben Einfluß auf das Wachstum?

In einer DtA-Studie zu den Entwicklungspfaden junger Unternehmen untersucht HEIL (1999) 2.175 von der Deutschen Ausgleichsbank (DtA) in den Jahren 1992 bis 1994 mit Eigenkapitalhilfe (EKH) geförderte Unternehmen, wobei 79 % Neuerrichtungen, 17 % Übernahmen und 4 % Beteiligungen waren. Das Durchschnittsalter liegt bei 38 Jahren. Die Untersuchung unterscheidet dabei drei Gründungskohorten (1992-1994) und analysiert die Ergebnisse in den Jahren 1994-1997.
Der Unternehmenserfolg wird durch Umsatz-, Beschäftigtenwachstum und Gewinn operationalisiert. Die Umsätze werden stetig gesteigert, wobei die 92er Kohorte auf günstigere Markt- und Umfeldbedingungen gestoßen ist. Auch die Mitarbeiterzahl wächst kontinuierlich, wobei die übernommenen Betriebe deutlich mehr Mitarbeiter (12 versus 6,5) haben. Mehr als die Hälfte aller Neugründungen macht nach drei Jahren einen Gewinn von mehr als 30.000 DM. Der Anteil der Unternehmen mit einem Verlust von mehr als 30.000 DM sinkt von 1994 bis 1997 von 15 % auf 5 %. Bei den übernommenen Unternehmen entwickeln sich die Gewinne nicht so positiv, wobei jedoch auch die Verlustwahrscheinlichkeit kleiner ist. Dies bedeutet, daß die Übernahme keine kleineren Risiken als Neugründungen bergen sondern andere.
Die Definition von wachstumsstarken Unternehmen, die das Ziel der Untersuchung sind, erfolgt anhand eines Umsatzwachstums von mehr als 55 % vom ersten bis zum dritten Geschäftsjahr. Die neugegründeten Unternehmen wachsen im Schnitt mit 76 %, übernommene hingegen nur mit 38 %, wobei letztere auch von einem höheren Umsatzniveau starten. Das starke Umsatzwachstum wirkt sich auf alle Unternehmensbereiche positiv

aus. Die Gewinne und die Investitionen sind höher, die Beschäftigtenzahl wächst stärker als bei den nicht wachstumsstarken Unternehmen.

Gründe für diesen erhöhten Erfolg können nun sowohl in der Person, deren mikrosoziales Umfeld, der Unternehmensstruktur und dem Unternehmensumfeld gesucht werden. Die Ausbildung des Gründers besitzt kaum einen Einfluß, Risikofreudige erzielen ein höheres Umsatzwachstum und die direkte oder indirekte Unterstützung durch den Lebenspartner geht mit einem höheren Wachstum einher. Firmen mit einer Partnerbeteiligung entwickeln sich besser. Die wachstumsstarken Unternehmen befinden sich überwiegend in speziellen Sektoren des Dienstleistungsbereiches, bei den freien Berufen und im produzierenden Gewerbe mit einem überregionalen Absatzgebiet (Deutschland oder Westeuropa).

3.3.7 Wie beeinflußt die Person des Unternehmensgründers den Unternehmenserfolg?

GÖBEL (1998, S. 99ff.) untersucht, ob bestimmte Persönlichkeitseigenschaften oder das angesammelte Humankapital den Erfolg des Unternehmens beeinflussen. Dabei wird wiederum der in Abb. 1.1 unterstellte Zusammenhang zwischen Unternehmenserfolg auf der einen Seite und Persönlichkeitseigenschaften und Humankapital (Wissen und Erfahrung) und Strategien auf der anderen Seite unterstellt. Basis dieser Untersuchung ist eine Befragung in der Zeit von Oktober 1993 bis März 1995 in den Orten Gießen (Frankfurt, Wetzlar) und Jena von 201 Unternehmensgründern (99 West, 102 Ost), die in den Jahren 1990 bis 1992 gründeten und ihren nach wie vor rechtlich und finanziell unabhängigen Unternehmen vorstanden. Außerdem sollten sie zwischen einem und 50 Mitarbeiter haben und nicht den freien Selbständigen angehören.

GÖBEL unterscheidet für die Darstellung der Persönlichkeit acht wesentliche Bereiche unternehmerischer Orientierung, nämlich Autonomie, Innovation, Risikobereitschaft, proaktive Orientierung, aggressive Konkurrenz (competitive agressiveness), Leistungsorientierung, soziale Orientierung und emotionale Stabilität. Jedem dieser Bereiche werden nun bestimmte Persönlichkeitseigenschaften zugeordnet, die wiederum jeweils durch mehrere Fragen erfaßt werden. Die folgende Tabelle gibt die theoretisch vermutete (hypothetische) Wirkungsbeziehung zwischen den Persönlichkeitsmerkmalen und dem Erfolg der Gründer an.

Tab. 3.8 Wirkungen von Persönlichkeitseigenschaften auf den unternehmerischen Erfolg (Quelle: GÖBEL, 1998, S. 102ff.)

Persönlichkeitseigenschaften	Eine hohe Ausprägung der Persönlichkeitseigenschaft bedeutet:	Warum ist die Persönlichkeitseigenschaft wichtig für einen Gründer?	Welche Hypothese gibt es bezogen auf den Erfolg des Gründers?
1. Autonomie			
Selbstwertgefühl	Mit Kritik und bedrohlichen Informationen von außen kann er umgehen.	Ein Unternehmer muß zu seiner Entscheidung stehen können.	Hohes Selbstwertgefühl bedingt Erfolg.
Selbstwirksamkeit	Er geht mit der Einstellung "Wenn ich will, kann ich das auch" an die Dinge heran.	Ein Unternehmer braucht Selbstvertrauen, um Dinge durchzuziehen.	Hohe Selbstwirksamkeit bedingt Erfolg.
Internale Kontrollüberzeugung	Er lebt nach der Devise "Ich habe es in der eigenen Hand".	Ein Unternehmer muß sich auf seine Fähigkeiten verlassen können.	Internale Kontrollüberzeugung bedingt Erfolg.
Allgemeiner Autoritarismus	Er befürwortet autoritäres Verhalten und verfügt über strenge moralische Grundsätze.	Als Leitfigur und Vaterfigur kann er Mitarbeitern in unsicheren Zeiten Halt geben.	Hoher Autoritarismus bedingt Erfolg.
2. Innovation			
Tüftler	"Im stillen Kämmerchen" macht er sich Gedanken über die Verbesserung von Produkten.	Einem Tüftler geht es um die Sache, nicht um Show. Er produziert gute Produkte.	Ausgeprägte Tüftlereigenschaften bedingen Erfolg.
3. Risikobereitschaft			
Risikobereitschaft	Er handelt meistens nach dem Motto "Wer wagt gewinnt!"	Jeder Unternehmer geht schon mit der Gründung eines Unternehmens ein Risiko ein.	Risikobereitschaft bedingt eher Erfolg.

3.3. Neuere Studien zur Charakterisierung der Neuen Selbständigkeit

4. Proaktive Orientierung			
Verantwortungsablehnung	Verantwortung lehnt er ab.	Ein Unternehmer muß Verantwortung übernehmen.	Geringe Verantwortungsablehnung bedingt Erfolg.
Belohnungsaufschub	Er kann abwarten und auf was Besseres sparen.	Um auf große Investitionen zu sparen, nicht den Gewinn gleich wieder ausgeben.	Hoher Belohnungsaufschub hängt positiv mit dem Erfolg zusammen.
Lernen aus Fehlern	Er nutzt Fehler, um zu lernen.	Aus genutzten Fehlerinformationen entstehen Innovationen.	Lernen aus Fehlern hängt positiv mit dem Erfolg zusammen.
Handlungsorientierung bei der Planung	Sein Grundsatz lautet: "Was Du heute kannst besorgen, verschiebe nicht auf morgen!"	Unternehmer müssen in der Lage sein, geplante Erfordernisse in die Tat umzusetzen.	Hohe Handlungsorientierung bei der Planung bedingt Erfolg.
5. Aggressive Konkurrenz (competitive aggressiveness):			
Machiavellismus	Seine Devise: "Macht geht über Moral!"	Schnell groß werden und andere benutzen kann im Vergleich mit der Konkurrenz wichtig sein.	Hoher Machiavellismus bedingt Erfolg.
Dominanzbedürfnis	Er möchte andere gerne führen und anleiten.	Ein Unternehmer muß führen.	Hohes Dominanzbedürfnis.
6. Leistungsorientierung			
Leistungsmotivation	Er bemüht sich ausdauernd und beharrlich um Leistung.	Nur wer gute Leistung bringt, kann sich auf Dauer behaupten.	Hohe Leistungsmotivation bedingt Erfolg.
Ehrgeiz	Er ist sehr ehrgeizig.	Nach Wachstum streben ist für einen Unternehmer im Vergleich mit der Konkurrenz wichtig.	Hoher Ehrgeiz bedingt Erfolg.

Identifikation mit der Arbeit	Für ihn spielt Arbeit eine zentrale Rolle im Leben.	Ein Unternehmer muß sich für sein Unternehmen stark einsetzen und Zeit investieren.	Hohe Identifikation mit seiner Arbeit bedingt Erfolg.
Freizeitorientierung	Er möchte in den nächsten drei Jahren mehr Freizeit haben.	Unternehmer die viel Freizeit wollen, arbeiten zu wenig.	Hohe Freizeitorientierung bedingt geringen Erfolg.
7. Soziale Orientierung			
Extraversion	Er ist unternehmungslustiger und gesprächiger als die meisten.	Um wichtige Kontakte zu Kunden und Lieferanten zu knüpfen.	Hohe Extraversion führt zu Erfolg.
8. Emotionale Stabilität			
Fehlerbelastetheit	Er fürchtet sich davor, Fehler zu machen.	Wenn sich jemand vor Fehlern fürchtet, wird er wenig unternehmen.	Hohe Fehlerbelastetheit hängt mit geringem Erfolg zusammen.
Streßanfälligkeit	Er neigt dazu, auch auf kleine Herausforderungen mit Streßsymptomen zu reagieren.	Ein Unternehmer kann es sich nicht leisten, den Kopf zu verlieren.	Hohe Streßanfälligkeit bedingt geringen Erfolg.
Handlungsorientierung nach Mißerfolgserlebnissen	Nach Mißerfolgen bleibt er handlungsfähig.	Ein Unternehmer muß auch bei Mißerfolgen handlungsfähig bleiben, um Leistung zu erbringen.	Hohe Handlungsorientierung bei Mißerfolgserlebnissen bedingt Erfolg.
Optimismus	Von der Zukunft erwartet er im Prinzip nur Positives.	Im Sinne der "Selffulfilling prophecy": Wer Positives erwartet, wird Positives erreichen.	Hoher Optimismus bedingt Erfolg.
Rigidität	Einen einmal eingeschlagenen Weg behält er konsequent bei.	In turbulenten Märkten bedeutet Anklammern und Festhalten den Tod.	Hohe Rigidität bedingt geringen Erfolg.

Das Humankapital wird durch die Höhe des Bildungsniveaus, der Branchen-, der Selbständigkeits- und der Führungserfahrung gemessen. Als unterschiedliche Strategien standen das Alleinentscheiden, die Förderung der Eigenverantwortlichkeit der Mitarbeiter, Personalförderung, die Motivation der Mitarbeiter, das Zeitmanagement, das Vorhandensein eines Gründungsplans, einer betrieblichen Zielplanung, einer Innovationsstrategie, Nischenorientierung, Werbung, Qualitätsorientierung, und Kundenorientierung, zur Verfügung.

Alle drei Größen wirkten dann auf den Unternehmenserfolg, der durch einen aus gleichen Anteilen aus dem Unternehmenswachstum, der Unternehmensgröße, der Arbeitszufriedenheit des Unternehmers und dessen Einkommen berechneten Erfolgsindex gemessen wurde. Die nachfolgende Tabelle unterscheidet die Wichtigkeit der einzelnen Variablen auf den Erfolg. Dabei ist die Wichtigkeit als Differenzierungsfähigkeit zwischen den Erfolgreichen und den Nicht-Erfolgreichen zu verstehen.

Tab. 3.9 Differenzierungsfähigkeit der Erfolgsfaktoren zwischen den Erfolgreichen und den Nicht-Erfolgreichen (Quelle: GÖBEL, 1998, S. 118f.)

	Persönlichkeitseigenschaften, Humankapital und Strategien	Wie wichtig ist die Persönlichkeitseigenschaft für den Erfolg o - unwichtig + - etwas wichtig ++ - wichtig +++ - sehr wichtig		
		ost-west	ost	west
P E R S Ö N L I C H K E I T S E I G E N S C H A F T E N	hohes Selbstwertgefühl	++	+	++
	hohe Selbstwirksamkeit	+++	+	+++
	Internale Kontrollüberzeugung	+++	+++	+++
	niedriger Allgemeiner Autoritarismus	o	+	o
	Tüftler	o	++	o
	Risikobereitschaft	o	o	+
	Verantwortungsablehnung	o	o	++
	Belohnungsaufschub	o	o	o
	Lernen aus Fehlern	o	+	o
	Handlungsorientierung bei der Planung	o	+	o
	Machiavellismus	o	o	o
	Dominanzbedürfnis	+++	++	++
	Leistungsmotivation	o	o	++
	Ehrgeiz	o	o	+
	Identifikation mit der Arbeit	o	o	o
	Freizeitorientierung	o	o	o
	Extraversion	o	o	+
	Fehlerbelastetheit	+++	++	++
	Streßanfälligkeit	o	o	o
	Handlungsorientierung nach Mißerfolgserlebnissen	o	o	+++
	Optimismus	o	o	+++
	Rigidität	o	o	o

3.3. Neuere Studien zur Charakterisierung der Neuen Selbständigkeit

HUMAN KAPITAL	Ausbildungsniveau	o	o	o
	Erfahrung in der Branche	o	o	o
	Führungserfahrung	o	o	++
	Selbständigkeitserfahrung	o	o	o
STRATEGIEN	Alleinentscheiden	o	o	o
	Förderung der Eigenverantwortlichkeit der MA	o	o	++
	Personalförderung	+++	++	++
	Motivation der Mitarbeiter	o	o	+
	Zeitmanagement	o	o	++
	Plan bei der Gründung	+++	+	++
	Betriebliche Zielplanung	o	+	o
	Innovationsstrategie	o	o	+
	Nischenorientierung	o	++	o
	Werbung	o	++	o
	Qualitätsorientierung	o	o	o
	Kundenorientierung	o	o	o

Auch UTSCH (1998) arbeitet mit einem ähnlichen Modell, will allerdings ein kausalanalytisches Modell schätzen, bei dem der direkte und der indirekte Einfluß einer Variablen auf eine andere mittels einer Kovarianzstrukturanalyse dekomponiert werden kann. Schließlich ergeben sich verschiedene Wirkungspfade. Für das Modell zieht UTSCH bei den Persönlichkeitsmerkmalen die internale Kontrollüberzeugung, die Innovationsbereitschaft, den Machiavellismus – d.h. Zweckrationalismus und Machtstreben sind wichtiger als moralisches Verhalten – und die Selbstwirksamkeit, bei den Strategien die Förderung der Eigenverantwortlichkeit der Mitarbeiter, die aktive Suche nach Informationen über den eigenen Betrieb und dessen Umfeld (Mitarbeiterbesprechungen, Reklamationsquoten, etc.), konkrete betriebliche Zielsetzungen und das Zeitmanagement heran. Es wird der Einfluß auf den unternehmerischen Erfolg untersucht, der durch die Arbeitszufriedenheit des Unternehmers, das Betriebsklima, das Wachstum und die Größe gemessen wird (Meßmodell). In Anlehnung an das allgemeine Modell in Abb. 1.1 kann das Mediatorenmodell, d.h. die Persönlichkeitsmerkmale wirken auch über die Strategien auf den Erfolg, wie folgt dargestellt werden:

Persönlichkeits-merkmale	Strategien (Mediatoren)	Erfolgsfaktoren
Internale Kontroll-überzeugung	Förderung der Eigen-verantwortlichkeit der Mitarbeiter	Arbeitsunzufriedenheit des Unternehmers
Innovationsbereit-schaft	Aktive Informations-suche	Betriebsklima
		Wachstum
Machiavellismus	Konkrete Zielset-zungen	Unternehmensgröße
Selbstwirksamkeit		
	Zeitmanagement	

Abb. 3.3 Mediatorenmodell des unternehmerischen Erfolges (siehe UTSCH, 1998, S. 138)

Das statistisch gut abgesicherte (siehe UTSCH, 1998, S. 148) Kausalmodell in Abb. 3.4 zeigt die empirischen Zusammenhänge zwischen den ausgewählten Variablen. Die geraden Pfeile weisen darauf hin, daß ein Faktor auf einen anderen wirkt. Die gebogenen Doppelpfeile zeigen eine Korrelationsbeziehung an. Die Stärke der Pfeile gibt jeweils die Intensität der Beziehung wieder. So wird beispielsweise deutlich, daß internal kontrollierende Unternehmer nicht einfach erfolgreichere Unternehmer sind – dies würde einer direkten Beziehung entsprechen –, sondern die besseren Strategien wählen und damit durch effektives Zeitmanagement, Stärkung der Eigenverantwortlichkeit der Mitarbeiter oder eine aktive Informationssuche zum Erfolg gelangen.

3.3. Neuere Studien zur Charakterisierung der Neuen Selbständigkeit

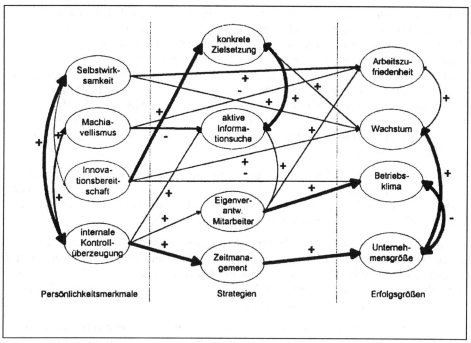

Abb. 3.4   Kausalmodell des unternehmerischen Erfolges (siehe UTSCH, 1998, S. 139)

Aus der Abbildung ist zu ersehen, daß auch die Konzentration auf eine Strategie, beispielsweise ein straffes Zeitmanagement, nicht erfolgversprechend ist. Dadurch wird zwar die Unternehmensgröße und das Wachstum positiv beeinflußt, das Betriebsklima jedoch negativ. Dies kann durch die gleichzeitige Stärkung der Eigenverantwortung der Mitarbeiter kompensiert werden.

3.3.8   Überlebens- und Wachstumschancen neugegründeter Betriebe in der Region Leipzig

BÜHLER und HINZ (1996) untersuchen mit der Leipziger Gründerstudie, eine Betriebspanelstudie, bei der im Jahre 1992 742 und im Jahre 1995 624 der im Jahre 1991 im Regierungsbezirk Leipzig gegründeten Unternehmen befragt wurden. Bis 1995 haben 102 Unternehmen ihre Existenz eingestellt, die Angaben beziehen sich auf die Unternehmen, die Angaben zu beiden Zeitpunkten machten.

Nach drei Jahren lebten noch 86,9 % der Unternehmen, was deutlich über dem aus den An- und Abmeldungen hervorgehenden Zahlen für diesen Regierungsbezirk in dieser Zeit liegt. Deshalb sind die nachfolgenden Zahlen auch nur relativ und nicht absolut zu beurteilen. Die Überlebensrate nach drei Jahren liegt bei der Industrie- und Handelskammer mit 83,7 % bei 423 Unternehmen deutlich unter der der Handwerkskammer mit 93,5 % bei 201 Unternehmen. Eine ähnliche Spannweite gibt es bei der Branchendifferenzierung, wobei der Handel mit 80,4 % am unteren und das Metall- und Holzhandwerk mit 98 % am oberen Ende rangiert. Werden bereits bei der Gründung Personen eingestellt, so erhöht dies die Überlebenswahrscheinlichkeit, vermutlich weil damit eine bessere Planung einhergeht.

Überraschenderweise spielen der Innovationsgrad der Produkte, die Zuordnung zu lokalen oder überregionalen bzw. ost- und westdeutschen Märkten keine differenzierende Rolle. Produkte in der gehobenen Preisklasse und die Zielsetzung einer Gewinnmaximierung erhöhen die Überlebenswahrscheinlichkeit geringfügig.

Bei den Charakteristika der Gründungsperson erklären weder Branchen- noch Selbständigenerfahrung, noch das Geschlecht, noch der Schulabschluß eine Differenzierung. Bei Gründern unter dreißig Jahren und arbeitslosen Gründern sinkt die Überlebenswahrscheinlichkeit auf ca. 80 % innerhalb der ersten drei Jahre ab. Meister und Techniker haben hingegen eine höhere, die bei 92,5 % liegt.

Der Umsatz wuchs in jedem der drei ersten Jahre bei 30 %, die Beschäftigung wuchs in jedem der drei ersten Jahre bei 16 % der untersuchten Unternehmen. Auch hier schlägt das Handwerk die Industrie und den Handel. Beim Umsatz (Beschäftigung) betrug der Anteil wachsender Unternehmen bei der Handwerkskammer 37,3 % (29,9 %) und bei der Industrie- und Handelskammer 26,2 % (9,7 %). Insbesondere der Beschäftigungseffekt scheint aber eher typisch für die Anpassungsprozesse nach der Wiedervereinigung und nicht allgemeingültig zu sein. Der Aufbau des stark zurückgedrängten Handwerks in Ostdeutschland ließ viele Freiheiten, inzwischen besteht bei diesen lokalen Gütern aber eher ein Verdrängungswettbewerb. Bei den Branchen sind das Bauhandwerk und das Verarbeitende Gewerbe mit 43,1 % (38,2 %) und 36 % (24 %) überdurchschnittlich vertreten. Ein Tochterunternehmen erzielt mit 50 % mehr kontinuierliches Umsatzwachstum und mit 10 % weniger kontinuierliches Beschäftigungswachstum. Die selbständigen aber eng verbundenen Unternehmen liegen in beiden Wachstumskategorien hinten; dasselbe gilt auch für Nebenerwerbsbetriebe. Sowohl die Anzahl der Beschäftigten bei der Gründung als auch die Höhe des Startkapitals haben keinen eindeutigen, signifikanten Einfluß auf die Umsatzwachstumsperspektive, wohingegen das Beschäftigtenwachstum positiv beeinflußt wird.

Bei den betrieblichen Strategien, preisgünstiges Angebot vs. gehobene Preisklasse, innovative vs. herkömmliche Produkte, lokaler vs. überregionaler Markt, ost- vs. westdeutscher Markt, Gewinnmaximierung vs. Einkommenssicherung, ist lediglich bei der Gewinnmaximierung ein Unterschied bzgl. des Beschäftigungseffektes zu konstatieren.

Bei den Charakteristika der Gründungspersonen fällt auf, daß Männer sowohl beim Umsatz als auch bei der Beschäftigung vor den Frauen liegen. Weiterhin wird der Anteil mit Beschäftigungswachstum durch Meister und durch vorher hauptberuflich Erwerbstätige gesteigert.

3.3.9 Existenzgründer im Ost-West-Vergleich: Die Studie von DICKWACH und JUNGBAUER-GANS

DICKWACH und JUNGBAUER-GANS (1995) analysieren die Existenzgründungen anhand von Untersuchungen für die Räume München und Leipzig auch aus Geschlechtersicht. Zunächst ist augenfällig, daß im Osten ein erheblich höherer Anteil aus dem Arbeitermilieu heraus geschieht – im Westen aus den (erneuten) Gründungen von (ehemals) Selbständigen. Etwa ein Drittel der Gründerinnen – und hier liegt ein wesentlicher Unterschied – war im Westen vorher nicht erwerbstätig, im Osten arbeitslos. Im Durchschnitt lag auch die Qualifikation im Osten niedriger als im Westen und bei Männern höher als bei Frauen.

Von besonderem Interesse sind die Betriebsmerkmale der Gründung (siehe Tab. 3.11). Bei diesen fällt auf, daß Männer mit höherem Kapitaleinsatz arbeiten als Frauen – wobei hier der Ost-West-Unterschied dramatisch ist, was dann wiederum Struktureffekte bei anderen Variablen (wie Anzahl der Partner, Erwerbszweck) auslöst. Interessant sind auch die unterschiedlichen Schwerpunkte in der Wahl des Geschäftsfeldes (siehe Tab. 3.10).

Tab. 3.10 Geschäftsfelder von Gründungen nach Häufigkeit (Quelle: DICKWACH und JUNGBAUER-GANS 1995)

Frauen	Männer
Textilhandel	EDV-Branchen
Schreibbüros	Unternehmensberatung
Gaststätten	Verkehr und Spedition
Unternehmensberatung	Versicherung
Nahrungsmittelhandel	Gaststätten
Kosmetikhandel	Herstellung elektronischer Produkte
Textilherstellung	Nahrungsmittelhandel
Versicherung	Textilhandel
Spielwarenhandel	Druckgewerbe
Schreibwarenhandel	Kfz-Handel

Tab. 3.11 Betriebsmerkmale von Gründungen in München und Leipzig, (Quelle: DICKWACH und JUNGBAUER-GANS, 1995)

	Leipzig		München	
Wirtschaftszweig (Anteil in %)	Frauen	Männer	Frauen	Männer
• Verarbeitendes Gewerbe und Bau	1,6	5,2	4,2	8,5
• Handel	58,4	40,6	35,9	33,9
• Dienstleistungen	24,0	46,1	48,1	50,8
• Gastgewerbe	25,9	8,2	11,3	6,7
Rechtsform (Anteil in %)				
• Kleingewerbe	96,3	87,8	92,2	77,3
• Handelsregisterfirma	3,7	12,2	7,8	22,7
Erwerbszweck (Anteil in %)				
• Nebenerwerb	19,3	16,0	43,9	32,9
• Vollerwerb	80,7	84,0	56,1	67,1
Gründungspartner (Anteil in %)	11,3	27,6	16,1	22,4
Startkapital				
• Anteil ohne Startkapital (%)	19,3	17,7	42,1	25,8
• Median in DM	17.000	30.000	2.000	20.000
Öffentliche Förderung (Anteil in %)				
• beantragt	26,8	30,7		
• erhalten	17,9	15,7	0,9	4,2
• abgelehnt	2,8	8,2		
Fremdkapital (Anteil in %)	57,5	52,5	36,1	34,4
Durchschnittliche Beschäftigtenzahl bei Gründung	1,8	9,3	1,6	2,4

3.3.10 Unternehmensnachfolge – Untersuchungen des IW

Das INSTITUT DER DEUTSCHEN WIRTSCHAFT hat die Frage der Unternehmensnachfolge in seinem Beitrag Nr. 30/1998 thematisiert. Problematisch ist die Nachfolge deshalb, weil

- eigene Kinder sich mangels Interesse abwenden oder weil sie den Betrieb zu genau bezüglich der Arbeitsbelastung und der Dominanz der Eltern kennen,
- potentielle Nachfolger von außerhalb vor der Erwartungshaltung der Eigentümer kapitulieren und aufgrund ihrer Qualifikation relevante Alternativen besitzen,
- die Gefahr besteht, daß der Betrieb vor dem Verkauf noch "ausgeblutet" wird, beispielsweise wichtige Investitionen verschoben werden,
- staatliche Rahmenbedingungen nicht hinreichend attraktiv sind.

Die Abb. 3.5 und die Abb. 3.6 zeigen die Relevanz dieses Problems. Immerhin bei ca. 20 % aller selbständigen Unternehmer (55 Jahre und älter) dürfte dieses Thema auf der Tagesordnung stehen. Vom Gewerbewechsel betroffen sind immerhin ca. 1,6 Millionen Beschäftigte, wenngleich auch die Bundesländer unterschiedlich betroffen sind.

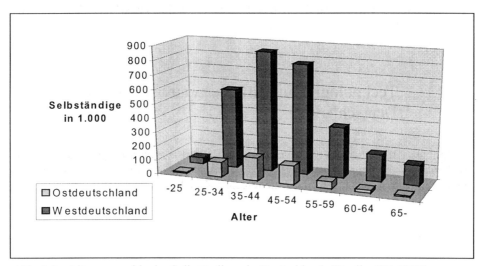

Abb. 3.5 Alterspyramide der Selbständigen in Deutschland, (Quelle: IW, 1998)

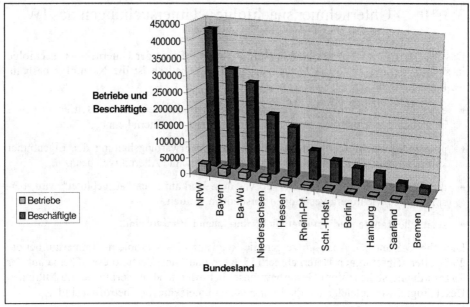

Abb. 3.6   Generationenwechsel bei den Selbständigen in Deutschland, (Quelle: IW, 1998)

3.3.11   Technologie- und Gründerzentren (TGZ) in Deutschland

STERNBERG, BEHRENDT, SEEGER und TAMÁSY (1996) analysieren die Wirkungen von Technologie- und Gründerzentren (TGZ) in Deutschland. Zur Abgrenzung der verschiedenen Einrichtungstypen verwenden sie folgende Tabelle.

Tab. 3.12 Abgrenzung der TGZ von verwandten Einrichtungen (Quelle: STERNBERG, u.a., 1996, S. 2)

Definitionskriterium	Einrichtungstyp			
	Gewerbepark[1]	**Gründerzentrum**[2]	**Technologiezentrum**	**Forschungspark**
Wichtigster Unternehmenstyp	KMU, z.T. Zweigbetriebe	Neugründungen	KMU	Zweigbetriebe
Häufigstes Betätigungsfeld der Unternehmen	Produktion	Dienstleistung z.T. FuE bzw. Produktion	keine Schwerpunkte (FuE, Dienstleistung, Produktion, Vermarktung)	FuE, Dienstleistungen
Verweildauer der Unternehmen	unbegrenzt	begrenzt	z.T. begrenzt	unbegrenzt
Ausstattung mit Gemeinschaftseinrichtungen u. Dienstleistungen	kaum vorhanden	umfangreich	vorhanden	nicht vorhanden
Räumliche Orientierung der Einrichtung	regional	lokal	regional	überregional
Technologieorientierung der Unternehmen u. Einrichtung	schwach	schwach bis stark	stark	sehr stark

1 ebenfalls in die Kategorie fallen die Bezeichnungen Gewerbehof, -zentrum sowie Industriepark
2 ebenfalls in die Kategorie fallen die Bezeichnungen Gründerpark, -werkstatt sowie Technologiehof

Von den in der nachfolgenden Tabelle aufgeführten potentiellen Fragestellungen konzentrieren sich die Autoren auf die Klientel-, die Akzeptanzanalyse, die Untersuchung intendierter und nicht-intendierter Effekte und eine Erfolgsfaktorenanalyse der TGZ.

Tab. 3.13 Potentiell zu untersuchende Aspekte (Quelle: STERNBERG, u.a. 1996, S. 17)

Aspekt	Fragestellungen (Auswahl)	Durchführbarkeit
Klientel	In welchem Umfang werden die angestrebten Zielgruppen (z.B. Technologieorientierte Unternehmensgründer (TOU)) tatsächlich erreicht? Gibt es bei den Unternehmen eine Branche oder ein Technologiefeld, die/das überproportional häufig in TGZ vertreten ist?	●
Akzeptanz	Wie bewerten die Unternehmer die TGZ und deren Leistungsangebot? Wie wichtig ist das Angebot des TGZ für die Wahl des Mikro- und Makrostandortes des jeweiligen Unternehmens? Wie hoch ist die zielgruppenadäquate Auslastung des Zentrums im Zeitablauf gewesen? Wie hoch ist die Nachfrage nach Mietraum im TGZ, d.h. welcher Anteil der TOU wünscht einen Standort im TGZ, und wie hat sich dieser Anteil verändert? (Ist das TGZ tatsächlich ein attraktiver Standort für TOU?) In welchem Maße wurden die Bundes- und Landesmittel für TGZ von den anspruchsberechtigten Städten und Gemeinden genutzt?	●
Intendierte Effekte	Wird die Zahl der TOU und ihre Überlebenschancen durch TGZ erhöht? Wie hoch sind die Beschäftigungswirkungen des TGZ? Wird durch das TGZ der Technologietransfer von örtlichen Hochschulen intensiviert?	○
Lerneffekte	Sind Universitäten und Großunternehmen nach einer bestimmten Betriebszeit des TGZ eher bereit, sich an diesen finanziell und organisatorisch zu beteiligen?	○
Mitnahmeeffekte	In welchem Umfang sind Unternehmen in TGZ angesiedelt, die auch ohne Unterstützung gegründet worden wären bzw. die Wachstumsphase erreicht hätten? Wie viele Kommunen hätten ihr TGZ auch ohne finanzielle Unterstützung des jeweiligen Landes und Bundes in gleicher Form errichtet?	●
Überprüfung von Annahmen	Ist die betriebswirtschaftliche und technische Beratung eine existentiell wichtige Hilfe für junge Unternehmensgründer?	○

3.3. Neuere Studien zur Charakterisierung der Neuen Selbständigkeit 151

	Sehen die Unternehmer in der Reduzierung der Fixkosten und in der räumlichen Nähe zu anderen TOU einen großen Standortvorteil?	
Nicht-intendierte Effekte	Hat sich durch TGZ das Gefälle zwischen Zentrum und Peripherie bzw. Ost- und Westdeutschland vergrößert? Haben die zeitlich befristeten Mietverträge zu einer Unterauslastung der TGZ geführt?	○
Kommerzialisierung, Diffusion	Erweist sich der Standort TGZ als vorteilhaft bei der Akquisition von Aufträgen?	○
● im wesentlichen machbar ○ teilweise machbar ○ nicht oder kaum machbar		

Die Wirkungsanalyse besitzt ex-post Charakter, setzt auf vier Untersuchungen auf und ermöglicht auch Längsschnittinterpretationen. Aufgrund des hohen Stichprobenumfangs bei allen Teilerhebungen sind sowohl repräsentative Aussagen für die TGZ, die dort beherbergten Unternehmen, für einzelne Branchen und Bundesländer möglich. Die empirische Basis bilden vier Teilerhebungen, nämlich:

- Analyse der regional- und betriebswirtschaftlichen Wirkungen von TGZ in Westdeutschland (Querschnittvergleich West-TGZ 1986, vgl. STERNBERG, 1988),
- Analyse der regional- und betriebswirtschaftlichen Wirkungen von TGZ in Westdeutschland (Querschnittvergleich West-TGZ 1993/94 und Längsschnittvergleich 1986 vs. 1993/94, vgl. BEHRENDT, 1996),
- Analyse der regionalökonomischen Wirkungen von TGZ in Ostdeutschland (Querschnittvergleich West-TGZ 1993/94, vgl. TAMÁSY, 1996),
- Analyse der aus TGZ erfolgreich ausgezogenen Unternehmen (vgl. SEEGER, 1997).

Damit wird neben den üblichen Querschnittanalysen sowohl ein Ost-West-Vergleich, als auch ein Längsschnittvergleich, als auch ein Vergleich vor und nach dem Auszug aus dem TGZ möglich. Für die Repräsentativität ist der gewählte (in Tab. 3.14 dargestellte) Stichprobenumfang der empirischen Untersuchungen interessant.

Tab. 3.14 Empirische Basis der Untersuchungen (Quelle: Sternberg, u.a. 1996, S. 34)

	West-TGZ 1986		West-TGZ 1993/94		Ost-TGZ 1993/94		Auszüge 1993/94
	TGZ	Untern.	TGZ	Untern.	TGZ	Untern.	Untern.
Grundgesamtheit	40	325	81	1.570	36	648	379
Stichprobenumfang							
- absolut	31	177	67	408	36	272	164
- in %	77,5	54,5	82,7	26,0	100,0	42,0	43,3

Ob die TGZ ihr vorrangiges Ziel, nämlich die Förderung von Unternehmensgründungen erreichen, ist sowohl in der Theorie als auch in der Empirie mehr als offen, denn im gewichteten Mittel hätten nur 3,7 % das Unternehmen nicht gegründet, 5,1 % wußten darauf keine Antwort, 56,6 % hätten das Unternehmen auch so gegründet und 34,6 % hatten das Unternehmen zu diesem Zeitpunkt bereits gegründet. Das wichtigste Argument auf Unternehmensseite für den Einzug in ein TGZ ist die Verfügbarkeit von (verbilligten) Mieträumen, gefolgt von der Senkung betrieblicher Fixkosten. Insbesondere die Gemeinschaftseinrichtungen von Kopiergeräten, Telefonzentrale und Telekommunikationsdienste, Sitzungsräumen und Cafeteria werden gerne in Anspruch genommen. Der wichtigste Nachteil liegt in der Begrenztheit der Flächenexpansion. Die vom TGZ angebotenen Beratungsdienstleistungen sind mehrheitlich unwichtig und werden nur selten genutzt. Der ungedeckte Wissenstransferbedarf zielt überwiegend auf betriebswirtschaftliche Informationen, bei denen besonders die Bereiche Marketing und Markteinführung gefragt sind.

Aufgrund der Anzahl und Größe der TGZ wurden kaum quantitative Wirkungen am Arbeitsmarkt erzielt. Mit einem Akademikeranteil von über 75 %, der auch bei zunehmendem Unternehmensalter nur wenig zurückgeht, wird das Ziel, hochqualifizierte, zukunftssichere Arbeitsplätze zu schaffen, erreicht. Der durch die TGZ angeregte Transfer über Köpfe ist aufgrund des minimalen Motivierungsaspekts für zusätzliche Gründungen unbedeutend.

Es kann festgestellt werden, daß die TGZ ihr Hauptziel, die Förderung von technologieorientierten Unternehmensgründungen, im Sinne einer Wachstumsförderung erreichen. Die Initiierung von Gründungen durch Vorbildwirkung ist jedoch nicht zu beobachten. Der Beschäftigungseffekt ist qualitativ beachtlich, quantitativ jedoch zu vernachlässigen. Die wichtigsten Standortvorteile des TGZ liegen in der Verfügbarkeit preisgünstiger Mietflächen, der Nähe zu Inkubatoreinrichtungen (Hochschulen, FuE-Unternehmen, ...), einem guten Betriebsklima und einem kaufmännisch gut ausgebildeten Zentrenmanagement.

Die Überlebensfähigkeit von Unternehmen, die in einem Technologie- und Gründerzentrum (TGZ) 1986 in Westdeutschland (siehe hierzu STERNBERG, BEHRENDT, SEEGER und TAMÁSY, 1996, S. 132-147) waren und bis zur erneuten Recherche 1993 ausgezogen waren und nicht aufgekauft wurden, war höher, wenn

- deren Gründer einen (Fach-) Hochschulabschluß hatten,
- deren Gründer vorher in einer FuE-Einrichtung tätig waren,
- deren Gründung mit öffentlichen Mitteln finanziert wurde,
- deren Technologiefeld die Meß-, Analyse-, Steuerungs- und Regelungstechnik war.

Positiv auf die Wachstumsfähigkeit – definiert als jährlicher Beschäftigungszuwachs über 0,5 Beschäftigte – der Unternehmen, die wachstumsbedingt aus dem TGZ ausgeschieden sind, wirkten sich

- Gründungen im Team,
- die Nutzung öffentlicher Fördermittel,
- langfristig hohe Innovationsleistungen bzw. Aktivitäten im FuE-Bereich/Kontakte zu FuE-Einrichtungen,
- ein hoher Anteil an qualifizierten Beschäftigten in der TGZ-Stadt aus.

Signifikant negativ auf die Wachstumsfähigkeit wirkt eine Eigenkapitalquote bei der Gründungsfinanzierung von über 80 %. Dies könnte Ausdruck einer extremen wachstumshemmenden Risikoaversion sein oder aber auch einfach daher rühren, daß Wachstum nicht überwiegend eigenfinanziert werden kann.

3.3.12 Wirkungen des KfW- und des ERP-Innovationsprogramms

Eine Studie der Kreditanstalt für Wiederaufbau (KFW, 1998) zu den Wirkungen des KfW- und des ERP-Innovationsprogramms auf den Mittelstand, der 1.071 Unternehmen aus der Zeit 1994-1997, die an diesen Programmen teilnahmen, zugrunde lagen, kam zu dem Ergebnis:

- Es ist grundsätzlich keine Frage des Alters, der Größe oder der Branche, ob Innovationen durchgeführt werden.
- Das Alter, die Größe oder die Branche haben jedoch einen Einfluß darauf, wie Innovationen angegangen und umgesetzt werden.

- Aus vorgenannten Gründen würde deshalb eine Alters- oder Größenbeschränkung bestimmte Branchen, Technikfelder und Arten von Innovationen bei der Förderung ausschließen. Dies ist nicht sinnvoll.

- Vor allem kleine Unternehmen werden im Vergleich zu ihrer Größe sehr stark durch innovative Vorhaben beansprucht.

Ältere Unternehmen haben genauso einen festen Platz im gesamtwirtschaftlichen Innovationsgeschehen wie technologieorientierte Existenzgründungen. So sind in der Branche Maschinenbau zwei Drittel der geförderten Unternehmen älter als 20 Jahre. Größere Unternehmen konzentrieren sich verstärkt auf Innovationen im Rahmen von qualitätsverbessernder Produktdifferenzierung. Kleinere Unternehmen haben teilweise keine eigene FuE-Abteilung und holen sich deshalb verstärkt Anregungen aus dem Umfeld sowie der Wissenschaft.

Der Schluß, daß sich durch eine höhere Existenzgründungsdynamik das Innovationsverhalten am Standort Deutschland verbessert, ist in dieser Allgemeingültigkeit nicht statthaft, d.h. aus Gründung kann man nicht auf Entrepreneure schließen. Hierzu sind auch die neuen Projekte gestandener Unternehmer wichtig.

3.4 Zusammenfassung der wesentlichen Aspekte

Eigentlich verbietet sich bei einer Zusammenschau wichtiger Aspekte aus dem Bereich der Gründungsforschung eine weitere Zusammenfassung. Dennoch soll versucht werden, die zentralen Aussagen, die jeder Entrepreneur und sein Umfeld bei der Gründungsentscheidung berücksichtigen sollte, zusammenzufassen:

- Unternehmensgründer sind deutlich besser ausgebildet als der Durchschnitt aller Erwerbspersonen, aber auch schlechter als die angestellten Führungskräfte. Die Persönlichkeitsstruktur der Gründer ist durch starkes Dominanzstreben, hohe Begeisterungsfähigkeit, soziale Initiative und Individualismus geprägt. Wichtigste Leitmotive sind das Leistungsmotiv und das Unabhängigkeitsstreben mit der Möglichkeit zur Durchsetzung eigener Ideen. Unter den Merkmalen der Intelligenzleistungen ist die Kreativität ein markantes gründerbezogenes Kriterium.

- Gründungserfolg kann auf die Faktoren persönlicher Zielerreichungsgrad, Zufriedenheit mit Leben und Arbeit, Gewinn und Umsatz reduziert werden.

- Nach etwa zehn Jahren besteht kaum noch ein signifikanter Einfluß des Unternehmensalters auf die Überlebensfähigkeit des Unternehmens. Bei Betrachtung aller (formellen) Gründungen, einschließlich Nebenerwerbs- und unselbständigen Gründungen, liegt die Ausfallquote in den ersten drei bis fünf Jahren bei ca. 50 % und reduziert sich bei einer Bereinigung um Gründungen von juristischen Personen (Um-

3.4. Zusammenfassung der wesentlichen Aspekte

strukturierung von Unternehmen), Scheinunternehmertätigkeit (private Transaktionen wie Immobilienkauf) auf 20 % innerhalb von sieben Jahren. Bei einer weiteren Einschränkung auf staatlich geförderte Existenzgründungen halbiert sich die Aufgabequote auf 10 % innerhalb der ersten sieben Jahre.

- Schätzungen der Überlebenswahrscheinlichkeiten mittels Daten ausscheidender Unternehmen ergeben, daß ca. 30 % einer Gründungskohorte in den ersten fünf Jahren ausscheidet. Vom zweiten Jahr an sinken die Exit-Wahrscheinlichkeiten kontinuierlich bis zum zehnten Jahr. Das Ausscheiden der Unternehmen selbst kündigt sich nicht an, obwohl die Beschäftigungsverluste von der Blütezeit bis ein Jahr vor dem Ausscheiden beträchtlich sind, so daß der direkte Arbeitsplatzverlust allenfalls eine untere Schranke angibt.

- 5 % der Neugründungen machen nach fünf Jahren 50 % und nach zehn Jahren sogar 75 % des Beschäftigungseffektes der Gründungskohorte aus. Kleine Unternehmen besitzen höhere Wachstumspotentiale und zwar unabhängig davon, ob sie technologieorientiert sind oder nicht.

- Firmenkundenberater der Banken und Sparkassen legen durchschnittlich eine Eigenkapitalquote von knapp 40 % bei der Kreditbewilligung an, die damit weit über dem Durchschnitt in der deutschen Industrie liegt. Als häufigen bzw. sehr häufigen Ablehnungsgrund nannten die Berater zu geringes Eigenkapital (84,4 % aller Berater), keine ausreichenden Sicherheiten (75,4 %). Das EKH-Programm ist somit eines der wichtigsten Förderprogramme zur Unterstützung des Gründungsprozesses.

- Die Zunahme der Arbeitslosenzahl um 1 % (nicht Prozentpunkt) führt zu gut 3.000 Gründungen. Nach Kontrolle der Selektionseffekte können keine Unterschiede in Bezug auf Überlebenswahrscheinlichkeit und Beschäftigungswachstum jeweils im ersten Jahr nach der Gründung zu sonstigen Existenzgründungen festgestellt werden.

- Umsatzwachstumsstarke Unternehmen weisen höhere Investitionen und Gewinne sowie einen höheren Beschäftigtenzuwachs aus.

- Zur Differenzierung zwischen Erfolgreichen und Nicht-Erfolgreichen äußerst geeignet sind die Persönlichkeitseigenschaften hohes Selbstwertgefühl, hohe Selbstwirksamkeit, internale Kontrollüberzeugung, Dominanzbedürfnis, Fehlerbelastetheit, Personalförderung und die Existenz eines Plans bei der Gründung.

- Die wichtigsten Einflußfaktoren eines interessanten Kausalmodells mit dem unternehmerischen Erfolg, der durch die Arbeitszufriedenheit des Unternehmers, das Betriebsklima, das Wachstum und die Größe gemessen wird, sind bei den Persönlichkeitsmerkmalen die internale Kontrollüberzeugung, die Innovationsbereitschaft, der Machiavellismus – d.h. Zweckrationalismus und Machtstreben sind wichtiger als moralisches Verhalten - und die Selbstwirksamkeit, bei den Strategien die Förderung der Eigenverantwortlichkeit der Mitarbeiter, die aktive Suche nach Informationen über den eigenen Betrieb und dessen Umfeld (Mitarbeiterbesprechungen, Reklamationsquoten, etc.), konkrete betriebliche Zielsetzungen und das Zeitmanagement. Die Wirkungen der einzelnen Variablen ist durchaus ambivalent.

- Die Technologie- und Gründerzentren (TGZ) erreichen ihr vorrangiges Ziel, nämlich die Förderung von Unternehmensgründungen, nur sehr eingeschränkt, denn nur 3,7 % der Gründer hätten das Unternehmen ohne TGZ nicht aufgebaut. Das wichtigste Argument auf Unternehmensseite für den Einzug in ein TGZ ist die Verfügbarkeit von (verbilligten) Mieträumen, gefolgt von der Senkung betrieblicher Fixkosten, insbesondere durch die gemeinsame Nutzung von Kopiergeräten, Telefonzentrale und Telekommunikationsdiensten, Sitzungsräumen und Cafeteria. Der wichtigste Nachteil liegt in der Unmöglichkeit der Flächenexpansion. Auch die Nähe zu Inkubatoreinrichtungen (Hochschulen, FuE-Unternehmen, ...), ein gutes Betriebsklima und ein kaufmännisch gut ausgebildetes Zentrenmanagement spielen eine wichtige Rolle. Bei der Überlebensfähigkeit und der Wachstumsfähigkeit wirken sich sowohl die Tätigkeit und die Kontakte zu FuE-Einrichtungen als auch Finanzierung mit öffentlichen Mitteln positiv aus.

- Es ist grundsätzlich keine Frage des Alters, der Größe oder der Branche, ob Innovationen durchgeführt werden, wobei jedoch diese Faktoren Einfluß darauf haben, wie Innovationen angegangen und umgesetzt werden. Größere Unternehmen konzentrieren sich verstärkt auf Innovationen im Rahmen von qualitätsverbessernder Produktdifferenzierung.

3.5 Literatur

Acs, Z.J.; Audretsch, D.B., 1990, Small Firms and Entrepreneurship: A Comparison between West and East Countries, Discussion Paper FS IV, 90-13, Wissenschaftszentrum Berlin für Sozialforschung.

Albach, H.; Bock, K.; Warnke, T., 1985, Kritische Wachstumsschwellen in der Unternehmensentwicklung, Stuttgart.

Aldrich, H. E.; Zimmer, C., 1986, Entrepreneurship Through Social Networks, in: Aldrich, H. E. (Hrsg.), Population Perspectives on Organizations, Acta Universitatis Upsaliensis, Uppsalla, S. 13-28.

Almus, M.; Nerlinger, E., 1999, Zum Zusammenhang zwischen Größe und Wachstum bei Gründungen – Empirische Ergebnisse für West-Deutschland, Discussion Paper No. 99-01, Zentrum für Europäische Wirtschaftsforschung.

Behrendt, H., 1996, Wirkungsanalyse von Technologie- und Gründerzentren in Westdeutschland, wirtschaftswissenschaftliche Beiträge 123, Heidelberg.

3.5. Literatur

Birch, L. D., 1979, The Job Creation Process, M.I.T. Study on Neighborhood and Regional Change, Cambridge.

Birch, L. D., 1987, Job Creation in America, Free Press, New York.

BMWi, 1999, ERP – Wirtschaftsförderung für den Mittelstand.

Bögenhold, D., 1987, Der Gründerboom, Realität und Mythos der neuen Selbständigen, Frankfurt, Campus.

Brüderl, J.; Preisendörfer, P.; Ziegler, R., 1996, Der Erfolg neugegründeter Betriebe. Eine empirische Studie zu den Chancen und Risiken von Unternehmensgründungen, Duncker & Humblot, Berlin.

Bühler, Ch.; Hinz, T., 1996, Überlebens- und Wachstumschancen neugegründeter Betriebe in der Region Leipzig, in: Preisendörfer, P. (Hrsg.), Prozesse der Neugründungen von Betrieben in Ostdeutschland, Rostocker Beiträge zur Regional- und Strukturforschung, Heft 2, S. 125-145.

Cabral, L., 1995, Sunk Costs, Firm Size and Firm Growth, Journal of Industrial Economics, 43, S. 161-172.

Deutsches Institut für Wirtschaftsforschung (DIW), 1997, „Neue Selbständige" in Deutschland in den Jahren 1990 bis 1995, Wochenbericht Nr. 41/97.

Deutsches Institut für Wirtschaftsforschung (DIW), 1998, Zunehmende Selbständigkeit in Deutschland von 1990 bis 1996, Wochenbericht Nr. 38/98, S. 687-691.

Dickwach, F.; Jungbauer-Gans, M., 1995, Betriebsgründerinnen in Ostdeutschland, in: Soziale Welt, 46, S. 76-91.

DtA, 2000, Die Zahlen wurden auf Anfrage bei der Deutschen Ausgleichsbank so zusammengestellt.

Frese, M., (Hrsg.), 1998, Erfolgreiche Unternehmensgründer: Psychologische Analysen und praktische Anleitungen für Unternehmer in Ost- und Westdeutschland, Verlag für angewandte Psychologie, Göttingen u.a.

Fritsch, M., 1990, Arbeitsplatzentwicklung in Industriebetrieben, De Gruyter, Berlin.

Gerlach und Wagner, 1992, Analysen zur Nachfrageseite des Arbeitsmarktes mit Betriebspaneldaten aus Erhebungen der amtlichen Industriestatistik, in Kühl, J.; Lahner, M.; Wagner, J., (Hrsg.), Die Nachfrageseite des Arbeitsmarktes, Nürnberg, S. 11-82.

Göbel, S., 1998, Persönlichkeit, Strategien und Erfolg, in: Frese, M., (Hrsg.), 1998, S. 99-122.

Hayek, F. A. v., 1945, The Use of Knowledge in Society, in: American Economic Review, Vol. 35, September 1945, No. 4, S. 519-530.

Heil, A. H., 1999, Erfolgsfaktoren von Wachstumsführern, Kurzfassung einer DtA-Studie zu den Entwicklungspfaden junger Unternehmen, Deutsche Ausgleichsbank, wissenschaftliche Reihe, Band 11, mimeo.

Hunsdiek, D.; May-Strobl, E., 1986, Entwicklungslinien und Entwicklungsrisiken neugegründeter Unternehmen, Schriften zur Mittelstandsforschung, 9, Stuttgart.

Hunsdiek, D.; May-Strobl, E., 1987, Gründungsfinanzierung durch den Staat, Fakten, Erfolg und Wirkungen, Stuttgart.

Institut der Deutschen Wirtschaft (IW), 1998, Nachfolger dringend gesucht, Nr. 30, S. 4-5.

KfW (Kreditanstalt für Wiederaufbau), 1998, Innovationen im Mittelstand – eine Analyse des KfW- und des ERP-Innovationsprogramms, in: KfW-Beiträge zur Mittelstands- und Strukturpolitik 5, S. 17-23, mimeo.

Klandt, H., 1984, Aktivität und Erfolg des Unternehmensgründers, eine empirische Analyse unter Einbeziehung des mikrosozialen Umfeldes, Josef Eul, Bergisch-Gladbach.

Lageman, B.; Voelzkow, H.; Rosenbladt, 1997, Möglichkeiten zur Verbesserung des wirtschafts- und gesellschaftspolitischen Umfeldes für Existenzgründer und kleine und mittlere Unternehmen – Wege zu einer neuen Kultur der Selbständigkeit (Zusammenfassung), Gutachten im Auftrag des Bundesministeriums für Wirtschaft, Essen, Köln, München.

Landtagspräsident von Nordrhein-Westfalen, 1998, Der Arbeitsmarkt in Nordrhein-Westfalen, Teil 1: Bestandsaufnahme, Enquête-Kommission „Zukunft der Erwerbsarbeit", Düsseldorf, 1998.

May, E., 1981, Erfolgreiche Unternehmensgründungen und öffentliche Förderung, eine vergleichende empirische Analyse geförderter und nicht geförderter Gründungsunternehmen, Göttingen.

Mischon, C.; Mortsiefer, H.-J., 1981, Zum Stand der Insolvenzprophylaxe in mittelständischen Betrieben, eine empirische Analyse, Göttingen.

Müller-Böling, D.; Klandt, H., 1993, Unternehmensgründung, in Hauschildt, J.; Grün, O. (Hrsg.), Ergebnisse empirischer betriebswirtschaftlicher Forschung, zu einer Realtheorie der Unternehmung, Schäffer-Poeschel, Stuttgart.

Pfeiffer, F.; Reize, F., 1998a, Business Start-ups by the Unemployed - an Econometric Analysis Based on Firm Data", ZEW-Diskussionspapier No. 98-38, Mannheim, 1998.

Pfeiffer, F.; Reize, F., 1998b, Arbeitslosigkeit und selbständige Erwerbstätigkeit, Analysen der ZEW Gründerdatei und Vergleich mit der IAB-Erhebung §55a AFG, IAB-Projekt 10-483A.

Preisendörfer, P., 1996, Gründungsforschung im Überblick: Themen, Theorien und Befunde, in: Preisendörfer, P. (Hrsg.), Prozesse der Neugründungen von Betrieben in Ostdeutschland, Rostocker Beiträge zur Regional- und Strukturforschung, Heft 2, S. 7-29.

3.5. Literatur

Scherer, F. M.; Ross, D., 1990, Industrial Market Structure and Economic Performance, Houghton Mifflin, Boston, 3. Auflage.

Schmalensee, R., 1989, Inter-Industry Studies of Structure and Economic Performance, in Schmalensee, R.; Willig, R. (Hrsg.), Handbook of Industrial Organization, 2, Amsterdam, North-Holland, S. 951-1.009.

Seeger, H., 1997, Ex-post-Bewertung der Technologie- und Gründerzentren durch die erfolgreich ausgezogenen Betriebe und Analyse der einzel- und regionalwirtschaftlichen Effekte, Hannoversche Geographische Arbeiten, 53, Münster.

Sternberg, R., 1988, Technologie- und Gründerzentren als Instrument kommunaler Wirtschaftsförderung, Dortmund.

Sternberg, R.; Behrendt, H.; Seeger, H.; Tamásy, Ch., 1996, Bilanz eines Booms: Wirkungsanalysen von Technologie- und Gründerzentren in Deutschland; Ergebnisse aus 108 Zentren und 1.021 Unternehmen, Dortmunder Vertrieb für Bau- und Planungsliteratur, Dortmund.

Stoner, C. R.; Fry, F. L., 1982, The Entrepreneurial Decision: Dissatisfaction or Opportunity?, in: Journal of Small Business Management, April, S. 39-44.

Storey, D. J. 1994, Understanding the Small Business Sector, Routledge, London.

Struck, J., 1999, Quo vadis Gründungsstatistik? Kurzfassung eines Auszuges aus einer Dissertation zu Stand und Entwicklungschancen einer Gründungsstatistik in der Bundesrepublik Deutschland, Deutsche Ausgleichsbank, wissenschaftliche Reihe, Band 10, mimeo.

Szyperski, N.; Klandt, H., 1981, Wissenschaftlich-technische Mitarbeiter von Forschungs- und Entwicklungseinrichtungen als potentielle Spin-off-Gründer, Opladen.

Szyperski, N.; Nathusius, K., 1977, Probleme der Unternehmungsgründung - Eine betriebswirtschaftliche Analyse unternehmerischer Startbedingungen, Poeschel, Stuttgart.

Tamásy, Ch., 1996, Technologie- und Gründerzentren in Ostdeutschland, eine regionalwirtschaftliche Analyse, Wirtschaftsgeographie 10, Münster.

Utsch, A., 1998, Ein minimales Gesamtmodell von Erfolgsfaktoren: Ein Mediatorenmodell, in: Frese, M., (Hrsg.), 1998, S. 133-148.

Wagner, J., 1999, The Life History of Cohorts of Exits from German Manufacturing, in Small Business Economics, 13, 71-79.

Zentrum für Europäische Wirtschaft (ZEW), 1998, Selbständigkeit unter Akademikern, in: Handelsblatt, 28. 8. 1998.

TEIL II: LANGFRISTIGE PLANUNG UND STRATEGISCHES VERHALTEN

Ulrich Blum

Werner Gleißner

4. Trends und Frühaufklärung: das fundierte Orakel

4.1 Einordnung in das Entrepreneurship

Als Trends sollen Abläufe in Entwicklungskorridoren bezeichnet werden, die einen Ausgangspunkt besitzen, der häufig durch Irreversibilitäten gekennzeichnet ist. Unumkehrbarkeit selbst kann sich durch das Versenken von fixen Kosten ergeben – hier vor allem im Bereich der Infrastruktur – oder durch das Schaffen von Normen, also dem (stetigen) Versenken variabler Kosten (BLUM, MÖNIUS, 1998). Beide ergeben dann das, was man als institutionelle Arrangements bezeichnet.

Der Entrepreneur kann vor diesem Hintergrund zwischen folgenden Handlungen wählen, nämlich

1. der scheinbar risiko-, oft aber auch ertraglosen Strategie des „Im-Strom-Mitschwimmens",

2. der risiko-, oft aber auch ertragreichen Strategie des Begründens eines neuen Trends,

3. der Suche nach einer nicht betroffenen Nische, eine oft risikoarme und ertragreiche Strategie.

Nur die zweite und die dritte bedürfen des „entrepreneurial spirits".

Ohne entsprechende Kenntnis von Trends und deren Aufbereitung in Szenarien oder Prognosen ist es nicht möglich, Referenzpunkte der künftigen Unternehmensentwicklung zu etablieren, die insbesondere auch für die sinnvolle Nutzung von Frühwarnsystemen (vgl. GLEIßNER und FÜSER, 2000 sowie Unterabschnitt 4.2.3) zwingend sind. Derartige spezielle Informationssysteme zielen darauf ab, zukünftige Entwicklungen und Ereignisse mit Bedeutung für das Unternehmen frühzeitig zu erkennen. Damit soll die Möglichkeit geschaffen werden, diese Entwicklungen durch geeignete präventive Maßnahmen zu antizipieren. Frühwarnsysteme verschaffen dem Unternehmen letztlich also Zeit für Reaktionen und verbessern so die Steuerung des Unternehmens, was zu einer günstigeren Entwicklung des Unternehmenswertes als schlußendlicher Zielgröße vieler Unternehmen bzw. seiner maßgeblichen Determinanten beiträgt.

Die betrieblich relevanten Folgen von trendbehafteten Entwicklungen lassen sich mittels Szenario- und Prognoseverfahren durchdringen, weshalb der Kenntnis wichtiger wirtschaftlicher und gesellschaftlicher Trends für den Entrepreneur eine herausragende Bedeutung zukommt. Zunächst werden Verfahren der Szenariotechnik und der Prognose aufgezeigt, um anschließend wesentliche Trends herauszuarbeiten.

4.2 Verfahren der Trendanalyse

4.2.1 Szenarien

Der aus dem Theater des Altertums herzuleitende Begriff des Szenarios fand als Umschreibung eines Zukunftsbildes Eingang in die wissenschaftliche Diskussion über Verfahren der Prognostik und Zukunftsforschung. KAHN und WIENER als eigentliche Begründer der Szenarientechnik definieren Szenarien als „*(...) hypothetical sequences of events constructed for the purpose of focusing attention on causal processes and decision points*" (KAHN und WIENER 1967, S. 6). Gegenstand der Betrachtung sind dabei immer komplexe kybernetische Systeme, die sich naturgemäß oder aufgrund der Vielzahl der relevanten Einflußfaktoren nicht offenkundig deterministisch verhalten und deren Entwicklungszeiträume ferner eine kurzfristige Verifizierung plausibler Vermutungen nicht erlauben. Daraus ergibt sich, daß Szenarien i.d.R. für Systeme soziologischer, ökonomischer oder sozioökonomischer Herkunft erstellt werden und deren potentielle Entwicklungspfade beschreiben sollen. Der hohen Komplexität des Untersuchungsgegenstandes, der sich nicht mehr vollständig mittels formaler Modelle beschreiben läßt, wird dabei letztlich durch Diskursorientierung zu begegnen versucht. Diese ermöglicht die Nutzung menschlicher Intuition verbunden mit Expertenwissen. Der Diskurs soll so die durch den Mangel eines formalen Modells möglichen Inkonsistenzen zu beseitigen helfen.

Szenarien lassen sich in vielfältiger Form untergliedern:

1. So kann man beispielsweise zwischen **explorativen** und **normativen** Szenarien unterscheiden. Erstere betrachten zukünftige Entwicklungspfade des betrachteten Systems von einem gegebenen Anfangszustand, der sich in der Regel mit dem der Gegenwart bzw. jüngsten Vergangenheit deckt, während letztere die Endbedingungen in Gestalt eines erstrebenswerten zukünftigen Zustands vorgeben. Daraus leiten sie die Rückwirkungen auf zum Zeitpunkt des Anfangszustands zu treffende Entscheidungen ab.

2. ZENTNER (1975, S. 14ff.) unterscheidet zwischen **"harten"** und **"weichen"** Szenarienmethoden und bezieht sich dabei auf den Formalisierungsgrad des eingesetzten Modells. Durch diese Begriffsbildung wird somit das weite Feld zwischen intuitivem Vorgehen durch Nutzung des "gesunden Menschenverstandes" z.B. in KAHNs Arbeiten zur Zukunftsforschung und der modellgestützten Logik rein quantitativer Szenarien beschrieben, wobei letztere als Extremfälle einzustufen sind, denen es wesentlich an der sonst üblichen Diskursorientierung mangelt.

An Szenarien können verschiedene methodische Anforderungen gestellt werden (MEYER-SCHÖNHERR, 1992, S. 19f.):

1. Obgleich der Betrachtungsweise immer ein gewisser hypothetischer Charakter anhaftet, ist die inhaltliche Plausibilität und logische Konsistenz zu gewährleisten.

2. Nicht einzelne Systembausteine, sondern umfassende Systeme sollen in den Mittelpunkt der Betrachtung gerückt werden.

3. Damit ist ein Mindestmaß an qualitativer und quantitativer (d.h. formalisierter) Modellbildung erforderlich, um die notwendige logische Konsistenz zu erreichen.

Es sind bei der Gestaltung und Interpretation von Szenarien immer drei voneinander eindeutig zu trennende Ebenen in die Betrachtung mit einzubeziehen[108], nämlich

- die **"Welt des Seins"**: Was kann werden?
- die **"Welt des Sollens"**: Wie sollte es werden?
- die **"Welt des Handelns"**: Was muß getan werden?

Damit soll zum Ausdruck gebracht werden, daß zunächst die Ausgangsbedingungen und Rahmenbedingungen einer zukünftigen Entwicklung klar analysiert werden müssen; normatives Vorgehen ist erst im zweiten Schritt generell erlaubt: Erwünschte Zukunftsbilder dürfen dann skizziert und mögliche Pfade, um sie zu erreichen, daraus abgeleitet werden. Hieraus können sich konkrete Handlungsanweisungen ergeben, um den gewünschten zukünftigen Zustand zu erreichen.

---

108 Gemäß FORSCHUNGSVERBUND LEBENSRAUM STADT (1994, Bd. 1, S. 14).

Zusammenfassend kann man also festhalten, daß Szenarien folgende **Charakteristika** besitzen:

- Anwendung auf Fragestellungen mit hoher **Komplexität** und **Unsicherheit** sowie langfristiger **Zukunftsorientierung**;
- Hypothesencharakter der Resultate im Sinne von bedingten Wenn-Dann-Aussagen;
- keine Voraussage der Zukunft, sondern Spezifikation mehrerer möglicher Zukunftsbilder, die jeweils plausibel aus der Gegenwart hergeleitet werden und einen Entwicklungskorridor bilden;
- ein Denken in Alternativen, auch wenn dies oft den Eindruck der „Beliebigkeit" der Ergebnisse erzeugen mag.

4.2.2 Prognosen

Im Vergleich zu Szenarien zielen Prognosen auf eine höhere Präzision, weshalb die Zahl der „Stellschrauben" weit geringer ausfällt: Eine Vielzahl von Gesetzmäßigkeiten, die mittels statistisch-ökonometrischer Verfahren erhoben wurden und die beim Szenario auch variiert werden können, sind hier festgelegt. Damit steigt die (scheinbare) Eindeutigkeit des Ergebnisses.

Prognosen können grob in **konjekturale, strukturmodellgestützte** und **zeitreihengestützte** Verfahren unterteilt werden (WEBER, 1990). Der erstgenannte Terminus beruht auf der bewußten Integration subjektiver Bewertungen in die erstellten Prognosen – hier bestehen damit Übergänge zum Szenario. Strukturmodellgestützte Prognosen hingegen zeichnen sich durch einen hohen Formalisierungsgrad aus. In den Wirtschaftswissenschaften werden diese i.d.R. mittels ökonometrischer Modelle erstellt, die über Regressionsanalysen anhand statistischer Daten versuchen, quantifizierte Aussagen über „Kausalzusammenhänge" des zu analysierenden Systems zu treffen, um beispielsweise Wachstumsprozesse zu analysieren. Sie manifestieren sich in Gleichungen bzw. Gleichungssystemen, die diese Zusammenhänge zwischen erklärenden Faktoren, den Regressoren, und den erklärten Größen, den Regressanden, aufdecken (ASSENMACHER, 1990). In vielen Modellen werden nicht alle eingesetzten Gleichungen über Regressionsanalysen ermittelt, sondern einige definitorisch festgesetzt. Damit entsteht ein Berührungsbereich zur oben erläuterten Szenariotechnik, weil für konkrete Prognosen oft die erforderlichen Regressoren (d.h. die erklärenden Determinanten), sofern sie modellexogen sind, selbst prognostiziert werden müssen, was letztlich eine Szenarienbildung voraussetzt.

Zeitreihengestützte Verfahren schließlich bestimmen von einer bestimmten Zeitbasis aus zukünftige Realisationswerte einer Variablen anhand präkurrenter Werte. Zu ihnen zählen beispielsweise Trendextrapolationsmethoden, von denen zeitreihengestützte Regressionsmethoden, Verfahren gleitender Durchschnitte oder exponentieller Glättung am bekanntesten sind.

Vor allem bei einem Einstieg in neue Märkte kann der Entrepreneur kaum Hilfe von Prognoseverfahren erwarten – er wird sich mehr oder minder auf qualitativ argumentierende Szenarien verlassen müssen. Bedeutend ist dabei immer, die Reaktionsmöglichkeiten der Konkurrenz und die dann noch vorhandenen eigenen Antworten in das Kalkül einzubeziehen.

Auf Frühaufklärungs- und Prognoseverfahren als wichtige betriebswirtschaftliche Instrumente werden wir im folgenden vertiefend eingehen.

4.2.3 Frühwarnsysteme

Frühwarnsysteme sind eine spezielle Art von Informationssystemen, die darauf abzielen, zukünftige Entwicklungen und Ereignisse mit Bedeutung für das Unternehmen – z.B. maßgebliche Zukunftstrends - vorab zu erkennen. Damit soll die Möglichkeit geschaffen werden, diese Entwicklungen durch geeignete präventive Maßnahmen zu antizipieren. Frühwarnsysteme verschaffen dem Unternehmen letztlich also – wie bereits erwähnt – Zeit für Reaktionen und verbessern so die Steuerbarkeit des Unternehmens[109]. Gerade für den innovativen Entrepreneur in einem sich schnell verändernden Unternehmensumfeld ist es von entscheidender Bedeutung durch geeignete Frühwarn- bzw. Frühaufklärungssysteme maßgebliche Zukunftstrends – oder temporäre exogene Störungen – rechtzeitig zu erkennen. Nachfolgend werden wir uns etwas näher mit solchen Frühaufklärungsystemen als wichtigen betrieblichen Instrumenten des Umgangs mit der Unsicherheit der Zukunft befassen.

In Zukunft wird eine neue Anforderung an Frühwarnsystemen immer größere Bedeutung gewinnen: Während es in der Vergangenheit „nur" darum ging, die zukünftige Entwicklung interessierender Zielvariablen, wie den Umsatz oder den Gewinn, besser **vorhersagen** zu können, werden zukünftige Frühwarnsysteme oft auch die Entwicklung dieser Zielvariablen **erklären**, also ihre strukturellen Abhängigkeiten erfassen müssen..

Solche Frühwarnsysteme sind damit keinesfalls eine „Black-Box"; sie werden statt dessen transparent und zeigen die strukturellen Zusammenhänge auf, die Grundlage einer durch sie erstellten Prognose sind. Damit werden sie stärker als bisher einer kritischen Diskussion zugänglich und erlauben es, die eigenen Vorstellungen über die Ursache-Wirkungs-Zusammenhänge zu diskutieren und schließlich sogar anhand von empirischen Daten zu überprüfen. Frühwarnsysteme dienen damit zwangsläufig nicht mehr ausschließlich dazu, möglichst früh und möglichst exakt zukünftige Entwicklungen zu

---

[109] Anstelle von Frühwarnsystemen spricht man weitgehend synonym auch von Frühaufklärungssystemen oder Prognosesystemen.

prognostizieren, sondern sie fördern zudem eine kontinuierliche Auseinandersetzung der Mitarbeiter mit den wahrgenommenen Veränderungen innerhalb und außerhalb des Unternehmens sowie den dahinter vermuteten Ursache-Wirkungs-Beziehungen. Schon beim Aufbau von Frühwarnsystemen lernt der Anwender auch im erheblichen Umfang über die strukturellen, kausalen Zusammenhänge; das Verständnis für die Umwelt eines Unternehmens steigt. Die Wirkungen des eigenen Handelns werden damit ebenso transparent wie die Wirkungswege exogener Störungen auf die Unternehmensziele. Schon mit dem Aufbau solcher Frühwarnsysteme ist damit ein Wissensgewinn verbunden, der zu einer besseren Fundierung unternehmerischer Entscheidungen beiträgt und so auch Grundlage für moderne betriebliche Steuerungssysteme – wie die Balanced Scorecard – legt.

Die Aufgabe eines Frühwarnsystems ist es formal betrachtet somit, bereits heute die exogenen Störungen (X) zu erkennen, daraus Schlußfolgerungen für die zukünftige Entwicklung der Ziele des Unternehmens (Z) abzuleiten und so die Grundlage für einen zielorientierten Einsatz der betrieblichen Steuerungsinstrumente (I) zu schaffen. Letztendlich tragen Frühwarnsysteme damit zu einer Reduzierung der "Überraschungen" der Zukunft – also von Risiken – bei.

Da die Qualität unternehmerischer Entscheidungen im wesentlichen von der Qualität der zugrundeliegenden Informationen abhängt, stellt die überdurchschnittliche Fähigkeit eines Unternehmens, relevante Informationen zu beschaffen und optimal aufzubereiten, einen wesentlichen Wettbewerbsvorteil dar.

Für fast alle unternehmerischen Entscheidungen werden Informationen über die erwartete Zukunftsentwicklung bestimmter Einflußfaktoren – also Prognosen – benötigt. Beispielsweise ist eine fundierte Investitionsplanung ohne Informationen über die zukünftige Entwicklung von Absatzmengen, Preisen, Kosten und Zinsen nicht möglich. Die Strategische Unternehmensplanung benötigt Informationen über zukünftige Marktbedingungen und Änderungen im Konsumentenverhalten. Bei der (operativen) Bestellmengenplanung benötigt man Prognosen über den Lagerabgang der nächsten Tage oder Wochen.

Für diese Aufgabenstellungen gibt es sehr unterschiedliche Prognoseverfahren. Im **strategischen Bereich** – also bei langfristigen Prognosen – bietet es sich beispielsweise an, im Rahmen ausführlicher strategischer Planungsrunden mit der Unternehmensführung und neutralen, unternehmensexternen Experten (mittels Brainstorming- oder Delphi-Verfahren) alternative Zukunftsszenarien zu entwerfen und über deren Eintrittswahrscheinlichkeit zu diskutieren ("qualitative Methoden"). Weitere Verfahren sind Simulationsmodelle, Entscheidungsbaumverfahren oder die Trend-Impact-Analyse.

Im **operativen Bereich** können verstärkt formale (mathematische) Verfahren eingesetzt werden, weil bei kurzfristigen (nicht so sehr bei langfristigen) Prognosen strukturelle Änderungen der kausalen Zusammenhänge selten sind ("quantitative Methoden").

Quantitative Frühaufklärungssysteme auf Basis traditioneller ökonometrischer Methoden – insbesondere also der Regressionsanalyse – werden entwickelt, indem man Daten aus der Vergangenheit auswertet und hieraus ein "Modell" der Realität ableitet. Ein solches Modell, welches mit historischen Daten entwickelt wurde, dient dann bei der Verarbeitung jüngerer Informationen (zu Prognosezwecken) dazu, Aussagen über die Zukunft abzuleiten. In dem ersten Schritt, der Spezifikation des Modells, wird eine i.d.R. verbal formulierte Theorie über die Zusammenhänge zwischen den erklärenden Variablen und der Zielvariable auf ein formales (ökonometrisches) Modell abgebildet. Diese Modellspezifikation umfaßt die Auswahl und die exakte Operationalisierung der aufzunehmenden meßbaren Variablen, die Festlegung der aus einer zu Grunde liegenden ökonomischen Theorie ableitbaren Zusammenhänge zwischen den Modellvariablen und oft auch die Spezifikation der funktionalen Form der Abhängigkeiten zwischen den Variablen. Nach der Modellspezifikation sind alle zu schätzenden Parameter bekannt. Diese Parameter sind dabei die im Untersuchungszeitraum als konstant angenommenen Charakteristika des untersuchten ökonomischen Systems und beschreiben damit die Gesamtstruktur des Prognosesystems. Bei der anschließenden Parameterschätzung werden durch ein geeignetes ökonometrisches Schätzverfahren numerische Schätzer für die unbekannten, tatsächlichen Modellparameter bestimmt. Diese Schätzer sollten erwartungstreu, konsistent und effizient sein. Mit modernen Prognoseansätzen, die kausal- und zeitreihenanalytische Methoden verbinden, läßt sich die „Kausalstruktur" der Modellvariablen aufdecken und zugleich die Prognosequalität verbessern (vgl. GLEIßNER und FÜSER, 2000).

Um sich gute Chancen für zukünftige Gewinne zu sichern, sollten die Erfolgspotentiale (Kernkompetenzen, interne Stärken und Wettbewerbsvorteile) als "Vorsteuergröße" zukünftiger Gewinne und Liquidität genauso gezielt gesteuert werden, wie alles, was heute Gewinne bringt (z.B. die Akquisition neuer Aufträge). Die Aufgaben der **Strategischen Frühaufklärung** sind dabei:

- Die Identifikation **exogener Einflüsse**, die langfristig die Gewinnerwartungen des Unternehmens mitbestimmen (z.B. neue technologische Entwicklungen, Änderungen der Wettbewerbsstruktur, Konsumtrends).

- Die Früherkennung möglicher interner **Veränderungen der Erfolgspotentiale**, also z.B. der sich abzeichnende Abbau einer Kernkompetenz, um eine mögliche "Strategische Krise" so früh erkennen zu können, daß noch keine Auswirkungen auf Rentabilität oder gar Liquidität eingetreten sind.

ANSOFF (1976) geht davon aus, daß im Prinzip kein Ereignis und insbesondere keine exogene Störung vollständig unvorhersehbar eintritt. Auch "Diskontinuitäten", also strukturelle Änderungen der wirtschaftlichen Rahmenbedingungen, haben damit Vorläufer, die für eine Vorhersage genutzt werden können. Je früher diese Vorläufer identifiziert werden können, desto größer ist die Chance, rechtzeitig Maßnahmen einzuleiten. Das Problem ist allerdings, die Vorläufer überhaupt ausfindig zu machen, da sie zumeist aus schlecht strukturierten, unklaren Informationen bestehen, die keine eindeutigen

Schlußfolgerungen zulassen, was manche Wissenschaftler an der praktischen Bedeutung "schwacher Signale" zweifeln läßt.

Auch eine strategische Frühaufklärung hat in diesem Zusammenhang also eine zweifache Aufgabe, nämlich einerseits die Identifikation von heute gegebenen Kausalzusammenhängen in der Wirtschaft und zum anderen in der Früherkennung struktureller Veränderungen, also insbesondere möglicher Veränderungen dieser Kausalstrukturen. Zwei grundsätzliche, sich sinnvoll ergänzende Methoden der strategischen Frühaufklärung werden oft unterschieden: Erstens kann das Umfeld eines Unternehmens permanent "abgetastet" werden (Scanning). Hat man mittels **Scanning** ein "schwaches Signal" identifiziert, so werden weitere Informationen zu diesem Phänomen gesucht. Diese zweite Methode der regelmäßigen, gezielten Informationssuche bezeichnet man als **Monitoring**.

Offensichtlich ist, daß auch mit den besten Frühwarnsystemen die Zukunft nie vollständig vorhersehbar ist; es bleiben Unsicherheiten beispielsweise über die zukünftige Entwicklung von Kundenwünschen, Technologien oder Absatzmengen. Damit bietet sich für Unternehmen eine zweigleisige Strategie an, von der vor allem die zweite Entrepreneurqualität besitzt:

1. Zunächst sollten leistungsfähige Frühwarnsysteme aufgebaut werden, die die zukünftige Entwicklung wesentlicher Variablen möglichst schnell, möglichst präzise und möglichst nachvollziehbar prognostizieren können. Die methodische Grundlage solcher Systeme werden zukünftig immer häufiger neuronale Netze und Kausalanalysen sein, wenngleich bestimmte, eher qualitative Verfahren – wie die Delphi-Methode oder die Szenariotechnik – gerade bei der strategischen Frühaufklärung damit nicht völlig ersetzbar sind. Kausalanalytische Methoden sind immer dann besonders zu empfehlen, wenn Ursache-Wirkungs-Beziehungen empirisch geprüft oder transparent gemacht werden sollen oder mit hoher Sicherheit rein zufallsbedingte Korrelationen erkannt werden sollen.

2. Um den unvermeidlichen „Rest-Risiken" zu begegnen, die auch nach dem Aufbau leistungsfähiger Frühwarnsysteme verbleiben, ist das Unternehmen so flexibel zu gestalten, daß es sich auch an unvorhergesehene Entwicklungen anpassen kann. Dies impliziert beispielsweise den Aufbau verteidigungsfähiger Kernkompetenzen, die in unterschiedlichen Märkten und bei möglichst vielen denkbaren Zukunftsszenarien wertvoll sind. Zudem ist das Risikodeckungspotential, also das Eigenkapital so zu dimensionieren, daß damit auch nicht vorhergesehene Risiken abgedeckt werden können und das Unternehmen ausreichend Zeit gewinnt, sich an eine neue Entwicklung anpassen zu können.

Frühwarnsysteme sind ein unverzichtbares Element jeder gezielten Unternehmensteuerung, weil die Qualität der unternehmerischen Entscheidungen von der Qualität der Informationen – insbesondere über zukünftige Entwicklungen – abhängt. Gerade für innovative Unternehmen gehören sie zu den wichtigsten betrieblichen Instrumenten.

4.2.4 Frühwarnsysteme und Risikomanagement

Eine hohe Bedeutung besitzen Frühwarnsysteme auch im Kontext des Risikomanagements. Die Frühwarnsysteme der Unternehmen (zumindest der Aktiengesellschaften) müssen gemäß dem Kontroll- und Transparenzgesetz im Unternehmensbereich (KonTraG) zumindest geeignet sein, bestandsgefährdende Risiken früh zu erkennen (vgl. § 91 Aktiengesetz). Da Frühwarnsysteme damit letztlich auch Handlungen (Gegenmaßnahmen) der jeweiligen Entscheidungsträger initiieren, schaffen sie nicht nur Transparenz, sondern sind zugleich Instrumente der Risikobewältigung.

Der Sinn der Frühwarnsysteme ist hierbei insbesondere darin zu sehen, daß das Unternehmen durch bessere Prognosen der Zukunft auf eine so vorhergesagte Störung rechtzeitig durch gezielte Gegenmaßnahmen reagiert ("technokratischer Ansatz"). Beispielsweise könnte man durch Messungen die Wahrscheinlichkeit eines Maschinenausfalls vorhersagen und beim Überschreiten einer bestimmten Ausfallwahrscheinlichkeit Wartungsmaßnahmen einleiten.

Gezielte Steuerungsmaßnahmen, die auf die Vorhersage bestimmter, konkreter Entwicklungen – und damit auf Frühwarnsystemen – basieren, stellen jedoch nicht die einzige Möglichkeit der Risikobewältigung dar. Wenn man eine bestimmte zukünftige Störung nicht (präzise genug) vorhersagen kann, läßt sich alternativ die Struktur eines Unternehmens oder Unternehmensteils so ändern, daß eine beliebige, nicht vorhergesehene Störung ohne schwerwiegende Folgen bleibt ("flexibler Ansatz"). Wenn man im genannten Beispiel den Ausfall einer Maschine nicht vorhersagen kann, könnte man einfach eine zweite Maschine (redundantes System) anschaffen, die im Störungsfall aktiviert wird. Denkbar ist zudem, gezielt Gegenpositionen zu bestimmten Risiken aufzubauen (Hedging), die bewirken, daß genau beim Eintreten eines Risikos (z.B. eines die Finanzierung verteuernden Zinsanstiegs) an anderer Stelle Gewinne erzielt werden (z.B. Wertzuwachs einer Verkaufsoption auf Bundesanleihen). In einigen Fällen ist es schließlich möglich, durch das Ausüben von Macht eine bisher als zufällig bzw. exogen erscheinende Störung selbst beherrschbar zu machen, d.h. zu "endogenisieren".

4.3 Globale Megatrends

4.3.1 Welche Trends dominieren die Zukunft?

Technologische Entwicklungen führen offensichtlich zu weitreichenden Veränderungen der Rahmenbedingungen, an die sich ein Unternehmen anpassen muß, um erfolgreich zu sein. Darüber hinaus erzeugen neue Technologien – in Verbindung mit Nachfrageänderungen – strukturelle Verschiebungen in der Volkswirtschaft, die sich in deutlich differierenden Wachstumsraten der verschiedenen Branchen zeigen. Häufig – aber nicht immer – sind die stark wachsenden Branchen weniger wettbewerbsintensiv und rentabler.

Grundsätzlich bieten aber gerade wesentliche strukturelle Veränderungen und globale „Megatrends" im Umfeld nicht nur Gefahren, sondern immer auch besondere Chancen für innovative Unternehmen und damit Entrepreneure.

Welche Trends muß ein Entrepreneur berücksichtigen? Darüber gibt es sicher keine einheitliche Einschätzung, doch zumindest einige gut belegte: Beispielsweise setzt die DWS DEUTSCHE GESELLSCHAFT FÜR WERTPAPIERSPAREN (1996), die größte deutsche Investmentfondsgesellschaft, bei einem ihrer Fonds gezielt auf Aktien von marktführenden Unternehmen, die besonders von fünf als maßgeblich angenommenen „Megatrends" der nächsten Jahre profitieren, d. h.

- dem weiter steigenden **Energieverbrauch** (vor allem in Schwellenländern),
- der zunehmenden Bedeutung von **Markenartikeln,**
- dem überdurchschnittlichen **Bevölkerungs- und Nachfragewachstum** in den Schwellenländern,
- dem überdurchschnittlichen Wachstum der **Telekommunikation** (speziell des Internets) sowie
- dem überdurchschnittlichen Wachstum der **Pharmabranche** wegen des zunehmenden Anteils älterer Menschen an der Bevölkerung und ihrem Wunsch nach Gesundheit.

Natürlich sind viele weitere technologische Trends bedeutsam, die hier nicht weiter ausgeführt werden sollen. Die Tendenz zu sinkenden Transport-, Telekommunikations- und Datenverarbeitungskosten werden wir als nächstes betrachten; zu erinnern ist auch an die immer weitergehende Substitution „traditioneller" Werkstoffe durch Kunststoffe und Verbundwerkstoffe, an die umweltpolitisch bedingten Tendenzen zur Energieeinsparung und zum Recycling sowie an den zunehmenden Rechnereinsatz (CAD, CAM, PPS) mit einem Trend zur Schaffung unternehmensweit integrierter betrieblicher Informationssysteme mit einheitlicher Datengrundlage (CIM, Intranetze). Von besonderer Bedeutung wird dabei sicherlich die weitere Entwicklung des Internets sein, das insbesondere die globale Verfügbarkeit von Informationen entscheidend verbessert hat. Nicht mehr die prinzipielle Verfügbarkeit von Informationen, sondern die Fähigkeit der gezielten Informationssuche und -auswertung wird so zum entscheidenden Wettbewerbsvorteil von Unternehmen.

Wir wollen uns nachfolgend nicht mit allen Trends befassen, sondern mit dem vielleicht wichtigsten Basistrend, dem Trend zu **sinkenden Transaktionskosten**, und seinen vielfältigen Konsequenzen, beispielsweise der Globalisierung.

4.3.2 Sinkende Transaktionskosten

Von grundlegender Bedeutung für die Zukunft von Unternehmen (und auch staatlichen Institutionen) ist aus volkswirtschaftlicher Sicht der Trend immer weiter **sinkender Transaktionskosten**[110] (pro Transaktion), also der Kosten, die mit dem Austausch von Kapital, Waren oder Dienstleistungen verbunden sind[111]. Zu den Transaktionskosten gehören Such- und Informationskosten, Verhandlungs- und Entscheidungskosten sowie die Kosten für die Überwachung und Durchsetzung von Verträgen. Bedeutend ist hierbei weniger die Tatsache des Sinkens der Transaktionskosten im allgemeinen; als viel wichtiger erscheint dabei, daß sich die Kostenstrukturen verschieben. Wenn, wie dies die Institutionenökonomik behauptet, der Wettbewerb eine Suche nach Arrangements erzeugt, die bei gegebenen Transaktionskosten kostenminimal sind, dann kann hierdurch der Prozeß der gesellschaftlichen Veränderung nachvollzogen, vielleicht sogar Prognosen erstellt werden. Wenn Trends – der obigen Definition folgend – pfadgebundene Entwicklungen aus bestimmten institutionellen Arrangements heraus darstellen, die dieses Arrangements wiederum selbst beeinflussen, damit also Rückkopplungen erzeugen, dann ist nach den Hintergründen dieser Systemdynamik zu fragen.

4.3.3 Die Struktur der Transaktionskosten und der institutionelle Wandel

Institutioneller Wettbewerb, vor allem der Wettbewerb der gesellschaftlichen und wirtschaftlichen Arrangements, führt dazu, daß die Kosten des ökonomischen Handelns sinken. Die ökonomische Transaktionskostentheorie (COASE 1937; WILLIAMSON 1990) betont, daß die Frage, ob der Austausch über Märkte oder innerhalb einer Unternehmung stattfindet, von den Kosten der jeweilig erforderlichen Transaktionen und der Produktionstechnologie abhängt. BLUM und DUDLEY (1999) haben diesen Sachverhalt insoweit präzisiert, als sie drei prototypische institutionelle Arrangements einführten, nämlich die vertikal integrierte, die horizontale und die atomistische Organisation. Welche dann gewählt wird, hängt vom Zusammenspiel zweier Größen ab, nämlich den Skalenökonomien, also den Erträgen, die sich aus der Konzentration von Aktivitäten in einer Institution ergeben (im einfachsten Fall Kostendegressionseffekte), und den Kosten, die Erfül-

---

110 Dies schließt die Transportkosten ein.
111 Während technologisch bedingt die Kosten einer Transaktion sinken, steigt durch die zunehmende Anzahl der Transaktionen der Anteil der Transaktionskosten am Volkseinkommen an. Schätzungen gehen davon aus, daß Transaktionen ca. 50 Prozent des Volkseinkommens ausmachen (RICHTER und FURUBOTN, 1999, S. 56-61), was immer größere Chancen für Unternehmen ergibt, die sich eine Reduzierung von Transaktionskosten zum Ziel gesetzt haben (z. B. Börsen, Makler, Rechtsanwälte, Unternehmensberater usw.).

lung von Weisungen entlang der Hierarchie zu kontrollieren. Es leuchtet unmittelbar ein, daß beide Größen (teilweise) gegenläufige Tendenzen besitzen. Lassen wir hierzu die Geschichte – aus ökonomischer Sicht – sprechen:

1. **Transportkosten**: Ohne Schiffahrtswege und den Wegebau wären die hierarchischen Reiche des Altertums unmöglich gewesen. Ohne Eisenbahn, Dampfschiff und Telegraph hätten weder moderne Staaten noch weltumspannende Unternehmen aufgebaut werden können. Unsere These lautet dann: Die Kosten des Informationstransports bestimmen den Grad der vertikalen Integration von Organisationen. Die Fähigkeit zur Zentralisierung und damit der Begründung von Hierarchie beruhte historisch immer auf einer Senkung der Informations- und Transportkosten und damit der Reduktion bzw. Beherrschung von Kontrollkosten. Die Information war im wesentlichen ein privates Gut und nur denen zugänglich, die entlang der vertikalen Hierarchie angeordnet sind[112].

2. **Speicherkosten**: Die Dezentralisierung von Staaten und Unternehmen hing immer an der Fähigkeit, dezentral zugängliche Datenbestände aufzubauen. Damit gewannen der Buchdruck und die verteilte mittlere Datentechnik zentrale Bedeutung. Unsere allgemeine These lautet: Die Kosten der Informationsspeicherung legen den Grad der **horizontalen Integration** von Organisationen fest. Fallen die Kosten des **Speicherns von Information**, wird es möglich, dezentrale Datenbestände kostengünstig und damit auch Kontrollinstanzen leichter aufzubauen. Erforderlich dazu ist das Etablieren eines gemeinsamen Codes zur horizontalen Interaktion: es entwickelt sich die flache Firma (die **horizontale Organisation**), und Information bzw. Wissen wird zum **Clubgut**.

3. **Wissensreproduktionskosten**: Mit der Entwicklung des Computers und der stetigen Verbesserung der Prozessorleistungen wird es immer leichter, Informationen auch dezentral zu rekombinieren und Wissen, das vor Ort zunächst nicht verfügbar ist, mittels intelligenten Programmsystemen zu erzeugen. Damit entwickelt sich eine Tendenz zur verstreuten oder fraktalen Firma, und schließlich gewinnt das individuelle Unternehmertum an Auftrieb. Unsere These lautet dann: Die Kosten der Informationsreproduktion zum Erzeugen von Wissen (über Codierung und Decodierung) determinieren die Fähigkeiten von Institutionen, sich **atomistisch** zu organisieren und marktlich zu interagieren. Fallen die Kosten der **(Re-) Produktion von Wissen** wird es immer leichter, Informationen auch dezentral zu kombinieren und dadurch Wissen, das vor Ort zunächst nicht verfügbar ist, mittels intelligenter Systeme zu erzeugen. Damit entwickelt sich eine Tendenz zur verstreuten oder fraktalen Firma (der **atomistischen Organisation**). Information wird zum **öffentlichen Gut**.

---

112 Oft wird der Gütertransport nicht der Transaktion sondern der Produktion zugeordnet. Dem wird hier nicht gefolgt, weil auch Informationstransport nicht trägerfrei stattfinden kann, d.h. auch hier ist eine Produktionsstufe erforderlich.

4.3. Globale Megatrends

Eindrucksvoll läßt sich dies an der Entwicklung der Informationskosten der vergangenen Jahre zeigen: Seit Anfang der siebziger Jahre gingen die Kosten für ein MHz Prozessorleistung von $ 7.601 auf $ 0,17 zurück, für das Speichern von einem Megabit von $5.257 auf $ 0,17 und für den Transport von einer Trillion bits von $ 150.000 auf $ 0,12 (ECONOMIST 2000, 23. Sept., S. 6).

Die Ausführungen weisen darauf hin, daß aus ökonomischer Sicht eine erhebliche Interdependenz zwischen institutionellen Strukturen einerseits und den Transaktionskosten andererseits besteht und daß ein Wettbewerb der Systeme, der eigentlich bezogen auf die jeweilige Welt immer global war, es erlaubt, erfolgreiche von weniger erfolgreichen Arrangements zu unterscheiden – weniger erfolgreiche gehen entweder unter oder wandeln sich. Auch bestimmte soziale Funktionen werden hierdurch erklärt, weil das Individuum gestalterisches Potential besitzt, zugleich aber in der Konsequenz der institutionellen Arrangements lebt. Daher entsteht als interdependenter Transmissionsriemen zur jeweiligen Organisationsstruktur eine spezifische Ethik – in vertikalen Systemen als individuelle Ethik des Herrschers, in flachen Hierarchien als die eines „do ut des", also eines reziproken Altruismus, in atomistischen Systemen als eine Kollektivethik, also ein verbindlicher Wertekanon (beispielsweise als „Minimalethik"), die den Tausch ermöglicht.

Mit dieser Entwicklung verbundene Megatrends sind:

1. **Individualisierung**[113] **und Atomisierung**: Sie bedeutet zum einen die Verstärkung der Autonomie des Einzelnen, zum anderen eine Orientierung von gesellschaftlichen Bindungen entlang von Lebensphasen, die zur aktuellen Lebenswelt kongruent sind. Werte begründen sich daher nicht mehr aus Tradition, sondern werden offener und pluraler, Bindungen werden spontaner und unterliegen weit stärker dem Anspruch auf Partizipation.

    In diesem System können Bindungen leichter verändert und ausgetauscht werden als bisher, und der Anspruch an sie ist gestiegen. Dies hat die bekannten Folgen für die Mitarbeit in politischen Parteien und Vereinen zum einen oder lokalen (ad-hoc-) Interessensgruppen zum anderen.

2. **Tertiärisierung**: Neben dem steten Wachstum des Dienstleistungssektors werden auch die tertiären Komponenten in der Warenproduktion immer bedeutsamer. Einmal gilt dies für die Produktionsinputs, also die für die Produktion erforderlichen Dienstleistungsfunktionen, beispielsweise in Form von F&E, Beschaffungs- und Absatzlogistik usw., zum anderen aber auch für die um eine Ware im Sinne des Güterbündels anzusiedelnden Dienste – von der Nachkaufbetreuung über den Service bis zu den Zusatzfunktionen. Vor allem die Dienstleistungsfunktionen (die durchaus hohen technologischen Gehalt aufweisen können) besitzen ein hohes Wertschöpfungspotential und sind oft mit geringeren Markteintrittsschranken behaftet als die zugrunde-

---

113 Der Begriff ist auf U. BECK zurückzuführen; vgl. hierzu auch BECK (1997).

liegende Warenproduktion, damit also für den Entrepreneur bestreitbar. Damit verändert sich auch das Muster der betrieblichen, der sektoralen und der räumlichen Arbeitsteilung. Abb. 4.1 zeigt deutlich, in welchem Umfang Branchen auf diese Entwicklung reagieren.

Branche	Umsatz 1996 in Mrd. DM	Wachstum 1997-2001
Datenverarbeitung	58,1	+43,3 %
Telekommunikation	76,6	+39,1 %
Wirtschafts- und Rechtsberatung	285,5	+29,7 %
Elektrotechnik	242,6	+28,6 %
Banken/Versicherungen	193,8	+28,3 %
Freizeitgestaltung	66,7	+23,2 %
Chemie	215,7	+19,3 %
Autoindustrie	283,2	+16,9 %
Maschinenbau	258,2	+13,2 %
Verkehrsdienstleistungen	241,7	+10,5 %
Architekten & Ingenieure	90,8	+11,0 %
Großhandel	1161,8	+6,9 %
Nahrungsmittel	222,5	+6,2 %
Möbel, Haushaltswaren	55,2	+2,8 %
Einzelhandel	931,0	+2,6 %
Hoch- und Tiefbau	153,2	+0,5 %
Gastgewerbe	87,7	-5,1 %
Textil- und Bekleidungsindustrie	54,0	-6,6 %

Quelle: Capital, Ausgabe 10, 1997

Abb. 4.1 Branchenentwicklung

3. **Globalisierung**: Sie darf nicht mit der bereits früher gegebenen Internationalisierung gleichgesetzt werden; bei letzterer behielten Standorte ihre einzigartigen (komparativen) Qualitäten, damals änderte sich die Marktintegration dadurch, daß die Austauschrelationen durch ein Sinken der Transportkosten intensiver wurden. Bei der

4.3. Globale Megatrends

Globalisierung werden durch den totalen Verfall aller Informationskosten Unterschiede der Standortqualitäten eingeebnet; einzigartige Vorteile, die erhöhte Renten auf den Weltmärkten garantierten, erodieren also zunehmend, und ein level playing field[114] entsteht. Damit ist der internationale Konkurrent ebenso bedeutsam wie der lokale[115].

Für jedes einzelne Unternehmen bedeutet die Globalisierung, daß es mit seinen Produkten und Dienstleistungen möglicherweise alle entsprechenden Anbieter der Welt als Wettbewerber hat und sich damit am weltweit höchsten Leistungsstandard messen muß. Außerdem erfordern die oft sehr hohen Investitionssummen für die Entwicklung von Produkten und den Aufbau der Fertigungsanlagen (z. B. bei Automobilen, Flugzeugen oder Mikroprozessoren) weltweit Kunden, um ausreichende Umsätze erzielen zu können. Um die für solche Großinvestitionen erforderlichen Finanzmittel zu erhalten, muß ein Unternehmen den Anforderungen der internationalen Kapitalmärkte entsprechen und ausreichende Rentabilität und Sicherheit vorweisen. Da für die Ansiedlung der oft verteilten und vernetzten Produktionsanlagen eine Vielzahl von Standorten in Frage kommen, wird die Konkurrenz der Regionen auch über Förderpolitiken (vgl. Kapitel 10) ausgetragen.

Die totale Mobilität von Information, die rasant steigende Mobilität von Kapital, der zunehmende Aufbau von Humankapital in entwickelten Ländern und die weitgehende Entkopplung von Wissen und Arbeit haben die Bedeutung der Mobilität von physischen Faktoren, die für die Produktion in einer weltweiten Dienste- und Informationswirtschaft ohnehin immer unwichtiger werden, verringert. Aber auch die Mobilität des Faktors Arbeit wird möglicherweise fallen, wenngleich aktuell ein derartiger Trend derzeit vor allem bei Hochqualifizierten noch nicht festzustellen ist, wie dies die Wanderungsbewegungen aus den Entwicklungs- und Schwellenländern vor allem nach Nordamerika belegen[116].

Die Qualität von Informationen, d.h. ihre Verläßlichkeit, wird langfristig für den Wettbewerb eine immer größere Bedeutung erhalten, d.h. sie gewinnt zunehmend kaufentscheidendes Potential. Es findet also weniger Preis- als Qualitätswettbewerb statt. Damit wird die Tendenz zur monopolistischen Konkurrenz verstärkt, d.h. Güter unterscheiden sich durch ihre Differenzierung, und der Preissetzungsspielraum des Anbieters wird begrenzt durch die Konkurrenz des nächsten Substituts. Es ist also nicht nur relevant, welche Qualität ein Produkt besitzt, diese muß auch kommuniziert

---

114 Auf einem ebenen Spielfeld besitzt keiner Standortvorteile, sondern nur Vorteile der eigenen Konkurrenzstärke.
115 Diese Eigenschaft hat auch zum wenig glücklichen Begriff der „Glokalisierung" geführt, aber nicht global und lokal verschwimmen, sondern lokal und international.
116 Die These, daß räumliche Mobilität durch bessere Kommunikationssysteme substituiert wird, erscheint ökonomisch als äußerst plausibel; derzeit ist aber eher das Gegenteil zu verzeichnen: Die räumlich Mobilsten sind auch diejenigen, die Kommunikationssysteme am intensivsten nutzen.

werden. Dabei spielen neben „objektiven" Merkmalen (beispielsweise der Crashfestigkeit eines Pkw) auch subjektive Charakteristika eine Rolle (beispielsweise der Geltungsnutzen).

Neben dieser externen Sicht, also dem Wettbewerb der Anbieter um die Kunden, wird auch die interne Sicht an Bedeutung gewinnen: Wenn Unternehmen in vielen produktions- und servicerelevanten Bereichen ihrer Organisationsstruktur immer flacher bzw. atomistischer und spezielle komparative Vorteile zunehmend geringer werden, dann kann das Headquarter einzelne Unternehmensteile stärker im Wettbewerb gegeneinander antreten lassen. Dasjenige Profitcenter, das am besten die spezielle Aufgabe bewältigen kann (beispielsweise einen Motor zu entwickeln), wird hierfür (aber auch nicht für mehr) ausgewählt. Diese Entwicklung kann bereits heute in der Automobilindustrie verfolgt werden: Hier liegt die Konkurrenz zwischen einzelnen Standorten (z.B. Wolfsburg gegen Mosel bei VW) eines Unternehmens oft höher als die zwischen den Anbietern (z.B. VW gegen Opel).

Die Globalisierung mit ihrer Erhöhung der Wettbewerbsintensität – sowohl als tatsächlicher, als auch als potentieller Wettbewerb – erfordert daher eine erhöhte Sorge um die Zukunftsorientierung der Unternehmen. HAMEL und PRAHALAD (1995) beurteilen die traditionelle strategische Planung, die sich an heutigen Märkten und Wettbewerbsvorteilen orientiert, als zu kurzfristig, und haben daher das Konzept der „**Kernkompetenzen**" entwickelt. Als Kernkompetenz wird dabei eine Fähigkeit angesehen, die es erlaubt, bestimmte Wertschöpfungsaktivitäten deutlich besser zu erfüllen als andere, was Wettbewerbsvorteile entstehen läßt. Eine Kernkompetenz muß drei Eigenschaften erfüllen:

- Sie muß einen erheblichen Beitrag zum Kundennutzen bieten.

- Sie muß für eine Vielzahl von Märkten/Geschäftsfeldern bedeutsam sein.

- Sie ist sehr selten und von Wettbewerbern nur schwierig zu kopieren, was insbesondere impliziert, daß diese nicht (wie z. B. Maschinen) am Markt käuflich sind.

Wenn sich Wettbewerbsvorteile oft schnell entwerten, sollte ein Entrepreneur bevorzugt solche Kernkompetenzen aufbauen, die auch zukünftig – möglichst in verschiedenen Märkten – neue Wettbewerbsvorteile zu generieren erlauben. Während Wettbewerbsvorteile somit den heutigen Markterfolg eines Unternehmens erklären, sind Kernkompetenzen die Determinanten zukünftiger Erfolge. Häufig entstehen Kernkompetenzen aus der Verbindung von technologisch hochstehendem, möglicherweise patentgeschütztem Wissen sowie den besonderen Fähigkeiten und Erfahrungen einer eingespielten Gruppe von Mitarbeitern des Unternehmens. Die Bindung und zielgerichtete Motivation wichtiger Mitarbeiter an ein Unternehmen hat somit auch aus Sicht der Kernkompetenzen eine hohe Bedeutung. Gerade besonders qualifizierte Teams von eingespielten Mitarbeitern sind ideale Träger von Kernkompetenzen, weil diese nicht – wie Maschinen oder Lizenzen – am Markt erworben werden können und ihr Aufbau zudem viel Zeit erfordert.

4.3. Globale Megatrends

Gerade die Identifikation und der Ausbau derjenigen Kompetenzen, die in Anbetracht der erkennbaren Zukunftstrends an Bedeutung gewinnen, wird zu einer zentralen Aufgabe des strategischen Managements.

4. **Best practice:** Der Verfall der Informationstransaktionskosten mit der weiter oben geschilderten Veränderung der Organisationsstrukturen hat auch dazu geführt, daß die Anpassung von Technologien an örtliche Preisverhältnisse und örtliche Humankapitalstrukturen immer seltener eine sinnvolle Ansiedlungsstrategie darstellt. Qualität, Lieferfähigkeit und Austauschbarkeit von Humankapital im Unternehmen sind leichter zu gewährleisten, wenn Produktionsanlagen weitgehend identisch sind. Darüber hinaus erzwingen auch die externen Ökonomien der Investitionsgüterindustrie, also insbesondere die Kostendegressions-, die Verbund- und die Netzwerkeffekte eine Standardisierung von technologischen Abläufen. Letztlich kontrolliert das Headquarter seine Profitcenter mit Hilfe leistungsfähiger Informationssysteme, die es auch erlauben, in kürzester Zeit Produktionen zu verlagern. Im Extremfall sichert die Verfügbarkeit von „Blaupausen" bei weitgehend identischen Produktionsanlagen die Bedeutung der Zentrale, die diese annähernd kostenfrei zur entsprechenden Betriebsstätte, die dann fertigt, verschieben kann.

Best practice wird aber nicht zwingend zur Einebnung der Faktorentlohnung führen, weil zum einen durchaus unterschiedliche länderspezifische Risiken beim Faktor Kapital vorhanden sind und die Produktivität einer technischen Anlage nicht nur durch diese selbst bestimmt ist, sondern auch von wichtigen Umfeldfaktoren, u.a. der Qualität des Humankapitals, das interne und externe Vorleistungen erbringt. Möglicherweise werden sich aber die Faktorentlohnungsverhältnisse annähern. Immer wichtiger wird damit der Mix aus Kapitalintensitäten, Kapitalzins und Risiko. Nachfolgende Abb. 4.2 macht deutlich, daß seit den siebziger Jahren die Kapitalintensität in Deutschland im Vergleich zu den USA u.a. durch den Lohndruck dramatisch gestiegen ist; dies geht bei gegebenen Technologien einher mit einer sinkenden Grenzproduktivität des Kapitals (wenn der Beitrag des technischen Fortschritts unberücksichtigt bleibt, weil dieser weitgehend als Wissenskapital von den Wissensträgern absorbiert wird), d.h. einer nachlassenden Verzinsung. Wenn aber das Renditeniveau über den internationalen Kapitalmarkt festgesetzt wird, dann liegt hierin eine zentrale Standortschwäche Deutschlands, die der Entrepreneur zunächst überwinden muß.

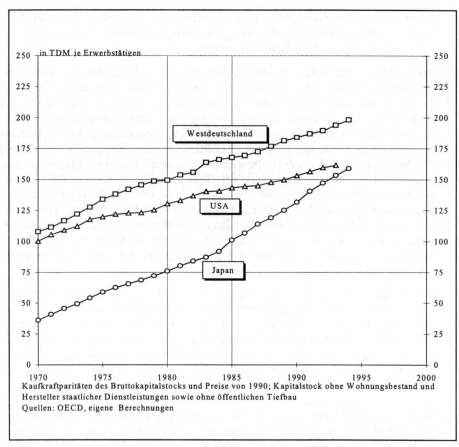

Abb. 4.2   Kapitalausstattung je Erwerbstätigen in Westdeutschland, Japan und den USA 1970 – 1994, Quelle: BECK et al., 1998.

5. **Ökonomische Entwertung der (körperlichen) Arbeit**: In den 15 Jahren von 1980 bis 1995 betrug der reale Zuwachs bei den Bruttoeinkommen der Arbeitnehmer in Westdeutschland insgesamt 13 %, bei den dauerhaft Vollzeitbeschäftigten 27 % und entsprach damit dem Wachstum des pro-Kopf-Bruttoinlandsprodukts. Allerdings lag der Zuwachs bei den realen Nettoarbeitsentgelten aller abhängig Beschäftigten bei nur 3 %. Die Begründung dieser Kompression liegt in dem Verlust an Normarbeitsverhältnissen; die Zunahme flockiger Arbeitsplätze mit niedriger Realentlohnung hat offensichtlich den Zuwachs annähernd aufgefressen[117]. Der gesamte Zuwachs des

---

117   Vgl. hierzu KOMMISSION FÜR ZUKUNFTSFRAGEN der Freistaaten Bayern und Sachsen (1996, S. 66).

4.3. Globale Megatrends

realen Bruttosozialprodukts floß in einen steigenden staatlichen Anteil am Sozialprodukt, insbesondere in wachsende Transfers, sowie in eine Zunahme der Entlohnung des Produktionsfaktors Kapital von über 70 % (siehe Abb. 4.2).

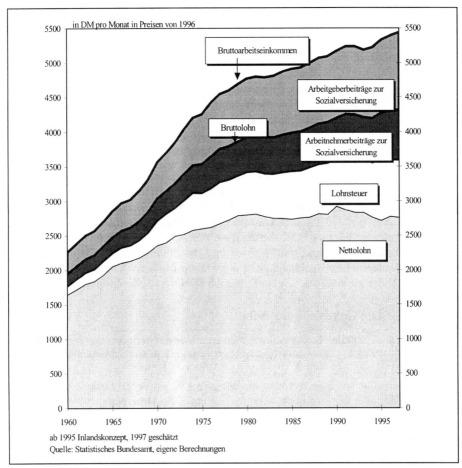

Abb. 4.3 Entwicklung von Nettolohn- und -gehaltssumme, Lohnsteuer und Sozialversicherungsbeiträgen in Westdeutschland je abhängig Beschäftigten 1960 – 1997

Tatsächlich ist zu konstatieren, daß Kapital und Wissen einen zunehmenden Anteil an der Faktorentlohnung absorbieren. Da beide in hohem Grade mobil sind, können sie auch immer weniger staatlichem Besteuerungsdruck unterworfen werden. Kapitalflucht und Gewinnverlagerungen ins Ausland lassen vermuten, daß die Höhe der Gewinneinkommen unterschätzt wird, weil viele im Ausland auftreten, aber in der Sozialproduktsrechnung nicht mehr erfaßt werden (können)[118].

4.3.4 Konkrete Megatrends im Konsumentenbereich

Die BBE UNTERNEHMENSBERATUNG (1999) hat die für die nächsten Jahre wichtigsten Trends im Konsumentenverhalten zusammengefaßt. Grundlage dieser Untersuchung war eine Expertenbefragung. Nachfolgend werden die wichtigsten kurz erläutert. Auch sie sind Rahmenbedingungen, denen unternehmerische Entscheidungen – insbesondere im Rahmen des Marketings – gerecht werden müssen.

4.3.4.1 Zielgruppen: „Mid Ager", Frauen und Senioren

Die Bedeutung der Teens und Twens beim Konsum nimmt zu Gunsten der 40 bis 65-Jährigen ab. Insbesondere für den Handel werden die „Mid Ager"[119] als die konsumstärksten und konsumfreudigsten Verbraucher in Deutschland die wichtigste Zielgruppe. Konsum, Luxus und Genuß sind laut einer BZM-Studie wesentliche Bestandteile des Lebensstils dieser Zielgruppe. Marketing für die Senioren wird weniger Gewicht auf die Produktgestaltung als vielmehr auf Service und Distribution legen. Auf Grund der steigenden wirtschaftlichen Unabhängigkeit der Frauen in Deutschland sind diese für den Einzelhandel derzeit und in der Zukunft eine der wichtigsten Zielgruppen.

4.3.4.2 Die flexible Gesellschaft

Gefragt ist der schnelle Konsum ohne mühsame Vorbereitungen oder langfristige Verpflichtungen. Produkte, Dienstleistungen und Angebote müssen dem schnellen Lebenswandel entsprechen, der neben Wechsel von Wohnorten, Jobs usw. auch den schnellen Wechsel persönlicher Stile der Konsumenten beinhaltet. Flexibilität und Variabilität werden daher zukünftig eine noch stärkere Bedeutung für Unternehmen haben.

Gleichzeitig führt der Trend zur flexiblen Gesellschaft zu einer Verunsicherung der Konsumenten, die vor allem durch das unüberschaubare Produktangebot und das Mißtrauen gegenüber der Preispolitik der Unternehmen sowie durch allgemeine Ängste um Arbeitsplatz und Versorgungssicherheit im Alter verursacht wird und den Gesamtumsatz im Handel negativ beeinflussen wird.

---

118 Beim Bruttoinlandsprodukt treten sie ohnehin nicht in Erscheinung.
119 Mid Ager: Diesen Begriff prägte die Düsseldorfer Werbeagentur BMZ/FCA für die Konsumenten im Alter zwischen 50 bis 60, deren Kinder zumeist aus dem Haus gegangen sind und die über das vergleichsweise höchste Einkommen verfügen und sich durch Geld- oder Immobilienvermögen eine finanzielle Unabhängigkeit gesichert haben.

4.3.4.3 Preisbewußte Konsumenten

Das preisbewußte Einkaufen (Schnäppchenjagd) wird immer stärker in der Gesellschaft anerkannt und gefördert. Außerdem wird das Internet den Preisdruck für die Unternehmen und insbesondere für den klassischen Handel dramatisch verschärfen. Die Unternehmen müssen sich konsequent zwischen der Preis- und Serviceorientierung entscheiden. Nur wer ein klares Profil vorweisen kann, wird künftig noch genügend Kunden anziehen.

4.3.4.4 Convenience

Bezogen auf den Einkauf und Konsum verbinden die Kunden mit Convenience im Wesentlichen Zeitersparnis und Streßvermeidung. Das Kaufpotential in Deutschland ist dafür beachtlich: Mit einem Marktvolumen von ca. 35 Mrd. DM entfallen bereits 5 % des deutschen Einzelhandelsumsatzes auf Convenience-Shopping. Die Gründe für diesen Trend sind vor allem demographische Entwicklungen wie die steigende Anzahl von Singles, berufstätigen Frauen und Senioren, aber auch die zunehmende Freizeitorientierung.

4.3.4.5 E-Commerce: Das weltweite Warenhaus

Für 1998 beziffert das Electronic Commerce Forum in Köln den Online-Umsatz auf 1,7 Mrd. DM. Die meisten E-Commerce-Prognosen stimmten darin überein, daß in Deutschland im Jahr 2002 immerhin zwischen 20 und 30 Mrd. DM via Internet umgesetzt werden. Unternehmen, die die Möglichkeiten des E-Commerces nicht ausloten, riskieren aus heutiger Sicht massive Wettbewerbsnachteile.

4.3.4.6 Deutschland im Börsenfieber

Das Geldvermögen der Deutschen beläuft sich auf stolze 5,5 Billionen DM. Die Geldanlage wird wegen niedriger Zinsen und wegen des Zwangs zur privaten Altersvorsorge sowie neuer Chancen am Aktienmarkt für immer breitere Bevölkerungskreise zum zentralen Thema. Die aktuellen Trends am Finanzmarkt haben auch Konsequenzen für den Einzelhandel, weil beispielsweise das verstärkte Aktienengagement der Deutschen langfristig – ähnlich wie in den USA – zu einer Abhängigkeit des Konsums von der Börsenentwicklung führt. Außerdem erringen börsennotierte Unternehmen zunehmend Vorteile, da der Börsengang den Bekanntheitsgrad und teilweise auch die Kundenbindung bei den eigenen Aktionären erhöht.

4.3.4.7 Informations-Overkill

Die steigende Informationsflut ist von den Kunden nicht mehr zu bewältigen. Im Trend liegen daher elektronische Medien, die es erlauben, den Medienkonsum über Präferenzfilter zu steuern. Gleichzeitig sinkt die Bereitschaft, sich mit den umfangreichen Informationspaketen auseinanderzusetzen.

4.3.4.8 Prosumer

In der Massengesellschaft hat Individualität und Originalität einen hohen Stellenwert, Unikate sind jedoch für die Mehrheit unbezahlbar. Die preiswerte Individualisierung von Massenprodukten durch neue Techniken stößt deshalb auf eine riesige Bedarfslücke. Mass Customization ist die Produktionsform der Zukunft. Der bisherige passive Konsument wird immer mehr zum „Prosumer", d.h., er hat die Möglichkeit, nachgefragte Produkte und Leistungen zu einem gewissen Teil nach eigenen Vorstellungen mit zu gestalten bzw. zu bestimmen.

In der letzten Expertenbefragung der BBE UNTERNEHMENSBERATUNG (1994) waren zwar teilweise schon sehr ähnliche, zum Teil aber auch noch deutlich andere Konsumtrends genannt worden. Im Jahr 1994 wurde besonders die zunehmende Umweltorientierung und das zunehmende Gesundheitsbewußtsein, die steigende Bedeutung aktiver, älterer Konsumenten und der Single-Haushalte sowie die Polarisierung der Gesellschaft in eine preisorientierte einkommensschwache und eine qualitätsorientierte einkommensstarke Schicht („Verlust der Mitte") hervorgehoben. Die Mehrheit der von BBE befragten Experten ging schon 1994 davon aus, daß die Konsumenten zukünftig immer mehr Wert darauf legen werden, daß ihre spezifischen Bedürfnisse durch individuelle Lösungen befriedigt werden.

4.4 Zusammenfassung wesentlicher Aspekte

Folgende Kernaussagen fassen die Ausführungen zusammen:

- Ein Unternehmen benötigt Kenntnisse der sich verändernden Umfeldbedingungen, um sich strategisch richtig aufzustellen und um strategische und operative Frühwarnsysteme zu installieren. Traditionelle Szenario- und Prognoseverfahren, aber zunehmend auch kausalanalytische Verfahren stellen dabei probate Mittel dar.

- Wesentliche Triebkräfte der Veränderung stellen die Transaktionskosten dar, die beispielsweise Trends wie die Globalisierung erst ermöglichen. Insbesondere weisen sie den Weg zu einer Zunahme dezentraler und atomistischer Arrangements. Aber auch die zentrale Bündelung bestimmter strategischer Führungsfunktionen gewinnt Bedeutung, vor allem solcher, die den Wettbewerb unter den Unternehmensteilen erhöht.

- Entrepreneure können einen vorhandenen Trend nutzen, einen neuen Trend begründen oder eine Nische suchen. In jedem Fall müssen sie darauf achten, die erforderlichen künftig wertvollen Kernkompetenzen zu erwerben, die zukünftige Wettbewerbsvorteile generieren können und möglichst vielseitig anwendbar sind.

- Neben der Zunahme des tatsächlichen Wettbewerbs bringt die Globalisierung auch eine Ausweitung der potentiellen Konkurrenz mit sich: Der künftige Wettbewerber ist noch unsichtbar, möglicherweise nur an seiner Technologie zu erkennen. Klassische Standortfaktoren entwerten sich.

- Im Konsumentenbereich hat sich der Entrepreneur auf wichtige Veränderungen der Rahmenbedingungen einzustellen: Die Bedeutung der Alterung der Gesellschaft, die Bevorzugung von Dienstleistungen, die Verbreiterung der Einkaufsmöglichkeiten durch das Internet, die Erfordernis, das „richtige" Wissen angesichts eines Informationsoverkills zu besitzen, sind hier als wesentliche Punkte zu benennen.

- Wissen und Kapital werden zunehmend ertragreiche Produktionsfaktoren. Der tertiäre Gehalt der Produkte nimmt zu, was auch die Bedeutung des Individualbezugs von Leistungen erhöht. Die „richtige" Sicht der Entwicklung, die korrekte Bewertung von Information werden entscheidend für den Erfolg.

4.5 Literatur

Ansoff, H.I., 1976, Managing surprise and discontinuity – strategic response to weak signals, in: Zeitschrift für betriebswirtschaftliche Forschung, S. 129-152.

Assenmacher, W., 1990, Einführung in die Ökonometrie, Oldenbourg, München.

BBE Unternehmensberatung, 1994, Konsumtrends, mimeo.

BBE Unternehmensberatung, 1999, Konsumtrends, mimeo.

Beck, U., 1997, Kinder der Freiheit, Beck, München.

Beck, U.; Berger, R.; Gross, J.; Henzler, H.; Miegel, M.; Obermaier, G.; Oberreuther, H.; Schiller, E., 1998, Erwerbstätigkeit und Arbeitslosigkeit in Deutschland, Olzog-Verlag, München.

Blum, U. 1997, Information, neue Technologien und ökonomische Effizienz, in Blum, U., Greipl, E., Hereth, H., Müller, S., Witt, R. (Hrsg.): Erweiterung der Markträume, Schäffer-Poeschel, Stuttgart, S. 92-109.

Blum, U.; Dudley, L., 1999, The Two Germanies: Information Technology and Economic Divergence, 1949-1989, Journal of Institutional and Theoretical Economics Vol. 155, No. 4, 710-737.

Blum, U.; Mönius, J., 1998, Versunkene Kosten, in: Wirtschaftswissenschaftliches Studium 1, Vol. 17., S. 7-13.

Coase, R., 1937, The Nature of the Firm, in: Economica, N.S., 4, S. 386-405.

DWS Deutsche Gesellschaft für Wertpapiersparen, 1996, Prospekt zum Fond DWS TOP50 WELT, mimeo.

Economist, 2000, Tabelle: More Power, Less Cost, 23. Sept., S. 6.

Forschungsverbund Lebensraum Stadt (Hrsg.), 1994, Mobilität und Kommunikation in den Agglomerationen von heute und morgen, Berlin, Bd. 1.

Gleißner, W., 2000, Faustregeln für Unternehmer – Leitfaden für strategische Kompetenz und Entscheidungsfindung, Gabler-Verlag, Wiesbaden.

Gleißner, W.; Füser, K., 2000, Moderne Frühwarn- und Prognosesysteme für Unternehmensplanung und Risikomanagement, in: Der Betrieb, 19/2000, S. 933-941.

Hamel, G.; Prahalad, C.K., 1995, Wettlauf um die Zukunft., Ueberreuter, Wien.

Kahn, H.; Wiener, A.J., 1967, The year 2000 - A framework for speculation on the next thirty-three years, New York.

Kommission für Zukunftsfragen der Freistaaten Bayern und Sachsen, 1996 und 1997, Berichte I und II, Bonn, Dresden, München.

Meyer-Schönherr, M., 1992, Szenario-Technik, Schriftenreihe Unternehmensführung, Band 7, Ludwigsburg-Berlin.

Richter, R.; Furubotn, E., 1999, Neue Institutionenökonomik, Mohr-Siebeck, Tübingen, 2. Auflage.

Weber, K., 1990, Wirtschaftsprognostik, Vahlen, München.

Williamson, O., 1990, Die ökonomischen Institutionen des Kapitalismus, Übersetzung von: The Economic Institutions of Capitalism, Mohr, Tübingen.

Zentner, R.D., 1975, Scenarios in Forecasting, in: Chemical & Engineering News, Oktober 6., Vol. 53, S. 22-34.

Frank Leibbrand

5. Entrepreneurship zwischen Rationalität und Emotionalität

5.1 Einordnung in das Entrepreneurship

Weshalb sollte sich ein Entrepreneur mit verschiedenen Verhaltensmodellen und strategischem Verhalten auseinandersetzen? Nach unserer Auffassung ist der Entrepreneur ein „human being of superior judgement" und muß deshalb in der Lage sein, zukünftige Reaktionen anderer auf eigene Handlungen vorwegzunehmen und in die Entscheidung einzubeziehen. Wie werden jedoch die anderen reagieren? Rational oder emotional? Wird der Wettbewerber durch das ökonomische oder durch ein psychologisches oder ein soziologisches Verhaltensmodell besser beschrieben? Für den Entrepreneur, dessen unternehmerische Entscheidungen wir mit diesem Buch unterstützen und verbessern wollen, wird freilich rationales Verhalten unterstellt.

In diesem Kapitel soll das Einbeziehen der Reaktionen Dritter in das eigene (individuelle) Handlungskalkül vorgestellt werden. Nach einer Definition für strategisches Verhalten unterstellen wir zunächst, daß der Entrepreneur seine eigenen Entscheidungen weitgehend rational trifft[120]. Bei seinen Konkurrenten nehmen wir (als Extremfall) auch an, daß diese rational agieren. Daß rationales Verhalten nicht so selten ist, liegt sicherlich auch daran, daß verschiedene Institutionen diese Verhaltensweise fördern und irrationales Verhalten aus dem Markt eliminieren. Beispielsweise führt das Ausnutzen von Arbitragemöglichkeiten von Marktteilnehmern zu einem Ergebnis an der Börse, das durch

---

[120] Dies kann die einzige Aufgabe der Entscheidungsunterstützung durch die Wissenschaft sein. Die Emotionalität eines Individuums läßt sich (noch) nicht in einer gewissen Allgemeinheit verläßlich abbilden.

rationale Teilnehmer erreicht worden wäre. Rationalität wird also instrumentalistisch verwendet.

Anschließend werden auch andere (eingeschränkt rationale) individuelle Verhaltensmodelle[121] aus den Wissenschaftsgebieten der Soziologie und Psychologie vorgestellt, so daß der Leser dadurch die Möglichkeit erhält, die für rationales Verhalten erarbeiteten Ergebnisse auch auf ein „psychologisches" oder „soziologisches" Entscheidungsumfeld übertragen zu können.

Strategisches Verhalten wird dann für das in der Praxis relevante wettbewerbliche Verhalten der Mengenanpassung und der Preissetzung analysiert, um anschließend die spieltheoretischen Analysen nicht kooperativer Verhaltensweisen und die dabei entstehenden Dilemmastrukturen und von der Preissetzung ausgehenden Signale vorzustellen.

Beginnen wollen wir mit einer Arbeitsdefinition von strategischem Verhalten, nach der sich ein Entscheidungssubjekt strategisch verhält, wenn es die Verhaltensänderung bzw. -anpassung Dritter in das eigene Handlungskalkül einbezieht. Strategisches Verhalten umfaßt somit sowohl das Einbeziehen der Reaktionen Dritter (Konkurrenten, Kunden, Umwelt, ...) als auch das scheinbare (!) Handeln entgegen der eigenen Präferenzen, indem das Subjekt z.B. falsche Präferenzen angibt, und ist nur in einem dynamischen Kontext sinnvoll.

Beispiel 1: Der Konkurrent kauft das neugegründete Unternehmen auf und stellt die Gründer an. In deren Kalkül findet eine Abwägung von hohen sicheren Erträgen vs. sehr hohen unsicheren Erträgen und einer gewissen Entscheidungsfreiheit statt.

Beispiel 2: Preisverfall auf Deckungsbeitrag. Der Gründer bekommt nicht das Mindestmaß an Marktvolumen, um überleben oder seine Vorteile den Kunden mitteilen zu können. Vom Konkurrenten wird die Aufgabe der Geschäftsidee nach einer gewissen Durststrecke in das Verhalten einbezogen.

Beispiel 3: Das Ankündigen eines ähnlichen Produktes durch einen etablierten Marktanbieter veranlaßt (emotionale) potentielle Gründer, sich aus dem Geschäft zurückzuziehen. Microsoft machte dies bereits häufiger.

Doch zunächst sollen nun die verschiedenen Theorien zur Verhaltensdarstellung bemüht werden, in deren Rahmen jeweils strategisches Verhalten möglich ist.

---

121 Die verschiedenen theoretischen und durchaus miteinander in Konflikt stehenden Handlungstheorien lassen sich unter eine Ultraabstraktion (siehe hierzu LEIBBRAND, 1998, S. 161ff sowie S. 281ff.) oder "Meta-Theorie" "subsumieren".

5.2 Rationale Entscheidungsmodelle des Individuums

5.2.1 Überblick

Die allgemeine Entscheidungssituation eines Individuums besteht darin, daß es unter exogenen Umwelteinflüssen sowie unter endogenen Restriktionen eine Strategie (Handlung) wählen muß bzw. will (siehe hierzu auch Abb. 7.1). Aus den Restriktionen ergibt sich eine Menge von unterschiedlichen, zulässigen Strategien. Diese führen dann zu bestimmten Konsequenzen, die durchaus abhängig von exogenen Umweltfaktoren sein können. Die unterschiedlichen Konsequenzen werden anschließend bewertet, d.h. über dem Raum der Konsequenzen existiert eine Präferenzordnung. Dieser Vorgang spielt sich mental ab und wird für alle Alternativen kalkuliert. Danach wird die Aktion mit der höchsten Bewertung gewählt. In dieser Formulierung steckt die Rationalitätsannahme des Individuums, das im einfachsten Fall das Bessere dem Schlechteren vorzieht.

Geprägt durch die Klassiker und Neoklassiker in der Volkswirtschaftslehre kristallisierte sich zunächst als präskriptive Variante eines Verhaltensmodells der "homo oeconomicus" in einer sehr engen Definition heraus. In der Haushaltstheorie erfährt er eine individualistische Sichtweise und wird durch die Nutzenmaximierung – was immer darunter zu verstehen ist – unter gegebenen Restriktionen beschrieben. Die Produktionstheorie beschäftigt sich mit Allokationsentscheidungen von Unternehmen, wobei dieses Konglomerat von Individuen sich wie ein in sich konsistentes Metaindividuum, welches wiederum der Definition des "homo oeconomicus" genügt, verhält. Das Unternehmen versucht sich als Gewinnmaximierer unter gewissen Nebenbedingungen

Der "homo oeconomicus", auch als "economic man" (z.B. MARSHALL 1920, S. 22) oder "rational man" bezeichnet, beherzigt das ökonomische Prinzip, welches als Minimum- oder Maximumprinzip formuliert werden kann. Das Minimumprinzip besagt, daß ein vorgegebenes Ziel (-niveau) mit einem möglichst geringen Mitteleinsatz erreicht werden soll, das Maximumprinzip besagt, daß bei einem gegebenen Mitteleinsatz ein möglichst "gutes" Zielniveau erreicht werden soll. Es wird dabei eine strikte Trennung von Präferenzen und Alternativen bzw. Restriktionen unterstellt.

Dieses Abbild einer seltsamen, in der Realität nicht vorkommenden Kreatur wurde kritisiert und in verschiedener Hinsicht erweitert. So kann das Präferenzenkonzept nun nicht nur egoistisches, sondern auch altruistisches Verhalten repräsentieren. Außerdem eröffnet BECKER (1982, S. 97ff.) die Möglichkeit, die Bewertung nicht direkt auf Konsumaktionen von marktfähigen Gütern anzuwenden, sondern diese nur als Inputs für die Produktion von nicht marktfähigen Gütern durch den Haushalt zu betrachten. Dadurch wird die Einbeziehung der Zeit (als Produktionsfaktor) in das Kalkül möglich. Bewertet werden schließlich nur die nicht marktfähigen Güter.

Der zweite Ansatzpunkt liegt an der Menge der Alternativen und deren Konsequenzen für das Individuum. Zunächst können Informationskosten entstehen, die bei der Ermittlung der zur Verfügung stehenden Alternativen und deren Konsequenzen anfallen. Außerdem kann man Kosten der Aktionenumsetzung (Transaktionskosten), den Einfluß von Dritten (einschließlich deren Beeinflußbarkeit) auf die eigenen Konsequenzen – hier wird die sich u.a. in der Spieltheorie manifestierende Koalitionen- und Wettbewerbstheorie angesprochen – bei gleichzeitiger Einführung einer unsicheren Zukunft berücksichtigen. Die Berücksichtigung von Unsicherheit bringt einige Probleme für den Maximierungsansatz. So können nicht mehr bestimmte Konsequenzen verglichen werden, sondern nur noch Verteilungsfunktionen über die möglichen Konsequenzen. Eine Antwort darauf gibt die Erwartungs-Nutzen-Theorie mit der Reduktion der Verteilungsfunktion auf eine reelle Zahl.

Zur Unterscheidung von verschiedenen Entscheidungsmodellen führte Frank KNIGHT (1921) die Dichotomie Sicherheit und Unsicherheit ein (siehe Tab. 5.1), um die Entscheidungssituationen zu beschreiben. In sicheren Entscheidungssituationen sind die Konsequenzen der einzelnen Strategien eindeutig und bekannt. In unsicheren Situationen, die KNIGHT weiter in Risiko und Ungewißheit unterteilt, kann einer Strategie oder Aktion keine eindeutige Konsequenz zugeordnet werden. Im Risikofall ist eine Wahrscheinlichkeitsverteilung (WK-Verteilung) über der Menge aller Konsequenzen einer Aktion bekannt, im Ungewißheitsfall existiert lediglich die Menge der potentiellen Konsequenzen.

Tab. 5.1   Dimensionen der Unsicherheit

Unsicherheit		
Ungewißheit	Risiko	
Keine WK-Verteilung	Subjektive WK-Verteilung	Objektive WK-Verteilung

Bei den Entscheidungsmodellen unter Unsicherheit interessiert uns nur der Risikofall[122]. Die Konsequenzen einer Handlung sind damit nicht eindeutig festgelegt, es existiert lediglich eine Wahrscheinlichkeitsverteilung (objektiv oder subjektiv) über der Menge aller Konsequenzen. Die kausale Wirkungskette bleibt noch eindeutig. Lediglich unterschiedliche exogene Größen führen zu den eindeutigen, aber verschiedenen Konsequenzen. Der Rückkoppelungsmechanismus ist nur bei einer dynamischen Betrachtung interessant.

---

122 Obwohl unser Entrepreneur sowohl Risiko- als auch Ungewißheitssituationen zu bewältigen hat, können wir sein Entscheidungsverhalten nur im rational zugängigen Teil, der Risikosituation, schulen. Für die Ungewißheit muß er ein „Händchen" haben und seinen Entscheidungen „bessere" Annahmen zugrunde legen.

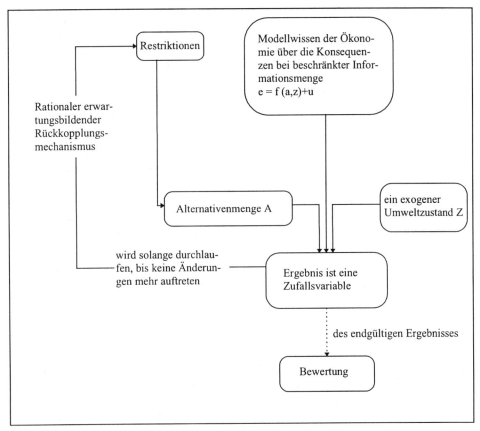

Abb. 5.1   Handlungsmodell mit Erwartungsbildung

5.2.2   Rationale Entscheidung unter Sicherheit

Die statische Betrachtung der Neoklassik geht von vollständiger Information über zukünftige Ereignisse aus (im exakten Sinne existiert keine Zeit und damit keine Zukunft). Jeder Alternative (Handlung) läßt sich eine einzige und sichere Konsequenz kausal zuordnen. Anhand dieser Konsequenzen lassen sich nun Güter oder allgemeine Situationen nach Präferenzen ordnen. Die in der Ökonomie übliche Repräsentation einer Präferenzordnung erfolgt durch eine Nutzenfunktion.

In der historischen Entwicklung begann die objektive Nutzentheorie mit der Vorstellung eines kardinalen Nutzenkonzeptes, bei dem in der axiomatischen Definition die Vergleichbarkeit der Nutzendifferenzen (Präferenzunterschiede) vorausgesetzt wurde. Diese Theorie geht auf D. BERNOULLI (1738) und GOSSEN (1854) zurück und wurde von C. MENGER (1871), W. S. JEVONS (1871) und L. WALRAS (1874) weiterentwickelt[123]. Viele Ökonomen sind heute der Meinung, daß es weder möglich noch nötig ist, den Nutzen kardinal zu messen. Das beobachtbare Verhalten von z.B. Konsumenten läßt sich auch aus einer ordinalen Struktur erklären. Diese Wandlung vom kardinalen zum ordinalen Nutzenkonzept geht auf V. PARETO (1906)[124] zurück, der postulierte, daß ein Individuum bei der Wahl zwischen zwei Gütern durchaus in der Lage ist, das für ihn bessere auszuwählen, jedoch nicht wissen muß, wie hoch der Nutzen des einzelnen Gutes ist. Es genügt eine relative Positionierung. Genau diese relative Positionierung drückt der Kunde auch durch sein Kaufverhalten aus, bei dem er zwischen verschiedenen Güterbündeln auswählt. Er offenbart, daß er das gekaufte Güterbündel mindestens so hoch schätzt wie alle anderen Güterbündel, die er mit demselben Budget hätte kaufen können. Dabei basiert die Vergleichbarkeit aller möglichen Güter bzw. Güterbündel stets auf dem Vergleich zweier von ihnen. Formal läßt sich dieses durch eine Relation ausdrücken.

5.2.3 Rationale Entscheidung unter Unsicherheit

Die Grundidee der Entscheidung unter Risiko soll zunächst an einem Beispiel, dem berühmten St. Petersburger-Spiel (von N. BERNOULLI, 1713), illustriert werden. Die entscheidende Frage zielt auf die Höhe des fairen Einsatzes, um an dem nun beschriebenen Glücksspiel teilnehmen zu dürfen. Der Spielleiter wirft eine Münze. Ist das Resultat Kopf, so werden 2 DM an den Spieler ausbezahlt. Ist das Ergebnis Zahl, dann wird die Münze erneut geworfen. Erhält man nun Kopf, dann werden 4 DM ausbezahlt. Bei Zahl wird erneut geworfen. D.h. wenn beim n-ten Münzwurf das erste Mal Kopf auftaucht, dann werden 2^n Geldeinheiten bezahlt und das Spiel ist beendet. Die Wahrscheinlichkeit von Kopf im ersten Wurf ist ½ und führt zu einer Auszahlung von 2 DM. Die Wahrscheinlichkeit, daß das erste Mal Kopf im zweiten Wurf auftritt beträgt ¼, und der Spieler erhält 4 DM. Die erwartete Auszahlung dieses Glücksspiels ist also unendlich. Sind die Menschen nun auch bereit, diesen Preis für ein Mitspielen zu bezahlen. Selbstverständlich nicht, in der Regel wollen die mitspielenden Personen sogar nur einen relativen kleinen Betrag (25 bis 30 DM) für dieses Spiel einsetzen.

Durch dieses St. Petersburger-Spiel motiviert waren D. BERNOULLI (1738) und G. CRAMER (1728), als sie Entscheidungssituationen unter Risiko erstmals analysierten. Weiterhin beobachtete BERNOULLI den Versicherungsmarkt und Glücksspiele, bei denen die Versicherungsprämie (Einsatz) auch nicht mit den erwarteten Erträgen überein-

---

123 Zur Vertiefung der historischen Entwicklung siehe STIGLER (1950) und KAUDER (1965).
124 Auch EDGEWORTH (1881), FISHER (1892) und SLUTSKY (1915) trieben die ordinale Interpretation voran.

5.2. Rationale Entscheidungsmodelle des Individuums

stimmte. Deshalb stellte BERNOULLI zwei Thesen auf, zum einen das Prinzip vom sinkenden Grenznutzen des Wohlstandes, zum anderen das Erwartungsnutzenprinzip. So werden zwei Lotterien p und q über ihren Erwartungsnutzen vergleichbar: E (v, p) > E (v,q), wobei

(5.1) $$E(v,p) = \sum_{x \in X} v(w_0 + x) \cdot p(x).$$

w_0 stellt dabei den gegenwärtigen Wohlstand dar. BERNOULLI betont, daß es sich dabei um subjektive Ordnungswerte handelt, da die Funktion v die individuellen Nutzwerte repräsentiert.

Die BERNOULLIsche Erwartungsnutzentheorie besteht damit aus drei Elementen:

- Es existiert eine Menge X von möglichen Auszahlungen und eine Menge P, die Wahrscheinlichkeitsverteilungen über der Menge X enthält.
- Es existiert eine kardinale Nutzenfunktion v über der Menge der Auszahlungen. Sie basiert auf einer risikolosen Vergleichbarkeit von Präferenzunterschieden.
- Die Auswahl erfolgt normativ nach dem Grundsatz der Maximierung des erwarteten Nutzens.

Die Nutzenfunktion v bei BERNOULLI entsteht durch den Nutzendifferenzenvergleich. So werden zwei Situationen gegenübergestellt, nämlich, daß der Wohlstand von 0 auf x steigt wird verglichen mit der Situation, in der der Wohlstand von x auf 100 steigt. x wird so festgelegt, daß beide Situationen indifferent eingeschätzt werden. Daraus läßt sich dann folgern, daß v(x) - v(0) = v(100) - v(x) ⇔ v(x) = (v(0) + v(100)) / 2.

Die von V. NEUMANN und MORGENSTERN[125] eingeführte Erwartungsnutzentheorie kommt zwar formal zu demselben Ergebnis, nämlich dem Erwartungsnutzenkriterium sowie der Festlegung der Nutzenfunktion bis auf eine affin-lineare Transformation, doch damit enden die Gemeinsamkeiten. So muß die VON NEUMANN, MORGENSTERN-Nutzenfunktion u nicht notwendigerweise eine positive affin-lineare Transformation der BERNOULLI-Nutzenfunktion v sein. Damit können dann natürlich auch unterschiedliche Ordnungen auf der Menge P der Wahrscheinlichkeitsfunktionen entstehen.

Doch nun zum Aufbau der VON NEUMANN, MORGENSTERN-Erwartungsnutzentheorie. Ihr Ausgangspunkt ist eine binäre Relation > auf einer konvexen Menge P mit Elementen, die wir als Dichtefunktionen interpretieren. An die Präferenzrelation > auf der Menge P werden bestimmte Anforderungen – wieder formal als Axiome – gestellt. Aus diesen Axiomen kann dann die Existenz einer reellwertigen (Nutzen-) Funktion u auf P gefolgert werden, die die Präferenzordnung repräsentiert, d.h. für alle p, q ∈ P gilt

(5.2) $$p > q \Leftrightarrow u(p) > u(q)$$

---

[125] Eine knappe Einführung bietet FORD, J. L. (1987, S. 1-15).

und linear bezüglich von Konvex-Kombinationen ist, d.h. für alle p, q ∈ P und $0 \leq \lambda \leq 1$ gilt

(5.3) $\qquad u(\lambda \cdot p + (1-\lambda) \cdot q) = \lambda \cdot u(p) + (1-\lambda) \cdot u(q)$

Die erste Formel wird dabei als die ordnungserhaltende Eigenschaft bezeichnet, die zweite Formel als die Linearitätseigenschaft.

Die Axiome der VON NEUMANN, MORGENSTERN-Theorie gelten nur für die Präferenzordnung ≥ auf der Menge P der Wahrscheinlichkeitsverteilung. Sie setzen lediglich eine ordinale Vergleichbarkeit voraus. Sie erhalten eine ordinale Erwartungsnutzenfunktion mit kardinaler Eigenschaft, was BAUMOL (1958) dazu veranlaßt hat, die Nutzenfunktion u als „the cardinal utility which is ordinal" zu bezeichnen.

Die Ergebnismenge X spielt in der VON NEUMANN, MORGENSTERN-Theorie keine Rolle und wird nur über eine spezielle Wahrscheinlichkeitsverteilung eingeführt. So gilt

(5.4) $\qquad u(x) = u(p), wenn\ p(x) = 1.$

Damit läßt sich nun der erwartete Nutzen einer Lotterie bzw. Wahrscheinlichkeitsverteilung p ausdrücken durch

(5.5) $\qquad u(p) = \sum_{x} u(x) \cdot p(x).$

Im Gegensatz zu BERNOULLI, der den Erwartungsoperator als Annahme einführt, leiten VON NEUMANN und MORGENSTERN diesen Operator aus ihren Axiomen ab. Auch die Messung der Nutzenfunktion unterscheidet sich. VON NEUMANN und MORGENSTERN führen das Sicherheitsäquivalent x ein und vergleichen dieses mit einer Lotterie, z.B. 0 oder 100 DM mit einer Wahrscheinlichkeit von je ½. Die Indifferenz zwischen der sicheren Auszahlung x und der Lotterie ergibt dann u (x) = [u(100) + u(0)] / 2.

Die von VON NEUMANN und MORGENSTERN unterstellten Axiome, insbesondere das IIA-Axiom (Irrelevance of Independent Alternatives oder auch Cancellation) und die Invarianz der Entscheidung bezüglich der Sachverhaltsdarstellung, sind einer heftigen empirischen Kritik ausgesetzt. Zu den Kritikern zählen: ALLAIS (1953), KAHNEMAN und TVERSKY (1979, 1987), SLOVIC und LICHTENSTEIN (1968), SCHOEMAKER (1980) und GRETHER und PLOTT (1979).

Neben der VON NEUMANN und Morgenstern'schen Interpretation – dort werden Entscheidungen über Lotterien getroffen – existiert noch die additive Erwartungsnutzentheorie von SAVAGE (1954). Die Unsicherheit führt SAVAGE in sein System ein, indem er verschiedene potentielle Umweltzustände betrachtet, von denen sich mit einer bestimmten Wahrscheinlichkeit einer einstellen wird. Daraus ergibt sich dann die tabellarische Darstellung der Alternativen und Zustände, die in der Kombination dann ein bestimmtes Ergebnis ergeben. Diesem Ergebnis wird dann noch der entsprechende Nutzen zugeordnet. Die einzelnen Alternativen lassen sich dann anhand des erwarteten Nutzens vergleichen.

Nach diesen kurzen Ausführungen zum Stand der rationalen Verhaltensmodelle wollen wir noch einige andere Möglichkeiten, Verhalten – auch präskriptiv – zu beschreiben, kurz aufzeigen. Diese wurden vor dem Hintergrund einer (zu) engen Auslegung des Rationalitätskonzeptes entwickelt.

5.3 Alternative Handlungsmodelle

5.3.1 Bounded Rationality

SIMON (z.B. 1957a, 1957b, 1960, 1972) und MARCH und SIMON (1958) beobachteten, daß in vielen praktischen Situationen die Entscheidungsträger nicht nach dem klassischen Maximierungsprinzip operieren. Sie suchen eher nach zufriedenstellenden als nach optimalen Alternativen. Die Individuen versuchen zwar, sich "voll" rational im Sinne der Optimierung zu verhalten, sind also rational intendiert, aufgrund von Beschränkungen jedoch hierzu nicht in der Lage. Darunter fallen sowohl die begrenzte Informationsverarbeitungskapazität der Menschen als auch die sehr komplexen Handlungssituationen und die Unsicherheit der Konsequenzen von Handlungen. Sein Konzept der "bounded rationality" (z.B. SIMON 1972) in Organisationen ist neben dem Erreichen eines "satisficing"-Anspruchsniveaus anstelle der Nutzenmaximierung zusätzlich durch eine beschränkte Menge von Handlungsalternativen sowie durch unterschiedliche Motivationsstrukturen bei den Mitgliedern einer Organisation gekennzeichnet. Die Menge der zu berücksichtigenden Alternativen erklärt sich aus den Erfahrungen und wird erst erweitert, wenn das Überleben bzw. das Erreichen des Anspruchsniveaus gefährdet ist.

5.3.2 Inkrementalismus

Das zentrale Anliegen von SIMON, daß die Individuen Beschränkungen unterliegen, wurde von mehreren Autoren aufgenommen und weiterentwickelt. So führt dies LINDBLOM (1959, 1965) zu den Ideen des "muddling through (Durchwurstelns)" und des "Inkrementalismus". Er unterstellt, daß Handlungssubjekte (Unternehmen) weit entfernt von rationalem, auch eingeschränkt rationalem Verhalten sind, infolge beschränkter Zeit nie alle möglichen Alternativen bestimmen und evaluieren, sondern nur die inkrementellen Veränderungen der bisher eingesetzten Politiken (Alternativen) überprüfen. Man versucht, mit ähnlichen Methoden wie bisher auf geänderte Umfeldbedingungen zu reagieren, d.h. sich durchzuwursteln (Trial-and-error-Prinzip). Das Verhalten soll sich nach der folgenden Norm richten: Nehme nur kleine, reversible Änderungen an der Aktion vor und überprüfe das Ergebnis. So läßt sich dann jederzeit ein falsch eingeschlagener Weg korrigieren, ein richtiger weiterverfolgen. Das Konzept hat seine Stärke sicherlich im deskriptiven Bereich; die präskriptiven Anwendungsbereiche scheinen jedoch eingeschränkt.

5.3.3 Evolutionsökonomie

Eine sehr konsequente Umsetzung der Idee der individuellen Limitationen (begrenzte Rationalität) führt zur Evolutionsökonomie. Sie stellt jedoch nicht nur die Fähigkeit, sondern auch die Notwendigkeit zum Optimieren (z.B. Gewinnmaximierung) in Frage. Nach Meinung der Evolutionsökonomen (NELSON und WINTER 1982) besteht keine Notwendigkeit zur Gewinnmaximierung, sondern lediglich die Aufforderung, Gewinne zu machen bzw. im Erreichen eines (Wettbewerbs-) Vorteils gegenüber Konkurrenten. Der Markt bietet nur dieses Selektionsprinzip.

NELSON und WINTER kritisieren dieses Konzept unter anderem deshalb, weil die für das Optimierungskalkül benötigten Informationen nie vorliegen und auch nie verarbeitet werden könnten. Eine realistischere Informationsbetrachtung (z.B. asymmetrische Informationen) oder die Erweiterungen der statischen Gleichgewichtstheorie (z.B. Wettbewerb) führen zu einer immer verfeinerten Sichtweise des Rationalitätskonzeptes (NELSON und WINTER 1982, S. 8f.). Trotz des Zuwachses in der Komplexität wird der Entscheider, so die orthodoxe Theorie, nie überfordert sein.

Empirische Beobachtungen legen ihrer Meinung nach eine identische Betrachtung von Produktionsprozessen und solchen der Auswahl nahe. Hierzu werden "Routines" und "Skills" eingeführt. Fertigkeiten bei den Individuen und Routinen bei Organisationen verkörpern ein durch ständige Übung automatisiertes, zielgerichtetes Verhalten. Es beinhaltet sehr viele unbewußt getroffene Entscheidungen. Die Anwendung orientiert sich an einem komplexen Informationsmuster, welches festlegt, wann welche Routine ausgeführt wird. Dem steht die bewußte Entscheidung gegenüber, bei der jede Bewegung, Aktion steuerbar ist. Dies wird in Situationen, die nur selten vorkommen und geübt werden, angewandt.

So existiert ein Tradeoff zwischen routiniertem und auf bewußten Entscheidungen basierendem Verhalten (siehe NELSON und WINTER 1982, S. 82ff.). Ersteres ist effektiv und kontinuierlich, es besteht aber die Gefahr, daß durch Veränderungen des Umfeldes das Falsche gemacht wird oder das Richtige ineffizient. Letzteres führt in der Regel zu Zeitverzögerung und schlechter Koordination, da die Ausführung ungeübt ist. Sie ist jedoch unerläßlich zur Veränderung von Fertigkeiten und Routinen. Je komplexer und damit weniger steuerbar bzw. kontrollierbar eine Situation wird, um so stärker wird auf Routi-

5.3. Alternative Handlungsmodelle

nen zurückgegriffen. Wenn die Arbeit wie gewöhnlich in Routinen abläuft, so entsteht eine Art Waffenstillstand (vgl. NELSON und WINTER 1982, S. 107ff.), der das Handeln nach eigenen Motiven einschränkt und in eine friedliche Koexistenz überführt.

Das gesamte Wissen einer Organisation ist in den beteiligten Individuen, deren Beziehungen und in der Ausübung ihrer Funktion gespeichert. Explizit ist es jedoch nicht zugänglich, sondern existiert teilweise als „*tacit knowledge*" (NELSON und WINTER 1982, S. 76ff.). Dieses unvermittelbare, unzugängliche Wissen verhindert infolge von Informationsdefiziten das Optimierungskalkül und damit die schnelle Anpassung an neue Situationen.

Die Entwicklungsmöglichkeiten sind durch die eingefahrenen Routinen und Fähigkeiten stark eingeschränkt und führen zum Denken in Trajektorien und Bifurkationspunkten. Sie zu ändern bedeutet gleichzeitig eine Aufhebung des Waffenstillstandes, so daß das alte Konfliktpotential zur Geltung kommt. Aufgrund der beschränkten Rationalität sind diese seltenen Anpassungen an die veränderte Umwelt nicht eingeübt und fallen in den Bereich der bewußten Wahl. Dieses bewußte Handeln ist in der Regel sehr zeitaufwendig und teuer und hat die Folgen von Routineveränderungen bei anderen zu berücksichtigen.

Dieser rationale Ansatz ist aufgrund der situativen Komplexität, der Erstmaligkeit und der Unmöglichkeit bzw. hohen Kosten für die Bereitstellung der Information nicht immer anwendbar. Als Alternative bieten sich heuristische Verfahren an, die durch ihren geregelten Verlauf den Routinen sehr nahe kommen.

5.3.4 Heuristisches Verhalten

Heuristik stammt von dem griechischen Wort "heuriskein" und bedeutet „finden" bzw. „erfinden" (siehe HOFFMEISTER 1955, S. 300). Sie gilt als die methodische „*Kunst der Wahrheitsfindung*" (BERTELSMANN 1992, Bd. 6, S. 161) bzw. die „*Theorie der Methoden des Aufgabenlösens*" (BRAUN und RADERMACHER 1978, S. 242), wobei ein Einzelproblem oder der Erkenntnisfortschritt als Aufgabe aufgefaßt werden kann. „*Heuristische Prinzipien oder Hypothesen sind Hilfsmittel der Forschung, vorläufige, versuchsweise Annahmen zum Zwecke des leichteren Verständnisses von Sachverhalten und Vorgängen*" (HOFFMEISTER 1955, S. 300).

Bei der Lösung von Einzelproblemen, d.h. dem Finden einer Lösung, werden heuristische Verfahren angewendet, wenn für das Problem keine optimale Lösung explizit bestimmt werden kann. Dies kann von einer diffusen Problembeschreibung einer komplexen Situation oder der Lösbarkeit einer Optimierungsaufgabe in unvertretbarer Zeit herrühren. Heuristiken sind Problemlöse- bzw. Entscheidungsverfahren, die nicht das Erreichen einer optimalen Lösung garantieren, und beruhen auf einer „*Suchraumeinengung*" (DÖRNER 1992, S. 239).

STREIM (1975, S. 151) versuchte, dies in eine Definition zu fassen:

„Ein Lösungsverfahren wird dann als heuristisch bezeichnet, wenn es

(1) nichtwillkürliche Entscheidungsoperatoren verwendet, die

(2) bewirken, daß potentielle Lösungen vom Suchprozeß ausgeschlossen werden, und wenn

(3) aufgrund des fehlenden Konvergenzbeweises keine Lösungsgarantie gegeben werden kann."

Hierbei kommt den nichtwillkürlichen Entscheidungsoperatoren besondere Bedeutung zu. Sie sollen die Informationen der Problemstellung zielgerichtet in eine "akzeptable" Lösungsmenge transformieren (vgl. STREIM 1975, S. 145f). Der große Nachteil dieser Verfahren besteht darin, daß sie eine Glaubensfrage darstellen; sie können intersubjektiv nicht – im Sinne von deduktiven Schlußfolgerungen – nachvollzogen werden. Allerdings können empirische Maßzahlen den Glauben an den Erfolg bei einem anderen Problem stützen[126].

Die Komplexität der ökonomischen Tatbestände legt nahe, daß ein vollständiges Optimierungskalkül nicht angewandt werden kann. Trotzdem ist es möglich, daß sich die Individuen vor einem subjektiven Informationsstand nach den Regeln des Kalküls verhalten und auf brauchbare Ergebnisse hoffen. Dies könnte durchaus als Routine und Heuristik bezeichnet werden. Die hier erarbeitete Auffassung von Heuristik unterscheidet sich kaum hinsichtlich des Verhaltens von den Routinen in der Definition von NELSON und WINTER. Es werden stets Entscheidungsoperatoren auf Problemsituationen angewandt, um diese zu bewältigen.

---

[126] Damit wird deutlich, daß Näherungsverfahren der Mathematik, wie z.B. die regula falsi zur Nullstellenbestimmung, nicht unbedingt eine Heuristik darstellen, nämlich genau dann nicht, wenn ein Konvergenzbeweis gegeben werden kann.

5.3.5 Das Handlungsmodell der Psychologie

In der Psychologie wird – was seine Analogie in den evolutionsökonomischen Ansätzen der Ökonomie findet – von nachfolgender Struktur ausgegangen:

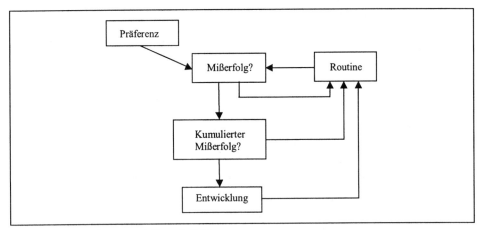

Abb. 5.2 Handlungsmodell nach Dörner

Offensichtlich ist die Frage, ob bisher bewährte Routinen verändert werden, eine Frage des Mißerfolgs und einer Schwelle in der Summe aller Mißerfolge (**Frustrationstoleranz**). Bei dieser Modifikation ist von entscheidender Bedeutung, wie hoch die Kompetenz zur Modifikation seitens des Individuums ist. Neue Entwicklungspfade entstehen dann, wenn das Niveau des Selbstvertrauens und damit die „**heuristische Kompetenz**" hinreichend hoch ist, um einen neuen Entwicklungspfad (Trajektorium) zu ermöglichen.

5.3.6 Die Handlungsregulation – ein systemisches, psychologisches Modell

Zumeist dominieren in der Psychologie Verhaltenstheorien, die ausschließlich am Verstehen einzelner Individuen orientiert sind, und somit dem individuellen Charakter und seinem Umfeld eine wesentlich größere Bedeutung beimessen (können). Die dort diskutierten Modelle des Arbeitens (z.B. HACKER 1978), des Problemlösens (z.B. ANDERSON 1983, DÖRNER 1976) oder der Streßbewältigung (z.B. SCHÖNPFLUG 1979) sind dem Paradigma der Beanspruchungsregulation verpflichtet und lehnen sich an die grundlegend von WIENER (1948) formulierte Systemtheorie. Die Darstellung der Abläufe erfolgt mit Hilfe von Regelkreisen.

Dazu werden die kleinsten Komponenten (Analyseeinheiten) einer Handlung und die Bedingungen für das Auslösen, die Aufrechterhaltung und die Beendigung von Handlungen gesucht. Als Antwort auf den Behaviorismus mit seinen Stimulus-Response-Mustern untersuchte die kognitive Psychologie die intrapsychologischen Prozesse. MILLER, GALANTER und PRIBRAM (1960) wählten zur Darstellung von Handlungen einen Regelkreis, der wiederum aus kleineren Regelkreisen bis hinunter zu den elementaren Regelkreisen, der TOTE-Einheit (Test-Operate-Test-Exit), aufgebaut ist.

Die psychologische Handlungstheorie basiert im wesentlichen auf der Vorstellung, daß sich Handlungsabläufe durch Regelkreise abbilden lassen. Der Mensch als Informationsmaschine wird durch seine emotionalen, energetischen und kognitiven Strukturen beschrieben (siehe hierzu auch die Abb. 5.3 auf S. 201). Die emotionale Seite schließt die Bedürfnisstruktur, den Gefühlszustand und die Motivation ein. Die energetischen Anforderungen durch körperliche oder geistige Aktivität führen zu Abbau- und Aufzehrungserscheinungen wie z.B. Müdigkeit, Ausgelaugtheit oder "leerem Akku". Das Gedächtnis, die Wissensspeicherung und die Wahrnehmungsfähigkeiten sind dem kognitiven Teil zuzuordnen. Der Mensch wird so durch sein geistiges und körperliches (energetisches) Potential und seine Motivation – hier durch die Zielvorgabe im Regelvorgang darstellbar – beschrieben.

Diese Zielvorgabe ist durchaus zu hinterfragen: Woher kommen diese Ziele? Wie lassen sie sich formulieren? Sind sie über den Untersuchungszeitraum konstant? LEWIN (1926) diskutierte die Möglichkeit, den Lebensraum durch das Setzen von einigen wenigen Zielen zu vereinfachen, zu strukturieren. Die vielfältigen Herausforderungen und Lösungsalternativen werden anhand von wenigen Zielen bewertet und damit bewältigt. Unterstützung erfährt diese Sichtweise durch die Modelle einer beschränkten Kanalkapazität. So sind in der Regel nur fünf bis neun Informationen "gleichzeitig" handhabbar, was durch die Speicherkapazität – gemessen in der Itemzahl – des Kurzzeitgedächtnisses begrenzt wird (vgl. MILLER 1956 oder auch KRECH u.a. 1992, Bd. 3, S. 60). Probleme, die eine höhere Kanalkapazität benötigen, müssen zerlegt und dann gelöst werden[127]. Dies entspricht einer Hierarchisierung der Probleme und auch der Ziele.

Zunächst gehen wir jedoch von der Vorgabe eines überschaubaren Zielsystems aus. Alle Veränderungen der emotionalen, energetischen und kognitiven Struktur des Menschen, die sich dem Erreichen des Ziels unterordnen, werden als regulative Prozesse aufgefaßt (vgl. BATTMANN 1989, S. 5). Das Modell der Handlungsregulation wird somit durch die Sollwertvorgabe, die geregelten und die regelnden Größen und deren Abhängigkeiten beschrieben. Die Schnittstelle von Personen zur sozialen und technischen Umwelt stellt die nervöse, kognitive und die motorische, verbale Aktivität dar. In diesem Modell können dann verschiedene Regelkreise entstehen, z.B. die (selbst-) manipulative Veränderung des psychophysischen Zustandes durch kognitive Aktivität wie die Autosuggestion,

---

[127] Diese Aufteilung (chunking) geht auf MILLER (1956) zurück.

5.3. Alternative Handlungsmodelle

etc. Auch die Lösung eines Problems mittels technischer Hilfsmittel (über die technische Regulation) oder sozialer Kooperation ist darstellbar.

Das Erkennen, die Wahrnehmung bzw. Übernahme eines(r) (objektiven) Problems (Aufgabe) führt zu einer subjektiven Deutung. Diese entspricht dann einer Beanspruchung, die reguliert wird. Allgemein kann damit von einer "Beanspruchungsregulation" gesprochen werden. Durch die Regulation versucht das Individuum, wieder einen günstigen psychophysischen Zustand zu erreichen. Diese Formulierungen lassen sich auch graphisch (siehe Abb. 5.3) umsetzen.

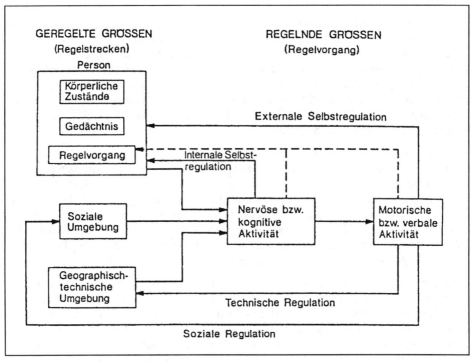

Abb. 5.3 Modell der Handlungsregulation (Quelle: SCHÖNPFLUG 1979, S. 181)

Die Konzentration der psychischen Modelle auf den Bereich der Problemlösung oder Streßbewältigung läßt das Problem der fehlenden Ziele zurücktreten. Jedes auftauchende Problem soll beseitigt werden und gibt somit das Ziel vor. Bei der Lösung von gestalterischen Aufgaben steht das Ziel der Bemühungen nicht mehr fest, und die Zieldiskussion bekommt ein stärkeres Gewicht. Mit diesem Modell scheinen eine Vielzahl von Handlungen beschreibbar zu sein. Doch es bleibt die Frage nach der Herkunft des obersten Ziels, dem Antrieb des Menschen, offen.

5.3.7 Soziologische Lebensweltkonzepte

Auch die Soziologie ist einer präskriptiven Rationaltheorie gegenüber kritisch eingestellt und gesteht ihr – wenn überhaupt – einen kleinen Gültigkeitsbereich zu (vgl. ESSER 1991, S. 235). Allem voraus beruhe das Alltagshandeln in keiner Weise auf rationalen Gründen und werde höchstens im Nachhinein rationalisiert. Die Kritik beruft sich hierbei auf SCHÜTZ (1972, vgl. auch ESSER 1991), so daß wir dessen Lebensweltkonzept, welches interessante Parallelen zur psychologischen Sichtweise aufweist, kurz darstellen wollen.

Der Mensch handelt in einem Umfeld (Lebenswelt) von nicht hinterfragtem (fraglosem) Wissen und Erwartungen und wendet Routinen und Daumenregeln an. Er erfaßt eine Situation selektiv nach seiner vorhandenen Wissensstruktur und reagiert dann seiner Erfahrung entsprechend mit bestimmten Routinen. Erst wenn das Versagen der Routine festgestellt wird, erfolgt deren Überprüfung. Die Annahmen hinter der Fraglosigkeit sind die der Konstanz der Weltstruktur, der Gültigkeit unserer Erfahrungen von der Welt, der Möglichkeit, auf die Welt und in ihr zu wirken (vgl. SCHÜTZ 1972a, S. 153) und die (grobe,) häufig bestätigte Typisierung.

Der Mensch ist in nur wenigen Bereichen ein Experte, so daß er eine *„gründliche, bestimmte und widerspruchslose Kenntnis nicht nur des Was und Wie, sondern auch ein Verständnis des Warum hat, in dem er also 'sachverständig' ist"* (SCHÜTZ 1972a, S. 157). Häufig hat er kein annähernd vollständiges Erklärungsmodell zur Hand, so daß er eine Situation nur grob mit einer bekannten assoziieren kann, nur einen Bruchteil möglicher Lösungen kennt und deren Auswirkungen nicht prognostizieren kann. Die Wissensstruktur und -tiefe wird wiederum von der Motivation bestimmt, die SCHÜTZ (1972a, S. 158) im *„Thema der Relevanz"* anspricht.

Durch die Relevanz von Themen entsteht eine Hierarchie in der Präferenzenstruktur, es wird ein Hauptthema, ein Sinnhorizont gewählt. Die Relevanz wiederum beeinflußt auch die Wahrnehmung von Situationen. Die Motivationsrelevanz selbst kann auf zwei Motiven beruhen, dem Um-zu- und dem Weil-Motiv (vgl. ESSER 1991, S. 248). Das Um-zu-Motiv bezieht sich auf das Erreichen einer zukünftigen Situation, ist also zielorientiert, die Weil-Motive spiegeln die Erfahrungen und die Sozialisation der Person wider und somit den Einfluß Dritter auf die Handlung.

Verhindern die Vereinfachungen durch die Motivationsrelevanz und das auch dadurch vorstrukturierte Wissen die Anwendung einer Routine, so ist das *„relevant gewordene Thema ... nun selbst zu einem Problem geworden"* (SCHÜTZ 1972a, S. 161). Die Definition der Situation ist nun selbst das Problem und erfordert den Wissenserwerb und die Wissensveränderung, solange, bis eine zufriedenstellende Lösung gefunden wird. Hierbei können neue Relevanzstrukturen, welche die Wahrnehmung einer Situation beeinflussen, oder neue Routinen entstehen.

Das Handeln beruht damit auf der durch eine Zielrahmenvorgabe (Frame) beeinflußte Wahrnehmung einer Situation und der Auslösung einer damit assoziierten Routine. Es läßt „*alle Anzeichen von Habitualisierung, Automatismus und Halbbewußtsein erkennen*" (SCHÜTZ 1972b, S. 68). Die Auswahl von Handlung(ssequenz)en, auch habits, Rezepte oder Routinen genannt, orientiert sich an der in einer Situation dominanten (Teil-) Zielstruktur, als Frame bezeichnet, und erfolgt zweistufig (vgl. ESSER 1991, S. 258f). In der ersten Stufe wird überprüft, ob bei dem gegebenen Frame bzw. bei der gegebenen Relevanzstruktur in dieser Situation ein bewährtes Schema bzw. eine bewährte Routine angewandt werden kann. Erst in der zweiten Stufe wird dann das Schema abgearbeitet und eine konkrete Alternative gewählt.

5.3.8 Prospect-Theorie – ein deskriptiv intendierter Rational-Choice-Approach der Psychologie

In der Regel fühlen sich die Psychologen nicht dem "Rational-Choice-Paradigma" verpflichtet und interessieren sich besonders für die Verhaltensunterschiede von verschiedenen Individuen (vgl. HOGARTH und REDER 1987, S. 7). In diesem Kontext lassen sich die Einflußfaktoren besser herausstellen. Außerdem müssen sich die Individuen in gleichen Situationen nicht ähnlich verhalten.

Eine gute Auseinandersetzung mit der ökonomischen und der psychologischen Entscheidungstheorie bieten TVERSKY und KAHNEMAN (1987)[128]. Der normative Rational-Choice-Ansatz hat folgende Basisaxiome[129], die je nach Modellerweiterung auch nur in einer schwächeren Variante gelten müssen:

- Elimination bzw. Nichtbeachtung von Umweltzuständen. Umweltzustände, die unabhängig von der Auswahl der Alternativen immer zum gleichen Output führen, werden eliminiert.

- Transitivität der Präferenzen. Dadurch wird in der Regel eine ordinale Darstellung möglich. Außerdem wird eine "Geldpumpe" aufgrund zyklischer Präferenzen (vgl. TVERSKY und KAHNEMAN 1987, S. 69) ausgeschlossen.

- Dominanz. (Stochastisch) Dominierte Alternativen werden aus der Lösungsmenge ausgeschlossen.

---

[128] TVERSKY und KAHNEMAN zielen hauptsächlich auf die Wahrnehmungs- und Kognitionspsychologie, nicht auf die Motivationspsychologie. Sie arbeiten in ihre Verhaltenstheorie kognitive und damit psychologische Elemente ein.

[129] Siehe hierzu beispielsweise auch die Beschreibung der Erwartungsnutzentheorie bei FISHBURN (1988).

- Invarianz. Die unterschiedliche Repräsentation einer Alternative führt trotzdem zu einer identischen Bewertung, die somit von der Problemdarstellung unabhängig ist.

TVERSKY und KAHNEMAN überprüfen nun die Realitätsnähe der Axiome und stellen sie beobachtetem Verhalten gegenüber. Sie wollen den Nutzen von normativen Theorien für das tatsächliche Verhalten, also deskriptive Ansätze, überprüfen. Im Rahmen der "Prospect-Theorie" wird die Problemdarstellung (Framing) und die Bewertung, welche dem Output einen Wert zuweist und eine Gewichtungsfunktion über die Wahrscheinlichkeiten beinhaltet, unterschieden. Die vorläufige Gültigkeit dieser Darstellung wird durch die Resultate vieler Versuche bestätigt:

- Es werden keine Zustände, sondern die Veränderungen bewertet, also keine Wohlfahrtszustände, sondern Gewinne und Verluste, wobei Gewinnsituationen in der Regel risikoavers, Verlustsituationen hingegen risikoreich begegnet wird. Damit rückt der Referenzpunkt und die Blickrichtung in den Vordergrund des Framings und hat einen erheblichen Einfluß auf das Ergebnis der Wahl. Daraus kann eine Verletzung des Invarianzaxiomes abgeleitet werden.

- Die unterschiedliche Risikobereitschaft für Gewinn und Verlust beeinflußt das Verhaltensergebnis, so daß das Erreichen eines PARETO-Optimums bzgl. von Wohlfahrtszuständen nicht gewährleistet ist (vgl. TVERSKY und KAHNEMAN 1987, S. 78).

- Eine nichtlineare Entscheidungsgewichtungsfunktion, die den ALLAISschen Sicherheitseffekt (siehe ALLAIS 1979), d.h. die Übergewichtung von relativ sicheren Ereignissen im Vergleich zu wahrscheinlichen, und die Übergewichtung von sehr unwahrscheinlichen Ergebnissen berücksichtigt, kann beispielsweise in Kombination mit nicht offensichtlichen, unbeeinflußbaren Größen zu einer Entscheidungsumkehr (preference reversal) führen. So werden die Axiome der Elimination und Dominanz in transparenten Entscheidungssituationen angewandt, in unüberschaubaren häufig verletzt. Die Präferenzformulierung muß somit die Transparenz und die Bedeutung des Framing berücksichtigen (siehe TVERSKY und KAHNEMAN 1987, S. 89). Die Problemerfassung und -darstellung einer Person wird durch Gewohnheiten, Normen und Erwartungen geprägt.

- Die der Prospect-Theorie zugrunde gelegten Versuche zeigen, daß die Wahrnehmung und das Urteilsvermögen die rationale Entscheidung limitieren. Dies steht somit im Einklang mit einer beschränkten Rationalität, wie sie von SIMON und MARCH oder NELSON und WINTER unterstellt wird.

- Die Verletzung der Axiome beim Handeln der Individuen wird vielfach beobachtet, ist normativ aber nicht tolerierbar. TVERSKY und KAHNEMAN kommen somit zum Schluß, daß deskriptive und normative (präskriptiv in unserem Sinne) Theorien der Entscheidung unvereinbar bleiben müssen.

5.3.9 Die Vielfalt der Verhaltensmodellierung

In diesem Abschnitt haben wir das Grundmodell zur präskriptiven Verhaltensmodellierung – den homo oeconomicus – kennengelernt. Daran haben sich verschiedene, neue Elemente enthaltende Verhaltenstheorien hauptsächlich aus deskriptiver Sicht angeschlossen. Darunter fällt die Berücksichtigung der Transaktions- und Informationskosten aus der Sicht der modernen Mikroökonomik sowie die "bounded rationality" von SIMON und der Evolutionsökonomik nach NELSON und WINTER, die zur Verhaltensdarstellung Fertigkeiten und Routinen verwendet. Dort steht das Gewinnemachen und nicht das Maximieren der Gewinne im Vordergrund. Eine weitere Theorie stellt die Prospect-Theorie von TVERSKY und KAHNEMAN aus dem psychologischen Bereich dar. Aus deskriptiver Sicht wird hier starke Kritik an den normativen Ansätzen geübt, insbesondere an der Erwartungsnutzentheorie, deren Axiome in der Realität kaum erfüllt sind. Aus der Soziologie wurde ein weiteres Verhaltensmodell gewählt, bei dem die Präferenzen hierarchisch vorstrukturiert sind, wodurch verschiedene Relevanzstrukturen von Themen entstehen. Dadurch kann einer Situationen ein bestimmtes routiniertes Verhalten (Habits) zugeordnet werden. Deutlich wurde in der psychologischen und soziologischen Sichtweise die kritische Einstellung zu einem universell verwendbaren, rationalen Ansatz, der die Individuen überfordert.

Die diskutierten Verhaltensmodelle können unter Umständen zu völlig anderen Ergebnissen und über mögliche Rückwirkungen zu verschiedenen Entwicklungspfaden führen. Gerade die im Ergebnis fehlende asymptotische Annäherung der deskriptiven Verhaltensmodelle an das präskriptive, rationale Modell des homo oeconomicus zeigt die Wichtigkeit einer verhaltenstheoretischen Fundierung der Ökonomie. In einer Art Gegenprüfung wurden die mit dem homo oeconomicus-Modell nicht erklärbaren Verhaltensweisen bzw. Handlungsgrundlagen auf ihre Rationalität hin untersucht. Mehrfach wurde betont, daß automatisiertes Verhalten in Form von Routinen oder Habits stattfindet. Dadurch, daß der Mensch (zumindest in seiner Informationsverarbeitungskapazität) limitiert ist, erscheint die Annahme von beschränkt rationalem Verhalten sinnvoll zu sein. Der Mensch arbeitet mit Heuristiken.

5.4 Strategisches Wettbewerbsverhalten im Oligopol

Trotz der deskriptiven Gültigkeit der oben beschriebenen alternativen Verhaltensmodelle wollen wir hier in den theoretischen Modellen stets den gewinnmaximierenden Entrepreneur unterstellen. Er bewegt sich im Spannungsfeld der Faktormärkte, der technologischen Entwicklungen und den (dynamischen) Präferenzen der Nachfrager und versucht als letztentlohnte Ressource, die Rendite-Risiko-Position bezüglich seines Nutzens (Gewinns) zu optimieren. Der Vorteil dieser Vorgehensweise liegt in der guten Prognosefähigkeit der Theorie, die Anpassungen an die Praxis, d.h. die sich durch das nicht perfekt rationale Verhalten der Marktteilnehmer ergebenden Abweichungen, kann der Leser dann selbst abschätzen.

Die Summe vieler unvollkommener Agenten ergibt häufig dennoch ein rational funktionierendes System. Deshalb sind Konzepte, die Rationalität unterstellen, als Referenzfälle äußerst wichtig. Rationalität wird in diesem Fall nicht als existent beim Individuum angesehen, sondern instrumentalistisch interpretiert.

Wie oben bereits angedeutet konzentriert sich dieses Kapitel auf das strategische unternehmerische Verhalten, bei dem das Verhalten Dritter (Konkurrenten) bei einer gleichzeitigen Strategienerweiterung (Lügen, Bluffen) einbezogen werden sollen. Dabei sind dann auch Annahmen über das Verhalten der Dritten (Wettbewerber) zu machen: Verhalten sich diese auch strategisch, legen sie ähnliche Verhaltensgrundsätze an oder reagieren sie nur eingeschränkt oder auch gar nicht auf solche Vorstöße. Speziell bei der unterstellten Reaktion der Konkurrenten (conjectural variation) unterscheiden GREENHUT, NORMAN und HUNG (1987) im Rahmen der Wettbewerbstheorie den

- LÖSCHschen Wettbewerb; die Wettbewerber reagieren identisch wie das Unternehmen selbst, d.h. sie verändern die Preise in gleicher Art und Weise,
- HOTELLING-SMITHIES-Wettbewerb; das Unternehmen nimmt an, daß die anderen Unternehmen nicht auf seine Preisänderungen reagieren,
- GREENHUT-OHTA-Wettbewerb; jedes Unternehmen kennt den festen Preis seiner Wettbewerber und variiert seinen Preis im nichtwettbewerblichen Bereich.

Zur Einführung wollen wir jedoch die Grundmodelle des Duopols (Oligopols) heranziehen. Es werden unter der Annahme, daß die Produkte homogen, d.h. identisch zu den Produkten der Wettbewerber, sind, alternative Verhaltensweisen diskutiert, die zu unterschiedlichen Marktstrukturen und Marktergebnissen führen. Bei den zunächst untersuchten homogenen Produkten liegt die Nachfrageelastizität (Nachfragedringlichkeit), die alle Anbieter erfahren, gleich hoch, d.h. die Nachfrager können nicht auf andere enge Substitute abwandern. Damit sind hauptsächlich die Reaktionen und Reaktionsmöglichkeiten der Wettbewerber zu analysieren. Daraus ergibt sich die Aufteilung des Marktes und zusammen mit der eigenen Kostensituation auch der Erfolg für das eigene Unternehmen. Hierbei beschränken wir uns auf nur einen Wettbewerber, also auf ein Duopol.

5.4.1 Homogene Produkte

Homogene Produkte zeichnen sich dadurch aus, daß der Nachfrager stets den identischen Nutzen aus dem Konsum des Gutes zieht, egal von welchem Hersteller es ist. Die Güter

5.4. Strategisches Wettbewerbsverhalten im Oligopol

müssen somit auch eine identische Qualität haben. Das einzige Unterscheidungsmerkmal kann der Preis sein. Bei homogenen Produkten kann sich das strategische Verhalten der Konkurrenten auf den Mengen- oder Preiswettbewerb beziehen. Zur genaueren Analyse müssen das Nachfrageverhalten und die Produktionsfunktionen (Kostenfunktionen) auf Produktebene für alle Wettbewerber bekannt sein.

5.4.1.1 COURNOTscher Mengenwettbewerb bei ausreichenden Überkapazitäten

Die am Markt befindlichen Unternehmen bieten eine bestimmte Menge eines Gutes an. Daraus ergibt sich der Markträumungspreis, den die Konsumenten zu zahlen bereit sind. Die Nachfrage nimmt also jede angebotene Menge ab, d.h. bei sinkendem Preis kann mehr abgesetzt werden. Was ist nun die Strategie der Unternehmen? Jedes Unternehmen betrachtet zunächst die Ausbringungsmenge des Konkurrenten als konstant und überlegt sich hierzu eine optimale Antwort in Form einer angebotenen Menge. Nun stellt sich die Frage, unter welchen Umständen die Handlungen der Unternehmen miteinander vereinbar sind. Dies ist nun genau im COURNOT-NASH-Gleichgewicht der Fall, nämlich zu der Preis-Mengen-Kombination, die beiden unter Konkurrenzbedingungen den jeweils höchsten Gewinn ermöglichen[130].

Die Existenz von COURNOT-Lösungen hängt von dem Vorhandensein ausreichender Überkapazitäten ab (vgl. SHAPLEY und SHUBIK, 1969). Generell ist das Konzept der COURNOT-Lösungen nur dann anwendbar, wenn die institutionellen Voraussetzungen das Zustandekommen ausdrücklicher oder stillschweigender Kooperationen (Absprachen) nicht ermöglichen. Neben der Rechtsordnung und ihrer Durchsetzung (Kartellrecht) kann insbesondere die Möglichkeit unbemerkter Verstöße gegen das Kartell wirksame Absprachen verhindern.

Bei kollusivem Verhalten wird angenommen, daß die Oligopolisten ihren gemeinsamen Gewinn maximieren, d.h. als Quasi-Monopol auftreten. In der Handlungsmenge der Kooperationspartnern ist das Ergebnis des COURNOTschen Mengenwettbewerbs als Spezialfall enthalten, woraus folgt, daß sich die Unternehmen nicht schlechter stellen können als bei der vorher beschriebenen Situation, wodurch ein Anreiz zu kollusivem Verhalten gegeben ist. In der Regel sind solche Absprachen aber nicht stabil, allenfalls funktioniert das bei nur sehr wenigen Unternehmen im Markt, so daß das abweichende Verhalten leicht kontrolliert und sanktioniert werden kann. Speziell das Zugeständnis

---

130 Das den Unternehmen unterstellte Verhalten, nämlich die Anpassung der angebotenen Menge an die von den Konkurrenten angebotenen Menge, entspricht dem bei vollständiger Konkurrenz und bei der monopolistischen Konkurrenz. Den Nachfragern wird kein Preis für das Gut angeboten, dieser ergibt sich erst aus der Zusammenführung von aggregiertem Angebot und Nachfrage. Strategisch können die Unternehmen jedoch die Produktionstechnologie anpassen, die jeweils bei anderen Outputmengen ein Durchschnittskostenminimum haben.

von geheimen Rabatten auf veröffentliche Listenpreise gefährdet neben der Bedrohung durch Markteintritte potentieller Konkurrenten die Stabilität von Preisabsprachen.

Will der Entrepreneur das COURNOTsche Wettbewerbsmodell, das typischerweise eher in Situationen für den Ausgründer als in solchen für den Existenzgründer zutreffen wird, anwenden, muß zunächst untersucht werden, ob bzw. bei welchen Produkten die Voraussetzungen für diesen COURNOTschen Wettbewerb erfüllt sind. Hierzu sind Angaben über die Homogenität der Produkte notwendig. Anschließend werden Informationen über die Gesamtnachfragefunktion und die Kostenkurve bzw. Produktionsfunktion beider Wettbewerber benötigt. Damit wird deutlich, wann das Kalkül angewandt werden darf. Sind die Annahmen „fast" erfüllt, dann kann das Wettbewerbsmodell bei entsprechender Robustheit der Theorie dennoch genutzt werden.

5.4.1.2 BERTRANDscher Preiswettbewerb bei beschränkten Produktionskapazitäten

Eine Alternative zum COURNOTschen Mengenwettbewerb liegt in einem Unternehmerverhalten, bei dem die Unternehmen die Preise setzen und die Kunden entsprechend ihrer Nachfragefunktion die Menge beim billigsten Anbieter auswählen, wodurch eine Tendenz zur Preissenkung entsteht, die erst dann zum Stillstand kommt, wenn alle Anbieter das Konkurrenz-Gleichgewicht erreicht haben, bei dem ein einheitlicher Preis herrscht und somit die Grenzkosten, also die Kosten der letzten produzierten Einheit, dem Preis entsprechen. Die Nachfrager nehmen also Preisunterschiede wahr und reagieren sofort. Sie sind vollständig informiert und nicht (in Verträgen) gebunden. Sie fragen stets bei dem günstigeren Anbieter nach.

Die Modelle der Preisvariation machen jedoch erst vor dem Hintergrund von Kapazitätsgrenzen der einzelnen Anbieter einen Sinn, so daß die Nachfrage bei einem einheitlichen Marktpreis rationiert wird. Diese Lieferunfähigkeit erfordert daher Annahmen über die Umverteilung der unbefriedigten Nachfrage auf die übrigen Anbieter. Schließlich bleibt anzumerken, daß bereits potentielle Konkurrenz dazu führen kann, daß der Monopolist vor Ort nicht Monopolpreise, sondern Wettbewerbspreise nimmt.

Diese drastische Wirkung der Beschränkung des Preissetzungsspielraumes durch potentielle Wettbewerber kommt dann zum Tragen, wenn Hit-and-Run-Entry (siehe BAUMOL, PANZAR und WILLIG, 1988) möglich ist. Dies bedeutet, daß ein Konkurrent sofort und ohne Kosten als Wettbewerber eintreten und den Markt auch ohne Kosten wieder verlassen kann. Ein Beispiel wäre die Tätigkeit des Schuhputzers. Die hierzu benötigten Mittel sind eigentlich in jedem Haushalt verfügbar, so daß ohne weiteres jedermann diese Tätigkeit ausüben könnte. Wird damit nun ein immenses Geschäft gemacht, dann kommen sofort die Konkurrenten[131], und über den Wettbewerb wird der Extra-Verdienst (= Rente im ökonomischen Sinn) abgeschmolzen.

---

131 Von einer Gewerbeanmeldung soll hier abgesehen werden.

Zur Anwendung des BERTRANDschen Wettbewerbsmodells muß zunächst untersucht werden, ob bzw. bei welchen Produkten die Voraussetzungen für den BERTRANDschen Wettbewerb erfüllt sind. Hierzu sind Angaben über die Homogenität der Produkte, Kapazitätsbeschränkungen und Preisänderungskosten notwendig. Als weitergehende Informationen werden wiederum die Gesamtnachfragefunktion und die Kostenkurve bzw. Produktionsfunktion der (auch potentiellen) Wettbewerber benötigt.

5.4.1.3 STACKELBERG-Wettbewerb mit „industriellem" Führer und Imitator

Das Wettbewerbskonzept von V. STACKELBERG geht von zwei unterschiedlich starken Unternehmen aus. Das eine sei ein industrieller Führer, das andere ein schwächerer Konkurrent oder Imitator. Beide unterscheiden sich durch den Einbezug der Reaktion der anderen Unternehmung bei der Wahl der eigenen Strategie. Der STACKELBERG-Führer nimmt an, daß sich das andere Unternehmen an die von ihm gewählte Strategie in optimaler Form anpaßt. Der STACKELBERG-Zweite hingegen erwartet, daß auf seine Mengenwahl keine Reaktion des STACKELBERG-Führers erfolgt, wodurch er in der Lage ist, den Gesamtoutput und damit auch den Preis vorherzusehen und auch indirekt festzulegen.

Die Frage, ob das Verhalten des Führers oder des Anpassers vorteilhafter ist, läßt sich nicht eindeutig beantworten. Dies hängt vom Verhältnis der unterschiedlichen Kostenfunktionen ab. Es kann durchaus für alle Unternehmen vorteilhaft sein, die Rolle des Anpassers zu übernehmen. Das Ergebnis ist dann die oben beschriebene COURNOT-NASH-Lösung. Wollen beide die Rolle des Führers übernehmen, so ist das Ergebnis unbestimmt. Die Situation wird als STACKELBERG-Krieg bezeichnet.

Vor Anwendung des STACKELBERGschen Wettbewerbsmodells muß zunächst untersucht werden, ob bzw. bei welchen Produkten die Voraussetzungen für den STACKELBERGschen Wettbewerb erfüllt sind. Hierzu sind Angaben über die Homogenität der Produkte notwendig. Außerdem schließt sich die Frage an, ob es einen „industriellen Führer" (Innovator, Marktführer) gibt und welche Position der Führer und der Nachfolger besetzt oder besetzen will. Als weitergehende Informationen werden wiederum die Gesamtnachfragefunktion und die Kostenkurve bzw. Produktionsfunktion beider Wettbewerber benötigt.

Das obige STACKELBERG-Modell geht implizit davon aus, daß die beiden beteiligten Unternehmen zunächst eine Mengenplanung durchführen, anschließend innerhalb der gesetzten Kapazitäten produzieren. Nur so ist nämlich zu erklären, daß der Gesamtgewinn im STACKELBERG-Wettbewerb unter dem des COURNOT-Falls liegt und stabil bleibt. Denn bestünde Produktionsflexibilität, dann würden sich beide Unternehmen absprechen, um den erhöhten Gewinn zu vereinnahmen (siehe BLUM und MÖNIUS, 1997).

5.4.1.4 Informationsasymmetrien, Signalling und Preisstrategien

Weicht man von der Annahme vollständiger Information ab, so läßt sich beispielsweise fragen, wie sich Information strategisch einsetzen läßt, um Konkurrenzvorteile zu erlangen. Insbesondere kann durch entsprechende Signalgebung die Konkurrenz zu (in der ex-post Analyse oder im Vergleich zu vollständiger Information) falschen Entscheidungen bewegt werden. Typische Sachverhalte sind die Verhinderung der Markteintritte von Konkurrenten oder die Glaubhaftmachung der eigenen, im Vergleich zur Konkurrenz höheren Qualität.

Damit ein Signal überhaupt eine Wirkung zeigen kann, d.h. als glaubhaft interpretiert wird, müssen die Kosten für das Aussenden des Signals für ein Unternehmen, bei dem das Signal der Wahrheit entspricht, niedriger sein als für ein Unternehmen, bei dem das Signal nicht der Wahrheit entspricht. Handelt es sich also nur um eine ‚getippte' Nachricht über zukünftige Strategien, so wird kein Konkurrent beeindruckt, da die Schreibkosten für alle gleich hoch sind. Existieren hingegen Produkte, die andere nur mit Verlusten anbieten können, und die Nachricht bezieht sich auf diese Produkte, so ist eine Wirkung möglich.

Die Frage stellt sich dann, ob dieses Signal wahr oder falsch ist und ob es von der Konkurrenz geglaubt wird oder nicht. Ist das Signal falsch und die Konkurrenz tritt in den Markt ein, so ergibt sich für den Signalgeber möglicherweise ein Fiasko. Ist es falsch und die Konkurrenz tritt nicht ein, so erweitert der Signalgeber seinen Markt und, falls das Signal richtig war, sogar seine Wettbewerbsposition. War das Signal richtig und die Konkurrenz geht in den Markt, so ergibt sich der übliche Wettbewerb, wie er oben beschrieben wurde. Dieses ist ein Beispiel aus der Preiswelt wie durch Signale Informationsasymmetrien aufgelöst werden.

5.4.1.5 Zusammenfassung der Wettbewerbsanalysen bei homogenen Produkten

In den vorangegangenen Absätzen wurden den Unternehmern nur zwei Arten von Strategien zugestanden, nämlich die Festlegung der abzusetzenden Menge oder des Preises, wobei sich die Nachfrage entsprechend anpaßte. Die Nachfrage selbst hatte keine Möglichkeit, auf alternative Produkte (nahe Substitute) auszuweichen, da dies durch die Annahme homogener Produkte ausgeschlossen wurde. Die verschiedenen Modelle unterscheiden sich also nur in ihren Verhaltensannahmen bzw. Reaktionsweisen. Beim COURNOTschen Mengenwettbewerb bleibt diese Reaktion unberücksichtigt, d.h. das Unternehmen glaubt, daß eine Erhöhung seiner angebotenen Menge das Angebot der anderen nicht verändert. Beim kollusiven Verhalten wird angenommen, daß sich jedes Unternehmen an die Absprache hält, bei den BERTRANDschen Preisstrategien wird hierzu keine Annahme benötigt, allerdings wird unterstellt, daß die Anbieter Absatzverluste durch Preissenkungen erwidern. Beim STACKELBERG-Wettbewerb bezieht ein Unternehmen die Reaktion des anderen mit ein, das andere vernachlässigt diese. In der nachfolgenden Tabelle wird dies noch einmal übersichtlich zusammengefaßt.

Tab. 5.2 Übersicht über Wettbewerbsmodelle im Duopol

Kriterium	Bertrand	Cournot	Stackelberg
Spieler	Zwei Unternehmen	Zwei Unternehmen	Zwei Unternehmen
Strategieräume	Preise	Mengen	Mengen
Spielablauf	Simultane Entscheidung beider Unternehmen	Simultane Entscheidung beider Unternehmen	Dynamische Entscheidung: Führer-Folger-Struktur
Informationsstand	Keine, da keine pre-play-communication	Keine, da keine pre-play-communication	Verhalten des Folgers ist dem Führer bekannt
Auszahlungen	Nullgewinn für die Duopolisten	Positive Gewinne für die Duopolisten	Positive Gewinne für die Duopolisten

Die Frage, ob eine Modellierung als COURNOTscher oder BERTRANDscher Wettbewerb realitätsnäher ist, kann nicht eindeutig beantwortet werden. Wenn die Kosten der Ansetzung und Kommunikation neuer Preise, man spricht hier von menue costs, den Kosten, die das neue Drucken einer Speisekarte (Preisliste) in Anspruch nimmt, hoch sind, dann werden die Unternehmen sich wohl eher auf einen COURNOTschen Wettbewerb einlassen.

5.4.2 Inhomogene Produkte

Bei inhomogenen Produkten kann der Wettbewerb und seine Ergebnisse mit Hilfe eines ökonomischen Raumkonzeptes beschrieben werden, weil die Differenzierung als Entfernung zwischen tatsächlichen Produkten aufgefaßt wird. Zur genaueren Analyse nach dem Leitbild der monopolistischen Konkurrenz müssen die Eigenschaften und Positionierung der Produkte, das Nachfrageverhalten und die Produktionsfunktionen (Kostenfunktionen) auf Produktebene für alle Wettbewerber bekannt sein.

Diese Denkstruktur ist für den Entrepreneur aus mehreren Gründen interessant. Nehmen wir zunächst einmal an, das Bedürfnis „motorisierte Mobilität" der Kunden soll befriedigt werden und dazu gehen wir in die Zeit vor der Einführung des Mini-Vans zurück. Eine Dimension des Produktraumes sei Anzahl der beförderbaren Personen, eine zweite sei Reisegeschwindigkeit, eine dritte der Reisekomfort. Vor der Einführung des Mini-Vans stand lediglich der VW-Bus für eine siebenköpfige Familie (Reisegruppe) zur

Auswahl, der wiederum entscheidend langsamer und weniger komfortabel als ein PKW war. Genau in diese Lücke stieß nun der Mini-Van, mit dem nun mehr als fünf Personen sehr komfortabel und schnell reisen konnten. In unserer Denkstruktur lautet das wie folgt. Im Produktraum „motorisierte Mobilität" wurde ein unbesetzter Punkt mit genügend Nachfrage gefunden. Die Konkurrenz zu den beiden anderen Produkten „VW-Bus" und „PKW" war aufgrund der Differenzierung nur gering. Dabei war dieser Trend durchaus abzuschätzen. Mit der Einführung der Anschnallpflicht und gesonderter Sitze für Kinder hätte man „vorhersehen" können, daß der „normale" PKW nur noch für eine vierköpfige Familie ausreicht.

Der Entrepreneur soll nun solche Räume für sein Produkt entwerfen und damit die Einzigartigkeit bzw. die „Unbestreitbarkeit" seiner USP (unique selling proposition) aufzeigen. Die eleganteste Lösung besteht darin, aus prognostizierten Trends (vgl. Kapitel 4) eine neue Raumdimension zu erkennen, auf die sich künftig eine entsprechende Nachfrage konzentriert. Ähnliches gilt auch für die Wahl eines Raumpunktes (= differenziertes Produkt), der noch nicht von einem Konkurrenten besetzt ist.

5.4.2.1 Produktdifferenzierung als Voraussetzung für monopolistische Konkurrenz

Inhomogene Produkte unterscheiden sich in ihren Eigenschaften, beispielsweise Qualitäten, Verfügbarkeiten, Erreichbarkeiten usw. Güter können daher auch als Eigenschaftsbündel verstanden werden, bei denen jede einzelne Eigenschaft in der Lage ist, beim Konsum Nutzen zu stiften. Deshalb muß nun die Nachfrage unter Einschluß aller Substitutionseffekte modelliert werden, wodurch die Beziehungen zu anderen Güter (-bündeln), welche über Kreuzpreiselastizitäten gemessen werden können, in das Zentrum des Interesses rücken.

Eine derartige Vorgehensweise besitzt den großen Vorteil, sich aus den Problemen der oligopolitischen Interdependenz herauszulösen, weil sich nunmehr die äußerst komplexen Reaktionsverhalten der Konkurrenz nur noch auf die Reichweiten eines Produktes in einem ökonomischen oder geographischen Raum auswirkt – jeder Anbieter besitzt einen beschränkten eigenen Markt aufgrund der Differenzierung.

5.4.2.2 Das Gedankengebäude der monopolistische Konkurrenz

In der Realität besitzen Unternehmen monopolistische Bereiche. So wird ein jahrelang gut betreuter Bankkunde seine Bank nicht wechseln, nur weil er erfahren hat, daß sein Girokonto im Jahr 5 DM mehr kostet. Auch ein eingefleischter Mercedesfahrer wird seiner Marke nicht ohne schwerwiegenden Grund untreu werden. Durch diese eingeschränkten Reaktionen der Nachfrager besitzen die Unternehmen diesen monopolistischen Bereich. Sie sind aber in ihrer Preisgestaltung dadurch eingeschränkt, daß es im Punktmarkt partielle Substitute und im räumlichen Markt Distanz gibt. Monopolistischer

5.4. Strategisches Wettbewerbsverhalten im Oligopol

Wettbewerb, d.h. keine Konkurrenz im Kerngebiet und starke Konkurrenz im Randgebiet, ist die Folge.

Wenn von Gebieten mit und ohne Konkurrenz gesprochen wird, wird automatisch ein Raumkonzept verwendet. Es handelt sich dabei um ein abstraktes Konzept, das nicht nur den geographischen Raum beinhaltet. Jede Dimension des Raumes repräsentiert eine Eigenschaft; auf ihr werden die verschiedenen Merkmalsausprägungen abgetragen. Diese absoluten Informationen über Punkte, z.B. über Ressourcenpotentiale, geographische Lage, Gütereigenschaften usw., charakterisieren in einer statischen Sichtweise den Raum. In einer dynamischen Betrachtung schließen sich Überlegungen zur Mobilität der Potentiale (Ressourcen) an.

Die Dimensionen des Raumes werden durch die Eigenschaften der Produkte definiert. Jedes Produkt, auch das der Konkurrenten, kann durch einen Punkt in diesem Raum anhand seiner konkreten Eigenschaftsausprägungen beschrieben werden. Gleichzeitig werden in diesem Eigenschaftenraum auch noch die Nachfrager modelliert. Dazu werden sie an den Punkt ihres Wunschproduktes plaziert.

Das sehr allgemeine Raumkonzept (geographische Distanz zum Kunden, unterschiedliche Qualität, usw.) erlaubt es, ein Distanzmaß zu etablieren, das eine Bewertung ermöglicht. Dann lassen sich wettbewerbliche Vor- und Nachteile gegenüberstellen. Eine derartige Vorgehensweise ist bekannt in der Kapitalmarktanalyse, bei der Anlagen (als Güterbündel) durch zwei Eigenschaften, nämlich Risiko und Rendite beschrieben werden und die Unterschiede anschließend über individuelle Nutzen-Risiko-Einstellungen eine Bewertung erfahren.

Der Einfachheit halber sei angenommen, daß jeder Nachfrager genau eine Mengeneinheit eines Produkts wählt. Weiterhin sei unterstellt, daß er das Produkt kauft, zu dem der Abstand von seinem Präferenzoptimum (Wunschvorstellung) am geringsten ist. Aus dem Abstand von der eigenen idealen Position zum realen Produkt wird quasi der individuelle Preis des Sich-Anpassen-Müssens abgeleitet. Im geographischen Raum wären zu dem Verkaufspreis beispielsweise noch die Transportkosten, im Produktraum die Opportunitätskosten der Nichtoptimalität des Produktes zu addieren. Aus diesem Preis ergibt sich dann auch die Nachfrage in diesem Punkt.

Für jedes Produkt ergibt sich somit eine tatsächliche (räumlich-geographische oder räumlich hinsichtlich der Produkteigenschaften) Reichweite, welche dadurch gegeben ist, daß in dieser Entfernung keine Nachfrage mehr besteht. Diese kann aufhören, weil ein Konkurrenzprodukt nun preiswerter ist oder weil die Kosten für das Produkt den Nutzen übersteigen. Aus rein technologischen Eigenschaften ergibt sich eine Mindestreichweite für ein Produkt, bei der gerade ein Nullgewinn, in betriebswirtschaftlicher Sicht entspricht dies einer angemessenen oder eingeforderten Eigenkapitalrendite, erreicht wird. In diesem Raum läßt sich nun auch feststellen, ob sich irgendwo ein neues Produkt plazieren läßt, mit dem noch ein Gewinn erzielt werden kann. Dabei müssen die Nachfrager übrigens nicht gleichverteilt im Raum sein.

Durch dieses komplexe Modell für die strategische Positionierung der Produkte soll ein Gedankenraster geschaffen werden, in dem aufgrund der erfolgten Kategorisierung alle möglichen Ansatzpunkte für Strategien geprüft werden können. Die Kategorisierungen beziehen sich dabei auf die verwendeten Dimensionen des Raumes, die Verteilung der in der Regel als identisch angenommenen Nachfrager, die Positionierung der Produkte, die technologisch bedingten minimalen und maximalen Reichweiten der Produkte und die Metrik (als Preis) aus Kundensicht.

Für diesen Ansatz sind festzulegen

- die Dimensionen des Raumes, d.h. die Eigenschaften, durch die die Produkte beschrieben werden können,

- die Position der eigenen Produkte und der Wettbewerber in diesem Raum,

- die minimale und die maximale Reichweite von Produkten, wozu die Produktionsfunktionen für die Produkte bekannt sein müssen, und

- die Metrik für die verschiedenen Kundengruppen mit ihrer Verteilung im Raum.

5.4.2.3 SCHUMPETER-Konkurrenz als Spezialfall der monopolistischen Konkurrenz

Bei der SCHUMPETER-Konkurrenz wird davon ausgegangen, daß die Inhomogenität der Produkte durch einen Wissensvorsprung in der Zeit entstehen. Das Ziel eines Unternehmers ist es, eine Innovation auf den Markt zu bringen. Er möchte mit einem Zeitvorsprung ein Produkt entwickeln und anbieten, durch den er ein Monopol auf Zeit bekommt. Dieser Vorsprung wird durch die Imitatoren wieder aufgefressen, so daß nur eine neue Innovation wieder ein Monopol auf Zeit schaffen kann. Der Prozessorhersteller Intel ist ein Paradebeispiel für diesen Prozeß, bei dem sich die Firma bisher immer wieder eine Monopolstellung schaffen kann. Sobald die Imitatoren vom Produkt her aufschließen und ein Preisverfall durch die aufkommende Konkurrenz eintritt, ist Intel mit einem neuen Prozessor am Markt.

Ganz entscheidend bei dieser Wirkungsweise ist jedoch, daß die innovative Monopolstellung eine gewisse Zeit bestehen bleibt. Bei profitablen Produktionsprozessen, in die dem Konkurrenten kein Einblick gewährt wird, scheint dies gegeben zu sein. Dadurch kann es möglich sein, ansonsten identische Produkte zu einem niedrigeren Preis anzubieten. Eine weitere Möglichkeit besteht im Aufbau von Reputation, wenn es sich bei den Produkten um Erfahrungsgüter handelt.

5.5 Nichtkooperative Spiele

Dieser Abschnitt vertieft die spieltheoretischen Konzepte. Besonders wichtig sind hierin die Dilemmastrukturen, in welche die Wettbewerber geraten können. Sowohl für die Politik als auch den Entrepreneur ist es wichtig zu wissen, wie er solche Dilemmastrukturen auflösen kann. So kann er sich beispielsweise durch Produktdifferenzierung einer cut-throat-competition (ruinöse Konkurrenz) entziehen.

5.5.1 Grundlagen[132]

Am in Abschnitt 5.4.1.1 eingeführten Cournot Wettbewerb läßt sich der Gedanke des NASH-Gleichgewichts gut erläutern. Entscheidet sich das Unternehmen 1 zuerst für eine bestimmte Produktionsmenge, dann wählt das Unternehmen 2 hierzu eine optimale Antwort in Form einer gewinnmaximalen Produktionsmenge. Unternehmen 1 paßt sich nun seinerseits wiederum an diese Vorgabe von Unternehmen 2 an und wählt nun seinerseits die gewinnoptimale Produktionsmenge. Dann paßt sich wiederum das zweite Unternehmen an usw. Wenn nun die Unternehmen eine solche Produktionsmenge gewählt haben, bei der kein Unternehmen einen Anreiz zur Veränderung der Produktionsmenge hat, d.h. die besten Antwortfunktionen schneiden sich, dann ist ein NASH-Gleichgewicht erreicht.

Dieser Sachverhalt läßt sich formal als Spiel darstellen, welches sich aus einer Menge S von n Spielern s_i zusammensetzt, von denen jeder eine Aktionenmenge bzw. Strategiemenge A_i besitzt, die wiederum aus m reinen Strategien a_j besteht. Diese reinen Strategien können nun mit einer Wahrscheinlichkeit p_j gewählt werden. Die verschiedenen gewählten Strategien der Spieler führen nun für jeden Spieler zu einer Auszahlung $\pi^i(a_1., ..., a_i., ..., a_n.)$.

Die nichtkooperative Spieltheorie basiert auf individuellem Kalkül, wobei das Handeln des einen Individuums abhängig von dem des anderen ist; das Ergebnis von Individuum i wird durch die Handlungen anderer Individuen beeinflußt. Nichtkooperativ bedeutet hierbei, daß keine Absprachen oder Seitenzahlungen beispielsweise in Form von Bestechungen erlaubt sind.

Zur Beschreibung einer spieltheoretischen Handlungssituation benötigt man zwei oder mehrere Spieler (Teilnehmer), die jeweils eine eigene Strategiemenge mit mehreren Handlungsalternativen (diskret oder kontinuierlich) besitzen. Jeder dieser Spieler entscheidet sich individuell rational, d.h. er maximiert seinen Nutzen. Die verschiedenen

---

132 Zur Einarbeitung in die Spieltheorie wird das Kapitel „Nichtkooperative Spieltheorie: Eine Gebrauchsanweisung" in TIROLE (1995) oder GIBBONS (1992) empfohlen.

Handlungen aller Individuen führen für jedes Individuum zu bestimmten Konsequenzen, z.B. Auszahlungen, die dann noch durch individuelle Nutzenfunktionen bewertet werden können. Es ist sinnvoll, dominante und dominierte Strategien zu unterscheiden. Weiterhin unterscheidet man statische und dynamische Spiele. Bei den statischen Spielen spielt die Zeit keine Rolle, alle Individuen handeln gleichzeitig, d.h. haben kein Wissen über die Handlungen der anderen. Bei dynamischen Systemen ist die Vorgeschichte des Systems bekannt. Dies kann man dadurch darstellen, daß zunächst die eine Person agiert, die andere die Handlung beobachtet und dann darauf reagiert, in einer dritten Stufe kann dann die Person 1 wiederum auf die Aktion von Person 2 reagieren.

In der Darstellung einer spieltheoretischen Situation unterscheidet man die extensive Form und die Normalform, auch Matrixform genannt. Bei der extensiven Form wird die Reihenfolge der Züge, die Informationen und Alternativen, über die die Spieler verfügen, wenn sie an der Reihe sind, sowie die Auszahlungen an alle Spieler und evtl. eine Wahrscheinlichkeitsverteilung für die Züge eines hypothetischen Spielers mit den Namen „Natur" dargestellt. Die Darstellung selbst erfolgt als Baum, wie sie beispielsweise in Abb. 5.4 dargestellt sind. Zum Zeitpunkt t = 1 trifft nur der Spieler 1 eine Entscheidung. Er steht den Handlungsmöglichkeiten „Links" (L) und „Rechts" (R) gegenüber. Zum Zeitpunkt t = 2 trifft nun Spieler 2 seine Entscheidung zwischen „links" (l) und „rechts" (r). In Spiel 1 aus Abb. 5.4 besteht die Informationsmenge von Spieler 2 aus zwei disjunkten Mengen, wohingegen in Spiel 2 die Informationsmenge bei beiden Ausprägungen nach dem Zug von Spieler 1 identisch sind. In Spiel 1 kennt Spieler 2 vor seinem Zug die Strategiewahl von Spieler 1. Es handelt sich somit um ein dynamisches Spiel, wohingegen Spiel 2 ein statisches Spiel ist.

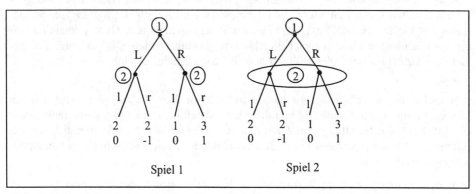

Abb. 5.4   Zwei Spiele in extensiver Form (Quelle: TIROLE 1995, S. 946f)

Kann sich ein Spieler nur für die eine oder die andere Strategie entscheiden, so werden die Züge reine Strategien genannt. Eine gemischte Strategie entsteht aus der Auswahl der reinen Strategien gemäß einem Zufallsverfahren – damit ist eine reine Strategie

5.5. Nichtkooperative Spiele

gleichzeitig ein Spezialfall einer gemischten Strategie – und kann als Tupel wie folgt dargestellt werden:

(5.6)
$$\begin{pmatrix} p_1,...,p_j,...,p_m \\ a_1,...,a_j,...,a_m \end{pmatrix}$$

Die Normalformdarstellung faßt die extensive Form in einer Matrix mit den verschiedenen reinen Strategien aus den jeweiligen Informationsmengen zusammen. Die Auszahlungsfunktionen für die beiden Spieler werden dann im Matrixfeld notiert. Der Übergang von der Baumdarstellung zur Matrixschreibweise wird aus Abb. 5.5 ersichtlich:

Spieler 1 \ Spieler 2	$a_2^1=(l,l)$	$a_2^2=(r,r)$	$a_2^3=(l,r)$	$a_2^4=(r,l)$
$a_1^1=L$	2/0	2/-1	2/0	2/-1
$a_1^2=R$	1/0	3/1	3/1	1/0

Spiel 1

Spieler 1 \ Spieler 2	$a_2^1=l$	$a_2^2=r$
$a_1^1=L$	2/0	2/-1
$a_1^2=R$	1/0	3/1

Spiel 2

Abb. 5.5 Zwei Spiele in Matrixdarstellung (Quelle: TIROLE 1995, S. 949)

Betrachten wir nun ein Spiel in Normalform. Zunächst können bei jedem Spieler schwach dominierte Strategien eliminiert werden. Bei diesem schrittweisen Verfahren können NASH-Gleichgewichte eliminiert werden. Zur Definition dieses NASH-Gleichgewichts benötigen wir jedoch noch eine präzise Definition der Auszahlungsfunktion. Die Auszahlung eines Spielers i hängt sowohl von der Wahl seiner Strategie a_i ab als auch von den Strategien a_j der anderen Spieler. Damit sieht die Auszahlungsfunktion wie folgt aus:

(5.7) $\Pi^i(a_1, ..., a_i, ..., a_n)$

Als Kurzschreibweise interessant ist noch $a_{-i} = (a_1, \ldots a_{i-1}, a_{i+1}, \ldots, a_n)$. Damit werden alle Strategien mit Ausnahme der Strategie des Spielers i zusammengefaßt. Damit läßt sich nun auch ein NASH-Gleichgewicht definieren: Eine Strategienmenge $(a_1^*, \ldots, a_i^*, \ldots, a_n^*)$ ist genau dann ein **Nash-Gleichgewicht** in reinen Strategien, wenn für alle $a_i \in A_i$ gilt:

(5.8) $\quad \Pi^i(a_i^*, a_{-i}^*) \geq \Pi^i(a_i, a_{-i}^*).$

Ein NASH-Gleichgewicht ist also eine Strategienkombination mit der Eigenschaft, daß kein Spieler einen Anreiz besitzt, seine eigene Strategie zu ändern, wenn er die Strategien seiner Gegenspieler als gegeben betrachtet. Die Strategie a_i^* ist eine beste Antwort (response) auf die Strategien $(a_1^*, \ldots, a_{i-1}^*, a_{i+1}^*, \ldots, a_n^*)$ der Gegenspieler.

Diese Definition läßt sich auch auf den Fall gemischter Strategien erweitern. Es ist lediglich ein Übergang zu dem Erwartungswert der Auszahlungen nötig. Bei einem Spiel in Normalform habe der Spieler i m verschiedene Strategien zur Wahl ($a_{i1}, \ldots, a_{ij}, \ldots, a_{im}$). Als **gemischte Strategie** wird dann eine Wahrscheinlichkeitsverteilung $p_i = (p_{i1}, \ldots, p_{ij}, \ldots, p_{im})$ mit $0 \leq p_{ij} \leq 1$ und $p_{i1} + \ldots + p_{im} = 1$ bezeichnet. Eine Strategienmenge $(p_1^*, \ldots, p_i^*, \ldots, p_n^*)$ ist genau dann ein **Nash-Gleichgewicht in gemischten Strategien**, wenn für alle $p_i \in P_i$ gilt:

(5.9) $\quad \Pi^i(p_i^*, p_{-i}^*) \geq \Pi^i(p_i, p_{-i}^*).$

Damit ist die gemischte Strategie p_i^* eine beste Antwort auf die gemischten Strategien aller anderen p_{-i}^*.

Die individuelle Rationalität der Individuen findet ihren Ausdruck in den NASH-Gleichgewichten. Diese sind dadurch beschrieben, daß in einer gegebenen Situation und unter Beibehaltung der Strategien aller anderen (ceteris paribus) das Individuum keinen Anreiz hat, seine Handlungsweise zu ändern. Diese NASH-Gleichgewichte existieren sowohl für pure (reine) als auch für gemischte Strategien. Die Berechnung gemischter Strategien-NASH-Gleichgewichte erfolgt über die Schnittpunkte der besten Antwortfunktionen (best response).

So einleuchtend die Definition des NASH-Gleichgewichtes auch ist, sie ist leider nicht sehr trennscharf. In einem Spiel existieren sehr viele dieser Gleichgewichte, auch solche, die bei genauerer Betrachtung als Lösung für das Spiel bei rationalen Spielern gar nicht in Frage kommen und deshalb nie realisiert werden. Deshalb wurden die Gleichgewichtskonzepte verfeinert. Hierbei sind dann perfekte Gleichgewichte in dynamischen Spielen in extensiver Form (Rückwärtsrechnung, backward induction) anzusprechen. Weiterhin sind BAYESanische Gleichgewichte, Trembling-hand-perfektes Gleichgewicht (SELTEN, 1975) und ε-perfektes Gleichgewicht (siehe TIROLE, 1995) aufzuzählen.

5.5.2 Dilemmastrukturen

Hier ist insbesondere der Konflikt zwischen individueller und kollektiver Rationalität zu nennen. Insbesondere **paretoineffiziente Nash-Gleichgewichte** stellen die (Wirtschafts-) Politik vor die Aufgabe, dies zu vermeiden. Die (Wirtschafts-) Politik sollte nur über eine Veränderung der Spielregeln oder Informationen die Auszahlungsfunktionen der Individuen beeinflussen und dadurch die Dilemmasituation beseitigen.

Ein Dilemma besteht darin, daß die Individuen individuell rational handeln, jedoch nicht die kollektive Rationalität erreichen. Nach der hier vertretenen Auffassung liegt darin der Grund für (wirtschafts-) politische Eingriffe.

Als Dilemmastrukturen unterscheidet man das Gefangenendilemma, das chicken game und das soziales Optimum. Das Gefangenendilemma hat seinen Ursprung in der Justiz. Es werden zwei Landstreicher verhaftet und in getrennte Zellen eingesperrt. Einer von beiden hat einen Mord begangen. Der Staatsanwalt bietet nun beiden Gefangenen, die nicht miteinander kommunizieren dürfen, folgenden Deal an: Steht der Gefangene als Kronzeuge zur Verfügung, d.h. er bezichtigt den anderen des Mordes, so wird er freigesprochen, wenn der andere in nicht auch des Mordes bezichtigt. Tritt dieser Fall ein, so wandern beide wegen Meineids für 8 Jahre in Gefängnis. Verweigert der Gefangene die Aussage und wird durch den anderen belastet, so erhält er 10 Jahre Gefängnis. Verweigern beide die Aussage, so beträgt das Strafmaß wegen Landstreicherei jeweils 1 Jahr. Dies führt zu folgender Auszahlungsmatrix:

Tab. 5.3 Gefangenendilemma

	Aussageverweigerung	Kronzeuge
Aussageverweigerung	-1/-1 (1)	-10/0 (2)
Kronzeuge	0/-10 (3)	-8/-8 (4)

Für die Auszahlungen des Zeilenspieler gilt: 3 >1>4>2

Alle Auszahlungen außer (-8/-8) sind pareto-effizient, aber nur dieser Punkt (-8/-8) stellt ein NASH-Gleichgewicht dar und wird durch die individuell rationalen Spieler realisiert. Das Dilemma an dieser Situation ist, daß sich rationale Agenten die für beide bessere Situation (1) verbauen. Daran ändert sich auch nichts, wenn sich beide Spieler unterhalten dürfen. Dies macht man sich am Beispiel der Stabilität einer Preis-/Mengenabsprache in einem engen Oligopol bzw. Duopol klar[133].

Dazu verwenden wir die in Abschnitt 5.4.1.1 eingeführte Umgebung, nämlich COURNOTscher Mengenwettbewerb bei homogenen Produkten. Kolludieren beide Duo-

---

[133] Ein sehr bekanntes Beispiel zu solcher mangelnden Stabilität ist auch die OPEC.

polisten, d.h. sie verhalten sich gemeinsam wie ein Monopolist, so können beide höhere Preise bei geringeren Mengen durchsetzen, die dann zu höheren Gewinnen führen. Bei der Kollusion muß jedoch nicht nur die gesamte Ausbringungsmenge abgesprochen werden, sondern es muß auch eine Einigung über die entsprechenden Produktionsquoten erfolgen. Beiden Unternehmen stehen dann während des Spiels die Strategien „Quote beachten" und „Quote brechen" zur Verfügung.

Für den einzelnen Unternehmer lohnt es sich in der Annahme, die Konkurrenz hielte den Output konstant, von der abgesprochenen Strategie, einem gemeinsamen Optimum, abzuweichen. Die Annahme, daß die Konkurrenz nicht reagiert, ist zentral für die Schlußfolgerungen. Dieser Sachverhalt läßt sich sehr gut anhand des eben eingeführten Spiels vom Typ "Gefangenendilemma" darstellen:

- Wenn beide Duopolisten kolludieren und ihre Produktionsquoten einhalten, erzielen sie einen Gewinn von jeweils 4 GE.
- Bricht nur einer der Beteiligten aus der Quotenvereinbarung aus und hintergeht den anderen, so steigt sein Gewinn auf 7 GE, der des Konkurrenten sinkt auf 0 GE.
- Stellen sich beide dem Wettbewerb, so liegt der Gewinn bei jeweils 3 GE.

Da für beide Spieler das Beachten der Quote eine dominierte Strategie, die somit unabhängig von der Strategie des Gegners schlechtere Auszahlungen liefert, hat das (PARETO-) optimale Gleichgewicht die Eigenschaft, zum Hintergehen einzuladen, weil sich dadurch der eigene Gewinn erhöht. Die Absprache ist somit nicht stabil.

Tab. 5.4 Spiel im Duopol

		Strategien des zweiten Unternehmens	
		Quote beachten	Quote brechen
Strategien des ersten Unternehmens	Quote beachten	4 / 4 (1)	0 / 7 (2)
	Quote brechen	7 / 0 (3)	3 / 3 (4)

Klassisch ist auch das „chicken game", das Spiel der Feiglinge. Zwei Autos rasen aufeinander zu - wer weicht aus? Wer zuerst nachgibt, hat das Spiel verloren. Ein weiteres Beispiel bezieht sich auf zwei Nachbarn, die miteinander im Streit leben. Der eine besitzt eine Ziege, die beim anderen den Gartenanbau zerstört, der anderen hat einen Hund, der die Ziege solange jagt, bis diese keine Milch mehr gibt. Der Bau eines Zaunes würde dieses Problem lösen. Wird dieser Zaun jedoch gebaut?

5.5. Nichtkooperative Spiele

Tab. 5.5 Chicken game: Ziege vs. Hund (Quelle: MUELLER, 1989, S. 16)

	Zaun bauen	keinen Zaun bauen
Zaun bauen	3/3 (1)	2/3,5 (2)
keinen Zaun bauen	3,5/2 (3)	1/1 (4)

Für die Auszahlungen des Zeilenspieler gilt: 3 >1 und 2>4

Alle Auszahlungen außer (1/1) sind pareto-effizient, aber nur 2/3,5 und 3,5/2 stellen ein NASH-Gleichgewicht dar. Offensichtlich ist der Bau des Zauns – als Ausdruck der Definition von Eigentumsrechten als öffentliches Gut – effizient. Das Dilemma daran läßt sich jedoch nur in einem dynamischen Kontext erkennen und liegt darin, daß beide Individuen mit dem Bau des Zaunes warten, bis der andere die Kosten dafür übernimmt.

Ein Beispiel aus dem Unternehmenssektor ist das erstmalige Beantragen einer Genehmigung bei einer Behörde. Der Ausgang ist ziemlich ungewiß und kostet außerdem viel Zeit und Geld. Wenn man weiß, daß der Konkurrent Ähnliches vorhat, dann läßt man ihm doch gerne den Vortritt. Leider denkt dieser jedoch ähnlich, und so kann es zu Verzögerungen beispielsweise bei Investitionen kommen. Hier bieten sich dann (strategische) Allianzen zur Überwindung des Dilemmas an.

Ein weiteres Beispiel zu dieser Dilemmastruktur ist die Entwicklung bei Videogeräten. Hier wurden unabhängig voneinander sowohl VHS, Video 2000 und Beta Max entwickelt. Zu erwarten ist in solchen Situationen jedoch, daß sich nur eine Technologie durchsetzen wird, wobei völlig offen ist, welche das sein wird. Auch die technologisch überlegene Variante muß sich nicht unbedingt durchsetzen. So kann ein Typ zufällig zuerst eine kritische Nachfrage überschreiten, so daß für dieses Format auch zuerst die Filme kopiert werden, die meisten Videotheken existieren etc. Damit wird diese Technologie dann ein Selbstläufer. Um solche Hopp-oder-Top-Spiele zu vermeiden, bietet es sich an, Normierungs- oder Standardisierungsprozesse vorzuschalten.

Zur vollständigen Abgrenzung soll noch das soziale Optimum Spiel beschrieben werden. Hiernach ist der (Wirtschafts-) Politiker in der glücklichen Lage, nicht eingreifen zu müssen.

Tab. 5.6   Soziales Optimum

	Strategie 1		Strategie 2	
Strategie 1	2/2	(1)	1/1	(2)
Strategie 2	1/1	(3)	0/0	(4)

Für die Auszahlungen des Zeilenspieler gilt: 1 >3(>)2>4

Die Auszahlung (2/2) ist pareto-effizient und stellt ein NASH-Gleichgewicht dar. Unter diesen Spieltyp fallen beispielsweise Einkaufskooperationen des Mittelstandes, bei denen alle Einkäufer profitieren. Deshalb sind diese auch in aller Regel sehr stabil.

5.6   Signale und Preissetzung[134]

Die Ausführungen zur Spieltheorie haben verdeutlicht, daß es drei Möglichkeiten gibt, Information zu kategorisieren, und diese hängen auch mit gutstechnischen Eigenschaften zusammen, den Umweltbedingungen, wie diese zu erkennen sind und ob das Handeln der Agenten (Spieler) beobachtet werden kann:

- nach der Verteilung der Information auf die Handlungsträger: symmetrische und asymmetrische Information;

- nach der Fähigkeit, die Handlungen anderer einzuschätzen: vollkommene und unvollkommene Information; bei perfekter Information sind alle vorausgegangenen Züge des (der) anderen Spieler dem betrachteten Spieler bekannt; ist dies nicht gegeben, liegt imperfekte Information vor. Häufig wird bei perfekter Information zusätzlich unterstellt, daß eine perfekte Erinnerung an frühere Züge vorhanden ist.

- nach der Konstanz der Umweltbedingungen bzw. deren Beobachtbarkeit: vollständige und unvollständige Information; bei vollständiger Information ändert sich vor Beginn des Spiels nicht der Umweltzustand oder diese Änderung kann von allen Spielern beobachtet werden.

Aus gutstechnischer Sicht ist zu unterscheiden zwischen

- Inspektionsgütern, also Gütern, deren Eigenschaften mit der Inspektion bekannt sind,

- Erfahrungsgüter, also Gütern, über deren Nutzung erst Erfahrungen gemacht werden können,

---

[134] Dieser Abschnitt (5.6) wurde von U. Blum verfaßt.

5.6. Signale und Preissetzung

- Vertrauensgüter, bei denen bestimmte Eigenschaften vorhanden sein sollen, aber nicht geprüft werden können, ohne die Existenz des Guts selbst zu gefährden.

In der Regel treten alle diese Eigenschaften in einem Gut auf, so daß dieses auch als Eigenschaftenbündel interpretiert werden kann. So sind bestimmte Eigenschaften eines neueren Autos nach der Testfahrt sofort bekannt, beispielsweise Beschleunigung und Höchstgeschwindigkeit. Die Qualität des Rostschutzes erfährt man erst nach mehreren Jahren. Ob der „air bag" funktioniert, kann vorher nicht ausprobiert werden, man kann nur darauf vertrauen.

Diese Kategorien gewinnen vor allem bei schuldrechtlichen Verhältnissen (relationale Verträge) eine herausragende Bedeutung, weil eine Vertragsseite möglicherweise die andere übervorteilen kann. Damit gewinnen Signale, die helfen, derartige Informationsasymmetrien zu überwinden, eine besondere Bedeutung. Die Signaltheorie befaßt sich mit der Frage, welche Möglichkeiten gegeben sind, Signale zu erzeugen (beispielsweise über Preise oder Garantien) und wie deren Glaubhaftigkeit – vor allem vor dem Hintergrund strategischen Handelns – gewährleistet werden kann. Schließlich untersucht sie, welche Gleichgewichtslösungen möglich sind. Dies sei an folgendem einfachen Beispiel skizziert (siehe TIROLE, 1990, S. 819-836).

Zunächst sei ein Unternehmen Alleinanbieter im Markt und kann damit als Monopolist Menge oder Preis setzen. In diesem Fall entscheidet sich das Unternehmen für den gewinnmaximalen COURNOT-Preis. Wie soll es sich als Marktsasse verhalten, wenn nun der Eintrittswille eines anderen Unternehmen bekannt wird? Es könnte die Preise senken, um zu signalisieren, daß es kampfbereit ist und gewillt ist, dem anderen das Geschäft zu verderben, so daß sich also dessen Eintritt in den Markt nicht lohnt. Wird dieses andere Unternehmen das Signal beherzigen? Offensichtlich hängt dies von einer Reihe von Nebenbedingungen ab.

Drei Randbedingungen sind besonders wichtig, zwei betreffen die Kostenstrukturen. Zunächst wird unterstellt, daß keinerlei versunkene Kosten existieren, d.h. es besteht jederzeit die Möglichkeit, falsche Entscheidungen kostenfrei rückgängig zu machen. Weiterhin kennt der Eintrittswillige die Kostenstruktur, beispielsweise hohe oder niedrige Produktionskosten (besser: Durchschnittskostenminima), des Marktsassen nicht.

Ein Preissignal zu senden, also den Preis unter den gewinnmaximalen COURNOT-Preis zu senken, führt zu niedrigeren Gewinnen, und diese wachsen mit dem Quadrat der Preissenkung. Damit wird klar, daß der kostengünstig produzierende Marktsasse ein Signal billiger senden kann als ein mit hohen Kosten produzierender. Das Ergebnis hängt natürlich auch von den Kostenstrukturen des Eintrittswilligen ab. Aber es wird deutlich, daß eine Preissenkung für einen Hochkostenanbieter mit erheblichen Risiken belastet sein kann, denn sie könnte erfolglos bleiben, der Marktzutritt erfolgt trotzdem, und dann addiert sich zu den Signalverlusten auch der geringere Gewinn infolge des durch Wettbewerb ausgelösten Preisverfalls.

Für ein mit niedrigen Kosten produzierendes Unternehmen kann die potentielle Konkurrenz der Eintrittswilligen bedeuten, daß er dauerhaft nicht in der Lage ist, einen Monopolpreis zu nehmen, sondern sich (annähernd) wettbewerblich verhält, um den Wettbewerb(er) fernzuhalten. Allgemein muß für die Glaubhaftigkeit eines Signals gelten, daß das gute „Risiko" billiger signalisieren kann als das schlechte.

Nicht nur die Preissetzung besitzt für das Signalisieren strategisches Potential. Auch andere marktrelevante betriebliche Tatbestände können hier genutzt werden:

- Produktqualität: Unternehmen mit guter technologischer Basis fällt es leichter als weniger gut gerüsteten, Qualitätsstandards zu verbessern und diese – beispielsweise über Garantien – zu signalisieren. Die Durchrostungsgarantie eines Bayerischen Autoherstellers ist unendlich viel glaubhafter als die eines osteuropäischen Anbieters.

- Servicequalität: Immer stärker werden heute Waren und zugehöriger Service als Bündel verkauft, und die Wahl des Anbieters hängt oft von der Qualität der späteren Betreuung ab. Hier ist es möglich, Reputation aufzubauen.

- Shareholder-Nutzen: Insbesondere die Kommunikation künftiger Ertragspotentiale, beispielsweise aus dem F&E-Bereich, oder die Entwicklung neuer Märkte ist hier zu betonen. Die Entwicklung junger Unternehmen zeigt deutlich, wie gnadenlos die Marktreaktion sein kann, wenn schlechte Risiken hier versuchen, ein Potemkinsches Dorf zu signalisieren.

- Stakeholder-Nutzen: Hier sind vor allem die Verbesserung der Standortqualität für das Umland oder Umweltqualitäten zu benennen.

Für einen Entrepreneur ist die Signaltheorie sowohl aus Sicht des Senders als auch aus der des Empfängers von Interesse. Ist er erfolgreicher Nischenanbieter, so muß er sich mit Imitatoren oder Aufkäufern seines Unternehmens auseinandersetzen. Oder er versucht, in einen vorhandenen Markt einzudringen und muß damit die Signale der Marktsassen richtig interpretieren.

5.7 Strategisches Management – der Aufbau eines Wettbewerbsvorteils

In der Literatur zum Strategischen Management ist es sinnvoll, zwei Strömungen zu unterscheiden. Zum einen die „content"-orientierten und die prozeßorientierten. Letztere beschäftigen sich mit dem Entstehen von Strategien, d.h. der Strategienform(ul)ierung, und der anschließenden Umsetzung. Erstere versuchen, verschiedene Einflußgrößen, u.a. auch strategische Faktoren, auf den Unternehmenserfolg zu identifizieren. Als strategisch lassen sich dann Faktoren abgrenzen, die nicht mit der Optimierung bzw. Anpassung in kurzer Fristigkeit verbunden sind. Diese Auffassung steht in einer Linie mit CHANDLER (1962, S. 15f), der Strategie als die Handlungen und Ressourcenzuordnung eines Unternehmens zum Erreichen der langfristigen Ziele definiert, und GHEMAWAT (1991), der die Irreversibilität von solchen „Commitments" in den Vordergrund stellt, woraus sich eine gewisse Trägheit in der Anpassung und die Unmöglichkeit der Berücksichtigung bei der kurzfristigen Optimierung ergibt.

Ausgangspunkt ist die Annahme rationalen Verhaltens der Akteure, nicht weil es ein (positiv) nicht falsifiziertes Verhaltensmodell ist, sondern weil es bisher noch kein meßbares, konstantes Verhaltensmodell gibt und das rationale Modell wenigstens einem normativen Anspruch genügt. Im Sinne der „Design School" (siehe MINTZBERG 1990a, b) soll das Management in der Lage ist, die strategische Ausrichtung eines Unternehmens zu bestimmen. Zwei Grundvoraussetzungen des strategischen Managements, wie sie bei KAY (1993) oder bei OSTER (1994) erwähnt werden, sind: „Wenn jeder dieses Geschäft (gleich gut) machen kann, dann kann man damit kein Geld verdienen" und „Obwohl es keine allgemeingültige immer erfolgreiche Strategie (in Form einer konkreten Handlungsanweisung) gibt, so kann man sich doch mit strategischer Planung verbessern". Damit wird klar, daß sich die strategischen Entscheidungen auf „übernormale Gewinne", also Renten, beziehen. Diese Renten können nur dann erzielt werden, wenn ein „einzigartiger" Vorteil an der Produktion beteiligt ist.

GHEMAWAT (1991) vertritt die Position, daß die Kenntnis von schwer erkennbaren Erfolgsfaktoren, auch strategischen, nicht viel nützt, da daraus in der Regel keine allgemein verbindlichen Handlungsanweisungen abgeleitet werden können. Außerdem seien die Erfolgsfaktoren jeweils nur vor dem eigenen Zeitfenster zu interpretieren, da diese in der Regel weder raum- noch zeitinvariant sind. Strategische Entscheidungen befassen sich also mit der Bindung von Ressourcen in irreversibler Weise. Dabei gilt es, die eigenen Stärken (Kernkompetenzen) zu erkennen, zu schützen und weiter auszubauen. Wie dies im Spannungsfeld zwischen Ressourcen, Technologie und Nachfrage geschehen kann, ist das Thema des nächsten Kapitels.

5.8 Zusammenfassung der wesentlichen Aspekte

Die unmittelbare Relevanz einzelner Komponenten dieses eher theoretisch ausgerichteten Kapitels für einen Entrepreneur ist sicherlich nicht immer einfach zu sehen, generell gilt jedoch das Motto, daß nichts praktischer ist als eine gute Theorie. In diesem Sinne wollen wir die zentralen Aussagen des Kapitels hier noch einmal in aller Kürze wiederholen:

- Ein Entscheidungssubjekt verhält sich strategisch, wenn es die Verhaltensänderung bzw. -anpassung Dritter in das eigene Handlungskalkül einbezieht. Strategisches

Verhalten umfaßt somit sowohl das Einbeziehen der Reaktionen Dritter (Konkurrenten, Kunden, Umwelt ...) als auch das scheinbare (!) Handeln entgegen der eigenen Präferenzen, indem das Subjekt z.B. falsche Präferenzen angibt, und ist nur in einem dynamischen Kontext sinnvoll.

- Mit dem unterstellten rationalen Verhalten läßt sich die Praxis durchaus beschreiben, da verschiedene Institutionen diese Verhaltensweise fördern und irrationales Verhalten aus dem Markt eliminieren. Die Summe vieler unvollkommener Agenten ergibt häufig ein rational funktionierendes System. Deshalb sind Konzepte, die Rationalität unterstellen, als Referenzfälle äußerst wichtig. Rationalität wird in diesem Fall nicht als existent beim Individuum angesehen, sondern instrumentalistisch interpretiert.

- Alternative Verhaltensmodelle entwickelten sich vor dem Hintergrund einer (zu) engen Auslegung des Rationalitätskonzeptes. Die Vielfalt alternativer Verhaltensmodellierung umfaßt die „bounded rationality" von SIMON und der Evolutionsökonomik nach NELSON und WINTER, die zur Verhaltensdarstellung Fertigkeiten und Routinen verwendet. Dort steht das Gewinnemachen und nicht das Maximieren der Gewinne im Vordergrund. Eine weitere Theorie stellt die Prospect-Theorie von TVERSKY und KAHNEMAN aus dem psychologischen Bereich dar. Aus deskriptiver Sicht wird hier starke Kritik an den normativen Ansätzen geübt, insbesondere an der Erwartungsnutzentheorie, deren Verhaltensannahmen von real existierenden Individuen nicht annähernd erfüllt werden. Die Soziologen strukturieren die Präferenzen hierarchisch vor, wodurch verschiedene Relevanzstrukturen von Themen entstehen. Dadurch kann einer Situationen ein bestimmtes routiniertes Verhalten (Habits) zugeordnet werden. Automatisiertes Verhalten findet in Form von Routinen oder Habits statt. Dadurch daß der Mensch (zumindest in seiner Informationsverarbeitungskapazität) limitiert ist, erscheint die Annahme von beschränkt rationalem Verhalten als sinnvoll. Der Mensch arbeitet mit Heuristiken. Deutlich wurde in der psychologischen und soziologischen Sichtweise die kritische Einstellung zu einem universell verwendbaren, rationalen Ansatz, der die Individuen (hoffnungslos) überfordert.

- Unser Entrepreneur soll rational die Irrationalität Dritter für seinen Erfolg nutzen.

- Die verschiedenen Theorien zu strategischem Wettbewerbsverhalten basieren auf unterschiedlichen Annahmen bezüglich der unterstellten Reaktion der Konkurrenten (conjectural variation) und kommen so auch zu anderen Schlußfolgerungen. Welche Theorie in einer gegebenen Situation für den Entrepreneur hilfreich ist, muß dieser letztendlich selbst entscheiden.

- Bei (weitgehend) homogenen Produkten der Konkurrenten wurden den Unternehmern nur zwei Arten von Strategien zugestanden, nämlich die Festlegung der abzusetzenden Menge oder des Preises, wobei sich die Nachfrage entsprechend anpaßte. Die diskutierten Modelle unterscheiden sich nur in ihren Verhaltensannahmen. Beim COURNOTschen Mengenwettbewerb glaubt das Unternehmen, daß eine Erhöhung seiner angebotenen Menge das Angebot der anderen nicht verändert. Beim kollusiven

5.8. Zusammenfassung der wesentlichen Aspekte

Verhalten wird angenommen, daß sich jedes Unternehmen an die Absprache hält, bei den BERTRANDschen Preisstrategien wird hierzu keine Annahme benötigt, allerdings unterstellt, daß die Anbieter Absatzverluste durch Preissenkungen erwidern. Beim STACKELBERG-Wettbewerb bezieht ein Unternehmen die Reaktion des anderen mit ein, das andere vernachlässigt diese.

- Bei inhomogenen Produkten kann der Wettbewerb und seine Ergebnisse mit Hilfe eines ökonomischen Raumkonzeptes beschrieben werden. Zur genaueren Analyse nach dem Leitbild der monopolistischen Konkurrenz müssen die Eigenschaften und Positionierung der Produkte, das Nachfrageverhalten und die Produktionsfunktionen (Kostenfunktionen) auf Produktebene für alle Wettbewerber bekannt sein. Insbesondere die Kundenreaktion auf Produktänderungen (der Konkurrenten) müssen prognostiziert werden. Dadurch kann dann der Entrepreneur das Marktpotential seiner Produkte abschätzen und/oder gegebenenfalls Produktdifferenzierungen vornehmen.

- Ein Dilemma besteht darin, daß die Individuen individuell rational handeln, jedoch nicht die kollektive Rationalität erreichen. Nach der hier vertretenen Auffassung können nur (wirtschafts-) politische Eingriffe diese paretoineffizienten Nash-Gleichgewichte verhindern. Das Dilemma beim Gefangenen-Dilemma-Spiel ist, daß sich rationale Agenten eine für beide bessere Situation verbauen.

- Bei einer Kollusion, bei der sich beide Duopolisten wie ein Monopolist verhalten, muß nicht nur die gesamte Ausbringungsmenge abgesprochen werden, sondern es muß auch eine Einigung über die entsprechenden Produktionsquoten erfolgen. Beiden Unternehmen stehen dann während des Spiels die Strategien „Quote beachten" und „Quote brechen" zur Verfügung. Die Beachtung der Quote entspricht einem Gefangenendilemma und ist deshalb nicht stabil.

- Signale zu geben lohnt nur dann, wenn diese glaubhaft sind. Glaubhaft sind diese Signale nur dann, wenn die Abgabe eines Signals (Preis, Qualität) nur für einen Anbietertyp zum Gewinnmaximum führt, der andere Typ mit einer anderen Strategie jedoch besser fährt. Dies bedeutet, daß entsprechendes Handeln, beispielsweise über Preis, Produktqualitäten oder Lieferservice, vor dem Hintergrund der Marktsituation und der Kostenstrukturen der Konkurrenten durchdacht werden muß.

- Im strategischen Management wird strategisches Verhalten nicht nur als das Einbeziehen der Reaktionen Dritter verstanden, sondern vor allem als eine Positionierung des Unternehmens, die durch jede denkbare Reaktion der Wettbewerber nur schwerlich angegriffen werden kann. Solche Positionen sind nur bei langfristiger Denkweise sinnvoll und stets mit Irreversibilitäten (commitments) verbunden. Es gilt, die eigenen Stärken (Kernkompetenzen) zu erkennen, zu schützen und weiter auszubauen. Wie dies konkret aussieht, erfahren Sie in Kapitel 0.

5.9 Literatur

Allais, M., 1953, Le comportement de l'homme rationnelle devant le risque, Critique des postulats et axiomes de l'Ecole Américaine, Econometrica 21, S. 503-546.

Allais, M., 1979, The foundation of a positive theory of choice involving risk and a criticism of the postulates and axioms of the American School, in: Allais, M.; Hagen, O. 1979, Expected Utility Hypotheses and the Allais Paradox, Reidel, Dordrecht.

Anderson, J., 1983, The architecture of cognition, Harvard University Press, Cambridge, Mass.

Battmann, W., 1989, Verhaltensökonomie: Grundannahmen und eine Anwendung am Fall des kooperativen Handelns, Lang, Frankfurt.

Baumol, 1958, The cardinal utility which is ordinal, in: Economic Journal, Vol. 68, S. 665-672.

Baumol, W.J.; Panzar, J.L.; Willig, R.D., 1988, Contestable Markets and the Theory of Industrial Structure, Hartcourt Brace Javanovich, San Diego, New York, Chicago.

Becker, G., 1982, Ökonomische Erklärung menschlichen Verhaltens, Mohr, Tübingen.

Bernoulli, D., 1738, Specimen theoriae novae de mensura sortis, in: Commentarii Academicae Scientiarum Imperialis Petropolitanae, Vol. 5, S. 175-192, übersetzt von L. Sommer: Exposition of a new theory on the measurement of risk, in: Econometrica, 1954, Vol. 22, S. 23-36.

Bertelsmann, 1992, Das neue Taschenlexikon, Bd. 1 - Bd. 20, Bertelsmann, Gütersloh.

Blum, U.; Mönius, J., 1997, Versunkene Kosten und Wirtschaftspolitik, in: Wirtschaftswissenschaftliches Studium 1, 17. Jg, S. 7-13.

Braun, E.; Radermacher, H., (Hrsg.), 1978, Wissenschaftstheoretisches Lexikon, Styria, Graz, Wien, Köln.

Chandler, A., 1962, Strategy and Structure, MIT Press, Cambridge.

Dörner, D., 1976, Problemlösen als Informationsverarbeitung, Kohlhammer, Stuttgart, u.a.

Dörner, D., 1992, Die Logik des Mißlingens: Strategisches Denken in komplexen Situationen, Rowohlt, Hamburg.

Edgeworth, F. Y., 1881, Mathematical Psychics, Paul Keagan, London.

Esser, H., 1991, Die Rationalität des Alltagshandelns. Alfred Schütz und "Rational Choice", in: Esser, H.; Troitzsch, K. (Hrsg.) 1991, Modellierung sozialer Prozesse: Neuere Ansätze und Überlegungen zur soziologischen Theoriebildung. Ausgewählte Beiträge zu Tagungen der Arbeitsgruppe "Modellierung sozialer Prozesse" der Deutschen Gesellschaft für Soziologie, Informationszentrum Sozialwissenschaft, Bonn, S. 235-282.

5.9. Literatur

Fishburn, P. C., 1988, Nonlinear Preference and Utility Theory, Wheatsheaf Books, Brighton.

Fisher, I., 1892, Mathematical investigations in the theory of values and prices, in: Transactions of Connecticut Academy of Arts and Sciences, Vol. 9, S. 1-124.

Ford, J. L., 1987, Economic Choice under Uncertainty, St. Martin's Press, New York.

Ghemawat, P., 1991, Commitment - The Dynamic of Strategy, Free Press, New York, u.a.

Gibbons, R., 1992, A Primer in Game Theory, Harvester Wheatsheaf, New York, u.a.

Gossen, H. H., 1854, Entwicklung der Gesetze des menschlichen Verkehrs und der daraus fließenden Regeln für menschliches Handeln, Prager, Berlin.

Greenhut, Melvin L.; Norman, George; Hung, Chao-Shun, 1987, The Economics of Imperfect Competition - A Spatial Approach, Cambridge University Press.

Grether, D.M., and Plott, C.R., 1979, Economic theory of choice and the preference reversal phenomenon, American Economic Review 69, S. 623-638.

Hacker, W., 1978, Allgemeine Ingenieur- und Arbeitspsychologie, Huber, Bern, 2. Auflage.

Hoffmeister, J., (Hrsg.), 1955, Wörterbuch der philosophischen Begriffe, Meiner, Hamburg.

Hogarth, R.; Reder, M., (Hrsg.), 1987a, Rational Choice: The Contrast between Economics and Psychology, Chicago University Press, Chicago, London.

Hogarth, R.; Reder, M., 1987, Introduction: Perspectives from Economics and Psychology, in: Hogarth, R.; Reder, M. (Hrsg.) 1987a, S. 1-23.

Jevons, W. S., 1871; The Theory of Political Economy, Macmillan, London.

Kahneman, D.; Tversky, A., 1979, Prospect Theory: An Analysis of Decision under Risk, in: Econometrica, Vol. 47, No. 2, S. 263-291.

Kauder, E., 1965, A History of Marginal Utility Theory, Princeton University Press, Princeton.

Kay, J., 1993, Foundations of Corporate Success - How Business Strategies Add Value, Oxford University Press, Oxford.

Knight, F. H., 1971, Risk, Uncertainty, and Profit, Houghton Mifflin Company, Boston, Neuauflage: University of Chicago, Chicago.

Krech, D.; Crutchfield, R.; Livson, N.; Wilson, W.; Parducci, A., 1992, Grundlagen der Psychologie, Studienausgabe Bd. 1 - Bd. 7, Psychologie Verlags Union, München, Weinheim.

Leibbrand, F., 1998, Theoretische Diskussion und abstrakte Handlungstheorie - ein methodologisches Abstraktionsstufenmodell und seine Anwendung in der Handlungsökonomik, Reihe Erfahrung und Denken, Bd. 82, Duncker & Humblot, Berlin.

Lewin, K., 1926, Studien zur Handlungs- und Affektpsychologie II: Vorsatz, Wille und Bedürfnis, in: Psychologische Forschung, Vol. 7, S. 330-385.

Lindblom, C., 1959, The science of muddling through, in: Public Administration Review, 19, S. 79-88.

Lindblom, C., 1965, The intelligence of democracy: Decision making through mutual adjustment, The Free Press, New York.

March, J.; Simon, H., 1958, Organizations, Wiley, New York.

Marshall, A., 1920, Principles of Economics, Macmillan, Houndmills, 8. Auflage, repr. 1990.

Menger, C., 1871, Grundsätze der Volkswirtschaftslehre, Wien.

Miller, G. A., 1956, The Magical Number Seven, Plus or Minus Two: Some Limits on Our Capacity for Processing Information, in: Psychological Review, Vol. 63, 1956, S. 81-97.

Miller, G. A; Galanter, E.; Pribram, K. H., 1960, Plans and the Structure of Behavior, Holt, Rimhart & Winston, New York.

Mintzberg, H., 1990a, Strategy Formation: Schools of Thought, in Frederickson, J., (ed.), Perspectives on Strategic Management, Harper & Row, New York, 105-235.

Mintzberg, H., 1990b, The Design School: Reconsidering the Basic Premises of Strategic Management, Strategic Management Journal, Vol. 11 (1990), 171-195.

Mueller, D. C., 1989, Public Coice II, Cambridge University Press, Cambridge.

Nelson, R.; Winter, S., 1982, An Evolutionary Theory of Economic Change, Belknap Press, Cambridge, Mass.

Oster, Sharon M., 1994, Modern Competitive Analysis, Oxford University Press, New York, second edition.

Pareto, V., 1916, Allgemeine Soziologie, Mohr, Tübingen, dt. Übersetzung 1955.

Savage, L. J., 1954, The Foundations of Statistics, Wiley, New York.

Schoemaker, P. ,1980, Experiments on Decisions under Risk, Nijhoff, Boston.

Schönpflug, W., 1979, Regulation und Fehlregulation im Verhalten I.: Verhaltensstruktur, Effizienz und Belastung - theoretische Grundlagen eines Untersuchungsprogramms, in: Psychologische Beiträge, Vol. 21, S. 174-202.

Schütz, A., 1972, Gesammelte Aufsätze, Band 2: Studien zur soziologischen Theorie, Den Haag.

Schütz, A., 1972a, Strukturen der Lebenswelt, in: Schütz, A. 1972, S. 153-170.

Schütz, A., 1972b, Der Fremde, in: Schütz, A. 1972, S. 53-69.

Selten, R., 1975, Reexamination of the Perfectness Concept for Equilibrium Points in Extensive Games, International Journal of Game Theory 4, S. 25-55.

Shapley, Lloyd S.; Shubik, Martin, 1969, Price Strategy Oligopoly with Product Variation, Kyklos XXII, 29-44.

Simon, H., 1957a, Models of Man, Wiley, New York.

Simon, H., 1957b, Administrative Behavior: A Study of Decision-Making Processes in Administrative Organization, Macmillan, New York.

Simon, H., 1960, The New Science of Management Decision, Harper and Row, New York.

Simon, H., 1972, Theories of Bounded Rationality, in: McGuire, C.; Radner R., Decision and Organization, a Volume in Honor of Jacob Marschak, Amsterdam, London, 1972, 2. Auflage 1986, S. 153-176.

Slovic, P.; Lichtenstein, S., 1968, The relative importance of probabilities and payoffs in risk taking, in: Journal of Experimental Psychology, Vol. 78, S. 1-18.

Slutsky, E., 1915, Sulla teoria del bilancio del consumatore, in: Giornale degli Economisti e Rivista di Statistica, Vol. 51, S. 1-26.

Stigler, G. J., 1950, The development of utility theory: I, II, in: Journal of Political Economy, Vol. 58, S. 307-327, S. 373-396.

Streim, H., 1975, Heuristische Lösungsverfahren - Versuch einer Begriffsklärung, in: Zeitschrift für Operations Research, Bd. 19, 1975, S. 143-162.

Tirole, J., 1995, Industrieökonomik, Oldenbourg, München.

Tversky, A.; Kahneman, D., 1987, Rational Choice and the Framing of Decisions, in: Hogarth, R.; Reder, M. (Hrsg.) 1987a, S. 67-94, erschienen in Journal of Business, 1986, 59, 251-278.

v. Neumann, J.; Morgenstern, O., 1947, Theory of Games and Economic Behavior, Princeton University Press, Princeton, 2. Auflage.

Walras, L., 1900, Elements of Pure Economics or the Theory of Social Wealth, engl. Übersetzung von Eléments d'économie politique pure ou théorie de la richesse sociale, Rouge/Pichon, Lausanne/Paris, 1900, durch W. Jaffé, Irwin, Homewood, Illinois, 2. Auflage 1965 (1954), Faksimile 1981, London.

Wiener, N., 1948, Cybernetics: Control and communication in the animal and the machine, M.I.T. Press, Cambridge, Mass.

TEIL III: DIE UMSETZUNG VON STRATEGIE- UND RISIKOMANAGEMENT

Werner Gleißner

6. Erfolgsfaktoren, Strategien und Geschäftspläne von Entrepreneuren

6.1 Einordnung in das Entrepreneurship

Jede wesentliche unternehmerische Entscheidung eines Entrepreneurs sollte bezüglich seiner Erfolgsaussichten gut durchdacht werden, was insbesondere eine nachvollziehbare Beschreibung und Analyse des Vorhabens und der wesentlichen Annahmen impliziert. Zur Vermeidung unnötiger und meist sehr teurer Fehlschläge gilt dies natürlich speziell auch für Existenzgründer. Maßstab für die Beurteilung einer unternehmerischen Entscheidung sollte dabei immer der geschaffene Unternehmenswert sein (vgl. Kapitel 8).

Um bei dieser anspruchsvollen Aufgabe eine Hilfestellung zu bieten, werden nachfolgend die wichtigsten theoretischen Ansätze zur Erklärung des Erfolgs von Unternehmen zusammenfassend dargestellt und kritisch gewürdigt. Basierend auf den theoretischen Ansätzen sowie ergänzend zu den Resultaten der empirischen Erfolgsfaktoren- und Gründungsforschung werden die wichtigsten Implikationen für die Beurteilung von Geschäftsplänen, insbesondere Existenzgründungskonzepten, abgeleitet. Einen besonderen Schwerpunkt stellt dabei die Vorstellung eines an das PORTER-Konzept angelehnte Verfahren der Branchen- und Wettbewerbsanalyse dar. Schließlich wird beispielhaft aufgezeigt, wie man – unter besonderer Berücksichtigung der erfolgsrelevanten Faktoren – ein Gründungskonzept in einem Geschäftsplan (Existenzgründungsplan) darstellt und zusammenfassend bewertet.

Schließlich ist zu beachten, daß die Geschäftspläne Gegenstand der Prüfung durch Dritte werden, wenn es um die Bereitstellung einer Finanzierung geht. Eigenkapitalfinanzierungen werden dabei tendenziell stärker die Zukunft (den geschaffenen Unternehmenswert), Fremdkapitalfinanzierungen tendenziell stärker die Vergangenheit (die verfügbaren Sicherheiten) im Auge haben, was sich in unterschiedlichen Bewertungsmethoden niederschlägt. Die Bewältigung der Komplexität erfordert Reduktions- und Vereinfachungsschritte, die oft in sogenannten „Faustregeln" der Fremdkapitalgeber münden, die dem Entrepreneur bestimmte „Mindeststandards" (z.B. Eigenkapitalquote) vorschreiben. Deren Kenntnis ist immer dann relevant, wenn sie von Dritten – z.B. einer Bank – bei der Beurteilung der Aktivitäten eines Unternehmens herangezogen werden.

Wegen der hohen Erfolgsrelevanz wird in diesem Beitrag zwangsläufig explizit oder implizit Bezug auf die Entscheidungsfindung eines Entrepreneurs genommen – beispielsweise bei der Konkretisierung der Unternehmensstrategie. Grundsätzlich sollte ein Unternehmer bei einer rationalen Entscheidungsvorbereitung unterscheiden in die Festlegung einer Methode der Planung („analytisch-formale Komponente der Planung") und die Festlegung von Informationen (Daten), die mit dieser Methode bearbeitet werden („intuitiv-faktische Komponente der Planung"). Diese gilt auch im Falle der Erstellung eines Geschäftsplans. Zunächst wird die zur Vorbereitung einer unternehmerischen Entscheidung geeignete Planungsmethode ausgewählt. Damit ergibt sich oft implizit auch der Informationsbedarf: Der Bedarf an zu ermittelnden Einflußfaktoren (Variablen und Parameter) wird innerhalb dieser „analytisch-formalen Komponente der Planung" offensichtlich. Dann gilt es, im zweiten Schritt die Ausprägungen der relevanten Daten (Variablen und Parameter) zu bestimmen. Hier bestehen aber Unwägbarkeiten im Hinblick auf die unterstellten Systemzusammenhänge, die einzubeziehenden Variablen und ihre konkreten Werte. Damit gewinnt die Intuition und die Erfahrung von Experten an Bedeutung. Bei der Reduzierung der Komplexität von Entscheidungssituationen spielen neben der intuitiven Einschätzung bezüglich wesentlicher Annahmen auch die (oft teilweise unbewußten) Entscheidungsverfahren eine bedeutende Rolle, was den – mehr oder weniger guten – (betriebswirtschaftlichen) Faustregeln (Heuristiken) der Unternehmer eine hohe Bedeutung für deren Erfolgsperspektiven gibt. Auch als wichtiges betriebswirtschaftliches Hilfsmittel haben sinnvolle und explizit formulierte Faustregeln – z.B. als Checkliste zur Komplettierung und kritischen Überprüfung der eigenen Geschäftspläne und der Strategie – ihre Rechtfertigung. Zur Ergänzung der hier vertretenen rationalen Entscheidungsfindung des Entrepreneurs wird im Anhang ein System bewährter betriebswirtschaftlicher Faustregeln vorgestellt, das einen Orientierungsrahmen für „bewährte" unternehmerische Spielregeln anbietet. Insbesondere wenn die rationale Entscheidungsfindung aufgrund hoher Komplexiät an ihre Grenzen stößt, bieten die Faustregeln noch genügend Halt für gute Entscheidungen.

Die Qualität des Entrepreneurs basiert somit einerseits auf der Fähigkeit, das (rationale) Instrumentarium der betriebswirtschaftlichen Entscheidungsfindung einzusetzen und dabei auch das Verhalten Dritter – ob Konkurrenten, Kunden oder Kreditinstituten – hinsichtlich rationaler und nicht rationaler Verhaltensweisen abzuschätzen. Andererseits ist aber auch eine Fähigkeit im Umgang mit komplexen Entscheidungen bei hoher Unsicherheit – bei denen viele betriebswirtschaftliche Instrumente versagen – von ebensolcher Erfolgsrelevanz. Hier sind andere Kompetenzen des Entrepreneurs gefordert: sei es das intuitive Festsetzen „besserer" Annahmen in der Planung oder die Fähigkeit geeignete Entscheidungsregeln („Faustregeln") in komplexen Entscheidungssituationen zu finden.

6.2 Erfolgsfaktoren von Unternehmen – theoretische Erklärungsansätze

Für die meisten Entrepreneure – insbesondere auch die Existenzgründer – ist das eigene Unternehmen zunächst eine meist beträchtliche Kapitalanlage. Oft muß gerade ein Existenzgründer sein gesamtes Vermögen und zusätzlich ein Darlehen in das neue Unternehmen investieren. Eine Unternehmensgründung stellt für den Gründer folglich in der Regel ein erhebliches Risiko dar. Wegen des im Vergleich zu anderen Kapitalanlageformen wie Aktien, Anleihen und Immobilien meist sehr hohen Risikos sollte man eine deutlich überdurchschnittliche Rendite der Kapitalanlageform "eigenes Unternehmen" erwarten.

Darüber hinaus schafft sich ein Existenzgründer mit dem neuen Unternehmen einen eigenen, neuen Arbeitsplatz. Für viele Existenzgründer ist dies ein besonders wichtiger Aspekt für die Unternehmensgründung. Sie bevorzugen die unternehmerische Selbständigkeit, die Unabhängigkeit von Anweisungen von Vorgesetzen und eine freiere Arbeits- und Zeitgestaltung.

Eine Existenzgründung stellt somit fast immer ein erhebliches Risiko für das private Vermögen **und** den Arbeitsplatz dar.

Sowohl aus der individuellen Interessenlage potentieller Existenzgründer wie auch aus der volkswirtschaftlichen Perspektive („Vermeidung einer ineffizienten Ressourcenallokation") ist es daher offensichtlich von großer Relevanz, die Erfolgschancen einer Gründungskonzeption ex ante prognostizieren zu können, um inakzeptabel riskante Gründungen zu vermeiden.

Wenn man die Erfolgschancen einer Gründungsidee/Gründungskonzeption beurteilen will, muß man zunächst wissen, von welchen Faktoren unternehmerischer Erfolg – und speziell der Erfolg von Unternehmensgründungen – maßgeblich beeinflußt wird. Zunächst ist dabei zu fragen, wie „Erfolg" überhaupt zu operationalisieren ist.

Ein objektiv meßbares Erfolgskriterium für Unternehmen ist der Unternehmenswert (Shareholder-Value-Konzept). Diesem auf der Kapitalmarkttheorie basierenden Konzept zufolge wird der Unternehmenswert durch den Ertrag (positiv) und durch das Unternehmensrisiko (negativ) beeinflußt (vgl. dazu das Kapitel 8 zum Risikomanagement für

Entrepreneure)[135]. Der Unternehmenswert ist dabei definiert als die risikoadäquat diskontierte Summe aller erwarteten zukünftigen freien Cash-Flows des Unternehmens, also der Cash-Flows vor Zinsen, aber nach Abzug von Investitionen in Anlage- und Umlaufvermögen. Ein erfolgreiches Unternehmen zeichnet sich durch einen steigenden Wert – z.B. steigende Aktienkurse – aus[136].

Ein **Erfolgsfaktor** ist eine Eigenschaft des Unternehmens oder seiner Umwelt, die den Erfolg eines bestehenden oder zu gründenden Unternehmens beeinflußt. Aus den konkreten Ausprägungen der Erfolgsfaktoren ergibt sich das **Erfolgspotential** eines bestimmten Unternehmens.

Grundsätzlich ist davon auszugehen, daß diejenigen Faktoren, die den Erfolg von etablierten Unternehmen beeinflussen – möglicherweise neben einigen gründungsspezifischen „Sonderfaktoren" – auch für Existenzgründer von Bedeutung sind, weil auch eine Gründung nach Abschluß der akuten Gründungsphase – also etwa nach zwei Jahren[137] – als etabliertes Unternehmen anzusehen ist.

Es ist in den Wirtschaftswissenschaften durchaus umstritten, welche Faktoren den Unternehmenserfolg im wesentlichen bestimmen. Es gibt verschiedene strategische Konzeptionen, die deutlich differierende Aspekte als maßgebliche Erfolgsfaktoren betonen. Nachfolgend werden die wichtigsten Richtungen kurz skizziert[138].

6.2.1 Ressourcenorientierte Ansätze: Stärken und Schwächen

Die traditionelle Vorstellung hinsichtlich der Ursachen für den unterschiedlichen Erfolg von Unternehmen war intuitiv einleuchtend: erfolgreich (wettbewerbsfähig) sind die Unternehmen, die hinsichtlich wichtiger „Ressourcen" – z.B. Finanzmittel, Bekanntheitsgrad, Maschinen oder Mitarbeiter – über eine bessere Ausstattung verfügen („asymmetrische Ressourcenallokation"; vgl. ANSOFF, 1965). Aufgabe des Strategischen Managements ist es somit, insbesondere mittels „Stärken-Schwächen-Analysen" Vor-

---

135 Eine Übersicht über weitere Operationalisierungen des Gründungserfolgs findet man bei MÜLLER-BÖLING und KLANDT (1993, S. 154-155).
136 Die erzielte Rentabilität – sozusagen die Steigerungsrate des Unternehmenswerts – muß dabei mindestens den durchschnittlichen Kapitalkosten (Diskontierungsfaktor) entsprechen. Die Kapitalkosten ergeben sich dabei als gewichtetes Mittel der Fremdkapitalkosten und der Kosten für das risikotragende Eigenkapital, die theoretisch mit Hilfe der Kapitalmarkttheorie (z.B. Capital-Asset-Pricing-Modell) bestimmbar sind (was in der Praxis jedoch fast nie geschieht).
137 Vgl. HUNSDIEK und MAY-STROBL (1986). Bis zum völligen Abschluß der Gründungsphase muß man aber von einem Zeitbedarf von ca. 10 Jahren ausgehen.
138 Darstellung angelehnt an GLEIßNER (2000).

teile und Nachteile des eigenen Unternehmens im Vergleich zu den Wettbewerbern aufzuzeigen und dann durch gezielte Maßnahmen die Ausstattung des eigenen Unternehmens mit den besonders erfolgsrelevanten Ressourcen zu verbessern. Die „Stärken-Schwächen-Analyse" wurde zum Kern der „Unternehmensanalyse".

Nachdem jahrelang das Konzept des „resource-based-view" durch industrieökonomische Ansätze etwas in den Hintergrund gedrängt wurde (vgl. unten), gewinnt es seit den 90er Jahren wieder an Bedeutung (vgl. z.B. das Konzept der Kernkompetenzen von HAMEL und PRAHALAD). Als relevante Fähigkeiten werden die folgenden angesehen (vgl. JENNER, 1999, S. 99-133):

- Marktbearbeitungskompetenz,
- Kundennähe,
- Flexibilität,
- Lernfähigkeit,
- Innovationsfähigkeit,
- Kosteneffizienz,
- Produktionskompetenz,
- Qualitätskompetenz,
- Fähigkeit zur Verfolgung langfristiger Ziele,
- Fähigkeit zur kontinuierlichen Verbesserung von Prozessen.

6.2.2 Industrieökonomischer Ansatz: „structure-conduct-performance-Hypothese"

Eine theoretische Erklärung für unternehmerischen Erfolg suchte der amerikanische Wissenschaftler Michael E. PORTER (1992a, 1992b) im Zusammenspiel der fünf Wettbewerbskräfte Kunden, Lieferanten, Substitutionsprodukte, potentielle Anbieter und Wettbewerb zwischen den bisherigen Anbietern.

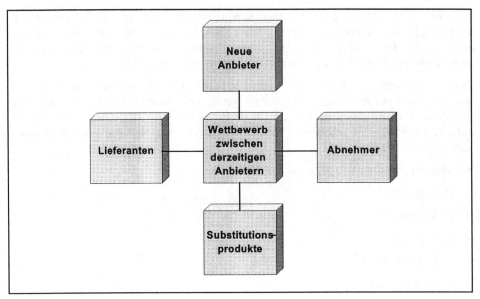

Abb. 6.1 Wettbewerbskräfte gemäß Porter

Die wichtigsten Einflußfaktoren auf den Unternehmenserfolg sind somit (exogene) Marktcharakteristika (Marktstruktur), die ein Unternehmen kaum beeinflussen kann. Begründet wird die geringere Einschätzung der Relevanz von Stärken und Schwächen hinsichtlich „Ressourcen" damit, daß langfristig Wettbewerbsvorteile bzw. Rentabilitätsunterschiede durch diese kaum erklärbar seien. Bei (näherungsweise) vollkommenen Märkten könnten relevante Ressourcen – z.B. bessere Maschinen – nämlich einfach gekauft werden, was die asymmetrische Ressourcenallokation und damit die Rentabilitätsunterschiede ausgleichen würde. Um zu erklären, warum relevante Ressourcen nicht aufgebaut werden, muß man annehmen, daß die Kosten für den Aufbau höher sind als der daraus resultierende Nutzen, was schwierig zu begründen ist.

Selbst optimal geführte Unternehmen haben es unter ungünstigen Wettbewerbsbedingungen schwer, eine akzeptable Rentabilität zu erreichen. Die Analyse der schon angesprochenen Wettbewerbskräfte gemäß Porter kann Auskunft über die prinzipiellen Ertragserwartungen eines Unternehmens oder Geschäftsfelds geben. So deuten z.B. geringes Nachfragewachstum, fehlende Produktdifferenzierungsmöglichkeiten, hohe Marktaustrittsbarrieren und hoher Fixkostenanteil auf einen scharfen Wettbewerb zwischen den etablierten Anbietern und somit auf eine relativ niedrige Rentabilität hin. Starke oder finanziell angeschlagene Kunden oder Lieferanten, die möglicherweise sogar glaubwürdig mit Vorwärts- bzw. Rückwärtsintegration entlang der Wertschöpfungskette drohen können, sind ebenso negativ zu bewerten. Dagegen sind hohe Markteintrittshemmnisse (z.B. wegen hoher Käuferloyalität oder starker Größendegressionseffekte) positive Einflußfaktoren auf die Rentabilität.

In bestimmten Branchen sind aufgrund solcher Bedingungen speziell kleine Unternehmen tendenziell im Nachteil, was Existenzgründungen behindert. Ausgeprägte Größenvorteile – gemessen am Umsatz pro Beschäftigten – erkennt man beispielsweise bei Druckereien, Textil- und Bekleidungsgewerbe, Holzverarbeitung und Großhandel. Durch anspruchsvollere Kunden, die ihre individuellen Wünsche erfüllt sehen wollen, werden jedoch in vielen Branchen die Fähigkeit einer kundenorientierten Produktvariation sowie eine hohe Flexibilität und Geschwindigkeit wichtiger als Kostenvorteile durch eine (oft standardisierte) Massenproduktion.

Für manche Unternehmen gibt es bei gegebener Wettbewerbsstruktur und gegebenen Unternehmensressourcen prinzipiell kaum langfristige Erfolgsaussichten. Oft versuchen aber trotzdem gerade inhabergeführte mittelständische Unternehmen in nahezu aussichtsloser Position zu überleben. Chancen für einen "geordneten Rückzug" oder eine völlige strategische Neuausrichtung werden wegen der Fehleinschätzung der Situation verschenkt.

Die von PORTER postulierte Eindeutigkeit der Beziehung zwischen Marktstruktur, Marktverhalten und Marktergebnis, die auf die alte Industrieökonomik zurückgeht (MASON, 1939; BAIN, 1968), ist verschiedentlich kritisiert worden (BLUM, 2000), weil im Einzelfall beispielsweise eine gleiche Marktstruktur (Monopol) verbunden sein kann mit einem wohlfahrtsfördernden Marktverhalten (Innovator) ebenso wie mit einem wohlfahrtsschädigenden (staatliches Monopol), und beide mit hohen Gewinnen gesegnet sind. Damit verliert das Modell seine allgemeine Eindeutigkeit, was zu zwei Lösungen führt:

- Spezifikation des zu untersuchenden Ausschnitts, vor allem im Hinblick auf Marktform und Geschäftsfeld, um Eindeutigkeit in diesem Ausschnitt weitgehend zu gewährleisten,
- Herausarbeiten von „im Durchschnitt richtigen" Warnsignalen und Handlungsmaximen als Orientierungsgrößen, die dann als „benchmarks" oder Faustformeln verwendet werden.

Darüber hinaus führt die Kenntnis der möglichen Interdependezen zwischen Marktstruktur, Marktverhalten und Marktergebnis dazu, daß der Unternehmer die eigene Position leichter in dem für ihn relevanten Umfeld einordnen kann. PORTER kommt daher zu dem Ergebnis, daß sich ein Unternehmen im Spannungsfeld zwischen diesen Wettbewerbskräften nur mit einer geeigneten Wettbewerbsstrategie behaupten könne. Nach PORTER gibt es dabei nur drei erfolgreiche strategische Alternativen: Erstens die **Differenzierung**, bei der sich das Unternehmen durch besondere Leistungen (z.B. Produktqualität, Service oder Image) deutlich von seinen Konkurrenten abhebt; zweitens die **Kostenführerschaft**; drittens die **Fokussierung** auf ein bestimmtes Marktsegment („Nische"), d.h. das Unternehmen versucht, seinen Differenzierungs- oder Kostenvorteil in einem bestimmten Teilmarkt (Region, Käufergruppe) auszunutzen.

Grundsätzlich besteht die wichtigste – weil für den Erfolg maßgeblichste – strategische Entscheidung aber darin, sich für (aufgrund der Wettbewerbskräfte) prinzipiell aussichtsreiche Geschäftsfelder zu entscheiden. Damit werden Umfeld- und Wettbewerbsanalysen zu einem im Vergleich zur „Stärken-Schwächen-Analyse" von Unternehmen wichtigeren betriebswirtschaftlichen Instrument.

6.2.3 Strategische Trägheit

Ein relativ neuer Ansatz zur Erklärung des unterschiedlichen Erfolgs von Unternehmen basiert auf der Erkenntnis, daß ein Unternehmen eine einmal eingeschlagene Strategie – auch bei Änderungen der Rahmenbedingungen – nicht sofort ändern kann. Selbst bei heute völlig gleichen Umfeldbedingungen können damit zwei Unternehmen aufgrund differierender strategischer Entscheidungen in der Vergangenheit heute unterschiedliche Strategien verfolgen und damit unterschiedlich erfolgreich sein. Die Erklärung des heutigen strategischen Verhaltens eines Unternehmens und seiner heutigen Erfolge ist damit nur möglich, wenn man seine Vergangenheit betrachtet[139].

GHEMAWAT (1991) gibt die folgenden Gründe – er spricht von „sticky factors" – für das Festhalten an einer einmal eingeschlagenen Strategie an[140]:

- **Austrittsbarrieren:** Die Ausbildung von Mitarbeitern in speziellen Produktionsverfahren, der Aufbau von Kundenbindungen (Reputation) oder Werbung (z.B. zur Etablierung von Markennamen), die Investition in Spezialmaschinen oder Entwicklung intensiver Lieferantenverbindungen stellen eine besondere Art von Kosten – sogenannte „Sunk-costs" – dar[141]. Weil solche „sunk-costs" bei einer Strategieänderung – speziell einem Verlassen bisheriger Märkte – verloren wären, besteht eine Tendenz, die bisherige Strategie fortzuführen.

---

139 Man spricht von einer „Pfadabhängigkeit" bzw. „Irreversibilität" von Entscheidungen.
140 Hinweise auf die Relevanz der Unternehmenshistorie für die Zukunft findet man auch bei HAMEL und PRAHALAD, weil die von diesen Autoren besonders hervorgehobenen „Kernkompetenzen" nur langfristig aufzubauen sind und damit zwangsläufig ein Resultat der Unternehmenshistorie sein müssen.
141 In der Neuen Institutionenökonomik spricht man hier von „spezifischen Aktiva", die in der jetzigen Verwendung höhere Erträge erwirtschaften als in jeder alternativen Verwendung. Vgl. auch die Überlegungen zur Irreversibilität von Entscheidungen und versunkenden Kosten bei PINDYCK (1991) sowie SCHAUB (1997).

- **Wirkungsverzögerungen:** Da sich der Erfolg von Strategien erst in einigen Jahren feststellen läßt, tendieren Unternehmen dazu, solange abzuwarten, bis der Erfolg oder Mißerfolg der gewählten Strategie erkennbar wird.
- **Interne Trägheit:** Da Menschen und ganze Organisationen aus psychologischen und sozialen Gründen eine Tendenz haben, bestehende Verhaltensweisen beizubehalten, werden eigentlich notwendige Modifikationen einer Strategie unterlassen (vgl. dazu auch Abschnitt 6.2.4).

Da offenbar strategische Entscheidungen der Vergangenheit nicht im nachhinein ungeschehen zu machen sind, also irreversibel sind, schlägt GHEMAWAT folgendes vor:

- Strategien sollten auch dahingehend bewertet werden, wie einfach sie wieder verändert werden können („**Flexibilität**"). Eine bei den heutigen Rahmenbedingungen optimale, aber nahezu irreversible Strategie dürfte in der Regel zu gefährlich sein. Zu einem späteren Zeitpunkt hinzukommende neue Informationen könnten nämlich einen Strategiewechsel erfordern.
- Außerdem muß auch berücksichtigt werden, inwieweit die durch eine bestimmte Strategie angestrebten Wettbewerbsvorteile durch Nachahmung oder Gegenmaßnahmen der Wettbewerber bedroht sind („**Nachhaltigkeit**"). Hier kommen also spieltheoretische Überlegungen zu rationalen Reaktionen der Wettbewerber zum tragen. Vorteilhaft sind offenkundig Strategien, die bei beliebigen Reaktionen der Wettbewerber akzeptable Erfolge zeigen (vgl. „Satisficing behavior"; vgl. SIMON, 1994).

Auf der anderen Seite ist der Unternehmer jedoch durch das bewußte Eingehen von Irreversibilitäten in der Lage, Signale gegenüber der Konkurrenz zu setzen: Hohe Werbeaufwendungen (als variable versunkene Kosten) sind nur sinnvoll, wenn die damit aufgebaute Marke langfristig genutzt wird. Hohe fixe versunkene Kosten stellen die Konkurrenz vor das Problem, allenfalls mit einer besseren Technologie oder am Ende des Investitionszyklus, d.h. wenn der Marktsasse auch wieder investieren muß, den Markt bestreiten zu können (vgl. hierzu auch BLUM und MÖNIUS, 1997).

6.2.4 Psychologische Handlungsanomalien/Handlungsfehler

In der ökonomischen Theorie wird hauptsächlich von rational bezüglich eines bestimmten Informationsstandes handelnden Akteuren ausgegangen. Das Standardmodell unter Unsicherheit ist die Erwartungsnutzentheorie von V. NEUMANN und MORGENSTERN

(1947). Dieser normative Rational-Choice-Ansatz hat mehrere Basisaxiome[142], die jedoch heftiger empirischer Kritik ausgesetzt sind (vgl. z.B. TVERSKY und KAHNEMAN, 1974; SIMON, 1993). Insbesondere die psychologische Forschung zeigt, daß Menschen Verhaltensweisen haben, die systematisch von einem vollständig rationalen Verhalten abweichen, was natürlich auch Konsequenzen für die gewählte Strategie und den Erfolg von Unternehmen hat. Eine wesentliche Ursache für solche Anomalien sind die begrenzten kognitiven Fähigkeiten der Menschen.

Als wesentliches Ergebnis der empirischen psychologischen Untersuchungen von DÖRNER, SCHAUB, REITHER u.a. ist festzuhalten, daß das Problemlösungsverhalten, die verwendeten Heuristiken („Faustregeln des Handelns") und letztlich die Handlungen der Menschen von deren individuellen Charakteristika (z.B. Frustrationstoleranz, Kompetenz, Selbstvertrauen) abhängen. Anders als beim homo oeconomicus der klassischen Entscheidungstheorie kann man somit die Handlung nicht allein in Abhängigkeit von Präferenzen und Restriktionen prognostizieren. Ein Teil der empirischen Untersuchungen (z.B. DÖRNER u.a. 1983) deutet darauf hin, daß eine höhere Selbstsicherheit die Problemlösefähigkeit verbessert, weil sie hilft, bei komplexen Problemen – wie sie die Entscheidungssituation eines Unternehmers oder Unternehmensgründers darstellt – unvermeidliche Mißerfolge besser zu überwinden[143].

Letztlich stehen hier zwei Verhaltenshypothesen zur Auswahl (BLUM, 2000): Die erste postuliert, daß infolge der Irreversibilität von versunkenen Kosten diese eigentlich entscheidungsirrelevant sein sollten, die zweite unterstellt, daß sich das eigene Nutzenkalkül durch das Versenken geändert hat und wird daher als „Agamamnon-Syndrom" bezeichnet. Dann neigen Menschen dazu, eine einmal begonnene Investition oder Aktivität fortzuführen, auch wenn vernünftigerweise ein Abbruch sinnvoll wäre, weil ansonsten die „Toten vor Troja" umsonst gewesen wären. Der Unternehmer möchte sich keinen Fehler eingestehen und wirft dann gutes Geld dem schlechten hinterher (SCHAUB, 1997).

Allgemein kann man folgern, daß der Erfolg von Unternehmen auch wesentlich von den individuellen Charakteristika der die Strategie beeinflussenden Führungspersonen – speziell deren Fähigkeiten, typische „Denkfallen" (DÖRNER, 1989) zu erkennen und die eigenen heuristischen Handlungsregeln regelmäßig kritisch zu hinterfragen – abhängt.

---

142 Siehe hierzu beispielsweise die Beschreibung der Erwartungsnutzentheorie bei FISHBURN (1988).
143 Vgl. die zusammenfassende Darstellung bei GLEIßNER (1997, S. 187-216).

6.2.5 Handel und Markt

Der Erfolg von Unternehmen hängt entscheidend davon ab, auf welchen Märkten sie tätig sind. Oben wurden diese nur indirekt berücksichtigt, weil natürlich eine Verbindung zwischen Branche und Markt besteht[144]. Hier soll auf drei Aspekte verwiesen werden, nämlich

- die Unterscheidung zwischen regionalen und überregionalen Märkten (also nach einem Konzept der geographischen Reichweite),
- die Unterscheidung zwischen nationalen und internationalen Märkten (also nach der Staatlichkeit),
- die Art des Tauschs, der interindustriell oder intraindustriell sein kann (nach dem Konzept der Substituierbarkeit).

Da Raumüberwindung zu Kosten führt, besitzt jedes Gut bei begrenzter Zahlungsbereitschaft der Kunden eine endliche Absatzweite. Bei technologisch gegebener Mindestproduktionsgröße eines Anbieters wird damit die Marktstruktur festgelegt. Es existieren Produktionen mit hohen Eintrittsschwellen und begrenzter Absatzweite, weshalb eine Region nur wenige Anbieter kennt (z.B. Abfallwirtschaft), oder niedrigen Eintrittsschwellen und begrenzter Absatzweite (beispielsweise Ausbaugewerbe). Weiterhin gibt es auch Produktionen mit hohen Eintrittsschwellen und hoher Absatzweite, weshalb weltweit nur wenige Anbieter vorhanden sind (z.B. Herstellung von Chips), oder niedrigen Eintrittsschwellen und hoher Absatzweite (beispielsweise internationale Speditionen). Im Rahmen der Erfolgsanalyse ist es für den Entrepreneur wichtig, folgende Punkte abzuwägen:

1. Wie groß sind Marktvolumen und Wachstumsdynamik? Oft ist das Marktvolumen in lokalen Märkten sehr begrenzt.

2. Verändern sich die Transportkostenstrukturen, so daß neue Konkurrenten auftreten? Im Lebensmittelbereich haben sich beispielsweise durch die Kühltechnik völlig neue logistische Ketten ergeben.

3. Verändern sich die Produktionstechnologien mit Folgen für die Eintrittsschwellen der Unternehmen? Der Rückgang der Mindestproduktionsvolumen in der Automobilindustrie hat die Standort- und die Modellvielfalt dramatisch ausgeweitet.

4. Kommen neue Kosten hinzu? Variable Kosten der Schaffung von Reputation, also eines Markennamens, werden immer bedeutender.

Grundsätzlich gilt, daß mit zunehmenden versunkenen Kosten der Markt „enger" wird, also nur eine verringerte Zahl von Anbietern Platz hat.

---

144 Darstellung in Anlehnung an BLUM (2000).

Die Unterscheidung zwischen nationalen und internationalen Märkten gewinnt vor dem Hintergrund staatlicher Einflußnahme auf den Handel an Bedeutung. Zunehmend sind es nicht mehr einzelne Staaten sondern Handelsbündnisse (EU, NAFTA, MERCOSUR usw.), die hier strategische Bedeutung erlangen. Hier stellt sich die Frage, ob durch strategischen Handel der Entrepreneur begünstigt oder benachteiligt wird. So begrenzt beispielsweise die rigorose Beschränkung kryptographischer Systeme durch die USA deren internationale Entwicklung – die als Voraussetzung nur ein mathematisches Hirn benötigt.

Der Handel zwischen Regionen, Ländern oder Wirtschaftsbündnissen kann auf der einen Seite mit unterschiedlichen Produkten aufgrund komparativer Vorteile ablaufen, weil es verschiedene Faktorverfügbarkeiten oder Produktivitäten gibt. Derartige Strukturen ändern sich nur langsam, besitzen außerhalb staatlicher strategischer Einflußnahme (Boykott von Ressourcen oder Subventionierung bzw. Schutzzölle für einen zu entwikkelnden Sektor) eine hohe Stabilität. Schwieriger stellt sich der Sachverhalt bei dem heute dominanten Handel im intraindustriellen Bereich dar, also zwischen sehr ähnlichen Gütern, die also stark substituierbar sind (Polos gegen Unos beim Auto, holländische Tomaten gegen spanische Tomaten usw.).

6.2.6 Zusammenfassung

Aus heutiger Sicht ist festzuhalten, daß sicherlich alle vorgestellten Erklärungsansätze ihre Berechtigung haben. Der industrieökonomische Ansatz erklärt relativ gut die Rentabilitätsunterschiede zwischen Branchen, vor allem auch vor dem Hintergrund fundamental unterschiedlicher Kostenstrukturen; der Ressourcenansatz die Rentabilitätsunterschiede innerhalb einer Branche. Die ressourcenorientierten Ansätze sind in letzter Zeit durch die Arbeiten von HAMEL und PRAHALAD (1995) über Kernkompetenzen, die ja nichts anderes als besonders wichtige, nicht käufliche Ressourcen sind, wieder stärker in den Mittelpunkt des Interesses gerückt. Für die langfristige Erfolgssicherung sind hierbei natürlich Vorteile hinsichtlich solcher Ressourcen von Bedeutung, die nicht oder kaum von Wettbewerbern am Markt erworben oder einfach selbst aufgebaut werden können, wie z.B. Maschinen, Finanzen, Mitarbeiter. ITAMI (1991) verweist daher auf die besondere Bedeutung „unsichtbarer Vermögenswerte", die nicht transferiert oder am Markt erworben werden können. Hierzu gehören z.B. umfassende, personenübergreifende Fertigungserfahrungen („Zusammenspiel der Mitarbeiter"), die eventuell sogar eine Kernkompetenz darstellen können. Ebenfalls wichtig sind langjährig gewachsene Kundenbindungen, weil solche immateriellen Assets „sunk-cost-Charakter" haben[145] und

---

145 Vgl. dazu das evolutionsökonomische Konzept des „tacit knowledge"; z.B. LEIBBRAND (1998, S. 208-210).

nur durch einen hohen Zeitaufwand – kaum durch Geld alleine – aufgebaut werden können.

Die noch relativ neuen – aber sicher nicht unwichtigen – Ansätze der Erfolgserklärung, die in Abschnitt 6.2.3 und 6.2.4 genannt wurden, werden zukünftig noch eingehender zu untersuchen sein, um daraus praktikable Handlungskonzepte ableiten zu können.

Schließlich sollte der Markt, der bedient wird, nicht aus dem Auge verloren werden, weil seine strukturellen Eigenschaften in erheblichem Maße für den unternehmerischen Erfolg von Bedeutung sind. Dies gilt vor allem dann, wenn sich die grundlegenden Determinanten der Abgrenzung (insbesondere die Transaktionskosten) ändern und damit die Märkte verschieben.

Insgesamt ist davon auszugehen, daß erfolgreiche Unternehmensführung die Beachtung aller hier abgesprochenen Bereiche von Erfolgsursachen erfordert, was die Aufgabe eines Unternehmers so schwierig macht wie sie heute ist.

6.3 Erfolgsfaktoren von Unternehmen – empirische Ergebnisse

Trotz derartiger theoretischer Überlegungen stützt sich die Ermittlung von Erfolgsfaktoren zu einem erheblichen Teil auf empirische Untersuchungen, die unternehmensexterne und unternehmensinterne Faktoren berücksichtigen (Erfolgsfaktorenuntersuchungen). So nannten deutsche Manager bei einer Umfrage zu diesem Thema unter anderem Produktqualität, Image und Service als wesentliche Erfolgsfaktoren.

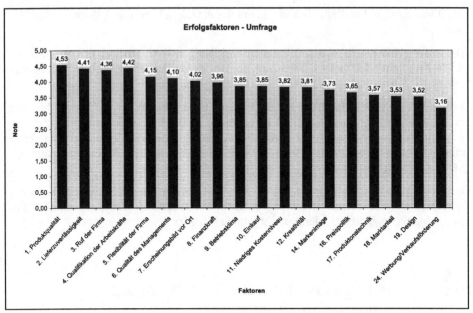

Abb. 6.2 Erfolgsfaktoren – Umfrage bei mittelständischen Unternehmern[146], Quelle: GABELE (1989)

KRÜGER (1988) kommt in seiner Untersuchung zu dem Ergebnis, daß viele Faktoren sich sowohl auf den Erfolg als auch auf den Mißerfolg von Unternehmen auswirken, aber nicht unbedingt mit der gleichen Stärke (Wirkungsasymmetrie). So stellte er z.B. fest, daß die Faktoren "Träger" (Qualifikation, Motivation und Führungsstil des Managements), "Struktur" (organisatorischer und rechtlicher Unternehmensaufbau) und "Realisationspotentiale" (Ausstattung mit Finanzmitteln, qualifizierten Mitarbeitern und effizienten Fertigungsanlagen) nur schwach zum Erfolg eines Unternehmens beitragen, dafür aber Krisen erheblich verstärken können. Wichtigster Erfolgsfaktor (weil in beide Richtungen mit starker Wirkung) ist nach der Untersuchung von KRÜGER die Strategie eines Unternehmens, d.h. insbesondere die Auswahl geeigneter Geschäftsfelder[147].

Zudem stellte sich bei vielen Untersuchungen heraus, daß selten ein Faktor allein zum Mißerfolg eines Unternehmens führt, umgekehrt aber bereits ein besonderer Vorteil zum Erfolg führen kann. Dies erklärt auch, warum manche Unternehmen trotz einiger Mängel schnell und erfolgreich wachsen, dann aber (bei sinkendem Wettbewerbsvorteil) schnell in eine Krise geraten können.

---

146 Angaben beziehen sich auf eine 5er-Skala.
147 Weitere interessante Erfolgsfaktorenuntersuchungen für deutsche Unternehmen stammen von DASCHMANN (1994) und von SIMON (1990).

6.3. Erfolgsfaktoren von Unternehmen – empirische Ergebnisse

Die wichtigste empirische Erfolgsfaktorenuntersuchung ist das sogenannte **PIMS-Projekt** des Strategic Planning Institute (SPI), das ursprünglich auf eine Initiative von General Electrics (Ende der 60er Jahre) zurückgeht (BUZZEL und GALE, 1989). Inzwischen wird regelmäßig anhand der Daten[148] von mehreren Tausend Strategischen Geschäftseinheiten („Profit Center") – hauptsächlich aus den USA – ermittelt, welche Faktoren besonders wesentlichen Einfluß auf den Unternehmenserfolg haben. Der Unternehmenserfolg wird dabei durch den „Return-on-Investment" (ROI)[149], also einer Art Gesamtkapitalrendite operationalisiert.

Die folgende Tabelle zeigt die durch das PIMS-Projekt ermittelten wichtigsten Einflußfaktoren auf den Unternehmenserfolg und begründet diesen Zusammenhang kurz.

Tab. 6.1   Ergebnisse des PIMS-Projektes

Erfolgsfaktor (ROI-Wirkung)	Wirkung	Begründung
Marktwachstumsrate	+	weniger Wettbewerbsintensität
Marktanteil	+	Größendegressionsvorteile, Erfahrungskurveneffekte, Marktmacht
Produktqualität[150]	+	höhere Preise durchsetzbar, mehr Kundentreue
Investmentintensität	-	Preiskämpfe wegen hoher Fixkosten, ineffiziente Kapitalnutzung
Vertikale Integration[151]	+ - +	„V-Zusammenhang": mittlere Integration hat die niedrigste Rentabilität
Produktivität der MA[152]	+	niedrige Kosten relativ zum Produktionswert
Auftragsgröße	-	härtere Preisverhandlungen der Kunden, zunehmende Abhängigkeit von Kunden

---

148 Pro Geschäftsjahr und Strategischer Geschäftseinheit werden jährlich etwa 200 Daten erhoben.
149 Der ROI ist das Verhältnis von Vor-Steuer-Gewinn und Fremdkapitalzinsen zur Summe von Anlagevermögen (zu Buchwerten) sowie Vorräten und Forderungen aus Lieferung und Leistung („Working Capital").
150 Qualität gemäß Beurteilung durch die Kunden im Vergleich zu den Wettbewerbern.
151 Gemessen als Wertschöpfung pro Umsatz.
152 Gemessen als Wertschöpfung pro Mitarbeiter.

Es ist offensichtlich, daß sowohl unternehmensspezifische Stärken und Schwächen („Ressourcen-Ansatz") – wie z.B. die Produktivität – als auch externe Marktcharakteristika – wie z.B. das Marktwachstum – („Industrieökonomischer Ansatz") den Unternehmenserfolg beeinflussen. Auf beide Bereiche muß ein Existenzgründer somit seine Aufmerksamkeit lenken, um die langfristigen Erfolgschancen seiner Gründungskonzeption fundiert beurteilen zu können.

Auf eine neuere Untersuchung über Erfolgsfaktoren in Deutschland, die eine sehr breite theoretische Fundierung aufweist, soll nachfolgend noch etwas näher eingegangen werden. JENNER (1999) hat unter dem Titel „Determinanten des Unternehmenserfolges" eine empirische Untersuchung veröffentlicht, die auf der persönlichen computergestützten Befragung von 220 Entscheidungsträgern deutscher Industrieunternehmen basiert. Aufgrund der Multikausalität des Phänomens „Erfolg" stützt sich diese Untersuchung sowohl auf Überlegungen des Resource-Based-View als auch auf industrieökonomische Ansätze. Ergänzend zu den beiden dominierenden Forschungstraditionen betrachtet JENNER auch den Erfolgsbeitrag unterschiedlicher Arten der Marktbearbeitung sowie der Qualität und der Art der Prozesse der Strategieformulierung sowie der Organisationsgestaltung.

Ähnlich wie das EFQM-Modell (RADKE und WILMES, 1997) basiert die Untersuchung von JENNER auf einem mehrstufigen Ansatz, d.h. es wird durchaus betrachtet, daß eine Variable A (ein Befähigter) zunächst eine Variable B (ein Resultat) beeinflußt, was letztendlich selbst wiederum dem unternehmerischen Erfolg[153] als letztendliche Zielgröße bestimmt.

Die wesentlichsten Ergebnisse der empirischen Untersuchung von JENNER sind nachfolgend zusammengefaßt:

- Sehr auffällig ist, daß der theoretisch vorhergesagte und in vielen anderen Untersuchungen bestätigte Erfolgsbeitrag der Marktcharakteristika der Unternehmen keine wesentliche Bedeutung zeigt. JENNER führt dies insbesondere darauf zurück, daß sich Unternehmen in der Zwischenzeit auf Bereiche konzentrieren, in denen sie mit ihren vorhandenen Ressourcen bei den gegebenen Marktbedingungen gute Erfolgschancen haben.

- Den größten Erfolgsbeitrag zeigen die marktlichen Wettbewerbsvorteile sowie die unternehmerischen Kompetenzen. Besonders erfolgreich sind dabei Unternehmen, deren Wettbewerbsvorteile man zu einer „vertriebsorientierten Marketingstrategie" oder einer „preisorientierten Marketingstrategie" zusammenfassen kann. Besonders wesentlich sind die „Marketingkompetenz", die „Effizienzkompetenz" sowie die „Qualitätskompetenz" des Unternehmens. Qualitäts- und Effizienzkompetenz haben

---

[153] Der „Erfolg" als Zielvariable wird dabei durch mehrere Indikatoren operationalisiert, die außer finanziellen Aspekten (Rendite) beispielsweise auch den Zugewinn beim Marktanteil umfassen.

dabei unmittelbaren Einfluss auf den unternehmerischen Erfolg. Zusätzlich beeinflussen die Effizienzkompetenz und die Marktkompetenz auch die Preis- bzw. die Vertriebsstrategie.

- Es zeigt sich zudem, daß die Unternehmensphilosophie, die beispielsweise durch eine konsequente Mitarbeiter- oder Kundenorientierung zu beschreiben ist, ebenfalls für den Unternehmenserfolg wesentlich sind. Erwartungsgemäß beeinflussen sie den Unternehmenserfolg aber nicht direkt, sondern den Aufbau bzw. die Verfügbarkeit von Kompetenzen. Unternehmen mit einer ausgeprägten „Kundenorientierung" sind erfolgreicher, weil die Kundenorientierung wiederum die „Marketingkompetenz" positiv beeinflußt. „Wettbewerbsorientierung" und „Effizienzorientierung" – weitere Ausprägungen der Unternehmensphilosophie – beeinflussen wiederum den Aufbau bzw. die Verfügbarkeit von Effizienzkompetenz, wobei die Effizienzorientierung zusätzlich noch die „Qualitätskompetenz" positiv beeinflußt.

- Unabhängig von den Umfeldbedingungen zeigt sich ein direkter Einfluß der Organisationsform auf den Unternehmenserfolg, wobei „organische Strukturen" mit einer hohen Eigenständigkeit der Mitarbeiter eher „mechanischen" Strukturen grundsätzlich überlegen sind.

- Zudem zeigen sich diejenigen Unternehmen mit ausgesprochen rationalen Planungsprozessen, die also insbesondere systematisch eine langfristig angelegte Unternehmensstrategie herleiten, besonders erfolgreich.

- Wie beispielsweise der industrieökonomische Ansatz von PORTER vorhersagt und andere Untersuchungen (z.B. von DASCHMANN) belegen, zeigt sich eine klare Überlegenheit von Marktstrategien, die auf eine Differenzierung gegenüber den Wettbewerbern ausgerichtet sind. Außerdem sind Unternehmen erfolgreicher, deren Wettbewerbsstrategien eher offensiv ist, d.h. die sich unmittelbar an den Wettbewerbern ausrichten und versuchen, diese am Markt zu schlagen.

Die wesentlichen Elemente der Kausalstrukturen der empirischen Untersuchungen, die den Unternehmenserfolg erläutern, sind in nachfolgender Grafik abgebildet:

6. Erfolgsfaktoren, Strategien und Geschäftspläne von Entrepreneuren

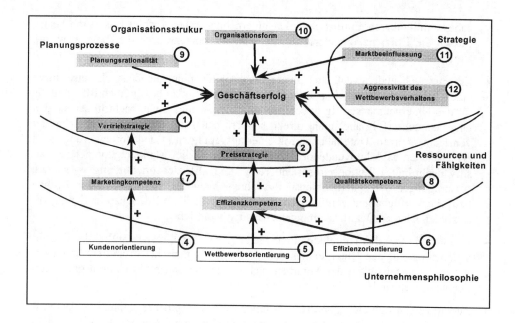

Abb. 6.3 Kausalstruktur der Erfolgsfaktoren bei JENNER

6.4 Erfolgsfaktoren bei Existenzgründungen – empirische Untersuchungen

Es erscheint daher plausibel, daß in der besonderen Situation einer Unternehmensgründung noch weitere Faktoren relevant sind als sich dies bei der „allgemeinen" Untersuchung von Erfolgsfaktoren (etablierter) Unternehmen zeigt. Aus diesem Grund muß ergänzend eine fundierte Erfolgsfaktorenanalyse von Unternehmensgründungen erfolgen (siehe hierzu insbesondere auch Kapitel 3).

Einen ersten Eindruck hierzu liefern die von der Deutschen Ausgleichsbank angeführten Gründe für das Scheitern von Existenzgründungen: An erster Stelle stehen **Finanzierungsmängel**, gefolgt von **fehlenden Informationen** und **mangelnder eigenen Qualifikation**.

Einen guten Überblick über die empirische Gründungsforschung und deren Resultate – z.B. in Hinsicht auf Erfolgsfaktoren von Gründungen – in Deutschland liefern BRÜDERL,

PREISENDÖRFER und ZIEGLER (1996) sowie die Meta-Studie von MÜLLER-BÖLING und KLANDT (1993). Bisher kaum untersucht sind demnach die nachfolgend aufgeführten Aspekte von Unternehmensgründungen:

1. Person und mikrosoziales Umfeld des Gründers
   - die Konsequenzen von Mehrpersonengründungen,
   - Diagnostik der "Unternehmerfähigkeit" potentieller Gründer,
   - das persönliche Umfeld der Gründer;
2. Unternehmung
   - der Lebenszyklus von Gründungen (Phasenansätze);
3. Umfeld der Unternehmung (Gründungskontext und Gründungsinfrastruktur)
   - Ausbildungsbedarf der Unternehmensgründer.

Die personenzentrierten Ansätze, die besonders die Unternehmerpersönlichkeit betrachten, dürften aber möglicherweise auf ähnliche Probleme wie die Leadershipforschung stoßen, die nach langjähriger Forschung zu der Einsicht gelangen mußte, daß es – „unabhängig vom jeweiligen Kontext" – wohl doch keine konsistenten Persönlichkeitsattribute erfolgreicher Führungspersonen gibt.

Während gerade die Umfeld-Themen "Märkte", "Förderprogramme" oder "Standorte" besonders intensiv untersucht werden, wird die Finanzierungsentscheidung durch die Kreditinstitute nicht eingehend analysiert. Das ist interessant, weil gerade die Kapitalversorgung als wesentlichstes Problem der Gründungen angesehen wird (MAY, 1981) und – nach Aussage verschiedener Banken – der größte Teil aller Gründer auf eine Finanzierung durch Kreditinstitute angewiesen ist. Akzeptabel wäre dies nur, wenn die Entscheidung für oder gegen die Finanzierung einer Gründung durch die Banken dem (nachgelagerten) Auswahlfilter des Marktes entsprechen würde. Dies ist jedoch – aufgrund der Komplexität der Entscheidung – keinesfalls anzunehmen, so daß sich hier ein umfangreicher Forschungsbedarf von hoher praktischer Relevanz ergibt.

Für diesen Sachverhalt spricht, daß nach STOREY (1994) die Kreditvergabe der Banken an neue Unternehmen unabhängig von persönlichen Merkmalen der Gründer ist, der Erfolg von Unternehmen hingegen stark davon abhängt, was den oben ausgeführten Aussagen der psychologischen Handlungstheorie entspricht. Dem widerspricht jedoch teilweise die Aussage von CHAGANTI u.a. (1995), nach der die persönlichen Charakteristika der Gründer einen großen Einfluß auf die Kapitalstrukturentscheidung haben.

Die im folgenden zusammengefaßten Einzelergebnisse über Faktoren, die den Erfolg von Existenzgründungen beeinflussen, sind im wesentlichen der Meta-Studie von MÜLLER-BÖLING und KLANDT (1993) entnommen (vgl. hierzu auch die in Abschnitt 3.2 dargestellten Fakten):

- Ein wesentliches Problem bei der Gründung stellt die ausreichende Kapitalversorgung dar (MAY, 1981). Öffentlich geförderte Unternehmen weisen laut einer Studie von HUNSDIEK und MAY-STROBL (1987) wesentlich höhere Erfolgschancen auf als nicht geförderte Unternehmen (Ausfallquoten in den ersten drei Geschäftsjahren: 0,3 %, 0,9 % bzw. 2,3 %[154]).

- Das Geschlecht des Gründers beeinflußt den Erfolg nicht (KLANDT, 1984).

- KLANDT (1984) zeigt in seinen Untersuchungen den Zusammenhang zwischen dem Erfolg und der Gründerperson: Erfolgreiche Gründer verlangen nach keinem für sie angenehmen Arbeitsklima. Sie zeichnen sich durch ein hohes Maß an Selbstsicherheit und – nach eigener Einschätzung – an Gewissenhaftigkeit und Diszipliniertheit aus.

- Teamgründungen sind (besonders bei technologieorientierten Gründungen) im Vergleich zu Einzelgründungen erfolgreicher (HUNSDIEK, 1987).

- Es besteht eine positive Beziehung zwischen Branchenerfahrung und Umsatzerfolg. Ein klarer Zusammenhang zwischen Erfolg und Ausbildung läßt sich nicht belegen (KLANDT, 1984).

- Gründer, die früher schon einmal ein Unternehmen gegründet haben, sind ebenso weniger erfolgreich wie Gründer, deren Väter bereits selbständig waren (KLANDT, 1984).

- Rechtsform und – interessanterweise – Branche beeinflussen den Unternehmenserfolg gemäß ALBACH, BOCK und WARNKE (1985) nicht[155].

- ALBACH, BOCK und WARNKE können keinen Einfluß der konjunkturellen Lage und – in der Regel – auch keinen Einfluß der Standortbedingungen belegen.

- Insolvenzen werden üblicherweise durch individuelle Fehlentscheidungen und Fehlverhalten der Gründer herbeigeführt und sind somit in der Regel nicht durch externe Faktoren „zufallsbedingt" (MISCHON und MORTSIEFER, 1981).

---

154 Zum Vergleich: Üblicherweise vermutet man, daß – allerdings innerhalb der ersten 5 Jahre – 50 % der Existenzgründungen scheitern (SZYPERSKI und NATHUSIUS, 1977), wobei jedoch die eingeschränkte Vergleichbarkeit der ersten drei Jahre mit den ersten fünf Jahren der genannten Untersuchungen nur Tendenzaussagen zuläßt.

155 Dieses Ergebnis, das nahezu allen Erfolgsfaktorenanalysen widerspricht, ist vermutlich auf eine zu grobe Brancheneinteilung zurückzuführen.

6.5 Konsequenzen für die Beurteilung von Gründungskonzepten

Welche Konsequenzen lassen sich nun aus den relativ allgemeinen Erkenntnissen über Erfolgsfaktoren von Unternehmen für Existenzgründer ableiten? Zunächst wird offensichtlich, daß Existenzgründer im Vergleich zu etablierten Unternehmen aus der strategischen Perspektive einige typische Nachteile – aber auch einige typische Vorteile – besitzen:

- Aus Sicht der ressourcenorientierten Strategieansätze haben Existenzgründer tendenziell Nachteile. Sie verfügen hinsichtlich der meisten relevanten Ressourcen über eine schwächere Ausstattung: Qualifizierte Mitarbeiter scheuen das höhere Arbeitsplatzrisiko in neu gegründeten Unternehmen, die finanziellen Ressourcen sind meist relativ schwach, die Betriebsorganisation ist noch weniger eingespielt bzw. weniger effizient als bei etablierten Unternehmen, und außerdem fehlen Kundenkontakte und ausreichender Bekanntheitsgrad. Besonders kritisch ist, daß manche relevanten Ressourcen – speziell im Zusammenhang mit Reputation – nur langfristig erwerbbar sind und somit selbst bei guter Kapitalausstattung Wettbewerbsnachteile für Existenzgründer mit sich bringen. Bedingt durch die Gründungssituation haben neue Unternehmen oft lediglich durch die modernere technische Ausstattung, fehlende „Altlasten" (z.B. Sozialpläne oder Pensionsverpflichtungen) – und (hoffentlich) durch das überdurchschnittliche Engagement des Gründers – einen ressourcenbezogenen Wettbewerbsvorteil.

- Gemäß den (reinen) industrieökonomischen Ansätzen haben Existenzgründer jedoch dieselben – wenn nicht gar bessere – Chancen als etablierte Unternehmen, weil der Erfolg maßgeblich von den Marktcharakteristika bestimmt wird. Da sich jedes Unternehmen den geeigneten Markt wählen kann, bestehen hier prinzipiell keine Unterschiede. Denkbar ist jedoch, daß bereits etablierte Unternehmen über einen Informationsvorsprung hinsichtlich relevanter Marktcharakteristika verfügen. Auf der anderen Seite ist es für eine Neugründung relativ leicht, sich – ohne Rücksichtnahme auf die bisherige innerbetriebliche Ressourcenallokation – genau auf die rentabelsten Marktnischen zu konzentrieren (vgl. unten).

- Aus den Überlegungen von GHEMAWAT über – wie wir es genannt haben – „Strategische Trägheit" kann man ableiten, daß hier Vorteile der Existenzgründer bestehen. Der Existenzgründer kann ohne Rücksicht auf frühere – inzwischen aufgrund neuer Informationen möglicherweise als falsch erkannte – strategische Entscheidungen seine neue, zum momentanen Informationsstand optimale Strategie zum Aufbau von Erfolgspotentialen (vgl. GÄLWEILER, 1990) festlegen. Bei (angenommener) gleicher Ressourcenausstattung kann ein etabliertes Unternehmen aufgrund bestehender Bindungen in der Regel eine so günstige strategische Positionierung wie ein Existenzgründer nicht erreichen.

- Ob bei Unternehmensgründern oder etablierten Unternehmern „ungünstige" Handlungsanomalitäten häufiger auftreten, läßt sich nicht pauschal beurteilen. Aufgrund der vorliegenden empirischen Untersuchungen über die Entscheidungsqualität von Personen in komplexen Situationen (DÖRNER, 1989) kann man jedoch die folgenden plausiblen Hypothesen ableiten: Da gerade sehr erfahrene Personen häufig – durch Selbstüberschätzung oder progressive Dekonditionalisierung erfolgreicher Verhaltensweisen – zu unüberlegten „Aus-dem-Bauch-Entscheidungen" neigen, könnten diesbezüglich Existenzgründer den Vorteil aufweisen, daß sie gewisse Fehlentscheidungen durch gründlicheres Nachdenken vermeiden können. Andererseits zeigen sich erfahrene „Entscheidungspraktiker" – wie DÖRNER sie nennt – bei simulierten Entscheidungssituationen oft als besonders leistungsfähig, weil sie z.B. eher erkennen, auf welche Aspekte in der Fülle von Informationen am ehesten zu achten ist. Wahrscheinlich ist jedoch, daß die Person des Existenzgründers eine besondere Bedeutung für die Beurteilung der Erfolgschancen einer Gründungskonzeption haben. Gerade deshalb setzen wir mit diesem Buch an den lehrbaren Fähigkeiten der Existenzgründer an, um ihnen den Weg zu „human beings of superior judgement", also Entrepreneure im Sinne CASSONs, zu erleichtern.

Für alle Branchen gilt aber – mehr oder minder stark –, daß die schneller werdenden technologischen Änderungen mit immer kürzeren Produktlebenszyklen immer höhere Anforderungen an die **Innovationsfähigkeit** von Unternehmen bei Produkten und bei den Produktionsprozessen stellt. Schnelligkeit und Kreativität werden immer wichtiger, weil vorhandene Wettbewerbsvorteile immer kürzer bestehen bleiben. HAMEL und PRAHALAD (1995) fordern daher eine stärkere Zukunftsorientierung der Unternehmen und beurteilen die traditionelle strategische Planung orientiert an heutigen Märkten und Wettbewerbsvorteilen als zu kurzfristig. Sie haben daher das Konzept der „**Kernkompetenzen**" entwickelt.

Kernkompetenz wird dabei als eine Fähigkeit definiert, die es erlaubt, bestimmte Wertschöpfungsaktivitäten deutlich besser zu erfüllen als andere, was Wettbewerbsvorteile entstehen läßt. Eine Kernkompetenz muß drei Eigenschaften erfüllen:

- Sie muß einen erheblichen Beitrag zum Kundennutzen bieten.
- Sie muß für eine Vielzahl von Märkten/Geschäftsfeldern bedeutsam sein.
- Sie ist (in der relevanten Wettbewerbsregion) sehr selten und von Wettbewerbern nur schwierig zu kopieren.

Wenn Wettbewerbsvorteile sich oft schnell entwerten, sollte ein Unternehmen bevorzugt Kernkompetenzen aufbauen, die jederzeit – in verschiedenen Märkten – neue Wettbewerbsvorteile generieren lassen. Gründungskonzeptionen sollten daher grundsätzlich auch darauf untersucht werden, ob sie tatsächlich relevante und für Wettbewerber schwer imitierbare Kernkompetenzen aufweisen, weil gerade dies für den langfristigen Erfolg entscheidend ist. Prinzipiell erscheint es plausibel, daß gerade Existenzgründer – trotz oft begrenzter Ressourcen – durch einen geschickten, zielorientierten Ressourceneinsatz in Verbindung mit einer typischerweise überdurchschnittlichen Flexibilität und Innovationsfähigkeit gegen etablierte Unternehmen bestehen können.

JENNER (1999, S. 97) zeigt in einer Übersicht den Zusammenhang zwischen bestimmten Fähigkeiten und einem potentiellen Kundennutzen (siehe nachfolgende Tabelle):

Tab. 6.2   Erfolgsfaktoren und potentieller Kundennutzen

Fähigkeit / Erfolgsfaktor		Potentieller Kundennutzen
Innovative Produkteigenschaft	⇒	Höhere Leistung, geringere Betriebskosten
Breite Distribution	⇒	Schneller Service, reduzierte Ausfallzeit, persönliche Beziehungen
Geringe Kosten und Preise	⇒	Größerer Wert
Gutes Image	⇒	Soziales Prestige
Breites Produktprogramm	⇒	Wenig Lieferanten
Umfangreicher technologischer Service	⇒	Lösung technischer Probleme

Zusammenfassend ist festzuhalten, daß Existenzgründer im Vergleich zu etablierten Unternehmen über ganz typische spezifische Vor- und Nachteile verfügen. Für die Gesamtbewertung der Erfolgsaussichten einer Gründungssituation ist das gesamte Spektrum der bisher angeführten allgemeinen und gründerspezifischen Erfolgsfaktoren zu beachten. Eine besondere Relevanz haben sicherlich die persönlichen und fachlichen Potentiale der Gründer, die Verfügbarkeit besonderer, wettbewerbsrelevanter (Kern-) Kompetenzen, die finanziellen Ressourcen und schließlich eine die Wettbewerbskräfte berücksichtigende gezielte Auswahl aussichtsreicher Tätigkeitsfelder. Einen auf diesen Überlegungen basierenden (zusammenfassenden) **Bewertungsbogen** findet man im Anhang zu diesem Text in Abschnitt 6.11.1 auf Seite 309.

6.6   Umfeld- und Branchenanalysen

Umfeld- und Branchenanalysen sind – wie oben ausgeführt – wesentliche Vorarbeiten für jede fundierte Beurteilung der Erfolgschancen einer Gründungskonzeption, weil die hier betrachteten exogenen Rahmenbedingungen eine erhebliche Erfolgsrelevanz für jedes Unternehmen haben. Sie durchleuchten das Umfeld eines Unternehmens nach wettbewerbsrelevanten Aspekten. Grundsätzlich ist darauf zu achten, daß eine solche

Analyse – unabhängig von einem speziellen Unternehmen – das allgemeine, exogene Umfeld betrachten soll, also z.B. eben nicht die Wettbewerbsvorteile eines Unternehmens. Es sollte zudem bedacht werden, daß eine Branchen- und Umfeldanalyse keine Zusammenfassung von Informationen ist, sondern eine zielorientierte Analyse/Auswertung von relevanten Daten. Sie soll insbesondere zeigen,

- wie die momentane wirtschaftliche Situation und die langfristigen Wachstumspotentiale einer Branche sind,
- welche Rentabilität eine Branche aufgrund der Marktcharakteristika erwarten läßt (vgl. Abschnitt 6.6.3),
- hinsichtlich welcher Kaufkriterien und (dahinterliegender) Kernkompetenzen ein Unternehmen Wettbewerbsvorteile aufbauen muß, um überdurchschnittlich erfolgreich zu sein.
- Über das in Abschnitt 6.2.5 Gesagte sind nachfolgend einige Anregungen zusammengestellt, die bei der Analyse des für eine Existenzgründung relevanten Branchenumfeldes beachtet werden sollten. Zu empfehlen ist beispielsweise nachfolgend beschriebener Aufbau für eine solche Analyse, wobei jeweils zu den zu untersuchenden Teilbereichen – nicht zwangsläufig erschöpfende – Orientierungsfragen angegeben sind.

6.6.1 Allgemeine Charakterisierung der Branche

Welche Leistungen bietet die Branche an? Hierbei spielen die Substitutionsabstände zwischen den diversifizierten Produkten eine entscheidende Rolle für die Identifikation eigener Potentiale, insbesondere eine eventuelle eigene Nische. Vor allem bei Investitionsgütern ist zu hinterfragen, wie stark Kundenbindungen den eigenen Markteintritt beeinflussen. Bei langlebigen Konsumgütern ist die Markenbindung zu untersuchen.

Auf Basis der Branchensystematik (z.B. des Statistischen Bundesamtes) lassen sich wesentliche Kennzahlen erfahren, beispielsweise Jahresumsätze oder Wertschöpfungen der Branche. Für die markttechnische Klassifikation sind Angaben zum Export, zur Anzahl der Betriebe und ihre Größenverteilung, insbesondere auch die durchschnittliche Betriebsgröße von Interesse. Rentabilitätsanalysen ermöglichen es, besonders aussichtsreiche Teilbranchen von den schlechten zu unterscheiden. Angaben zur Kapitalintensität helfen, die Markteintrittsschwellen zu analysieren; dabei können Angaben zu Größendegressionsvorteilen hilfreich sein, die erforderliche Mindestproduktion zu erfassen. Werbeaufwendungen und Transparenz des Marktes sind wesentliche Informationen, um die variablen Kosten des Markteintritts abzuschätzen.

6.6.2 Konjunktur und Wachstum

Die Beurteilung des Unternehmens und der Potentiale, die ein Entrepreneur sieht, darf nur in eingeschränkter Form vor dem Hintergrund der aktuellen Konjunkturlage erfolgen. Mit Sicherheit ist es aber wichtig, die Konjunkturanfälligkeit zu überprüfen. Auch andere Zyklen können bedeutsam sein, wie saisonale Kräfte, aber auch die Abhängigkeit von „langen Zyklen" mit Bezug zu demographischen Prozessen oder Basisinnovationen.

Vor dem Hintergrund der Prognosesysteme und der Erfordernis zur Frühaufklärung (vgl. Kapitel 4) sind die makroökonomischen Faktoren, welche die Branche maßgeblich beeinflussen, beispielsweise das Investitionsklima, das Konsumklima, das Zinsenniveau, zu erfassen. Die wirtschaftliche Entwicklung in den vergangenen Jahren kann helfen, die Relevanz im Sinne einer „ex-post-Prognose" zu erfassen.

Nicht nur für die Konkurrenzanalyse ist es erforderlich, die Abhängigkeit von anderen Branchen zu erfassen. Manche Produkte sind infolge von Komplementaritäten stark von der Entwicklung anderer Produkte abhängig. Eigene Entwicklungsprognosen stehen damit in Verbindung zu Prognosen anderer Unternehmen oder Branchen. Wichtige Parameter stellen dabei Umsatz, Preisentwicklung und Wettbewerbsintensität dar.

Die eigenen langfristigen Wachstumschancen hängen auch von den Substitutionsrisiken ab, vor allem bei Produkten im intraindustriellen Tausch. Offene Flanken sind dabei nicht nur Geschmacksveränderungen (siehe hierzu die Konsumtrends in Kapitel 4) oder der Auftritt (potentieller) Konkurrenten sondern auch die technologische Entwicklung.

Schließlich ist auch der politischen Entwicklung, auch im Hinblick auf das Verhalten der Handelsblöcke, im Rahmen einer derartigen Wachstumsanalyse, Rechnung zu tragen. Die Erfahrung lehrt, daß die von Handelsauseinandersetzungen Betroffenen meist nicht die Verursacher sind. So wird der Nudelimport als Ausgleich für Importbeschränkungen bei Bananen mit Strafzöllen belegt.

6.6.3 Synthese: Marktattraktivität und Wettbewerbskräfte

Die wichtigsten Aspekte der Marktattraktivität sollten grundsätzlich beurteilt werden, um die Qualität eines Marktes beurteilen zu können und damit eine zusammenfassende Aussage über die in der Branche zu erwartende (Gesamtkapital-) Rentabilität ableiten zu können. Dabei tritt die kartellrechtliche Flanke hinzu, denn der erfolgreiche Entrepreneur stößt möglicherweise an derartige Grenzen. So läßt sich argumentieren, daß AMD als zweitwichtigster Anbieter von Prozessorchips eine quasi Bestandsgarantie habe, weil ohne dieses Unternehmen Intel vor dem Problem stünde, als annähernder Monopolist dem Vorwurf der Ausnutzung einer marktbeherrschenden Stellung zu begegnen.

Tab. 6.3 Marktattraktivität und Renditewirkung

Einflußfaktor auf die Marktattraktivität gemäß Porter	Rendite-wirkung
Erwartetes Marktwachstum	+
Wettbewerbsintensität	-
Risiken durch Kalkulationsfehler, unerwartet niedrige Arbeitsproduktivität	-
Preisempfindlichkeit („Elastizität") der Nachfrage	-
Möglichkeiten zur Produkt- bzw. Leistungsdifferenzierung	+
Konjunkturempfindlichkeit	-
Notwendige Kapitalbindung, Fixkostenbelastung	-
Möglichkeit der Kundenbindung	+
Verhandlungsmacht der Kunden	-
Verhandlungsmacht der Lieferanten	-
Verfügbarkeit von Substitutionsprodukten	-
Markteintrittshemmnisse für neue Wettbewerber	+[156]
Abwehrreaktionen etablierter Unternehmen	+[157]

6.6.4 Kaufkriterien

Der Entrepreneur muß wissen, wie rational die Kaufentscheidungen für sein Produkt begründet sind. Das Marketing, insbesondere die Kundenbetreuung, müssen darauf abgestimmt werden. Auch im Sinne der im Kapitel 4 behandelten Strukturprognosen wird damit die Analyse der Kaufentscheidung der Kunden vordringliches Ziel[158]. Der Entre-

---

[156] Trotz positiver Wirkung auf die Branchenrentabilität führt dies aber zu besonderen Schwierigkeiten für Existenzgründer.
[157] Trotz positiver Wirkung auf die Branchenrentabilität führt dies aber zu besonderen Schwierigkeiten für Existenzgründer.
[158] Üblicherweise relevante **Kaufkriterien**, hinsichtlich derer Wettbewerbsvorteile aufbaubar sind, findet man im Anhang zu diesem Text in Abschnitt 6.11.1 auf Seite 309 („Bewertungsbogen für Existenzgründungen"). Anzumerken ist, daß es typischerweise einen zeitlichen „Wettbewerbszyklus" gibt: zunächst dominiert „Produkt-Wettbewerb", also Wettbewerb mit (oft technischen) Produkteigenschaften. Es folgt „Service-Wettbewerb", wenn sich die Produkteigenschaften im Wettbewerbsprozeß weitgehend angenähert haben. Manchmal folgt

preneur muß sich folglich fragen, welche Kernkompetenzen sein Unternehmen in der Branche besitzen muß, um langfristig eine Überlegenheit hinsichtlich dieser Kaufkriterien aufzubauen bzw. zu erhalten.

Schließlich sind – im Sinne des Marketingmix – Fragen zur Preissensitivität, zur Bedeutung der Qualität (als Produktqualität, als Servicequalität, als Nachbetreuung usw.) zu beantworten, woraus sich die erforderlichen Differenzierungsansätze gegenüber der Konkurrenz ergeben. Schlußendliches Ziel muß es sein, hierdurch auch die Überlegenheit bei den Kaufkriterien einem potentiellen Kunden zu „beweisen".

6.6.5 Betriebswirtschaftliche Vergleichszahlen

Die Analyse der betriebswirtschaftlichen Vergleichszahlen runden das Bild ab. Sie sind einmal für das interne Controlling erforderlich, erlauben auch, beispielsweise bei Kostenstrukturen, den Branchenvergleich und sind schließlich zwingender Bestandteil des Umgangs mit Finanzintermediären. Hier spielen die Bilanzkennzahlen (insbesondere Eigenkapitalquote, Dynamischer Verschuldungsgrad, Eigenkapitalreichweite, Umsatzrendite, Cashflow-Marge, Kapitalrückflußquote und Spezifischer Deckungsbeitrag) eine besondere Rolle, auch in Relation zum Branchendurchschnitt. Dabei ist es entscheidend, die richtigen Bezugsgrößen zu finden und zu überprüfen, ob beispielsweise Umsatz, Personalkosten, Deckungsbeitrag und Wertschöpfung jeweils bezogen auf die Mitarbeiterzahl im branchenüblichen Rahmen sind.

6.7 Geschäftspläne

6.7.1 Intention von Geschäftsplänen bei Unternehmensgründungen

Das wichtigste Hilfsmittel zur systematischen und detaillierten Vorbereitung einer Unternehmensgründung stellt der Geschäftsplan dar, in diesem speziellen Fall meist „**Existenzgründungsplan**" genannt. Dieser soll dem Unternehmensgründer helfen, die wichtigsten Aspekte seines Vorhabens zu fixieren und kritisch zu überprüfen. Im Existenz-

---

ein „Image-Wettbewerb". Typischerweise endet der Wettbewerbsprozeß im „Preiswettbewerb". Es ist offensichtlich, daß in den genannten Wettbewerbssituationen sehr unterschiedliche Kompetenzen wettbewerbsentscheidend sind. Ein Unternehmen muß sich hier anpassen (vgl. zu den sogenannten „Outpacing-Strategies" z.B. JENNER, 1999, S. 145-148).

gründungsplan wird daher insbesondere zu den Faktoren Stellung genommen, die den Gründungserfolg besonders maßgeblich beeinflussen.

Der Existenzgründungsplan hilft dem Unternehmensgründer nicht nur bei der kritischen Beurteilung und gegebenenfalls als Umsetzungsleitfaden bei der Realisierung seines Gründungsvorhabens. Er ist darüber hinaus eine wichtige Unterlage für Kreditverhandlungen mit Banken oder die Beantragung öffentlicher Existenzgründungsfördermittel (wie der Eigenkapitalhilfe und des ERP-Existenzgründungsdarlehens). Banken verhalten sich bei der für sie relativ risikoreichen Vergabe von Darlehen an Unternehmensgründer ziemlich vorsichtig. Sie müssen davon überzeugt werden, daß das neue Unternehmen erfolgreich sein wird. Wenn man von einer „traditionellen" alleinigen Diskussion mit den Banken über die Angemessenheit der zur Verfügung gestellten „banküblichen Sicherheiten" abkommen will, muß der Existenzgründungsplan die Informationen liefern, die für eine „betriebswirtschaftliche Erfolgsprognose" notwendig sind. Bei der Darstellung einer Gründungskonzeption sollte der erwartete Erfolg – gestützt auf die Potentiale der Gründungskonzeption und die Marktbedingungen – möglichst „zwingend" abgeleitet werden. Insbesondere muß auch bedacht werden, daß der Gründer selbst gewisse erfolgsrelevante Aspekte der Gründungskonzeption zwangsläufig besser beurteilen kann als das finanzierende Kreditinstitut, was üblicherweise das Kreditinstitut zu einer vorsichtigeren Haltung bewegen wird (Informationsasymmetrie). Zu überlegen ist daher, durch welche Informationen oder Zusagen man trotzdem seine Bank von dem selbst erwarteten Gründungserfolg überzeugen kann[159].

Bei der Erstellung eines Existenzgründungsplans sollte der zukünftige Unternehmer mit einem qualifizierten Unternehmensberater zusammenarbeiten, weil durch die betriebswirtschaftlichen Fachkenntnisse und die Brancheninformationen des Unternehmensberaters ein wesentlich aussagekräftigerer und soliderer Existenzgründungsplan entwickelt werden kann. Außerdem zeichnet sich ein von einem Unternehmensberater – natürlich unter Mitarbeit des Existenzgründers – ausgearbeiteter Existenzgründungsplan durch größere Objektivität aus und vermeidet die manchmal bei Unternehmensgründern anzutreffende große Euphorie bezüglich des Gründungsvorhabens.

6.7.2 Inhalt des Existenzgründungsplans

Die folgende zusammenfassende Erläuterung gibt einen Überblick über alle Komponenten eines Existenzgründungsplans. Selbstverständlich kann der Aufbau eines Existenzgründungsplans in Abhängigkeit von den Besonderheiten des zu gründenden Unternehmens etwas variieren. Ein Beispielberatungsbericht und ein Bewertungsbogen mit

---

159 Vgl. dazu die Überlegungen der „Signalling-Theorie", insbesondere auch im Bezug zur Rechnungslegung von Unternehmen (HARTMANN-WENDELS, 1991).

den wichtigsten (erfolgsrelevanten) Eckpunkten findet sich im Anhang zu diesem Kapitel in Abschnitt 6.10 auf Seite 288 bzw. in Abschnitt 6.11.1 auf Seite 309.

6.7.2.1 Branchen- und Marktanalyse

In einer Markt- bzw. Branchenanalyse wird die momentane und die erwartete zukünftige Situation auf dem für das zu gründende Unternehmen relevanten Markt beschrieben. Die Inhalte wurden bereits in Abschnitt 6.6 dieses Textes näher erläutert.

6.7.2.2 Angaben zur Person der Existenzgründer

Neben Namen und Anschrift enthält dieser Abschnitt alle relevanten Daten über Schulbildung, Berufsausbildung, berufliche Tätigkeiten sowie besondere fachliche Qualifikationen und Erfahrungen der Unternehmensgründer. Dieser erste Abschnitt richtet sich an Kreditinstitute und öffentliche Existenzgründungsförderstellen (z.B. die Deutsche Ausgleichsbank) und soll die Eignung (oder ggf. die vorhandenen Schwachstellen) der Unternehmensgründer für die eigenständige Führung eines Unternehmens belegen. Da der Erfolg einer Unternehmensgründung entscheidend von der Qualifikation der Gründer abhängt, darf die Bedeutung dieses Abschnittes für die Kreditgeber nicht unterschätzt werden. Besonders beachtet wird die Frage, ob die Gründer Branchenerfahrung, fachspezifische Kenntnisse und eventuell sogar entsprechende Kontakte besitzen. Zusätzlich sind für die Führung eines Unternehmens kaufmännische Kenntnisse dringend anzuraten, weil der – sinnvollerweise zu beauftragende – Steuerberater nicht alle betriebswirtschaftlichen Aufgaben übernehmen kann. Auch auf persönliche Eigenschaften des Gründers wie Fleiß, Ausdauer, Kontaktfreudigkeit, Durchsetzungsfähigkeit, Belastbarkeit und Kreativität kann in diesem Zusammenhang hingewiesen werden. Schließlich sollte Erfahrung im Umgang mit bzw. bei der Führung von Mitarbeitern erwähnt werden.

6.7.2.3 Unternehmenskonzept und -strategie

Zuerst soll die Gründungsidee kurz beschrieben werden. Dabei muß die anzubietende Marktleistung, evtl. kurz die Marktsituation und die besonderen Vorteile/Stärken des neuen Unternehmens im Vergleich zur Konkurrenz dargestellt werden. Folgende Kernfragen sind zu beantworten:

- **Bedarf:** Wieso wird die angebotene Leistung bzw. das Produkt überhaupt benötigt?
- **Kompetenz:** Hat das zukünftige Unternehmen alle Fähigkeiten, diese Leistung bzw. dieses Produkt auch zu produzieren?
- **Wettbewerbsvorteil:** Wieso kann das neue Unternehmen die Leistung besser oder günstiger anbieten als die Wettbewerber?

In diesem Abschnitt sollten zudem die Eckpunkte der zukünftigen Strategie – also die Vorgehensweise der langfristigen Erfolgssicherung – des neuen Unternehmens beschrieben werden. Bei der Gestaltung der Strategie sind die Erkenntnisse der verschiedenen Strategischen Konzeptionen[160] zu berücksichtigen. So konzipiert GLEIßNER (2000) das Leitbild des „Robusten Unternehmens", das sich an verschiedenen empirisch bewährten „Strategischen Grundsätze" orientiert. So können bei einem Robusten Unternehmen die (meßbaren) Risiken durch die unsichere Marktentwicklung vom verfügbaren Eigenkapital, dem Risikodeckungspotential, getragen werden. Ein solches Robustes Unternehmen konzentriert sich auf Kernkompetenzen, die langfristig – und bei möglichst vielen denkbaren alternativen Zukunftsszenarien – wertvoll sind. Es baut auf Grundlage dieser Kernkompetenzen – orientiert an den Kundenwünschen – Wettbewerbsvorteile auf, die so zu einer Differenzierung von Wettbewerbern und zur risikomindernden langfristigen Bindung von Kunden beitragen. Unattraktive Tätigkeitsfelder werden konsequent gemieden. Infolge intensiven Wettbewerbs und sinkender Transaktionskosten ist die Wertschöpfungskette dahingehend optimiert, daß nur Aktivitäten im Unternehmen erbracht werden, die nicht besser zugekauft werden können. Dies führt tendenziell zu einer flexibleren Kostenstruktur und reduziert die Wirkungen von Marktrisiken (Absatzmengenschwankungen). Zudem werden möglichst Bedingungen für selbstorganisierende Strukturen geschaffen, die den Mitarbeitern Chancen und Anreize für eigenverantwortliches Handeln bieten.

Diese strategischen Leitlinien eines Robusten Unternehmens können prägnant in den vier folgenden Grundsätzen zusammengefaßt werden.

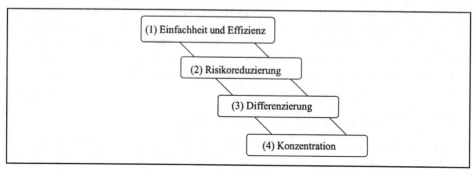

Abb. 6.4   Strategische Grundsätze eines Robusten Unternehmens

Zudem wird in diesem Abschnitt der Firmenname, das (vorgesehene) Gründungsdatum, der Wirtschaftszweig des Unternehmens und die gewählte Rechtsform angegeben. Die Rechtsformentscheidung (vgl. Abschnitt 9.2) ist unter Berücksichtigung von Einflußfaktoren wie Haftung, Kapitalbeschaffung, Gründungs- und Buchführungsaufwand, steuerlichen Aspekten und Geschäftsführungskompetenz zu begründen. Außerdem sind noch sämtliche Geschäftsführer und die Gesellschafter mit ihren Anteilen am Unterneh-

---

[160] Vgl. die zusammenfassende Darstellung von ESCHENBACH und KUNESCH (1996).

men anzugeben. Schließlich ist noch der vorgesehene Standort zu nennen und die Standortwahl unter Berücksichtigung von Konkurrenzsituation, Miet- bzw. Kaufpreis, Kundennähe, behördlichen Auflagen, Gewerbesteuersätze usw. zu erläutern.

6.7.2.4 Organisations- und Strukturplanung

In diesem Teil des Existenzgründungsplans wird der Aufbau des Unternehmens und die Methodik der Leistungserstellung beschrieben.

Zuerst sind die geplanten Betriebsräume (mit Flächen- und Ausstattungsangabe) anzugeben. Die Mietkosten (bzw. ggf. der Kaufpreis) sollen ebenfalls genannt werden, weil beides in die später folgenden Planrechnungen einfließt. Die Mietkosten können nötigenfalls anhand eines Mietspiegels abgeschätzt werden.

Der Organisationsplan enthält außerdem eine Aufstellung des gesamten benötigten Personals, für das jeweils ihre Funktion (evtl. auch die erforderliche Qualifikation) und das zu erwartende Gehalt angegeben werden sollte. Mit Hilfe eines Organigramms kann die Organisationsstruktur des Unternehmens veranschaulicht werden.

Schließlich soll noch eine – möglichst detaillierte – Aufstellung des vorgesehenen Leistungsangebots (Aufgliederung der Marktleistung aus der Beschreibung des Gründungskonzeptes) hinzugefügt werden. Dabei soll auch abgeschätzt werden, wieviel Leistung/Umsatz bei optimaler Kapazitätsauslastung erzeugbar ist.

6.7.2.5 Marketing und Umsatzschätzung

Wie bereits ausgeführt, hat die Wahl der richtigen Geschäftsfelder einen großen Einfluß auf den Erfolg von Unternehmen. In einem ungeeigneten Tätigkeitsfeld ist auch mit größtem Engagement möglicherweise kein Unternehmenserfolg möglich. Der Markterfolg eines Unternehmens hängt sowohl von der **Attraktivität des Marktes** (exogener Faktor) wie auch von den **Wettbewerbsvorteilen des Unternehmens** (vgl. Checkliste möglicher Wettbewerbsvorteile im Anhang) im Vergleich zu den Konkurrenten ab. Beide Faktoren kann man zusammen in einem Diagramm („**Portfolio**") darstellen.

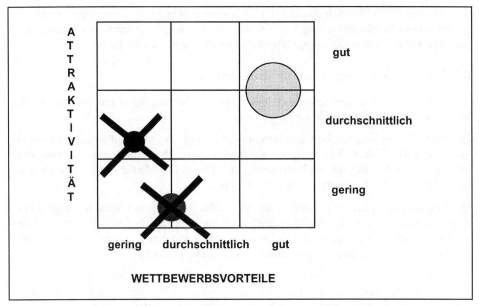

Abb. 6.5 Portfoliodarstellung von Marktattraktivität und Wettbewerbsvorteilen

Die auf Marktattraktivität und Wettbewerbsvorteile gestützte Begründung der Erfolgsaussichten der zukünftigen Tätigkeitsfelder eines Unternehmens ist zwingender Bestandteil eines Existenzgründungsplanes. Dabei ist der Markt hinsichtlich der ihn charakterisierenden Transaktionsstruktur (Raum: regional-überregional; Staat: national-international; Substitutionsabstand: intraindustriell-interindustriell) zu beschreiben.

Grundsätzlich ist es für eine Prognose der Erfolgschance einer Gründungskonzeption erforderlich, neben der Analyse des relevanten Marktes die erreichbaren Wettbewerbsvorteile des neuen Unternehmens realistisch zu bewerten. Aufgrund des erstmaligen Markteintritts eines neuen Unternehmens haben Gründungen typische Nachteile gegenüber etablierten Konkurrenten, die durch andere Vorteile zu (über)kompensieren sind. Einige typische Nachteile sind nachfolgend aufgeführt:

- niedriger Bekanntheitsgrad,
- fehlende Reputation beim Kunden (z.B. keine Referenzlisten),
- keine Stammkunden und damit erhöhte Vertriebskosten,
- geringe Eigenkapitalausstattung (was insbesondere bei aggressiven Vergeltungsmaßnahmen der etablierten Unternehmen im Fall des Markteintritts eines Neuen sehr gefährlich werden kann),
- keine guten Bankenkontakte,

- uneingespielte Betriebsabläufe mit der Folge einer niedrigeren Produktivität und eventuell höheren Fehleranfälligkeit,
- schlechtere Einkaufskonditionen wegen noch unbefriedigender Lieferantenkontakte.

Im Marketingplan werden alle vorgesehenen Maßnahmen des Unternehmens aufgeführt, die dem Absatz der eigenen Produkte dienen. Dabei ist nochmals detailliert aufzuzeigen, daß für das angebotene Produkt ein Bedarf besteht (oder zumindest geweckt werden kann). Außerdem soll die Zielgruppe möglichst genau nach demographischen, soziographischen, geographischen und soziologischen Kriterien charakterisiert und nach Umfang und Kaufkraft abgeschätzt werden. Wichtig ist auch, daß überlegt wird, wieviel Umsatz pro Kunde aus der Zielgruppe zu erwarten ist und wieviel Prozent der Zielgruppe als Kunden gewonnen werden können.

Wenn die Zielgruppe umrissen ist, muß man die Wünsche und die Faktoren, die diese Kunden zum Kauf bewegen, möglichst genau analysieren. Nur so kann eine erfolgversprechende Marketingstrategie entwickelt werden. Natürlich muß bei der Entwicklung einer Marketingstrategie auch die Konkurrenzsituation berücksichtigt werden. Dazu muß die Härte des Konkurrenzkampfes im Markt, beispielsweise durch Untersuchung der Preis- oder Handelsspannenentwicklung der letzten Jahre, abgeschätzt werden. Die Leistungsfähigkeit der wichtigsten Konkurrenzunternehmen muß – im Vergleich zum eigenen Unternehmen – anhand von Kriterien wie Preisniveau, Produktqualität, Service, Standort und Werbeaktivität beurteilt werden. Bei der zu entwickelnden Marketingstrategie ist darauf zu achten, daß gerade junge Unternehmen möglichst einen Preiskampf mit der Konkurrenz vermeiden sollten. Bestandteil der Marketingstrategie ist natürlich auch die Werbestrategie mit den Entscheidungen über Werbemittel, Werbehäufigkeit, Gestaltung der Werbeaussage und der Festlegung der Kosten.

Die folgende Übersicht zeigt einige Ideen, wie man die überlegene Qualität der eigenen Produkte oder Dienstleistungen belegen kann.

- Referenzlisten mit vielen und renommierten Kunden,
- Muster oder kostenlose Produkt- bzw. Leistungsproben,
- Titel, Auszeichnungen, Preise, Zeugnisse von Unternehmen und Mitarbeitern,
- Image des Unternehmens,
- zertifiziertes Qualitätsmanagementsystem (z.B. gemäß DIN EN ISO 9000ff.),
- Positive Bewertung der eigenen Leistung in unabhängigen Vergleichstests,
- besondere Garantien (z.B. 5 Jahre statt 1 Jahr oder „Geld-Zurück-Garantie").

Ein weiterer Bestandteil des Marketing, der ausführlich behandelt werden muß, ist die Absatzmengen- und Umsatzprognose. Für die Beurteilung des Unternehmenserfolges ist dies besonders wichtig. Leider sind solche Umsatzprognosen relativ unsicher, weil der Umsatz von sehr vielen – unternehmensspezifischen und konjunkturellen – Faktoren abhängt. Ansatzpunkt für eine Umsatzprognose ist beispielsweise die Wachstumsprognose für die Branche und die eigene Kapazität unter Berücksichtigung einer branchenüblichen Auslastung.

6.7.2.6 Plan-Bilanz, Investitions- und Finanzierungsplanung

Zunächst sollte der Bedarf an Anlagevermögen (Sachanlagen: Grundstücke, Gebäude, Maschinen, Fahrzeuge, Büroausstattung usw.) basierend auf der für den geplanten Umsatz nötigen Kapazität bestimmt werden. Nötigenfalls sind zur Fundierung dieser Schätzung vorliegende Angebote von Lieferanten anzuführen.

Neben dem Anlagevermögen sind das Umlaufvermögen (Forderungen aus Lieferung und Leistung sowie Vorräte) und die in der Gründungsphase anlaufenden Verluste (einschl. Gründungsaufwand und private Lebensführung) abzuschätzen. Die zukünftige Kapitalbindung im Umlaufvermögen läßt sich gestützt auf Branchenvergleichszahlen über den Lagerumschlag sowie unter Annahme einer üblichen Debitorendauer (ca. 6 Wochen) für die Forderungsaußenstände berechnen.

Für die Finanzierung des Kapitalbedarfs können Eigenkapital, Eigenkapitalhilfe, ERP-Existenzgründungsdarlehen, Bankkredite und Lieferantenverbindlichkeiten eingesetzt werden. Eine besondere Bedeutung hat hier die zinsgünstige Eigenkapitalhilfe, weil diese ohne bankübliche Sicherheiten von der Deutschen Ausgleichsbank zugeteilt wird. Mit der Eigenkapitalhilfe sind bis zu 25 % der erforderlichen Investitionen (Sachanlagen und Warenvorräte) finanzierbar. Um überhaupt staatliche Fördermittel – wie die Eigenkapitalhilfe – erhalten zu können, benötigt ein Gründer jedoch einen Mindesteigenkapitalanteil von 15 %.

Die sogenannte "Goldene Bilanzregel" fordert, daß langfristig im Unternehmen verbleibende Vermögenswerte durch langfristig zur Verfügung stehendes Kapital finanziert werden sollen, um Anschlußfinanzierungs- und Zinsänderungsrisiken zu vermeiden. Demnach sollte bei der Finanzierungsplanung bei einer Existenzgründung darauf geachtet werden, daß der **Anlagendeckungsgrad 2** über 100 % liegt.

$$(6.1)\ Anlagendeckungsgrad\,2 = \frac{Eigenkapital + langfristiges\ Fremdkapital}{Anlagevermögen} \cdot 100$$

6.7.2.7 Plan-Erfolgs- und Plan-Liquiditätsrechnung

Im Anschluß an die Investitions- und Finanzierungsplanung wird eine Planerfolgsrechnung und – unter Berücksichtigung der Höhe von Tilgungszahlungen, Abschreibungen etc. – eine Plan-Liquiditätsrechnung erstellt, die auf den Umsatzprognosen und der Kostenplanung beruht.

Die Ertragsanalyse untersucht, ob das geplante Unternehmen eine **Rendite** erwarten läßt, die unter Berücksichtigung des unternehmerischen Risikos und der Rendite von alternativen Kapitalanlagen eine Investition in dieses Unternehmen als ökonomisch sinnvoll erscheinen läßt.

(6.2) $$Gesamtkapitalrendite = \frac{Jahresüberschuß + Fremdkapitalzinsen}{\varnothing Gesamtkapital}$$

Bei der Rentabilitätsbeurteilung muß selbstverständlich vorab ein adäquater kalkulatorischer Unternehmerlohn für den Existenzgründer berücksichtigt werden.

6.7.2.8 Kennzahlengestützte Risikobeurteilung von Gründungen

Die **Stabilitätsanalyse** untersucht im Rahmen des Existenzgründungsplanes das Insolvenzrisiko des geplanten Unternehmens und schätzt die Nachhaltigkeit und Kontinuität der Erträge ab, beurteilt also insgesamt das Risiko der Gründungskonzeption gestützt auf die erstellten Planungsrechnungen[161].

Das Insolvenzrisiko eines Unternehmens hängt – sieht man von dem Risiko der Zahlungsunfähigkeit ab – entscheidend von der Eigenkapitalausstattung ab, weil das Eigenkapital das gesamte Unternehmensrisiko trägt.

Die **Eigenkapitalquote** ist ein wichtiges Maß für die Sicherheit und Kreditwürdigkeit eines Unternehmens. Sie sollte keinesfalls unter 15 % liegen. Anzustreben ist eine Eigenkapitalquote von über 30 %.

(6.3) $$Eigenkapitalquote = \frac{Eigenkapital}{Bilanzsumme}$$

Anzumerken ist allerdings, daß die Angemessenheit der Eigenkapitalausstattung natürlich vom Umfang der Risiken – und damit auch der Branchenzugehörigkeit – abhängt. Beispielsweise hat ein Unternehmen mit einer höheren Umsatzrendite – bei gleichen Umsatzschwankungen – eine niedrigere Wahrscheinlichkeit, Verluste zu erleiden, als ein Unternehmen mit geringerer Umsatzrendite. Für die Beurteilung der Angemessenheit der Eigenkapitalausstattung sollten deshalb auch Risikokennzahlen, wie Umsatzrendite, Sicherheitsgrad oder Cash-Flow-Marge herangezogen werden (vgl. unten). Gerade auch bei Existenzgründungen werden deshalb – für Gründer, Unternehmensberater und Banken – strategische Risikomanagementansätze zunehmend bei der Ausgestaltung der Gründungskonzepte bedeutsam, die auf eine gezielte Abstimmung der Eigenkapitalausstattung mit den (durchaus meßbaren) Leistungs-, Markt- und Kostenstrukturrisiken abzielen. Hier bestehen bisher gravierende Defizite und zugleich erhebliche Chancen für eine verbesserte Finanzierungsentscheidung von Kreditinstituten und Venture Capital Fonds gegenüber Existenzgründern.

---

161 Branchenbezogene Vergleichswerte zu diesen – und einigen anderen – Kennzahlen sind im Anhang zusammengefaßt.

Die Angemessenheit der Verschuldung wird – wie empirische Untersuchungen zum Konkursrisiko gezeigt haben – insbesondere durch den **Dynamischen Verschuldungsgrad** beschrieben (vgl. z.B. BAETGE, 1999).

(6.4) $$Dynam. Verschuldungsgrad = \frac{Verbindlichkeiten - liquide\ Mittel}{Cash\text{-}Flow}$$

Diese Kennzahl drückt aus, wie viele Jahre alle Cash-Flows des Unternehmens benötigt würden, um die Netto-Verbindlichkeiten (d.h. Verbindlichkeiten minus liquide Mittel) zu tilgen. Anzustreben ist ein Wert von unter 3. In der Praxis liegt dieser Wert in Deutschland jedoch oft um 5.

Während die bisher betrachteten Kennzahlen besonders für die Beurteilung des Überschuldungs- bzw. Konkursrisikos eingesetzt werden, dienen die folgenden Kennzahlen der Beurteilung der **Nachhaltigkeit der Gewinnerzielung**.

Die **Umsatzrendite** (UR) drückt aus, welcher Anteil des Umsatzes dem Unternehmen als Gewinn verbleibt. Sie kann als Kennzahl für **Preisänderungsrisiken** interpretiert werden, weil eine Umsatzrendite von z.B. 5 % besagt, daß das Unternehmen einen Rückgang seiner Verkaufspreise von 5 % verkraften kann, ohne in die Verlustzone zu gelangen.

(6.5) $$Umsatzrendite = \frac{Betriebsergebnis}{Umsatz + sonst. betriebl. Erträge}$$

Die **Umsatzrendite vor Zinsen** ist im Gegensatz zur oben definierten Umsatzrendite nach Zinsen unabhängig von der Finanzierung des Unternehmens, also der Verschuldung. Sie ist der Umsatzrendite vorzuziehen, wenn es nur um die Beurteilung des eigentlichen betrieblichen Prozesses der Leistungserstellung geht.

(6.6) $$Umsatzrendite\ vor\ Zinsen = \frac{Betriebsergebnis + Zinsaufwand}{Umsatz + sonst. betriebl. Erträge}$$

Eine wichtige Entscheidungsgrundlage zur Beurteilung der Erfolgsaussichten einer Unternehmensgründung liefert auch die Gewinnschwellenanalyse. Zur Berechnung des Break-even-points, also des Mindestumsatzes zur Erreichung der Gewinnzone, müssen zunächst alle fixen Kosten einer Periode (Personalkosten, Zinsen, Abschreibungen, Raumkosten, Werbeausgaben, usw.) bestimmt werden. Unter Einbeziehung des Anteils variabler Kosten (z.B. Zukauf von Material und Fremdleistungen) am Umsatz kann so der Mindestumsatz errechnet werden. Er sollte möglichst deutlich unter dem bei maximaler Kapazitätsauslastung erzielbaren Umsatz des Unternehmens liegen. Neben der Umsatzrendite ist der auf der Gewinnschwellenanalyse basierende **Sicherheitsgrad** ein weiterer Indikator für die Nachhaltigkeit der Erträge.

6.7. Geschäftspläne

(6.7) $$Sicherheitsgrad = \frac{Umsatz \cdot (1 - K_{var})}{fixe\ Kosten} \cdot 100$$

Der Anteil der variablen Kosten K_{var} wird durch den Anteil der Materialkosten am Umsatz approximiert.

Der Sicherheitsgrad drückt aus, wieviel Prozent das Unternehmen mehr umgesetzt hat, als zur Erreichung der Gewinnschwelle notwendig gewesen wäre. Der Sicherheitsgrad ist eine Kennzahl für Risiken durch Verkaufs**mengen**rückgänge. Er läßt sich im Gegensatz zur Umsatzrendite außer durch Preiserhöhungen und Kostenreduzierungen auch durch eine Erhöhung der Verkaufsmenge steigern. Für unternehmerische Entscheidungen besonders wesentlich ist, daß das durch den Sicherheitsgrad ausgedrückte Risiko bei gleichbleibenden Gesamtkosten auch durch eine Änderung der Kosten**struktur** gesenkt werden kann. Der Sicherheitsgrad steigt, wenn fixe durch variable Kosten ersetzt werden, also z.B. die Fertigungstiefe reduziert wird (Eigenfertigung durch Fremdbezug ersetzen). Da sowohl Risiko wie auch Gewinn den Wert und Erfolg eines Unternehmens beeinflussen, kann es durchaus sinnvoll sein, Maßnahmen zu ergreifen, die zwar die Gewinne senken, gleichzeitig aber auch das durch den Sicherheitsgrad ausgedrückte Risiko des Unternehmens reduzieren. Eine Reduzierung des Risikos, bei z.B. konjunkturell bedingtem Absatzrückgang Verluste zu erleiden, ist besonders bei einer geringen Eigenkapitalausstattung wichtig.

Die **Cash-Flow-Marge** gibt an, welcher Anteil der dem Unternehmen durch die Umsätze zufließenden Finanzmittel im Unternehmen verbleibt. Im Gegensatz zur Umsatzrendite wird hier der Finanzfluß betrachtet, der durch bilanzpolitische Maßnahmen weniger beeinflußbar ist als die Gewinne und deshalb oft als aussagekräftiger angesehen wird. Die Cash-Flow-Marge ist ein Maß für die finanzielle Beweglichkeit eines Unternehmens und drückt aus, bei welchem Rückgang der Verkaufspreise Liquiditätsengpässe auftreten (wenn von Investitionen, Tilgungen und neuen Darlehen abgesehen wird). Wie die anderen Kennzahlen auch, ist die Cash-Flow-Marge branchenabhängig. Im allgemeinen ist eine Cash-Flow-Marge von über 10 % als gut anzusehen.

(6.8) $$Cash-Flow-Marge = \frac{Cash-Flow}{Umsatz}$$

Zusammenfassend ist zur Risikobeurteilung (Stabilitätsanalyse) von Existenzgründungskonzeptionen festzuhalten, daß sich diese grundsätzlich auch mit den üblichen Jahresabschlußkennzahlen vornehmen läßt, wobei jedoch die zugrundeliegenden Bilanz- und Erfolgsrechnungszahlen vergleichsweise unsichere Planzahlen sind. Speziell die Umsatzschätzung ist mit hohen Unsicherheiten behaftet. Kennzahlen wie z.B. die Umsatzrendite sind somit in der Weise zu interpretieren, daß sie Informationen über den noch akzeptablen Schätzfehler darstellen. Sie sind somit für eine Beurteilung einer Gründungskonzeption von hoher Bedeutung. Allerdings ist anzumerken, daß eine Beurteilung einer Gründung lediglich auf Basis der hier erläuterten Kennzahlen unbefriedigend bleibt. Ergänzend ist grundsätzlich eine strategisch orientierte Erfolgsprognose auf Basis der weiter oben erläuterten Aspekte der Marktattraktivität (Branchen- bzw. Wettbewerbskräfteanalyse) sowie der Kernkompetenzen und Wettbewerbsvorteile der Gründungskonzeption erforderlich.

6.7.2.9 Wertorientierte Gesamtbeurteilung eines Gründungskonzeptes

Eine zusammenfassende Bewertung der Zukunftsperspektiven eines Unternehmens (oder speziell einer Gründungskonzeption) kann am besten durch die Berechnung des Unternehmenswertes erreicht werden, wobei die dieser Berechnung zugrundeliegenden zentralen Annahmen explizit zu nennen und zu begründen sind. Dabei werden die erwarteten zukünftigen Erträge – präziser die freien Cashflows – risikoadäquat auf die Gegenwart abgezinst. An diesem Kriterium zeigt sich auch, daß ein „ökonomisches Scheitern" des Unternehmens wesentlich wahrscheinlicher ist als ein Konkurs. Während für die finanzierende Bank jedoch die Konkurswahrscheinlichkeit von entscheidender Bedeutung ist, muß der Unternehmer die Höhe des geschaffenen Unternehmenswertes in seiner Beurteilung einer Geschäftsidee betrachten[162]. Das Überleben des Unternehmens reicht nicht aus, es muß einen Wert schaffen, der über dem eingebrachten Eigenkapital liegt. Dies impliziert, daß die Kapitalrendite höher als der risikoabhängige Kapitalkostensatz sein muß.

Letztlich sind die Verfahren zur Beurteilung von Existenzgründungen vereinfachende – und mehr oder weniger geeignete – Versuche, um abzuschätzen, ob eine Gründungskonzeption Wert generiert.

6.8 Zusammenfassung der wesentlichen Aspekte

Der „betriebswirtschaftlichen Erfolgsprognose" auf Basis der Erkenntnisse von Unternehmensstrategie- und empirischer Erfolgsfaktoren-Forschung wird bei der Betrachtung von Geschäftsplänen bisher zu wenig Bedeutung beigemessen. Eine ausreichend intensive Diskussion von Kernkompetenzen, Marktattraktivität oder „beweisbarer Wettbewerbsvorteile" kommt im Vergleich zur Betrachtung „banküblicher Sicherheiten" für Fremdkapital zu kurz. Sowohl aus volkswirtschaftlicher wie auch aus privatwirtschaftlicher Perspektive der Kreditinstitute wird das Erkennen erfolgversprechender Gründungskonzeptionen zu einem wesentlichen Erfolgsfaktor. Eine besondere Beachtung muß in Anbetracht der hohen Insolvenzrate von Gründungen dabei die Optimierung der Gründungskonzeptionen unter Risikoaspekten finden.

---

162 Auch Banken können durch eine risikoorientierte Analyse des Unternehmenswertes für ihre Kreditentscheidung wichtige Erkenntnisse gewinnen (vgl. MRZYK, 1999).

6.9 Anhang 1: Faustregeln für unternehmerische Entscheidungen – ein Entscheidungskompaß

*„Es ist gut, aus eigenen Fehlern zu lernen,
aber es ist besser, aus den Fehlern anderer zu lernen."*

6.9.1 Die Relevanz betriebswirtschaftlicher Methoden – und ihre Probleme in der Praxis

Offensichtlich basiert der Erfolg eines Unternehmens maßgeblich auf der Qualität der Entscheidungen seiner Führung, insbesondere des Unternehmers oder Entrepreneurs.

Leider läßt sich in der Praxis feststellen, daß diese Entscheidungen – gerade im Mittelstand – relativ wenig durch den Einsatz betriebswirtschaftlicher Methoden auf Grundlage einer rationalen Entscheidungstheorie unterstützt werden. Für diese Defizite gibt es drei wesentliche Ursachen:

- Viele moderne betriebswirtschaftliche Methoden sind so kompliziert, daß sie sinnvoll nur von einem Spezialisten – sei es ein Unternehmensberater oder eine innerbetriebliche Stabsstelle – angewendet werden können.
- Ein weiteres Problem besteht darin, daß die Anwendung vieler betriebswirtschaftlicher Methoden Informationen erfordert, die nicht verfügbar sind. Was nutzt es zu wissen, wie gemäß der Theorie der monopolistischen Konkurrenz gewinnoptimale Verkaufspreise festzulegen sind, wenn man einen dabei relevanten Parameter, die „Elastizität der Nachfrage", nicht kennt und auch kaum ermitteln kann?
- Oft werden in mittelständischen Unternehmen alle wichtigen Entscheidungen vom Inhaber selbst vorbereitet und weitgehend allein getroffen. Da dieser typischerweise als wichtigste Person im Unternehmen mit einer Vielzahl operativer Aufgaben belastet ist, steht meist zu wenig Zeit für wichtige Entscheidungen zur Verfügung. Änderungen der Betriebsorganisation, Großinvestitionen oder neue Marketingstrategien werden beschlossen, ohne alle relevanten Konsequenzen für das Unternehmen – und insbesondere die Risiken – zu durchdenken. Externe Beratung umfaßt primär oft steuerliche oder finanzierungstechnische Aspekte, nicht aber betriebswirtschaftlich-strategische Kernfragen.

Erfolgreiches Unternehmertum basiert sicherlich auf (mindestens) drei Eckpfeilern:

- Der Fähigkeit, gemäß den Grundsätzen der rationalen Entscheidungstheorie und den darauf basierenden betriebswirtschaftlichen Methoden – bei ausreichendem Informationsstand – systematisch die „richtigen" unternehmerischen Maßnahmen ableiten zu können (und diese konsequent umzusetzen!)[163].

- Der Fähigkeit, auch in schlecht strukturierten Entscheidungssituationen (wenn also genau die oben genannten betriebswirtschaftlichen Methoden nicht einsetzbar sind, weil z.B. zu wenig Informationen vorliegen) „zurechtzukommen".

- Glück (Zufall).

Als Unternehmensberater muß man leider sehr oft feststellen, daß die meisten Krisen von Unternehmen nicht auf „kleine Fehlentscheidungen" oder lediglich besonders viel Pech zurückzuführen sind, sondern auf das Mißachten eigentlich offensichtlicher betriebswirtschaftlicher Prinzipien. Besonders häufig werden – beispielsweise aus Zeitdruck – langfristige Nebenwirkungen und insbesondere Risiken einer Entscheidung nicht angemessen berücksichtigt. Interessanterweise werden bei vielen unternehmerischen Entscheidungen sogar wesentliche Aspekte vernachlässigt, obwohl ausgereifte betriebswirtschaftliche Verfahren eingesetzt werden. Beispielsweise setzt ein Unternehmen bei einer Entscheidung über die Investition in ein neues Geschäftsfeld zwar ein leistungsfähiges Investitionsrechenverfahren, wie die Kapitalwertmethode ein, betrachtet aber dennoch zentrale Themen nicht, wie

- die Bedeutung der Investition für den Ausbau der Kernkompetenzen,

- den aggregierten Umfang der Risiken, die den Kapitalkostensatz (Diskontierungssatz) bestimmen,

- die Konsequenzen für die Mitarbeitermotivation,

---

163 Grundsätzlich sollte ein Unternehmer bei einer rationalen Entscheidungsvorbereitung unterscheiden in die Festlegung einer Methode der Planung („analytisch-formale Komponente der Planung") und die Festlegung von Informationen (Daten), die mit dieser Methode bearbeitet werden („intuitiv-faktische Komponente der Planung"). Zunächst wird die zur Vorbereitung einer unternehmerischen Entscheidung geeignete Planungs*methode* ausgewählt. Damit ergibt sich oft implizit auch der Informationsbedarf: Man erfährt genau, an welche Einflußfaktoren (Variablen und Parameter) man denken muß („analytisch-formale Komponente der Planung"). Dann gilt es, im zweiten Schritt die Ausprägungen der relevanten Daten (Variablen und Parameter) zu bestimmen. Trotz ökonometrischer und zeitreihenanalytischer Prognoseverfahren ist hier meist – zumindest ergänzend – die Intuition und Erfahrung von Experten erforderlich („intuitiv-faktische Komponente der Planung"), was diesen Daten den Charakter von (kaum prüfbaren) Annahmen gibt, weshalb die in Kapitel 4 eingeführte Szenariotechnik häufig Anwendung findet. Wenn die Planungs- bzw. Entscheidungsmethode festgelegt ist und die dafür erforderlichen Daten vorliegen, gilt es „nur" noch, die ausgewählte Methode richtig anzuwenden. Der Erfolg eines Entrepreneurs basiert somit nicht nur auf der Anwendung von Methoden der rationalen Entscheidungstheorie, sondern auch auf einem Festsetzen besserer Annahmen, was allerdings (meist) lediglich ex post überprüft werden kann.

- die möglichen kostenbeeinflussenden Synergien mit bestehenden Geschäftsfeldern,
- oder die Nachhaltigkeit der angestrebten Wettbewerbsvorteile.

6.9.2 Ein Leitfaden von Faustregeln – eine Ergänzung zu traditionellen Methoden

Wie kann man gewährleisten, daß bei begrenzter Entscheidungszeit alle relevanten Aspekte betrachtet werden? Ein absolut sicheres Verfahren gibt es dafür natürlich nicht. Aber durch die richtigen Anregungen – und kritische Fragen – läßt sich offensichtlich die Entscheidungsqualität verbessern; insbesondere wenn es gelingt, auf möglichst viele, typischerweise wesentliche Aspekte hinzuweisen.

Dieser Beitrag will zeigen, daß durch ein checklistenartiges System wichtiger *„Faustregeln für Unternehmer"* zentrale betriebswirtschaftliche Grundprinzipien in der unternehmerischen Praxis – trotz Zeitmangels und hoher Belastung der Unternehmensführung mit operativen Aufgaben – eine angemessene Beachtung finden können. Insbesondere können mit diesem Hilfsmittel Vorstände und Geschäftsführer unterstützt werden, durch eine checklistenartige Zusammenfassung dieser Regeln auf einfache und effiziente Weise umfangreiches betriebswirtschaftliches Know-how nutzen zu können, ohne sich vorher zu intensiv mit aufwendigen betriebswirtschaftlichen Modellen und Theorien befassen zu müssen. So werden zumindest die relevanten Denkanstöße für eine kritische Betrachtung eigener Entscheidungen – auch unter bisher vernachlässigten Gesichtspunkten – geliefert.

Solche Faustregeln selbst stellen keine (oft praxisferne) abstrakte Theorie dar, sondern sind das möglichst auf bewährten Theorien basierende, handlungsorientierte Wissen für die unternehmerische Praxis. Unternehmer und Führungskräfte werden entlastet, weil mit diesem Hilfsmittel wichtige Entscheidungen schneller und sicherer werden.

Die Faustregeln beschreiben ein im allgemeinen richtiges Handeln und sind durch ökonomische Theorien, empirische Untersuchungen sowie eigene Praxiserfahrung bei vielen Unternehmen untermauert[164]. Durch eine Beachtung dieser Regeln ließen sich viele existenzbedrohende Unternehmenskrisen vermeiden und der Erfolg auch leistungsstarker Unternehmen weiter erhöhen.

Faustregeln sollten dennoch nicht kritiklos akzeptiert und dogmatisch angewendet werden. Manchmal sind sie infolge notwendiger Verallgemeinerungen nicht situationsadäquat oder zu stark vereinfachend, was „Verstöße" gegen sie rechtfertigen kann. Aber selbst in einer solchen Situation ist eine Faustregel sinnvoll, weil sie zumindest auffor-

---

[164] Detaillierte Erläuterungen zu den im folgenden vorgestellten Faustregeln würden diesen Beitrag sprengen, vgl. dazu GLEIßNER (2000).

dert, gezielt über eine geplante Entscheidung nachzudenken. Faustregeln geben Denkanstöße für eine kritische Reflexion eigener Entscheidungen.

Solche Faustregeln haben grundsätzlich normativen, induktiven oder heuristischen Charakter: Sie sind nicht deduzierbar oder beweisbar in allen Fällen wahr, aber zumindest bewährt und in der Regel sinnvoll. Sie sind als Handlungsempfehlung zu verstehen und sagen nichts darüber aus, wie in Unternehmen im Durchschnitt tatsächlich gehandelt wird.

Das im folgenden zusammengefaßte System von ca. 40 Faustregeln kann man somit auch als eine Erweiterung des eigenen, möglicherweise durch zufällige Ereignisse nicht repräsentativen Erfahrungsspektrums durch umfangreiche Erfahrungen anderer Personen ansehen. Damit wird eine objektivere Bewertung von unternehmerischen Entscheidungen gefördert: Man kann seine eigene, **situationsgeprägte** Einschätzung einer Handlungsalternative durch die in diesem Leitfaden zusammengefaßten **allgemeinen** Faustregeln überprüfen.

Ein solches System von – mehr oder weniger komplexen – Faustregeln zur Verbesserung unternehmerischer Entscheidungen kann als ein „**Expertensystem**" aufgefaßt werden, das eine Bewertung von betrieblichen Entscheidungs- bzw. Handlungsalternativen ermöglicht. Wie jedes Expertensystem verdichtet es noch nicht handlungsorientiertes Fachwissen in Form von Entscheidungsregeln.

Der Checklisten-Charakter eines Systems von ca. vierzig wichtigen Regeln hat zudem einen weiteren, kaum zu überschätzenden Vorteil: Es wird gezeigt, welche Aspekte bei wichtigen unternehmerischen Entscheidungen zu bedenken sind. Die Wahrscheinlichkeit, daß Fehlentscheidungen getroffen werden, weil wichtige Aspekte überhaupt nicht bedacht werden, läßt sich so erheblich reduzieren.

Oft ist es beim praktischen Einsatz eines Systems von Faustregeln sinnvoll, mit den Anregungen aus diesen Faustregeln ein **entscheidungsindividuelles Kriteriensystem** zu erstellen, mit dessen Hilfe man verschiedene Handlungsalternativen vergleichend beurteilen kann („Nutzwertanalyse").

Beispielsweise könnte man – gestützt auf die Faustregeln US1, US2, US3, US4, US5 und MK1 (vgl. Abschnitt 6.9.4) – folgende Kriterien zur Bewertung alternativer strategischer Handlungsoptionen aufbauen:

- Nutzt bzw. baut die Handlungsalternative die vorhandenen Kernkompetenzen aus?

- Verstärkt die Handlungsalternative die Konzentration auf aussichtsreiche Geschäftsfelder mit hoher Marktattraktivität?

- Werden durch die Handlungsalternative die internen Arbeitsprozesse vereinfacht und effizienter?

- Werden durch die Handlungsalternative die differenzierenden Wettbewerbsvorteile (z.B. Marke, Service, Qualität des Produktes) ausgebaut?

6.9. Faustregeln – ein Entscheidungskompaß

- Werden durch einen geschickten, sparsamen Einsatz betrieblicher Ressourcen und die Ausnutzung von Synergien mit dem Partner Erfolgspotentiale aufgebaut?
- Werden die Risiken des Unternehmens reduziert?

Um die Suche nach Faustregeln zu unterstützen, die für eine konkrete Entscheidung besondere Relevanz haben, hilft eine **Zuordnungstabelle**, die angibt, bei welchen geplanten **Maßnahmen** oder angestrebten **strategischen Zielen** wesentliche Entscheidungshilfen durch die einzelnen Faustregeln zu finden sind. Durch diese Suchhilfe wird es möglich, gezielt die für eine konkrete Entscheidungssituation wesentlichen Hinweise herauszusuchen. So entsteht ein „**Entscheidungskompaß**", eine Art Expertensystem, das ohne unnötigen Balast bei konkreten Fragestellungen eine Entscheidungsunterstützung bietet.[165]

Ein solches System der Faustregeln – der Entscheidungskompaß – stößt somit in die Lücke zwischen unzureichend fundierten schnellen „Aus-dem-Bauch-Entscheidungen" und sehr aufwendigen betriebswirtschaftlichen Analyse- und Planungsverfahren. Es leistet damit einen praxisorientierten Beitrag zur Verbesserung typischer unternehmerischer Entscheidungen. Durch die bessere Absicherung unternehmerischer Entscheidungen mittels eines vergleichsweise einfach und schnell nutzbaren Regelsystems wird zudem sparsam mit der wichtigsten Ressource eines Unternehmen umgegangen: der Arbeitszeit des Entrepreneurs.

Durch die Betonung der Bedeutung von Faustregeln soll aber nicht der Anschein erzeugt werden, kompliziertere betriebswirtschaftliche Methoden der Entscheidungsvorbereitung – von der Portfolioanalyse über die Kapitalflußrechnung bis zur Risikoaggregation – seien überflüssig.

Im Gegenteil: Je wichtiger eine Entscheidung für ein Unternehmen ist, desto notwendiger ist eine fundierte Entscheidungsgrundlage unter Nutzung problemadäquater betriebswirtschaftlicher Methoden. Deshalb enthalten die Erläuterungen zu vielen der nachfolgend vorgestellten Faustregeln (vgl. GLEIßNER, 2000, S.75-148) bereits ausführliche Hinweise zu den dahinterstehenden betriebswirtschaftlichen Methoden, was eine weitergehende, vertiefende Auseinandersetzung mit der jeweiligen Thematik ermöglicht[166]. Eine solche methodische Vertiefung sollte jedoch gerade dort erfolgen, wo der

---

[165] Große Bedeutung für den effizienten Einsatz hat dabei das Stichwortverzeichnis und insbesondere das Suchsystem der Zuordnungstabellen, welches das gezielte Auffinden von Regeln, die in der augenblicklichen Entscheidungssituation eines Unternehmens von Bedeutung sind, ermöglicht. Diese Zuordnungstabellen findet man in GLEIßNER (2000, S. 149-166) oder unter http://www.wima-gmbh.de/.

[166] Gerade moderne Unternehmensberatungsgesellschaften verstehen sich als externe Dienstleister, die bei wichtigen Entscheidungen mit dem Einsatz geeigneter betriebswirtschaftlicher Methoden sowie der Beschaffung relevanter Informationen helfen. Da jedoch nicht bei jeder Entscheidung ein solcher Aufwand gerechtfertigt ist, haben auch relativ einfache Faustregeln ihre Rechtfertigung und in der Praxis auch eine hohe Bedeutung.

höchste Mehrwert zu erwarten ist. Ein System der Faustregeln lenkt damit die Aufmerksamkeit und die betrieblichen Ressourcen auf die wesentlichsten Fragestellungen und die zugehörigen Methoden.

6.9.3 Faustregeln: die Sichtweise der psychologischen Handlungstheorie

Zu beachten ist, daß jeder Entscheider in einem Unternehmen auch implizit – oft ohne sich dessen bewußt zu sein – bestimmte **eigene** Faustregeln verwendet, wie beispielsweise:

- Immobilien sind immer steuersparende, gute und sichere Geldanlagen.[167]
- Wenn die Wettbewerber die Preise senken, muß man schnell folgen.[168]
- Je mehr Finanzmittel verfügbar sind, desto mehr wird investiert.[169]

Solche Faustregeln, wissenschaftlich als „heuristische Regeln" bezeichnet, basieren nicht immer auf betriebswirtschaftlicher Theorie, sondern werden maßgeblich durch frühere Handlungen und deren Resultate – also Erfahrungen – geprägt.

Sie sind leider nur unter bestimmten Umständen richtig. Die psychologische Handlungstheorie zeigt, daß diese „impliziten Faustregeln" bei Entscheidungen oft unbefriedigend sind: Einzelereignisse werden unzutreffend verallgemeinert, wichtige Informationen ignoriert oder Wahrscheinlichkeiten falsch eingeschätzt. Aufgrund der begrenzten Zeit, die für eine Entscheidung zur Verfügung steht, und den begrenzten kognitiven Fähigkeiten des menschlichen Gehirns sind Fehler bei Entscheidungen prinzipiell unvermeidlich und stellen teilweise ein erhebliches Risiko dar.

Die psychologische Handlungstheorie befaßt sich aus wissenschaftlicher Sicht mit der Bedeutung von Faustregeln, aber auch den Chancen und Gefahren. Dabei wird erläutert, wie schwierig es für Unternehmer ist in der für sie typischen „komplexen Entschei-

---

[167] Nach unserer Erfahrung als betriebswirtschaftliche Berater bei Sanierungsprojekten ist diese oft falsche Faustregel maßgeblich verantwortlich für überhöhte Immobilieninvestitionen und schwere Krisen von Unternehmen, da das dadurch gebundene Kapital dem eigentlichen Unternehmenszweck entzogen wird.

[168] In manchen Branchen – bei relativ homogenen Gütern – mag dies richtig sein. Oft zeigt diese Regel aber nur, daß fälschlicherweise die Marketingpolitik auf Preispolitik beschränkt ist und die vielfältigen Möglichkeiten einer den Preiswettbewerb entschärfenden Differenzierung mittels besonderer Kundenorientierung vernachlässigt wurde.

[169] Diese Regel hört sich möglicherweise unplausibel an. Tatsächlich zeigen empirische Untersuchungen, daß diese Faustregel – so falsch sie oft ist – das tatsächliche Investitionsverhalten von Unternehmen sehr gut beschreibt.

dungssituation" mit vielen, stark vernetzten Einflußfaktoren unter Zeitdruck die richtige Entscheidung zu treffen.

Die wichtigsten Erkenntnisse der psychologische Handlungstheorie kann man folgendermaßen zusammenfassen (GLEIßNER, 1999, S. 227-229):

1. Die Menschen entscheiden begrenzt rational auf Basis von subjektivem Vermutungswissen, wobei sie neue Informationen, die ihr bisheriges Bild der Umwelt bestätigen, beim Lernen höher gewichten als solche, die den bisherigen Vermutungen widersprechen. Insgesamt zeigen sich erhebliche Abweichungen vom Ideal des vollkommen rationalen, optimierenden „Homo oeconomicus" der ökonomischen Entscheidungstheorie. Dies impliziert insbesondere auch eine Beschränkung der Anzahl der bei der Entscheidungsfindung berücksichtigten Handlungsalternativen und Umweltzustände („Szenarien"). Systematisches Fehlverhalten beim Agieren in komplexen Situationen und systematische Fehleinschätzungen von Wahrscheinlichkeiten lassen sich feststellen. Diese Fehler resultieren aus den begrenzten kognitiven Fähigkeiten von Menschen (z.B. Informationsaufnahme- und Informationsverarbeitungskapazität) und sind somit nie völlig vermeidbar.

2. Zur Vereinfachung der Entscheidungssituation – um „Denkzeit zu sparen" – wenden die Handelnden relativ feste und einfache, situationsabhängig eingesetzte Heuristiken – "persönliche Faustregeln" – an („Methodismus"), die erst grundlegend geändert werden, wenn der Fehlschlag der gesamten Handlungsweise offensichtlich wird. Grundsätzlich werden Verhaltensweisen meist nicht verändert, solange die Resultate noch befriedigend erscheinen („satisficing behavior"). Wenn ein „strategischer Mißerfolg" erkannt wird, läßt sich oft ein hektisches Ausprobieren neuer Verhaltensweisen feststellen.

3. Zur Vereinfachung der Entscheidungsfindung konzentrieren sich Menschen oft auf nur eine betrachtete Zielgröße („Zentralreduktion"), was zudem oft zu einer Vernachlässigung der Neben- und Langfristwirkungen der getroffenen Entscheidungen führt. Gerade ein hohes Maß an Selbstsicherheit des Handelnden und umfangreiche Erfahrungen mit ähnlich erscheinenden Entscheidungssituationen führen zu einer besonders starken Einschränkung der betrachteten Aspekte einer Entscheidungssituation und einem sehr intuitiven Entscheiden.

4. Für das Handeln sind außer Präferenzen und (externen) Restriktionen der Entscheidungssituation weitere psychologische Charakteristika der Handelnden, wie z.B. Selbstvertrauen oder Frustrationstoleranz, ausschlaggebend. Diese psychologischen Charakteristika sind abhängig von früheren Handlungen und deren Resultaten. Diese Abhängigkeit des Handelns von nicht unmittelbar erkennbaren psychologischen Charakteristika schränkt die Prognostizierbarkeit des Handelns von Menschen wesentlich ein.

5. Menschen haben eine irrationale Neigung, an einer Handlungsalternative (z.B. einem Investitionsprojekt) um so eher festzuhalten, je mehr Geld, Zeit oder Arbeit in der

Vergangenheit dafür bereits eingesetzt wurde („Sunk-cost-Effekt"). Zudem zeigt sich, daß ein Mensch relativ risikofreudig ist, wenn er seine momentane Situation als „Verlustsituation" auffaßt; umgekehrt ist er relativ risikoscheu, wenn er sich bereits in einer „Gewinnsituation" wähnt ("Prospect-Theorie").

6. Handlungsbestimmendes Wissen und theoretisch-verbalisierbares Strukturwissen über Volks- und Betriebswirtschaft müssen nicht übereinstimmen. Menschen können also durchaus in einer Weise entscheiden und handeln, die ihrem theoretischen Wissen widerspricht.

7. Eine objektive Bewertung des Handlungserfolgs durch den Handelnden ist nicht selbstverständlich. Um sich ein positives Bild der eigenen Fähigkeiten zu erhalten, werden teilweise die Resultate des Handelns ignoriert („ballistisches Entscheidungsverhalten"). Unter Umständen definiert ein Mensch sogar nachträglich sein Ziel neu, um sich durch die Resultate seiner Handlungen bestätigt zu fühlen und so ein positiveres Bild seiner eigenen Fähigkeiten zu erhalten. Gemäß der Motivationstheorie sind unternehmerische Ziele, wie der Shareholder-Value, zudem nur handlungsbestimmend, wenn sie die individuelle Bedürfnisbefriedigung des Unternehmers oder Managers beeinflussen.

Bei Entscheidungen in komplexen Situationen unterlaufen Menschen also – z.B. wegen einer beschränkten Fähigkeit, Informationen aufzunehmen – unbewußt typische Fehler. Ist man sich dieser Fehlerquellen bewußt, läßt sich die Entscheidungsqualität deutlich verbessern. Insbesondere die folgenden sechs Denkfallen sollten beachtet werden:

- **Verfestigungsfalle**: Menschen gewichten erste Eindrücke (Informationen) bei ihren Entscheidungen überproportional, weil eine einmal erreichte Meinung (oder ein Vorurteil) nur schwer revidiert wird.

- **Status-quo-Falle**: Tendenziell sind Menschen bestrebt, den momentanen Zustand beizubehalten und daher – aus Angst von Enttäuschung oder Kritik – lieber keine grundsätzlich neuen Handlungsweisen auszuprobieren.

- **Kostengrabfalle**: Menschen neigen dazu, an einer früher getroffenen Entscheidung festzuhalten, auch wenn sich diese durch neue Informationen als falsch herausgestellt hat (vgl. „Sunk-cost-Effect"). Außerdem nimmt die Risikoneigung von Menschen zu, wenn sie sich bereits in einer Verlustsituation sehen.

- **Selbstbestätigungsfalle**: Um sich selbst zu bestätigen, werden Informationen, die für die eigene Meinung sprechen, stärker beachtet als solche, die ihr widersprechen.

- **Formulierungsfalle**: Die Art der Darstellung eines Problems – z.B. als Gewinn- oder Verlust-Möglichkeit – beeinflussen erheblich die Entscheidungen von Menschen.

- **Prognostizierungsfalle**: Menschen haben erhebliche Schwächen bei Zukunftsprognosen; Trends werden meist lediglich – gestützt auf Vergangenheitsdaten – linear fortgeschrieben. Die Qualität solcher Prognosen wird aber überschätzt.

6.9. Faustregeln – ein Entscheidungskompaß

PIATTELLI-PALMANINI (1997, S. 104) nennt – zum Teil überschneidend – die folgenden „Hauptsünden" bei Entscheidungen:

- **Selbstüberschätzung**: Dem eigenen Selbstbewußtsein sollte man kritisch gegenüberstehen, weil gerade dann, wenn man sich besonders sicher fühlt, oft gravierende Fehler gemacht werden.
- **Magisches Denken**: Ein Mensch versucht tendenziell mit immer neuen – auch falschen – Begründungen eine Gesetzmäßigkeit zu verteidigen, von der er einmal überzeugt ist.
- **Nachträgliches Besserwissen**: Menschen sind im nachhinein davon überzeugt, daß sie ein eingetretenes Geschehen vorausgesehen hätten.
- **Ankereffekt**: Ein intuitives erstes Urteil wird – auch bei später völlig widersprechenden Informationen – kaum mehr vollständig revidiert.
- **Eingängigkeit**: Menschen halten Ereignisse für häufiger, wenn sie sich diese besser vorstellen können oder wenn diese stark mit Emotionen verbunden sind.
- **Blindheit für Wahrscheinlichkeiten**: Wahrscheinlichkeitsschätzungen von Menschen sind sehr oft vollkommen falsch. Beispielsweise können Menschen kaum mit „bedingten Wahrscheinlichkeiten" umgehen.
- **Beeinflußbarkeit durch „Szenarien"**: Wahrscheinlichkeitseinschätzungen werden durch die Darstellung der zugehörigen Szenarien beeinflußt. Eine überzeugende und anschauliche Darstellung wird als wahrscheinlicher empfunden („Framing").

Zusammenfassend ist festzuhalten, daß der Erfolg von Unternehmen auch wesentlich von den individuellen Charakteristika der die Strategie beeinflussenden Führungspersonen abhängt, speziell deren Fähigkeiten, typische „Denkfallen" zu erkennen und die eigenen Verhaltensweisen kritisch zu hinterfragen. Wer typische Fehler kennt, hat eine bessere Chance, sie bei sich selbst zu vermeiden.

Ein fixiertes System fundierter betriebswirtschaftlicher Faustregeln hat aus psychologischer Sicht den entscheidenden Vorteil, daß es zu einer stärkeren Rationalität und Systematik bei wichtigen Entscheidungen zwingt. Zudem begegnet es einem zentralen Problem menschlicher Entscheidungen, nämlich der durch Zeitdruck und begrenzte Informationsverarbeitungskapazität bedingten Gefahr, wesentliche Aspekte einer Entscheidung zu vernachlässigen.

6.9.4 Der Entscheidungskompaß: Die wichtigsten Faustregeln in der Übersicht

Wie kann man ein solches System von Faustregeln, den Entscheidungskompaß, am besten in der Praxis nutzen? Für die Anwendung des Regelsystems bieten sich drei einander ergänzende Möglichkeiten an:

1. **„Routine-Check"-Einsatz:** Man kann regelmäßig – z. B. einmal im Jahr – alle Faustregeln ansehen, um kritisch zu prüfen, welche nicht befolgt wird. Solche „Verstöße" sollten kritisch durchdacht und begründet oder andernfalls möglichst zügig beseitigt werden. So werden die Faustregeln zu einem Hilfsmittel für Unternehmensanalyse und Strategieentwicklung bzw. Strategieüberwachung.

2. **Zielorientierter Einsatz:** Wenn ein Unternehmer konkrete Ziele (z.B. Reduzierung des Risikos) verfolgt, kann er gezielt die Faustregeln aufsuchen, die auf diese Ziele hinwirken.

3. **Maßnahmenorientierter Einsatz:** Wenn ein Unternehmer konkrete Maßnahmen plant (beispielsweise ein Investitionsprojekt, eine Werbekampagne oder eine Geschäftsprozeßoptimierung), kann er gezielt die Faustregeln anwenden, die bei solchen Maßnahmen relevant sind.

Auf die unter 2. und 3. genannten Einsatzmöglichkeiten wird im Zusammenhang mit dem „Entscheidungskompaß für Unternehmer" noch ausführlicher eingegangen. Mit dem Entscheidungskompaß soll die gezielte Suche nach Faustregeln unterstützt werden[170].

Im folgenden werden die wichtigsten unternehmerischen **Faustregeln** – gegliedert nach Unternehmensfunktionen – vorgestellt und kurz erläutert[171]. Um die – prinzipiell beliebig erhöhbare – Anzahl der Regeln in einem handhabbaren Umfang zu halten, wurden insbesondere solche Regeln ausgewählt, die

- eine besondere strategische Bedeutung haben und/oder
- besonders häufig unbeachtet bleiben.

---

[170] Abgeschlossen wird dieses Kapitel mit dem „Entscheidungskompaß für Unternehmer", der die wichtigsten Faustregeln in einer Checkliste zusammenfaßt. Diese Checkliste kann für einen „Schnelltest" wichtiger unternehmerischer Entscheidungen – von der Investition bis zur Änderung der Organisationsstruktur – eingesetzt werden.

[171] Eine detaillierte Erläuterung und Begründung zu allen Faustregeln findet man bei GLEIßNER (2000). Zu den Faustregeln werden jeweils auch weiterführende und vertiefende betriebswirtschaftliche Methoden vorgestellt und an Beispielen erläutert.

Es läßt sich natürlich nicht beweisen, daß die hier zusammengefaßten Faustregeln tatsächlich die wichtigsten sind. Es lassen sich also mit Sicherheit weitere sinnvolle und interessante Faustregeln angeben. Dennoch ist ihre Auswahl nicht willkürlich. Sie orientiert sich insbesondere an den Faktoren, die durch die Krisen- und Erfolgsfaktorenforschung als besonders maßgeblich für die Unternehmenszukunft herausgearbeitet wurden (vgl. GLEIßNER, 2000), was beispielsweise Themen wie Kernkompetenzen, Risiko, Wettbewerbsvorteile oder wertsteigernde Investitionen umfaßt.

Einige der folgenden Faustregeln mögen selbstverständlich erscheinen; eine Stärke des Systems ist es jedoch gerade – wie jede Checkliste – sicherzustellen, daß an Selbstverständliches gedacht wird, was in der Unternehmenspraxis – unter Zeitdruck – leider oft nicht geschieht. Außerdem ist zu bedenken, daß eine Faustregel selbst nur als „Einstieg" in die jeweilige Thematik aufzufassen ist. Im vollständigen System der Faustregeln (vgl. GLEIßNER, 2000) ist jeder Regel eine zwei- bis dreiseitige Erläuterung beigefügt, die die konkrete Umsetzung in der Praxis sowie die zugehörigen betriebswirtschaftlichen Methoden vertiefend beschreibt. Beispielsweise ist bei der Faustregel „Wertsteigernde Investitionen" („Investitionen müssen eine Kapitalrendite mindestens in Höhe der Kapitalkosten erwarten lassen, um den Unternehmenswert zu steigern") erläutert, wie Rendite und Kapitalkosten einer Investition berechnet werden können.

6.9.4.1 Unternehmensstrategie

Geschäftsfelder (US1)
Unternehmen sollten sich auf prinzipiell erfolgversprechende Tätigkeitsfelder konzentrieren.

Einfachheit (US2)
Unternehmen sollten möglichst einfach und effizient sein.

Risikobewältigung (US3)
Unternehmen sollten alle unnötigen Risiken vermeiden oder übertragen.

Kernkompetenzen und Ressourcen-Leverage (US4)
Die unternehmerischen Aktivitäten/Ressourcen sollten gezielt auf den Aufbau von Kernkompetenzen ausgerichtet werden.

Synergien nutzen (US5)
Synergien zwischen Geschäftsfeldern eines Unternehmens oder auch enge Kooperationen mit Partnerunternehmen steigern den Erfolg.

6.9.4.2 Marketing und Kundenorientierung

Verkaufspreisgrenzen (MK1):
Verkaufspreise unter den Selbstkosten sind bei unausgelasteten Produktionskapazitäten sinnvoll, aber absolute Preisuntergrenze sind die variablen Kosten.

Differenzierung und Positionierung (MK2):
Erfolgreiche Marketingstrategien zielen auf die Lösung zentraler Probleme der Kunden und vermeiden austauschbare Leistungen.

Marken (MK3):
Durch den Aufbau einer unverwechselbaren Marke ist eine besonders nachhaltige und wirksame Differenzierung möglich.

Kundenspezifische Angebote (MK4):
Leistungsangebot und Marketingpolitik müssen zielgruppenspezifisch sein.

Abhängigkeiten vermeiden (MK5):
Starke Abhängigkeiten von einzelnen Kunden sollten vermieden werden.

Qualitätsführerschaft (MK6):
Überlegene Qualität zahlt sich in der Regel aus.

Qualitätsbeweis (MK7):
Überlegene Qualität muß man dem Kunden „beweisen".

Kundenbeziehungen sichern (MK8):
Der Sicherung bestehender Kundenbeziehungen ist der Vorrang vor der Neuakquisition von Kunden einzuräumen.

Zielgruppenspezifische Werbung (MK9):
Nur zielgruppenspezifische und aktivierende Werbung zahlt sich aus.

Kundenwünsche identifizieren (MK10):
Da die tatsächlichen Kundenwünsche oft von den Vorstellungen in einem Unternehmen erheblich abweichen, sind Kundenbefragungen unerläßlich.

Marktkenntnis (MK11):
Um erfolgreich zu sein, muß man seinen Markt gut kennen.

6.9.4.3 Mitarbeiter und Führung

Mitarbeiter motivieren (MF1)
Mitarbeiter müssen gezielt motiviert werden, da ihre Leistungsfähigkeit von Motivation und Qualifikation abhängt.

Führung (MF2)
Erfolgreiche Führung sollte gleichermaßen fachliche Betreuung der Mitarbeiter und ein Eintreten für deren Interessen umfassen.

Mitarbeiterbindung (MF3)
Qualifizierte und motivierte Mitarbeiter gehören zu den wichtigsten Ressourcen eines Unternehmens und sollten möglichst ans Unternehmen gebunden werden.

6.9.4.4 Investition und Finanzierung

Bonität und Eigenkapital (IF1)
Eine angemessene Eigenkapitalausstattung eines Unternehmens ist zur Risikobegrenzung und Sicherung der Bonität unumgänglich.

Kapitalbindung optimieren (IF2)
Eine unnötig hohe Kapitalbindung – insbesondere in Folge von Investitionen – ist zu vermeiden.

Kapitalbedarfsberechnung (IF3)
Bei Investitionsprojekten ist auf eine vollständige Erfassung des Kapitalbedarfs (einschließlich Umlaufvermögen) zu achten, um Finanzierungsprobleme zu vermeiden.

Wertsteigernde Investitionen (IF4)
Investitionen müssen eine Kapitalrendite mindestens in Höhe der Kapitalkosten erwarten lassen, um den Unternehmenswert zu steigern.

Liquiditätsreserven (IF5)
Liquiditätsreserven in ausreichender Höhe sollten immer vorgehalten werden.

Skontonutzung (IF6)
Skonto sollte bei Einkäufen grundsätzlich in Anspruch genommen werden.

Darlehenslaufzeiten (IF7)
Bei niedrigen Zinsen langfristige Darlehenslaufzeiten vereinbaren.

Fristenkongruenz (IF8)
Langfristig im Unternehmen verbleibende Vermögenswerte langfristig finanzieren.

Rückstellungen bilden (IF9)
Die beste Möglichkeit, Steuern zu stunden, besteht darin, alle Möglichkeiten der Bildung von Rückstellungen zu nutzen.

Wachstumsfinanzierung (IF10)
Wachstum ist nur sinnvoll, wenn es finanzierbar ist und die Rendite über den Kapitalkosten liegt.

6.9.4.5 Organisation, Information und Planung

Planungskreis (OIP1)
Maßnahmen müssen zielkonform und fundiert geplant sein. Die Resultate der Umsetzung sollten kontrolliert werden.

Aufgaben- und Kompetenzregelungen (OIP2)
Jeder Mitarbeiter muß wissen, welche Aufgaben und Kompetenzen er hat, und er muß notfalls vertretbar sein.

Projektplanung (OIP3)
Nur ein konkreter, detaillierter, realistischer Projektplan sichert die Umsetzung von Ideen, Strategien und Planungen.

Führungsinformation und strategisches Controlling (OIP4)
Die Unternehmensführung muß regelmäßig, automatisch und möglichst standardisiert die wichtigsten Informationen über die Entwicklung des Unternehmens erhalten.

6.9.4.6 Produktivität und Kostenmanagement

Arbeitsproduktivität überwachen (PK1)
Die Arbeitsproduktivität eines Unternehmens und jedes seiner Tätigkeitsbereiche muß regelmäßig überwacht werden.

Delegation (PK2)
Ein Unternehmer muß Verantwortungsbereiche delegieren.

Nachfolgeregelung (PK3)
Ein Unternehmer muß rechtzeitig einen Nachfolger aufbauen.

Aufgabenanalyse (PK4)
In jedem Unternehmen sollte einmal pro Jahr über die Notwendigkeit und die Art der Erfüllung der betrieblichen Aufgaben nachgedacht werden.

Kostenmanagement (PK5)
Wettbewerbsfähige Verkaufspreise erfordern ein leistungsfähiges Kostenmanagement.

Prozeßoptimierung (PK6)
Aufgaben sollten zur Geschäftsprozeßoptimierung sinnvoll auf Stellen zusammengefaßt und nicht willkürlich aufgeteilt werden.

Reihenfolgeplanung (PK7)
Es sollte eine verbindliche Regelung geben, welche der verschiedenen Aufträge bzw. Aufgaben, die zur Bearbeitung anstehen, mit Priorität zu bearbeiten sind.

Auftragsauswahl (PK8)
Bei Kapazitätsengpässen sollten die Aufträge gewählt werden, die den höchsten spezifischen Deckungsbeitrag aufweisen.

Arbeitsflexibilisierung (PK9)
Arbeitszeitregelungen sollten so flexibel sein, daß damit Schwankungen der Nachfrage ausgeglichen werden können.

Lieferantenauswahl und Angebotsvergleich (PK10)
Bei größeren Einkäufen sollten grundsätzlich Vergleichsangebote eingeholt werden.

6.9.5 Zusammenfassung

Der „Entscheidungskompaß" der betriebswirtschaftlichen Faustregeln kann einen Beitrag zur Verbesserung unternehmerischer Entscheidungen und damit letztendlich zur Steigerung der Erfolgsaussichten und des Unternehmenswertes leisten. Hinter dieser Konzeption steht die Überzeugung, daß unternehmerischer Erfolg kein Zufall ist, sondern maßgeblich durch gut fundierte und systematisch vorbereitete Entscheidungen der Unternehmensführung bestimmt wird.

In Anbetracht der Komplexität unternehmerischer Entscheidungen soll mit den hier vorgestellten betriebswirtschaftlichen Regeln ein „Entscheidungsunterstützungssystem" angeboten werden, das regelmäßig bei wichtigen betrieblichen Entscheidungen herangezogen werden sollte, um Denkanstöße zu liefern und wichtige Teilaspekte der Entscheidung nicht zu übersehen. Durch den checklistenartigen Charakter kann so – gerade unter Zeitdruck – die Entscheidungsqualität verbessert werden.

Damit schließt dieses System die Lücke zwischen unzureichend fundierten schnellen „Aus-dem-Bauch-Entscheidungen" und sehr aufwendigen betriebswirtschaftlichen Analyse- und Planungsverfahren. Zudem zeigt es auf, bei welchen Aspekten einer unternehmerischen Entscheidung der Einsatz vertiefender betriebswirtschaftlicher Methoden sinnvoll ist.

Die Intuition, Erfahrung und Führungsfähigkeit von Unternehmern kann aber kein „Expertensystem von Faustregeln" ersetzen.

6.10 Anhang 2: Existenzgründungsberatungsbericht

BERATUNGSBERICHT

über eine

EXISTENZGRÜNDUNGSBERATUNG

für

Herrn

Peter Lustig

Maiweg 12

68134 Guckenheim

durch

WIMA

Gesellschaft für

angewandte Betriebswirtschaft mbH

Obere Gärten 18	Astheimer Str. 30	Hügelstr. 15-17
70771 Leinfelden-Echterdingen	65428 Rüsselsheim	95032 Hof/Saale
Tel.: 0711 / 797358-30	Tel.: 06142/32237	Tel.: 09281/58333

Verantwortlicher Berater: Dipl.-Kff. Dorkas Sautter

Inhaltsverzeichnis

1. **Beratungsaufgabe**
2. **Beratungsziele**
3. **Vorgehensweise**
4. **Kurzfassung der Ergebnisse**
5. **IST-Situation**
    - 5.1 Persönliche Situation des Existenzgründers
    - 5.2 Marktsituation
6. **Sollkonzept**
    - 6.1 Gründungskonzept/Unternehmensgegenstand
    - 6.2 Organisations- und Strukturplanung
        - 6.2.1 Personal und Organisation
        - 6.2.2 Betriebsräume
    - 6.3 Marketing und Umsatzschätzung
        - 6.3.1 Marketingstrategie
            - 6.3.1.1 Exklusives Sortiment/Feinkostmonopol
            - 6.3.1.2 Angenehme Einkaufsatmosphäre
            - 6.3.1.3 Lieferservice
            - 6.3.1.4 Kooperation mit Restaurant
        - 6.3.2 Umsatzschätzung
    - 6.4 Investitions- und Finanzplanung
        - 6.4.1 Investitionsplanung
        - 6.4.2 Finanzplanung
    - 6.5 Planerfolgsrechnung
    - 6.6 Planbilanz und Bilanzkennziffern
7. **Maßnahmenplan**
8. **Schlußbemerkung**

1. Beratungsaufgabe

Die WIMA GmbH wurde beauftragt, für Herrn Peter Lustig die folgende Beratungsleistung zu erbringen:

- Existenzgründungsberatung im Einzelhandelsbereich: Übernahme und Neukonzeption eines Lebensmitteleinzelhandelsgeschäfts,
- Überprüfung des Gründungskonzepts und
- Erstellung eines Beratungsberichtes.

2. Beratungsziele

Im Rahmen der Beratungsaufgabe ergaben sich die folgenden Zielsetzungen:

1. Überprüfung und Konkretisierung des Gründungskonzeptes sowie Beurteilung der Erfolgsaussichten (Marktchancen).
2. Erstellung eines Beratungsberichts, der alle wesentlichen Beratungsergebnisse (Marketingstrategie, Investitions- und Finanzierungsplanung, Planerfolgsrechnung) zusammenfaßt. Er soll Grundlage für die Beantragung von Fördergeldern und benötigtem Fremdkapital sein und dem Existenzgründer die Möglichkeit bieten, die tatsächliche Entwicklung seines Unternehmens mit den Planwerten zu vergleichen, um problematische Abweichungen frühzeitig zu erkennen.
3. Erstellung eines Maßnahmenplanes für die Realisierung der Unternehmensgründung.

3. Vorgehensweise

Die Projektbearbeitung gestaltete sich nach folgendem zeitlichen Ablauf:

07.12.2000	<ul><li>Erstes Beratungsgespräch:<ul><li>Erfassung erfolgsrelevanter Informationen</li><li>Diskussion von Gründungskonzept, Leistungsangebot, Marketingstrategie und Finanzierungskonzept</li></ul></li></ul>
08.12.2000	• Informationsauswertung und Erstellung des Beratungsberichtes
09.12.2000	• Markt- und Branchenrecherche
16.12.2000	• Berichtüberarbeitung anhand weiterer Informationen des Existenzgründers
20.12.2000	• Begleitung des Existenzgründers zum Bankengespräch

Terminabsprachen, Gesprächsvorbereitung und ergänzender Informationsaustausch wurden telefonisch geregelt.

4. Kurzfassung der Ergebnisse

Herr Lustig beabsichtigt, ein Einzelhandelsgeschäft im Bereich Lebensmittel zu gründen. Der Existenzgründer übernimmt ein LEGE[172]-Geschäft und wird neben dem LEGE-Angebot auch Fein- und Reformkost in sein Sortiment aufnehmen. Herr Lustig wird eine Vollzeit-Verkäuferin und eine Hilfskraft (630-DM-Basis) beschäftigen.

Das Investitionsvolumen von insgesamt ca. 170.000 DM soll neben Eigenkapital von 30.000 DM insbesondere durch ein Eigenkapitalhilfe-Darlehen und ERP-Existenzgründungsdarlehen finanziert werden.

Durch die Aufnahme von Reform- und Feinkostartikeln hat Herr Lustig für diesen Bereich eine Quasi-Monopolstellung in Guckenheim. Das Risiko der Existenzgründung wird für relativ gering gehalten:

1. Der alte Kundenstamm wird durch die Weiterführung des LEGE-Angebotes und die Einführung eines Lieferservices erhalten. Die Erweiterung des Sortiments auf Fein- und Reformkostartikel erschließt eine neue Kundengruppe. Einerseits wird also die Abhängigkeit von der alten Stammkundschaft gelockert, andererseits werden Verbundeffekte auf das LEGE-Angebot durch die neuen Kunden erwartet.

2. Herr Lustig verfügt über gute fachliche Kenntnisse auf dem Gebiet Lebensmitteleinzelhandel insbesondere auch Feinkost, sowie über zahlreiche Kontakte zu Feinkostlieferanten im In- und Ausland.

3. Der Existenzgründer hat gute Kontakte zu einem etablierten Restaurant in Guckenheim. Es ist eine enge Kooperation hinsichtlich von Aktionswochen geplant, sowie ein gemeinschaftlicher Partyservice in der Zukunft.

Gesamtbeurteilung des Gründungsvorhabens

Die Existenzgründung erscheint aussichtsreich. Es bestehen zwar noch Unsicherheiten bezüglich der Akzeptanz des neuen Angebotes, es kann allerdings eine schnelle Etablierung – aufgrund oben aufgeführter Vorteile – erwartet werden.

Das Unternehmen bietet Herrn Lustig eine ausreichende Existenzgrundlage. Das finanzielle Risiko ist vertretbar, wobei insbesondere mögliche Fehlentwicklungen der Umsätze den Risikoumfang bestimmen (Absatzmengenrisiko). Zumindest der Unternehmerlohn wird schon im ersten Jahr verdient.

---

172 LEGE ist eine Einkaufsgenossenschaft des Einzelhandels.

5. IST-Situation
5.1 Persönliche Situation des Existenzgründers

Herr Peter Lustig, ledig, geboren am 25.04.1965 in Mainz, ist gelernter Einzelhandelskaufmann. Nach Abschluß seiner Lehre wurde Herr Lustig von dem Lehrbetrieb übernommen und war dort bis Ende des Jahres 1987 beschäftigt. Anschließend war Herr Lustig für ein Jahr in Frankreich. Er arbeitete dort als Hilfskraft in einem großen Weinhaus in Beaune. Im Jahre 1989 trat der Existenzgründer eine Stellung bei einer großen Kaufhauskette an und wurde dort im Bereich Lebensmittel-Feinkost eingesetzt.

Der Existenzgründer verfügt durch seine Lehre und seine letzte Arbeitsstelle über einige ausbaufähige kaufmännische Kenntnisse. Zusätzliche Unterstützung durch einen Unternehmensberater und einen Steuerberater sollte Herrn Lustig die kaufmännische Führung eines kleineren Unternehmens ermöglichen.

Herr Lustig besitzt durch seinen beruflichen Werdegang ausgezeichnete Kenntnisse auf dem Gebiet Lebensmitteleinzelhandel. Für den Bereich der Fein- und Reformkost erwarb sich der Existenzgründer bei seiner letzten Arbeitsstelle die notwendige Qualifikation. Er hat bereits die notwendigen Kontakte zu den Zulieferern geknüpft.

Der Existenzgründer weist eine sehr offene, interessierte und tatkräftige Persönlichkeit auf, die er auch bei seinem Auslandsaufenthalt unter Beweis stellte. Während seiner Beschäftigung in Frankreich erhielt Herr Lustig eine ausgezeichnete Ausbildung auf dem Gebiet des Weinbaus. Darüber hinaus verfügt er über gute Kontakte zu französischen Weinhändlern, aber auch Feinkostlieferanten, die er im Rahmen seiner Existenzgründung nutzen möchte.

5.2 Marktsituation

Das LEGE-Geschäft ist in einem Wohngebiet und direkt an der Hauptstraße in Guckenheim (Maiweg 12) gelegen. Für das Geschäft sind drei hauseigene Parkplätze vorgesehen. Weitere Parkmöglichkeiten bestehen an der Straße. In unmittelbarer Nachbarschaft der Geschäftsräume befinden sich eine Apotheke und eine Bäckerei. Diese Konstellation hatte in der Vergangenheit stets günstige Verbundeffekte bewirkt (wer z.B. in die Apotheke mußte, konnte noch schnell etwas für das Abendbrot einkaufen usw.).

Der Lebensmittelladen hat einen relativ festen Kundenstamm, der sich aus der Wohnbevölkerung in der Nachbarschaft zusammensetzt. Die Altersstruktur der Kunden besteht zu einem erheblich überdurchschnittlichen Anteil aus (meist wohlhabenden) Personen im Rentenalter, die nicht sehr mobil sind und bei den Bedürfnissen des täglichen Lebens auf Einkaufsmöglichkeiten in unmittelbarer Nähe angewiesen sind.

Als einzigen direkten Konkurrenten gibt es einen Plus-Markt am Rande des Wohnviertels. Dieser besteht auch bereits seit einem längeren Zeitraum, und es wurde kein wesentlicher Kundenverlust festgestellt, was auf die Verbundeffekte mit der Bäckerei und der Apotheke zurückgeführt werden könnte.

In Zukunft ist in diesem Gebiet keine neue Konkurrenz absehbar, da keine weiteren Geschäftsräume im Wohnviertel geplant oder vorhanden sind.

6. Sollkonzept
6.1 Gründungskonzept/Unternehmensgegenstand

Geplant ist die Gründung einer Einzelunternehmung im Bereich Lebensmitteleinzelhandel. Da keine besonderen Haftungsrisiken zu erwarten sind und die Aufnahme weiterer Eigenkapitalgeber nicht vorgesehen ist, bietet sich die Gründung eines Einzelunternehmens wegen des geringen Gründungs- und Betriebsaufwands an.

Die Angebotspalette des neuen Unternehmens soll neben der typischen Auswahl an Lebensmittelprodukten auch Reformprodukte und eine größere Auswahl an Feinkostartikeln umfassen. Im einzelnen ist das Angebot wie folgt zu beschreiben:

1. Standard-Lebensmittelprodukte
   - Molkereiprodukte
   - Konserven
   - Tiefkühlkost
   - Reis- und Nudeln
   - Getreideprodukte (Mehl, Müsli) und Backzutaten
   - Süßwaren
   - Getränke (Erfrischungsgetränke, Wein, Bier, Spirituosen)
   - Kaffee und Tee
   - Frischobst und Gemüse

2. Reformkost
   - Vollkornprodukte
   - Krankenkost und diätetische Lebensmittel

3. Feinkost, insbesondere
   - Konserven
   - Weine und Spirituosen
   - Gewürze
   - länderspezifische Spezialitäten
   - Präsentkörbe
   - Kochbücher

Die Verkaufsfläche des Lebensmittelgeschäfts soll in einen LEGE-Bereich mit Standardartikeln (50 %), einen Frischartikelbereich (Obst und Gemüse) (5 %), einen Reformkostbereich (15 %) und einen Feinkostbereich (30 %) aufgeteilt werden. Letzterer soll sich durch eine länderspezifische Sortierung auszeichnen. Als Verkaufsform soll Selbstbedienung vorherrschen, wobei jedoch eine begrenzte Beratungsleistung im Bereich Reformkost und Feinkost (insbesondere bei Weinen) angestrebt wird.

Es werden auch weiterhin Waren von LEGE bezogen, wobei das Sortiment verkleinert wird. Dies geschieht anhand von Erfahrungswerten der Vorbesitzerin. Es werden nur die umsatzstärksten Artikel beibehalten, ohne allerdings eine bestimmte Warengruppe ganz aus dem Sortiment zu nehmen. Die Stammkundschaft soll weiterhin die Möglichkeit haben, alle notwendigen Artikel des täglichen Bedarfs zu erhalten.

Hierbei ist es notwendig, einen Mindestabsatz bei den LEGE-Artikeln zu erreichen, da die Einkaufsgenossenschaft einen Mindesteinkaufswert von 300.000 DM pro Jahr verlangt. Wird dieser nicht erreicht, werden die Einkaufspreise mit Strafsätzen zwischen 5 und 10 % belegt. Dies würde sich negativ auf die erzielbare Handelsspanne (ca. 25 %) dieser Artikel auswirken.

Neben dem Standardsortiment sollen durch die Aufnahme von Reform- und Feinkost eine neue Kundengruppe – wohngebietsübergreifend – angesprochen werden. Neben einer Verbreiterung der Kundengruppe durch Diversifikation verspricht man sich einen Verbundeffekt gegenüber dem Standardsortiment, d.h. es wird erwartet, daß neben dem Feinkosteinkauf auch Besorgungen des täglichen Bedarfs miterledigt werden.

Das Kundenpotential für die neuen Bereiche ist allerdings noch unbekannt. Es wird jedoch aufgrund der Anzahl ansässiger – vor allem mittelständischer – Unternehmen angenommen, daß ein größeres Potential besteht.

Für die Zukunft ist die Aufnahme eines Partyservices in Kooperation mit einem Restaurant in Guckenheim geplant.

6.2 Organisations- und Strukturplanung

6.2.1 Personal und Organisation

Herr Lustig möchte eine Vollzeit-Verkäuferin und eine Hilfskraft auf 630-DM-Basis beschäftigen. Eine spezielle Organisationsform ist nicht nötig.

Die jährlichen Personalkosten (exklusive Herrn Lustig) setzen sich wie folgt zusammen:

Gehalt für eine Aushilfe:	DM 7.560
Gehalt für eine Verkäuferin:	DM 32.400
Personalnebenkosten (gerundet)	DM 8.000
Summe (gerundet)	DM 48.000

In den Personalnebenkosten wurden die pauschale Lohnsteuer (20 %) für eine Aushilfe sowie der Arbeitgeberbeitrag zur Sozialversicherung in Höhe von ca. 20 % für eine Vollzeitkraft berücksichtigt.

Herr Lustig als Eigentümer einer Einzelunternehmung wird seinen Lebensunterhalt aus dem Gewinn des Lebensmittelladens decken.

6.2.2 Betriebsräume

Der Existenzgründer wird die Geschäftsräume des LEGE-Ladens im Maiweg 12 in 68134 Guckenheim übernehmen. Es stehen zwei Räume (inkl. Lager) mit insgesamt 100 qm zur Verfügung. Es ergibt sich ein jährlicher Mietpreis von 14.400 DM zuzüglich 960 DM für Wasser und Entsorgung. Der Mietpreis enthält nicht die Kosten für Heizung und Strom.

Zur Standortwahl ist anzumerken, daß ein bereits bestehendes Geschäft mit festem Kundenstamm übernommen wird. Es sei hier aber noch einmal darauf hingewiesen (siehe auch 5. Marktsituation), daß sich die Geschäftsräume in einem Wohnviertel befinden, in dem sehr viele ältere Personen leben. Es ist anzunehmen, daß diese oft unmotorisiert sind. Für die Laufkundschaft im Feinkostbereich stehen drei hauseigene Parkplätze zur Verfügung sowie zahlreiche Parkmöglichkeiten entlang der Straße. Ein weiterer Standortvorteil dürfte sich durch die Lage an einer Haupteinfahrts-/-ausfahrtsstraße in die Stadt erweisen, da vor allem für den Feinkostbereich viele Einkäufer auch von außerhalb z.B. auf dem Nachhauseweg noch schnell zum Einkaufen gehen könnten bzw. eine einfache Lagebeschreibung der Geschäftsräume möglich ist. Darüber hinaus wurde schon von der Vorbesitzerin ein positiver Einfluß durch die in unmittelbarer Nachbarschaft liegende Bäckerei und der Apotheke (Verbundeffekt) festgestellt.

6.3 Marketing und Umsatzschätzung

6.3.1. Marketingstrategie

Eckpfeiler der Marketingstrategie sind vier angestrebte und realisierbare **Wettbewerbsvorteile**:

6.3.1.1 *Exklusives Sortiment/Feinkostmonopol:*

Durch den Ausbau des Sortiments mit Reform- und Feinkost soll eine Vergrößerung des Kundenkreises – insbesondere durch eine neue Zielgruppe – erreicht werden. Auf dem Gebiet der Feinkost wird der Existenzgründer ein Monopol in Guckenheim besitzen – sieht man von den Angeboten des Supermarktes am Stadtrand ab. Diese Monopolstellung soll durch ein gut strukturiertes, präsentiertes, aber auch einmaliges Angebot erreicht werden. Der Existenzgründer denkt bereits über einen speziellen Beschaffungsservice nach, der dem Kunden jeden Einkaufswunsch im Bereich Feinkost und Spezialitäten, der nicht im Rahmen des Ladensortiments liegt, erfüllen kann (z.B. exotische Gewürze). Aufgrund seiner Erfahrung kann Herr Lustig auch eine fundierte Beratungsleistung bei der Auswahl von Weinen anbieten.

6.3.1.2 *Angenehme Einkaufsatmosphäre*

Durch eine Komplettrenovierung und neue Innengestaltung soll eine ansprechende Atmosphäre geschaffen werden. Die Ladenräume des LEGE-Geschäft sind schon seit längerer Zeit stark renovierungsbedürftig. Trotz schlechten Zustandes hatte es stets einen gewissen Kreis an Stammkundschaft. Eine Komplettrenovierung und neue Innengestaltung sollen nun eine ansprechendere Atmosphäre schaffen, die vor allem Kundschaft zurückgewinnt, die durch den veralteten Zustand ferngehalten wurde und dem neuen Angebot angemessen ist.

6.3.1.3 *Lieferservice*

Ein weiterer Vorteil soll durch einen Einkaufs-Lieferservice erreicht werden. Insbesondere die ältere Kundschaft soll dadurch angesprochen werden. Per Telefon kann zukünftig eine Bestellung aufgegeben werden, die dann gegen geringes Entgelt zur Wohnungstüre geliefert wird. Für die Zukunft ist auch ein Feinkostlieferservice und Präsentkorbversand geplant.

6.3.1.4 *Kooperation mit Restaurant*

Das Restaurant wird Spezialitätenwochen veranstalten, die unmittelbar mit dem Feinkostangebot des Existenzgründers in Zusammenhang stehen und diesen explizit als Bezugsquelle erwähnen. Dadurch wird der Bekanntheitsgrad des neuen Geschäftes schnell zunehmen. Weiterhin soll in Kooperation mit dem Restaurant in Zukunft ein Partyservice angeboten werden.

Die Tatsache, daß es in der Stadt Guckenheim keine Feinkostgeschäfte gibt, läßt allerdings auch den Schluß zu, daß keine große Nachfrage an Feinkost und Delikatessen vorhanden sein könnte. Die Verkleinerung des LEGE-Standardangebotes von 100 % auf 50 % könnte somit eher Wettbewerbsnachteile bringen. Eine kleine Marktanalyse z.B. mittels Telefonumfrage könnte durchgeführt werden, um das bestehende Potential an Feinkostverbrauchern festzustellen.

Die Konkurrenz besteht lediglich in dem Feinkostangebot des ansässigen großen Supermarktes. Hier könnte jedoch sowohl das Angebot als auch der Standort ebenso wie ein eventueller Lieferservice eine ausreichende Abgrenzung bringen. Es ist auch davon auszugehen, daß potentielle Feinkostkunden eine ruhige gediegene Atmosphäre sowie freundliche und aufmerksame Bedienung dem Supermarktambiente vorziehen werden.

Bezüglich der **Produktpolitik** ist festzustellen, daß der Existenzgründer eine Diversifizierung des Lebensmittelangebotes vornehmen wird. Das Gesamtsortiment wird neben dem Standardangebot, das auf die umsatzstärksten Artikel zusammengeschnitten wird, durch die Aufnahme von Reformartikeln und Feinkost verbreitert. Ebenso sind umfassende Dienstleistungen hinsichtlich des Liefer- bzw. Beschaffungsservice geplant.

Die **Preispolitik** wird in den verschiedenen Bereichen entsprechend differenziert. Die LEGE-Artikel werden (vorsichtig) mit einer Handelspanne von ca. 20 % (Schätzwerte aufgrund der Daten des Vorgängers) und die Preise für Reform- sowie Feinkostartikel werden zunächst mit ca. 30 % berechnet. Entsprechend niedriger wird die Handelsspanne auf die LEGE Artikel ausfallen, wenn diese mit "Straf"zuschlägen beim Einkauf belegt werden (siehe Marktsituation). Im Mittel wird eine Rohertragsmarge von 25 % erwartet (Handelsspanne).

Im Rahmen der **Kommunikationspolitik** wird auch eine Teilung in Bezug auf die unterschiedlichen Bereiche angestrebt. Als Werbeträger sollen hauptsächlich Handzettel eingesetzt werden. Diese sollen einerseits flächendeckend im gesamten Wohngebiet, in dem sich das Lebensmittelgeschäft befindet, (Angaben zum Standardangebot) und andererseits im ganzen Stadtgebiet gezielt in denjenigen Gebieten verteilt werden, in denen der Wohnsitz besserverdienender Personen vermutet wird (Werbung für das Feinkostangebot). Auf eine Zusammenarbeit bzw. auf Zuschüsse von LEGE im Bereich der Kommunikationspolitik soll verzichtet werden, um in der Gestaltung, Inhalt und Verteilungsrhythmus der Werbezettel ungebunden zu sein. Spezielle Verkaufsförderungsmaßnahmen im Feinkost- und Reformbereich sind im Rahmen von o.g. Aktionswochen in Zusammenarbeit mit einem Restaurant geplant (Probehäppchen oder Rezeptvorschläge etc.).

6.3.2 Umsatzschätzung

Eine Umsatzschätzung kann aufgrund von Branchendaten des Lebensmitteleinzelhandels durchgeführt werden. Die Umsatzschätzung ist insoweit mit Unsicherheit behaftet, als das Standardsortiment nur 50 % beträgt und keine sehr fundierte Schätzung der Umsätze im Bereich Feinkost und Reformkost mangels Datenmaterials möglich ist. Es wird angenommen, daß der Absatz im Feinkost-/Reformkostbereich genauso hoch ist, wie derjenige der LEGE-Artikel.

Die Abschätzung des Jahresumsatzes kann auf Basis des Brutto-Umsatzes pro qm-Verkaufsfläche durchgeführt werden. Für eine durchschnittliche Verkaufsfläche von 90 qm ergibt sich aufgrund der Zahlen des Statistischen Bundesamts durchschnittlich ein Jahresumsatz pro qm von 7.400 DM. Bei einer Verkaufsfläche von 90 qm ergibt sich also für das zu gründende Unternehmen ein Brutto-Jahresumsatz von 666.000 DM. Um einen solchen Umsatz erzielen zu können, müßten 2,4 Personen (666.000 DM / 273.200 DM = 2,4) eingesetzt werden, wobei der Umsatz pro Mitarbeiter laut Statistischen Bundesamts gerade 273.200 DM beträgt. Die Beschäftigtenanzahl entspricht ungefähr derjenigen, die Herr Lustig geplant hat (ca. 2,25 Personen).

6.4 Investitions- und Finanzplanung

6.4.1 Investitionsplanung

Anlageinvestitionen:

Umbau/Renovierung	DM	15.000
Computer	DM	3.000
Lautsprecheranlage	DM	1.300
Regale (inkl. Einbau)	DM	16.500
Obstregale	DM	4.000
COOLMAN-Kühlregal	DM	25.200
Tiefkühlschrank	DM	26.500
Einbau Kühlanlage	DM	5.700
Kassentisch	DM	3.000
Telefon	DM	100
Anrufbeantworter	DM	200
Summe:	DM	100.500

Betriebsmittelbedarf:

Büromaterial, Büro-Kleingeräte	DM	4.000
Vorräte, Warenlager (siehe Anmerkung)	DM	44.000
Kasse	DM	1.000
Markterschließungskosten[173]	DM	15.000
Gründungsausgaben (insbes. Beratungskosten)	DM	6.000
Summe:	DM	70.000
======> insgesamt zu finanzieren:	DM	170.500

Anmerkung:

1. Die Vorräte berechnen sich aus dem Umsatz, dem Lagerumschlag (11,5) und der vereinfachend (gerundeten) Materialeinsatzquote (666.000*0,75/11,5) 44.000 DM.

6.4.2 Finanzplanung

Die Existenzgründung bedarf einer Investitionssumme, die so weit wie möglich mit staatlichen Fördermitteln finanziert werden soll. In Betracht kommen hierfür die Eigen-

---

[173] Die Markterschließungskosten beinhalten die Kosten für die Erstellung eines ersten Werbekonzeptes sowie die Durchführung einer Marktanalyse.

6.10. Existenzgründungsbericht

kapitalhilfe, das ERP-Existenzgründungsdarlehen, das DtA-Existenzgründungsdarlehen und das DtA-Betriebsmitteldarlehen. Das DtA-Startgeld[174] kommt hier nicht in Frage, da das Finanzierungsvolumen des Existenzgründers für Investitionen und Betriebsmittel 100.000 DM übersteigt. Außerdem ist eine Kombination des DtA-Startgeldes mit anderen DtA-Produkten nicht möglich.

Für die Inanspruchnahme der Eigenkapitalhilfe[175], des ERP- und des DtA- Existenzgründungsdarlehens gilt für den Existenzgründer folgende Voraussetzung: Die beabsichtigte Existenz muß dem Antragsteller als Haupterwerbsgrundlage dienen. Dabei ist unerheblich, ob er zum ersten Mal oder erneut eine selbständige Tätigkeit als Hauptberuf aufnimmt. Antragsberechtigt sind natürliche Personen. Unfertige Leistungen sind nach Auskunft der DtA dann förderfähig, wenn bei einer Betriebsübernahme das Anlagevermögen und der Warenbestand (Vorräte) übernommen werden, der Kaufpreis nicht in das neue Unternehmen einfließt und die Unternehmensleistung nicht grundlegend verändert wird.

Die Bezugsbasis der förderfähigen Investitionssumme für die EKH, das ERP- und das DtA-Darlehen wird folgendermaßen ermittelt:

- Bezugsbasis für das ERP- und DtA-Darlehen sind Anlagevermögen und erster Warenlagerbestand. Bei Anlageinvestitionen von 100.500 DM und Warenlagerbestand von 44.000 DM sind somit maximal 144.500 DM förderfähig.
- Die Höhe der Förderung der Markterschließungskosten bemißt sich nach der Art der Kosten. Die beiden Hauptkriterien hierfür sind:
  - Die Markterschließungskosten dienen dazu, einmalige Informationserfordernisse sicherzustellen.
  - Sie sind für die Erschließung neuer Märkte erforderlich.

Demnach kann der Existenzgründer Herr Lustig die anfallenden Markterschließungskosten in voller Höhe einbeziehen. Somit ergibt sich eine förderfähige Investitionssumme von **159.500 DM** (144.500 DM + 15.000 DM).

---

[174] Mit dem DtA-Startgeld können bis zu 100 % der Investitions- und Betriebsmittelaufwendungen gefördert werden. Auch bei geringen Sicherheiten ist diese Finanzierung möglich, da die DtA zusammen mit dem Europäischen Investitionsfonds (EIF) obligatorisch eine 80 %ige Haftungsfreistellung gewährt.

[175] Die EKH kann nur dann beansprucht werden, wenn der Anteil des Eigenkapitals zwischen 15 und 40 % der förderfähigen Investitionssumme liegt. Herr Lustig kann die EKH deshalb beanspruchen, weil der Anteil seines Eigenkapitals mit DM 30.000 rund 19 % der förderfähigen Summe von DM 159.500 ausmacht und somit unter 40 % liegt.

Eigenkapitalhilfe-Darlehen (EKH)

Die Eigenkapitalhilfe ist ein zinsgünstiges Darlehen mit eigenkapitalähnlichem Charakter. Es sind keine Sicherheiten erforderlich, das Geld steht 10 Jahre in voller Höhe zur Verfügung, erst dann erfolgt die schrittweise Tilgung, und die ersten 2 Jahre sind zinsfrei. Außerdem hat das Darlehen Eigenkapitalfunktion, da die Ansprüche der DtA im Haftungsfall hinter die Forderungen der anderen Gläubiger zurücktreten. Der Antragsteller sollte 15 % der gesamten Investitionssumme aus eigener Tasche erbringen. Dieser Betrag wird dann bis zu einer Höhe von maximal 40 % mit Eigenkapitalhilfe aufgestockt. Der Höchstbetrag beträgt 1.000.000 DM bei einer Auszahlung von 96 %.

Die Konditionen für die Eigenkapitalhilfe sind in den alten Bundesländern nominal:

1. und 2. Jahr	0 %	5. Jahr	5 %
3. Jahr	3 %	ab dem 6. Jahr	6,75 %.
4. Jahr	4 %		

Für die Inanspruchnahme der Eigenkapitalhilfe gelten für den Existenzgründer folgende Voraussetzungen:

1. Er darf mit dem Vorhaben noch nicht begonnen haben.

2. Er muß einen Investitions-, Kosten- und Finanzierungsplan vorlegen, außerdem die Stellungnahme einer unabhängigen, fachlich kompetenten Institution, etwa einer Kammer, eines Wirtschaftsprüfers oder Steuerberaters veranlassen.

Der Existenzgründer kann die Eigenkapitalhilfe in Anspruch nehmen, da er mehr als 15 % des Investitionsvorhabens durch Eigenkapital finanzieren kann. Der Anspruch für die Eigenkapitalhilfe beträgt somit rund **34.000 DM** (159.500 DM * 0.4 = 63.800 DM abzgl. 30.000 DM Eigenkapital = ca. 34.000 DM)

ERP-Existenzgründungsdarlehen

Das ERP-Existenzgründungsdarlehen ist ein zinsgünstiges Darlehen, das der Bund für Investitionen der ersten drei Jahre nach einer Existenzgründung bereitstellt. Der Existenzgründer kann bezüglich der Errichtung eines Betriebes und bei der Finanzierung von Warenlagerinvestitionen innerhalb der ersten drei Jahre nach Betriebseröffnung gefördert werden. Der Höchstbetrag beträgt 1.000.000 DM (in den alten Bundesländern). Die Laufzeit für Büroausstattung wird auf maximal 10 Jahre, für die Warenvorräte auf maximal 15 Jahre festgesetzt. Die Tilgung erfolgt in gleichen Halbjahresraten, abhängig von der vereinbarten Darlehenshöhe. Eine vorzeitige Tilgung ist möglich. Der aktuelle effektive Zinssatz liegt bei 5,61 % (alte Bundesländer), mit einer 100 %igen Auszahlung.

Für die Inanspruchnahme des ERP-Existenzgründungsdarlehens gelten für den Existenzgründer folgende Voraussetzungen:

1. Der Antrag muß vor Beginn des Vorhabens über ein Kreditinstitut (z.B. Hausbank) gestellt werden. Da dieses Darlehen die Möglichkeit einer 50 %igen Haftungsfreistellung vorsieht, muß Herr Lustig allerdings nur die Hälfte der banküblichen Sicherheiten vorweisen.
2. Der Anteil des ERP-Darlehens soll 50 % an der Finanzierung der förderfähigen Investitionssumme nicht überschreiten. Zusammen mit anderen Fördermitteln dürfen 75 % der Investitionssumme (Bezugsbasis von ERP) nicht überschritten werden. Dies bedeutet, daß Herr Lustig das ERP-Darlehen in Höhe von maximal **80.000 DM** (159.500 DM * 0,5) beantragen kann. Das EKH- und das ERP-Darlehen ergeben dann zusammen einen Anteil von gut 71 %.

DtA-Existenzgründungsdarlehen

Das DtA-Existenzgründungsdarlehen zur Finanzierung von Investitionen ist eine Ergänzung zu den öffentlichen Fördermitteln wie der Eigenkapitalhilfe und dem ERP-Existenzgründungsdarlehen. Der Existenzgründer kann mit dem DtA-Existenzgründungsdarlehen die staatlichen Hilfen bis auf 75 % der förderfähigen Investitionen aufstocken. Werden neue Arbeitsplätze geschaffen, sind sogar bis zu 100 % der Investitionssumme finanzierbar.

Zusätzlich dazu sind alle Investitionen, die ein junges Unternehmen bis zu 8 Jahren nach Gründung festigen (bspw. Investitionen zur Schaffung von Arbeitsplätzen, Lageraufstockung, Betriebsmittel, etc.), förderbar. Für jeden vollbeschäftigten Mitarbeiter, der innerhalb eines Jahres angestellt werden soll, können Fördermittel in Höhe von ca. 50.000 DM zusätzlich beantragt werden.

Bei einer Laufzeit des Darlehens von 10 Jahren und einer Zinsbindungsdauer von 10 Jahren sind zur Zeit 2 Jahre tilgungsfrei. Der aktuelle effektive Zinssatz beträgt (in den alten Bundesländern) bei einer Auszahlung von 96 % momentan 5,75 %. Eigene Mittel sollten in angemessenem Umfang vorhanden sein, ebenso die entsprechenden Sicherheiten.

Das DtA-Existenzgründungsdarlehen wird von Herrn Lustig nicht zusätzlich in Anspruch genommen.

DtA-Betriebsmitteldarlehen

Das DtA-Betriebsmitteldarlehen kann unabhängig von der Inanspruchnahme der anderen Darlehen beantragt werden. Mit dem DtA-Betriebsmitteldarlehen lassen sich auch immaterielle Investitionen und laufende Kosten finanzieren. Die Bemessungsgrundlage unterliegt keinen Reglementierungen. Somit können auch Aufwendungen berücksichtigt werden, die bei den vorangegangenen Darlehen nicht berücksichtigt werden konnten. Darunter fallen beispielsweise die „Forderungen aus Lieferung und Leistung".

Das DtA-Betriebsmitteldarlehen kann nicht für Umschuldungszwecke verwendet werden. Bei einer Laufzeit des Darlehens von bis zu 6 Jahren beträgt der aktuelle effektive Zinssatz (in den alten Bundesländern) bei einer Auszahlung von 100 % momentan 6,66 %. Das erste Jahr ist tilgungsfrei.

Auch das DtA-Betriebsmitteldarlehen kommt für Herrn Lustig nicht in Frage, da er ein Bankdarlehen in dieser Höhe bevorzugt.

Finanzierungskonzept

Eigenmittel (bar)	DM	30.000
Eigenkapitalhilfe	DM	34.000
ERP-Existenzgründungsdarlehen	DM	80.000
Bankdarlehen	DM	7.000
Verbindlichkeiten aus LuL	DM	19.500
=	DM	170.500

Anmerkungen:

1. Hinsichtlich der Zinsaufwendungen wird angenommen, daß der Existenzgründer derzeit durchschnittlich 8,75 % Zinsen auf das Bankdarlehen bezahlt (7.000 DM * 8,75 % = 612 DM) sowie einen effektiven Zinssatz für das ERP-Existenzgründungsdarlehen von 5,61 % (80.000 DM * 5,6 % = 4.488 DM). Die Eigenkapitalhilfe ist in den ersten beiden Jahren zinsfrei. Einschließlich Nebenkosten des Geldverkehrs werden für Zinsaufwendungen und ähnliches rund **6.000 DM** angesetzt.

2. Die Zusammenstellung der Geschäftsausstattung wurde durch Herrn Lustig in Absprache mit LEGE Einrichtungsberatern sowie anhand eigener Recherchen bei diversen Ausstatterfirmen durchgeführt und erscheint plausibel. Bei den Renovierungsausgaben wurde ein erheblicher Anteil Eigenleistung (Streichen, Tapezieren) angesetzt.

3. Die Vorräte berechnen sich aus dem Umsatz, dem Lagerumschlag (11,5 lt. Angaben des Statistischen Bundesamts) und der Materialeinsatzquote zu 44.000 DM (666.000*0,75/11,5).

4. Mit der Eigenkapitalhilfe und dem ERP-Existenzgründungsdarlehen soll die Investitionssumme finanziert werden. Die Voraussetzungen für die Gewährung dieser Darlehen (insbesondere erstmalig selbständig, ausreichende Qualifikation, gute Erfolgsaussichten) sind bei dem Existenzgründer Herrn Lustig erfüllt. Zusätzlich zu seinem Eigenkapital können Immobilien (Mehrfamilienhaus aus Erbschaft) als Sicherheit gestellt werden.

5. Die Verbindlichkeiten aus Lieferungen und Leistungen ergeben sich aus dem Wareneinkauf (= Umsatz * Materialeinsatzquote) und der Kreditorendauer. Bei dieser Be-

rechnung wurde eine durchschnittliche Kreditorendauer von 2 Wochen angesetzt: (666.000*0,75)/52 * 2 = 19.500 DM (gerundet). Eine durchschnittliche Kreditorendauer von 2 Wochen stellt eine vorsichtige Schätzung dar, die vermutlich auf 4-6 Wochen ausdehnbar ist, so daß ein Liquiditätsengpaß von bis zu 40.000 DM überbrückbar ist.

6.5 Planerfolgsrechnung

Die Planerfolgsrechnung basiert auf Jahreszahlen.

Planerfolgsrechnung für das Gründungsjahr

1. Planumsatz: ca. DM 666.000
2. Variable Kosten:
   Wareneinkauf (75 % des Umsatzes): ca. DM 500.000
3. Fixe Kosten (die angegebenen Kostenwerte sind gerundet):
   Personalkosten: ca. DM 48.000
   Zinsen u.ä.: ca. DM 6.000
   Abschreibung: ca. DM 11.000
   Miete und Energiekosten: ca. DM 25.000
   sonstige fixe Kosten: ca. DM 18.100
   =====> Summe der fixen Kosten: ca. DM 108.000
4. Gründungskosten: ca. DM 6.000

Plangewinn (inkl. Unternehmerlohn): ca. DM 52.000

Cash-Flow (vor Steuer und Unternehmerlohn): ca. DM 63.000

Der Break-Even-Umsatz beträgt bei einer Handelsspanne von 25 % 432.000 DM (ohne Gründungskosten), also ca. 65 % des Planumsatzes.

Anmerkungen:

1. Der Wareneinkauf ergibt sich aus dem Umsatz und der Materialeinsatzquote (siehe Preispolitik), also 666.000 DM x 0,75 = 500.000 DM.

2. Als betriebliche Nutzungsdauer der Hardware und der Lautsprecher wurden 3 Jahre (1.430 DM) angenommen. Für die Ladeneinrichtung und Renovierung wurde eine betriebliche Nutzungsdauer von 10 Jahren veranschlagt (9.590 DM). Insgesamt lassen sich so jährliche (lineare) Abschreibungen in Höhe von rund 11.000 DM berechnen.

3. Die Kalkulation der Energiekosten wurde auf Basis der einzubauenden Elektrogeräte und Leuchtmittel durchgeführt und ergibt unter Berücksichtigung eines ausreichen-

den Sicherheitszuschlages ca. 10.000 DM. Der jährliche Mietpreis beträgt 14.400 DM zzgl. 960 DM Wasser- und Entsorgungskosten. Insgesamt fallen also jährliche Miet- und Energiekosten in Höhe von rund 25.000 DM an.

4. Die sonstigen fixen Kosten setzen sich wie folgt zusammen:

Telefon	DM	1.300
Fahrtkosten	DM	3.000
Werbung	DM	5.000
Büromaterial	DM	1.400
Versicherungen	DM	1.300
Buchführungs- und Beratungskosten	DM	4.000
Sonstiges	DM	2.100
Summe	DM	18.100

Bewertung des Plangewinns

Der Plangewinn ist gerade noch befriedigend. Zum Lebensunterhalt von Herrn Lustig ist anzumerken, daß er neben dem Gewinn aus seiner Unternehmertätigkeit Mieteinnahmen aus dem geerbten Mehrfamilienhaus bezieht. Der Unterhalt dürfte also bereits im ersten Planjahr ausreichend sein. Bereits im zweiten Geschäftsjahr ist ein Anstieg des Gewinns wahrscheinlich. Langfristig sind die Perspektiven, trotz der im allgemeinen schwierigen Situation im Lebensmitteleinzelhandel, gut. Hier sei nochmals auf die Einführung eines Lieferservices und die Kooperation mit einem Restaurant hingewiesen, die den zukünftigen Erfolg unterstützen werden.

6.6 Planbilanz und Bilanzkennziffern

Planbilanz für das erste Geschäftsjahr

AKTIVA		PASSIVA	
Anlagevermögen	100.500	Eigenkapital	30.000
Vorräte	44.000	Eigenkapitalhilfe	34.000
Büromaterial, Bürogeräte (GWG)	4.000	ERP-Darlehen	80.000
Kasse	1.000	Bankdarlehen	7.000
Markterschließungskosten	15.000	Kontokorrentkredite	0
Gründungsaufwand	6.000	Verbindl. aus LuL	19.500
Bilanzsumme	170.500		170.500

6.10. Existenzgründungsbericht

Die Bilanzanalyse zeigt ein Unternehmen mit ausreichender Ertragskraft, ausreichender Finanzierungsstruktur und mäßiger Verschuldung. Liquiditätsengpässe könnten auftreten. Bei der Beurteilung der Kennzahlen ist jedoch zu berücksichtigen, daß kein fiktiver Unternehmenslohn berücksichtigt wurde.

Für die Bilanzkennzahlen ergeben sich im einzelnen die folgenden Werte, wobei die Rentabilitätskennzahlen inkl. Unternehmerlohn berechnet werden:

Umsatzrendite:	9,6 %
Gesamtkapitalrendite vor Steuern:	34 %
Eigenkapitalrendite vor Steuern:	81,3 %
Sicherheitsgrad:	54 %
Eigenkapitalquote:	37,5 %
dyn. Verschuldungsgrad:	1,7 Jahre
Kapitalumschlag:	3,9
Kapitalrückgewinnungsquote:	37 %
Anlagendeckung-1:	63,7 %
Anlagendeckung-2:	150,2 %
Quick-Ratio:	5,13 %

Die Kennzahlen sind wie folgt definiert

1. Kennzahlen zur Rentabilität

Umsatzrendite:	(Gewinne + Zinsen + Gründungsaufwand) / Umsatz
Gesamtkapitalrendite vor Steuern:	(Gewinn + Zinsen) / Bilanzsumme
Eigenkapitalrendite vor Steuern:	Gewinn / Eigenkapital[176]

Die Rentabilität ist als befriedigend zu bezeichnen. Jedoch liegt die für den Eigentümer wichtige Eigenkapitalrentabilität außergewöhnlich hoch. Unter Berücksichtigung des Unternehmerlohns muß man etwa von einer Null-Rentabilität ausgehen, die noch keine adäquate Entlohnung für das eingegangene unternehmerische Risiko darstellt.

2. Kennzahlen zur Sicherheit

Sicherheitsgrad:	(Planumsatz/Break-even-Umsatz)-1
Eigenkapitalquote:	Eigenkapital / Bilanzsumme
dyn. Verschuldungsgrad:	(Verbindlichkeiten - Kasse) / Cash-Flow

---

176 Zum Eigenkapital wird hier auch die Eigenkapitalhilfe addiert.

Kapitalumschlag: Umsatz / Bilanzsumme

Kapitalrückgewinnungsquote: Cash-Flow / Bilanzsumme

Der Sicherheitsgrad ist ausreichend. Es kann ein Umsatzrückgang von ca. 35 % ((666.000-432.000)/666.000) verkraftet werden, bevor die Gewinnschwelle (allerdings ohne Unternehmerlohn) unterschritten wird. Die Eigenkapitalquote und der dynamische Verschuldungsgrad sind (im Branchenvergleich) als eher gut zu bezeichnen. Der Kapitalumschlag erzielt für die Branche einen sehr guten Wert.

3. Kennzahlen zur Finanzierungsstruktur:

Anlagendeckungsgrad-1: Eigenkapital / Anlagevermögen

Anlagendeckungsgrad-2: (Eigenkapital + langfristige Kredite) / Anlagevermögen

Quick-Ratio: (Forderungen + Kasse) / (Kontokorrentkredit + Verbindlichkeiten aus LuL)

Die Finanzierungsstruktur ist akzeptabel, da das Anlagevermögen durch Eigenkapital und langfristiges Fremdkapital finanziert ist. Die Eigenkapitalausstattung liegt weit über dem Branchendurchschnitt von 3-4 %. Zudem verfügt Herr Lustig über ausreichende private Sicherheiten (geerbtes Mehrfamilienhaus) und haftet als Einzelunternehmer mit seinem gesamten Privatvermögen. Herr Lustig sollte zur Absicherung möglicher Liquiditätsengpässe versuchen, einen entsprechenden Kontokorrentkreditrahmen einzurichten.

7. Maßnahmenplan

Für die Realisierung der Unternehmensgründung sind insbesondere die folgenden Maßnahmen durchzuführen:

1. Weitere, genaue Untersuchung des Feinkost-/Reformkostbedarfs durch den Existenzgründer. Es wird dringend geraten, das Kaufkraftpotential für die geplante Aufnahme der neuen Bereiche Feinkost und Reformkost möglichst gut festzustellen. Auch eine Analyse des Sortiments, der Preisklassen, der Öffnungszeiten, etc. sollte durchgeführt werden.

2. Beantragung von Darlehen (Eigenkapitalhilfe, ERP-Existenzgründungsdarlehen, Bankkredit) bei der Hausbank. Es ist unbedingt darauf zu achten, daß dieser Antrag vor der Gewerbeanmeldung und anderen Gründungsaktivitäten (Beschaffung von Ladenausstattung usw.) gestellt wird.

3. Abschließen des Pachtvertrages über die Geschäftsräume und eines Vertrages mit der Einkaufsgenossenschaft LEGE.

4. Abschließen der betriebsnotwendigen Versicherungen (insbesondere Betriebshaftpflichtversicherung, Einbruch-Diebstahl-Versicherung, eventuell Transportversicherung usw.) in Abstimmung mit einem unabhängigen Versicherungsmakler. Es ist darauf zu achten, daß der Existenzgründer als Selbständiger nicht mehr sozialversicherungspflichtig ist. Krankenversicherung, Berufsunfähigkeitsversicherung und Altersvorsorge (z.B. mittels Lebensversicherungen) müssen deshalb unbedingt zusammen mit einem unabhängigen Berater neu geplant werden.

5. Auswahl und Beschaffung der notwendigen Betriebsausstattung (Ladenausstattung, Kassensystem, Stempel, Briefpapier usw.). Durchführung der Renovierungsarbeiten.

6. Planung der Details des Betriebsablaufes, wie z.B. Bestellrhythmus.

7. Aufbau eines den betrieblichen Erfordernissen und den steuer- und handelsrechtlichen Bestimmungen genügenden Systems der Belegverwaltung.

8. Aufbau eines den betrieblichen Erfordernissen und den steuer- und handelsrechtlichen Bestimmungen genügenden Buchführungssystems und Beauftragung eines Steuerberaters mit der Buchführung.

9. Ausarbeitung von Allgemeinen Geschäftsbedingungen (mit einem Rechtsanwalt).

10. Gewerbeanmeldung beim Ordnungsamt der Gemeinde.

11. Bei Importen muß ein „Antrag auf Zulassung" beim Zollamt Frankfurt/Main, Hansaallee 141, in 60320 Frankfurt eingereicht werden. Daraufhin bekommt der Existenzgründer zwei Nummern zugeteilt:
1. Verbrauchsteuer in der BRD
2. Umsatzsteuer-Identifikationsnummer vom Finanzamt.
Auf diese Weise kann der Wein importiert werden, ohne daß in Frankreich Steuern erhoben werden. Nach jeder Weinlieferung muß der Empfänger – Herr Lustig – das Versandpapier unterschreiben und beim Finanzamt einreichen. Nähere Informationen bekommt Herr Lustig nach der Einreichung des „Antrags auf Zulassung".

12. Einrichtung eines Geschäftskontos bei der Hausbank (mit Kontokorrentrahmen). Über dieses Konto können auch alle Auslandszahlungen per Überweisung oder durch Euroscheck getätigt werden.

13. Abschließen von schriftlichen Arbeitsverträgen mit den Verkäuferinnen.

14. Ausführung des ersten Wareneinkaufs und Einrichten der Regale.

15. Geschäftseröffnung und Durchführung einer ersten Werbeaktion, um das neue Unternehmen bekannt zu machen.

16. Etwa sechs Monate nach Geschäftseröffnung:
Vergleich der bisherigen Kosten- und Umsatzentwicklung mit den Planungen in diesem Bericht. Auf Grund dieses Vergleichs ist eine exaktere Beurteilung der Erfolgsaussichten des Unternehmens möglich als zum Zeitpunkt dieser Berichterstellung.

Falls sich die Umsatzerwartungen als unrealistisch herausstellen sollten, muß eine grundsätzliche Änderung der Unternehmenskonzeption oder auch eine Unternehmensaufgabe in Erwägung gezogen werden. Gegebenenfalls kann dabei eine Rücksprache mit einem Unternehmensberater sinnvoll werden.

8. Schlußbemerkung

Der Beratungsumfang betrug 5 Arbeitstage. Änderungen der Beratungsaufgabe wurden nicht vorgenommen.

Leinfelden-Echterdingen, 22.12.2000

Dorkas Sautter

6.11 Anhang 3: Hilfmittel

6.11.1 Bewertungsbogen des Gründungskonzeptes

BEWERTUNGSBOGEN Gründungskonzept: _____

NR	Kriterium	Indikator	Wert/Anmerkungen	Urteil
1	Gründerperson	Branchenerfahrung / Kontakte		
2		Technisch/fachliche Qualifikation		
3		Kaufmännische Qualifikation		
4		Persönliche Voraussetzungen		
5	Gründungskonzept	Branche / Tätigkeitsfeld / Nutzen?		
6		Besonderheit des Konzeptes		
7		Kapitalbedarf (AV / UV)	+ =	X
8		Umsatzprognose (t, t+1) / Sicherheit	/	
9		Mitarbeiterzahl / Personalkosten	/	X
10	Branchenanalyse	Erwartete Marktwachstumsrate		
11		Marktattraktivität[177] (bitte markieren)		

---

[177] MA-1: Erwartetes Marktwachstum

MA-2: Wettbewerbsintensität

MA-3: Risiken durch Kalkulationsfehler etc.

MA-4: Markteintrittshemmnisse für neue Wettbewerber

MA-5: Preisempfindlichkeit („Elastizität") der Nachfrage

MA-6: Möglichkeiten zur Produkt- bzw. Leistungsdifferenzierung

MA-7: Konjunkturempfindlichkeit

MA-8: Notwendige Kapitalbindung, Fixkostenbelastung

MA-9: Möglichkeit der Kundenbindung

MA-10: Macht von Kunden und Lieferanten

12	Marktposition	Wettbewerbsvorteile[178] (bitte markieren)		
13		Hauptwettbewerbsvorteil / USP		
14		Erforderliche Kompetenzen / Ressourcen		
15		Beweisbarkeit des Wettbewerbsvorteils		
16		Zielgruppe / Werbung / Distribution		
17		Cash-Flow-Marge (vor Zinsen)		
18	Finanzierung	EKH / ERP-ExiDarlehen / Bank	/ /	
19	Finanzielle Stabilität	Eigenkapitalquote (mit/ohne EKH)	/	
20		Dynamischer Verschuldungsgrad		
21		Bankverbindlichkeit/persönliche Sicherheiten	/ =	
22	Marktrisiko	Erwartete Umsatzrendite		
23		Erwarteter Sicherheitsgrad		
24	Produktivität	Arbeitsproduktivität (Spez. Deckungsbeitrag)		
25	Rentabilität	Gesamtkapitalrendite		
26	Besondere interne Stärken und Schwächen	Qualitätsmanagement, Fertigungstechnik, Mitarbeitermotiation, Mitarbeiterqualifikation, Qualifikation & Engagement des Inhabers, Ersetzbarkeit des Inhabers, Aufgaben- & Kompetenzregelung, Kalkulation, Strategie / Planung, Mafo, EDV, Standort, Einkauf, Lager, Zugang zu Vertriebswegen		
27	Gesamtbewertung	Rentabilität (25)		
28		Risiko (18) + (19) + (21) +(22) + (11)		

---

[178] WV-1: Preis, Kostenvorteile
WV-2: Qualität der Leistungen
WV-3: Reaktionsgeschwindigkeit
WV-4: Terminzuverlässigkeit
WV-5: Service, Beratung
WV-6: Bekanntheitsgrad, Image, persönliche Kontakte, Stammkunden
WV-7: Verbundvorteile
WV-8: Know-How, Erfahrung, technische Ausstattung

6.11.2 Marktattraktivität und Wettbewerbskräfte: Der PORTER-Ansatz[179]

Gemäß den schon angeführten Überlegungen von Michael E. PORTER hängt der Erfolg eines Unternehmens oder eines Geschäftsfeldes maßgeblich von der Intensität des Wettbewerbs in der entsprechenden Branche ab[180]. Die Intensität des Wettbewerbes – und damit die **Attraktivität eines Marktes** – läßt sich durch Auswertung der folgenden fünf Wettbewerbskräfte abschätzen:

1. Gefahr durch Substitutionsprodukte,
2. Wettbewerb in der Branche zwischen den bestehenden Unternehmen,
3. Bedrohung durch potentielle neue Konkurrenten,
4. Verhandlungsmacht der Lieferanten,
5. Verhandlungsmacht der Kunden.

PORTER (1992a, S. 57) faßt die Konsequenzen der Wettbewerbskräfte für die Unternehmensstrategie wie folgt zusammen

- "Das Unternehmen so zu plazieren, daß seine Fähigkeiten die bestmögliche Abwehr gegen das existierende Bündel von Wettbewerbskräften bietet;

- das Kräftegleichgewicht durch strategische Maßnahmen so zu beeinflussen, daß die Position des Unternehmens verbessert wird; oder

- Veränderungen der Wettbewerbsgrundlagen vorherzusehen, frühzeitig auf sie zu reagieren und den Wandel auszunutzen, indem eine dem neuen Wettbewerbsgleichgewicht angepaßte Strategie ausgewählt wird, bevor die Konkurrenten sie entdecken."

Die konkrete Ausprägung der Wettbewerbskräfte läßt sich wie folgt analysieren[181]:

---

179 Zusammenfassung übernommen aus GLEIßNER (2000, S. 225-229).

180 Ergänzend ist anzumerken, daß nicht immer eine komplette „Branche" die ideale Bezugsbasis für derartige Analysen von Marktattraktivität und Wettbewerbskräfte ist. Es ist oft sinnvoll, die Analyse auf sogenannte „Strategische Gruppen" als Segmente einer Branche anzuwenden. In einer Strategischen Gruppe werden die Unternehmen einer Branche zusammengefaßt, die ähnliche Rahmenbedingungen haben und insbesondere die gleichen Kunden ansprechen bzw. ähnliche Wettbewerbsstrategien verfolgen. Insbesondere für die Beurteilung der Wettbewerbsvorteile ist meist der Vergleich mit den anderen Anbietern in der gleichen „Strategischen Gruppe" sinnvoll.

181 Eine entsprechende Checklisten-Sammlung findet man in OSSOLA-HARING, GLEIßNER, SCHALLER, WENDLAND, „Die 499 besten Checklisten für Ihr Unternehmen", 1998.

6.11.2.1 Gefahr durch Substitutionsprodukte

Alle Unternehmen einer Branche konkurrieren mit anderen Branchen, die Substitute (Ersatzprodukte) herstellen, d.h. Produkte, die prinzipiell die gleiche Funktion erfüllen wie die der Branche selbst. Folgende Faktoren geben Hinweise auf eine hohe Bedrohung der Branche durch Substitutionsprodukte.

1. Die Preiselastizität der Nachfrage nach den Produkten der Branche ist hoch.
2. Es gibt bereits Ersatzprodukte, die ein günstigeres Preis-Leistungsverhältnis aufweisen als die der Branche selbst.
3. Durch technologische Veränderungen oder Veränderungen im Konsumentenverhalten ist zweifelhaft, ob langfristig überhaupt ein Bedarf an den von der Branche angebotenen Produkten besteht.
4. Anbieter von Substitutionsprodukten zeigen ein hohes Wachstum und/oder eine hohe Ertragskraft. Hierdurch deutet sich bereits eine in Gang befindliche Verschiebung hin zu den Substitutionsprodukten an.
5. Neue technologische Entwicklungen lassen überlegene Substitutionsprodukte in anderen Branchen erwarten.

6.11.2.2 Bestehende Wettbewerber

Folgende Indikatoren sprechen für einen intensiven Wettbewerb (insbesondere Preiswettbewerb) und damit eine relativ niedrige Rentabilität einer Branche:

1. Geringes Branchenwachstum, weil in dieser Situation Unternehmen, die expandieren wollen, Marktanteile ihrer Wettbewerber erkämpfen müssen.
2. Hoher Anteil der Fixkosten an der Wertschöpfung, weil hier ein Zwang besteht, die vorhandenen Produktionskapazitäten möglichst gut auszulasten. Dies wird nötigenfalls durch Preissenkungen versucht.
3. Eine schlechte Lagerbarkeit des Produktes, weil auch dies eine ständige hohe und gleichmäßige Auslastung der Produktionskapazitäten erfordert. Um eine angemessene Auslastung sicherzustellen, sind auch hier Preissenkungen zu erwarten. Typisch ist dies in der Dienstleistungsbranche.
4. Fehlende Produktdifferenzierung, weil bei homogenen bzw. austauschbaren Gütern alleine der Preis das dominierende Kaufkriterium ist.
5. Hohe Marktaustrittsbarrieren (z.B. nicht mehr anderweitig verwertbare Aktiva, Notwendigkeit von Sozialplänen, emotionale Bindungen zur Branche), weil dadurch auch nicht mehr rentabel arbeitende Unternehmen lange im Markt bleiben und den Wettbewerb verschärfen.

6. Ein großer Anteil von Eigentümern/Unternehmern, weil diese auch längerfristig im Markt bleiben, selbst wenn keine angemessene Rentabilität erzielbar ist.

6.11.2.3 Potentielle neue Wettbewerber

Das Risiko des Markteintritts neuer Wettbewerber hängt von zwei Faktoren, nämlich den existierenden Eintrittsbarrieren sowie den vermutenden Reaktionen der etablierten Unternehmen ab. Je höher die Eintrittsbarrieren und je massiver die erwartete Vergeltung etablierter Wettbewerber, desto geringer ist die Wahrscheinlichkeit für einen Markteintritt neuer Unternehmen. Bei einer nur geringen Wahrscheinlichkeit für einen Markteintritt neuer Konkurrenten kann innerhalb der Branche ein vergleichsweise hohes Preisniveau und damit eine hohe Rentabilität erreicht werden.

6.11.2.3.1 Ursachen für Markteintrittsbarrieren

1. Hohe Größendegressionseffekte (Economies of scale) halten neue Wettbewerber von einem Markteintritt ab, weil diese entweder sofort mit einem sehr großen Produktionsvolumen (hoher Kapitalbedarf) oder mit einem Kostennachteil in den Markt eintreten müssen.

2. Hohe Käuferloyalität (z.B. bei Markenprodukten), die aus einer durch frühere Werbemaßnahmen aufgebaute Bekanntheit und Wertschätzung der etablierten Unternehmen resultiert. Neu in den Markt eintretende Unternehmen müßten den großen Aufwand und das hohe Risiko des Aufbaus eines eigenen Markennamens auf sich nehmen.

3. Hoher Kapitalbedarf für Fertigungseinrichtungen, Einstiegswerbung oder auch Forschung und Entwicklung, weil sich hierdurch die Anzahl der potentiellen markteintretenden Unternehmen auf sehr kapitalkräftige Großunternehmen beschränkt.

4. Know-how oder Gestaltungsmerkmale sind durch Patente geschützt, die neuen Unternehmen nicht zur Verfügung stehen.

5. Die günstigsten Standorte sind bereits durch die etablierten Unternehmen belegt.

6. Lern- und Erfahrungsvorteile der Mitarbeiter spielen eine große Rolle, was dazu führt, daß neu in den Markt eintretende Unternehmen zunächst mit weniger leistungsfähigem Personal arbeiten müßten, wenn es ihnen nicht gelingt, Mitarbeiter der etablierten Unternehmen abzuwerben.

7. Durch gewachsene Geschäftsbeziehungen oder vertragliche Regelungen haben sich die etablierten Marktteilnehmer den Zugang zu wichtigen Rohstoffen oder Vertriebskanälen (Positionierung der eigenen Produkte im Sortiment von Handelsunternehmen) gesichert.

6.11.2.3.2 Erwartete Vergeltungsmaßnahmen:

Die Furcht potentieller zukünftiger Marktteilnehmer vor Vergeltungsmaßnahmen ist dann relativ groß bzw. die Wahrscheinlichkeit in den Markt einzutreten relativ niedrig, wenn die folgenden Faktoren gegeben sind:

1. Die etablierten Marktteilnehmer haben gegen frühere Versuche des Markteintritts neuer Wettbewerber mit harten Vergeltungsmaßnahmen reagiert.

2. Die etablierten Unternehmen verfügen über umfangreiche Ressourcen für Vergeltungsmaßnahmen (überschüssige Liquidität, unausgelastete Produktionskapazitäten, eine starke Position gegenüber Kunden).

3. Das Marktwachstum ist langsam, so daß die etablierten Unternehmen eine Umsatzeinbuße durch einen neuen Wettbewerber erwarten müssen.

4. Wegen hoher Marktaustrittsbarrieren haben die etablierten Unternehmen kaum eine Möglichkeit, den Markt zu verlassen und müssen deshalb massiv gegen jeden neuen Wettbewerber vorgehen.

6.11.2.4 Verhandlungsmacht der Kunden

Die Kunden haben Einfluß auf die Rentabilität einer Branche, indem sie beispielsweise Preiszugeständnisse erzwingen und höhere Qualitätsstandards durchsetzen.

Die folgenden Faktoren geben Hinweise auf eine starke Marktstellung der Kunden:

1. Der größte Teil des Umsatzes der Anbieter wird mit nur wenigen Kunden erwirtschaftet.

2. Die von der Branche erzeugten Produkte stellen für die Kunden eine wesentliche Kostenkomponente dar.

3. Die von der Branche erzeugten Produkte sind wenig differenziert, was dazu führt, daß die Kunden nach Belieben zwischen verschiedenen Anbietern wechseln können.

4. Die Rentabilität der Kunden ist niedrig, was zu intensiven Kosteneinsparungsanstrengungen führt.

5. Die Kunden kennen die Kostenstruktur und die sonstigen Spezifika ihrer Anbieter sehr genau.

6. Die Kunden können glaubwürdig damit drohen, die Produkte ihrer Lieferanten auch selber produzieren zu können (Rückwärtsintegration).

7. Der Kunde produziert bereits jetzt einen Teil seines Bedarfs selbst und bezieht den Rest von externen Lieferanten.

8. Der Markt ist transparent und die Käufer sind gut informiert. Sie kennen insbesondere die Produktqualitäten und die Preise aller alternativen Anbieter.

9. Für die Qualität des Produkts der Kunden ist das Branchenprodukt unwesentlich.

6.11.2.5 Verhandlungsmacht der Lieferanten

Die Lieferanten haben Einfluß auf die Rentabilität einer Branche, weil sie die Preise der Vorleistungen beeinflussen können. Für eine hohe Verhandlungsstärke der Lieferanten sprechen folgende Indizien:

1. Es gibt nur wenige mögliche Lieferanten.
2. Die betrachtete Branche ist für den Lieferanten als Kundengruppe relativ unwichtig.
3. Die Lieferanten können glaubhaft eine Vorwärtsintegration androhen.
4. Die Lieferanten haben stark differenzierte Produkte, was einen Lieferantenwechsel sehr erschwert.
5. Es gibt keine Substitutionsprodukte der Lieferanten.
6. Die Branche der Lieferanten ist nicht transparent, d.h. ein Vergleich der Qualitäten und Preise verschiedener potentieller Lieferanten ist kaum möglich.

6.11.3 Anhaltswerte für betriebswirtschaftliche Kennzahlen

Die folgenden Tabellen stellen Ausprägungen von Kennzahlen für beispielhafte deutsche Branchen dar, an denen sich Existenzgründer orientieren können.

Tab. 6.4 Kennzahlen für beispielhafte deutsche Branchen

	Material	Personal	AfA	Zinsen	Sonstige	Gewinn vor Steuer
Ernährungsgewerbe	62,6 %	13,9 %	4,0 %	1,3 %	17,3 %	2,9 %
Textilgewerbe	56,2 %	26,2 %	3,8 %	1,8 %	15,1 %	1,8 %
Holzverarbeitung	53,1 %	26,1 %	4,6 %	2,3 %	14,9 %	1,7 %
Chemische Industrie	48,9 %	24,5 %	5,2 %	1,2 %	22,9 %	6,8 %
Kunststoffhersteller	50,5 %	27,1 %	4,6 %	1,4 %	16,7 %	3,9 %
Metallerzeuger	62,2 %	23,5 %	4,2 %	1,1 %	12,3 %	2,0 %
Metallverarbeitung	47,0 %	31,7 %	4,3 %	1,6 %	15,1 %	3,8 %
Maschinenbau	51,1 %	31,2 %	3,0 %	1,3 %	15,7 %	2,9 %
Elektrotechnik	56,7 %	29,0 %	3,5 %	1,4 %	11,8 %	3,0 %
Straßenfahrzeugbau	63,2 %	22,5 %	4,0 %	0,6 %	13,9 %	2,4 %
Baugewerbe	50,8 %	33,9 %	3,1 %	1,6 %	12,6 %	1,2 %
Großhandel	80,9 %	8,4 %	1,2 %	1,1 %	8,3 %	1,4 %
Einzelhandel	71,5 %	13,2 %	1,9 %	1,6 %	12,5 %	1,5 %

6.11. Hilfsmittel

	UR	URvZ	SG	CFM	SDB	DV	EKQ	EKR	QR	AD II	GKR	KU	KR
Ernährungsgewerbe	2,8 %	4,0 %	6,8 %	5,9 %	2,99	4,9	20,5 %	3,4	71 %	121 %	8,2 %	2,0	12,1 %
Textilgewerbe	1,8 %	3,4 %	3,5 %	4,7 %	1,90	6,9	21,2 %	3,2	83 %	165 %	6,0 %	1,8	8,3 %
Holzverarbeitung	1,8 %	3,9 %	3,7 %	6,1 %	1,93	7,1	11,3 %	1,7	57 %	129 %	6,8 %	1,7	10,5 %
Chemische Industrie	6,2 %	7,4 %	11,0 %	8,5 %	2,48	2,9	38,4 %	8,8	112 %	132 %	7,8 %	1,1	8,9 %
Kunststoffhersteller	3,7 %	5,0 %	6,8 %	7,1 %	1,99	4,1	22,4 %	3,0	89 %	146 %	9,2 %	1,9	13,1 %
Metallerzeuger	1,9 %	2,9 %	4,6 %	5,3 %	1,84	4,3	27,5 %	5,3	99 %	154 %	4,7 %	1,6	8,5 %
Metallverarbeitung	3,7 %	5,2 %	7,0 %	5,6 %	1,80	6,4	17,1 %	2,4	75 %	160 %	8,6 %	1,7	9,3 %
Maschinenbau	2,7 %	3,9 %	5,2 %	4,6 %	1,75	7,4	20,4 %	3,6	90 %	219 %	5,5 %	1,4	6,5 %
Elektrotechnik	2,8 %	4,1 %	7,1 %	5,0 %	1,72	4,6	24,3 %	5,1	125 %	203 %	5,4 %	1,3	6,6 %
Straßenfahrzeugbau	2,0 %	2,5 %	4,1 %	3,4 %	1,92	3,3	23,6 %	3,9	134 %	163 %	4,7 %	1,9	6,5 %
Baugewerbe	1,1 %	2,7 %	2,3 %	4,2 %	1,58	13,9	5,9 %	1,1	52 %	177 %	3,4 %	1,3	5,3 %
Großhandel	1,4 %	2,4 %	6,5 %	2,4 %	2,64	10,6	14,7 %	3,5	82 %	188 %	6,5 %	2,7	6,5 %
Einzelhandel	1,5 %	3,1 %	5,0 %	3,5 %	2,40	9,3	3,2 %	0,5	48 %	148 %	7,8 %	2,6	8,9 %

Quelle: Deutsche Bundesbank, Monatsbericht 10/98, Berechnung: WIMA GmbH 1998
Aktuelle Kennzahlen im Internet unter *http://www.wima-gmbh.de*

UR:	Umsatzrendite
URvZ:	Umsatzrendite vor Zinsen
SG:	Sicherheitsgrad
CFM:	Cash-flow-Marge
QR:	Quick-Ratio
GKR:	Gesamtkapitalrentabilität
KR:	Kapitalrückflußquote (CFROI)

SDB:	spezifischer Deckungsbeitrag
DV:	dynamischer Verschuldungsgrad
EKQ:	Eigenkapitalquote
EKR:	Eigenkapitalreichweite (Monate)
AD II:	Anlagendeckungsgrad II
KU:	Kapitalumschlag

6.12 Literatur

Albach, H.; Bock, K.; Warnke, T., 1985, Kritische Wachstumsschwellen in der Unternehmensentwicklung, Stuttgart.

Ansoff, H.I., 1965, Corporate Strategy, McGraw-Hill, New York u.a.

Baetge, J., 1999, Bilanzanalyse, IDW-Verlag, Düsseldorf.

Bain, J.S., 1968, Industrial Organization, John Wiley, New York - London – Sydney.

Blum, U., 2000, Volkswirtschaftslehre, 3. Aufl., Oldenbourg, München.

Blum, U.; Mönius, J., 1997, Versunkene Kosten und Wirtschaftspolitik, Wirtschaftswissenschaftliches Studium 1, 17. Jg, 7-13.

Brüderl, J.; Preisendörfer, P.; Ziegler, R., 1996, Der Erfolg neugegründeter Betriebe. Eine empirische Studie zu den Chancen und Risiken von Unternehmensgründungen, Duncker & Humblot, Berlin.

Buzzell, R.D.; Gale, B.T., 1989, Das PIMS-Programm, Gabler, Wiesbaden.

Chaganti, R.; DeCarolis, D.; Deeds, D., 1995, Predictors of Capital Structure in Small Ventures, in Entrepreneurship: Theory and Practice, Vol. 20, No. 2, S. 7-18.

Daschmann, H., 1994, Erfolgsfaktoren mittelständischer Unternehmen, Schäffer-Poeschel, Stuttgart.

Deutsche Bundesbank, 1998, Monatsbericht Oktober 1998, Jg. 50, Nr. 10, Frankfurt/Main.

Dörner, D., 1989, Logik des Mißlingens – Strategisches Denken in komplexen Situationen, Rowohlt, Reinbeck.

Dörner, D.; Kreuzig, H.W.; Reither, F.; Stäudel, T. (Hrsg.), 1983, Lohhausen: Vom Umgang mit Unbestimmtheit und Komplexität, Huber, Bern.

Dörner, D.; Schaub, H.; Stäudel, T.; Strohschneider, S., 1989, Ein System zur Handlungsregulation oder: Die Interaktion von Emotion, Kognition und Motivation, in: Roth, E. (Hrsg.), Denken und Fühlen. Aspekte kognitiv-emotionaler Wechselwirkung, Berlin, S. 113-133.

Eschenbach, R., Kunesch, H., 1996, Strategische Konzepte, 3. völlig überarb. und wesentlich erw. Aufl., Schäffer-Poeschel, Stuttgart.

Gabele, E., 1989, Die Rolle der Werthaltungen von Führungskräften bei der Erringung strategischer Wettbewerbsvorteile: Ergebnisse eines europäischen Forschungsprojektes, in: DBW 1989, Heft 5, S. 623-637.

Gälweiler, A., 1990, Strategische Unternehmensführung, 2. Aufl., Campus-Verlag, Frankfurt/Main.

Ghemawat, P., 1991, Commitment, The Free Press, New York.

Gleißner, W., 1999, Notwendigkeit, Charakteristika und Wirksamkeit einer Heuristischen Geldpolitik, Schäffer-Poeschel, Stuttgart.

Gleißner, W., 2000, Faustregeln für Unternehmer - Leitfaden für Strategische Kompetenz und Entscheidungsfindung, Gabler, Wiesbaden.

Hamel, G., Prahalad, C., 1995,Wettlauf um die Zukunft, Wirtschaftsverlag Ueberreuter, Wien.

Hartmann-Wendels, T., 1991, Rechnungslegung der Unternehmen und Kapitalmarkt aus informationsökonomischer Sicht, Physica-Verlag, Heidelberg.

Hunsdiek, D.; May-Strobl, E., 1986, Entwicklungslinien und Entwicklungsrisiken neugegründeter Unternehmen, Schriften zur Mittelstandsforschung, 9, Stuttgart.

Hunsdiek, D.; May-Strobl, E., 1987, Gründungsfinanzierung durch den Staat, Fakten, Erfolg und Wirkungen, Stuttgart.

Itami, H., 1991, Mobilizing Invisible Assets, Harvard University Press, Cambridge, Mass.

Jenner, T., 1999, Determinanten des Unternehmenserfolges, Stuttgart.

Klandt, H., 1984, Aktivität und Erfolg des Unternehmensgründers, eine empirische Analyse unter Einbeziehung des mikrosozialen Umfeldes, Josef Eul, Bergisch-Gladbach.

Krüger, W., 1988, Die Erklärung von Unternehmenserfolg, DBW 48, Heft 1, S. 17-24.

Leibbrand, F., 1998, Theoretische Diskussion und abstrakte Handlungstheorie – ein methodologisches Abstraktionsstufenmodell und seine Anwendung in der Handlungsökonomik, Duncker & Humblot, Berlin.

Mason, E.S., 1939, Price and Production Policies of Large Scale Enterprises, American Economic Review, Suppl. 29, S. 61-74.

May, E., 1981, Erfolgreiche Unternehmensgründungen und öffentliche Förderung, eine vergleichende empirische Analyse geförderter und nicht geförderter Gründungsunternehmen, Göttingen.

Mischon, C.; Mortsiefer, H.-J., 1981, Zum Stand der Insolvenzprophylaxe in mittelständischen Betrieben, eine empirische Analyse, Göttingen.

Mrzyk, A., 1999, Ertragswertorientierte Kreditwürdigkeitsprüfung bei Existenzgründungen, Gabler, Wiesbaden.

Müller-Böling, D.; Klandt, H., 1993, Unternehmensgründung, in Hauschildt, J.; Grün, O. (Hrsg.), Ergebnisse empirischer betriebswirtschaftlicher Forschung, zu einer Realtheorie der Unternehmung, Schäffer-Poeschel, Stuttgart, S. 135-178.

Ossola-Haring, C., Gleißner, W., Schaller, A., Wendland, H., 1997, Die 499 besten Checklisten für Ihr Unternehmen, 2. Auflage, Verlag Moderne Industrie, Landsberg/Lech.

Piattelli-Palmanini, M., 1997, Die Illusion zu wissen, Rowohlt, Reinbek.

Pindyck, R. S. 1991, Irreversibility, Uncertainty, and Investment, in: Journal of Economic Literature, Vol. 29, S. 1.110-1.148.

Porter, M.E., 1992a, Wettbewerbsstrategie: Methoden zur Analyse von Branchen und Konkurrenten = Competitive strategy, 7. Aufl., Campus, Frankfurt/Main.

Porter, M.E., 1992b, Wettbewerbsvorteile: Spitzenleistungen erreichen und behaupten = (Competitive advantage), dt. Übers. von Angelika Jaeger, 3. Aufl., Campus, Frankfurt/Main.

Preisendörfer, P., 1996, Gründungsforschung im Überblick: Themen, Theorien und Befunde, in: Preisendörfer, P. (Hrsg.), Prozesse der Neugründungen von Betrieben in Ostdeutschland, Rostocker Beiträge zur Regional- und Strukturforschung, Heft 2, S. 7-29.

Radke, P.; Wilmes, D., 1997, European Quality Award, Hanser, München.

Ricardo, D., 1817, Grundsätze der Volkswirtschaft und Besteuerung, Fischer, Jena, 1923.

Schaub, H. 1997, Sunk Costs, Rationalität und ökonomische Theorie, Schäffer-Poeschel, Stuttgart.

Simon, H.A., 1993, Homo rationalis, Campus, Frankfurt/Main.

Simon, H., 1990, Hidden Champions – Speerspitze der deutschen Wirtschaft, in: Zeitschrift für Betriebswirtschaft, Vol. 60, Nr. 9, S. 875-890.

Smith, A., 1776, Der Wohlstand der Nationen – Eine Untersuchung seiner Natur und seiner Ursachen, Beck, München, 1974.

Storey, D. J., 1994, Understanding the Small Business Sector, Routledge, London.

Szyperski, N.; Klandt, H., 1981, Wissenschaftlich-technische Mitarbeiter von Forschungs- und Entwicklungseinrichtungen als potentielle Spin-off-Gründer, Opladen.

Tversky, A.; Kahneman, D., 1974, Judgement under Uncertainty: Heuristics and Biases, in: Science 185, S. 1.124-1.131.

Burkhard Danz

7. Venture Capital – „Smart Money" für Entrepreneure

7.1 Einordnung in das Entrepreneurship

Nachdem bereits in Kapitel 6 erste Finanzierungsfragen im Rahmen der Geschäftsplanung diskutiert wurden, widmet sich dieses Kapitel vorrangig einer speziellen Finanzierungsform, die in den letzten Jahren in Deutschland verstärkten Raum vor allem auch in der Finanzierung von Unternehmensgründungen[182] eingenommen hat, dem **Venture Capital**.

„Nothing ventured, nothing gained" – „Wer nichts **wagt**, wird nichts gewinnen." Jede Unternehmensgründung ist mit einem hohen Wagnis verbunden, und der Entrepreneur muß im Fortgang der Unternehmensentwicklung Entscheidungen treffen, um Risiken, die die Unternehmensentwicklung gefährden, abzuwehren (Risiken im engeren, negativen Sinne) und rechtzeitig unternehmerische Chancen zu ergreifen (Risiko im weiteren oder positiven Sinne). Venture Capital-Investoren, d.h. Wagniskapitalgeber, stehen insbesondere dann als Finanzierungspartner für Entrepreneure bereit, wenn es gilt, technologie- und wachstumsorientierte Unternehmensgründungen mit hohem technischen und/oder marktlichen Risikopotential (sowohl im positiven als auch negativen Sinne) finanzierungsseitig zu begleiten.

---

[182] Es wird an dieser Stelle bewußt nicht der Begriff „Existenzgründung" gewählt, da dieser vorwiegend auf die Sicherung der eigenen Existenz durch selbständige Arbeit abstellt, während mit dem Begriff „Unternehmensgründungen" vielmehr der Aufbau eines Unternehmens gemeint ist, das rasch und effizient Chancen in strategischen Geschäftsfeldern umsetzt.

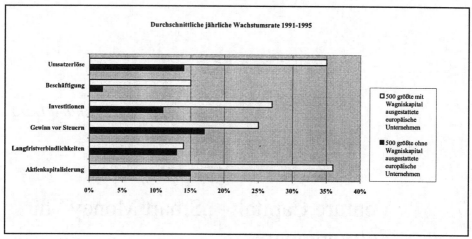

Abb. 7.1 Vergleich von Wachstumsraten europäischer Unternehmen mit und ohne Wagniskapitalfinanzierung, Darstellung basiert auf Daten von COOPERS & LYBRAND / EVCA (1996).

Wie eine aktuelle empirische Studie von COOPERS & LYBRAND und EVCA (1996) zeigt, erzielen wagniskapitalfinanzierte Unternehmen in Europa mehr als doppelt so hohe Umsatz- und Beschäftigungswachstumsraten wie nicht wagniskapitalfinanzierte Unternehmen (siehe auch Abb. 7.1). Diese Unternehmen weisen zudem eine deutlich höhere Investitionstätigkeit auf, erzielen im Durchschnitt auch höhere Vorsteuergewinne, können leichter langfristige Fremdkapitalmittel beschaffen und erreichen eine weitaus höhere Aktienkapitalisierung. Zudem erbringen wagniskapitalgestützte Firmen eine – an der Zahl der Patente pro investiertem Betrag gemessene – höhere Innovationsleistung als ähnliche Firmen, die mit traditionellen Finanzierungsformen finanziert wurden.[183] Diese Zusammenhänge weisen auf die wichtige Rolle hin, die Venture Capital-Finanzierungen als Erfolgsfaktor spielen.

---

183 Vgl. hierzu die Untersuchungen von KORTUM und LERNER (1998) für die USA.

7.2 Finanzplanung im Rahmen des Business Plans und Mittel der Gründungsfinanzierung

7.2.1 Finanzplanung

Neben einer fundierten Markt- und Wettbewerbsanalyse sind die genaue **Ermittlung des kurz- und langfristigen Kapitalbedarfs** und das Finden geeigneter Geldgeber, die bereit sind, in eine Idee zu investieren, lange bevor die ersten Erträge fließen, einige der wichtigsten Aufgaben des Entrepreneurs in der Gründungsphase und zugleich kritische Erfolgsfaktoren einer Unternehmensgründung.

So sind v.a. **Finanzierungsmängel** neben der Fehleinschätzung der Markt- und Wettbewerbssituation sowie Defiziten in der kaufmännischen Führung in 69 % der Fälle für das Scheitern einer Unternehmensgründung (Insolvenz) ursächlich (vgl. u.a. SIGUSCH, 1999, S. 13). Die Praxis zeigt, daß die Aufstellung einer detaillierten Finanzplanung eine der entscheidenden Grundlagen für eine erfolgreiche Unternehmensgründung darstellt.

In einem ersten Schritt ist hierbei zunächst durch eine **Investitionsplanung** festzuhalten, welche aktivierungsfähigen Investitionen (Anlagevermögen[184]) sowie nicht aktivierungsfähigen Investitionen (Aufbau Kundenstamm, Schaffung immaterieller Werte im Rahmen der Forschungs- und Entwicklungstätigkeit, Schulung des Personals, Ingangsetzung des Geschäftsbetriebes, etc.) getätigt werden müssen, bevor mit der Umsetzung der Geschäftsidee ein Auftritt am Markt erfolgen kann. Zu den Investitionen zählt daneben u.a. auch die Akquisition von Beteiligungen (Finanzanlagevermögen) zum Aufbau strategischer Partnerschaften sowie der Aufbau des Umlaufvermögens. Häufig können durch diese Investitionen, die zu einem erheblichen Anteil versunkene Kosten[185] darstellen, erste strategische Markteintrittsbarrieren[186] geschaffen werden, um den Markteintritt potentieller Wettbewerber zu verhindern.

Dem schließt sich im nächsten Schritt eine auf der Ertrags- und Bilanzplanung aufbauende **Cash-Flow-Planung** an, in der Auszahlungen für Investitionen, laufende Auszahlungen (Löhne, Gehälter, Steuern, Material, Leasingraten, Mieten, etc.) und eventuelle

---

184 Zur Erhöhung der Sicherheit der Planung sollten verbindliche Kostenvoranschläge bzw. Festpreisangebote für die Investitionsgüter eingeholt werden.
185 Aus markt- und wettbewerbsbezogener Sichtweise versteht man unter versunkenen Kosten (**Sunk Costs**) „alle Kosten, die mit dem Markteintritt oder -austritt verbunden sind und bei nur endlicher Verweildauer im Markt anfallen, so daß sie bei beim Rückzug vom Markt nicht abgegolten werden" (BLUM, 2000, S. 98).
186 Neben strategisch errichteten Markteintrittsbarrieren können nach KRUSE (1998, S. 508f.) auch natürliche (z.B. durch eine vorgegebene Produktionstechnologie) oder institutionelle (z.B. durch staatliche Regulierungen) Markteintrittsbarrieren bestehen.

Tilgungen von Fremdmitteln, sowie Zuflüsse durch Umsatzerlöse, Fördermittel, etc. in ihrem genauen zeitlichen Anfall gegenübergestellt werden, um so entstehende Finanzierungslücken aufzuzeigen. Wichtig ist in diesem Zusammenhang, auch über branchenübliche Reichweiten der Kundenforderungen und Lieferantenverbindlichkeiten, ggf. auch des Lageraufbaus, den Kapitalbedarf für die Finanzierung des Working Capital zu ermitteln (siehe hierzu auch Kapitel 6, insbesondere die Abschnitte 6.7 und 6.10). Neben der Berücksichtigung von Szenarien bzw. **Sensitivitätsanalysen** bezüglich Höhe und zeitlichem Anfall der Zahlungsströme sollten angemessene Planungsreserven (Zuschläge) für eventuelle Planungsfehler[187] und höhere als geplante Anlaufverluste vorgesehen werden.

Im Rahmen der Kapitalaufbringung muß der Entrepreneur neben dem Kapitalvolumen (Ermittlung des Kapitalbedarfes) auch Überlegungen zur Kapitalstruktur (Finanzierungsarten und deren zweckmäßige Kombination) sowie den Kapitalkosten (Bestimmung der Kapitalkosten und kostenoptimale Finanzierung) anstellen. Als Entscheidungskriterien stehen bei der Kapitalaufbringung dabei Rentabilität (erzielbarer Gewinn im Verhältnis zum eingesetzten Kapital) und Risiko (mit zunehmendem Verschuldungsgrad steigt das Risiko, da fest vereinbarten Zahlungsverpflichtungen unsichere Einzahlungen gegenüber stehen) als komplementäre Entscheidungskriterien, Liquidität (Sicherstellung der permanenten Zahlungsfähigkeit) sowie Unabhängigkeit (Erhaltung der unternehmerischen Dispositionsfreiheit) in einem interdependenten Verhältnis.

7.2.2 Finanzierungsquellen und Finanzierungsstruktur

Für eine Unternehmensgründung prinzipiell einsetzbare **Finanzierungsmittel** lassen sich nach der Rechtsstellung in Eigen- und Fremdfinanzierungsmittel unterteilen. Eigenkapital haftet für Verpflichtungen aus der Unternehmung Dritten gegenüber (Haftkapital), während Fremdkapital nicht haftet, verzinst wird, nur zeitlich begrenzt zur Verfügung steht und zu vereinbarten Terminen zu tilgen ist. Dabei schirmt verfügbares Eigenkapital das Fremdkapital in gewisser Weise vor unternehmerischen Risiken ab.

Bei der Planung der **Finanzierungsstruktur** sollten einige grundlegende Regeln beachtet werden. Da in aller Regel eine solide Eigenkapitalausstattung eine unabdingbare Basis dafür ist, daß weitergehende Fremdkapitalfinanzierungen überhaupt möglich sind, sollten Unternehmen bei Erreichen eines gewissen Reifegrades eine Eigenkapitalquote von ca. 20 - 30 % (bezogen auf die Bilanzsumme) in der Zusammensetzung der Finanzierung anstreben. In den frühen Gründungsphasen wird diese Quote noch deutlich höher liegen, da in diesen Phasen kaum Fremdkapital (insbesondere von Banken) zur Verfügung steht.

---

187 Planungsfehler spielen bei ca. 30 % der Unternehmensgründungsinsolvenzen eine Rolle (vgl. SIGUSCH, 1999, S. 14).

Langfristige Mittel wie Eigenkapital und (verfügbares) langfristiges Fremdkapital sollten neben öffentlichen Investitionsfördermitteln vorwiegend zur Finanzierung der Gründungskosten, der Kosten der Ingangsetzung des Geschäftsbetriebes sowie strategischer, spezifischer/immaterieller Investitionen (Forschung und Entwicklung, Werbekampagnen, etc.) und auch zur Finanzierung des mobilen und immobilen Anlagevermögens eingesetzt werden. Hierbei ist eine vollständige Deckung des langfristigen Vermögens durch langfristige Mittel (Eigenkapital und langfristiges Fremdkapital) anzustreben. **Kurzfristige Mittel** (Kontokorrent- und Lieferantenkredite) hingegen sollten ausschließlich der Finanzierung der laufenden Geschäfte dienen.

7.2.3 Interne und externe Finanzierungsquellen für Unternehmensgründungen

Eine zweckmäßige Strukturierung des Finanzierungspaketes setzt ein genaues Verständnis der einzelnen möglichen Finanzierungsquellen voraus. Im folgenden sind daher die wichtigsten externen sowie internen Finanzierungsquellen für junge Unternehmen sowie deren relative Vor- und Nachteile in Übersichten zusammengefaßt.

Tab. 7.1 Fremdfinanzierungsquellen für junge Unternehmen (in Anlehnung an SCHEFCZYK, 2000, S. 185).

Fremdfinanzierungsquelle	Vorteile	Nachteile
Personenbezogene öffentliche Fördermittel (z.B. Eigenkapitalhilfe-Programm)	• Niedrige Finanzierungskosten • Darlehen anfänglich teilweise tilgungs- und zinsfrei • Mittel können dem Unternehmen als Eigenkapital zur Verfügung gestellt werden	• Persönliche Haftung des Unternehmers • Begrenzte Verfügbarkeit • Bürokratische Antragstellung
Unternehmensbezogene öffentliche Fördermittel (z.B. in Form von Darlehen)	• Niedrige Finanzierungskosten • Anfänglich teilweise tilgungs- und zinsfrei	• Häufig Fokussierung auf Inve-stitionen in Sachanlagen und immaterielle Werte (F&E) • Begrenzte Verfügbarkeit • Bürokratische Antragstellung
Öffentliche Zuschußförderung (kein Fremdkapital i.e.S.)	• Finanzierungskosten niedrig oder null	• Bindung an Standort (Fördergebiet/Bundesland) • Sonst wie unternehmensbezogene öffentliche Fördermittel
Bankkredite	• Im Vergleich zu Fördermittel flexibler • Größere Beträge finanzierbar	• Höhere Finanzierungskosten als bei Fördermitteln • Volle Zins- und Tilgungslasten, auch in der Verlustphase • Sicherheiten zu stellen
Gesellschafterdarlehen / Familienkredite	• Häufig niedrige Finanzierungskosten • Geringere Anforderungen an Sicherheiten	• Konfliktpotential mit Kapitalgebern im Familienkreis • Eventuell ungünstige Vermögensdiversifikation
Leasing	• Vollfinanzierung von Wirtschaftsgütern möglich • Finanzierung u.U. außerbilanziell	• Höhere Finanzierungskosten als Fördermittel und Bankkredite • Volle Finanzierungskosten auch in der Anfangsphase • i.d.R. Beschränkung auf marktgängige, unspezifische Anlagegüter

Tab. 7.2 Eigenfinanzierungsquellen für junge Unternehmen (in Anlehnung an SCHEFCZYK, 2000, S. 183).

Eigenfinanzierungsquelle	Vorteile	Nachteile
Persönliches Eigenkapital der Gründer	• Sicherung der Eigentümerrechte der Gründer • Hohe Identifikation mit Unternehmen	• Begrenzte Verfügbarkeit • Ungünstige Vermögensdiversifikation
Persönliches Eigenkapital der Familie der Gründer	• Wie Gründer	• Begrenzte Verfügbarkeit • Evtl. ungünstige Vermögensdiversifikation
Persönliches Eigenkapital des Managements	• Motivations- und Bindungseffekt • Vergütungsbestandteil, senkt bare Belastung des Unternehmens bei Gehältern	• Betragsmäßig nur partiell zur Kapitalbeschaffung geeignet • Einschränkung des Handlungsraumes
Persönliches Eigenkapital der Mitarbeiter	• Wie Management	• Gestaltung von Beteiligungsprogrammen relativ komplex • Betragsmäßig nur partiell zur Kapitalbeschaffung geeignet[188] • Einschränkung des Handlungsraumes
Institutionelles Eigenkapital renditeorientierter VC-Gesellschaften	• Bereitstellung nichtfinanzieller Managementunterstützung • Große Beträge finanzierbar	• Relativ hohe Finanzierungskosten • Starke Verwässerung der Eigentümerrechte der Gründer

---

[188] Mitarbeiterbeteiligungsmodelle setzen in der Regel eine bereits erreichte Stabilität an Überschüssen und Cash Flows des Unternehmens voraus und sind häufig erst in späteren Wachstumsphasen vorzufinden (z.B. im Rahmen von „Employee Stock Option Plans" vor einem Börsengang). Teilweise werden solche Modelle jedoch auch genutzt, um insolvente Unternehmen zu retten (vgl. auch BLUM et al., 2000, S. 32ff).

Institutionelles Eigenkapital förderorientierter VC-Gesellschaften	• Relativ niedrige Finanzierungskosten • Geringe Verwässerung der Eigentümerrechte der Gründer	• Begrenzte Verfügbarkeit • Häufig nur stille Beteiligungen (zeitlich begrenzt, fixe Entgeltkomponente, z.T. auch in Verlustphase)
Corporate VC	• Strategische Partnerschaft • Relativ niedrige Finanzierungskosten	• Einschränkung des Handlungsraumes
Informelles VC (Business Angels[189])	• Relativ niedrige Finanzierungskosten	• In Deutschland bislang noch wenig verbreitet[190] • Zumeist nur bei Gesamtkapitalbedarf von max. 500 TDM[191]
(Börsennotierung)	• Große Beträge finanzierbar	• Erforderlicher Etablierungsgrad des Unternehmens; kommt erst für spätere Unternehmensphasen in Frage

---

[189] Unter Business Angels versteht man vermögende Privatpersonen mit unternehmerischer branchenspezifischer Erfahrung wie Unternehmer oder Manager, aber auch Anwälte, Berater oder Universitätsprofessoren. Nach Hochrechnungen des EUROPEAN BUSINESS ANGELS NETWORK (EBAN) haben derzeit etwa 125.000 Business Angels europaweit in junge Technologieunternehmen investiert (vgl. BRINK, 2000, S. 36). In den USA spricht man nach Studien der Universität New Hampshire von ca. 250.000 Angels, die ca. fünfmal so viel Kapital bereitstellen wie institutionelle VC-Gesellschaften.

[190] In Deutschland sind viele Business Angels in verbandsähnlichen Netzwerken organisiert. Die bekanntesten hierunter sind das BUSINESS ANGELS NETZWERK DEUTSCHLAND E.V. (BAND) in Nordrhein-Westfalen und die BUSINESS ANGELS AG mit dem Schwerpunkt im Münchner Raum. In den neuen Bundesländern hat lediglich der BUSINESS ANGELS CLUB unter dem Dach der INVESTITIONSBANK BERLIN eine gewisse Bedeutung. Business Angels investieren vorwiegend lokal.

[191] Business Angels engagieren sich selten mit Kapitalengagements, die TDM 200 übersteigen. Daher eignet sich diese Finanzierungsform zumeist nur bei einem Gesamtkapitalbedarf von nicht mehr als 500 TDM und dies nur in frühen Gründungsphasen, da es den Business Angels wichtig ist, einen möglichst großen Einfluß auf die Geschicke der Unternehmensgründung zu nehmen.

7.2.4 Die Bedeutung von externen Eigenfinanzierungsmitteln für die „Entrepreneurial Finance"

Trotz vieler grundsätzlicher Gemeinsamkeiten in der Finanzierung einer Unternehmensgründung und einer etablierten Unternehmung bestehen in den einzelnen Ausprägungen und der Struktur einer **entrepreneurial finance** erhebliche Unterschiede gegenüber der „corporate finance".

Bei letzterer können nahezu alle Arten und Ausprägungen an Finanzierungsformen jederzeit ausgeschöpft werden. Dagegen muß der Entrepreneur zumeist **vor allem externe Eigenfinanzierungsmittel** beschaffen, da interne Eigenfinanzierungsmittel (Erwirtschaftung eigener Erlöse) zumeist nicht in ausreichendem Umfang vorhanden sind. Finanzierungsmöglichkeiten aus Abschreibungs- oder Rückstellungsgegenwerten[192] sind ebenso wenig vorhanden wie Fremdfinanzierungsmittel, da diese erst nach einem gewissen Etablierungsgrad des Unternehmens und Kredite nur bei ausreichender Sicherheitenstellung und Eigenkapitalausstattung zur Verfügung stehen.

Für Entrepreneure und hier v.a. Gründer technologieorientierter Unternehmungen mit starkem Wachstums- aber auch Risikopotential, die möglichst rasch Markteintrittsbarrieren durch strategisches Versenken von Kosten errichten müssen, besteht in den frühen Gründungsphasen eine Finanzierungslücke (vgl. Tab. 7.3), die in aller Regel nur durch informelles und institutionalisiertes Venture Capital geschlossen werden kann. Dies trifft vor allem auf Unternehmensgründungen in den Bereichen Neue Medien, (Tele-) Kommunikation, Biotechnologie, etc. zu.

---

192 Diese Cash Flows können zur Innenfinanzierung nur dann verwendet werden, wenn das Unternehmen bereits Gewinne macht.

Tab. 7.3 Finanzierungsquellen für High-Tech-Ventures[193] in frühen Gründungsphasen

Innovationsphasen / Finanzierungsquelle	Forschung	Entwicklung	Anwendung
Selbstfinanzierung durch persönliche Mittel (Eigenmittel)	────────────	────────────	──────────▶
Öffentliche Fördermittel (Eigen- und Fremdmittel)	────────────	·········▶	
Beteiligungskapital (VC) (Eigenmittel)		············	──────────▶
Kreditmittel (Fremdmittel)		············	──────────▶
Aktienemission (Eigenmittel)			·······──▶

── Primärer Mitteleinsatz
········· Sekundärer Mitteleinsatz

---

193 Tabelle in Anlehnung an STEDLER (1996, S. 75).

7.3 Venture Capital: Besonderheiten gegenüber traditionellen Finanzierungsformen

7.3.1 Begriffsabgrenzung und Einordnung in die Struktur der Finanzierungsformen

Versucht man Venture Capital begrifflich abzugrenzen, stößt man schnell auf Probleme, da die meisten Definitionen zumeist unvollständig sind und nicht alle Ausprägungen von Venture-Capital-Finanzierungen erfassen können. Daher sollen anstelle eines weiteren Definitionsversuches zumindest die wesentlichen **Dimensionen** dieser spezifischen Finanzierungsart angeführt werden, die zugleich die Besonderheiten des VC im Vergleich zu anderen Finanzierungsformen ausmacht:

- Einbringung von **Beteiligungs- oder beteiligungsähnlichem Kapital** von außerhalb des organisierten Kapitalmarktes;
- in **junge Unternehmen mit** innovativen Technologien oder Geschäftsmodellen und **hohem Wachstumspotential**, d.h. Unternehmen mit anfänglich hohen technischen und/oder marktlichen Risiken aber überdurchschnittlichen Renditeerwartungen;
- keine Einforderung von Sicherheiten;
- zumeist partnerschaftliches Verhältnis zwischen VC-Geber und Gründermanagement angestrebt;
- häufig **Kontroll- und Mitspracherechte** über den kapitalmäßigen Anteil hinaus (z.B. Einrichtung und Besetzung eines Unternehmensbeirates);
- sowohl Kapitalversorgungs- als auch **Managementbetreuungsfunktion** in allen Entwicklungsstadien und Lebenszyklusphasen der in den Markt eingeführten Produkte oder Dienstleistungen;
- anfänglich in der Regel kein oder nur geringer Kapitaldienst (Zinsaufwendungen), da langfristiges Ziel eine spätere Veräußerung der Beteiligung über eine Börseneinführung (going public/IPO) und/oder alternative Desinvestitionsalternativen (**Ertragsrealisation des gesteigerten Unternehmenswertes**/capital gain) ist.

Wenngleich in der Literatur verschiedentlich eine strenge Abgrenzung zwischen Wagnis- und Beteiligungskapital bzw. VC-Gesellschaften und Kapitalbeteiligungsgesellschaften vorgenommen wird[194], soll hier diese Differenzierung nicht vertreten werden, da eine Operationalisierung der Unterschiede vor dem Hintergrund des europäischen und vor allem deutschen Beteiligungskapitalmarktes als wenig sinnvoll erscheint.

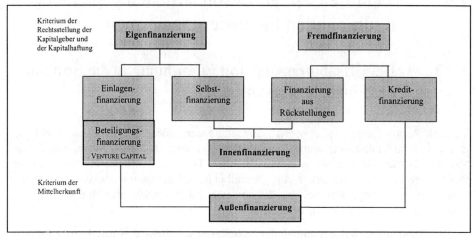

Abb. 7.2 Einordnung des Venture Capital in die Struktur der Finanzierungsformen

Von der klassischen Struktur der Finanzierungsformen ausgehend, ordnet sich das Venture Capital als besondere Form der Beteiligungsfinanzierung nach dem Kriterium der Rechtsstellung der Kapitalgeber und der Kapitalhaftung somit als Eigenfinanzierung, nach dem Kriterium der Mittelherkunft, als Außenfinanzierung ein (vgl. Abb. 7.2).

---

194 So u.a. von PERRIDON und STEINER, (1999, S. 354ff.) oder GEIGENBERGER, (1999, S. 1ff.). Diese Abgrenzung folgt der in den USA üblichen Unterscheidung in **„Venture Capital"** (Beteiligungskapital von außerhalb des geregelten Kapitalmarktes für Unternehmen in frühen Gründungsphasen in innovativen Branchen) und **„Private Equity"** (Beteiligungskapital von außerhalb des geregelten Kapitalmarktes im Rahmen von Finanzierungen in späteren Phasen des Unternehmenszyklusses für Unternehmen in nicht ausgeprägt innovativen Branchen). In Deutschland werden die Begriffe Wagnis- und Beteiligungskapital auch im allgemeinen Sprachgebrauch selten voneinander getrennt, nicht einmal vom BUNDESVERBAND DEUTSCHER KAPITALBETEILIGUNGSGESELLSCHAFTEN, der sich auch GERMAN VENTURE CAPITAL ASSOCIATION nennt.

7.3.2 Überdurchschnittliche Renditeerwartungen bei umfassender Betreuung

Jeder Entrepreneur sollte sich bei Eingehen einer VC-Finanzierung über die vom Investor **erwartete Performance** des Unternehmens bewußt sein. So erwarten VC-Investoren in der Regel Renditen aus ihren Investitionen, die selten unter 20 % und häufig deutlich darüber liegen. Tatsächlich erzielen Wagniskapitalfonds je nach Portfolio-Zusammensetzung und Stufe des Investments, beispielsweise mit gemischten Fonds und Investitionen in junge Unternehmen, Renditen (Internal Rate of Return, IRR) von meist weit über 20 % (vgl. RASCHLE, 2000, S. B 5). In der Praxis liegen die Erwartungen der VCs bezüglich künftiger Renditen um so höher, je früher der Einstiegszeitpunkt liegt. So bewegt sich die Renditeerwartung bei einem Einstieg in frühen Phasen zwischen 50 % und 100 % aufwärts, in Wachstumsphasen zwischen 20 % und 40 % (vgl. hierzu ausführlich u.a. TIMMONS, SMOLLEN und DINGEE, 1990, S. 457).

Trotz dieses hohen Erfolgsdrucks liegt der **entscheidende Vorteil**, den ein Entrepreneur aus einer VC-Partnerschaft in dieser speziellen Form der Beteiligungsfinanzierung gewinnt, in der **Managementbetreuungsfunktion**, da ein Venture Capitalist ein dichtes Netzwerk von Kontakten, unfangreiche Branchenerfahrungen und Fachkenntnisse in den Bereichen Rechnungswesen & Controlling, Marketing & Vertrieb, Internationalisierung sowie Finanzierung und Transaktionen (Mergers & Acquisitions) mitbringt, die gerade für Entrepreneure mit technischem Hintergrund eine ideale und für den künftigen Unternehmenserfolg zwingend notwendige Ergänzung darstellen. Auf Grund dessen wird Venture Capital häufig auch als „**smart money**" bezeichnet.

Typische Formen derartiger Managementunterstützung (vgl. u.a. GEIGENBERGER, 1999, S. 9 sowie SCHEFCZYK, 2000, S. 27f) liegen in:

- der Weitergabe der Kenntnisse und der Bewertung von Technologie- und Marktpotentialen sowie der Erfolgsfaktoren in bestimmten Branchensegmenten,
- der Diskussion von strategischen Alternativen,
- dem Aufbau/dem Straffen eines zeitnahen, entscheidungsorientierten Rechnungs- und Berichtswesen sowie den Rentabilitäts-Checks bei Investitionen,
- der Beratung bei Verstärkungen des Management-Teams,
- dem Aufbau von Auslandsniederlassungen in Produktion, Vertrieb, Forschung & Entwicklung,
- der Unterstützung bei der Beschaffung von Finanzierungsmitteln (Banken, Leasing, Fördermittel, etc.),

- der Organisation von Co-Investments und/oder weiterer Finanzierungsrunden mit anderen VC- oder brancheninternen oder branchennahen strategischen Partnern sowie in der Anbahnung von Kooperationen,
- der Mitarbeit bei der Vorbereitung des Börsengangs, bei Übernahmen anderer Unternehmen, etc.

Die Form der Unterstützung kann im weitesten Sinne in einer Mitarbeit des VCs in einem Gremium wie Unternehmensbeirat, Aufsichtsrat oder Gesellschafterausschuß, in einer interaktiven, zeitlich begrenzten Beratung im klassischen Sinne bis hin zur temporären Übernahme operativer Leitungsfunktionen im Tagesgeschäft („Zeitmanager") reichen.

Da Qualität und Umfang derartiger Beratungsleistungen, die informelle oder institutionalisierte VCs einem Entrepreneur anbieten können, erheblich voneinander abweichen können, sollte auf diese Kriterien (neben den Beteiligungskonditionen) ein deutliches Augenmerk bei der Auswahl eines VC-Finanzierungspartners gelegt werden.

7.4 Venture Capital im Kontext der ökonomischen Theorie

Aus den vorangegangenen Abschnitten wird deutlich, daß VC-Gebern eine ganz besondere Funktion am Kapitalmarkt zukommt. Im folgenden soll diese besondere Funktion aus theoretischer Sicht begründet und insbesondere zwei wichtige Fragen beantwortet werden:

- Wie läßt sich die Existenz eines VC-Marktes theoretisch erklären?
- Welche Relevanz haben in diesem Zusammenhang VC-Geber als Finanzintermediäre?

Betrachtet man die Eigenkapitalquoten von Unternehmen aus Industrie, Handel und Verkehr verschiedener Länder, so lag die Eigenkapitalquote deutscher Unternehmen mit durchschnittlich 18 % in 1995 gegenüber Quoten zwischen 40 % und 50 % in Belgien, den Niederlanden, Kanada oder den USA (vgl. ausführlich SCHEFCZYK, 2000, S. 14ff.) deutlich niedriger. Bei allen methodenbedingten Unsicherheiten (beispielsweise aufgrund unterschiedlicher Möglichkeiten zur Bildung stiller Reserven, bilanzieller Eigenkapitalabgrenzungen, etc.) läßt sich trotzdem noch eine drastische Abweichung verzeichnen, die die allgemeine **Eigenkapitalmangelhypothese** stützen dürfte. Diese These ist seit den sechziger Jahren in der Diskussion, da seither die Eigenkapitalquote deutscher Unternehmen stetig gesunken ist. Eine ausreichende Eigenkapitalbasis ist jedoch

7.4. Venture Capital im Kontext der ökonomischen Theorie

sowohl für die Finanzierung risikobehafteter Innovationen als auch für die Erweiterung des Kreditfinanzierungsspielraumes in Wachstumsphasen notwendig.

Neben dem Eigenkapitalrückgang war in der Vergangenheit auch ein relatives **Übergewicht an Kreditfinanzierungen bei Unternehmensgründungen** zu beobachten. Da Provisionen bei Emissionen von Anteilen kleiner Unternehmen relativ klein und die von diesen Unternehmen bearbeiteten Absatzmärkte eher unübersichtlich und somit von Banken nur schwer zu beobachten sind, führte dies zu dem Trend, daß die Attraktivität von Emissionen mit abnehmender Größe des Unternehmens klein und gleichzeitig (v.a. auch wegen mangelnder Konkurrenz der Eigenkapitalmärkte) die Attraktivität von Kreditfinanzierungen für Banken zunimmt.

Die **Neoklassische Finanzierungstheorie** (u.a. Irrelevanz-/Separationstheorem nach MODIGLIANI/MILLER 1958; Capital Asset Pricing-Modell von SHARPE 1964) basiert auf der Prämisse **vollkommener, transaktionskostenfreier und informationseffizienter Kapitalmärkte**. Danach werden Investitionspläne von den Unternehmen unabhängig von der Finanzierungsform aufgestellt. Finanzierungsformen werden in diesem Modell lediglich zu reinen Aufteilungsregeln unsicherer, zukünftiger Erträge. Angesichts empirischer Beobachtungen erscheint die neoklassische Finanzierungstheorie als Erklärungsansatz für Probleme der Gründungsfinanzierungen (entrepreneurial finance) ungeeignet.

Als zweckmäßigerer Erklärungsansatz kann **die Neue institutionenökonomische Finanzierungstheorie** dienen, da für Gründungsfinanzierungen folgende Charakteristika typisch sind:

1. Bei forschungs- und humankapitalgetriebenen Unternehmensgründungen bzw. solchen, wo der entstehende Markt erst noch entwickelt werden muß, ist es in aller Regel nicht möglich, den Finanzierungsplan (nur) mit Kreditmitteln darzustellen, da entsprechende Sicherheiten nicht gestellt werden können:

   - Humankapital läßt sich aus eigentumsrechtlicher Sicht nicht besichern.

   - Investitionen in strategische, zumeist immaterielle, „assets" (sunk costs) können nicht besichert werden, da sie einen hohen Spezifitätsgrad aufweisen.

Der Sicherheitenwert nimmt mit zunehmender **Spezifität**[195] (und somit zunehmenden Sunk Costs) ab, wobei Fremdkapitalgeber in zyklischen Branchen den unteren Liquidationswert als erwarteten Liquidationserlös (Underpricing Effect [vgl.

---

[195] Hier kann es sich sowohl um Branchen- oder Standortspezifität, physische anlagenspezifische Eigenschaften wie Unteilbarkeiten, Unternehmensspezifitäten (Marken- und Unternehmensreputation, Unternehmenskultur, Mitarbeiterstamm etc.) oder Beziehungsspezifitäten (Investitionen in Kunden- und Lieferantenbeziehungen, Lobbybeziehungen zu Politikern, etc.) handeln. Die Spezifität ist neben Unsicherheit, Häufigkeit der Austauschbeziehung und der Transaktionsatmosphäre eine der zentralen Unterscheidungsmerkmale von Transaktionen und Untersuchungsgegenstand der **Transaktionskostentheorie** (vgl. WILLIAMSON, 1985). Vgl. hierzu ausführlich u.a. SCHAUB (1997, S. 226ff.).

SHLEIFER und VISHNY, 1992]) annehmen. In aller Regel hat auch die Größe und Übersichtlichkeit der Branche Einfluß auf die Sicherheitenbewertung. Diese sind bei hochinnovativen Branchensegmenten (z.B. Biotechnologie, Nanotechnologie, etc.) häufig nicht gegeben bzw. für Fremdkapitalgeber nicht beobachtbar.[196]

Zudem sind in der Gründungsphase die relativ starren Cash-Flow-Anforderungen (feste Zins- und Tilgungsverpflichtungen) einer Kreditfinanzierung aufgrund der Unsicherheit der künftigen Geschäftsentwicklung eher hinderlich und erhöhen bei starker Abhängigkeit von Kreditmitteln in der Finanzierung das Insolvenzrisiko (vgl. u.a. SCHEFCZYK, 2000, S. 37).

2. Es existiert kein funktionsfähiger, organisierter Kapitalmarkt für Eigenkapitalbeteiligungen an Gründungsunternehmen in frühen Entwicklungsphasen und somit eine mangelnde **Fungibilität** von Unternehmensanteilen. Nichtbörsennotierte Unternehmen finden nur schwer Investoren für direkte Beteiligungen und sind aufgrund späterer Veräußerungsschwierigkeiten in der Regel nur für Daueranleger geeignet. Zudem sind Verträge, wie die einer Beteiligung, zumeist unvollständig und machen laufende Detail-Nachverhandlungen und eine genaue Überwachung nötig (hohe **Transaktionskosten**).

3. Es besteht eine stark asymmetrische Informationsverteilung zwischen kapitalsuchendem Unternehmen (Agent) und potentiellem Finanzier (Principal), deren Verringerung mit hohen Transaktionskosten verbunden ist. Derartige **Agency-Probleme** nehmen mit abnehmender Unternehmensgröße und zunehmendem Innovationsgrad an Bedeutung zu.

So hat z.B. bei der Veräußerung nichtbörsennotierter Beteiligungen der Verkäufer gegenüber dem Käufer einen Informationsvorsprung. Der Käufer muß annehmen, daß Motive des Verkäufers u.a. auch zu erwartende Risiko- oder Ertragsverschlechterungen sein können, die im offiziell gemachten Verkaufsangebot keine Berücksichtigung fanden. Die vom Käufer wegen dieser Vermutung vorgenommene Kürzung der Ertragsangaben des Ver-äußerers verringert den maximal bezahlbaren Grenzpreis für den Beteiligungskauf und somit auch den Einigungsspielraum.

Aufgrund dieser Unvollkommenheiten existiert ein VC-Markt als gesondertes Kapitalmarktsegment, in dem **VC-Gesellschaften als institutionelle Finanzintermediäre** agieren, weil sie

1. Transaktionskosten durch **Risiken-, Größen- und Fristentransformation** senken und für kleinere Unternehmen eine Brücke zu sonst nicht zugänglichen Kapitalmarktsegmenten herstellen,

---

[196] Zu einem Überblick des Einflusses versunkener Kosten auf die Kapitalstruktur und den Verschuldungsumfang vgl. u.a. SCHAUB (1997, S. 122ff.) mit weiteren Nachweisen.

2. Agency-Probleme durch effiziente Informationsbeschaffung, -verarbeitung und -bereitstellung verringern (effizientes **Monitoring** des Ventures aufgrund der Branchenerfahrung),

3. als am Venture beteiligte Institution ihre Reputation auf das Venture übertragen und künftigen Fremdkapitalgebern eine gewisse Glaubwürdigkeit des Unternehmens und/oder Vorteilhaftigkeit des Investitionsprojektes signalisieren (**Signalling**).

Neben besagten Unvollkommenheiten des Kapitalmarktes und einer Verringerung des Insolvenzrisikos aufgrund der Vermeidung fester Zins- und Rückzahlungsverpflichtungen sprechen nicht zuletzt auch Steuervorteile[197] für die grundsätzliche Bedeutung der externen Beteiligungsfinanzierung.

Die voranstehenden Betrachtungen haben eine Reihe von Argumenten für die Entstehung separater VC-Märkte geliefert. Im folgenden soll ein kurzer Überblick über den deutschen VC-Markt in seiner Struktur und historischen Entwicklung gegeben werden.

7.5 Der deutsche Venture-Capital-Markt im Überblick

7.5.1 Historie und Entwicklung des deutschen Venture-Capital-Marktes

Betrachtet man den deutschen VC-Markt in historischer Perspektive, so sind im Grunde vier dekadisch unterteilbare Etappen erkennbar.

Nachdem in den USA mit der Investition der American Research & Development (ARD) in ein Start-up von vier Absolventen des Massachussetts Institute of Technology (MIT) – der heutigen Digital Equipment Corporation (DEC) – Ende der 40er Jahre die klassische Venture Capital-Idee begründet wurde, wurden in Deutschland zunächst in den **60er Jahren** als Resultat der Diskussionen innerhalb der Banken über die privaten Kapitaldefizite und sinkenden Eigenkapitalquoten bei kleinen und mittelständischen Unternehmen erste Beteiligungsgesellschaften gegründet, wie etwa:

1960: INDUFINA Industrie- und Finanzbeteiligungsgesellschaft GmbH & Co. KG

1965: DBG Deutsche Beteiligungsgesellschaft mbH

1966: AKU Allgemeine Kapitalunion GmbH & Co. KG

---

197 Vgl. hierzu ausführlich u.a. SCHEFCZYK (2000, S. 61).

1969: GeBeKa Gesellschaft für Beteiligungen und Kapitalverwaltung mbH & Co.

1969: BdW Beteiligungsgesellschaft für die deutsche Wirtschaft mbH

1966-76: 11 Kapitalbeteiligungsgesellschaften (KBG's) der Sparkassen

Die Gründungswelle Mitte der **70er Jahre** wurde begleitet von den Aktivitäten des ERP-Fonds zur Verbesserung der Eigenkapitalausstattung der Unternehmen. Die Bundesländer veranlaßten die Gründung von Mittelständischen Beteiligungsgesellschaften (MBG's), die vorwiegend (Beteiligungs-)Kapital als stille Gesellschafter bereitstellten. In diese Phase fällt auch die eigentliche Geburtsstunde der deutschen VC-Branche mit der Gründung der Deutschen Wagnisfinanzierungsgesellschaft (WFG) im Jahre 1975 durch 29 Banken sowie die Bundesregierung[198].

Die Diskussionen in den frühen 80er Jahren über die Erfolge des privatwirtschaftlich organisierten US-amerikanischen VC-Modells[199] eröffneten die dritte und Entwicklungsphase des deutschen VC-Marktes gegen **Ende der 80er Jahre**. Die klassischen Beteiligungsgesellschaften, die bisher nur klassisches „Private Equity" bereitstellten, engagierten sich zunehmend auch in frühen Gründungsphasen und technologisch riskanten Ventures. Ab 1988 drängten auch erste ausländische VC-Gesellschaften auf den deutschen Markt. Im Jahre 1985 erreichte das Beteiligungsportfolio der Kapitalbeteiligungsgesellschaften erstmals ein Volumen von 1 Mrd. DM (vgl. DEUTSCHE BUNDESBANK, 2000, S. 20).

Trotz einer relativ hohen Anzahl von Investitionsengagements waren jedoch viele verlustbringend und sind gescheitert. Als Ursache wurde die relativ geringe Erfahrung der VC-Portfoliomanager angesehen, die zumeist aus den Kreditabteilungen der Banken kamen und kreditwirtschaftlichem Denken verhaftet blieben. Insoweit muß diese Zeit als erste „Lernphase" angesehen werden. Folge davon war eine Konzentration auf VC-Investitionen auf spätere Phasen des Lebenszyklusses junger Firmen mit dem Ergebnis, daß sich typische VC-Gesellschaften den reinen Beteiligungsgesellschaften, die nur „Private Equity" aber keine Managementunterstützung bieten und in eher weniger riskanten, späteren Lebenszyklusphasen und traditionellen Branchen investieren, immer stärker anglichen und man heute kaum noch klare Trennungen vornehmen kann.

Erst Anfang der **90er Jahre** war wieder ein stärkeres Engagement in frühen Gründungsphasen zu verzeichnen. Anteil daran hatte nicht zuletzt der „New Economy"-Boom, ausgelöst durch das Outsourcing von Dienstleistungsbereichen aus Großkonzernen, Privatisierungsbestrebungen der öffentlichen Hand (Netzmonopole), technologische Fortschritte wie v.a. die Konvergenz der I & K-Medien. In dessen Sog wurde die Grün-

---

198 Diese hatte eine Verlustausgleichsfunktion aufgrund eines Risikobeteiligungsvertrages, wonach die Bundesregierung 15 Jahre lang 75 % der entstehenden Verluste zu übernehmen hatte.

199 Erfolgsbeispiele waren u.a. VC-finanzierte Unternehmen wie APPLE, GENENTECH, INTEL, SUN MICROSYSTEMS oder LOTUS, die heute große multinationale Unternehmen darstellen.

7.5. Der deutsche Venture-Capital-Markt im Überblick

dung neuer Dienstleistungsunternehmen in Technologiesegmenten wie I & K, der Mikrosystemtechnik, Bio- und Gentechnologie oder Internetportalen (B2C, B2B, etc.) durch Wagnisfinanzierungen forciert[200]. Das Beteiligungsvolumen erreichte in 1992 ca. 4,5 Mrd. DM.

Dieser positive Trend wurde im folgenden noch verstärkt durch eine **Verbesserung einiger staatlicher und institutioneller Rahmenbedingungen** wie das 3. Finanzmarktförderungsgesetz (FFG) vom 24. März 1998, welches u.a. das Gesetz über Unternehmensbeteiligungsgesellschaften (UBGG) novellierte, die Schaffung neuer gesetzlicher Regelungen zur „Kleinen AG" und v.a. auch verbesserter Exit-Möglichkeiten durch die Gründung des Neuen Marktes als neuem Börsensegment. Hier sind sicher auch die bundesweiten direkten und indirekten Förderprogramme[201] wie das ERP-Beteiligungsprogramm, das KfW-Risikokapitalprogramm oder das Beteiligungsprogramm für kleine Technologieunternehmen (BTU) zu nennen[202].

So erlebte der deutsche VC-Markt vor allem **Ende der 90er Jahre** eine der dynamischsten Entwicklungsstufen. Im Zeitraum 1997 bis 1999 verdoppelte sich die Zahl der Beteiligungsgesellschaften[203]. Auch der Anteil des Portfoliovolumens am Bruttoinlandsprodukt verdoppelte sich auf fast 0,4 Prozent (von 6,9 Mrd. DM auf 13,8 Mrd. DM), und das anlagebereite Fondsvolumen bei den VC-Gesellschaften in diesem Zeitraum wuchs um rund 12 Mrd. DM auf 27 Mrd. DM, d.h. 80 % an. Die folgende Abbildung verdeutlicht noch einmal die Dynamik der Entwicklung des deutschen VC-Marktes in den 90er Jahren.

---

200 Beispiele derartiger VC-finanzierter Unternehmensgründungen, die inzwischen bereits eine Listung am Neuen Markt erfahren haben, sind u.a. BROKAT, INTERSHOP, QIAGEN, MOBILCOM, etc.

201 Zu einem detaillierten Überblick dieser Programme und einer Evaluation deren Wirksamkeit vgl. u.a. SCHEFCZYK (2000, S. 95ff.).

202 Als nachteilig erweisen sich jedoch nach wie vor einige steuerliche Regelungen für VC-Investoren und VC-Gesellschaften (vgl. ausführlich SCHEFCZYK 2000, S. 79ff.).

203 Alle Angaben in diesem Absatz beziehen sich nur auf die BVK-Mitglieder, die ca. 85 % des Gesamtmarktes ausmachen.

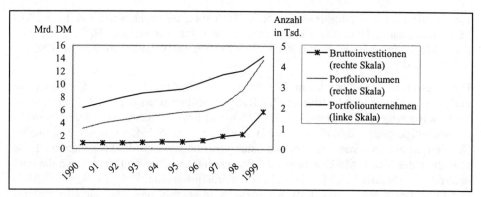

Abb. 7.3 Portfolioentwicklung deutscher Kapitalbeteiligungsgesellschaften 1990 – 1999, Quelle: Statistik des BVK[204]

7.5.2 Die deutsche VC-Marktentwicklung im internationalen Vergleich

Auch der weltweite **VC-Markt – angeführt durch das VC-„Mutterland" USA** – erlebte aufgrund des Booms an Unternehmensgründungen in den „New Economy"-Branchen in den letzten vier Jahren einen deutlichen Aufschwung (vgl. Tab. 7.4).

Tab. 7.4 Bruttoinvestitionen der Venture Capital Gesellschaften im internationalen Vergleich[205]

Jahr	USA [1]		Europa (21 Länder)		Deutschland [2]	
	Mrd. $	Änderungen ggü. Vorjahr in %	Mrd. Euro	Änderungen ggü. Vorjahr in %	Mrd. Euro	Änderungen ggü. Vorjahr in %
1996	9,90	.	6,79	.	0,70	.
1997	14,00	41	9,66	42	1,33	91
1998	19,20	37	14,46	50	1,96	47
1999	48,30	152	25,10	74	3,16	61
1. Hj. 2000	49,39	.	.	.	1,62	.

1 Ohne Finanzierungen von Übernahmen (Buy Outs), Restrukturierungen (Turnarounds) und von Gesellschafterwechseln (Replacements).
2 Angaben beziehen sich auf Gesamtmarkt einschließlich der Kapitalbeteiligungsgesellschaften, die nicht Mitglieder des BUNDESVERBANDS DEUTSCHER KAPITALBETEILIGUNGSGESELLSCHAFTEN (BVK) sind.

---

204 Die Angaben beziehen sich nur auf die Investitionen der BVK-Mitglieder.
205 Angaben beziehen sich auf Bruttoinvestitionen (d.h. ohne Abzug von Beteiligungsauflösungen); Quelle: Statistiken der NVCA., BVCA., BVK., DEUTSCHEN BUNDESBANK.

Im **europäischen Vergleich** führt bezogen auf das Volumen des investierten Kapitals (in Europa insgesamt 40,6 Mrd. Euro im Jahre 1998) Großbritannien mit einem Anteil von 48,0 % die Liste der europäischen „VC-Nationen" an, gefolgt von Deutschland mit 13,2 %, Frankreich mit 11,9 %, den Niederlanden von 7,1 %, Italien von 5,9 % und Schweden von 3,1 %[206]. Dabei ist jedoch zu berücksichtigen, daß in Großbritannien bereits rund drei Viertel des Marktvolumens alleine Buy Outs ausmachen, Frühphasen-Finanzierungen hingegen nur einen geringen Raum einnehmen (vgl. Handelsblatt, Nr. 217 (09.11.2000), S. B1 (Sonderbeilage)).

Absolut betrachtet kommt jedoch dem US-amerikanischen Markt mit einem Portfoliovolumen von 45,5 Mrd. ECU im Jahre 1998 die bedeutendste Rolle zu. Die vier größten europäischen „VC-Nationen" Großbritannien, Deutschland, Frankreich und die Niederlande zusammen erreichen mit 32,6 Mrd. ECU nicht dieses Volumen. Auch gemessen an den Bruttoinvestitionen wird das US-amerikanische Niveau von 14,9 Mrd. ECU von den vier größten europäischen Märkten mit 11,9 Mrd. ECU im Jahre 1998 nicht erreicht. Bezieht man das investierte Portfoliovolumen in 1998 auf das Bruttoinlandsprodukt, so beträgt der Anteil in Großbritannien 16,1 ‰, in den Niederlanden 8,6 ‰, in den USA 6,2 ‰, in Frankreich 3,8 ‰, in Deutschland jedoch lediglich 2,8‰ (vgl. SCHEFCZYK, 2000, S. 114ff.).

7.6 Modalitäten einer Venture Capital-Finanzierung

7.6.1 Klassische VC-Finanzierungsphasen

Das Venture bzw. die Unternehmung durchläuft von der Geschäftsidee über die Formulierung des Geschäftsmodells und formalen Gründung bis zur Erreichung befriedigender Marktanteile und Umsätze verschiedene Entwicklungsphasen mit unterschiedlichen Managementproblemen und Finanzierungserfordernissen. Auf Grund der Form, die die Gewinn- und Verlustkurve im Zeitverlauf annimmt, wird diese häufig auch als **„Hockey Stick"-Kurve** bezeichnet.

Die nachfolgende Abbildung stellt den Unternehmenszyklus in einem Phasenschema dar und skizziert zugleich die wesentlichsten Phasen, in denen VC-Geber als Finanzierungspartner zur Verfügung stehen.

---

[206] Vgl. EVCA (1999, S. 44). Vgl. zum deutschen VC-Markt im internationalen Vergleich u.a. auch SCHEFCZYK, (2000, S. 114ff.), sowie DEUTSCHE BUNDESBANK (2000, S. 26ff.).

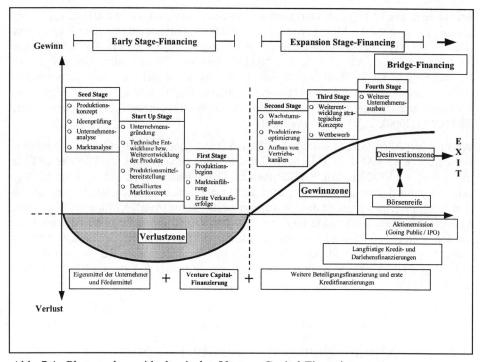

Abb. 7.4 Phasenschema idealtypischer Venture Capital-Finanzierungen

In nachfolgender Übersicht werden die wesentlichen Charakteristika der einzelnen **Finanzierungsphasen** von VC-Finanzierungen zusammengefaßt, wobei auch Sonderformen von VC-Engagements, die über die normale Wachstumsfinanzierung hinausgehen, aufgeführt wurden[207].

Im wesentlichen unterscheidet man in Early Stage-Finanzierung (frühe Gründungsphasen), Expansion / Growth Stage-Finanzierung (Finanzierung des Unternehmenswachstums) sowie Divestment und Later Stage-Finanzierung (Vorbereitung der Desinvestition, etwa kurz vor einem Börsengang). Zu letzteren werden häufig auch die verschiedenen Formen von Buy Outs und Turnaround-Finanzierungen gerechnet, wobei durch ein Buy Out bzw. Turnaround durchaus auch ein völlig neues Venture mit andersartigem Geschäftsmodell entstehen kann.

Eine trennscharfe Phasenabgrenzung ist häufig nur schwer möglich, da meist mehrere Stufen der Finanzierung (z.B. Seed und Start Up) in einem Finanzierungspaket abgewik-

---

[207] Vgl. hierzu ausführlich u.a. SCHWEEN (1996, S. 93ff.) sowie PFIRRMANN, WUPPERFELD und LERNER (1997, S. 11ff.).

7.6. Modalitäten einer Venture Capital-Finanzierung

kelt werden. Man spricht daher häufig eher von „**Finanzierungsrunden**". Hier kann man zwischen Seed (Unternehmensaufbau), First Round (Markteintritt) und Second Round (Expansion/Wachstum) unterscheiden.

Tab. 7.5 Charakteristika der einzelnen VC-Finanzierungsphasen

	Finanzierungsphase	**Charakteristika**
Early Stage	*Seed Financing*	Finanzierung zur Ausreifung und Umsetzung von Ideen (zumeist aus industrienahen Forschungsprojekten) und der Prototypentwicklung und -fertigung
	Start Up Financing	Finanzierung der Gründung des Unternehmens, der Entwicklung des strategischen Unternehmenskonzeptes, der Bereitstellung der Produktionsmittel und der Komplettierung des Management-Teams (Sonderform ist das Spin off-financing: Finanzierung des Ausscheidens von Organisationseinheiten aus schwerfälligen Großunternehmen und Transfer des innovativen Potentials auf neu gegründetes Unternehmen)
	First Stage Financing	Finanzierung der Produktionsaufnahme und der Markteinführung (Marktdiffusion der Innovation)
Expansion/ Growth Stage	*Second Stage Financing*	Finanzierung des Auf- und Ausbaus des Vertriebs- und Produktionssystems
	Third Stage Financing	Finanzierung der Erweiterung des Produktions- u. Vertriebssystems; Vervollkommnung des Produktes

Divestment/ Later Stage	Bridge Financing	Finanzierung im Rahmen der Vorbereitung einer Börseneinführung oder eines Trade Sales
	MBO/MBI/LBO-Financing	Akquisition eines etablierten Unternehmens durch operierendes Management (MBO) oder externe Dritte (MBI); Management hält mindestens 10 % der Anteile; vorwiegend durch Fremdkapital finanzierter Kauf von Mehrheitsanteilen (LBO) durch Investoren
	Turnaround-Financing	Finanzierung der Sanierung und des Neubeginns bzw. „Kurswechsels" in eine andere Branche
	Replacement Capital	Kauf der Anteile an einem Unternehmen von einem anderen Investor oder Gesellschafter

7.6.2 Finanzierungsmodelle

VC-Partnerschaften zwischen Gründer(n) und VC-Gebern können vielfältige **Formen** annehmen, die von direkten, offenen Beteiligungen bis hin zu eigenkapitalähnlichen Darlehen reichen. Letztere spielen vor allem dann eine Rolle, wenn unvorhersehbare Unternehmensentwicklungen einen höheren Kapitalbedarf als ursprünglich projektiert erfordern oder Anschlußfinanzierungen nicht sichergestellt werden konnten. Hier treten dann häufig Bridgefinanzierungen in Form eigenkapitalähnlicher Darlehen ein.

Offene Beteiligungen werden in der Regel mit Anteilswerten ab 25 % und selten über 49 % angestrebt. Da das Stammkapital der Gründungsgesellschaft häufig gering ist, wird die über den Stammkapitalanteil hinausgehende Einlage als Agio oder Darlehen bereitgestellt, um so den angestrebten Quoten bei den Besitzverhältnissen zu entsprechen. Denkbare weitere Formen sind auch Beteiligungen als typischer oder atypischer stiller Gesellschafter[208].

Eher im informellen VC-Bereich findet man in frühen Phasen der Finanzierung inzwischen die Form von Genußrechtskapital, welches meist als Wertpapier (Genußschein)

---

208 Von einer atypischen stillen Gesellschaft spricht man dann, wenn der Investor neben Gewinnen und Verlusten auch an den stillen Reserven partizipiert.

und steuer- und bilanzrechtlich als Eigen- und somit Haftkapital ausgestaltet ist[209]. Dabei bleibt der Gründer gesellschaftsrechtlich und operativ selbständig, der zumeist nach außen anonym bleibende VC-Geber ist jedoch bezüglich Gewinnbeteiligung und Wertsteigerung den Gesellschaftern gleichgestellt und versucht, durch entsprechende Vertragsregeln sich vor einer Verwässerung seiner Anteile zu schützen. Gegenüber offenen Beteiligungen sind sie mit geringerem Aufwand verbunden (keine notarielle Beurkundung und Registereintragung), Veräußerungsgewinne unwesentlicher Beteiligungen bleiben für den Investor (wenn dieser nicht gewerblich tätig ist) steuerfrei und die Teil- und Handelbarkeit der Genußscheine erleichtert den Eintritt weiterer anonymer Investoren als auch die Veräußerung von Anteilen.

Häufig wird das Risiko des Investments durch mehrere (meist zwei bis drei) VC- bzw. Beteiligungsgesellschaften geteilt, die alle zur gleichen Bewertung einsteigen, wobei jedoch stets ein sog. „Lead Investor" auftritt. Die Absicherung eines Großteils des Investitionsrisikos erfolgt in Deutschland entweder über die KREDITANSTALT FÜR WIEDERAUFBAU oder die TBG TECHNOLOGIEBETEILIGUNGSGESELLSCHAFT DER DEUTSCHEN AUSGLEICHSBANK. Lediglich große VC-Gesellschaften verzichten darauf.

7.6.3 Ablauf einer VC-Finanzierung

Nachfolgend ist in groben Zügen der typische **Ablauf von VC-Finanzierungen** dargestellt.

1. Zunächst betreibt die VC-Gesellschaft eine eigene **Kapitalakquisition,** indem in einem gewissen Zeitraum Mittel von institutionellen, industriellen und privaten (Fonds)-Investoren bzw. Kapitalanlegern eingeworben werden.

2. Die **Suche potentieller Beteiligungsunternehmen (deal flow) durch die VC-Gesellschaft** erfolgt zumeist mittels Nutzung eines Netzwerks aus Kreditinstituten, Beratern und Wirtschaftsprüfern, Technologiezentren etc. oder einer direkten Ansprache über Werbung/Internet, auf Veranstaltungen und Technologiemessen, wie z.B. der CeBit oder die Internetworld oder über Venture-Scouts, die entsprechende Beteiligungsobjekte identifizieren.

In der letzten Zeit ist die Anzahl der Gründungsunternehmen, die in Venture Capital ihre Hauptfinanzierungsquelle sehen, deutlich gestiegen. Bewarben sich früher VC-Geber bei vielversprechenden Gründungsunternehmen, so gehen bei den renommierteren VC-Gesellschaften mittlerweile Dutzende von Businessplänen ein. In diesem Zusammenhang erlangt das Internet gesteigerte Bedeutung in der Kontaktaufnahme. Viele VC-Gesellschaften verweisen inzwischen auf standardisierte Fragebö-

---

[209] Entsprechende Mustervertragswerke finden sich auf der Homepage: http://www.business-angels.de.

gen auf ihrer Homepage. Der neueste Trend geht sogar dahin, daß auf den Homepages inzwischen keine E-mail-Kontaktadressen mehr veröffentlicht werden, um der Flut unkoordinierter Bewerbungen Herr zu werden.

3. Dem schließt sich eine **Auswahl potentieller Beteiligungsobjekte (Beteiligungsprüfung)** an. In einer **Vorprüfung** (Grobanalyse) analysiert die VC-Gesellschaft die Tragfähigkeit des Unternehmenskonzeptes anhand eines einzureichenden schriftlichen Business Plans. Häufig fordern VC-Gesellschaften vorab eine zwei- bis dreiseitige Kurzzusammenfassung (Executive Summary) an, bevor sie entscheiden, ob sie den Business-Plan überhaupt annehmen: Maximal 10 % aller Business-Plan-Einsendungen kommen in die nächste Auswahlrunde. Diese besteht darin, daß das Unternehmenskonzept noch einmal mündlich durch die Unternehmensgründer zu präsentieren ist und/oder sich der VC-Geber auch einen Überblick über das Unternehmen durch einen Besuch vor Ort macht. Ca. 80 % der verbliebenen Bewerber scheiden hier aus; so daß nur noch 2 % aller gestarteten im Rennen sind.

Jedes junge Unternehmen sollte bei einer externen Eigenfinanzierung seine Geschäftsidee vor Imitation durch fremde Dritte schützen. So sollte vor Einsenden des Business-Planes von den potentiellen Kapitalgebern (und ggf. auch Beratern) im Vorfeld eine Vertraulichkeitserklärung (**Non Disclosure Agreement**; NDA) eingefordert werden, in der empfindliche Vertragsstrafen für den Fall der unberechtigten Weitergabe von Informationen vereinbart werden[210].

Besteht weiteres Interesse seitens des VC-Gebers wird ein sog. **Letter of Intent** (LOI), d.h. eine Absichterklärung mit schriftlich fixierten Rahmenbedingungen des Investments unterzeichnet. Der LOI enthält in aller Regel die Auszahlungsmodalitäten der Beteiligungssumme in Abhängigkeit von zu erreichenden Meilensteinen[211].

Danach erfolgt durch den VC-Geber im Rahmen einer Feinanalyse (Due Diligence) eine detaillierte Innovations- und Risikobewertung des Ventures. VC-Gesellschaften nehmen hier oftmals externe Dienstleister in Anspruch; die Kosten werden in aller Regel hälftig vom Unternehmen und der VC-Gesellschaft getragen, die ihren Anteil später wieder von der Investitionssumme abzieht. Im Rahmen der Due Diligence werden insbesondere die Angaben des Ventures auf Richtigkeit und Plausibilität überprüft. Sie umfaßt als wesentliche Teilbereiche die

- Market Due Diligence,

---

[210] Unabhängig davon ist der Entrepreneur selbstverständlich angehalten, seine Geschäftsidee durch Patente und Gebrauchsmuster zu schützen, wobei jedoch die Offenlegung von Informationen nötig wird. Noch mehr gilt es jedoch, die Idee dadurch zu schützen, daß sie möglichst rasch am Markt umgesetzt und durch Aufbau von Markteintrittsbarrieren für Konkurrenten abgeschirmt wird.

[211] Dabei werden häufig unrealistische Meilensteine gesetzt, die es der VC-Gesellschaft ermöglichen, den projektierten Kapitalzufluß jederzeit zu stoppen.

7.6. Modalitäten einer Venture Capital-Finanzierung

- Technical Due Diligence,
- Financial Due Diligence,
- Tax Due Diligence,
- Legal Due Diligence,
- Environmental Due Diligence.

die je nach Venture eine unterschiedliche Wichtung haben. Das tatsächliche Zustandekommen einer Due Diligence dokumentiert ein sehr starkes Interesse der VC-Gesellschaft an einer späteren Investition. Von ca. 100 Start Ups beträgt die Anzahl der ausgewählten Firmen etwa 1 bis 2, bei Expansion Stage-Firmen ca. 3 bis 6.

Als wesentlichste Kriterien bei der Auswahl werden sowohl von deutschen als auch angelsächsischen Beteiligungsgesellschaften genannt (vgl. BRINK, 2000, S. 37 sowie GEIGENBERGER, 1999, S. 115ff.):

- Übereinstimmung mit der Beteiligungs-/Anlagestrategie der VC-Gesellschaft,
- Synergieeffekte zu anderen Portfolio-Unternehmen,
- Höhe und Wahrscheinlichkeit der zu erwartenden Rendite (abhängig von der Plausibilität und dem Innovationsgrad des Geschäftsmodells, der Fähigkeit zum schnellen Aufbau von strategischen Erfolgsfaktoren und Errichten von Markteintrittsbarrieren, der Qualität des Gründerteams wird i.d.R. ein ROI zwischen 40 % und 100 % angestrebt),
- Exit-Möglichkeit und Realisierungszeitpunkt der Rendite (laufende Verzinsung oder Capital Gain)[212].

Hieraus wird deutlich, daß der Entrepreneur auch bei der Kapitalsuche strategisch und planvoll vorgehen sollte, um die Erfolgswahrscheinlichkeit der Suche zu erhöhen. Diesbezüglich bietet es sich an, zunächst eine „**Long List**" aufgrund der Anlagestrategie (Branche, Finanzierungsstufe, etc.) potentiell in Frage kommender Investoren zusammenzustellen und diese dann nach einem vorab erarbeiteten Soll-Profil[213] zu einer „**Short List**" zu verdichten, nach der dann eine gezielte Investorenansprache erfolgen kann. Angesichts der Vielfältigkeit und Wichtigkeit der Ein-

---

[212] Genannt werden muß hier auch die erwartete Wachstumsrate der ersten zwei bis drei Jahre nach dem Investment als Indikator für die erwarteten Renditen der darauffolgenden Jahre, die Branchenerfahrung und dezidierte Marktkenntnis des Gründungsmanagements, die tatsächlichen Erfolgswahrscheinlichkeiten sowie Markteintrittsbarrieren für zukünftige Konkurrenten unter Berücksichtigung der jeweiligen Branchenspezifik.

[213] Wesentliche Profilkriterien sind z.B. Art des Angebots von zusätzlichen Beratungsleistungen, Finanzierungskonditionen und maximales Kapitalvolumen, Internationalität der VC-Gesellschaft, Branchenkenntnis der Gesellschafter der VC-Gesellschaft, etc.).

zelaspekte des Kapitaleinwerbungsprozesses sollte der Entrepreneur in jedem Fall ausreichende Zeit für die Kapitalbeschaffung einplanen[214].

4. In der nachfolgenden **Strukturierung des Investments (Deal Structure) durch den VC-Geber** werden u.a. Gesellschafteranteile, Optionsregelungen, die Höhe des Beteiligungsbetrages und der Zeitpunkt von (weiteren) Kapitalinfusionen festgelegt. Auch erfolgt hier die endgültige Bestimmung von „Meilensteinen"[215] sowie eine Festlegung anderer nichtmonetärer juristischer, organisatorischer Aspekte wie der Festlegung von Mitsprache- sowie Informations- und Kontrollrechten (z.B. Besetzung von Aufsichtsrats- oder Beiratsposten) und vor allem auch Art und Umfang der zu leistenden Beratung.

Die Beteiligungskonditionen, die für Start up-Unternehmen häufig als **Earn Out-Modelle** mit geringem Kaufpreis für die Anteile nebst Nachschlägen bei positivem Verlauf gestaltet werden, werden in einem **Term Sheet** festgehalten[216]. Besondere Regelungen hierbei sind u.a. die sogenannte Liquidation Preference, die eintritt, wenn das Unternehmen später an die Börse geht oder verkauft wird. In diesen Fällen wird bei einer **Liquidation Preference-Klausel** zunächst das Agio an die VC-Gesellschaft gezahlt, bevor der verbleibende Erlös auf die Altgesellschafter verteilt wird. Ebenso wichtig sind hier auch sog. **Anti-Dilution-Regelungen** (Verwässerungsschutz[217]), die von den VC-Gesellschaften zum Schutz vor zu hohen Bewertungen in der ersten Finanzierungsrunde eingesetzt werden. Üblich sind häufig auch **Take me along-Klauseln**[218] und Vorerwerbsrechte.

Die Verfügungsrechte der Gründer werden in aller Regel in den Term Sheets oder in gesonderten vertraglichen Regelungen erheblich eingeschränkt, um deren vorfristigen Ausstieg zu verhindern. Gründer dürfen ihre Anteile vor dem meist angestrebten IPO (und einer damit verbundenen weiteren zweijährigen Sperrfrist) ohne Zustimmung der Investoren nicht auf andere Parteien transferieren. Alle Veränderungen der Gesellschafterstruktur bedürfen so der unbedingten Zustimmung der beteiligten VC-

---

214 Erfahrungswerte gehen von einem Zeitraum zwischen 120 und 220 Tagen zwischen erstem Kontakt und unterschriftsreifem Vertrag aus (vgl. u.a. GEIGENBERGER, 1999, S. 121).
215 Üblich sind in diesem Zusammenhang auch sog. Bonus- oder Malusregelungen, d.h. Vereinbarungen, bei denen abhängig von der Zielerreichung des Unternehmens Eigenkapitalanteile zu Vorzugskonditionen vom Verkäufer (Bonus) oder Käufer (Malus) erworben werden können.
216 Ein solches Term Sheet ist gelegentlich bereits als Vorabversion im LOI enthalten.
217 „Verwässerung" bedeutet hier die Verringerung der prozentualen Anteile eines Gesellschafters bei Vergabe weiterer Geschäftsanteile.
218 Take me along-Klauseln verpflichten beide Parteien bei Verkauf von Anteilen, den anderen Gesellschaftern auch einen Verkauf zu den gleichen Konditionen wie an einen fremden Dritten zu ermöglichen. Das Vorerwerbsrecht garantiert allen Gesellschaftern, daß im Falle eines beabsichtigten Anteilsverkaufs das Angebot zunächst den Altgesellschafter unterbreitet wird.

7.6. Modalitäten einer Venture Capital-Finanzierung

Gesellschaft, die für viele weitere Situationen Veto- und Mitbestimmungsrechte festschreibt (z.B. Gehaltsobergrenzen für das Management, Darlehensaufnahmen, etc.).

Wenn eine VC-Gesellschaft direkt an der ursprünglichen Firmengründung teilnimmt, wird zusätzlich dem Gründungsvertrag ein weitere Anlage, das sog. „Shareholder Agreement" beigefügt, welches vor einer vorfristigen Veräußerung der Anteile schützen soll.

5. Nach erfolgter **Beteiligungsverhandlung und vollzogener Vertragsunterzeichnung**[219] sowie dem anschließenden

6. **Investment** (Bereitstellung der Mittel) erfolgt in der Regel eine intensive

7. **managementseitige Betreuung des Ventures**, die über mehrere Jahre andauert. Das Venture hat in dieser Zeit turnusmäßig Bericht zu erstatten über die Entwicklung des Unternehmens und die Erreichung von im Business Plan gesetzten Meilensteinen. Nach einigen Jahren (zwischen 5 und 10) nimmt bei entsprechender Wertsteigerung die VC-Gesellschaft ein

8. **Desinvestment (Beteiligungsverwertung)** vor. Üblicherweise ist dies schon durch die zum Zeitpunkt der Kapitalakquisition definierte Lebensdauer des VC-Fonds begrenzt. In den USA erfolgt ein Desinvestment in der Regel nach 8 bis 10 Jahren, in Europa waren in der Vergangenheit meist längere Zeiträume zu beobachten.

Als Desinvestitionsmöglichkeiten stehen u.a. folgende Exit-Alternativen zur Auswahl:

- Rückverkauf an Gründer (Buy Back)
- Veräußerung an interessiertes (Groß-) Unternehmen (Trade Sale)
- Veräußerung an eine andere Beteiligungsgesellschaft (Secondary Purchase)
- Going Public (Initial Public Offering; IPO) an nationalen oder internationalen Börsen.

Die Exit-Möglichkeiten für Beteiligungskapitalgeber in Form eines IPOs wurden in den letzten Jahren insbesondere in Europa mit der Schaffung neuer Marktsegmente an den Börsen (siehe nachfolgende Tabelle) deutlich verbessert. Üblich ist dabei häufig auch eine Doppel-Listing in Europa und den USA (vor allem an der NASDAQ mit dem NASDAQ National Market und dem NASDAQ SmallCap Market).

---

219 Zu einem Beispiel einer Vertragsgliederung siehe beispielsweise GEIGENBERGER (1999, S. 135).

Tab. 7.6   Neue Märkte an den europäischen Börsen

Deutschland	Neuer Markt der Deutschen Börse AG, Frankfurt
Großbritannien	Alternative Investment Market (AIM) der London Stock Exchange (LSE)
Irland	Developing Companies Market (DCM) der Irish Stock Exchange, Dublin
Frankreich	Le Nouveau Marché der SBF Bourse, Paris
Italien	Il Nuovo Mercato der Borsa Italiana S.p.A.
Niederlande	NMAX der Amsterdam Exchanges (AEX)
Belgien	Euro Nieuwe Markt (NM) der Brussels Stock Exchange (Netzwerk aus Le Nouveau Marché, NMAX, Neuem Markt, Euro NM)
Europa	EASDAQ (paneuropäisches Netz der „Neuen Märkte", modelliert nach US-amerikanischer NASDAQ)

Während in Deutschland auch heute noch Buy Back und Trade Sale die am meisten gewählten Exit-Kanäle sind, stieg der Anteil der IPOs nicht zuletzt aufgrund erleichterter Möglichkeiten eines Going Public am Neuen Markt in den letzten Jahren kontiuierlich an.

7.6.4   Arten von VC-Gesellschaften

Die heute am VC-Markt tätigen Gesellschaften beteiligen sich häufig an Unternehmen aller Entwicklungsphasen und Branchen, wobei jedoch einzelne auch ausgeprägte Anlageschwerpunkte nach Finanzierungsphasen und Branchen haben und auch unterschiedlich starke Managementunterstützung anbieten.

In Deutschland ist die Grenze zwischen klassischen Kapitalbeteiligungs- und Wagniskapitalgesellschaften als auch den bis zum Steuerentlastungsgesetz 1999/2000/2002 bevorteilten Unternehmensbeteiligungsgesellschaften nach dem Gesetz über Unternehmensbeteiligungsgesellschaften (UBGG) im engeren Sinne stark fließend, da ein Zusammenwachsen der Teilmärkte zu einem Markt für Beteiligungskapital an nicht emissionsfähigen Unternehmen stattfindet und im Grunde nur eine Unterscheidung zwischen privaten **Universalbeteiligungsgesellschaften und staatlich geförderten Beteiligungsgesellschaften** (vgl. ausführlich SCHEFCZYK, 2000, S. 7ff.), möglich ist.

Die meisten der privaten VC-Gesellschaften haben sich auf die verschiedenen Finanzierungsphasen spezialisiert. Sie sind bezüglich ihres Fokus grob auf „Early Stage" oder „Expansion Stage" aufzuteilen. Nur sehr große und funktional ausdifferenzierte, in der Regel international agierende VC-Gesellschaften, wie beispielsweise 3I oder ATLAS-VENTURE, engagieren sich in allen Phasen.

Ein in den USA seit langer Zeit etabliertes Konzept für Seed Stage Ventures sind durch private Seed-Capital-Gesellschaften finanzierte **Inkubatoren**[220], die insbesondere in den Zeiten des Booms der wie Pilze aus dem Boden schießenden Internetportale Ende der neunziger Jahre auch in Deutschland stärker Fuß gefaßt haben. Inkubatoren stellen ihren Beteiligungen eine komplette Infrastruktur gegen Unternehmensanteile zur Verfügung. Dazu gehören Büroräumlichkeiten, Telefone oder IT-Hardware ebenso wie umfangreicher Managementsupport beim Business-Modelling. Inkubatoren sind in ihrer Idee ideal auf tatsächliche Neugründungen (auch mit einem Management ohne Gründungserfahrung) ausgerichtet.

Entscheidend für die Spezialisierungsrichtung – „Early Stage" oder „Expansion Stage" – ist in aller Regel die Finanzkraft der jeweiligen VC-Gesellschaft. VC-Gesellschaften, die über weniger als 500 Mio. DM Fondsvolumen verfügen, fokussieren in der Regel auf den „Early Stage"-Bereich, wo sie mit großer Streuung und unter hohem Risiko durch überproportionale Wertsteigerungsraten versuchen, ihren Anlegern einen entsprechenden Mehrwert zu generieren.

Eine **staatliche Bereitstellung von VC** erfolgt vor dem Hintergrund eines wirtschaftspolitischen Auftrags (wie der Stärkung des Mittelstandes, der Sicherung von Arbeitsplätzen oder regionalpolitischen Zielen) [221]. So halten neben Banken und Versicherungen etwa auch Bundesländer und halb-öffentliche Institutionen wie Industrie- und Handelskammern Anteile an den Mittelständischen Beteiligungsgesellschaften (MBG's). Aber auch die öffentlichen Banken und Sparkassen haben Kapitalbeteiligungsgesellschaften zur VC-Versorgung gegründet[222] und treten häufig im Rahmen einer Risikoteilung als Co-Investoren neben privaten VC-Gesellschaften auf[223].

---

220 In gewisser Weise sind diese Inkubatoren konzeptionell mit den (allerdings weitgehend staatlich subventionierten) Technologie- und Gründerzentren vergleichbar. Diese Seed Capital-Gesellschaften entsprechen am ehesten dem klassischen US-amerikanischen Begriff des Venture Capital.

221 Nicht zuletzt sollte **Venture Capital** auch **einen Baustein in der Entwicklung regionaler Wirtschaftsförderprogramme** darstellen, wobei neben der Schaffung angemessener Rahmenbedingungen (Rechtsrahmen, Steuersystem, Organisation der Kapitalmärkte, etc.) auch die Förderung regionaler Netzwerke nach einer Identifikation von „missing links" eine zunehmend wichtige Rolle spielt. Siehe hierzu die Analysen der Wirtschaftsentwicklungsstrategien der US-Bundesstaaten Massachusetts, Michigan, Tennessee, Kalifornien, Arizona und Indiana und der besonderen Rolle von VC hierbei in FOSLER (1991).

222 Beispielhaft seien die tbg Technologie-Beteiligungsgesellschaft mbH der Deutschen Ausgleichsbank, Bonn, die Sachen LB Corporate Finance Holding GmbH der Sächsischen Lan-

Eine gewisse Sonderform am Markt für Wagniskapital nimmt das sog. **Corporate Venture Capital** (CVC) ein. Corporate VC-Gesellschaften sind renditeorientierte Tochterunternehmen etablierter Industrie- und Dienstleistungsunternehmen. Nach der Gründung der TVM TECHNO VENTURE MANAGEMENT GMBH – einer SIEMENS-Tochter – Anfang der achtziger Jahre als eine der ersten Corporate VC-Gesellschaften in Deutschland haben inzwischen nahezu alle größeren Technologiekonzerne im Rahmen ihrer Technologiestrategie eigene VC-Gesellschaften in ihrem Portfolio. Waren es bisher vorwiegend Technologieunternehmen[224], reihen sich heute auch klassische Unternehmen der „Old Economy" (wie AIR LIQUIDE VENTURES oder DEUTSCHE POST VENTURES, METRO VC, OTTO VENTURE CAPITAL, etc.) ein. Corporate VC-Strategien von Unternehmen findet man in verschiedensten institutionellen Ausprägungen vor (vgl. Abb. 7.5), die von Investitionen in (externe) VC-Gesellschaften bis hin zur Gründung eigener VC-Gesellschaften reichen. Dabei sind die Ventures mehr oder weniger intensiv organisatorisch in das Gesamtunternehmen integriert.

---

desbank oder die Rbb als regionale Beteiligungsgesellschaft der ostsächsischen Sparkassen genannt.

[223] Wichtige Informationen zu öffentlichen Fördermitteln (Eigenkapitalhilfe/ERP-Programm, etc.) für Unternehmensgründungen können auf den homepages der Deutschen Ausgleichsbank http://www.dta.de (allgemein) bzw. deren Technologiebeteiligungsgesellschaft (tbg) http://www.tbgbonn.de (Wagniskapital) abgerufen werden. Auskünfte erteilen auch die regionalen Industrie- und Handelskammern (siehe http://www.diht.de). Zu einem allgemeinen Überblick siehe SCHEFCZYK (2000, S. 95ff.).

[224] Stellvertretend genannt seien hier u.a. DaimlerChrysler Venture, Siemens Venture Capital (SVC), Technology Incubator der British Telecom, T-Venture der Deutschen Telekom oder die Deutsche Effekten- und Wechsel-Beteiligungsgesellschaft der Jenoptik AG.

7.6. Modalitäten einer Venture Capital-Finanzierung

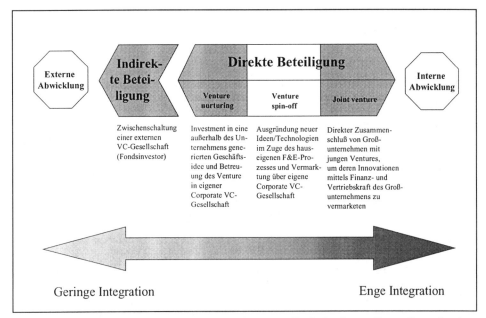

Abb. 7.5 Ausgestaltungen von Corporate Venture Capital, eigene Darstellung in Anlehnung an ROBERTS (1980, S. 136)

Die etablierten Unternehmen haben durch Corporate VC-Gesellschaften schnellen und direkten Zugang zu neuesten Technologietrends und branchennahen neuen Geschäftsideen und können gelegentlich auch potentielle, künftige Wettbewerber durch Akquisition in frühen Entwicklungsstadien auf ihre Seite ziehen. Nicht zuletzt besteht ein strategischer Vorteil auch darin, daß Corporate VC-Gesellschaften effizient nach unternehmerischen Talenten für die (Hoch-) Technologiesparten des eigenen Unternehmens suchen.

Nach einem deutlichen Rückgang der VC-Engagements (vgl. u.a. MAIER, 2000, S. 32) ist auch eine teilweise Ernüchterung unter Gründern zu erkennen, die von „Early Stage"-Gesellschaften finanziert wurden, deren tatsächliche Qualität der Venture-Beratung und -unterstützung zu wünschen übrig ließ[225]. Dagegen zeigt sich ein Trend der wachsenden Bedeutung von Corporate Venture Capital im Early Stage-Bereich. Bestes Beispiel hierfür ist die BHS eine Tochtergesellschaft der METRO AG, unter deren Dach zur Zeit 20 junge Internetfirmen (B2C und B2B) wie z.B. die Portale SCOUT24 oder GESCHENK24 vereint sind. Corporate VC-Gesellschaften könnten die sich auftuende Lücke künftig schließen, da diese über branchenerfahrene Venture-Betreuer verfügen. Ebenso partizi-

---

[225] Zu empirischen Untersuchungen der Bedeutung einer aktiven Beratungsunterstützung für den Erfolg von Wagnisgründungen siehe u.a. SCHEFCZYK (2000, S. 146f.).

pieren die Ventures von der Reputation des Mutterunternehmens in aufzubauenden Produktions-, Beschaffungs- und Vertriebskooperationen.

7.6.5 Beteiligungsbörsen und Beteiligungsvermittlung

Neben den vielfältigen informellen Netzwerken, innerhalb derer eine Direktansprache von VC-Gesellschaften durch Entrepreneure erfolgen kann, können Kontakte auch über institutionalisierte Beteiligungsbörsen oder Beteiligungsvermittlungen erfolgen. In Deutschland sind als überregionale und öffentlich zugängliche Institutionen neben dem bereits erwähnten BUSINESS ANGEL NETZWERK DEUTSCHLAND (BAND) insbesondere das Deutsche Eigenkapitalforum und der Innovation Market, die von der DEUTSCHEN BÖRSE AG und der KREDITANSTALT FÜR WIEDERAUFBAU getragen werden, zu nennen.

Im Rahmen des Deutschen Eigenkapitalforums wird jungen Unternehmen kostengünstig die Möglichkeit geboten, sich in einer Internet Datenbank (siehe http://www.exchange.de) mit einem groben Management Summary aus dem Business Plan ohne Preisgabe der Identität zu präsentieren. Der Innovation Market zielt weniger auf die Kapitalbeschaffung als eher auf einen Austausch von Ideen ab, wobei in anonymer Form ausführlichere Aspekte des Business-Plans vorgestellt werden. Vermittlungsmechanismen dieser Art werden auch von staatlichen und halbstaatlichen Institutionen angeboten (z.B. „Chance" – eine Beteiligungsvermittlungsbörse der Industrie- und Handelskammern). Diese Vermittlungen dürften allerdings vorwiegend nur für Unternehmen mit einem relativ geringen Kapitalbedarf von Relevanz sein.

Nach amerikanischem Vorbild versuchen Messen wie die „Founders & Innovation" oder „START – die Existenzgründermesse" (siehe http://www.start-messe.de) als Präsenzbörsen, Kapitalgeber und kapitalsuchende Unternehmen zusammenzuführen. Gute Möglichkeiten hierfür bieten auch die inzwischen von verschiedenen privaten und öffentlichen Institutionen initiierten Business Plan-Wettbewerbe.

Einen guten Überblick zu deutschen Beteiligungsgesellschaften bieten u.a. SCHEFCZYK (2000, S. 226-231), GEIGENBERGER (1999, S. 155-208), die Sonderbeilage des Handelsblatts (Nr. 217 vom 09.11.2001, S. B 12) mit Angabe konkreter Internetadressen bzw. Telefonnummern. Auch über die Suchroutine auf der Homepage des BUNDESVERBANDes DEUTSCHER KAPITALBETEILIGUNGSGESELLSCHAFTEN (BVK) (siehe http://www.bvk-ev.de) bzw. auf europäischer Ebene, der EUROPEAN PRIVATE EQUITY & VENTURE CAPITAL ASSOCIATION (siehe http://www.evca.com) findet man schnell entsprechende Informationen.

Die weitaus umfangreichste und aktuellste Liste bietet der BVK mit über 200 detaillierten Profilen der VC-Gesellschaften. Die bekannteste und etablierteste Informationsplattform für alles rund um die aktuelle deutsche VC-Szene ist die kostenpflichtige Homepage mit den „German Hot 100" (siehe http://www.gh100.de). Dies ist ein Informationsservice, den vor allem VC-Gesellschaften nutzen. Aber auch Gründer können hier sehr schnell einen Überblick über die aktuelle Lage und die gegenwärtigen Go's und No-Go's in Sachen VC erhalten.

7.7 Entwicklungspotentiale für den deutschen VC-Markt

Betrachtet man in einem direkten Vergleich den deutschen VC-Markt mit dem US-amerikanischen zeigen sich noch deutliche Entwicklungspotentiale. Nach einer breit angelegten vergleichenden Studie der Münchner Unternehmensberatung MACKEWICZ & PARTNER (2000) wird für den deutschen **VC-Markt bis 2005** eine **Verdrei- bis Verfünffachung** prognostiziert, da gemessen an der Wirtschaftskraft mit einem Anteil von lediglich 2,8‰ der deutsche VC-Markt immer noch vergleichsweise klein ist.

So waren im Jahr 1999 die VC-Investitionen in den USA etwa fünfzehn mal höher als in Deutschland, obwohl das Bruttoinlandsprodukt nur ca. viermal so groß war. Wenngleich es amerikanische Technologiefirmen nicht leichter als deutsche haben, Venture Capital zu erhalten, wurden sie im Durchschnitt mit einem fast siebenfachen Kapitalvolumen je Investition ausgestattet. Bezogen auf den Anteil der Frühphasen-Finanzierungen hat Deutschland mit 28 % im Zuge des „New Economy"-Booms in 1999 die USA mit 22 % eingeholt und kommt damit dem klassischen Verständnis von Venture Capital zunehmend näher. Dies kann unter anderem damit begründet werden, daß das Hauptwachstum des deutschen Marktes in den letzten Jahren vor allem in Frühphasen-Finanzierungen lag (siehe Tab. 7.7), da die oft mangelnde Erfahrungen der Fondsmanager mit Frühphasen-Finanzierungen teilweise kompensiert wurde und auch die Risikoaversion der VC-Fonds-Investoren abgenommen hat.

Tab. 7.7 Mittelverwendung deutscher Beteiligungsgesellschaften nach Finanzierungsphasen, Quelle: Statistik des BVK[226]

Finanzierungsphase	Bruttoinvestitionen		Portfoliovolumen	
	1998 Mrd. DM	1999 Mrd. DM	1998 Mrd. DM	1999 Mrd. DM
Frühphasen (Seed & Start-up)	0,83 (25%)	1,80 (33%)	1,56 (17%)	3,16 (23%)
Wachstum und Expansion	1,01 (30%)	1,95 (35%)	4,30 (46%)	5,76 (41%)
Übernahmen (Buy Outs)	0,83 (25%)	0,78 (14%)	2,10 (22%)	2,76 (20%)
Bridge (Vorbereitung eines Börsengangs)	0,40 (12%)	0,76 (14%)	0,94 (10%)	1,45 (10%)
Sonstige	0,26 (8%)	0,23 (4%)	0,54 (6%)	0,77 (6%)
Summe BVK-Mitglieder	3,33 (100%)	5,51 (100%)	9,44 (100%)	13,91 (100%)
Summe Gesamtmarkt	3,84	6,18	10,54	15,44
Anteil am Fondvolumen[1]			57%	58%

1 Das Fondsvolumen enthält neben dem Portfoliovolumen auch anlagebereite Mittel, die noch nicht investiert sind

Auch das frühere Defizit bei Bridge-Finanzierungen wird abgebaut, da sich die Kapitalmarktsegmente für effektive Desinvestitionen, nicht zuletzt durch die Institutionalisierung des „Neuen Marktes", zunehmend verbessern.

Während (Re-)Finanzierungsquellen für VC-Gesellschaften in den USA vorwiegend Privatvermögen, Pensionskassen und private Stiftungen darstellen, überwiegen in Deutschland die Finanzinstitute (siehe Abb. 7.6). Die Investitionen aus Pensionskassen in Deutschland betreffen vorwiegend ausländische Investoren. Es ist jedoch zu erwarten, daß sich in den nächsten Jahren aufgrund sich abzeichnender Änderungen in der privaten Altersvorsorge auch der Anteil deutscher Pensionsfonds ausweitet. Nach wie vor bleibt in Deutschland auch das Engagement von Privatpersonen und der Industrie noch anteilmäßig gering. Hierin liegen größere Entwicklungspotentiale für den Markt begründet.

---

226 Abweichungen bei den Prozentangaben sind aufgrund von Rundungsfehlern möglich.

7.7. Entwicklungspotentiale für den deutschen VC-Markt

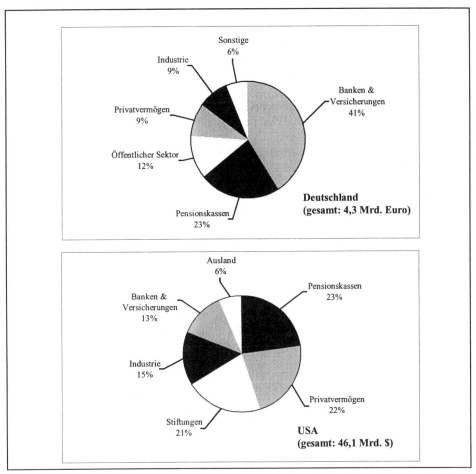

Abb. 7.6 Zusammensetzung eingeworbener Fondsmittel für Private Equity-Investitionen (1999), Quellen: Statistiken des NVCA, BVK.

Eine Reihe von Faktoren, die in den letzten Jahren das Venture Capital-Geschehen in den USA prägten, werden auch in Deutschland in den nächsten fünf Jahren an Bedeutung gewinnen und den heimischen Markt beeinflussen (vgl. u.a. FLEISCHHAUER, 2000, S. B2):

- weitere Verbreitung der Gründungskultur sowie erste Ansätze zu einer Akzeptanz der „Kultur des Scheiterns", d.h. einer nicht-negativen Beurteilung gescheiterter vorheriger Gründungen durch die Kapitalgeber;

- „Reifen" der VC-Infrastrukturen, d.h. VCs suchen stärker branchen- und praxiserfahrene Venture Manager, die in Deutschland bisher vorwiegend aus der Banken- und Beraterszene rekrutiert wurden und wahrscheinlich den größten Engpaßfaktor für die künftige VC-Marktentwicklung darstellen;

- wachsende Corporate Venture Capital-Aktivitäten;

- stärkeres Engagement von Business Angels; dies wird allerdings durch die Steuerreform nicht günstig beeinflußt, da zwar für beteiligungskapitalgebende Kapitalgesellschaften bei Einhaltung der einjährigen Mindesthaltedauer ab 2002 Gewinne aus Beteiligungsauflösungen steuerfrei gestellt[227] sind, Personengesellschaften und Einzelpersonen, d.h. auch Business Angels, jedoch ihre Veräußerungsgewinne auch weiter besteuern müssen;

- verbesserter Transfer von der Wissenschaft in die Wirtschaft; erste vielversprechende Ansätze zur gezielten Förderung von Spin-offs gibt es bei der Fraunhofer- und der Max-Planck-Gesellschaft;

- Ausschöpfung der Exit-Potentiale.

Werden diese Entwicklungspotentiale ausgeschöpft, vermögen VC-Investitionen in Deutschland neben positiven Effekten auf die Entrepreneurship-Kultur auch eine ähnliche gesamtwirtschaftliche Bedeutung in Bezug auf die Innovationstätigkeit und den Strukturwandel sowie auf Beschäftigung und Produktivität erlangen wie in den USA (vgl. auch DEUTSCHE BUNDESBANK, 2000, S. 29f.).

7.8 Zusammenfassung der wesentlichen Aspekte

- Aufgrund von Unvollkommenheiten des Kapitalmarktes (asymmetrische Informationsverteilungen, spezifische Investitionen, versunkene Kosten, die Nichtbeleihbarkeit von Humankapital, Transaktionskosten, etc.) wirken VC-Geber als Finanzintermediäre zwischen Anlegern bzw. primären Investoren und kapitalsuchenden Entrepreneuren.

- Die Venture Capital suchenden Unternehmen sind gefordert, in einem detaillierten Business-Plan ihr Geschäftsmodell, Planungsrechnungen, Vertriebskonzept und vor allem ihre unternehmerischen Fähigkeiten, wie das Gespür für Kundenbedürfnisse und Marktchancen und das Handling unternehmerischer Risiken, darzustellen und zu begründen. Im Anschluß haben sie sich einem umfangreichen Prüfungsprozeß zu unterziehen, der für ca. 2 % mit der Unterzeichnung eines Beteiligungsvertrages en-

---

[227] Dies dürfte auch in noch größerem Umfang ausländische VC-Gesellschaften anziehen.

det, wobei das Engagement des VC-Gebers bis zu einem Börsengang oder Anteilsverkauf an strategische Investoren (Trade Sale) und teilweise noch darüber hinaus reicht.

- Venture Capital (im engeren Sinne) steht für vorwiegend junge, technologisch innovative und wachstumsorientierte, nicht an der Börse notierte Unternehmungen kleiner und mittlerer Größe für eine zeitlich befristete Dauer zur Verfügung. VC-Gesellschaften stellen Entrepreneuren neben Kapital auch umfangreiches Management- und Branchenwissen zur Verfügung. Der Transfer unternehmerischen Know Hows macht sie daher zu wichtigen Partnern über die reine Finanzierung hinaus und begründet deren maßgebliche Bedeutung für den Markterfolg der Unternehmen, an denen sie sich beteiligen.

- Der Markt für Venture Capital als besondere Form der Beteiligungsfinanzierung für Unternehmungen mit hohem technischen und/oder marktlichen Risikopotential hat in Deutschland in den letzten Jahren einen stürmischen Aufschwung erlebt. Gleichwohl deutet der vergleichsweise hohe Bestand an ungenutzten VC-Fondsmitteln auf eine noch nicht ausreichende Gründermentalität und Entrepreneurship-Kultur hin.

- Momentan entwickelt sich ein gewisses Ungleichgewicht zwischen den auf Early Stage und auf Expansion Stage spezialisierten VC-Gesellschaften. Neugründungen finden nur schwierig Geldgeber, und vollentwickelte Unternehmen mit zweistelligen Millionenumsätzen können sich vor Investitionsangeboten kaum retten. Mittelfristig liegen aber aufgrund dieses Gefälles in der sachgerechten und branchenspezifischen Aufbaubetreuung von Neugründungen die attraktivsten Mehrwertschöpfungspotentiale für VC-Gesellschaften.

- Jedoch ist die Zeit, in der unbedarfte und unerfahrene Gründer ungerechtfertigt hohe VC-Finanzierungen erhalten haben, nunmehr definitiv vorüber. Die deutsche VC-Branche ist nach dem Zusammenbruch am Neuen Markt und der damit verbundenen Überreaktionen auf dem Weg, professionell zu werden, sich zu spezialisieren und Investitionsentscheidungen aus einem detaillierten Branchenverständnis heraus zu treffen und steht somit an der Schwelle, den Kinderschuhen endgültig zu entwachsen.

7.9 Literatur

Aufsätze und Monographien

Blum, U., 2000, Volkswirtschaftslehre, 3. Auflage, Oldenbourg, München.

Blum, U.; Leibbrand, F.; Leuteritz, A.; Veltins, M., 2000, Risikoabsicherung von Mitarbeiteraktiva, Sächsisches Staatsministerium für Wirtschaft und Arbeit, Studien, Heft 18, Dresden.

Brink, J., 2000, Venture Capital: Unkalkulierbares Risiko oder viel versprechende Chance?, in: Finance, o.Jg., 2000, Nr. 8, S. 36-38.

Coopers & Lybrand, EVCA, 1996, The Economic Impact of Venture Capital in Europe, London.

Deutsche Bundesbank, 2000, Der Markt für Wagniskapital in Deutschland, in: Monatsbericht Oktober 2000, Deutsche Bundesbank, Frankfurt/Main, S. 15-29.

Fleischhauer, U., 2000, Deutscher Wagniskapitalmarkt könnte sich verfünffachen, in: Handelsblatt, Nr. 217, Sonderbeilage, S. B 2.

Fosler, R.S., (ed.), 1991, The New Economic Role of American States – Strategies in a Competitive World Economy, Oxford University Press, New York, Oxford.

Geigenberger, I., 1999, Risikokapital für Unternehmensgründer, C.H. Beck/DTV, München.

Kortum, S.; Lerner, J., 1998, Does Venture Capital Spur Innovation?, NBER Working Paper, No. 6.846, NBER, Washington.

Kruse, J., 1988, Irreversibilität und natürliche Markeintrittsbarrieren, in: Jahrbuch für Nationalökonomie und Statistik, Bd. 204 (1988), Nr. 6, S. 508-517.

Maier, A., 2000, Die jungen Gründer und ihre Finanziers müssen erwachsen werden, in: FAZ, o. Jg. (2000), Nr. 278 (29. November 2000), S. 32.

Mackewicz & Partner, 2000, Mythos, Visionen, Chancen – Venture Capital in den USA, Deutschland und Europa, München.

Perridon, L.; Steiner, M., 1999, Finanzwirtschaft der Unternehmung, 10. Aufl., Vahlen, München.

Pfirrmann, O.; Wupperfeld, U.; Lerner, J., 1997, Venture Capital and New Technology Based Firms: an US-German Comparison, Physica, Heidelberg.

Raschle, B. E., 2000, Nur wenige Investoren machen mit Wagniskapital viel Geld, in: Handelsblatt, o. Jg. (2000), Nr. 217, Sonderbeilage, S. B5.

Roberts, E.B., 1980, New Ventures for Corporate Growth, in: Harvard Business Review, (1980, No. 4 (July/August), S. 136ff.

Schaub, H., 1997, Sunk Costs, Rationalität und ökonomische Theorie, Schäffer-Poeschel, Stuttgart.

Schefczyk, M., 2000, Finanzieren mit Venture Capital: Grundlagen für Investoren, Finanzintermediäre, Unternehmer und Wissenschaftler, Schäffer-Poeschel, Stuttgart.

Schween, K., 1996, Corporate Venture Capital: Risikokapitalfinanzierung deutscher Industrieunternehmen, Gabler, Wiesbaden.

Sigusch, M., 1999, Karriereschritt Existenzgründung – Die richtige Vorbereitung als Entscheidungshilfe, in: Akademie, o.Jg., 1999, Nr. 1, 1999, S. 13-15.

Stedler, H., 1996, Eigenkapital als Baustein der Innovationsfinanzierung, in: Die Bank, (1996), Nr. 2, S. 73-77.

Timmons, J.A.; Smollen, L.E.; Dingee, A.L.M., 1990, New Venture Formation: Entrepreneurship in the 1990's, 3rd ed., Homewood: IRWIN, Boston (Mass.).

Williamson, O. E., 1985, The Economic Institutions of Capitalism: Firms, Markets, Relational Contracting, Free Press, New York.

Zeitschriften und Periodika

Venture Capital Journal.

Journal of Business Venturing.

Trends in Venture Capital (speziell Nordamerika).

evca yearbook der European Venture Capital Association, The Hague.

Jahrbuch des Bundesverbandes Deutscher Kapitalbeteiligungsgesellschaften (BVK) - German Venture Capital Association e.V., Berlin.

BAND-info des Business Angels Netzwerk Deutschland (BAND) e.V., Berlin.

Werner Gleißner

8. Wertorientiertes Risikomanagement für Entrepreneure

8.1 Einordnung in das Entrepreneurship

Entrepreneure werden oft als besonders risikofreudig charakterisiert. Gerade bei einer Existenzgründung werden – wie die Insolvenzstatistik belegt – oft sehr hohe Risiken akzeptiert. Da sich ökonomischer Erfolg aber nicht nur an der Rendite einer Geschäftsidee ablesen läßt, sondern die erwartete bzw. erzielte Rendite immer in Bezug auf die eingegangenen Risiken interpretiert werden muß, sind Risikoanalyse und Risikomanagement gerade im Kontext des Entrepreneurship unumgänglich. Die gerade bei Existenzgründungen oft anzutreffende Kombination hoher Risikobereitschaft mit niedriger Risikotragfähigkeit ist fatal. Die hohen Renditeforderungen von Venture-Capital-Gesellschaften – oft (selbst nach der „Seed-Phase") über 20 % – sind eine zwangsläufige Konsequenz der hohen Risiken. Trotz der offensichtlichen Bedeutung detaillierter Risikoanalysen bei Existenzgründern unterbleiben diese oft; unter anderem auch deshalb, weil die Existenzgründer selbst aus Angst vor einer ablehnenden Haltung der finanzierenden Kreditinstitute bekannte Risiken nicht kommunizieren wollen.

Nachfolgend wird das Thema „Risikomanagement für Entrepreneure" in den Kontext des wertorientierten Managements gestellt, weil dieses „Paradigma der Wertorientierung" immer mehr zum zentralen Denkrahmen für erfolgreiche Entrepreneure wird.

8.2 Der Denkrahmen des Entrepreneurs: Das Paradigma der Wertorientierung

Eine wertorientierte Unternehmensführung ist ein gezieltes Management von Chancen **und** Risiken[228] in einem immer dynamischeren, globalen Umfeld. Die Erfordernis, eine am Unternehmenswert orientierte Unternehmenspolitik zu betreiben („Wertmanagement"), ergibt sich auch daraus, daß Unternehmen um die knappe Ressource „Kapital" konkurrieren. Unternehmen, die keine adäquate Steigerung ihres Wertes erreichen, werden für Investoren unattraktiv. Sie werden es schwerer haben, zusätzliches Eigenkapital von neuen Gesellschaftern oder durch Kapitalerhöhung an der Börse zu bekommen. Auch ihre Kreditwürdigkeit aus Sicht der finanzierenden Banken ist schlechter einzustufen, weil Banken immer dazu übergehen, das Verhältnis von Fremdkapital zum Marktwert des Eigenkapitals – also dem Unternehmenswert – als Beurteilungskriterium der Bonität heranzuziehen. Eine insgesamt durch eine unbefriedigende Wertentwicklung eingeschränkte Verfügbarkeit von Kapital schränkt schließlich wieder die Chancen eines Unternehmens ein, größere Investitionen vorzunehmen oder zu wachsen. Gerade an den internationalen Aktienmärkten zeigt sich zudem immer deutlicher, daß wertvolle Unternehmen allein durch ihren Wert einen wesentlichen Erfolgsfaktor aufgebaut haben, weil sie bei Fusionen oder Akquisitionen gegenüber andereren Unternehmen im Vorteil sind.

Nach dem Leitbild der wertorientierten Unternehmensführung ist es Ziel jedes Unternehmens, das Vermögen der Gesellschafter nachhaltig zu erhöhen. Während dies für börsennotierte Unternehmen schon allein aufgrund des Zwangs zur Kapitalbeschaffung unstrittig ist, gilt diese Zielsetzung für eigentümergeführte Unternehmen weniger stark. Trotzdem macht es auch für diese Unternehmen Sinn, sich an den gleichen Wertmaßstäben zu orientieren und so regelmäßig den Erfolg der eigenen Strategie zu überprüfen. Existenzgründer als wichtige Gruppe der Entrepreneure werden hingegen geradezu gezwungen, neue Werte zu schaffen: der Unternehmenswert, den man durchaus als Wert der erwarteten zukünftigen Erträge aus Geschäftsmodell und Strategie auffassen kann, muß höher als das von den Gesellschaftern eingebrachte Eigenkapital sein[229]. Eine Un-

---

228 Auch wenn im Kontext des Risikomanagements (so auch in diesem Text) immer von „Risiken" gesprochen wird, wäre meist der allgemeinere Begriff „Unsicherheit" angemessener. Es lassen sich dabei grundsätzlich zwei Arten der Unsicherheit unterscheiden:
- Risiko: Bei Entscheidungen unter Risiko sind zwar bestimmte relevante Daten nicht sicher bekannt, aber es ist zumindest bekannt, mit welcher (objektiven oder evtl. auch subjektiven) Wahrscheinlichkeit bestimmte mögliche Umweltzustände eintreten.
- Ungewißheit: Bei Entscheidungen unter Ungewißheit sind zwar die möglichen Umweltzustände bekannt, die Wahrscheinlichkeit des jeweiligen Eintretens aber (zunächst) nicht. (Bei manchen Entscheidungssituationen z. B. bei technologischen Prognosen lassen sich nicht einmal mehr die möglichen zukünftigen Zustände vollständig angeben.)
229 Solche Unternehmen generieren einen „FutureValue^{TM}", also eine positive Differenz zwi-

8.2. Der Denkrahmen des Entrepreneurs: Das Paradigma der Wertorientierung

ternehmensgründung, die in dieser Hinsicht keinen Wert schafft, macht ökonomisch keinen Sinn.

Der Wert eines Unternehmens ist somit die primäre strategische Zielgröße der Unternehmensführung. Er läßt sich grundsätzlich beschreiben als die Summe seiner mit den erwarteten, risikoabhängigen Kapitalkosten diskontierten, zukünftigen freien Cashflows abzüglich des Werts des Fremdkapitals („Discounted-Cashflow-Methode"). Die freien Cashflows sind dabei die Cashflows vor Zinsaufwendungen abzüglich notwendiger Investitionen in Anlage- und Umlaufvermögen.

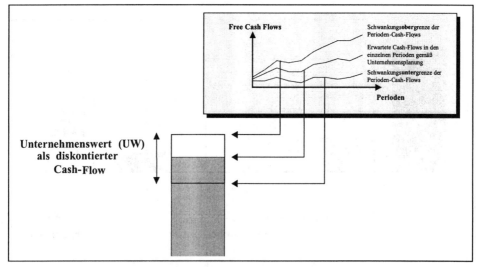

Abb. 8.1 Unternehmenswert als „Discounted Cashflow" (DCF)

Hohe Risiken zeigen sich dabei in erheblichen Schwankungsbreiten der zukünftigen Cashflows. Während beispielsweise Kostensenkungsmaßnahmen auf eine Steigerung (der Erwartungswerte) der freien Cashflows abzielen, ist es eine Aufgabe des Risikomanagements, die Streuung bzw. die Schwankungsbreite der freien Cashflows zu reduzieren und so einen Betrag zur Steigerung des Unternehmenswertes zu leisten.

---

schen Unternehmenswert einerseits und der Summe von eingebrachtem Eigenkapital und dem bisherigen statischen Ertragswert bei konstantem Umsatzniveau, der bei Neugründungen natürlich noch Null ist, andererseits (vgl. GLEIßNER und WEISSMAN (2000) sowie GLEIßNER (2001)). Durch die zukunftsbezogene Bewertung von Unternehmen ist es für den Entrepreneur im Prinzip möglich, die zukünftig zu erwartenden Erträge einer „Geschäftsidee" schon in der Gegenwart – durch einen (Teil-) Verkauf des Unternehmens – zu kapitalisieren.

8. Wertorientiertes Risikomanagement für Entrepreneure

Da die Kapitalanleger risikoavers sind, werden sie ein risikoreicheres Unternehmen nur dann so hoch bewerten wie ein risikoärmeres, wenn die Erträge höher sind; höheres Risiko muß „bezahlt" werden. Je höher das Risiko ist, desto größer muß auch die erwartete Kapitalrendite sein. Damit wird ein oft noch vernachlässigtes Risikomanagement zu einem zentralen Baustein jeder wertorientierten Unternehmensführung.

Bezüglich der einzelnen Geschäftsfelder eines Unternehmens gilt die gleiche Betrachtung wie für ein Unternehmen als Ganzes: da sich der Wert eines Unternehmens – unter Beachtung möglicher Synergien – aus den Werten der einzelnen Geschäftsfelder zusammensetzt, ist es nicht akzeptabel, wenn ein Geschäftsfeld dauerhaft Werte zerstört.

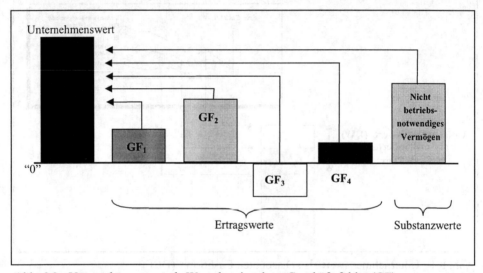

Abb. 8.2 Unternehmenswert als Wert der einzelnen Geschäftsfelder (GF)

Grundlage der Bestimmung des Unternehmenswertes ist die geplante Unternehmensentwicklung der nächsten Jahre, insbesondere die zukünftigen freien Cashflows. Der Unternehmenswert ergibt sich durch die Abzinsung dieser zukünftigen freien Cashflows – also der Liquiditätsüberschüsse – auf den heutigen Zeitpunkt. Damit ein Geschäftsfeld oder eine Investition einen positiven Beitrag zu diesem Unternehmenswert leisten, ist es erforderlich, daß seine Rendite größer ist als seine risikoabhängigen Kapitalkosten. Wenn ein Unternehmen es also ernst meint mit einem wertorientierten Management, dann müssen für jedes Vorhaben unternehmensspezifische Kapitalkosten ermittelt werden, um den Wertbeitrag eines jeden Projektes berechnen zu können.

Kennzahlen zur wertorientierten Unternehmensführung sollen sicherstellen, daß in allen Unternehmensbereichen eine Mindestrendite erzielt wird, die dem Risiko des jeweiligen Geschäftes entspricht. Die knappen Mittel sind dauerhaft nur den operativen Einheiten

8.2. Der Denkrahmen des Entrepreneurs: Das Paradigma der Wertorientierung

zur Verfügung zu stellen, die diesen Verzinsungsansprüchen gerecht werden. Aktivitäten, die diesen Ansprüchen (auf Sicht) nicht genügen, sind umzustrukturieren, zu verkaufen oder aufzugeben.

Aus der oben angeführten allgemeinen Definition zum Unternehmenswert lassen sich unmittelbar Konsequenzen für die wertorientierte Unternehmenssteuerung ableiten. Theoretisch kann man nämlich durch die Ableitung der erwarteten Wirkung bestimmter Maßnahmen auf Ertrag (freier Cashflow) und Risiko eine fundierte Beurteilung vornehmen. Grundsätzlich zeigen sich somit vier maßgebliche Hebel zur Steigerung des Unternehmenswertes, wobei die beiden ersten zusammen die Gewinne bzw. die Gewinnentwicklung beschreiben:

- Umsatzwachstum (z.B. Markdurchdringung, Marktentwicklung etc.),
- Steigerung der Umsatzrentabilität (z.B. durch Kostensenkung),
- effizientere Kapitalnutzung (z.B. Abbau von Forderungen und Vorräten) und
- Reduzierung des Risikos.

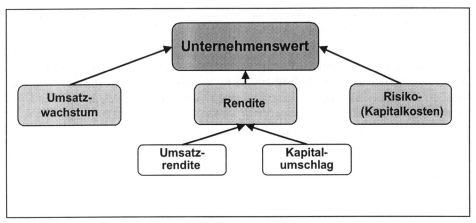

Abb. 8.3 Determinanten des Unternehmenswerts

Betrachtet man ein Unternehmen als Ganzes, erkennt man, daß es unterschiedlichste Ansatzpunkte für eine wertsteigernde Erhöhung der Cashflows oder eine Senkung der risikoabhängigen Kapitalkosten gibt. Die folgende Abbildung zeigt die wichtigsten Ansatzpunkte. Grundsätzlich bietet es sich an, zunächst über eine Verbesserung der strategischen Ausrichtung einen Wertbeitrag zu generieren, weil hier oft der größte Hebel zu finden ist.

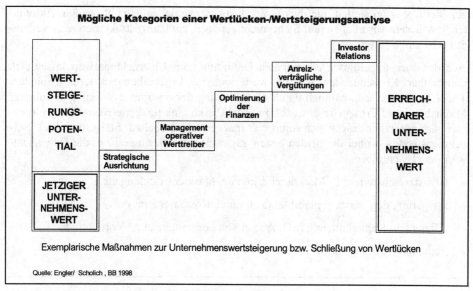

Abb. 8.4   Wertsteigerungspotentiale

Das Management der operativen Werttreiber zielt dabei auf die Generierung eines überlegenen Kundennutzens, den Aufbau langfristig wertvoller Kompetenzen im Unternehmen, die Effizienzsteigerung der internen Prozesse und natürlich auch auf die Optimierung der Risikostruktur.

8.2. Der Denkrahmen des Entrepreneurs: Das Paradigma der Wertorientierung

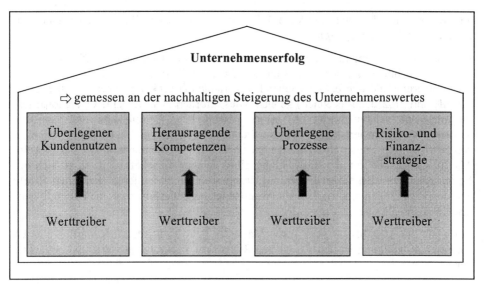

Abb. 8.5 Optimierung der operativen Werttreiber

Akzeptiert man die Gleichsetzung von Unternehmenserfolg und Unternehmenswert, so ist eine gute Unternehmensstrategie genau jene, die den Unternehmenswert maximiert. Sinnvoll sind gemäß dieser Sichtweise des „Wertmanagements" genau die unternehmerischen Maßnahmen – Investitionen, Forschungsprojekte oder Marktausweitungen –, die zu einer Steigerung des Unternehmenswertes führen, also eine Rendite erwarten lassen, die über dem (risikoabhängigen) Kapitalkostensatz liegt.

Eine fundierte Beurteilung verschiedener strategischer Handlungsoptionen des Entrepreneurs erfordert offensichtlich einen möglichst aussagefähigen, nachvollziehbaren Maßstab für den Unternehmenswert bzw. den Wertzuwachs. Ein sehr gut geeigneter, allgemein akzeptierter Wertmaßstab ist der Discounted-free Cashflow (DfCF), der sich inzwischen weitgehend durchgesetzt hat[230]. Er beschreibt zusammenfassend die wirtschaftliche Situation eines Unternehmens und dessen gesamte (erwartete) zukünftige Entwicklung. Daher wird der Unternehmenswert in starkem Maße von den Wachstumsaussichten des Unternehmens geprägt. Die täglichen Erfahrungen an den Börsen zeigen

---

[230] Im Gegensatz zu anderen Maßstäben läßt er durch seine langfristige Betrachtung der erwarteten Zukunft des Unternehmens keine kurzfristigen Fehleinschätzungen zu. Die Orientierung an aktuellen Erträgen kann nämlich zu einer einseitigen Ausrichtung an der Gewinn- und Verlustrechnung führen, unter Vernachlässigung von Umfang und zeitlicher Struktur des Cashflows. Auch andere Maßstäbe wie Umsatzwachstum, Eigenkapitalrendite oder der ROCE sind weniger umfassend und zeitlich begrenzter als der DfCF.

uns, wie sensibel die Finanzmärkte auf die Veränderungen der Wachstumsperspektiven eines Unternehmens reagieren.

Wertorientierte Unternehmer und Manager werden es in aller Regel schaffen, den Wert ihres Unternehmens zu erhöhen, wenn sie die (kausalen) Zusammenhänge zwischen Wertsteigerung und den dahinterstehenden Variablen (Kernkompetenzen, Wettbewerbsvorteile und Prozeßüberlegenheit) kennen. Dies erfordert zunächst eine Operationalisierung des Unternehmenswertes und seiner wesentlichen Determinanten und dann den Aufbau einer „Geschäftslogik", welche die Ursache-Wirkungs-Beziehungen zwischen den betrieblichen Steuerungsinstrumenten und dem Unternehmenswert widerspiegeln. Als Ausgangspunkt für die Entwicklung einer eigenen Geschäftslogik sollte sich ein Entrepreneur mit den theoretischen Erklärungsansätzen für unternehmerischen Erfolg und den zugehörigen empirischen Untersuchungen auseinandersetzen, die in den folgenden Kapiteln näher betrachtet werden.

Ein wichtiges, aber bisher meist vernachlässigtes Feld im Kontext der wertorientierten Unternehmensführung ist hier das Thema Risiko, das nachfolgend vertiefend betrachtet wird.

8.3 Risikomanagement im Kontext der wertorientierten Unternehmensführung

Wer heute in Deutschland von Risikomanagement hört, denkt fast zwangsläufig an das 1998 in Kraft getretene Kontroll- und Transparenzgesetz (KonTraG, vgl. insbesondere § 91 Abs. 2 AktG), das Vorstände von Aktiengesellschaften verpflichtet, Risikomanagementsysteme aufzubauen, die bestandsgefährdende Risiken frühzeitig erkennen. Bereits in der Begründung führt der Gesetzgeber zudem aus, daß von einer Ausstrahlungswirkung auch auf Unternehmen mit anderen Rechtsformen, z.B. GmbH auszugehen ist. Die Vernachlässigung des Aufbaus eines adäquaten Risikomanagementsystems kann sogar persönliche Haftungsrisiken für Vorstände und Geschäftsführer nach sich ziehen.

Bei dieser verengten Sichtweise auf formale, organisierte Risikomanagementsysteme und juristische Haftungsaspekte kommt die für Entrepreneure besonders zentrale ökonomische Bedeutung von Risiken als maßgeblicher Determinante des Unternehmenserfolgs oft etwas zu kurz: Eine systematische Betrachtung aller wesentlichen Risiken ermöglicht erst eine wert- und erfolgsorientierte Unternehmenssteuerung sowie eine fundierte Beurteilung des Erfolgschancen eines neuen Unternehmens.

Betrachten wir nun das Risiko etwas genauer. Risiken sind die aus der Unvorhersehbarkeit der Zukunft resultierenden, durch „zufällige" Störungen verursachten Möglichkeiten, geplante bzw. erwartete Ziele zu verfehlen. Präziser spricht man von Risiko dann, wenn die Wahrscheinlichkeitsverteilungen für (künftige) Gewinne bekannt sind. Ansonsten spricht man von Ungewißheit.

Risiken lassen sich somit durch statistische Kenngrößen – beispielsweise die Standardabweichung der Rendite – messen. Je höher das Risiko eines Unternehmens, desto höher sollte auch die erzielte Eigenkapitalrendite sein, weil sonst niemand bereit ist, diese Risiken einzugehen. Gemäß der Kapitalmarkttheorie sind hier jedoch in erster Linie die sogenannten „systematischen Risiken" für die Bewertung von Unternehmen relevant. Systematische Risiken sind solche, die auf eine Vielzahl von Unternehmen wirken, beispielsweise also konjunkturelle Schwankungen, Zinsänderungen oder ein Ölpreisschock wie in den 70er Jahren. Das systematische Risiko eines Unternehmens ist groß, wenn seine Rentabilität stark von solchen allgemeinen Risikofaktoren abhängt. Diese Abhängigkeit ist jedoch keinesfalls einfach als gegeben anzusehen, sondern läßt sich durch gezielte unternehmerische Maßnahmen durchaus beeinflussen. Man denke nur an Möglichkeiten, fixe Kosten durch variable Kosten zu ersetzen (Outsourcing), besonders gefährliche Geschäftsfelder aufzugeben oder Preisschwankungen bei wichtigen Zulieferprodukten durch Warentermingeschäfte abzusichern.

Unsystematische – also unternehmensspezifische – Risiken sind dagegen beispielsweise der Ausfall einzelner Mitarbeiter oder Maschinen sowie Fehlschläge bei Investitions-, Entwicklungs- oder Vertriebsaktivitäten. Diese unternehmensspezifischen Risiken spielen für die Bewertung von Unternehmen gemäß der üblichen Kapitalmarkttheorie auf Grundlage der Hypothese vollkommener Märkte keine Rolle, weil sie bedeutungslos werden, wenn man – was sinnvoll ist – sein verfügbares Kapital auf viele Einzelanlagemöglichkeiten aufteilt. Dies wird als Diversifikationseffekt eines Portfolios bezeichnet. Gemäß dieser Argumentation ist es einfacher und billiger, wenn die Anteilseigner solche Risiken eliminieren, als wenn dies die Unternehmensführung selbst machen würde.

Insbesondere das Capital-Asset-Pricing-Modell (CAPM) (vgl. FRANKE und HAX, 1999) verdeutlicht, daß bei (effizient) diversifizierten Portfolios nur die systematischen Risiken, die durch den Parameter „β"[231] beschrieben werden, die Renditeerwartungen bestimmen („Wertpapiermarktlinie"). Es ergibt sich ein linearer Rendite-Risiko-Zusammenhang.

---

231 Das β ist der Quotient der Kovarianz der Rendite eines Vermögensgegenstands mit der Marktrendite und der Varianz der Rendite dieses Vermögensgegenstands.

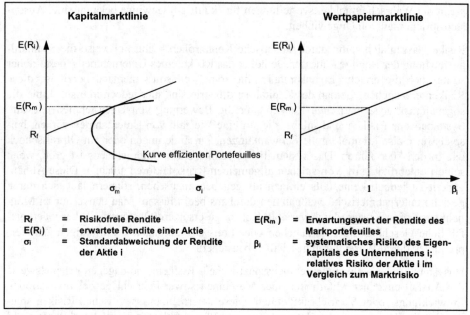

Abb. 8.6 Rendite-Risiko-Portfolio

Es läßt sich jedoch empirisch belegen, daß niedrigere Risiken – beispielsweise wegen niedrigerer Kosten durch bessere Planbarkeit der Produktion – auch zu einer Steigerung der Cash-flows beitragen können (AMIT und WERNERFELT, 1990). Zumindest über diesen „Umweg" ist die Reduzierung von systematischen und unsystematischen Risiken – also Risikomanagement – sinnvoll. Auch die Existenz von Konkurskosten und der beschränkte Zugang vieler Unternehmen – speziell auch der Existenzgründer – zu den Kapitalmärkten sprechen für eine Relevanz auch der unsystematischen Risiken[232].

---

[232] Anzumerken ist aber, daß unter bestimmten Rahmenbedingungen eine Zunahme des Risikos auch wertsteigernd wirken kann, weil auch bei einer Zunahme des Risikos die Verluste nicht über den Totalverlust des Eigenkapitals steigen können, die Gewinnchancen aber zunehmen. Derartige Fälle (üblicherweise mehrstufige Entscheidungssituationen mit sehr hohem Risiko, z.B. bei forschungsorientierten Existenzgründungen in der Biotechnologie) werden durch die „Real-Optionstheorie" analysiert und mit Optionspreismodellen berechnet.

8.4 Bedeutung des Risikomanagements für Existenzgründer

Existenzgründungen sind im allgemeinen unternehmerische Aktivitäten mit relativ hohen Risiken, was durch den hohen Anteil der gescheiterten Gründungsvorhaben belegt wird. Beim erstmaligen Markteintritt eines neuen Unternehmens bestehen beispielsweise einige typische Nachteile gegenüber etablierten Konkurrenten, wie

- niedriger Bekanntheitsgrad,
- keine Stammkunden und damit erhöhte Vertriebskosten,
- fehlende Reputation beim Kunden (z.B. keine Referenzlisten),
- geringe Eigenkapitalausstattung.

Insbesondere sind die Umsatzerlöse junger Unternehmen oft wesentlich weniger sicher vorherzusagen als bei etablierten Unternehmen, die „Marktrisiken" sind somit größer. Auch die noch nicht eingespielten Betriebsabläufe sind bei neuen Unternehmen stärkeren Effizienzschwankungen unterworfen, die „Leistungsrisiken" sind also ebenfalls höher.

Der insgesamt relativ hohen Risikoposition steht oft aber eine schwache Eigenkapitalausstattung gegenüber, die die Wirkungen dieser Risiken abfedern soll.

Für einen Existenzgründer ergeben sich in dieser Situation folgende Aufgaben:

- Er muß die wesentlichen Risiken seiner Gründungskonzeption identifizieren.
- Er muß die Angemessenheit seiner Eigenkapitalausstattung in Anbetracht dieser Risiken kritisch beurteilen und ggf. gegenüber den finanzierenden Kreditinstituten belegen.
- Er muß geeignete Maßnahmen für eine gezielte Steuerung des Gesamtrisikoumfang des geplanten Unternehmens erarbeiten.

Grundsätzlich ist zu prüfen, ob die erwarteten Erträge eines zukünftigen Unternehmens die erkennbaren Risiken rechtfertigen.

8.5 Kernfragen eines strategischen Risikomanagements

Strategisches Risikomanagement umfaßt alle unternehmerischen Maßnahmen des Umgangs mit Risiken, die auf eine nachhaltige Steigerung des Unternehmenswertes (Erfolgs) abzielen. Damit ist das Strategische Risikomanagement Bestandteil der Strategischen Unternehmensführung. Im Kontext eines strategischen Risikomanagements sind insbesondere die folgenden vier Fragen zu beantworten, die gerade auch für Existenzgründer von hoher Bedeutung sind (vgl. GLEIßNER, 2000a):

- Welche Faktoren bedrohen Erfolg und Erfolgspotentiale?
- Welche Kernrisiken soll das Unternehmen selbst tragen?
- Welcher risikoorientierte Erfolgsmaßstab ist die Basis der Unternehmenssteuerung?
- Wieviel Eigenkapital ist als „Risikodeckungspotential" nötig?

8.5.1 Welche Faktoren bedrohen Erfolg und Erfolgspotentiale?

Genau wie der Erfolg eines Unternehmens mittels steigender Gewinne letztendlich eine notwendige (wenn auch nicht hinreichende) Bedingung für eine günstige Liquiditätsentwicklung ist, sind Erfolgspotentiale die Voraussetzung für zukünftige Gewinne bzw. Cash-flows. Für ein strategisches Risikomanagement ist es zwingend erforderlich, zunächst die Unternehmensziele (z.B. Wertsteigerung) zu kennen und damit „Unternehmenserfolg" zu operationalisieren. Auf dieser Grundlage kann dann erarbeitet werden, welche Erfolgspotentiale, also Kernkompetenzen, interne Stärken und Wettbewerbsvorteile die zukünftigen Gewinne und letztlich die Liquidität maßgeblich beeinflussen. Als eine Kernkompetenz wird hier eine Fähigkeit angesehen, die zukünftig den Aufbau der vom Kunden wahrnehmbaren Wettbewerbsvorteile ermöglicht. Sie muß folgende drei Eigenschaften erfüllen:

- Sie muß einen erheblichen Beitrag zum Kundennutzen bieten.
- Sie muß für eine Vielzahl von Märkten/Geschäftsfeldern bedeutsam sein.
- Sie ist sehr selten und von Wettbewerbern nur schwierig zu kopieren, was insbesondere impliziert, daß diese nicht (wie z. B. Maschinen) am Markt käuflich sind.

Die folgende Graphik verdeutlicht die Zusammenhänge.

8.5. Kernfragen eines strategischen Risikomanagements

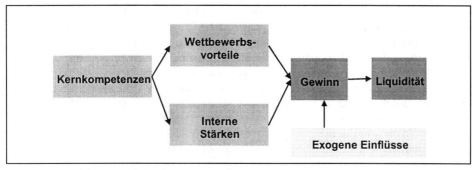

Abb. 8.7 Erfolgspotentiale eines Unternehmens

Der Auf- und Ausbau von Kernkompetenzen, also seltener und von Wettbewerbern schwierig kopierbarer Fähigkeiten, zukünftig Wettbewerbsvorteile zu schaffen, ist eine zentrale Aufgabe der strategischen Unternehmensführung.

Wenn bekannt ist, welche Faktoren für den Unternehmenserfolg maßgeblich sind, kann man in einem weiteren Schritt die „strategischen Risiken" ermitteln. Strategische Risiken sind dabei all jene Risiken, die zu einer wesentlichen Beeinträchtigung der Erfolgspotentiale des Unternehmens führen können. Wenn beispielsweise das fachliche Know-How einer kleinen Gruppe von Mitarbeitern für den Unternehmenserfolg entscheidend ist, wäre der mögliche Verlust dieser Mitarbeiter – durch Krankheit, Rente oder Abwerbung durch Konkurrenten – ein solches strategisches Risiko.

Diesen Risiken ist auf Grund ihrer Bedeutung für die Zukunftsperspektiven des Unternehmens die besondere Aufmerksamkeit zu schenken. Sie sollten möglichst vollständig vor einer Existenzgründung ermittelt und kritisch analysiert werden.

8.5.2 Welche Kernrisiken soll das Unternehmen selbst tragen?

Um erfolgreich zu sein, muß ein Unternehmen bestrebt sein, Erfolgspotential aufzubauen. Dabei ist es unvermeidlich, daß gewisse Risiken eingegangen werden. Beispielsweise muß ein Unternehmen, dessen Kernkompetenzen aus bestimmten technologischen Fähigkeiten bestehen, Risiken bezüglich Forschungs- und Entwicklungsausgaben akzeptieren. Diese Risiken, die in unmittelbarem Zusammenhang mit dem Aufbau bzw. der Nutzung von Erfolgspotentialen stehen und kaum sinnvoll auf Dritte übertragen werden können, werden als **Kernrisiken** bezeichnet. Bei allen anderen Risiken sollte dagegen geprüft werden, ob diese nicht zu akzeptablen Kosten auf andere Wirtschaftssubjekte übertragen werden können („Risikotransfer"). Neben den Versicherungslösungen kann auch die geeignete Gestaltung von Verträgen mit Kunden und Lieferanten sowie der Einsatz von Derivaten auf Währungen, Zinsen oder Rohstoffpreisen zum Risikotransfer genutzt werden. Ein Unternehmen hat durch den Transfer solcher „peripherer Risiken" (**Randrisiken**) den Vorteil, daß es mehr Risiken beim Aufbau von Erfolgspotentialen eingehen kann, ohne das Risikodeckungspotential des vorhandenen Eigenkapitals zu überziehen (vgl. Abschnitt 8.5.4). Wenn beispielsweise ein Unternehmen alle Zins-, Währungs- und Rohstoffpreisrisiken durch den Einsatz von Derivaten hedgt, können bei gegebenem Eigenkapital weitere Risiken aus zusätzlichen Investitionen oder Forschungsprojekte – mit deren Hilfe die Wettbewerbsposition ausgebaut werden kann – eingegangen werden. Gezieltes Risikomanagement fördert so den Aufbau der Erfolgspotentiale eines Unternehmens.

Tendenziell sollte ein Unternehmen ein Risiko selbst tragen, wenn

- das Risiko in unmittelbaren Bezug zu den Kernaktivitäten/Kernkompetenzen des Unternehmens steht.
- für dieses Risiko kein organisierter, liquider Markt existiert.
- die Eigenkapitalausstattung gemessen am aggregierten Risikoumfang sehr hoch ist.
- das Risiko zu Frequenzschäden mit geringer Schadenshöhe führt.
- der eigene Schadenserwartungswert bezüglich dieses Risikos unter dem Durchschnitt anderer (vergleichbarer) Unternehmen liegt und Informationsasymmetrie herrscht.

Bei der oft relativ niedrigen Eigenkapitalausstattung von Existenzgründungen ist eine intensive Suche nach eigenkapitalschonenden Möglichkeiten des Risikotransfers fast immer sinnvoll.

8.5.3 Welcher risikoorientierte Erfolgsmaßstab ist die Basis der Unternehmenssteuerung?

Traditionelle Rentabilitätsmaßstäbe – wie die Eigen- oder Gesamtkapitalrendite – erfassen keine Risikowirkungen (GLEIßNER und MEIER, 2000). Daher werden eher riskante Aktivitäten mit hohen erwarteten Renditen – aber eben auch hohen Risiken durchgeführt, die durchaus nicht zwangsläufig einen positiven Effekt auf den Unternehmenswert haben müssen. Ein zentrales Thema für das strategische Risikomanagement ist die Auswahl eines Performancemaßstabs für die Unternehmenssteuerung, der unterschiedliche Risiken geeignet erfassen kann. Gerade bei den relativ hohen Risiken von Existenzgründungen kann das Risiko bei einer ökonomischen Betrachtung ihrer „Performance" nicht vernachlässigt werden.

Damit ein (neues) Geschäftsfeld oder eine Investition einen positiven Beitrag zum Unternehmenswert leistet, ist es erforderlich, daß seine Rendite größer ist als seine risiko-

8.5. Kernfragen eines strategischen Risikomanagements

abhängigen Kapitalkosten. Der Wertgewinn einer Unternehmensaktivität läßt sich dabei beispielsweise mit dem relativ einfachen Economic-Value-Added (EVA) in Abhängigkeit der Differenz von Rendite und Kapitalkosten angeben:

(8.1)   EVA = Kapitalbindung * (Rendite – Kapitalkostensatz)

Finanziert wird eine Investition oder ein Geschäftsfeld mit Eigen- und Fremdkapital. Die Kapitalkosten ergeben sich daher als Mittelwert der Fremdkapitalkosten k_f (Darlehenszinssatz) und den (höheren) Eigenkapitalkosten k_e, wobei mit dem Steuersatz s die steuerlichen Vorteile des Fremdkapitals erfaßt werden. Anstelle von Kapitalkosten spricht man auch von „weighted average cost of capital" (WACC):

(8.2)   WACC = (1-s) * FK * k_{FK} + EK * k_{EK}

Zu beachten ist, daß die Anteile an Eigenkapital (EK) und Fremdkapital (FK) jeweils mit ihrem Marktwert – nicht dem Bilanzwert – zu gewichten sind. Der Eigenkapitalbedarf eines Geschäftsfeldes – und damit die Kapitalkosten und der EVA – hängen vom Risiko ab, was eine Integration des Risikomanagements in eine wertorientierte Unternehmensführung erfordert.

Die Eigenkapitalkosten lassen sich mit Hilfe des Capital-Asset-Pricing-Modells (CAPM) von SHARPE abschätzen, was jedoch sowohl auf theoretische Bedenken[233] als auch auf praktische Probleme stößt. Gemäß dieser Theorie besteht folgender Zusammenhang:

(8.3) $k_e = r_0 + (r_m - r_0) * \beta$

Dabei drückt β das „systematische Risiko" aus, also die Wirkungen allgemeiner, nicht-unternehmensspezifischer Einflüsse auf die Rentabilität (z.B. Konjunktur- und Zinsentwicklung). Ein β von 1 bedeutet dabei ein durchschnittliches Risiko. Die Variable r_0 bezeichnet den risikolosen Zins, der sich beispielsweise durch die Rendite von Bundesanleihen abschätzen läßt; r_m ist der durchschnittliche Marktzins für riskante Kapitalanlagen wie Aktien.

Abb. 8.8 zeigt als einfache Alternativlösung einen methodischen Ansatz bei dem mittels qualitativer Kriterien Zu- und Abschläge auf die Risikoprämie vorgenommen werden.

---

[233] Die dieser Theorie zugrundeliegende Annahme vollkommener Märkte (ohne Steuern; unbegrenzter Marktzugang) ist in der Realität nicht erfüllt. Außerdem gibt es für nichtbörsennotierte Gesellschaften keine Möglichkeit, Parameter, wie z.B. das β, direkt empirisch zu ermitteln. Zu beachten ist zudem, daß die k_e selbst wiederum vom Umfang des Eigenkapitals abhängig sind, weil eine hohe Eigenkapitalausstattung tendenziell niedrigere Risiken des Eigenkapitals bewirken. Außerdem muß beachtet werden, daß bei einer sehr hohen Verschuldung auch das Fremdkapital risikobehaftet wird, also einen Teil des Gesamtunternehmensrisikos trägt.

Hilfsmittel zur qualitativen Anpassung der risikoadäquaten Eigenkapitalkosten							
Kriterien	Ausprägung						
	Geringes Risiko	1	2	3	4	5	Hohes Risiko
Kontrolle	Geringe externe Rendite-Einflüsse						Starke externe Rendite-Einflüsse
Markt	Stabil, ohne Zyklen						Dynamisch, Zyklus
Wettbewerber	Wenige, konstante Marktanteile						Viele, variable Marktanteile
Produkte/Konzepte	Langer Lebenszyklus, nicht substituierbar						Kurzer Lebenszyklus, substituierbar
Markteintrittsbarrieren	Hoch						Niedrig
Kostenstruktur	Geringe Fixkosten						Hohe Fixkosten
Durchschnitt							

Quelle: Dr. Peter Lorson, in: Der Betrieb 26/99

Abb. 8.8   Abschätzung risikoadäquater Eigenkapitalkosten

Bei einem Unternehmen mit mehreren, unterschiedlich riskanten Geschäftsfeldern kann man den Eigenkapitalbedarf (Risikodeckungspotential) jedes Geschäftsfeldes mit dem Risikoumfang (Value-at-Risk) bestimmen und daraus dessen Kapitalkosten und den Wertbeitrag (EVA) ableiten (vgl. Abschnitt 8.7.2). Ergänzend kann man aus dem errechneten Risikoumfang (z.B. Value-at-Risik; vgl. unten) auch risikoadjustierte Rentabilitätsmaße für die zukünftige Unternehmenssteuerung ableiten, wie z.B. den RORAC (= „Return on risk adjusted capital"), der sich als Quotient von Gewinn und Eigenkapitalbedarf (=Value-at-Risk; „Risikokapital") berechnen läßt. Neben dem EVA und dem RORAC lassen sich weitere Erfolgsmaßstäbe angeben, die den Risikoumfang berücksichtigen.

Anzumerken ist schließlich, daß der Eigenkapitalbedarf eines diversifizierten Unternehmens – weil sich die unsystematischen Risiken der einzelnen Aktivitäten tendenziell kompensieren – niedriger ist als die Summe der unabhängig berechneten Eigenkapitalerfordernisse der einzelnen Aktivitäten (z.B. Beteiligungen). So senkt die Diversifikation letztendlich die Kapitalkosten („Portfolioeffekt"). Sofern Diversifikation am Markt folglich intern auf ausreichenden Kompetenzen basiert, ist eine derartige Strategie unter Risikogesichtspunkten somit durchaus sinnvoll. Dies führt insbesondere dazu, daß Venture-Capital-Gesellschaften mit gut diversifizierten Portfolios selbst deutlich niedrigere Eigenkapitalkosten haben als ihre Beteiligungen.

8.5.4   Wieviel Eigenkapital ist als „Risikodeckungspotential" nötig?

Die erforderliche Eigenkapitalausstattung eines Unternehmens ist vom Risikoumfang abhängig. Das Eigenkapital ist letztlich das Risikodeckungspotential eines Unternehmens, das die (aggregierten) Wirkungen aller Risiken zu tragen hat. Für eine fundierte

8.5. Kernfragen eines strategischen Risikomanagements

Beantwortung der Frage nach der angemessenen Eigenkapitalausstattung ist eine weitgehende Risikoanalyse unumgänglich, die neben Markt- und Leistungsrisiken auch die Kostenstruktur betrachtet (vgl. Abschnitte 8.6 und 8.7).

Einige qualitative Indikatoren für hohes bzw. niedriges Risiko eines Geschäftsfeldes, die auch bei jeder Existenzgründung ohne großen Aufwand geprüft werden können, sind in der folgenden Tabelle zusammengefaßt.

Tab. 8.1 Indikatoren für Risiko

Indikatoren für ...	
„niedriges Risiko"	„hohes Risiko"
geringe Konjunkturschwankungen	hohe Konjunkturschwankungen
lange Lebenszyklen, keine Substitution	kurze Lebenszyklen
gute Differenzierungsmöglichkeiten	keine Differenzierungsmöglichkeiten
geringer Fixkostenanteil	hoher Fixkostenanteil
viele verschiedene Kunden	wenige Kunden
hoher Marktanteil, viele Wettbewerber	Kleiner Marktanteil
starkes Nachfragewachstum	Sinkende Nachfrage
niedrige Marktaustrittshemmnisse	hohe Marktaustrittshemmnisse
hohe Markteintrittshemmnisse	keine Markteintrittshemmnisse
Investitionsausgaben rückgewinnbar	hoher Anteil „versunkener Kosten"

Da Eigenkapital teurer als Fremdkapital ist, sollte auch eine unnötig hohe Ausstattung des Unternehmens mit Eigenkapital vermieden werden, weil dies ceteris paribus die Gesamtkapitalkosten steigert und den Unternehmenswert senkt (vgl. Abschnitt 8.5.3).

Interessant ist im Zusammenhang mit der Bestimmung der angemessenen Eigenkapitalausstattung der Bezug zwischen Eigenkapital einerseits und den Kapitalkosten (WACC) andererseits. Die folgende Abbildung verdeutlicht diese Abhängigkeit: Aus der Aggregation der einzelnen identifizierten und bewerteten Risiken ergibt sich der Eigenkapitalbedarf, der zur Deckung dieser Risiken erforderlich ist. Um die Kapitalkosten nicht übermäßig hoch werden zu lassen, bietet es sich an, die tatsächliche Eigenkapitalausstattung an diesem Eigenkapitalbedarf zu orientieren, weil eine höhere Ausstattung mit teurem Eigenkapital die Kapitalkosten unnötig verteuert und so letztlich den Wertzuwachs (EVA) des Unternehmens senkt. Diese Betrachtungsweise zeigt, daß die Risikoanalyse und die Risikoaggregation die Datengrundlage für eine fundierte Bestimmung angemessener Kapitalkosten liefern.

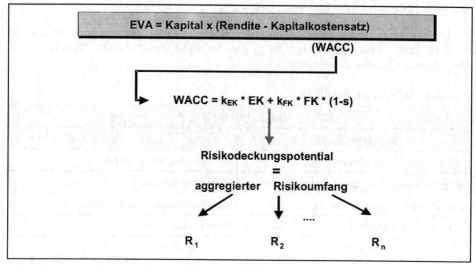

Abb. 8.9 Aggregierte Risikoposition und Kapitalkosten

8.6 Risikomaße und Risikokategorien

Risiken sind die aus der Unvorhersehbarkeit der Zukunft resultierenden, durch „zufällige" Störungen verursachten Gefahren, geplante Ziele zu verfehlen (Risiken als „Streuung" um einen Erwartungs- oder Zielwert). Häufig wird ein Maß für die Höhe eines Risikos auf Basis des Produktes von „Abweichungsumfang" (= „Schaden") und der zugehörigen Wahrscheinlichkeit verwendet. Risiken entsprechen somit mathematisch weitgehend der Streuung um den Erwartungswert der betrachteten Zielvariable (also z.B. der Eigen- oder Gesamtkapitalrendite). Alternativ oder zumindest ergänzend kann man Risiken auch als sogenannten Value-at-Risk – eine Art „wahrscheinlicher Höchstschaden" – messen. Der Value-at-Risk (VaR), der sich unmittelbar aus der Schadensverteilung ableiten läßt, ist dabei definiert als Schadenshöhe, die in einem bestimmten Zeitraum („Halteperiode", z.B. ein Jahr) mit einer festgelegten Wahrscheinlichkeit („Konfidenzniveau", z.B. 95 %) nicht überschritten wird.

Unabhängig vom gewählten Risikomaß kann man zur Strukturierung des Gesamtgeschäftsrisikos eines Unternehmens zunächst vereinfachend folgende inhaltliche Unterscheidung in vier Hauptkomponenten vornehmen.

8.6.1 Marktrisiko

Primärer Ausgangspunkt der unternehmerischen Risiken ist der Markt, weil die zukünftigen Umsätze nicht sicher bekannt sind. Je unsicherer die zukünftigen Umsätze prognostizierbar sind (i.d.R. also, wenn sie sehr stark schwanken), desto höher liegt das Marktrisiko. Konjunktur- oder modeabhängige Branchen und solche ohne langfristige Lieferverträge oder mit starken Änderungen oder ungünstigen Ausprägungen der Wettbewerbskräfte sind tendenziell riskanter. Interessant sind hier die deutlichen empirischen Belege dafür, daß die Marktattraktivität (vgl. Abschnitt 6) nicht nur einen positiven Einfluß auf die Rendite hat, sondern zugleich das (Markt-)Risiko reduziert (BUDD, 1993). Damit würde eine höhere Marktattraktivität über zwei „Transmissionswege" einen gleichgerichteten Beitrag zum Unternehmenswert leisten.

Marktrisiken werden ermittelt durch

- eine statistische Analyse historischer Absatzschwankungen und der statistisch belegbaren Abhängigkeiten des Unternehmens von makroökonomischen Störungen, wie Zinsen oder Geschäftsklima,

- eine Analyse der Marktattraktivität (Marktqualität) auf Grundlage des Porter'schen Modells der Wettbewerbskräfte (z.B. mittels Marktdatenrecherchen und einem Workshop zur Marktsituation mit einem Strategieberater), weil Änderungen der Wettbewerbskräfte besonders gravierende Marktrisiken darstellen.

Indikatoren für hohe Marktrisiken sind beispielsweise

- niedrige Anteile von Stammkunden am Umsatz, keine langfristigen Lieferverträge,
- Produkte und Leistungen, die sich nicht wesentlich von denen der Wettbewerber unterscheiden,
- starke Abhängigkeit von wenigen Kunden,
- ausgeprägte saisonale oder konjunkturelle Schwankungen,
- schrumpfende oder stagnierende Nachfrage,
- niedrige Markteintrittsschranken,
- hohe Wettbewerbsintensität.

8.6.2 Leistungsrisiko

In diese Kategorie der Leistungsrisiken gehören insbesondere Risiken, die mit der Leistungserstellung und den dafür eingesetzten Ressourcen in Zusammenhang stehen, also z.B. Feuerschäden, Maschinenausfall oder Arbeitsunfälle. Im Gegensatz zu den nachfrageseitigen Marktrisiken umfassen sie die angebotsseitigen Risiken, die zu einem teilweisen oder vollständigen Ausfall der Leistungserstellung (Produktion) oder zumindest zu ungeplanten Erhöhungen der Leistungserstellungskosten führen.

Indikatoren für hohe Leistungsrisiken sind beispielsweise

- starke Witterungsabhängigkeit,
- starke Abhängigkeit von zentralen Schlüsselpersonen des Unternehmens,
- starke Abhängigkeit von Lieferanten, Just-in-time-Belieferung,
- Abhängigkeit von Rohstoffen/Zulieferprodukten mit starken Preisschwankungen und unsicherer Versorgungslage,
- Unstandardisierte, unbeherrschte Produktionsprozesse, sensible Anlagen.

8.6.3 Kostenstrukturrisiko („Operating Leverage")

Die Höhe der Auswirkungen des Marktrisikos auf die Unternehmensgewinne, also das sogenannte Kostenstrukturrisiko, hängt von der Kostenstruktur ab. Entscheidend ist, wie schnell die Kosten bei rückläufigen Umsätzen abgebaut werden können. Etwas vereinfachend kann man deshalb den Anteil der Fixkosten am Umsatz als Maß für das Kostenstrukturrisiko ansehen. Je geringer der Anteil fixer, also absatzunabhängiger Kosten ist, desto ungefährlicher ist ein Umsatzrückgang.

8.6.4 Finanzstrukturrisiko („Financial Leverage")

Die Auswirkungen der Gewinnschwankungen auf die Rentabilität des Unternehmens (bzw. auf den Unternehmenswert) hängt von der Kapitalbindung und der Finanzierungsstruktur ab. Bei einer geringen Eigenkapitalquote (zu Marktpreisen) sind die Wirkungen von Gewinnschwankungen besonders gravierend. Dies bezeichnet man als „Financial Leverage".

8.6.5 Das Gesamtrisiko

Das Gesamtrisiko eines Unternehmens ist also (mindestens) vom umsatzbeeinflussenden Markt- und Leistungsrisiko, von der Kostenstruktur und der Finanzierungsstruktur ab-

8.6. Risikomaße und Risikokategorien

hängig. Von entscheidender Bedeutung ist, daß sich die vier Haupt-Risikokomponenten etwa multiplikativ verstärken[234]. Dies hat beispielsweise zur Konsequenz, daß Unternehmen mit einem hohen Marktrisiko besonders bestrebt sein sollten, Kostenstruktur- und Finanzstrukturrisiko zu reduzieren, um das Gesamtrisiko in akzeptablen Grenzen zu halten. Konkret könnte dies in der Praxis bedeuten, daß das Unternehmen den Fixkostenanteil durch Outsourcing und eine Reduzierung der Fertigungstiefe senkt und die Eigenkapitalquote erhöht.

Grundsätzlich zeigt sich, daß die gerade auch für Existenzgründer wichtige Beurteilung der Angemessenheit der Eigenkapitalausstattung ohne Berücksichtigung der Kostenstruktur sowie der Markt- und Leistungsrisiken nicht sinnvoll möglich ist. Pauschal festgelegte Werte für eine „Mindesteigenkapitalquote" von z.B. 25 % entbehren weitgehend einer ökonomischen Fundierung.

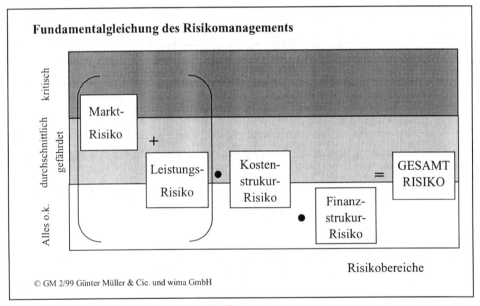

Abb. 8.10 Fundamentalgleichung des Risikomanagements

Die folgende Übersicht zeigt in einer einfachen vergleichenden Darstellung die Ausprägung der wesentlichsten Risikokategorien in verschiedenen Branchen.

---

234 Vgl. auch STEINER und BAUER (1992). Eine Ableitung der Schwankungen der Eigenkapitalrendite (als Risikomaß) in Abhängigkeit von Marktrisiko, Kostenstruktur und Finanzierungsstruktur ist im Anhang zu finden.

Tab. 8.2 Ausprägung von Risikokategorien in verschiedenen Branchen

Branche	Marktrisiko	Leistungsrisiko	Kostenstrukturrisiko	Finanzstrukturrisiko	Gesamtrisiko	σ (EKR)	σ(GKR)
Bauwirtschaft	hoch (10,2 %)	hoch	hoch (51 %)	sehr hoch (x17)	sehr hoch	28,2 %	1,2 %
Einzelhandel	niedrig (3,7 %)	niedrig	niedrig (29 %)	sehr hoch (x30)	hoch	5,8 %	1,5 %
Chemische Industrie	mittel (8,5 %)	mittel	hoch (52 %)	niedrig (x2,6)	niedrig	2,2 %	0,6 %
Maschinenbau	mittel (7,1 %)	mittel	hoch (50 %)	mittel (x5)	hoch	5,1 %	1,1 %
Ernährungsgewerbe	niedrig (3,1 %)	mittel	mittel (38 %)	mittel (x5)	mittel	3,7 %	0,8 %
Deutsche Wirtschaft	*niedrig (4,3 %)*	*mittel*	*mittel (39 %)*	*mittel (x5,5)*	*mittel*	*2,7 %*	*0,8 %*

Kostenstrukturrisiko: Fixkostenanteil am Umsatz.
Finanzstrukturrisiko: 1+Verschuldungsgrad = 1+ Fremdkapital / Eigenkapital; zusätzlich auch vom Kapitalumschlag abhängig.
Marktrisiko: Standardabweichung des jährlichen Umsatzwachstums von 1971 bis 1996.
Leistungsrisiken lassen sich aus den vorliegenden Branchendaten nicht fundiert ableiten und wurden deshalb vereinfachend durch Expertenschätzung erhoben.
Die Renditen sind Vor-Steuer-Größen.
σ(EKR) bzw. σ(GKR) sind die Standardabweichungen der Eigen- bzw. der Gesamtkapitalrendite von 1971 bis 1996 und stellen somit Risikomaße dar.
Quelle: Daten der DEUTSCHEN BUNDESBANK (1998); Berechnung WIMA GmbH (http://www.wima-gmbh.de).

Es ist offensichtlich, daß beispielsweise die Baubranche mit branchenbedingt hohen Markt- und Leistungsrisiken (z.B. starke Absatzschwankungen, hohe Risiken von Kalkulationsfehlern oder witterungsbedingten Bauverzögerungen) diese hohe Risikoposition nicht durch eine entsprechend hohe finanzielle Stabilität (geringes Finanzstrukturrisiko) auffangen kann. Die hohe Anzahl von Konkursen in dieser Branche ist bei dieser Risikoposition nicht verwunderlich. Entsprechend wäre eine Existenzgründungskonzeption mit ähnlicher Risikocharakteristik unter Risikogesichtspunkten wenig aussichtsreich.

Jedes Unternehmen – und speziell jeder Existenzgründer – sollte (zumindest qualitativ) eine Abschätzung seines Risikoumfangs und der Angemessenheit seiner Eigenkapitalquote vornehmen; Branchenvergleichsdaten können hier konkrete Anhaltspunkte liefern.

8.7 Elemente eines Risikomanagementsystems

Die Risikosituation eines Unternehmens verändert sich ständig. Daher ist es ratsam, über eine einmalige Risikoanalyse hinausgehend in Unternehmen ein „Risikomanagementsystem" zu installieren, das sich regelmäßig mit der Analyse und Beurteilung der Risiken sowie der Ableitung geeigneter Bewältigungsmaßnahmen befaßt.

Ein vollständiges Risikomanagementsystem sollte die folgenden Elementen umfassen (vgl. FÜSER, GLEIßNER und MEIER, 1999):

- Risikoanalyse,
- Risikoaggregation,
- Risikobewältigung,
- Organisatorische Gestaltung des Risikomanagementsystems.

Speziell die beiden Elemente „Risikoanalyse" und „Risikobewältigung" sind gerade auch bei Existenzgründungen oder dem Aufbau neuer Geschäftsfelder eines bestehenden Unternehmens von zentraler Bedeutung. Die beiden anderen Elemente spielen dagegen primär bei größeren Unternehmen eine Rolle, die KonTraG-Anforderungen erfüllen müssen. Die Risikoaggregation ist zwar prinzipiell für alle Unternehmen von Interesse, aber relativ aufwendig.

Aus Gründen der Vollständigkeit werden nachfolgend alle vier Elemente eines Risikomanagementsystems erläutert.

8.7.1 Risikoanalyse

Bei der Risikoanalyse werden alle auf das Unternehmen einwirkenden Einzelrisiken systematisch identifiziert und anschließend hinsichtlich Eintrittswahrscheinlichkeit und quantitativen Auswirkungen bewertet. Es sind folgende Risikofelder zu betrachten:

- **Strategische Risiken**, z.B. akute Gefährdung wichtiger Wettbewerbsvorteile,
- **Marktrisiken**, z.B. konjunkturelle Absatzmengenschwankungen,
- **Finanzmarktrisiken**, z.B. Zins- und Währungsveränderungen,
- **rechtliche und politische Risiken**, z.B. Änderungen der Steuergesetze,
- **Risiken aus Corporate Governance**, z.B. unklare Aufgaben- und Kompetenzregelungen,

- **Leistungsrisiken** der primären Wertschöpfungskette und der Unterstützungsfunktionen, z.B. Kalkulationsfehler oder Ausfall der EDV.

Diese einzelnen Risiken eines Unternehmens können sehr verschiedenartig sein, wie die folgenden Beispiele zeigen: Nachfragerückgang - Feuerschaden - neue Wettbewerber - Forderungsausfall - Produkthaftungsfälle - Zinsanstieg - technologische Änderungen - Substitutionsprodukte - steigende Personalkosten - Arbeitsunfälle - Krankheit des Inhabers - Qualitätsprobleme - Streik - Kündigungen - Zahlungsverzögerungen usw.

Alle für ein Unternehmen wesentlichen Risiken werden in einem Risikoinventar zusammengefaßt, das für die einzelnen Risiken Ursachenbereich („Risikofeld"), Wirkung und eine Relevanzbeurteilung, in die Eintrittswahrscheinlichkeit und quantitative Auswirkungen einfließen, angibt.

Risiko	Risikofeld	Wirkung	Bewältigung	Relevanz
Neue Wettbewerber	S/M	U/EP	weitere Intensivierung des Vertriebs	4
Abhängigkeit von XYZ AG	M	U	Vertragsgestaltung, Intensivierung des Vertriebs	4
Haftpflichtschäden b. Kunden	L	AoE	Optimierung des Versicherungsschutzes	4
Kalkulationsfehler	L	U/K	Organisatorische Maßnahmen	3
Absatzpreisschwankung	M	U	Selbst tragen	3
Zinsänderungen	F	FBE	Vereinbarung Zins-Cap, geringere Duration im Portfolio	3
Anstieg der Tariflöhne	M	Kfix	Selbst tragen	3
Ausfall der Tectron-Anlage	L	U	Redundante Auslegung	2
wachstumsbed. Eigenkapitalmangel	S	EP	Thesaurierung von Gewinnen	2
Übernahme Muster GmbH	F	FBE	Due Diligence	2
Fehlende Kompetenz	S	EP	Verkauf des Geschäftsfeldes	2
Motivationsproblem im Vertrieb	G	EP/U	stärker erfolgsabhängige Entlohnung	2
Imageprobleme durch Unfall	S	EP	Notfallplan erarbeiten	2

Risikofelder:				Wirkung:			
S	Strategisches R	L	Leistungsr	EP	Erfolgspotential	Kfix	Fixe Kosten
M	Marktr.	G	R. aus Corporate Governance	U	Umsatz	FBE	Finanz- u. Beteiligungsergebn.
F	Finanzmarktr.	R	Rechtl/gesellschaftl/polit. R.	Kvar	Variable Kosten	AoE	Außerordentliches Ergebnis

Abb. 8.11 Risikoinventar

Ein solches Risikoinventar sollte ein Existenzgründer für seine Gründungskonzeption (vgl. Kapitel 6) bereits vor Durchführung der eigentlichen Existenzgründung erstellen, um die Risiken ebenso wie die Ertragsaussichten bewerten zu können. Dabei sind den „Kernfragen eines strategischen Risikomanagements" besondere Beachtung zu schenken. Ein Risikoinventar, das um Hinweise über vorgesehene Risikobewältigungsmaßnahmen ergänzt ist, kann zudem als Hilfsmittel für die Gespräche mit den Kreditinstituten eingesetzt werden. Es hilft, die bestehenden Informationsasymmetrien abzubauen.

8.7.2 Risikoaggregation

Zielsetzung der Risikoaggregation ist die Bestimmung des Gesamtrisikoumfangs („Risk exposure") der Unternehmung sowie der relativen Bedeutung der Einzelrisiken. Dabei sind Wechselwirkungen der Risiken – durch Risikosimulationsverfahren – explizit zu berücksichtigen. Hierzu werden die Wirkungen der Einzelrisiken im Kontext der im Unternehmen genutzten Planungsmodelle (z.B. Plan-G&V) integriert, was die Verbindung zwischen Risikomanagement und „traditioneller" Unternehmensplanung ermöglicht. Gerade bei Existenzgründungen sind dem an sich sehr wertvollen Verfahren der Risikoaggregation durch die typischerweise recht geringe Menge fundierter quantitativer Daten über die einzelnenen Risiken gewisse Grenzen gesetzt.

Das geeignetste Verfahren zur Risikoaggregation stellt die Risikosimulation („Monte-Carlo-Simulation") dar[235]. Hierzu werden die Wirkungen der Einzelrisiken in einem Rechenmodell des Unternehmens, beispielsweise den entsprechenden Posten der GuV oder Bilanz, zugeordnet. Solche Risikowirkungen werden durch Wahrscheinlichkeitsverteilungen beschrieben. In unabhängigen Simulationsläufen wird mit Hilfe von Zufallszahlen ein Geschäftsjahr mehrere tausend Mal durchgespielt und jeweils eine Ausprägung der GuV oder Bilanz berechnet.

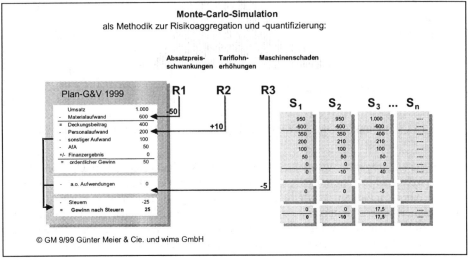

Abb. 8.12 Risikoaggregation und -quantifizierung

---

235 Vgl. GLEIßNER und MEIER (1999). Anzumerken ist, daß für eine erste, einfache Abschätzung der Risikosituation auch die traditionelle Szenario-Simulation – z.B. Betrachtung des „worst-case" – zur Anwendung kommen kann.

Damit erhält man in jedem Simulationslauf einen Wert für die betrachtete Zielgröße (z.B. Gewinn, Cash-flow oder Unternehmenswert). Durch das Simulationsverfahren wird somit das komplexe Problem der analytischen Aggregation einer Vielzahl unterschiedlicher Wahrscheinlichkeitsverteilungen durch eine numerische Näherungslösung ersetzt.

Aus den ermittelten Realisationen der Zielgrößen ergeben sich aggregierte Wahrscheinlichkeitsverteilungen. Aus diesen kann der Value-at-Risk, als ein Höchstschaden, der mit beispielsweise 95 %iger Wahrscheinlichkeit nicht überschritten wird, ermittelt werden. Durch Sensitivitätsanalysen ist es weiterhin möglich, die wesentlichen Einflußfaktoren (Einzelrisiken) auf die Zielvariablen zu bestimmen.

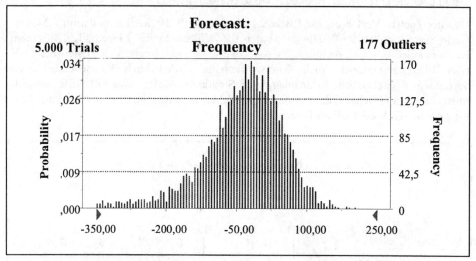

Abb. 8.13 Dichtefunktion des Gewinns als Ergebnis einer Monte-Carlo-Simulation

Durch die Aggregation werden risikoadjustierte Kapitalkosten (WACC) oder durch Risiken verursachte „Streuungsbänder" der zukünftigen Cash-Flows ermittelt, was letztlich zu einer fundierten Beurteilung der Zuverlässigkeit und einer Verbesserung der unternehmerischen Planungen beiträgt. Insbesondere läßt sich auch der für die Berechnung der Kapitalkosten erforderliche Eigenkapitalbedarf jedes Unternehmensbereichs, der sich unmittelbar aus dessen Gesamtrisikoumfang ableiten läßt, bestimmen.

Mit diesem Verfahren ist so auch möglich, die Angemessenheit der Eigenkapitalquote eines bestehenden oder neu zu gründenden Unternehmens zu beurteilen. Das Verfahren bietet einen grundlegenden Vorteil gegenüber traditionellen Rating- und Bonitätsprüfsystemen (vgl. z.B. BAETGE, 1999). Während die traditionellen Systeme nur die Risikodeckungsfähigkeit eines Unternehmens gestützt auf Jahresabschlußdaten bewerten, wird hier auch der Risikoumfang – beispielsweise die Nachfrageschwankungen – in die Betrachtung mit einbezogen. Hier ergeben sich interessante Ansatzpunkte für eine Weiterentwicklung der Kreditwürdigkeitsprüfsysteme der Banken sowie die Chance auf eine fundiertere und damit letztlich auch „fairere" Beurteilung von Unternehmen und speziell auch von Existenzgründern.

8.7.3 Risikobewältigung

Ein Unternehmen ganz ohne Risiko ist in der Realität nicht denkbar. Es genügt aber nicht, Risiken nur zu analysieren. Es müssen auch geeignete Maßnahmen getroffen werden, die Risikoposition des Unternehmens zu optimieren – nicht zu minimieren, weil dadurch gleichzeitig auf Gewinnchancen verzichtet würde. Grundsätzlich gibt es dabei mehrere Strategien zum Umgang mit Risiken (Risikobewältigung):

- Risikovermeidung (z.B. Meiden eines besonders „gefährlichen" Geschäftsfelds),
- Risikoreduzierung durch
    - ursachenorientierte Minderung der Eintrittswahrscheinlichkeit (z.B. redundante Auslegung wichtiger Maschinen) oder eine
    - wirkungsorientierte Minderung der Schadenshöhe (z.B. Substitution fixer durch variable Kosten; Outsourcing),
- Überwälzen von Risiken (z.B. durch Versicherungen, geeignete Verträge mit Lieferanten),
- Risiko selbst tragen (und Schaffung eines adäquaten Risikodeckungspotentials, i.d.R. in Form von Eigenkapital- und Liquiditätsreserven).

Allgemein gilt folgender allgemeiner Grundsatz des Risikomanagements: Das Risikodeckungspotential – also insbesondere das Eigenkapital – eines Unternehmens sollte dem vorhandenen, selbst zu tragenden Risikoumfang entsprechen.

Wie zu sehen ist, beschränkt sich Risikomanagement dabei nicht auf das Abschließen von Versicherungen. Zum Teil kann es sogar sinnvoll sein, auf Versicherungen zu verzichten und eine Verlustgefahr, aber damit eventuell auch eine Gewinnchance selbst zu tragen. Auf konkrete Maßnahmen zur gezielten Beeinflussung des Risikoumfangs eines (neuen) Unternehmens wird in Abschnitt 8.8 noch näher eingegangen.

8.7.4 Organisatorische Gestaltung von Risikomanagementsystemen und Monitoring

Wirksames Risikomanagement erfordert die Einbeziehung aller Mitarbeiter und die Verankerung in den Geschäftsprozessen des Unternehmens. Durch die sich ständig ändernden Umweltbedingungen verändert sich auch permanent die Risikosituation des Unternehmens. Das Risikomanagementsystem hat daher durch organisatorische Regelungen – insbesondere eine klare Verantwortungszuordnung – sicherzustellen, daß Risiken frühzeitig identifiziert sowie regelmäßig bewertet und kommuniziert werden.

Die Elemente eines „Risikohandbuchs", das die wesentlichen organisatorischen Regelungen zum Risikomanagementsystem zusammenfaßt, sind typischerweise:

- Risikopolitik und Limitsystem,
- Verantwortlichkeiten im Risikomanagement,
- Prozeß der Risikoidentifikation,
- Prozeß der Risikobewertung und Risikoüberwachung,
- Berichtswesen.

8.8 Maßnahmen zur Optimierung der Risikoposition

Wie bereits ausgeführt sollte das Risikodeckungspotential eines Unternehmens (primär das Eigenkapital) dem selbst zu tragenden Risikoumfang (Risikoposition oder RiskExposure) entsprechen. Nicht die Minimierung des Risikos, sondern die Optimierung des Chancen-Risiko-Profils ist also anzustreben, weil Unternehmertum ohne Risiko undenkbar ist. Im Rahmen eines strategischen Risikomanagements ist dabei auf eine ausgewogene Ausprägung von Markt-, Leistungs-, Kosten- und Finanzstrukturrisiko hinzuwirken.

Auch durch die strategische Kombination verschiedener Tätigkeitsfelder mit unterschiedlichen, unabhängigen Risikofaktoren (niedriger Korrelation) kann das Gesamtunternehmensrisiko – und damit auch die Kapitalkosten – gesenkt werden.

Nicht alle Risiken lassen sich aber vollständig eliminieren, ohne schwerwiegende Einbußen bei der Ertragskraft zu verursachen; speziell seine „Kernrisiken" muß ein Unternehmen selbst tragen. Jedes fundierte Risikomanagement erfordert daher die Abschätzung der Konsequenzen risikoreduzierender Maßnahmen auf die Ertragskraft, also speziell die freien Cash-flows, und letztlich auf den Unternehmenswert. Insbesondere ist deshalb auch zu prüfen, welche Methoden der Risikobewältigung – und speziell des Risikotransfers – am günstigsten sind. Gerade Existenzgründer, deren Eigenkapitalquote nicht sehr hoch ist, sollten intensiv nach Möglichkeiten der Risikoreduzierung suchen und möglichst nur die unvermeidlichen „Kernrisiken" selbst tragen.

Die folgenden Abschnitte zeigen beispielhaft wichtige Ansatzpunkte für die Reduzierung des Unternehmensrisikos in den einzelnen Funktionsbereichen der Unternehmen:

8.8.1 Finanzieller Bereich

Checkliste zur Risikoreduzierung im Finanzbereich:
- Erhöhung des Eigenkapitals durch Einlagen der bisherigen Gesellschafter oder neuer Gesellschafter (z.B. auch Kapitalbeteiligungsgesellschaften),
- Vermeiden der Abhängigkeit von nur einem Kreditinstitut,
- langfristige Finanzierung aller langfristig im Unternehmen verbleibenden Aktiva,
- Vermeiden von Bürgschaften, Verlustübernahmeverträgen, Darlehen an andere Unternehmen, Wechselrisiken etc.,
- ausreichende Liquiditätsreserven/freie Kreditlinien sind immer sicherzustellen,
- Verkauf nicht betriebsnotwendiger Bestandteile des Anlagevermögens (z.B. Grundstücke) zur Tilgung von Schulden,
- Abbau der Kapitalbindung im Umlaufvermögen (Forderungen aus Lieferung und Leistung, Vorräte) durch eine verbesserte betriebswirtschaftliche Planung und Organisation (Mahnwesen, Lagerhaltungsplanung, Bestellwesen),
- kritische Prüfung vor einer Investition, ob diese tatsächlich im geplanten Umfang und sofort nötig ist (Branchenvergleichszahlen nutzen),
- Reduzierung des Anteils fixer Kosten durch Reduzierung der Fertigungstiefe und „Outsourcing" von Randaufgaben (Konzentration auf „Kernkompetenzen"),
- Unwiederbringliche Ausgaben („sunk costs") – wie z.B. Kosten für den Aufbau von Markennamen, sehr unternehmensspezifische Investitionen – sind mit besonderer Sorgfalt zu planen, da diese bei einem Marktaustritt in der Regel verloren sind,
- Schaffung eines ausreichenden Versicherungsschutzes für wesentliche Risiken, wie Haftpflichtschäden (z.B. Produkthaftpflicht), Betriebsunterbrechung oder Sachschäden (z.B. durch Feuer).

- Absicherung gegenüber Marktpreisschwankungen (z.B. Zinsen, Währungskurse oder Rohstoffpreisschwankungen) durch Derivate (Optionen, Futures).

8.8.2 Marketing

Checkliste zur Risikoreduzierung im Marketing:

- Aufgabe oder Verkauf unrentabler Geschäftsfelder (bzw. von Geschäftsfeldern ohne Wettbewerbsvorteile),
- Vermeiden der Abhängigkeit von nur einem Produkt oder einem Geschäftsfeld,
- Reduzierung der Abhängigkeit von wenigen Kunden oder wenigen Lieferanten,
- Vermeiden von Preiswettbewerb durch eine wirksame Differenzierung von den Wettbewerbern,
- regelmäßige Marktbeobachtung zur Früherkennung von Änderungen in Kundenwünschen, Technologien oder Konkurrenzverhalten („Frühwarnsystem").

8.8.3 Organisation, Mitarbeiter, Führung, Planung

Checkliste zur Risikoreduzierung im Bereich der Organisation, Führung und Planung:

- Aufbau eines funktionierenden Führungsinformationssystems,
- Aufbau eines internen Kontrollsystems,
- regelmäßige Beauftragung eines unabhängigen Unternehmensberaters mit einer kompletten Unternehmensanalyse (Vermeiden von „Betriebsblindheit"),
- Sicherstellen der Vertret- und Ersetzbarkeit jedes Mitarbeiters,
- Aufbau eines dokumentierten Risikomanagementsystems mit regelmäßigen Risikoberichten für die Unternehmensführung (inkl. internes Kontrollsystem),
- Erstellung und risikoorientierte Analyse fundierter Geschäftspläne,
- organisatorische und funktionale Trennung der Stellen zur Durchführung und zur Überwachung risikosensitiver Tätigkeiten im Unternehmen (z.B. Treasury),
- klare Kompetenz- und Unterschriftenregelungen; „Vier-Augen-Prinzip" und
- Regelungen für die systematische Vorbereitung wichtiger unternehmerischer Entscheidungen.

8.9 Zusammenfassung der wesentlichen Aspekte

Eine moderne, wertorientierte Unternehmensführung fördert die bewußte Auseinandersetzung mit strategischen und operativen Risiken. Risikomanagement soll unternehmerische Initiativen, Innovationen und Wachstum nicht verhindern, sondern mithelfen, Gewinnpotentiale realistisch einzuschätzen und zu verwirklichen. Ein derart verstandenes Risikomanagement wird die Wettbewerbsfähigkeit des Unternehmens verbessern und den Unternehmenswert steigern. Gerade für Existenzgründer ist es von entscheidender Bedeutung, vor der endgültigen Entscheidung über die Unternehmensgründung sich der damit verbundenen Risiken klar zu werden. Zusammenfassend lassen sich folgende Aufgaben der Entrepreneure – speziell Existenzgründer – im Kontext des Risikomanagements anführen:

- Risiken sind ebenso wie die zukünftig erwarteten Erträge Bestimmungsfaktoren des Unternehmenswertes; und der Unternehmenswert ist ökonomischer Maßstab für die Beurteilung des Erfolgs eines Unternehmens oder einer Gründungskonzeption.
- Alle maßgeblichen Risiken der Existenzgründung bzw. des geplanten Unternehmens sind zu identifizieren und zu bewerten.
- Es ist zu entscheiden, welche „Kernrisiken" das Unternehmen selbst tragen muß und welche peripheren Risiken an andere (z.B. mittels Versicherung) übertragen werden können.
- Der Umfang des erforderlichen Risikodeckungspotentials – das Eigenkapital – ist in Abhängigkeit der ermittelten Risiken zu bestimmen.
- Die Risikosituation der Gründungskonzeption kann mit den finanzierenden Kreditinstituten diskutiert werden, um ungerechtfertigte Zuschläge bei den Kreditzinsen oder eine Ablehnung der Gründungskonzeption zu vermeiden.
- Ein der Risikosituation und der Unternehmensgröße adäquates Risikomanagementsystem sollte schließlich konzipiert und implementiert werden.

8.10 Anhang: Erläuterungen zur Fundamentalgleichung

Nachfolgend wird zur Verdeutlichung der angesprochenen Fundamentalgleichung der Zusammenhang zwischen Unternehmensrisiko, Kostenstruktur, Finanzierungsstruktur und Marktrisiko (d.h. Leistungsrisiken werden hier ausgeklammert) in einem einfachen (restriktiven) Modell etwas näher erläutert.

Betrachtet man als Maß für das Gesamtrisiko die Schwankungen der Eigenkapitalrendite (ΔEKR), die sich als Quotient der Gewinnschwankung (ΔG) zum Eigenkapital (EK) ergeben. EK bezeichnet das zu Beginn der Periode vorhandene Eigenkapital, das als konstant abgenommen wird. Die Gewinnschwankung (ΔG) läßt sich definitorisch als Differenz der Änderungen des Umsatzes (ΔU) und der Änderungen der Kosten (ΔK) ausdrücken. Erweitert man zudem den Nenner um die Bilanzsumme (BS), also die Summe des für den laufenden Geschäftsbetrieb notwendigen Anlage- und Umlaufvermögens, so erhält man die folgende Gleichung:

(8.4) $$\Delta EKR = \frac{\Delta G}{EK} = \frac{\Delta U - \Delta K}{\frac{EK}{BS} \cdot BS}$$

Unter der Bedingung, daß die fixen Kosten konstant und risikolos sind, berechnen sich im einfachsten Fall die Kostenschwankung ΔK in Abhängigkeit einer Umsatzschwankung (ΔU) und des Anteils variabler Kosten am Umsatz ($k_{var}=K_{var}$/Umsatz) unter wie folgt:

(8.5) $$\Delta K = \Delta U \cdot \frac{K_{var}}{U}$$

Bei dieser vereinfachenden Darstellung wurde nicht zwischen Absatzmengen- und Absatzpreisschwankungen differenziert; letzteres wurde vernachlässigt.

Setzt man zudem für die anfängliche Eigenkapitalquote, also den Quotienten Eigenkapital zu Bilanzsumme, EKQ und den – ebenfalls vereinfachend – als konstant betrachteten Kapitalumschlag - KU (= Umsatz/Bilanzsumme) ein, so erhält man folgende Gleichung für ΔEKR:

(8.6) $$\frac{\Delta U - \Delta K}{\frac{EK}{BS} \cdot BS} = \frac{\Delta U - \Delta U \cdot \frac{K_{var}}{U}}{EKQ \cdot \frac{U}{KU}} = \frac{\Delta U \cdot \left(1 - \frac{K_{var}}{U}\right) \cdot KU}{EKQ \cdot U} = \frac{\Delta U}{U} \cdot \frac{KU}{EKQ} \cdot \left(1 - \frac{K_{var}}{U}\right)$$

Wie die Fundamentalgleichung aufzeigt, ist die Schwankung der Eigenkapitalrendite als Maß für das Gesamtrisiko somit von Marktrisiko (ΔU/U), Kostenstruktur (k_{var}) und Finanzierungsstruktur (EKQ sowie KU) abhängig.

Löst man diese Gleichung nach EKQ auf, so erhält man eine Soll-Eigenkapitalquote, die geeignet ist, die Verluste durch einen absatzmengenbedingten Umsatzrückgang ΔU (einer Periode) eben noch aufzufangen.

8.11 Literatur

Amit, R.; Wernerfelt, B., 1990, Why Do Firms Reduce Risk?, in: Academy of Management Journal, 1990, Vol. 33, S. 520-533.

Baetge, J., 1999, Bilanzanalyse, IDW-Verlag, Düsseldorf.

Budd, J.L., 1993, Charakterizing risk from the strategic management perspective, Kent State University.

Deutsche Bundesbank, 1998, Monatsbericht Oktober 1998, Jg. 50, Nr. 10, Frankfurt/Main.

Engler, J.; Scholich, M., 1998, Unternehmensführung auf der Basis eines umfassenden Shareholder Value-Management, in: Betriebs-Berater, 13/1998, S. 684-688.

Franke, G.; Hax, H., 1999, Finanzwirtschaft des Unternehmens und Kapitalmarkt, 4., neu bearb. u. erw. Aufl., Springer, Berlin.

Fröhling, O.; 2000, KonTraG und Controlling, Vahlen, München.

Füser, K.; Gleißner, W., 2000, Neue Perspektiven: Entwicklung integrierter interner Kreditrisikomodelle, in: Kreditpraxis, 2/2000, S. 25-28.

Füser, K.; Gleißner, W.; Meier, G., 1999, Risikomanagement (KonTraG) – Erfahrungen aus der Praxis, in: Der Betrieb 15/1999, S. 753-758.

Gleißner, W., 2000a, Risikopolitik und Strategische Unternehmensführung, in: Der Betrieb, 33/2000, S. 1.625-1.629.

Gleißner, W., 2000b, Faustregeln für Unternehmer – Leitfaden für strategische Kompetenz und Entscheidungsfindung, Gabler-Verlag, Wiesbaden.

Gleißner, W., 2001, „Wertorientierte Strategische Steuerung"; in: Gleißner, W.; Meier, G. (Hrsg.), „Handbuch Risikomanagement für Industrie und Handel", Gabler-Verlag, Wiesbaden, erscheint 2001.

Gleißner, W.; Füser, K., 2000, Moderne Frühwarn- und Prognosesysteme für Unternehmensplanung und Risikomanagement, in: Der Betrieb, 19/2000, S. 933-941.

Gleißner, W.; Meier, G., 1999, Risikoaggregation mittels Monte-Carlo-Simulation, in: Versicherungswirtschaft, 13/1999, S. 926-929.

Gleißner, W.; Meier, G., 2000, Risikomanagement als integraler Bestandteil der wertorientierten Unternehmensführung, DSWR, Januar 2000, S. 6-10.

Gleißner, W.; Weissman, A., 2000, „Future Value", Firmenbroschüre des Future Value Instituts, www.futurevalue.de.

Hermann, D.C., 1996, Strategisches Risikomanagement kleiner und mittlerer Unternehmen, Köster, Berlin, Dissertation Universität Leipzig.

Lorson, P., Shareholder-Value-Ansätze, in: Der Betrieb 26/1999, S. 1.329-1.339.

Sharpe, W., 1970, Capital Asset Prices: A Theory of Market Equilibrium under Conditions of Risk, in: Journal of Finance, 19/1964, S. 425-442.

Sharpe, W., Portfolio Analysis and Capital Markets, McCraw Hill, New York.

Steiner, M.; C. Bauer, 1992, Die fundamentale Analyse und Prognose des Marktrisikos deutscher Aktien, in: Zeitschrift für betriebswirtschaftliche Forschung, 4/92, S. 347-368.

TEIL IV: DER STAAT ALS ENTREPRENEUR

Ulrich Blum

9. Standortwettbewerb und staatliche Förderung

9.1 Einordnung in das Entrepreneurship

Zwei Ansatzpunkte existieren, um Förderprogramme im Rahmen des Entrepreneurships zu betrachten:

1. Der Staat kann selbst als Entrepreneur auftreten – nämlich genau dort, wo er sich als Standortproduzent am Wettbewerb beteiligt. Alle Facetten unternehmerischen Handelns können dieser Tätigkeit zugeordnet werden, und da dabei in erheblichem Maße regionale Konkurrenzstrukturen existieren, ist derartiges Handeln ordnungspolitisch meist völlig unproblematisch. Im Extremfall kann jedoch – im Sinne einer BERTRAND-Konkurrenz – ein „race to the bottom" auftreten.

2. Der Staat kann im Rahmen der Wirtschaftspolitik durch Förderprogramme selektieren. Hier stellt sich die Frage, ob sein Handeln nicht ein Anmaßen von Wissen (HAYEK, 1945) darstellt, das er tatsächlich nicht besitzt, weshalb ein hohes Risiko des Fehlschlags besteht, das vor allem mit zunehmender Spezifität der Förderung wächst. Damit stellt sich die Frage, wie offen derartige Förderprogramme sein müssen, um nicht privatwirtschaftliche Anreize und Selektionsmechanismen zu zerstören – auch in dem Sinne, daß die Förderung des einen die Insolvenz des anderen verursacht.

Oft vermischen sich beide Aspekte, weil der Staat versucht ist, seine Wettbewerbsposition nicht nur über die Aufwertung der Qualität des Standorts (beispielsweise verfügbare Ressourcen, Vorhandensein von Netzwerken, politische Stabilität) sondern auch über Ansiedlungshilfen zu verbessern. Die Möglichkeiten des Staats als Standortproduzent werden im folgenden Abschnitt vertieft; seine Bedeutung als Förderer wird Gegenstand der anschließenden Abschnitte sein. Dabei gilt ein besonderes Augenmerk der Tatsache, daß Förderpolitik einen Teil der Strukturpolitik darstellt.

9.2 Der Staat als Standortproduzent

9.2.1 Standorte als Ergebnis hoheitlichen Handelns

Als Folge seiner hoheitlichen Funktionen ist der Staat in der Lage, Standorte zu produzieren (BÖKEMANN, 1982), d.h. entsprechende Flächen im Rahmen der Raumordnung, der Flächennutzungsplanung und Bebauungsplanung auszuweisen. Meist sind derartige Standortaktivitäten der kommunalen Ebene zugeordnet, durch die Vergaben von Fördermitteln und deren Bindung an bestimmte Kriterien besitzten aber die Landes-, die Bundes- und die EU-Ebene eine kraftvolle Möglichkeit des Einwirkens.

Standorte können vor allem innerhalb des Bund-Länderprogramms „Gemeinschaftsaufgabe zur Verbesserung der regionalen Wirtschaftsstruktur" (kurz GA) gefördert werden, wenn bestimmte Kriterien hinsichtlich ihres schließlichen Betriebsbesatzes erfüllt sind. Hierzu zählen vor allem, daß eine Belegung weitgehend mit Betrieben erfolgt, die einen überregionalen Absatz besitzen. Die Förderung schließt die Verkehrserschließung und den Anschluß bzw. erforderlichenfalls die Bereitstellung oder Erweiterung der Ver- und Entsorgungsinfrastruktur ein.

Außerhalb dieser staatlich geförderten Standorte, die aus Gründen der staatlichen Intervention nur in begrenzter Konkurrenz stehen, ist es den Kommunen unbenommen, weitere Standorte aufgrund eigener Initiative zu erschließen. Hier kann sich sehr schnell eine hohe Konkurrenzintensität dann ergeben, wenn das regionale Angebot die Nachfrage übersteigt. Zur Finanzierung bieten sich diverse Modelle an – beispielsweise Immobilienfonds und/oder Betreibermodelle.

Die Qualität eines Standorts hängt auch von der Einbettung in weitere Infrastrukturen, von der die Zentralität der Gemeinde oder von der nächsten Stadt im Verbund des Zentrale-Orte-Systems ab. Insbesondere Verkehrsinfrastrukturen und Zentralitätsinfrastrukturen (Bildungseinrichtungen, ansiedlungsrelevante Behörden) besitzen eine hohe Bedeutung (BLUM 1982a, 1982b; BLUM, HAYNES, KARLSSON, 1997).

9.2.2 Die Vermarktung von Standorten

Die Aktivitäten zur Vermarktung von Standorten gleichen in vielen Fällen denen des Marketing, wobei zu beachten ist, daß stets ein Mix aus körperlichem Gut (dem Standort selbst) und den auf ihn bezogenen Dienstleistungen existiert.

Einige besondere Aspekte sollen hier hervorgehoben werden:

1. Die Verfügbarkeit der für den Betrieb aus einem bestimmten Sektor erforderlichen harten Standortfaktoren ist eine notwendige Bedingung, aber sie ist, wie die tägliche Anschauung bestätigt, nicht hinreichend. Ohnehin stellt sich die Frage, ob Unternehmen als Standortoptimierer zu sehen sind. Dies mag bei ausreichender Planungsfähigkeit für Erstansiedlungen großer Unternehmen oder Betriebe gelten, erscheint aber für mittlere Unternehmens- und Betriebsgrößen eher als eine unrealistische Annahme. Hier und bei Verlagerung ist vielmehr oft festzustellen, daß Handlungsweisen jenseits eines Rationalitätspostulats möglich sind. So weisen manche Verlagerungen bestehender Unternehmen oder Betriebe darauf hin, daß die Bedingungen am alten Standort ein bestimmtes Maß an Unerträglichkeit gewonnen haben muß, bevor die Planung der Umsiedlung einsetzt.

2. Weiche Standortfaktoren sind oft Auslöser für Ansiedlungen; hierzu zählen kulturelle Faktoren ebenso wie ein qualifiziertes Standortmanagement. Untersuchungen (siehe auch Kapitel 10) belegen, daß hier erhebliche Lücken bestehen, weil oft der Standortmanager nicht weiß, was der Ansiedler wissen will und wo dessen Interessenschwerpunkte liegen.

3. Bei vorhandenen und belegten Standorten ist ein regionales Risikoinventar aufzustellen, das folgende Fragen betrachten sollte:

Welche Standortfaktoren sind als hart und welche als weich anzusehen? Wie relevant sind die harten für eine konkrete Ansiedlung, in welchem Umfang stellen die weichen relevante Auslöser für Standortentscheidungen dar?

- Wie steht es mit der technologischen Position meiner Betriebe?
- Wie ist die Fortführung der Betriebe langfristig personell gesichert?
- Wie sieht der Investitionszyklus aus, wann ist eine Abwanderung möglich?

Wie eng verklammert eine Netzwerkstruktur die Unternehmen und Betriebe untereinander und schließt dabei auch andere Institutionen (Schulen, Hochschulen, sonstige Forschungseinrichtungen) im Sinne einer kreativen Region ein?

Schließlich sind Standorte keine Inspektionsgüter, deren Eigenschaften sofort mit Besichtigung offenkundig sind, sondern Erfahrungsgüter, d.h. die Eigenschaften werden erst langsam mit der Nutzung bekannt. Diese sogenannte Informationsasymmetrie begründet erhebliche Unsicherheit beim Investor, weshalb ihm beispielsweise mit folgenden Aktivitäten geholfen werden kann:

- Nennung zufriedener Kunden, d.h. bereits angesiedelter Betriebe, als Referenz: Derartige Angaben erlauben die Überprüfung, in welchem Umfang in der Region ein „entrepreneurial spirit" vorhanden ist und welche Qualität den Netzwerkstrukturen zukommt. Wenn einem Standort schließlich der Ruf einer Marke zukommt, dann weist dies auf ein kreatives, aber stabiles Umfeld hin.

- Durchführung einer regionalen Verflechtungsanalyse (Input-Output-Analyse), die deutlich macht, welche Schlüsselsektoren die Region treiben. Damit ist es möglich zu überprüfen, welche quantitative Bedeutung der regionale Betriebsbesatz besitzt, welche Abhängigkeiten existieren und welche Nischen offen sind.

Schlüsselsektoren besitzen eine nachfrageseitige und eine angebotsseitige Dimension. Einerseits können nämlich bestimmte Branchen durch die fehlende Ersetzbarkeit ihrer Produkte eine zentrale Bedeutung in der Leistungsverflechtung entlang der Wertschöpfungskette gewinnen (früher Stahl, heute Chips), andererseits existieren Sektoren, die eine überdurchschnittliche Nachfrage nach Vorleistungen auf sich vereinen (beispielsweise die Baubranche). Die Beispiele zeigen, daß auch Schlüsselsektoren der wirtschaftlichen Entwicklung unterworfen sind, weshalb Standortproduktion und Standortpflege als kontinuierliche Prozesse begriffen werden müssen (BLUM, 1986).

9.3 Ziele und Instrumente der Strukturpolitik

9.3.1 Regionale und sektorale Strukturpolitik

Die Ausführungen des vorangegangenen Unterabschnitts haben deutlich gemacht, daß der Staat selbst – als Standortproduzent – wirtschaftliche Schwerpunkte setzen und damit gestalten kann. Darüber hinaus ist er in der Lage, auf betrieblicher Ebene einzelne Branchen oder bestimmte Gruppenstrukturen zu fördern; hier spielt vor allem die Mittelstandspolitik zugunsten von Industrie und Handwerk eine bedeutende Rolle.

Damit besteht das relevante Problem darin, die theoretisch „richtigen" Sektoren und Regionen und Gruppenstrukturen im Rahmen einer Förderung zu treffen. Es wird versucht, eine Zielgenauigkeit über Indikatorensysteme zu erreichen. Im Falle der sektoralen Förderung sind dies

- definierte Schlüsselsektoren, bei denen von „Leuchtturmeffekten" ausgegangen werden kann, wobei hier insbesondere zukunftsweisende Technologien Bedeutung besitzen,

9.3. Ziele und Instrumente der Strukturpolitik

- Sektoren mit hohen Absatzweiten, weil diese keine lokalen Verdrängungseffekte erzeugen.

Bei der Regionenabgrenzung existieren drei grundsätzliche Verfahrensweisen für eine aus Gründen einer praktikablen Regionalpolitik notwendige Zusammenfassung von Raumpunkten zu Regionen, nämlich:

- Einem **Homogenitätsprinzip** folgend kann sie homogene Regionen ausweisen, die hinsichtlich bestimmter Ausprägungsmerkmale Ähnlichkeiten aufweisen (z.B. als Ballungsraum oder als Entleerungsraum).

- Einem **Funktionsprinzip** entsprechend können Räume für bestimmte Aufgaben ausgewiesen werden, beispielsweise Naherholung.

- Einem **Verflechtungsprinzip** folgend werden funktionale Gebietseinheiten ausgewiesen, die durch einen hohen Grad an Interaktion auf Basis einer ausgewählten Stromgröße gekennzeichnet sind. Konkret faßt man Regionen derart zusammen, daß die Interaktion innerhalb der Region maximal, die zwischen denselben minimal wird.

Wichtig für die später zu diskutierende regionale Förderpolitik ist, daß die Regionalabgrenzung konsistent zu den Defiziten bzw. den Förderansätzen der Region erfolgt. Arbeitsmärkte sind sinnvollerweise nach der Pendlerverflechtung derart abzugrenzen, daß die Verflechtung in einer Region maximal, zwischen den Regionen minimal ist; dann ist es gelungen, Wohn- und Arbeitsstätten bestmöglich zu vereinen. Für die Wirtschaftsförderung sind die zu bezeichnenden Defizite sauber zu beschreiben und entsprechende homogene Regionen auszuweisen. Werden diese über die Arbeitslosigkeit abgegrenzt, dann erlaubt dies noch nicht zwingend, auf Defizite zu schließen, die durch Wirtschaftspolitik zu beheben sind. Hohe Beschäftigungszahlen bei gleichzeitig starker Arbeitslosigkeit können nämlich Folgen eines erheblichen Beschäftigungsdrucks sein, der eher soziokulturell bedingt ist – und dann würde eine Förderung des Abbaus der Arbeitslosigkeit versuchen, nicht mehr ein gesellschaftliches Problem sondern ein individuelles Verhalten zu korrigieren. Als besser erscheint es dann, pro-Kopf-Produktionsleistungen oder pro-Kopf-Produktionspotentiale als Indikatoren zu verwenden.

Die Begünstigung bestimmter Gruppenstrukturen, also die quantitative Aufteilung in kleine, mittlere und große Unternehmen bzw. Betriebe, muß als Wirtschaftspolitik mit hohem interventinistischem Grad angesehen werden. Typisch ist der Versuch, die Verteilung der Unternehmens- und Betriebsgrößen in einer Branche zu beeinflussen. Beispiele aus der Förderpolitik sind

- die Mittelstandspolitik, d.h. die Förderung ganz bestimmter Unternehmensgrößen,

- die Gründerpolitik, d.h. die Förderung des Markteintritts neuer Unternehmen.

Diese Politik wird im wesentlichen legitimiert wegen bestimmter Nachteile, die dem Mittelstand zuerkannt werden, beispielsweise fehlender Netzwerkexternalitäten oder der Erfordernis, die Dynamik des Markts durch Förderung der Gründungen zu beleben.

Darüber hinaus werden Markteintrittshemmnisse als Begründung erwähnt, die vor allem die KMU treffen.

9.3.2 Legitimation des Staatseingriffs in der Strukturpolitik[236]

Wirtschaftspolitische Eingriffe des Staates dienen einmal dem Ziel, ökonomisch effiziente Allokationen zu ändern, die mit den gesellschaftspolitischen Vorstellungen nicht übereinstimmen. Typisch hierfür ist die Einkommensumverteilung durch das Steuer- und das Sozialsystem.

Darüber hinaus wird mittels des Eingriffs versucht, Ineffizienzen zu verringern, d.h. eine Strategie des Zweitbesten zu fahren, indem durch gezielte Eingriffe die Wohlfahrtsverluste, die auftreten würden, weil bestimmte Optimalitätsvoraussetzungen für einen Wettbewerbsmarkt nicht vorhanden sind, verringert werden. Derartige Situationen werden häufig durch Rationalitätsfallen ausgelöst, bei denen die Summe der individuellen Rationalitäten kollektiv irrational ist. Auslöser hierfür sind beispielsweise öffentliche Güter, bei denen der Nutzen nicht teilbar und der Ausschluß unmöglich oder unwirtschaftlich ist (der individuelle Beitrag wäre irrational, solange er nicht von allen erfolgt – wenn dies aber nicht gewährleistet werden kann, beispielsweise durch Zwang, wird Trittbrettfahren sinnvoll) oder Koordinationshemmnisse, weil das Sinken des Preises nicht zur Verringerung des Angebots sondern dessen Ausweitung führt, weshalb der Preis weiter fällt, bis der Markt verschwindet oder seine Wettbewerbsfähigkeit einbüßt (Landwirtschaft). Aber auch politische Fehlentscheidungen können Rationalitätsfallen erzeugen, beispielsweise das automatische Anknüpfen der Förderung an einen wirtschaftlichen Tatbestand: Weshalb soll der Unternehmer in der Rezession investieren, wenn er weiß, daß in Kürze ein Konjunkturprogramm aufgelegt wird. Reduzieren aus dieser Motivation heraus alle Unternehmen ihre Investitionen, dann wird die Krise noch schärfer, das Ankurbelungsprogramm noch nötiger. Kommt es dann, werden die geplanten Maßnahmen verbilligt realisiert – ein Paradebeispiel für Mitnahmeeffekte ergibt sich, und die zusätzlichen Effekte fallen gering aus.

Diese Aussagen gelten insbesondere auch für die Strukturpolitik. Zunächst dient auch sie allgemeinen wirtschaftspolitischen Zielen, nämlich

1. dem **Wachstumsziel**; hierunter wird die Mobilisierung der Ressourcen in unterbeschäftigten Regionen verstanden, um deren konjunkturelle und strukturelle Anfälligkeit zu verringern. Schwierigkeiten entstehen hierbei infolge der starken staatlichen Förderung der Ballungsgebiete (Infrastrukturbau, sozialer Wohnungsbau, usw.), die periphere Gebiete benachteiligt, so daß, als Kompensation, Subventions- und andere

---
[236] Siehe zur Vertiefung BLUM (2000a), insbesondere Kapitel 16.

9.3. Ziele und Instrumente der Strukturpolitik

Anreizmechanismen durch den Staat geschaffen werden, um eine passive Sanierung der Regionen durch Abwanderung von Ressourcen zu verhindern, die letztlich für den Gesamtstaat teurer wird.

2. dem **Stabilisierungsziel**; damit sollen stabile Arbeitsmärkte und Einkommenserzielungsmöglichkeiten gewährleistet werden. Insbesondere in peripheren Regionen ist eine derartige Politik oft schwer zu verwirklichen, weil Headquarterfunktionen fehlen, die durch ihre Bedeutung ein wirtschaftlich stabiles Umfeld garantieren, und die verlängerten Werkbänke der Zentralen in wirtschaftspolitisch schwierigen Zeiten als erste ausgedünnt bzw. geschlossen werden.

3. dem **Ausgleichsziel**; dieses leitet sich aus den grundgesetzlichen Bestimmungen nach gleichwertigen Lebensverhältnissen ab, wobei dies keine Nivellierung bedeutet. Insbesondere impliziert es nicht gleiche Einkommensniveaus.

In der sektoralen Strukturpolitik – und über die Verteilung der Sektoren im Raum auch in der regionalen Strukturpolitik – lassen sich Erhaltungs-, Anpassungs- und Gestaltungsziele unterscheiden:

- **Erhaltungsziele** können sich auf Branchengröße, -struktur, -organisation oder -anteile beziehen. Sie stellen reaktive Maßnahmen der Strukturpolitik dar. Sie bergen das erhebliche Risiko, innovativen Gütern die Entwicklungschancen zu zerstören, und sind auch vor dem Hintergrund des EU-Beihilferechts als problematisch anzusehen.

- **Anpassungsziel** kann die Beschleunigung oder Verzögerung der Strukturentwicklung im Hinblick auf Größe, Struktur, Organisation oder Anteile sein. Oft wird allerdings aus verzögerter Anpassung Erhaltung. Anpassungsverzögerung ist grundsätzlich reaktive Strukturpolitik und ähnlich problematisch wie die Erhaltungspolitik.

- Die **Gestaltungspolitik** stellt zunächst eine antizipative Strukturpolitik dar und greift damit gestaltend in die Sektorstruktur ein, um ein avisiertes Leitbild zu verwirklichen. Die imperative Planungsintensität liegt damit sehr hoch, ebenso auch das Risiko des Scheiterns infolge von Fehlprojektionen. Im vorwettbewerblichen Bereich werden sinnvolle Ansätze gesehen.

Zu den Instrumenten zählen zum einen die klassischen fiskalischen Maßnahmen, also Subventionen, Transfers, Steuern und Zölle, und marktorganisatorische Maßnahmen der Regulierung, also die Organisation von Ausnahmebereichen, Strukturkrisenkartellen, Kontrahierungszwängen und Maßnahmen der Qualitätsregulierung. Heute zählt die Deregulierung gleichermaßen zu den marktorganisatorischen Maßnahmen.

Zu erwähnen ist schließlich auch noch die Förderung bestimmter Funktionen von Forschung und Entwicklung bis zur Marktdurchdringung. Sie sind für den Entrepreneur deshalb bedeutsam, weil sie direkte Auswirkungen auf die eigenen Kosten ausüben und im Rahmen der Konkurrenzanalyse wegen Verschiebungen der Wettbewerbsposition zu beachten sind.

9.4 Die einzelbetriebliche Förderung

9.4.1 Ziele

Die Förderung auf Betriebs- oder Unternehmensebene dient einer Reihe von Zielen, die sich teilweise überschneiden, nämlich

- der Verbesserung der technologischen Basis,
- dem Erhalt einer differenzierten Gruppenstruktur,
- der Mobilisierung von Wachstumsreserven bzw. Setzen von Wachstumsimpulsen,
- der Verbesserung der Chancen bestimmter Beschäftigungssegmente im Arbeitsmarkt einschließlich der Arbeitslosen,
- der Förderung des Absatzes und der Absatzweite, vor allem im Sinne der Globalisierung,

um nur die wichtigsten zu nennen. Ein Teil dieser Ziele wird untersetzt durch instrumentelle Ziele, das sind Ziele, die zugleich Mittelcharakter besitzen, beispielsweise der Förderung des Mittelstands und der Unterstützung von Gründungen (Bezug zu den beiden ersten Ziele) oder der Intensivierung der Kooperation und der Netzwerkbildung. Typische „reine" Instrumente sind fiskalischer Natur (als Zulagen, Zuschüsse, verbilligte Kredite, Steuererleichterungen) oder nehmen Einfluß auf die Marktorganisation (durch den Aufbau von Kooperationsbörsen, Kontrahierungshilfen).

Es wäre praktisch, könnten den Zielen die richtigen Instrumente eindeutig zugeordnet werden, was aber in der Praxis meist scheitert. In der Tat besteht ein Problem der praktischen Wirtschaftspolitik darin, daß mehrere Mittel einem Ziel dienen können und sich die Wirkungen des Einsatzes eines Mittels in der Regel nicht nur auf ein Ziel beschränken (lassen). Manche Instrumente fördern ein Ziel, schaden aber einem anderen, was die Politik dann in Entscheidungsnot bringt (so dies rechtzeitig bekannt ist).

9.4.2 Die staatliche Förderung als Anreizproblem bei Informationsasymmetrie

Staatliche Förderung bedeutet, daß Mittel ausgereicht werden, um ein als relevant erachtetes Ziel zu erreichen. Zentrales Problem hierbei ist, daß nur schwer kontrolliert werden kann, inwieweit der Einsatz staatlicher Mittel gerechtfertigt ist oder ob die Mittel richtig verwendet werden.

9.4. Die einzelbetriebliche Förderung

1. Der Standortproduzent könnte eine schwere regionale Krise vortäuschen, um zu rechtfertigen, weshalb er keine Ansiedlungserfolge melden kann – tatsächlich aber hat er sich nicht hinreichend bemüht – diese Informationsasymmetrie begründet ein Prinzipal-Agent-Problem (siehe hierzu auch Abschnitt 10.2).
2. Das Unternehmen könnte übertrieben hohe Kosten für die Einführung einer neue Technologie in Ansatz bringen, um die Fördersumme aufzublähen.
3. Die neue Investition wird seitens des Staats gefördert, tatsächlich liegt aber weitgehend ein Ersatz bisheriger Anlagen bzw. deren Verschiebung zwischen verschiedenen Standorten vor.

Derartiges Verhalten kann den Tatbestand des Betruges erfüllen, und es existiert eine Fülle von Beispielen, die belegen, daß der Anreiz zu unkorrektem Verhalten angesichts der Verifizierungsprobleme erheblich ist. Offensichtlich bestehen Probleme immer dann, wenn der in Leitungsbefugnis stehende (bzw. Geld ausreichende) Prinzipal schlechter informiert ist als der Agent vor Ort. Die Erstellung anreizkompatibler Förderanträge und -verträge, die ein derartiges unmoralisches Verhalten verhindern, zählt zu den wichtigsten „unternehmerischen" Aufgaben des staatlichen Fördermanagements.

Zwei Anforderungen scheinen geeignet, das Fördersystem grundlegend zu verbessern:

1. Die Festlegung qualitativer Anforderungen, die direkt instrumentellen Zielcharakter besitzen. Wenn beispielsweise gewünscht wird, daß das Wachstumsziel über synektische Kombinationen, d.h. über Innovation mittels Hybridisierung[237] aus unterschiedlichen Bereichen erzielt werden soll, dann kann dies dadurch gewährleistet werden, daß die Mindestanforderungen an Kooperationen von Runde zu Runde erhöht werden. Von der Kooperation von Unternehmen zu Fachhochschule zur Kooperation mit einer Technischen Universität, zur Kooperation mit Unternehmen oder Forschungseinrichtungen aus anderen Technologiebereichen, zur Kooperation mit dem Ausland.
2. Ziel muß es letztlich sein, Mitnahmeeffekte so weit wie möglich zu reduzieren und bezogen auf die staatlich eingesetzten Mittel eine möglichst hohe Hebelwirkung bezüglich der privaten Mittel zu erzielen. Dann bietet es sich an, die Fördermittel zu versteigern. Der Staat könnte erforderliche Gewichtungen setzen, indem er die Auktionen nach Gruppen organisiert, die hinsichtlich Struktur und Förderzielen homogen sind.

---

237 In der neuen Wachstumstheorie findet die Hybridisierung von Wissen, d.h. das Gewinnen neuer Produkte aus bereits Bekanntem, oft scheinbar nicht Zusammengehörigem, eine immer größere Bedeutung; vgl. WEITZMAN 1996.

9.4.3 Mitnahmeeffekte und rent-seeking

Rationale Wirtschaftssubjekte sind in der Lage, durch Kenntnis von Systemzusammenhängen Wirtschaftspolitik dann systematisch zu neutralisieren, wenn diese regelgebunden erfolgt, d.h. der Instrumenteneinsatz im Hinblick auf Zeitpunkt, Art und Intensität durch Auslösebedingungen bekannt ist. Die Theorie der rationalen Erwartungen postuliert, daß durch derartige Verfahrensweisen die Fähigkeit des Staats, Wirtschaftspolitik zu betreiben, ad absurdum geführt wird. Im schlimmsten Fall gelingt sogar ein Ausbeuten des Systems. Wenn beispielsweise ein Gesetz für Zeiten der wirtschaftlichen Rezession dem Staat die Durchführung eines Ankurbelungsprogramms vorgibt, in dem Zuschüsse und Abschreibungsvergünstigungen für Investitionen vorgesehen sind, dann wird jeder rationale Unternehmer alle Investitionsprojekte zurückstellen, bei denen dies möglich ist, um in den Genuß der Vergünstigungen zu gelangen, was die Rezession zunächst sogar noch verschlimmert.

Dieses Handeln besitzt den Reiz, daß der Aufwand gering, der Ertrag aber hoch liegt, weshalb eine erhebliche Versuchung besteht, anstelle über das Wettbewerbssystem durch derartiges, weit billigeres Handeln Gewinne zu vereinnahmen. Man bezeichnet diesen Vorgang als rent-seeking. Renten sind demzufolge Erträge aus Ressourcen, die deren **Opportunitätskosten** übersteigen. Sie können auf natürliche Weise im Preissystem entstehen, beispielsweise als erwünschte Monopolrente auf Zeit eines Innovators (sogenanntes profit-seeking), häufig sind sie die Folge einer Staatstätigkeit, die sich in hohem Maße in den Wirtschaftsablauf einmischt.

Beim rent-seeking steht also die Begünstigung eines Produktes, eines Sektors oder einer Handlung im Vordergrund, die nicht Folge einer innovativen Qualität ist. Im Bereich des Entrepreneurships ist insbesondere das Erzwingen von Förderpolitiken durch politischen Druck und Lobbying zu nennen. Dies kann vor allem dann fatal wirken, wenn dadurch der Wettbewerb geschwächt wird. Denn dieser besteht aus Sicht SCHUMPETERs (1912) aus dem Innovations- und dem Transferprozeß. Während „neue Kombinationen" auch gegen den Willen alteingesessener Konkurrenten geschaffen werden können, läßt sich der Übergang von Marktanteilen verhindern, so daß das bessere Produkt nicht in den Markt eindringen und das schlechtere Produkt verdrängen kann. Dies geschieht beispielsweise über Einkaufspolitiken des Staats, über Einfuhrzölle (falls das innovative Produkt aus dem Ausland kommt) oder über direkte Beihilfen, letzteres oft mit dem Ziel, das Freisetzen von Arbeitnehmern zu verhindern.

Rent-seeking stellt letztlich immer eine Umverteilung zu Lasten anderer dar, schließlich zuungunsten des Konsumenten. Ab einer bestimmten Belastungshöhe kann es sinnvoll werden, sich durch intelligentes Handeln dieser Belastungen zu entledigen, d.h. rent-avoidance zu praktizieren. Selten funktioniert dies über den politischen Abstimmungsmechanismus, häufiger durch Abwanderung: So kann man sich der Beitragslast des öffentlichen Rentensystems beispielsweise durch Selbständigkeit entledigen. Des weiteren läßt sich rent-evasion praktizieren, indem man versucht, durch alternativen Ressourceneinsatz der Belastung zu entgehen: Um zu verhindern, über die Ökosteuer auf Heizöl das soziale Rentensystem mitfinanzieren zu müssen, wird eine Holzpelletheizung errichtet.

Soll einzelbetriebliche Förderung nicht zum rent-seeking verkommen, dann erscheint es sinnvoll, solche Regelbindungen zu vermeiden, die Mitnahmeeffekte besonders stark auslösen. Zugleich ist das Problem der Prüfung, ob die Förderungsbedingungen vorliegen, vor dem bekannten Problem, ob der Wissensstand des Staats dafür eigentlich ausreicht, zu hinterfragen.

9.4.4 Der regionale Ansatz

Die GA-Förderung[238] stellt eines der wesentlichen Instrumente zur Herstellung gleichwertiger Lebensverhältnisse nach Art. 72 Abs. 2 GG dar, indem sie versucht, Einkommen und Beschäftigung in benachteiligten Regionen anzuheben. Ihre Bedeutung für die Standortproduktion wurde schon in Abschnitt 10.2 beleuchtet. Gebunden ist sie an das Primäreffektkriterium, d.h. die Fähigkeit des Betriebes, überregionalen Absatz zu erzielen, um zusätzliche Finanzmittel in die Region zu lenken, die diese in die Lage versetzt,

- Importe zu bezahlen, d.h. eine defizitäre Leistungsbilanz zu reduzieren bzw. zu schließen,
- Investitionen anzuregen,
- Einkommen zu steigern.

Der letztgenannte Punkt ist deshalb von Interesse, weil ein Betrieb mit überregionalem Absatz bezogen auf das Lohnniveau mit weltmarktfähigen Technologien arbeiten muß. In der Regel wird eine internationale, evtl. sogar eine „best practice"-Technologie einsetzen, weshalb er erhöhte Löhne zahlen kann. Dann ergibt sich eine Lohnkonkurrenz, die auch die Anbieter regionaler Güter dazu zwingt, ihre Produktivitäten anzuheben.

Die einzelbetriebliche Förderung dient vor allem dem Zweck der Errichtung, Erweiterung, Modernisierung, Rationalisierung und Verlagerung von Betriebsstätten bzw. der Rettung von Betriebsstätten, die von einer Stillegung bedroht sind. Sie ist nur insoweit erfolgreich, als der Strom von Fördermitteln nicht das regionale Preissystem zerstört. Wenn nämlich die Nachfrage nach Gütern die eigenen Produktionsmöglichkeiten übersteigt, besteht das Risiko eines Anziehens des Preisniveaus. Der Kaufkraftüberhang hat für die Preise überregional (international) handelbarer Güter keine Folgen wegen der Möglichkeit einer internationalen Nachbeschaffung; bei lokalen Gütern liegt jedoch ein begrenztes Angebot vor, weshalb erst die Preise und dann die Löhne ansteigen. Der

---

238 Vgl. hierzu auch die entsprechenden gesetzlichen Grundlagen sowie DEUTSCHER BUNDESTAG (1999).

Exportsektor gerät hierdurch doppelt unter Druck – einmal durch ungünstige Preise vor Ort für Vorleistungen, zum anderen durch die Lohnstruktur. Dadurch besteht die Gefahr einer endogenen Desindustrialisierung. Deutlich wird dies bei massiven Ansiedlungshilfen – die lokale Bauindustrie kann erst die Preise, dann die Löhne anheben, wodurch der Anreiz, in einer Branche zu arbeiten, die dem internationalen Wettbewerb ausgesetzt ist, sinkt.

9.4.5 Theorie der Exportbasis

Ziel des Standortplaners in strukturschwachen Regionen ist es, die Produktion an die Nachfrage heranzuführen, d.h. Wachstumspotentiale zu aktivieren, um Leistungsbilanzdefizite zu verringern. Letztere entstehen in einem wirtschaftlich differenzierten Staatswesen immer dann, wenn bestimmte Mindestniveaus der Lebensverhältnisse politisch definiert sind, die aber von der regionalen Produktion nicht bereitgestellt werden können. Derartige Abweichungen zwischen regionalen Produktions- und Nachfrageniveaus sind bei kleinräumiger Regionalabgrenzung typisch: Der Produktionsstandort besitzt einen Wertschöpfungsüberhang, die Einkaufs- und Schlafstadt einen Nachfrageüberhang. Bei großräumiger Abgrenzung können vor allem periphere Regionen oder altindustrielle Wirtschaftsräume benachteiligt sein. Dann versucht die Wirtschaftsförderung, durch die Ansiedlung exportintensiver Betriebe die entsprechende Produktionslücke zu schließen. Die nachfolgende Tabelle zeigt dies im Falle Ostdeutschlands. Der Produktion von knapp 390 Mrd. DM steht eine Nachfrage von etwas über 582 Mrd. DM gegenüber. Die Differenz bildet das Defizit, das gedeckt wird durch Transfers, vor allem der Sozialversicherung und innerhalb des Finanzausgleichs (etwa 3/5), und durch Kapitalimporte. Setzte man die Konsumnachfrage als Referenzwert und bildete man aus den westdeutschen Verhältniszahlen die entsprechenden fiktiven ostdeutschen Größen, dann erhielte man die Struktur in der rechten Spalte. Der zeilenweise Vergleich macht deutlich, daß – im Sinne des Aufholprozesses – ein überhöhter Konsum vorliegt und daß vor allem die Produktion um etwa 25 % wachsen muß, um den Anschluß an westdeutsche Normalverhältnisse geschafft zu haben. Diese Produktion muß aber weitgehend außerhalb Ostdeutschlands verkauft werden.

9.4. Die einzelbetriebliche Förderung

Tab. 9.1   Leistungsbilanz Ostdeutschlands, 1998 (BLUM, SCHARFE 2001)

Mrd. DM	1998 – tatsächlich	1998 – fiktiv
Produktion (GDP)	389,40	495,34
Nachfrage	582,83	493,86
• Privater Konsum	284,33	284,33
• Öffentlicher Konsum	118,24	95,6
• Investitionen	180,27	113,93
Leistungsbilanz	-193,43	1,48

Unterstellte man, daß langfristig etwa 10 % der gegenwärtig in Ostdeutschland Arbeitslosen in den Produktionsprozeß integriert werden können bzw. sollen, dann würde das auf dieser Basis eine zusätzliche Produktion von etwa 45 Mrd. DM bedingen. Weitere rund 50 Mrd. DM an Produktion wären über eine erhöhte Produktivität abzusichern. Diese zusätzlich erforderliche Leistung von 105 Mrd. DM kann allerdings nicht in den lokalen Markt fließen bzw. muß, wenn sie es tut, Importe ersetzen.

Für die staatliche Politikplanung kann die Sachlage wie folgt formalisiert werden: Aus dem Modell der offenen Volkswirtschaft ist bekannt, daß sich die Ersparnis (S) aus der Summe von Nettoinvestitionen (I^n) und Außenbeitrag[239] (also dem Überschuß aus Export über den Import ($E-M$)) unter Berücksichtigung der Transfers (Z) ergibt:

(9.1) $\quad S = I^n + E - M + Z$.

Bei einem positiven Außenbeitrag fließt die Ersparnis in Nettoinvestitionen und in Auslandsanlagen (Gegenwert des Exportüberschusses). Im ostdeutschen Fall (oder auch einer beliebigen strukturschwachen westdeutschen Region) reichen die eigenen Ersparnisse nicht aus, um die erforderlichen Nettoinvestitionen zu speisen; Teile werden durch Transfers, Teile durch Kapitalimporte (da $E-M$ negativ ist) finanziert.

Durch Umstellung ergibt sich

(9.2) $\quad S - I^n = E - M + Z$.

Auf der linken Seite der Gleichung steht der Überschuß der volkswirtschaftlichen (regionalen) Ersparnis über die (inländischen) Nettoinvestitionen, auf der rechten Seite der Saldo der Leistungsbilanz. Der wesentliche Unterschied zur Betrachtung regionaler im

---

[239] $E-M$ enthält auf der Erlösseite die Einnahmen aus dem Güterexport sowie die Einnahmen aus Faktorzahlungen (Dividenden auf Auslandsbeteiligungen, Löhne für Arbeit im Ausland,...), auf der Importseite die Ausgaben für die Einfuhr der Industrie, den Konsum der Haushalte im Ausland (Urlaub) und die Faktorzahlungen an das Ausland.

Vergleich zu internationalen Verhältnissen ist nun der, daß Ungleichgewichte nicht durch entsprechende Korrekturen der klassischen drei „Schockabsorber" abgefangen werden können, als da sind

- Veränderungen der Währungsparitäten,
- Veränderungen der Kaufkraftparitäten,
- Veränderungen der Zinsparitäten.

In einem einheitlichen Währungsraum können fundamentale Unterschiede allenfalls durch verschiedene Entwicklungen der Kaufkraft ausgeglichen werden, und auch dies nur bei den lokalen Gütern (beispielsweise Immobilien, wie dies auch faktisch zu beobachten ist)[240], also den Gütern mit weitgehend lokalem Markt, weil ein Ausgleich dann durch andere Märkte nicht möglich ist. Lokale Güter sind vor allem Folge von Transportkosten (Bauwirtschaft, viele personengebundene Dienstleistungen), aber auch sehr spezifischer Geschmäcker („Präferenzen", beispielsweise für bestimmte regionale Lebensmittel), die damit nicht oder nur begrenzt in überregionaler Konkurrenz stehen. Sie stellen damit für den Entrepreneur ein zeitlich befristetes Potential dar.

Im Modell einer offenen Wirtschaft mit Staat können Export- und Importmultiplikator hergeleitet werden; für den Einkommenseffekt des Exportmultiplikators gilt (BLUM 2000, Kap. 7):

$$(9.3) \quad \Delta Y = \frac{1}{1 - b \cdot (1-d) - m + q} \cdot \Delta E,$$

wobei b die marginale Konsumquote, d die marginale Transferquote, m die marginale Investitionsquote und q die marginale Importquote ist. Diese Quoten liegen alle zwischen null und eins und geben an, um wieviel sich die jeweilige Größe, beispielsweise der Konsum, ändert, sobald das Einkommen wächst. ΔY und ΔE sind die Veränderungen des Volkseinkommens bzw. der Exporte. Sei nun die Veränderung der Leistungsbilanz ΔL gegeben durch (mit ΔM Importänderung):

$$(9.4) \quad \Delta L = \Delta E - \Delta M = \Delta E - q \cdot \Delta Y.$$

Setzt man die Gleichung (9.3) in (9.4) ein, so ergibt sich nach Umstellung:

$$(9.5) \quad \Delta L = [1 - \frac{q}{1 - b \cdot (1-d) - m + q}] \cdot \Delta E.$$

---

[240] In der Tat eignet sich der Indikator der Immobilienpreise sehr gut für die Analyse der regionalen Kaufkraft bzw. des regionalen Kaufkraftüberhangs. Hohe Preise für lokale Güter entsprechen einer Währungsaufwertung; vgl. GREINER, MAAß, SELL, 1994.

Den Ausdruck in der Klammer auf der rechten Seite bezeichnet man als die marginale Absorptionsquote, die angibt, in welchem Umfang zusätzliches Einkommen in der Region verbleibt. Diese Größe liegt in der Regel über null und unter eins. Wäre sie eins (d.h. $q=0$), dann würde zusätzliches Einkommen zu 100 % absorbiert, es flöße also nichts in Importe ab und der gesamte Exportüberschuß würde zur Verbesserung der Außenposition dienen. Wäre sie null, dann würden die Exporte entsprechend hohe Importe auslösen, so daß die Leistungsbilanz unberührt bliebe.

In der Außenhandelstheorie sähe man gerne, wenn eine geringe Absorption vorläge, weil dann die Folgen eines Exportschubs über zusätzliche Importnachfrage ausgeglichen würden. Tatsächlich liegt die Veränderung der Leistungsbilanz ΔL unter der Veränderung der auslösenden Exporterhöhung ΔE, weil der Einkommensmechanismus (der die Importe auslöst) nicht allein in der Lage ist, Störungen der Leistungsbilanz vollkommen zu kompensieren. Dieses Anpassungsproblem wird um so gravierender, je kleiner die marginale Importquote q und die marginale Konsumquote b sind, weil hierdurch der Ausgleichsmechanismus geschwächt wird: Genau dies ist aber für eine strukturschwache Region erwünscht: Wenn ein Nachfrageüberschuß über die Produktion von 200 Mrd. DM besteht und zusätzliche Exporte von 50 Mrd. DM auch zu neuen Importen (der Unternehmen oder Haushalte) von 50 Mrd. DM führten, wäre nichts gewonnen. Wenn aber das Geld aus dem Exportgeschäft nicht abfließt, dann steigt die Produktion und sinkt das Defizit.

9.5 Der Erfolg von Ansiedlungen in strukturschwachen Räumen

9.5.1 Kriterien des Ansiedlungserfolgs

Die Wirtschaftsförderung auf Grundlage des Exportbasiseffekts sieht einen Ansiedlungserfolg dann als gegeben an, wenn die Produktion mehrheitlich außerhalb eines Radius von 50 km abgesetzt wird und entsprechende Sekundäreffekte auftreten. Dies sind die zentralen notwendigen Bedingungen, um in Genuß einer Förderung zu kommen, sie sind aber nicht hinreichend: Zusätzliche Kriterien können hinzutreten. Dies betrifft einmal zusätzliche Ziele, die auch aus landes- und regionalpolitischen Gründen einbezogen werden, was teilweise auch zu einer Überfrachtung dieses Förderinstruments geführt hat. Zugleich ist eine Bewilligung von der Zustimmung der EU abhängig, die notifiziert werden muß, um vor allem wettbewerbliche Aspekte zu prüfen.

Hier sollen die genannten notwendigen Bedingungen präzisiert werden. Zwei Zielkriterien der Vorteilhaftigkeit einer Investition für die Region werden hier vorgetragen. Dabei wird unterschieden zwischen denen, die spezielle Relevanz aus Sicht einzelner Förderprogramme, insbesondere der GA-Förderung besitzen, und solchen, die sich aus allgemeinen wirtschaftspolitischen Überlegungen ableiten lassen.

1. Ziele mit Relevanz für die Gewährung von Fördermitteln: Hier geht es zunächst um den Nachweis, daß das Primäreffektkriterium erfüllt ist, d.h. daß die Ansiedlung die Exportbasis stärkt, wie dies oben beschrieben wurde.

2. Zusätzliche Ziele mit Relevanz für die Entwicklung einer strukturschwachen Region aus regionalwissenschaftlicher Sicht sollten dann Berücksichtigung finden, wenn eine Konkurrenz um knappe Fördermittel besteht. Relevant sind dann:

    - Nettoexportbasiseffekte: Es ist zusätzlich die Beschaffungsseite zu berücksichtigen, weil eine hohe regionale Wertschöpfungstiefe im Sinne der Differenz aus Absatz und Vorleistungen außerhalb der Region besonders bedeutsam ist.

    - Wettbewerbseffekte: Es ist zu überprüfen, wie die Investition die Lage auf den Märkten unter Wettbewerbsgesichtspunkten ändert, um nachzuweisen, daß Kompatibilität mit den ordnungsökonomischen Zielen besteht.

9.5.2 Verflechtungsanalyse und Schlüsselsektoren

Die volkswirtschaftliche Effizienzbetrachtung mittels der Multiplikatoranalyse erfaßt die Wirkung einer gegebenen Ausgabe, beispielsweise 1 DM für Bauleistungen oder Ausstattung mit Ausrüstungen bei der Ansiedlung bzw. Erweiterung eines Werks, oder 1 DM an dort gezahlten Löhnen, auf andere Wirtschaftssektoren. Dabei sollten die direkten und indirekten Effekte des Unternehmens in der Erstellungs- und in der Betriebsphase auf folgende volkswirtschaftliche Aggregate der Region bzw. eines Bundeslandes untersucht werden:

1. Bruttowertschöpfung,

2. Einkommen der Arbeitnehmer/Angestellten,

3. Einkommen der Arbeitgeber/Selbständigen,

4. Steuereinnahmen der öffentlichen Haushalte (Kommune und Land Sachsen),

5. Beschäftigung.

Der IAWW-Multiplikator, der auf der LEONTIEF'schen Input-Output Methode aufbaut (BLUM, 2000b), erlaubt es beispielsweise, durch ein für Sachsen erarbeitetes Input-Output-Modell für 29 Kreise und kreisfreie Städte sowie 58 Sektoren den Anstoßeffekt

9.5. Der Erfolg von Ansiedlungen in strukturschwachen Räumen

von Ausgaben nachzuweisen. Auf Grundlage von Tabellen für mehrere Jahre lassen sich sektorale Entwicklungsprozesse nachzeichnen.

Eine Ausgabe von 1.000 DM für Baumaßnahmen führte beispielsweise Mitte der neunziger Jahre in einer Region nördlich von Dresden zu einer Erhöhung der Bruttowertschöpfung um knapp 1.160 DM, heute nur noch um etwa 370 DM. Im Maschinenbau sanken die entsprechenden Werte für eine Ausgabe von 1.000 DM von 90 DM auf 50 DM. Auf der Ebene des Freistaats Sachsen fällt diese Abschwächung geringer aus – im Maschinenbau von 750 DM auf 620 DM –, weil die Veränderung der räumlichen Arbeitsteilung vor allem innerhalb des Freistaats abgelaufen ist, d.h. Aktivitäten abgewandert sind oder regional an anderen Standorten im Land konzentriert wurden. Schließlich ist die zusätzliche Wertschöpfung auch für das Steueraufkommen von Bedeutung. Pro zusätzlicher DM Wertschöpfung ergeben sich Steuern von etwa 0,18 DM.

Deutlich wird, in welchem Umfang vor allem die Bauwirtschaft mit ihrer hohen regionalen Fertigungstiefe profitiert. Weiterhin spielen die Löhne als Auslöser für weitergehende Wertschöpfung eine wichtige Rolle. Eine Umrechnung auf Arbeitsplätze erlaubt es dann abzuschätzen, welche zusätzliche Beschäftigung ausgelöst wird. In der Betriebsphase sind andere Sektoren als in der Bauphase begünstigt; insbesondere die Stabilität der Löhne erzeugt nachhaltig positive regionale Effekte, die dann höher liegen als in der Bauphase. Bei erfolgreichen Ansiedlungen mit einer Wertschöpfungstiefe zwischen 40 % und 60 % liegt das Verhältnis von direkt zu indirekt geschaffenen Arbeitsplätzen bei 1:2 bis 1:3; dies bedeutet, daß jeder Arbeitsplatz im Werk zwei bis drei Arbeitsplätze außerhalb garantiert. In der Regel kann man die Hälfte davon direkt über die Zulieferstruktur, also die Aufträge, die das Werk in der Region vergibt, identifizieren. Die andere Hälfte entsteht dann vor allem durch die Verausgabung der Löhne der Beschäftigten und der im Zulieferbereich Begünstigten.

Schließlich ist noch wichtig zu wissen, daß auch das Einkommen der Selbständigen angeregt wird. Diese nutzen den zusätzlichen Gewinn auch für Investitionen und modernisieren damit den regionalen Kapitalstock.

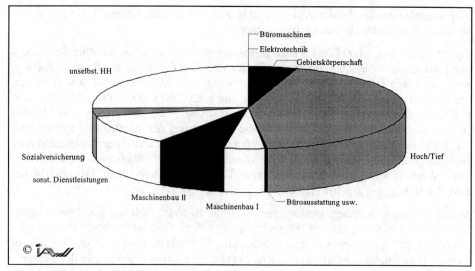

Abb. 9.1 Beispiel der Wertschöpfungstruktur in der Bauphase einer Betriebsstätte in Sachsen

Der Erfolg einer Ansiedlung bemißt sich aber nicht nur in zusätzlicher Wertschöpfung, Beschäftigung und einer Ausweitung der Investitionen; er führt auch zu weiteren Steuereinnahmen. Man könnte den staatlichen Zuschuß als Beteiligung sehen, die über Steuerrückflüsse verzinst und getilgt wird. Letztlich kann dies dazu führen, daß die Fördersumme innerhalb absehbarer Zeit durch zusätzliches Steueraufkommen finanziert wird. Eine Dauer von 10 Jahren liegt bei guten Ansiedlungen durchaus im Bereich des Möglichen. Damit kann die Fördersumme einer rentablen Investition gleichgestellt werden, was den Wirtschaftsförderer in die Position eines Anlegers stellt.

9.5.3 Fertigungsorganisation und indirekt geschaffene Beschäftigung

Veränderungen der sektoralen, räumlichen und organisationellen Arbeitsteilung haben Folgen für Multiplikatoreffekte und das Verhältnis der sekundären zu den primären Arbeitsplätzen, die oft als Kriterium der Förderfähigkeit angesetzt werden. Häufig werden durch die weltwirtschaftliche Integration lokale Wirkungen schwächer, weil Aktivitäten abgewandert sind oder regional an anderen Standorten konzentriert wurden. Darüber hinaus führt die Verminderung der Fertigungstiefe der Betriebe dazu, daß

9.5. Der Erfolg von Ansiedlungen in strukturschwachen Räumen

- die eigene Wertschöpfung, bezogen auf die Umsatzeinnahme, sinkt, d.h. der Betriebsmultiplikator schwächer wird, hingegen

- die Ausgaben für Leistungen vorgelagerter Produktionsstätten damit steigen müssen, weshalb der Ausgabenmultiplikator der Vorleistungen insgesamt (nicht zwingend in der Region) zunimmt.

Oben genannter Punkt führt zu erheblichen Problemen dann, wenn Fördertatbestände an konkreten Multiplikatoreffekten im Vorleistungsbereich (auch Verflechtungseffekte oder Sekundäreffekte genannt) festmachen. Dies sei am Beispiel einer PKW-Produktion in Tab. 9.2 deutlich gemacht, bei der alternative Organisationsstrukturen unterstellt werden:

Tab. 9.2 Wertschöpfungseffekte einer PKW-Produktion (fiktive Werte)

Aggregat	Organisationsform 1		Organisationsform 2	
	Wert (DM)	Multipl.	Wert (DM)	Multipl.
Wert PKW	100.000		100.000	
Wertschöpfung FS 1 des Unternehmens	*10.000*	*0,10*	*10.000*	*0,10*
Sekundäreffekte FS 1 durch Löhne	10.000	2,00	10.000	2,00
Wertschöpfung FS 2 des Unternehmens	*30.000*	*0,33*	*10.000*	*0,11*
Sekundäreffekte FS2 durch Löhne	30.000	2,00	10.000	2,00
Zukauf bei Dritten – Wertschöpfung	*60.000*	*1,00*	*80.000*	*1,00*
Sonstige Sekundäreffekte durch Löhne	60.000	2,00	80.000	2,00

Die Tabelle zeigt zwei Organisationsformen (OF) eines Unternehmens mit zwei Fertigungsstufen (FS): In der ersten Stufe wird in beiden Stufen eine Wertschöpfung von 10.000 DM erzielt, in der zweiten ergeben sich Unterschiede dadurch, daß ein Teil der Wertschöpfung des Unternehmens von OF1 nach OF2 ausgelagert („outsourct") wurde, sie sich somit von 30.000 DM auf 10.000 DM verringerte. Grundsätzlich wird davon ausgegangen, daß auf jeder Wertschöpfungsstufe die Hälfte der Bruttowertschöpfung aus Löhnen besteht (der Rest besteht aus Gewinnen und Abschreibungen), die dann zu Sekundäreffekten führen, die beim Doppelten der Löhne liegen; damit liegt dort der Multiplikator immer bei 2,0. Alle weiteren Vorleistungen werden bei Dritten zugekauft. Die Produktionsstufen sind in der Tabelle kursiv geschrieben.

Bezogen auf die Nachfrage, also den Wert des PKW, beträgt bei einer Wertschöpfung von 10.000 DM in der Endfertigung (FS1) der Wertschöpfungsmultiplikator 0,1 in der ersten Organisationsform. Diese Endmontage (FS1) tätigt Ausgaben von 90.000 DM im Konzern, von denen 30.000 DM eigene Wertschöpfung sind, 60.000 DM als Zukauf bei Dritten und damit Wertschöpfung aller weiteren vorgelagerten Stufen abfließen; damit wird ein Wertschöpfungsmultiplikator 0,33 erzielt. Faßte man beide Produktionsstufen im Unternehmen zusammen, ergäbe sich ein Wert von 0,40 (nämlich [10.000 + 30.000]:100.000). Dies macht deutlich, daß der Multiplikator nicht additiv ist. Die Konzernteile wiederum benötigen Vorleistungen im Wert von 60.000 DM. Dann liegt der Wertschöpfungsmultiplikator bei 1,00 infolge der Identität von Wertschöpfung und Käufen. Weiterhin unterstellen wir, daß die Hälfte der Wertschöpfung als Löhne ausbezahlt wird und zu Sekundäreffekten führt, so daß sich dann ein Wertschöpfungsmultiplikator von 2,00 ergibt. Faßte man aus Sicht des Unternehmens den Zukauf von Vorleistungen und alle sonstigen Sekundäreffekte zusammen, ergäbe sich eine externe Wertschöpfung von 160.000 DM bei Ausgaben von 60.000 DM und somit ein Multiplikator von 2,67.

Die Werte der zweiten Organisationsform in der rechten Doppelspalte zeigen deutlich die Konsequenzen der Verringerung der Fertigungstiefe. Aus Sicht der Endfertigung liegt bei Ausgaben von 90.000 DM im Konzern und einer eigenen Wertschöpfung von 10.000 DM – 80.000 DM gehen als Vorleistungen an Dritte – der Wertschöpfungsmultiplikator bei 0,11. Das Gesamtwerk hätte nunmehr einen Multiplikator von 0,20. Aus dessen Sicht läge der Multiplikator infolge einer externen Gesamtwertschöpfung von 180.000 DM bei Ausgaben von 80.000 DM bei 2,25.

Eine erhöhte Arbeitsteilung läßt somit den Multiplikator der einzelnen Einheit sinken, aber die Gesamtwirkung der originären Ausgaben bleibt unverändert und verteilt sich nur auf unterschiedliche Einheiten. Der Multiplikator sinkt infolge des Bezugs auf die bis zur verarbeitenden Stufe geschaffenen Werte ab. Bei Verwendung eines Wertschöpfungsmultiplikators zur Priorisierung von Ansiedlungsprojekten ist dieser Sachverhalt unbedingt zu berücksichtigen, d.h. die Art der Organisation muß ebenfalls in die Analyse einfließen. Anders gewendet: Da alle Wertschöpfung 100 % ist, muß eine Verringerung der Wertschöpfungstiefe automatisch die Ausgaben erhöhen, die bei anderen zu erhöhter Wertschöpfung führen und den Multiplikator nach oben treiben.

Diese Ergebnisse erscheinen ebenso vernünftig wie unproblematisch, solange keinerlei Umrechnung auf Arbeitsplätze erfolgt. Es sei nun aus Gründen der Vereinfachung angenommen, daß eine Wertschöpfung von 10.000 DM zu einem Arbeitsplatz pro Monat führt. Dann stehen in beiden Fertigungsstufen des Unternehmens in der ersten Organisationsform vier Arbeitnehmer, in der zweiten nur zwei. Die sekundäre Wertschöpfung führt zu 16 bzw. 18 Arbeitnehmern. Das Verhältnis indirekte zu direkte Arbeitsplätze wäre dann 4,00 bzw. 9,00 – ohne daß sich etwas geändert hätte. Plötzlich erschiene die zweite Organisationsstruktur gegenüber der ersten als weit förderfähiger, da sie die stärkeren Sekundäreffekte bei den Arbeitsplätzen gewährleistet. Dies macht deutlich, daß

9.5. Der Erfolg von Ansiedlungen in strukturschwachen Räumen 419

das Verhältnis direkt zu indirekt geschaffenen Arbeitsplätzen ohne Kenntnis der Organisationsstruktur eine problematische Maßzahl darstellt.

9.5.4 Räumliche Implikationen

Obiger Betrachtung fehlt die räumliche Komponente, d.h. die Verteilung der Aktivitäten auf Standorte. Wenn die Summe aller Wertschöpfung eines Guts über alle Standorte mit 100 % angesetzt wird, so folgt aus einer Verstärkung der Integration einer Volkswirtschaft, also der räumlichen Arbeitsteilung, daß Multiplikatoren am Standort sinken, weil andere Standorte profitieren. In sektoraler Sicht bedeutet dies, daß die Krisenfestigkeit steigt, weil meist nicht alle Branchen gleichzeitig von Nachfrageschwankungen betroffen sind. Eine Verstärkung der räumlichen Arbeitsteilung führt dazu, daß regionale Multiplikatorwerte absolut betrachtet sinken und die von größeren Teilräumen relativ bzw. sogar absolut steigen. Insofern kann die Abschwächung eines Multiplikators dann als unproblematisch angesehen werden, wenn ein Betriebsbesatz vorhanden ist, der dem Spezialisierungsmuster im Sinne der komparativen Vorteile entspricht und kein Leistungsbilanzdefizit vorhanden ist.

9.5.5 Marktintegration, Beschaffungs- und Absatzreichweite

Eine hohe Marktintegration impliziert ein weit gefächertes Beschaffungs- und Absatznetz. Will man jedoch den Wohlstand einer strukturschwachen Region anheben, so ist es von besonderem Interesse, eine möglichst hohe Wertschöpfung vor Ort zu erzielen, aber möglichst viel nach außerhalb der Region abzusetzen.

Eine frühere Untersuchung für Sachsen (BLUM et. al. 1998) zeigt deutlich, daß im „normalen" Verarbeitenden Gewerbe des Freistaates die (regionale) Entfernungsstruktur der Beschaffung weitgehend der des Absatzes entspricht, d.h. der echte Effekt bei der Verminderung des Leistungsbilanzdefizits liegt in den eigenen Wertschöpfungsanteilen, also vor allem den Löhnen.

Tab. 9.3 Die räumliche Beschaffungs- und Absatzstruktur sächsischer Betriebe des verarbeitenden Gewerbes im Jahr 1998 (Anteile in %)

Region	Beschaffung	Absatz
Sachsen	33	38
Sonstige Neue Bundesländer	15	25
Alte Bundesländer	38	24
Westeuropa	10	9
Osteuropa/GUS	2	1
Restliche Welt	2	3

Es ist nun möglich, derartigen Beschaffungs- und Absatzverteilungen die entsprechenden Zahlen eines konkreten Investments gegenüberzustellen, um zu prüfen, ob dieses besser oder schlechter als der Durchschnitt einzuordnen ist – was dann wieder eine Hilfe darstellt, wenn eine Priorisierung von Fördermitteln erforderlich wird.

9.5.6 Wirkungen der Förderung auf die Kapitalstruktur der Unternehmen

Während die Zulagen- und Zuschußförderung die Eigenkapitalbasis des Unternehmens stärkt, belasten Förderkredite tendenziell die Kreditlinie, so daß damit weitere Fremdfinanzierungen erschwert werden. Ohnehin erscheint fraglich, ob die Förderung mittels Krediten aus ordnungspolitischer Sicht sinnvoll ist. Unterscheidet man nämlich zwischen

- Gütern, die später allen verfügbar sind, beispielsweise Forschungsergebnissen bei der vorwettbewerblichen Technologieförderung, die schließlich veröffentlicht werden (öffentlichen Gütern),
- Gütern, die vor allem bei Verbundforschung, -entwicklung und -produktion nur dem Netzwerk zugute kommen (Clubgütern),
- Gütern, die nur das Unternehmen selbst nutzen kann (privaten Gütern),

so stellt sich dann die Frage, ob es gerechtfertigt ist, die beiden letztgenannten Güter noch mit öffentlichen Mitteln zu begünstigen – ob nicht Wagniskapital die bessere Form wäre, entweder für die Gruppe oder das Unternehmen, weil damit auch zusätzliche Elemente einbezogen werden, wie beispielsweise spezielles know-how, das der öffentliche

Fördermittelgeber kaum anbieten kann, und weil dies – im Gegensatz zu den an dieser Stelle oft vergebenen Krediten, die Kapitalstruktur verbessert – nicht belastet.

Inwieweit dies aber ein Hilfsmittel zur Förderung der Ansiedlung in strukturschwachen Räumen ist, mag bezweifelt werden. Dies liegt einmal daran, daß eine internationale Konkurrenz um Ansiedlungen der Wirtschaftsförderer kaum Wahlfreiheiten läßt. Darüber hinaus wäre zu prüfen, ob das Risiko einer Ansiedlung in der einmaligen Niederlassung am Standort liegt oder im laufenden Betrieb, wie dies weiter oben bereits thematisiert wurde. Sicher kann diese Frage nie vollständig beantwortet werden.

- Liegt das Risiko im Standort, so stellt sich die Frage, ob dieses überhaupt durch eine Ansiedlung überwunden werden kann. Müßten nicht – im Sinne der Standortproduktion – dann die Angebotsfaktoren verbessert werden. Alleinig dann, wenn der Standort durch die Ansiedlung eine wesentliche Veränderung seiner Qualität erfährt, wird ein öffentliches Gut erzeugt, daß es sich mit Zuschüssen und Zulagen zu belegen lohnt.
- Liegt das Risiko im Betrieb, dann ist der Staat zunächst nicht gefordert, dann ist privates Kapital viel besser geeignet, dem ökonomischen Kalkül zum Durchbruch zu verhelfen. Allerdings kann das Risiko einer nachhaltigen Standortschädigung durch Entvölkerung vor allem von Qualifizierten dazu führen, daß der Staat vor dem Hintergrund hoher Kosten, diesen Prozeß umzukehren, doch inteveniert.

In jedem Fall sollten Zuschüsse und Zulagen durch die irreversiblen Kosten begrenzt werden; dies stellt beim Unternehmen Wahlfreiheit her und ist auch unter Gesichtspunkten der Standortkonkurrenz angemessen.

9.6 Zusammenfassung wesentlicher Aspekte

Folgende Kernaussagen fassen die Ausführungen zusammen:

- Der Staat besitzt die Hoheit, Standorte zu schaffen – er ist also Standortproduzent. Wenn es keine schlechten Standorte gibt, sondern nur dem Standort fehlangepaßte Betriebe, dann besitzt die Öffentliche Hand den stärksten Hebel, regionale Entwicklung auszulösen und zu beeinflussen.
- Die Vermarktung von Standorten hat harte Standortfaktoren ebenso zu berücksichtigen wie weiche. Letztere gewinnen in einer Ökonomie, die zunehmend auf Diensten und Informationen aufbaut, erhöhte Bedeutung. Häufig erfolgt die Standortwahl nicht entlang eines Optimierungskalküls; vielmehr erwägen vorhandene Unternehmen die Verlagerung dann, wenn die Bedingungen am alten Standort unerträglich geworden sind. Bei Neuansiedlungen spielen positive Auslöser, beispielsweise das Bildungssystem, eine wichtige Rolle.

- Ein wichtiger erster Schritt der Standortproduktion ist das Finden einer „richtigen", d.h. problemadäquaten Regionalabgrenzung. Sie ist einmal erforderlich für die Analyse der wirtschaftlichen Lage und Entwicklung, zum anderen als Ausgangspunkt der Förderung.

- Der standortproduzierende Staat ist nicht klüger als der Markt und sollte daher durch seine Aktivitäten die Rahmenbedingungen verbessern, nicht Markt oder sogar Wettbewerb ersetzen. Dies gilt insbesondere für gestalterische Eingriffe – diese sollten sich auf den vorwettbewerblichen Bereich konzentrieren. Besonders ist auf die Folgen des Eingriffs für die Rationalität des Systems zu achten – häufig ergeben sich Rationalitätsfallen, die bestenfalls die Politik ineffizient werden lassen, schlimmstenfalls sogar Schaden anrichten.

- Für die Mobilisierung der Ressourcen stellt fehlende Infrastruktur also häufig einen begrenzenden Faktor dar. Aber auch andere Elemente – jenseits des Fördermitteleinsatzes – sind zu beachten, vor allem solche, die an die Region gebunden sind. So ist es wohl möglich, qualifiziertes Führungspersonal zu importieren, fehlende Markt- und Unternehmensorientierung öffentlicher Einrichtungen läßt sich jedoch weder kompensieren noch gegen andere Produktionsfaktoren oder Leistungen substituieren. Die Fähigkeit zur Standortgestaltung vor allem seitens der Kommunen muß auch vor dem Hintergrund der Geschwindigkeit des Wettbewerbsprozesses beachtet werden. So betragen die Kosten einer Verzögerung des Produktionsbeginns leicht ein Mehrfaches der gezahlten Zulagen oder Zuschüsse.

- Je markt- und wettbewerbsnäher der staatliche Eingriff ist, desto höher ist die Wahrscheinlichkeit, daß einseitig Begünstigungen zu Lasten der Allgemeinheit verteilt werden. Es kann für den Unternehmer individuell sehr rational sein, seine Anstrengung darauf zu konzentrieren, derartige Renten abzuschöpfen, sich nicht mehr auf den Leistungswettbewerb zu konzentrieren.

- Staatliche Förderung ist vor allem dort sinnvoll, wo die regionale Nachfrage – definiert über ein staatliches Gleichheitsprinzip und alimentiert durch einen Finanzausgleich – die Produktion überschreitet. Hier stellt die Unterstützung bestehender oder die Förderung neuer Betriebe mit Exportbasis, also überregionalem Absatz, eine wesentliche Strategie dar, einheitliche Lebensverhältnisse aus eigener regionaler Kraft zu erzeugen. Zugleich werden über die Außenmärkte und die Lohnkonkurrenz vor Ort dann auch die erhöhten Produktivitäten der Exportbasis auf die lokalen Anbieter übertragen – ansonsten verlören sie ihre Beschäftigten.

- Wichtiger Erfolgsmaßstab einer Ansiedlung ist insbesondere deren Fähigkeit, erhebliche Anstoßeffekte für die regionale Nachfrage auszulösen, d.h. die Nachfrage nach Vorleistungen und die Nachfrage infolge von Lohn und Gewinnzahlungen möglichst intensiv im „Schneeballsystem" (Multiplikatoreffekt) zu nutzen.

- Vor allem solche Ansiedlungen sind zu fördern, die vorher mobil, aber anschließend infolge von Standortirreversibilität („versunkenen Kosten") standortprägend sind und nur unter großen Kosten abwandern können. Kostenversenkende Unternehmen senden am Markt ein Verpflichtungssignal aus, das Verläßlichkeit für andere Ansiedlungen erzeugt.

- Wertschöpfungsquoten festzulegen, d.h. einen Mindestumfang eigener Wertschöpfung am Umsatz zu fordern, um Montagewerke auszuschließen, würde enthierarchisierte Liefernetzwerke gegenüber hierarchischen Betrieben diskriminieren. Gleiches gilt für undifferenzierte Anforderungen an das Verhältnis aus direkt zu indirekt geschaffenen Arbeitsplätzen. Weit wichtiger erscheint es, daß die Zulieferer einen relevanten Eigenabsatz, d.h. eine originäre Exportbasis besitzen, um auch bei ihnen die überregionale Wettbewerbsfähigkeit zu erzwingen, weil nur dann langfristig die regionale Wertschöpfung – unabhängig von der des einzelnen Betriebs – garantiert werden kann.

9.7 Literatur

Blum, U., 1982a, Regionale Wirkungen von Infrastrukturinvestitionen, v.Loeper-Verlag, Karlsruhe 1982.

Blum, U., 1982b, Effects of Transportation Investments on Regional Growth: a Theoretical and Empirical Investigation, Papers of the Regional Science Association 49, 169-184.

BLUM, U., 1986, Growth Poles and Regional Evolution, in: Jahrbuch für Sozialwissenschaft 37, 3 (pp. 325-353).

Blum, U., 1998, Leuteritz, A.; Lötsch, S.; Scharfe, S.; Veltins, M., 1998, Weiterentwicklung der Förderung nach der Gemeinschaftsaufgabe „Verbesserung der Regionalen Wirtschaftsstruktur" in Sachsen, Gutachten für das Sächsische Staatsministerium für Wirtschaft und Arbeit, Institut für Angewandte Wirtschaftsforschung und Wirtschaftsberatung, Dresden.

Blum, U., 2000a, Volkswirtschaftslehre, Oldenbourg, München, 3. Auflage.

Blum, U., 2000b, Die Gläserne Manufaktur: Die VW-Ansiedlung in Dresden, Wissenschaftliche Zeitschrift der Technischen Universität Dresden, erscheint demnächst.

Blum, U.; Haynes, K. E., Karlsson, C., 1997, The Regional and Urban Effects of High-Speed Trains, *Annals of Regional Science,* Vol. 31, No. 1, 1-20.

Blum, U.; Scharfe, S., 2001, Quo Vadis Ostdeutschland in: Zehn Jahre Deutsche Einheit, Bilanz und Perspektiven, Institut für Wirtschaftsforschung Halle, Nr. 2, S. 116-147.

Bökemann, D., 1982, Theorie der Raumplanung, Oldenbourg, München.

Deutscher Bundestag, 1999, 28. Rahmenplan der Gemeinschaftsaufgabe „Verbesserung der regionalen Wirtschaftsstruktur", Bundestagsdrucksache 14/373, 14. Wahlperiode.

Greiner, U.; Maaß, H.; Sell, F., 1994, „The East German Disease": Volkswirtschaftliche Anpassungsprozesse nach der Deutschen Einheit, *Zeitschrift für Wirtschaftspolitik*, Gustav Fischer, Stuttgart, S. 271-299.

Schumpeter, J., 1912, Theorie der wirtschaftlichen Entwicklung. August Rabe, Berlin (1952).

Weitzman, Martin L., 1996, Hybridizing Growth Theory in: American Economic Review, Vol. 86, S. 207-212.

Frank Leibbrand

10. Kommunen als Kreatoren eines gründerfreundlichen Klimas – eine empirische Untersuchung

10.1 Einordnung in das Entrepreneurship

Deutschland gilt im internationalen Vergleich als ein stark reguliertes Land. Nach dem Index der ökonomischen Freiheit der Heritage Foundation belegte Deutschland im Jahre 1998 nur noch den 24 Platz aller Länder, innerhalb der G7 nur vor Frankreich und Italien, innerhalb Europas hinter der Mehrzahl der Staaten. Haushalte und Unternehmen unterliegen einem dichten Regelwerk, so auch Neuansiedlungen bzw. Unternehmensgründungen. Die meisten von ihnen brauchen Ansiedlungsflächen, die nur von den Kommunen angeboten werden.

Würden die Kommunen nun extreme Hilfsbereitschaft signalisieren, so könnten sowohl Unternehmen aus anderen Regionen attrahiert werden als auch das lokale Existenzgründerklima äußerst positiv beeinflußt bzw. geschaffen werden. Neben der Attraktivität der Region beeinflussen die Kommunen über ihren Service natürlich auch direkt das unternehmerische Kalkül. So kann eine verzögert erteilte Baugenemigung sogar ganze Projekte unrentabel werden lassen. Aus diesen Gründen soll in diesem Beitrag vorgestellt werden, wie sich dieses Gründerklima auf seiten der Kommune messen läßt. Die Qualitätsbeurteilung der Wirtschaftsförderung mündet in einem Indikator, der in Anlehnung an die einschlägigen Tests von Restaurants als Kochmützenindikator bezeichnet wird. Der Kochmützentest wurde mit bayerischen und sächsischen Gemeinden durchgeführt und führte zu zwei Gutachten, deren methodische Ergebnisse hier zusammengefaßt werden.

Auch die BERTELSMANN STIFTUNG (2000a) beschäftigt sich in ihrem Schwerpunkt „Verwaltungsmodernisierung und lokale Demokratie" in vielfältiger Weise mit einem interkommunalen Leistungsvergleich mit den Zieldimensionen Auftragserfüllung, Kunden-, Mitarbeiterzufriedenheit und Wirtschaftlichkeit. Der Transfer der auf diesem Wege erkannten „Best Practice" steht im Vordergrund. Im Jahr 2000 untersuchte die Bertelsmann Stiftung in einem Gemeinschaftsprojekt mit IMPULSE und RWE AG/INFRAKOM GmbH[241] die Standortqualität des Service der wichtigsten Institutionen (Industrie- und Handelskammer bzw. Handwerkskammer, Banken, Arbeitsamt, Stadtverwaltung (Wirtschaftsförderung) etc.) in den 25 größten Städten Deutschlands aus der Sicht von Unternehmen mittlerer Größenordnung. Ziel war neben einer Signalwirkung die Transparenz der Servicequalität deutscher Wirtschaftsstandorte, die Entwicklung von Qualitätsstandards für wirtschaftsfördernde Institutionen, der Austausch von Erfolgsrezepten und die Hilfestellung für Unternehmen bei Ansiedlungsvorhaben. Befragt wurden 2.511 Unternehmen nach ihren Erfahrungen mit den Institutionen vor Ort bezüglich der Qualitätsindikatoren Erreichbarkeit, schnelle Reaktion, Fachkompetenz, Freundlichkeit. Außerdem wurde eine Gesamtnote vergeben. Äußerst interessant ist zunächst, wie die verschiedenen Institutionen von den Unternehmern vor Ort angesprochen werden. So sind die Industrie und Handelskammer (25,6 %), die Bank (16,9 %), das Arbeitsamt (15,4 %) und die Handwerkskammer (13,2 %) (siehe nachfolgende Tabelle) hauptsächlich an den Problemlösungen beteiligt. Die hier untersuchte Wirtschaftsförderung und Stadtverwaltung folgen erst auf den Rängen 5 und 6, wobei die Wirtschaftsförderung in einer enormen Spannbreite zwischen 0,5 % und 24,8 % und die Stadtverwaltung zwischen 0,9 % und 11,1 % aller Probleme vor Ort angeht. Auch die immense Notenschwankung für die Wirtschaftsförderung (Stadtverwaltung) zwischen 1,3 (1,5) und 3,7 (3,5) sowie der Anteil an nicht passenden Lösungen zwischen 0 % (6 %) und 25 % (35 %) unterstreichen die Bedeutung dieser Untersuchung.

---

241 Die Ergebnisse wurden in IMPULSE (2000) und teilweise detaillierter in BERTELSMANN STIFTUNG (2000b, 2000c) veröffentlicht.

10.1. Einordnung in das Entrepreneurship

Tab. 10.1 Bedeutung einzelner Institutionen bei Problemlösungen für ansässige Unternehmen in 25 großen deutschen Städten (Quelle: Bertelsmann Stiftung (2000b), eigene Darstellung)

Institution	Minimum in %	Durchschnitt in %	Maximum in %
Industrie und Handelskammer	17,2	25,6	40,2
Bank	9,7	16,9	23,5
Arbeitsamt	8,9	15,4	24,7
Handwerkskammer	4,5	13,2	19,8
Wirtschaftsförderung	0,5	7,9	24,8
Stadtverwaltung	0,9	6,4	11,1
Branchenverband	0,7	4,4	9,8
(Fach-) Hochschule	1,0	3,4	9,3
Ver- und Entsorger	1,3	3,3	6,4
Stadtrat	0,0	2,6	5,5
Tarifverband	0,0	1,3	3,9

Weiterhin wurde mittels Testtelefonaten eines „Existenzgründers" sowie einer Test-E-Mail eines potentiellen Ansiedlungsfalles aus den USA untersucht, wie die Städte Unternehmensgründer und Ansiedlungswillige aus dem Ausland behandeln (IMPULSE, 2000). Beim Gründertest fallen die enorme Schwankungsbreite der Noten für die Telefonzentrale, den Experten und das Informationsmaterial auf. Außerdem glänzt keine Stadt in allen Punkten. Die Ansiedlungsanfrage aus dem Ausland wurde jedoch noch schlechter behandelt. Immerhin 20 % antworteten gar nicht. Die meist (75 %) guten Anschreiben unterbreiteten zur Hälfte (50 %) ein gutes Service-Angebot, lieferten in 40 % (30 %) aller Fälle gute Informationen über den Standort (das Büroraumangebot). Eine zusätzliche Betreuung per E-Mail boten nur 15 % an.

In den folgenden drei Abschnitten werden nun die Spezifika unserer Untersuchung zur Qualitätsbeurteilung der Wirtschaftsförderung vorgestellt. Im fünften Abschnitt wird der Referenzpunkt, nämlich die Erwartung der Gemeinden darüber, was die Unternehmen ihrerseits von den Gemeinden erwarten, gegenüber dem sich die Gemeinden also messen lassen müssen, bestimmt. Im sechsten Abschnitt werden die Ergebnisse der Befragung dargestellt und diskutiert. Im siebten Abschnitt wird der „Kochmützentest" als Qualitätstest entwickelt und anonymisierte Ergebnisse exemplarisch vorgestellt. Im achten Abschnitt werden potentielle Engpässe und Verbesserungsmöglichkeiten diskutiert. Abgeschlossen wird das Kapitel mit einer Zusammenfassung der wesentlichen Aspekte.

10.2 Ausgangslage und Problemfeld

Gebietskörperschaften, insbesondere Kommunen, sind Produzenten von Standorten und stehen damit untereinander in Konkurrenz um ansiedlungswillige Haushalte und Unternehmen (siehe hierzu auch die Ausführungen in Kapitel 9). Sie können innerhalb eines vorgegebenen Rahmens ihre Wettbewerbsfähigkeit beeinflussen, beispielsweise durch die Höhe kommunaler Abgaben (Steuern, Gebühren, Beiträge), die Ausstattung des Standortes mit harten Standortfaktoren, aber auch durch weiche Faktoren und das Image, das diese außerhalb genießen. Kurzum, sie erzeugen ein Ansiedlungs- bzw. Gründerklima.

Dabei dürfte es äußerst sinnvoll für eine Gemeinde sein, sich auf die Bestandspflege und die Neugründungen zu konzentrieren. Nach BADE (1980) vergleichen bestehende Unternehmen nicht andauernd ihren Standort mit anderen, um gegebenenfalls sofort zu verlagern. Allenfalls bei Investitionsentscheidungen steht die Frage nach dem richtigen Standort dafür an. Da eine kombinierte Investitions- und Standortentscheidung jedoch in aller Regel viel zu komplex für die Unternehmen ist und diese solche Situationen zu vermeiden suchen (siehe hierzu die Ausführungen zu alternativen Handlungsmodellen in den Abschnitten 5.3 und 6.2.4), kommt eine Standortverlagerung erst in Frage, wenn die Unzufriedenheit mit dem alten Standort äußerst groß ist. Letztendlich bestimmen der momentane Standort und die Unternehmenscharakteristika die Mobilität (Verlagerung, Zweigbetriebe, etc.) von eingesessenen Unternehmen. Eindrucksvoll wird das bestätigt durch

- die drei Mal höhere Mobilität in Stadtzentren als im Umland

- die mehr als doppelt so häufige Auslagerung einfacher Strukturen (verlängerte Werkbänke) im Vergleich zu kompletten Unternehmensverlagerungen

Auch die Reichweite der Verlagerung ist nicht sonderlich hoch. So liegen 50 % aller Verlagerungen innerhalb eines Radius von 15 km und nur 10 % überschreiten 100 km. Ein Zweigbetrieb wird hingegen geringfügig leichter auch weiter entfernt gegründet. So sind 50 % innerhalb von 35 km und immerhin 25 % im Bereich von über 100 km. Insgesamt läßt sich also festhalten, daß Gemeinden extreme Engpässe für angesiedelte Unternehmen vermeiden sollten (Bestandspflege) und sich auf die Neugründungen und die Zweigbetriebsgründungen konzentrieren sollten.

Wie stark sich die Kommunen nun um diese Gründungen kümmern, ist zunächst völlig offen. Einerseits müßten Kommunen aus theoretischer Perspektive, insbesondere bei geringer Nachfrage nach Standorten aufgrund der ungünstigen Kostenstruktur ihrer Aktivitäten (sehr hohe fixe und versunkene Kosten, geringe variable Kosten), zu ruinöser Konkurrenz (siehe hierzu auch die Ausführungen zum BERTRAND-Wettbewerb in Abschnitt 5.4) neigen, weshalb sie der Aufsicht einer nächsthöheren Instanz unterstellt sind (z.B. Regierungspräsidium im Auftrage des Landes). Andererseits stehen sie aber nur bedingt in Verantwortung für ihr eigenes Handeln, weil notfalls das Land ihre Handlungsfähigkeit, insbesondere die fiskalische, gewährleisten muß. Letzteres vermindert den Anreiz, mit hoher Anstrengung ein gründerfreundliches Klima zu schaffen, so daß eine effiziente Mittelverwendung im Gemeinwesen hinterfragt werden muß. Nimmt man die Ansiedlung von Unternehmen als eine wichtige Bestimmungsgröße des wirtschaftlichen Erfolgs von Kommunen, so könnte im einfachsten Fall die Kommune ihrer Kontrollinstanz mitteilen, die wirtschaftliche Lage sei ungünstig gewesen und man habe sich stark um neue Firmen bemüht, während tatsächlich genau das Gegenteil der Fall gewesen ist: In guter wirtschaftlicher Lage wurde keine Aktivität entwickelt.

Das Vorliegen eines Prinzipal-Agent-Problems kann beispielsweise am Entgegenkommen und der Initiative der Kommunen bei einer beabsichtigten Existenzgründung vor Ort überprüft werden. Genau das herauszubekommen, war das Ziel dieser Untersuchung. Hier sei bereits vorausgeschickt, daß im Ergebnis eine positive Bewertung der Kommunen überwiegt, allerdings eine Reihe von Engpässen besteht, die ausgeräumt werden können.

10.3 Vorgehensweise

Die Gemeinden können einen entscheidenden Beitrag zur Qualität von Standorten beitragen. Ein wichtiger Faktor liegt auch in dem Bemühen einer Gemeinde um den neuen Investor. Fragt man die Vertreter der Städte und Gemeinden nach ihrer Bereitschaft zur Unterstützung einer Existenzgründung, so wird diese allerorts zugesichert werden. Eine solche Vorgehensweise würde folglich wenig verwertbare Ergebnisse hervorbringen.

Weiterhin könnte man zur Überprüfung der Anstrengungen einer Gemeinde nun einfach tatsächliche Unternehmensgründer nach ihren Erfahrungen mit speziellen Gemeinden befragen. Dadurch wäre jedoch die Vergleichbarkeit der Ergebnisse nicht mehr gewährleistet, denn vermutlich wird sich eine Gemeinde um eine große Ansiedlung im verarbeitenden Gewerbe sehr viel stärker bemühen als um einen Dienstleister, der maximal zwei bis fünf Personen anstellen wird. Außerdem besitzt jede Unternehmensgründung eine individuelle und damit schwer vergleichbare Qualität. Allgemeiner formuliert bestehen Verzerrungen hinsichtlich der sektoralen Zuordnung, der Unternehmensgröße, der Verflechtung mit anderen (noch anzusiedelnden) Unternehmen und der zu erwartenden Fördermaßnahmen.

Deshalb bietet sich an, mit tatsächlichen oder fiktiven Unternehmensgründungen Standorte zu „testen", d.h. es erfolgt eine Befragung der Mitarbeiter der Städte und Gemeinden unter dem Aspekt einer Unternehmensgründung vor Ort.

Die Untersuchung gliederte sich in drei Teile:

1. Zunächst wurde überprüft, welche Erwartung die Gemeinden darüber haben, was die Unternehmen(sgründer) ihrerseits von den Gemeinden erwarten: Kennen die Gemeinden die Prioritäten der Gründer? Dazu wurde ein Fragebogen entwickelt und an 15 ausgewählte bayerische Gemeinden verschickt. Aus dem Rücklauf kann die Abweichung zwischen Anspruch der Unternehmung und der Zielvorstellung der Gemeinde sowie zwischen Soll- und Ist-Situation in den Gemeinden analysiert werden. Letztendlich wurde damit auch der Fragebogen für die sächsischen Gemeinden verbessert.

2. In einem zweiten Schritt wurden zwei Unternehmenslegenden erarbeitet, die detaillierte Unterlagen über das Projekt, insbesondere Marktanalysen, Planbilanzen und -GuVs, Finanzierungsrechnungen, technische Erfordernisse an den Standort usw. enthielten. Als Bewertungsstruktur war hierbei ein ausgearbeiteter Fragebogen zur Erfassung der relevanten Problembereiche vorgegeben.

Die wesentlichen Charakteristika der Unternehmen sind wie folgt beschrieben:

Tab. 10.2 Unternehmenslegenden

Name/Sektor	FUB GmbH/Maschinenbau - MB	Markus Maler/Einzelhandel - EH
Tätigkeit	Werkzeugmaschinen	Fein- und Reformkost
Art des Vorhabens	Betriebserweiterung/-verlagerung	Neugründung
Mitarbeiter	ca. 70	ca. 2,5
Planumsatz (TDM)	20.000	700
Flächenanforderung	30.000 - 40.000 m² Industriefläche	100 - 140 m² (Innen-) Stadtlage

3. Es wurde vorgegeben, daß die ausgewählten Gemeinden im Auftrag eines Dritten zu einer Existenzgründung befragt würden.

Intention war es also, die Bereitschaft der Gemeinden zur Unterstützung von Unternehmensgründung zu beurteilen.

10.4 Spezifik der Untersuchung und Stichprobe

10.4.1 Untersuchungsziele

Ziel der **Befragung der bayerischen Gemeinden** war es herauszufinden, ob die Gemeinden die Anforderungen, die Unternehmen(sgründer) an sie stellen, kennen.

Ziel der **Befragung der sächsischen Gemeinden** nach der Unterstützung von Unternehmensgründern war es, auf die folgenden Fragenkomplexe bzw. Problembereiche eine Antwort zu finden:

1. Persönliche Kontaktaufnahme: War aufgrund des Anschreibens ein erstes Interesse der Kommune gegeben und eine zügige Terminvereinbarung mit dem zuständigen Gesprächspartner möglich?
2. Interesse bezüglich der Ansiedlung: Wie wurde durch den „Gründer" dieses Gespräch eingeschätzt? War es von seiner Warte aus hinreichend, um die gewünschten Informationen zu erhalten?
3. Qualität der Anlaufstelle (Gemeinde/Wirtschaftsförderung): Konnte Informationsmaterial zur Verfügung gestellt werden, und wie war die Qualität der Unterlagen einzuschätzen? Zeichneten sich die Ansprechpartner durch Bereitschaft und fachliche Kompetenz aus?
4. Umfang und Qualität der Information, die für die Ansiedlung neuer Unternehmen vorausgesetzt werden: Sind die Mitarbeiter der Gemeinden in der Lage, grundlegende wirtschaftliche Daten zu benennen sowie auf Besonderheiten zu verweisen, die in wirtschaftlicher Hinsicht für die Ansiedlung von Bedeutung sein können? Kann die Kommune weiche Entscheidungskriterien kommunizieren?
5. Standortfaktoren: Wie ist die Kenntnis bzgl. der örtlichen Voraussetzungen zur speziellen Unternehmensansiedlung? Können Aussagen zu Konkurrenz- bzw. Lieferantenunternehmen und Kooperations- sowie Outsourcingpartnern getroffen werden? Welche Beschränkungen bestehen hinsichtlich einer Umweltbeanspruchung?
6. Zusätzliche Unterstützung seitens der Gemeinde: Welche Möglichkeiten sieht die Gemeinde, die Ansiedlung eines Unternehmens vor Ort zusätzlich zu unterstützen? Detailliert wurde nach Unterstützung im Bereich Grund und Boden, was die bayerischen Gemeinden als am wichtigsten erachteten, gefragt.
7. Vermittlung von Ansprechpartnern: Können für eine Unternehmensansiedlung notwendige und hilfreiche Ansprechpartner – auch bereits erfolgreiche Unternehmer der Branche – benannt und vermittelt werden? Welche Beziehung besteht insbesondere zu den örtlichen Banken?

8. Gesamteindruck: Wie beurteilten die „Gründer" persönlich die Chancen der Unternehmensansiedlung vor Ort im Anschluß an das Gespräch?

10.4.2 Angewandte Untersuchungsmethode und aufgetretene Probleme

Zur Erfassung der Kenntnis der an die bayerischen Gemeinden seitens der Unternehmensgründer gestellten Anforderungen wurde ein schriftliche Befragung gewählt. Zur Erfassung der Bereitschaft der Kommunen hinsichtlich einer beabsichtigten Existenzgründung vor Ort und der Kenntnisse über die eigene Infrastruktur erwies sich die mündliche Befragung als die am besten geeignete Methode. So sind es gerade die Vorteile wie eine größere Flexibilität, Fragen anzupassen und zu erklären, um umfangreichere Informationen zu gewinnen, sowie die Auswahl des geeigneten Ansprechpartners, die in diesem Fall für eine persönliche Befragung sprechen. Diese wurde, wie bereits erwähnt, anhand eines Interviewleitfadens durchgeführt. Im Vorfeld der Fragestellung waren die „Gründer" angewiesen, in einem „Warm-up" die beabsichtigte Unternehmensgründung zu erläutern. Im Anschluß daran waren die im Fragebogen aufgeworfenen Fragen abzuklären. Wichtig zu erwähnen ist in diesem Zusammenhang, daß für den Besuch der jeweiligen Gemeinde auf keinen Fall der Fragebogen vorversandt, vorgelegt oder verwendet werden durfte, d.h. die Eintragungen in denselben waren erst im Anschluß vorzunehmen. Dies war eine grundlegende Voraussetzung, um die Glaubwürdigkeit des Anliegens zu wahren. Verbunden mit dieser Erhebungsmethode ist eine aufwendige Auswertung der Ergebnisse sowie die Schwierigkeit, qualitative Daten Kategorien zuzuordnen, und ein hoher Zeitaufwand bei der Datengewinnung.

Die für die Interviews seitens der kommunen aufgebrachte Zeit schwankte erheblich; eine Streuung von zwischen 15 und 180 Minuten zeigt deutlich das unterschiedliche Interesse der Kommunen, worauf später noch einzugehen sein wird.

10.4.3 Untersuchungsraum und Struktur der Stichprobe

Untersuchungsraum war der Freistaat Sachsen mit seinen Städten und Gemeinden. Ziel war es, 40 Kommunen (20 je Unternehmensgründungstyp) aus allen Regionen des Freistaates Sachsens zu befragen. Aufgrund der Größe des Unternehmens bzw. eines benötigten Mindesteinzugsgebietes sollten die Gemeinden mindestens den zentralörtlichen Rang eines (verbundenen) Mittelzentrums haben. Die weitere Auswahl erfolgte ansonsten nach dem Zufallsprinzip.

10.5 Wie schätzen Gemeinden die Erwartung von Unternehmensgründern an sie ein?

Mit dieser Befragung soll ein Fehler vermieden werden, der dadurch entsteht, daß die Erwartung der Gemeinden darüber, was die Unternehmen ihrerseits von den Gemeinden erwarten, nicht mit den Erwartungen der Unternehmen an die Gemeinden übereinstimmt. Die Überprüfung, ob die „Erwartung der Erwartungen den Erwartungen entspricht", wurde in einer nicht repräsentativen, kleinen Stichprobe exemplarisch in Bayern durchgeführt. Es wurde ein Fragebogen entwickelt, der an 15 Gemeinden verschickt wurde. Die Rücklaufquote von zwölf Fragebogen, die der Auswertung zugrunde liegen, ist außergewöhnlich hoch. Die Ergebnisse sind in der Abb. 10.1 dargestellt.

Bei den Fragen zur Kontaktaufnahme des Investors mit der Gemeinde fällt auf, daß die Erreichbarkeit und die persönliche Kontaktaufnahme als äußerst wichtig eingeschätzt werden. Überraschenderweise wird eine zentrale Anlaufstelle als wenig bedeutend erachtet, allerdings mit einer hohen Streuung. Die Vermittlung von Ansprechpartnern bei Banken oder Industrie- und Handelskammern gilt als wenig relevant.

Bei der Beratung und Information durch die Gemeinde erscheinen Informationen über die Verkehrsanbindung, die Wirtschaftsstruktur, Bevölkerungs- und Arbeitskräftestruktur sowie spezielle Materialien über Gewerbegebiete und solche, die insbesondere auf ansiedlungsbereite Unternehmen zugeschnitten sind, als besonders bedeutsam. Äußerst überraschend ist jedoch die Einschätzung hinsichtlich der Statistiken zum Markt. Informationen über Kunden, Lieferanten und Konkurrenten, die entscheidend für den unternehmerischen Erfolg sind bzw. sein können, erwarten die Unternehmen nach Ansicht der Gemeinde nicht von ihnen.

Bei der erwarteten Unterstützung seitens der Unternehmen durch die Gemeinden nimmt der Bereich Grund und Boden eine dominante Stellung ein. Sowohl für die Hilfe bei der Förderung, Vergabe, Verfügbarkeit, Bereitstellung von Grund und Boden als auch Baugenehmigungen werden jeweils Spitzenwerte bei einer niedrigen Varianz erzielt. Die Mittelwerte liegen bei einer Ausgangsskala von −3 bis +3 jeweils über 1,7. Ansonsten erkennen die Gemeinden in diesem Bereich nur noch bei der standortspezifischen Bereitstellung von Fördermitteln einen Handlungsbedarf. Die Vermittlung von Ansprechpartnern wird generell als unwichtig empfunden.

Zur Überprüfung der abgegebenen Bewertungen bei den Einzelfragen wurde durch ein Ranking von den fünf wichtigsten von den Gründern nachgefragten Unterstützungen eine Kontrolle eingeführt. Auch hier ergibt sich wiederum, daß der Bereich Grund und Boden absolut führend ist. Dieser Bereich erreicht 64 Punkte, gefolgt von der finanziellen Unterstützung (durch die Beratung und Vergabe von Förderprogrammen) mit 34 Punkten. Die Information über den Standort folgt erst mit 29 Punkten auf dem dritten Platz.

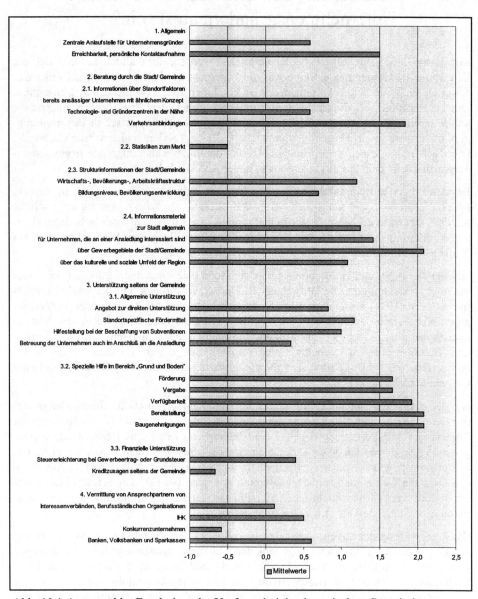

Abb. 10.1 Ausgewählte Ergebnisse der Umfrage bei den bayerischen Gemeinden

10.6 Ergebnisse der Kommunenbefragung

10.6.1 Erste Kontaktaufnahme mit der Kommune

Der erste Abschnitt des Fragebogens zielte darauf ab, die Bereitschaft der Gemeinden zur Kontaktaufnahme wiederzugeben. Weiter oben war bereits darauf hingewiesen worden, daß der Kontaktaufnahme ein Anschreiben vorausging, nach dessen Erhalt eine telefonische Kontaktaufnahme der „Gründer" mit den Gemeinden erfolgte. Der Verlauf dieser Kontaktaufnahme mit dem Ziel der Terminvereinbarung mußte im Anschluß auf einer Skala von 1 bis 7 beurteilt werden. MB ist die Abkürzung für Maschinenbau, EH für Einzelhandel.

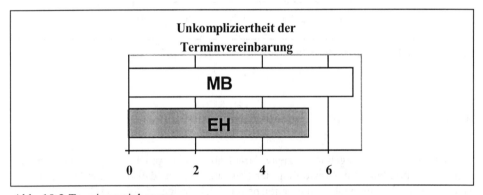

Abb. 10.2 Terminvereinbarung

Die vorangehende Grafik zeigt, daß es keine Probleme gab, einen Termin mit dem zuständigen Gesprächspartner zu vereinbaren. In diesem Zusammenhang muß darauf hingewiesen werden, daß in dem Schreiben grundsätzlich der Bürgermeister angesprochen wurde, unabhängig von der Größe der jeweiligen Gemeinde. Dies brachte es mit sich, daß in größeren Städten ein Verweis an die verantwortlichen Mitarbeiter notwendig wurde. Dies wurde bei der Beurteilung der Kontaktaufnahme berücksichtigt. Während es im Falle der Ansiedlung eines Maschinenbauunternehmens zu keinerlei Schwierigkeiten bei der Terminvereinbarung kam und auch die Terminabsprache selber als kaum problematisch eingeschätzt wurde, so gab es für die Geschäftsgründung im Einzelhandel in sechs Kommunen Probleme. Ansonsten kann festgestellt werden, daß zu den vereinbarten Terminen die Gesprächspartner immer zur Verfügung standen und die „Gründer" pünktlich empfangen wurden. Vereinzelt aufgetretene geringfügige Verspätungen wurden jeweils entschuldigt und sachlich begründet. Ein deutlicher Unterschied zwischen Einzelhandel und Maschinenbau war auch darin zu erkennen, ob die „Gründer" sich als willkommener Besucher gefühlt haben. Beim Einzelhandel traf dies nur auf 70 % der Fälle zu, während sich im Maschinenbau 95 % willkommen fühlten (siehe nachfolgende Grafik).

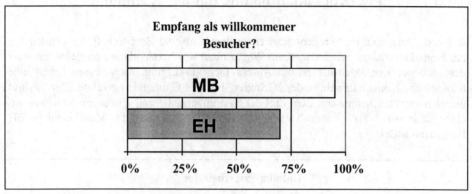

Abb. 10.3 Willkommener Besucher

10.6.2 Beurteilung des Gesprächs

Der zweite Teil des Fragebogens zielte darauf ab, das Gespräch in seinem Gesamteindruck zu beurteilen. Die Auswertung der Ergebnisse zeigt, daß die Gespräche zur Ansiedlung eines Maschinenbauunternehmens durchschnittlich 25 Minuten länger dauerten im Vergleich zur Geschäftsgründung im Einzelhandel, was mit der erhöhten Komplexität des Anliegens zu begründen ist.

- Im Einzelhandel wurde in 60 % der Fälle das geführte Gespräch als ausreichend eingeschätzt. Der Großteil der befragten Gemeinden (75 %) erklärte sich zu einem erneuten Termin bereit, wobei davon ca. die Hälfte einen erneuten Termin nur mit dem Existenzgründer persönlich für sinnvoll hält. Drei Gemeinden (15 %) warten auf eine Rückmeldung und zwei gingen auf neue Termine in keiner Weise ein.

- Ähnlich stellt sich auch die Situation im Falle des Maschinenbauunternehmens dar. Hier wurden 10 % der Gespräche als nicht ausreichend eingeschätzt. 70 % der befragten Gemeinden waren hier zu einer erneuten Terminvereinbarung jederzeit bereit, 20 % warten wiederum auf eine Rückmeldung und 10 % hielten ein erneutes Terminangebot nicht für notwendig.

10.6. Ergebnisse der Kommunenbefragung

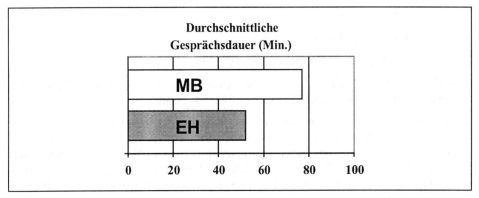

Abb. 10.4 Durchschnittliche Gesprächsdauer

Auffällig ist auch die erhebliche Streuung der Interviewzeit:

- Diese beläuft sich auf zwischen 15 und 180 Minuten im Lebensmittelbereich und
- 35 bis 180 Minuten im Bereich Maschinenbau.

Neben der unterschiedlichen Komplexität ist hier auch maßgeblich, daß die Ansiedlung eines Maschinenbauunternehmens für die Kommunen grundsätzlich als interessanter erscheint.

10.6.3 Die qualitativen Voraussetzungen der Kommune

Wichtig für eine erfolgreiche Gemeinde ist die Außendarstellung der Gemeinde gegenüber dem „Gründer". Es wurde dabei das ausgehändigte Informationsmaterial beurteilt, die Bereitschaft und fachliche Kompetenz des Ansprechpartners eingeschätzt, grundlegende wirtschaftliche Daten abgefragt sowie konkret die mögliche Unterstützung der Gemeinde hinterfragt.

10.6.3.1 Informationsmaterial

Um das umfangreiche Informationsmaterial beurteilen zu können, wurde es hinsichtlich der nachfolgenden Aspekte analysiert:

- Informationen über Standortfaktoren (siehe dazu auch Abschnitt 10.6.3.4),
- Statistiken zum Markt,
- Material zum Standort im allgemeinen,
- speziell für Unternehmen,

- über Gewerbegebiete,
- über Ladenpassagen (im Einzelhandel),
- über Technologie- und Gründerzentren (TGZ) (im Maschinenbau).

Die dabei angelegte Skala reicht von 0 (nicht vorhanden) bis 5 (umfangreiche und ansprechende Informationen). Dabei kam es zu folgenden Ergebnissen:

- Statistiken zum Markt waren nur selten in zufriedenstellendem Maß zu erhalten. Es ergab sich bei der Gründung im Einzelhandel ein Mittelwert von 0,9 und im Maschinenbau ein Wert von 0,6. Dabei waren nur 25 % bzw. 15 % der Kommunen in der Lage, Marktstatistiken bereitzustellen. Dieses Ergebnis paßt sehr gut zu den Umfrageergebnissen aus den bayerischen Gemeinden, die diese Art von Information als unwichtig erachteten.
- Dagegen stellten 78 % der Städte umfangreiches Material zum Standort im allgemeinen bereit, was einen Mittelwert von 3,8 hervorbrachte.
- Weitaus schwieriger erwies sich die Bereitstellung von Informationsmaterial speziell für Unternehmen. Nur noch 40 % der für die Ansiedlung eines Lebensmittelgeschäftes ausgewählten Gemeinden waren dazu in der Lage und nur 50 % der Gemeinden, die bezüglich der Ansiedlung eines Maschinenbauunternehmens befragt wurden. Ein Mittelwert von 1,8 bzw. 2,2 drückt dies ebenso aus. Dies ist einigermaßen überraschend, wird doch gerade diesem Bereich in der bayerischen Untersuchung ein höherer Stellenwert als dem allgemeinen Informationsmaterial zum Standort zugestanden.
- Etwas besser war die Versorgung mit Informationen über Gewerbegebiete. Hier bewegen sich die Mittelwerte bei 2,5 bzw. 2,7.
- Wiederum schlechter war allerdings die Versorgung mit relevanten Informationen über vorhandene und in Bau befindliche Ladenpassagen im Einzelhandel bzw. über in der Nähe befindliche Technologie- und Gründerzentren (TGZ) im Bereich Maschinenbau. Durchschnittliche Werte von 1,4 bzw. 1,3 zeigen den Handlungsbedarf an dieser Stelle. Dieser muß allerdings bei einer Marktanalyse der Gemeinden (z.B. durch eine Befragung der Unternehmen) ansetzen, da die Gemeinden Informationen über TGZs bisher nicht für wichtig halten.

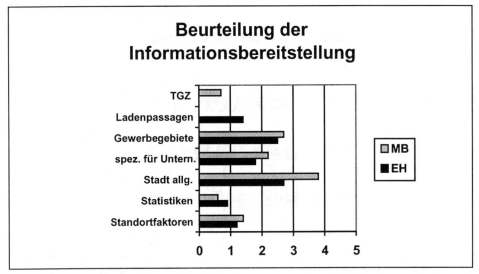

Abb. 10.5 Informationsbereitstellung

Zusammenfassend kann gesagt werden, daß der Großteil der untersuchten Kommunen über unzureichendes auf Existenzgründer zugeschnittenes Material verfügen.

10.6.3.2 Bereitschaft und fachliche Kompetenz in den Kommunen

Desweiteren sollten die Bereitschaft zur Kommunikation und Kooperation sowie die fachliche Kompetenz der Ansprechpartner beurteilt werden. Zur Vereinfachung dieser Beurteilung war eine Skala von 1 (wenig Interesse, ablehnende Einstellung, fehlende fachliche Kompetenz) bis 7 (sehr bemüht, großes Interesse, fachliche Kompetenz gegeben) vorgegeben.

- Die zur Geschäftsgründung im Einzelhandel befragten Gemeinden erreichten hier bei der Bereitschaft einen Durchschnittswert von 4,0 und für die fachliche Kompetenz von 5,0.

- Ähnliche Ergebnisse weisen auch die Gemeinden der zweiten Gruppe auf, die für das Maschinenbauunternehmen ausgewählt worden waren. Hier wurde die Bereitschaft mit durchschnittlich 6,0 und die fachliche Kompetenz mit ebenfalls 6,0 als sehr hoch bewertet.

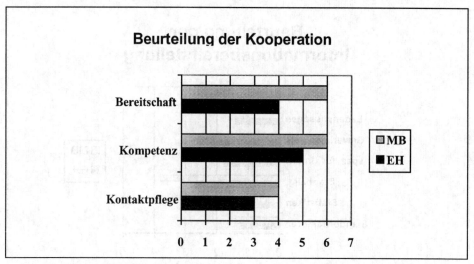

Abb. 10.6 Beurteilung der Zusammenarbeit mit dem Wirtschaftsförderer

Darüber hinaus wurden die Städte zu ihrer Kontaktpflege gegenüber dem Unternehmensbesatz, insbesondere den Gründern befragt. Dabei ließen im Bereich Einzelhandel 35 % der Kommunen eine sehr gute und weitere 30 % eine mittelmäßige Kontaktpflege erkennen. Für die im Bereich Maschinenbau befragten Kommunen ergab sich, daß 60 % umfassende Kontakte zu ihren Firmen pflegen und weitere 30 % immerhin noch durchschnittliche Beziehungen besitzen.

10.6.3.3 Strukturvariablen

Bei Existenzgründungen von besonderer Bedeutung sind detaillierte Kenntnisse über die Strukturvariablen des Standortes. Daher wurde in den Gemeinden untersucht, inwiefern genaue Aussagen zur

- Wirtschafts-,
- Bevölkerungs- und
- Arbeitskräftestruktur sowie zu
- Bildungsniveau und
- Bevölkerungsentwicklung gemacht werden konnten.

Dabei ergab sich fast einheitlich für alle Bereiche ein relativ unbefriedigender Durchschnitt von 3 bei Skala von 0 (keine Aussagen möglich) bis 7 (detaillierte und aktuelle Angaben). Der Großteil der Kommunen konnte nur sehr vage und grobe Einschätzungen geben und somit keinerlei fundierte Grundlagen für eine Ansiedlung bereitstellen. Ferner war zu beobachten, daß der Großteil der befragten Städte auf die Frage nach Besonderheiten am Standort keine prägnanten und konkreten Angaben machen konnte.

10.6.3.4 Die Standortfaktoren und deren Kenntnis

Die hinterfragten Standortfaktoren der einzelnen Gemeinden sind objektiv gegeben und durch die Ansprechpartner nicht beeinflußbar. Ziel der Befragung war es, den Kenntnisstand des konkreten Ansprechpartners zur Wirtschaftsstruktur seiner Kommune in Erfahrung zu bringen.

Aufgrund der zwei unterschiedlichen Unternehmenslegenden unterschied sich auch die Fragen zu den Standortfaktoren wesentlich. Sowohl für den Einzelhandel als auch für den Maschinenbau wurde nach vor Ort ansässigen Konkurrenzunternehmen und deren Erfolg gefragt. Aufgrund der Ergebnisse aus der bayerischen Befragung war zu erwarten, daß viele Gemeinden diesen Punkt für unwichtig erachten und deshalb nicht antworten können. Von den Gemeinden, die für die Gründung eines Lebensmittelgeschäftes ausgewählt worden waren, konnten nur 40 % auf ähnliche Unternehmen verweisen. Sehr begrenzt waren die Aussagen zu deren Erfolg (20 %). In der Regel wurde ausgeführt, daß keine Probleme bekannt seien, was nach Einschätzung der „Gründer" oft eine Ausflucht aus Unwissenheit bzgl. der wirtschaftlichen Situation dieser Geschäfte darstellte. Ebenso enttäuschend waren die Antworten über regionale Nahrungsmittelproduzenten; hier erfolgten nur in 35 % der Fälle Hinweise. Dies ist deshalb besonders unbefriedigend, da dem privaten Konsumenten viele typische sächsische Nahrungsmittelhersteller einfallen, die offensichtlich vor Ort oder in der Region kaum bekannt sind.

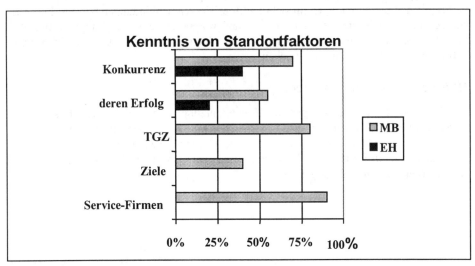

Abb. 10.7 Kenntnis der Standortfaktoren

Deutlich besser fielen im Bereich Maschinenbau die Antworten auf die Frage nach Unternehmen der gleichen Branche bzw. Konkurrenzunternehmen aus. Immerhin 70 % der befragten Kommunen konnten hier Angaben machen, allerdings nur 55 % Aussagen über deren Erfolg treffen. Auf die Frage nach in der Nähe befindlichen Technologie- und Gründerzentren konnten 80 % der Gemeinden auf diese verweisen, wobei aber ungefähr die Hälfte davon nur oberflächliche Kenntnisse über deren Ziele und Satzung besaß. Weniger Probleme gab es bei der Beantwortung der Fragen nach der (von den Gemeinden als wichtig erachteten) Arbeitskräftestruktur sowie über regionalen Firmen für bestimmte Aufgabenbereiche und Produkte. Die Bereitstellung der benötigten Arbeitskräfte stellte i.d.R. kein Problem dar – oftmals mit Verweis auf frühere ortsansässige Unternehmen, die ein ähnliches Arbeitskräftepotential beansprucht hätten. Regionale Firmen zur Übernahme des Facility-Management sowie Logistikfirmen sind in 95 % bzw. 90 % der Kommunen vorhanden. Regionale Anbieter für Sensortechnik, Steuerungstechnik, Leitrechner und SPS-Programmierung konnten dagegen wesentlich seltener genannt werden. Oftmals wurde aber auf die nächst größere Stadt verwiesen.

Im Rahmen der Befragung zu den vorhandenen Standortfaktoren wurde auch nach dem sozialen und kulturellen Umfeld der Gemeinde gefragt. Seitens der Gesprächspartner erfolgte hier dann eine Aufzählung der örtlichen Einrichtungen. Hierbei schnitten die Gemeinden, die für eine Gründung im Einzelhandel befragt wurden, im Durchschnitt mit einem Wert von 4,6 ab, bei einer Bewertung wiederum von 1 bis 7. Die Gemeinden im Bereich Maschinenbau kamen dagegen auf einen deutlich besseren Wert von 5,5. Dies verdeutlicht, daß letztere für ihren Standort stärker auch mit dem sozialen und kulturellen Umfeld warben.

Ferner wurden die Kommunen hinsichtlich ihrer Verkehrsanbindungen befragt. Fast alle konnten hier detaillierte Angaben machen und waren sich etwaiger Engpässe bewußt. Lediglich bei Auskünften über nächstgelegene Güterverteilzentren konnten 35 % aller befragten Städte keine Angaben machen.

10.6.3.5 Umweltressourcen

Die Fragen nach Einschränkungen der Umweltnutzung zielen auf die Kenntnis des tatsächlichen Potentials einer Gemeinde und den Umgang mit diesen Informationen. Speziell interessierten die Auflagen bei Lärm- und Geruchsbelastungen, der Wassererwärmung und anderen Emissionen. Weiterhin wurde nach sonstigen Umweltengpässen bei der Unternehmensansiedlung gefragt.

Tab. 10.3 Einschränkungen hinsichtlich Umweltbeanspruchungen in den Gemeinden

(Anzahl der Gemeinden)	Gesetzliche Bestimmungen	Stärker als die gesetzlichen Bestimmungen	Schwächer als die gesetzlichen Bestimmungen	k.A.
Wassererwärmung ist möglich?	15	1	5	9
Rauchgasentschwefelung ist Pflicht?	31	1	0	8
Auflagen bei Lärm und Geruch?	28	3	1	8

Dabei machten nur die im Bereich Einzelhandel befragten Gemeinden z.T. keine Angaben, wobei die „Gründer" im Maschinenbau immer Auskunft erhielten.

Der Großteil verwies auf gesetzliche Bestimmungen, vor allem das Bundesimmissionsschutzgesetz. Für die „Gründer" im Maschinenbau wurde in 5 Fällen darauf verwiesen, daß Wassererwärmung unproblematisch möglich sei, vermutlich wurden hier aber auch die gesetzlichen Bestimmungen impliziert. Lediglich 3 Städte haben als „ökologische Modellstadt Sachsen", als Naherholungsgebiet oder aus nicht genauer erklärten Gründen strengere Auflagen vorzuweisen. Da aber in diesen Städten nur Gründungen im Einzelhandel getestet wurden, kam es zu keinen direkten Engpässen.

Insgesamt benannten nur 6 Gemeinden Umweltengpässe. Dabei wurde in zwei Fällen die Bodenbelastung, in jeweils einem Fall dichte Bebauung, Abwasserengpässe und Bergschäden benannt. Drei Gemeinden ließen Anstrengungen erkennen, um ihre Engpässe zu beseitigen, z.B. durch Sanierungsmaßnahmen oder den Bau einer Kläranlage. Es war kein Zusammenhang zwischen Umweltengpässen und Bemühen der Gemeinden hinsichtlich der Unternehmensansiedlung festzustellen.

10.6.3.6 Unterstützung seitens der Kommune

Nach der Umfrage bei den bayerischen Gemeinden kann erwartet werden, daß die Unterstützung beim Erwerb von Grund und Boden absoluten Vorrang bei den Gemeinden besitzt. Ansonsten sehen die Kommunen nur noch einen Handlungsbedarf bei den standortspezifischen Fördermitteln, der Beantragung von Subventionen, der direkten Unterstützung durch die Gemeinde und das Entgegenkommen bei lokalen Steuern.

Im **Einzelhandel** gewähren 55 % der Gemeinden eine direkte Unterstützung, wobei die Benennung hinreichend unpräzise ausfällt. Nur 25 % haben standortspezifischen Vergünstigungen bzw. Fördermittel. Dies ist nicht weiter verwunderlich, gehört doch der Handel i.d.R. nicht zum förderfähigen Gewerbe nach der Gemeinschaftsaufgabe (GA, siehe hierzu Kapitel 9). Die Kenntnis, daß der Einzelhandel nicht förderfähig ist, ist den Gemeinden bewußt. Eine finanzielle Unterstützung wird generell (70 %) nicht gewährt. Den Absatzhilfen wird keine große Bedeutung beigemessen. So wird eine Bevorzugung lokaler Anbieter, die Bekanntgabe der Ladeneröffnung sowie der Zugang zu „öffentlichen" Präsentationen angeboten. In über 50 % der Fälle gibt es keinerlei Hilfe bei der Beantragung von Subventionen. Dies ist verwunderlich, besteht hierin doch die Möglichkeit zur Differenzierung des Standortes. Teilweise wird wenigstens ein Ansprechpartner in der Wirtschaftsförderung des Landkreises vermittelt. Vorbildlich war nur eine Gemeinde, die eine Beratung mit einem Computerprogramm (1.500 Fördermöglichkeiten) durchführen kann.

Der Bereich Grund und Boden gilt als das wichtigste Produkt der Gestaltung seitens der Gemeinde. In 90 % aller Fälle gibt es jedoch keine Förderung, bei der Vergabepraxis wird keine generelle Zusage für eine Unterstützung gegeben. Erstaunlich ist jedoch, daß fast 50 % keine Angaben zur Verfügbarkeit von Grund und Boden machen, in 50 % aller Fälle ist genug Platz vorhanden. Baugenehmigungen gelten bei 20 % als unproblematisch und werden nur bei weiteren 10 % der Gemeinden unterstützt. Bei der Vermittlung von Gewerbegebieten wird generell Unterstützung zugesagt sowie Angebote über passende Ladenlokale, soweit vorhanden, gemacht.

Im **Maschinenbau** gewähren 90 % der Gemeinden eine direkte Unterstützung, die von der Betreuung über investorengerechte Bebauungspläne bis zu verbilligten Bodenpreisen reicht. Auch die standortspezifische Vergünstigungen bzw. Fördermittel fallen reichhaltig aus. So gewähren lediglich 30 % keine Förderung, bei 40 % bezieht sich die Förderung auf öffentliche Mittel (Gemeinschaftsaufgabe, ..., siehe hierzu Kapitel 9) und immerhin 25 % haben gemeindespezifische Förderungen. Hier fällt der Unterschied zum Einzelhandel recht deutlich auf. Dies ist nicht weiter verwunderlich, da der Maschinenbau zum förderfähigen Gewerbe gehört. Eine finanzielle Unterstützung wird bei 50 % nicht gewährt. Einige Gemeinden lassen mit sich über Steuern und Hebesatz reden. Den Absatzhilfen stehen 50 % ablehnend gegenüber. So wird eine Bevorzugung lokaler Anbieter, die Kontaktanbahnung zu Kunden sowie Messeteilnahmen angeboten. Das Bild bei der Hilfe bei der Beantragung von Subventionen verändert sich vom Einzelhandel zum Maschinenbau völlig. Lediglich zwei Gemeinden sehen keine Unterstützung vor. Hier spiegelt sich natürlich die Möglichkeit der Förderung und die größere Attraktivität des Maschinenbauunternehmens für die Gemeinden wider.

Im Bereich Grund und Boden bemühen sich die Gemeinden sehr um das Maschinenbauunternehmen. Flächen sind stets in ausreichendem Maße vorhanden, teilweise allerdings nur Industriebrache (15 %) oder noch nicht erschlossenen Gebiete (10 %). In 45 % aller Fälle steht genügend erschlossene Fläche zur Verfügung. Immerhin 20 % machen keine Angaben zur Verfügbarkeit von Grund und Boden. Baugenehmigungen gelten bei 80 % als unproblematisch. Es fällt jedoch auf, daß der Zeitraum für die Genehmigung zwischen 1 Monat und 6 Monaten variiert. Bei der Vermittlung von Gewerbegieten wird generell Unterstützung zugesagt, da ja zumeist die Gewerbegebiete bereits erschlossen sind. Auffallend hingegen ist die unterschiedliche Qualität: In manchen Gemeinden kann in ein neues, bereits erschlossenes Gewerbegebiet eingezogen werden, teilweise muß auf Industriebrachen (Abbrucharbeiten) zurückgegriffen werden und teilweise müssen die Gewerbegebiete erst noch angelegt werden.

10.6.3.7 Infrastruktur

Bei der Existenzgründung stellt die Infrastruktur eines Standortes einen entscheidenden Faktor dar und kennzeichnet darüber hinaus die Dynamik der Gemeinde. Daher wurden die Kommunen hinsichtlich ihrer gegenwärtigen Infrastruktur, vorhandener Engpässe, geplanter Investitionen in die Infrastruktur und über die dabei zugrundeliegende Perspektive befragt.

Es war positiv festzustellen, daß fast alle befragten Kommunen grundsätzlich bereit waren, Auskünfte über ihre Infrastruktur zu geben. Ein Mittelwert von 5,3 bei wiederum einer Skala von 1 bis 7 verdeutlicht diesen Kooperationswillen.

Zuerst wurden die Kommunen über ihre Perspektive/Vision befragt, die sie bei der Infrastrukturentwicklung leitet. Vollkommen unbefriedigend war das Ergebnis: nur ca. die Hälfte konnte eine schlüssige, langfristige Perspektive benennen. In fast allen Fällen handelte es sich allerdings um sehr pauschale Aussagen, daß man z.B. ein moderner Industrie- und Wohnstandort werden wolle. Ein weiteres Viertel war immerhin in der Lage, eine grobe Vorstellung anzugeben und die restlichen ca. 30 % konnten überhaupt keine Leitidee benennen.

Anschließend wurden die Gesprächspartner befragt, wie denn diese Perspektive umgesetzt werden soll, d.h. in welchen Bereichen in welchem Volumen investiert werden soll. Nur ein Fünftel der Ansprechpartner war in der Lage, detaillierte Angaben zu machen, weitere 40 % konnte noch grobe und die restlichen 40 % konnten keinerlei Angaben über geplante Investitionen machen. Daraus wird ersichtlich, daß Handlungsbedarf besteht, da es für einen Existenzgründer von entscheidender Bedeutung sein kann, über einen geplanten Infrastrukturausbau informiert zu sein.

Bei der Analyse, inwiefern die geplanten Investitionen mit der zuvor genannten leitenden Perspektive im Einklang stehen, war dies nur bei 40 % aller befragten Kommunen nachvollziehbar. Dieses Ergebnis wird durch den hohen Anteil fehlender Angaben natürlich stark beeinflußt.

Anschließend wurden die Kommunen gebeten, das Alter der Infrastruktur anzugeben. Bis auf wenige Ausnahmen, waren alle Städte in der Lage, zumindest qualitative Angaben zu machen. Dabei wurde das Alter der Straßen bei 50 % der Städte als „alt und neu" bezeichnet, 20 % verfügen über überwiegend neue Straßen und 30 % bezeichneten diesen Bereich als alt. Für den Bereich „Kanalanlagen" ergab sich ein ähnliches Bild mit allerdings etwas größerem Anteil an alten Anlagen. Deutlich besser stehen die befragten

Städte bei Kläranlagen da. Hohe Investitionen in diesem Bereich führten dazu, daß mehr als die Hälfte über neue Anlagen verfügt. Bei Gas- und Trinkwasserleitungen besteht dagegen wiederum in einem größeren Teil noch Sanierungsbedarf. Nahezu abgeschlossen kann jedoch die Infrastrukturentwicklung im Bereich Telekommunikation gesehen werden. Bis auf einige Ausnahmen stellt dieser Bereich keinen Engpaß dar.

Bei der Einschätzung des Sanierungsbedarfes durch die Kommunen lagen im Durchschnitt die beiden Bereiche „Flächensanierung" (Gewerbeflächen und Straßen) und „Gebäude" mit einem Mittelwert von 3,3 auf einer Skala von 0 (kein Bedarf) bis 5 (sehr hoher Bedarf) vorne. Bei Ver- und Entsorgungsleitungen und Telekommunikation besteht nach eigenen Angaben der Kommunen ein deutlich geringerer Bedarf. Keinen Engpaß bei der Infrastruktur hinsichtlich von Gewerbeansiedlungen sehen 50 % der befragten Kommunen. In den anderen Fällen stellen Verkehrsüberlastungen das häufigste Hindernis dar.

Abschließend sollte evaluiert werden, in welchen Formen Infrastrukturausbauten finanziert werden. Dabei war von besonderem Interesse, inwieweit „Finanzierungsinnovationen" benutzt werden. In 40 % der befragten Kommunen werden Bereiche durch vollkommene Privatisierung ausgegliedert, 10 % bedienen sich einer privaten Vorfinanzierung und 20 % lehnten derartige Formen vollkommen ab. Der Großteil machte keine Angaben bzw. verfügt über keine konkreten Informationen über derartige Möglichkeiten. In einer Gemeinde würde man gerne Schwimmbad und Kino privatisieren, findet aber keine interessierten Investoren. Interessant erscheint eine weitere Gemeinde, die plant, Fonds aufzulegen, um Investitionen zu finanzieren.

10.6.3.8 Weitere Ansprechpartner

Von Interesse war in diesem Zusammenhang auch, ob die Gemeinden in der Lage sind, weitere Ansprechpartner, die für eine Unternehmensgründung vor Ort notwendig und hilfreich sind, zu benennen. Bei der Vermittlung von Ansprechpartner ergab sich eine große Streuung: Während auf der einen Seite Kommunen– ganz im dem Sinne, nur eine zentrale Anlaufstelle für den „Gründer" anzubieten - bereit waren, zu allen erwünschten Bereichen direkte Kontakte für den „Gründer" herzustellen, sahen andere Städte hier kaum Handlungsbedarf. Am häufigsten wurde an die IHK verwiesen und Kontakte im Bankenbereich zugesagt.

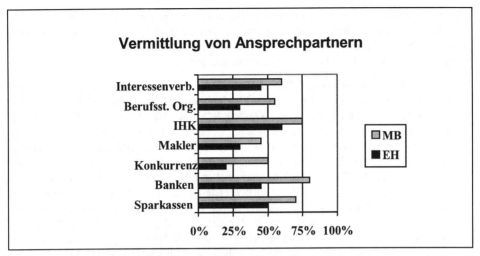

Abb. 10.8 Vermittlung von Ansprechpartnern

10.7 Kochmützen

Abschließend sollen alle Einzelergebnisse für jede Stadt zusammengefaßt werden, um so einen komplexen Gesamteindruck über jede einzelne Kommune zu bekommen. Dadurch können besonders auch individuelle Schwächen vor Ort erkannt sowie ein konkreter Handlungsbedarf abgelesen werden. In Anlehnung an die Gastronomiebranche werden daher an jede Kommune Kochmützen für den Bereich Wirtschaftsförderung vergeben, d.h. es handelt sich streng genommen um Wirtschaftsförderungsmützen, wobei aufgrund des harmonischer klingenden Namens und der Existenz entsprechender Restauranttests allerdings die kulinarische Bezeichnung gewählt wird. Bildlich gesprochen wird also im folgenden beurteilt, wie gut jede Kommune „ihr Süppchen kocht". Selbstverständlich ist uns bewußt, daß eine Vielzahl von Verzerrung besteht. Offensichtlich strengen sich die Gemeinden bei der Gründung im Einzelhandel wesentlich weniger an als bei dem Pendant im Maschinenbau, was sich in einem um einen Punkt geringeren Mittelwert (auf einer Skala von 0 bis 7) ausdrückt. Die bezüglich des Einzelhandels befragten Wirtschaftsförderer erreichen im Schnitt 3,1 Punkte, ihre „Maschinenbaukollegen" hingegen 4,1 Punkte. Auch kann es bei der einen oder anderen Gemeinde durchaus sein, daß der „Koch" an dem Tag unserer einzigen Stichprobe „verliebt" war und das Essen deshalb „versalzen" war. Trotz dieser vielen Probleme soll dieser Gedanke umgesetzt und in Zukunft weiter ausgebaut werden. Dadurch könnte der Wettbewerb unter den Kommunen gefördert werden.

Zu der Kochmützenkennzahl werden acht Bereiche bewertet und zusammengefaßt, die im folgenden kurz erläutert werden und sich aus den Darstellungen der vorangegangenen Kapiteln ableiten lassen. Die Bewertung wurde stets auf einer Skala von 0 (nicht vorhanden, ungenügend) bis 7 (hervorragend) vorgenommen.

1. **Kooperation (Gewichtung 9 %):** Dieser erste Komplex setzt sich zu gleichen Teilen aus den Bereichen „Erste Kontaktaufnahme", „Gesprächsbeurteilung" sowie „Kooperation & Engagement" der Gemeinde zusammen. Grundlage sind also die hierfür vergebenen Mittelwerte. Für einen potentiellen Investor spielen neben harten Faktoren auch gerade weiche Faktoren wie einfache und zuverlässige Terminvereinbarung oder eine offene Gesprächsatmosphäre eine entscheidende Rolle. Die Unkompliziertheit der Terminvereinbarung geht mit 50 %, die Pünktlichkeit mit 10 % und die Willkommenheit mit 40 % in den ersten Teil ein. Der zweite Teil setzt sich zu jeweils der Hälfte aus dem Ausreichen der Gesprächsdauer sowie dem Angebot eines erneuten Treffens zusammen. In den dritten Teil gehen die Einschätzung der Bereitschaft und der Kompetenz mit je 30 % und die Bewertung der Kontaktpflege mit 40 % ein. Bei letzterem wurde besonders beachtet, inwieweit die Aktivität von der Gemeinde ausgeht.

2. **Informationsmaterial (Gewichtung 20 %):** Einer der Hauptfaktoren mit einer Gewichtung von 20 % stellt die Versorgung mit geeignetem Informationsmaterial dar. Mit besonders ansprechendem und fundiertem Material kann einem interessierten Investor erheblich geholfen werden und so dessen Ansiedlung unterstützt werden. Darüber hinaus geht von erstklassigem Material auch eine aktive Marketingwirkung aus, die potentielle Gründer anziehen kann. Die „Informationen über Standortfaktoren", „Statistiken zum Markt", Material über den „Standort im allgemeinen" und über „Ladenpassagen bzw. TGZ" gehen mit jeweils 10 % ein. Bedeutsamer sind jedoch spezielle Informationen für Gründer und über Gewerbegebiete, weshalb diese mit jeweils 30 % wesentlich stärker gewichtet wurden. Dieser Gewichtung liegt die Überlegung zugrunde, daß generelle Informationen über einen Standort zwar für einen Gründer sehr interessant sein können, aber bei einer rationalen Standortwahl nur sekundär sind. Die Statistiken zum Markt, obwohl sie für den Unternehmenserfolg entscheidend sind, wurde etwas untergewichtet, da die benötigten Daten jeweils unternehmensspezifisch sind und die Gemeinden deshalb auch im Vorfeld nicht wissen können, welche Statistiken sie aufbereiten sollen. Aus der Umfrage der bayerischen Gemeinden wurde auch ersichtlich, daß die Gemeinden hierin nicht ihr primäres Aufgabenfeld sehen.

3. **Strukturdaten & Netzwerk (Gewichtung 20 %):** Bei einer Existenzgründung sind detaillierte Kenntnisse über die Wirtschaftsstruktur des Standortes bedeutsam. Besonders wichtig erscheint eine ansprechende Standortbeschreibung seitens der Gemeinde, so daß diese mit 30 % den größten Anteil an dieser Kennzahl hat. Eine Kommune, die in der Lage ist, ihren Standort ansprechend zu beschreiben und ihn damit gut zu verkaufen, wird wesentlich größere Erfolge bei Ansiedlungen haben als

eine vergleichsweise passive. Die Aussagefähigkeit über Wirtschafts-, Arbeitskräfte-, Bevölkerungsstruktur und Bevölkerungsentwicklung gehen fast einheitlich mit 10 % bzw. 8 % ein. Etwas geringer mit 5 % werden Aussagen über das Bildungsniveau gewichtet. Die Skala reicht wiederum von 0 (keine Aussagen) bis 7 (sehr detaillierte und aktuelle Informationen). Den übrigen Anteil von 30 % macht die Einbindung des Standortes in Netzwerke aus. Dabei wurden die Angaben der Kommunen nach Intensität und Umfang des Netzwerke bewertet. Die hohe Gewichtung an dieser Stelle begründet sich mit der hohen Bedeutung eines gut funktionieren Netzwerkes, da auf diese Weise Konkurrenzsituationen in Synergien umgewandelt werden können. Ferner stellt eine erfolgreiche Zusammenarbeit mit dem Umland einen deutlichen Vorteil für eine Gemeinde dar.

4. **Standortfaktorenbeschreibung (Gewichtung 15 %):** Von ebenfalls hoher, wenn auch im Vergleich zu den beiden vorhergehenden Bereichen etwas geringerer Bedeutung ist die Beschreibung der Standortfaktoren. Die Kennzahl unterscheidet sich für die Gründung im Einzelhandel und im Maschinenbau, da bei letzterem noch zusätzliche Faktoren berücksichtigt worden sind. Im Bereich Einzelhandel (Maschinenbau) wurde die Benennung von Konkurrenzunternehmen mit 21 % (10 %), Angaben über deren Erfolg mit 15 % (5 %), über regionale Zulieferer mit 15 % (0 %), für Familienmitglieder relevante Informationen mit 15 % (10 %) bewertet. Ferner gingen die beiden Bereiche Verkehrsanbindungen mit 9 % (6 %) und Umweltbeanspruchungen mit 20 % (10 %) ein. Darüber hinaus wurden für Ansiedlungen im Maschinenbau die Informationen über vorhandene TGZ mit 20 % relativ hoch und über deren Ziele mit 10 % bewertet. Wichtig für den Maschinenbau sind auch Aussagen zur Arbeitskräftestruktur (15 %) und die Benennung von Outsourcing-Partnern (14 %).

5. **Unterstützung durch die Gemeinde (Gewichtung 20 %):** Die Unterstützung des Unternehmensgründers durch die Gemeinde ist sowohl aus Unternehmersicht als auch aus der Sicht der Gemeinde (bayerische Umfrage) ein ganz wichtiger Aspekt. Die Kennzahl setzt sich gleichgewichtig aus einer allgemeinen Unterstützung und der auf Grund und Boden bezogenen zusammen. Gezählt wurde jeweils die gewährte Unterstützung in einem Bereich. Weitere Punkte wurden vergeben, wenn die Art der Förderung gemeindespezifisch war und auf ein großes Engagement rückschließen ließ. Die Auswertung in diesem Bereich ist somit qualitativ fundiert.

6. **Vermittlung von Ansprechpartnern (Gewichtung 8 %):** Die Benennung von Ansprechpartnern erscheint uns aus der Sicht eines potentiellen Gründers weniger bedeutsam zu sein. Daraus sollte jedoch nicht gefolgert werden, daß eine Kommune in diesem Bereich potentielle Investoren nicht unterstützen sollte, da ein „Spießrutenlauf" im Einzelfall letztendlich auch gegen einen Standort sprechen kann. Gewertet wurde hier die Anzahl der vermittelten Ansprechpartner, wobei die maximale Bewertung bei einer Vermittlung von sieben Kontakten erreicht wurde.

7. **Informationen über Infrastruktur (Gewichtung 8 %):** Für einen Existenzgründer ist es von entscheidender Bedeutung, wie die Infrastruktur eines Standortes beschaf-

fen ist. Da aber dieser Bereich bereits teilweise indirekt in andere Kennzahlen eingeflossen ist, ergibt sich hier nur eine ergänzende Berücksichtigung und daher eine relativ geringe Gewichtung. In diese Kennzahl gehen die Aussagefähigkeit über das Alter der Infrastruktur, die Einschätzung des Investitionsbedarfes und die Perspektive bei der Infrastrukturentwicklung zu jeweils einem Viertel ein. Fast ebenso stark gewichtet wurden die Aussagen über geplante Investitionen mit 20 % und abrundend die Übereinstimmung von Perspektive und Umsetzung mit nochmals 5 %.

Bei der Berechnung der Gesamtkennzahl eines Standortes aus allen obigen Einzelkennzahlen mit der entsprechenden Gewichtung ergibt sich eine relativ zuverlässige Einschätzung des sehr komplexen Bereiches der Wirtschaftsförderung. An dieser Stelle soll noch einmal ausdrücklich betont werden, daß die Kennzahl nicht die Qualität eines Standortes mißt, sondern das Engagement und die Qualität der Wirtschaftsförderung. Ist jedoch ein Standort für eine Ansiedlung ungeeignet, so nützt auch ein besonders aktiver Wirtschaftsförderer nichts. Aus der folgenden Tabelle wird die Struktur des Stärken- und Schwächenprofils der Gemeinden bezüglich der Kennzahlen deutlich. Die Gesamtbewertung ist aus der letzten Spalte ersichtlich. Dort sind auch die Spitzenreiter der jeweiligen Sparte (Gesamtwerte höher als 4,4) hervorgehoben.

10.7. Kochmützen

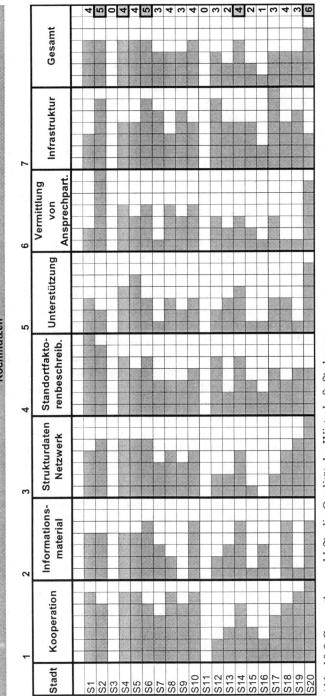

Abb. 10.9 Gesamtkennzahl für die Qualität der Wirtschaftsförderung

10.8 Engpässe und Verbesserungsmöglichkeiten

Ein Ansteigen der Arbeitslosenquoten gepaart mit der mißlichen finanziellen Lage der Gemeinden führt zu verstärkten Bemühungen der Gemeinden um Unternehmer durch unternehmerische Standortpolitik. Als Ergebnis unserer Untersuchung können positive Beispiele angeführt werden, die eine deutliche Reduzierung der Arbeitslosenquote gegenüber dem Umland erreichen konnten. Diese bezeugen, daß **aktives Standortmarketing** mit umfassender Wirtschaftsförderung und persönlicher Betreuung etwas bewirken können. Es setzt sich allmählich, wenn auch noch nicht überall, die Erkenntnis durch, daß sich Kommunen als Dienstleister für Unternehmensgründer begreifen müssen. Eigeninitiative und persönliches Engagement sind erforderlich. Es erfolgt ein Übergang von der rein passiven Wirtschaftsförderung hin zum aktiven Standortmarketing. Wünschenswert wäre ein **One-Stop-Shop**, d.h. es gibt vom Anfang bis zum Ende der Gründung nur einen Ansprechpartner bzw. Betreuer.

Ein großer **Schwachpunkt** der Wirtschaftsförderer liegt in den unzureichenden **Informationen** und Materialien hierzu. Detaillierte Kenntnisse der Standortfaktoren und die Versorgung der Gründer mit relevanten Informationen sind für eine erfolgreiche Gründung jedoch unabdingbar. Ein Großteil der befragten Gemeinden konnte auf die Frage nach Besonderheiten am Standort keine prägnanten und konkreten Angaben machen. Statistiken zum Markt fehlten fast vollständig, und ein Großteil der untersuchten Kommunen verfügt über nur unzureichend auf Existenzgründer zugeschnittenes Material. Im Sinne eines verbesserten **Informationsmanagements** sollten die Gemeinden aus den Informationssystemen der jeweiligen Länder Strukturdaten für Ansiedlungen in standardisiertem Format erhalten – diese können sie bei Bedarf um wesentliche Sachverhalte des Standorts und der Region, die nicht in der übergeordneten Statistik enthalten sind, ergänzen. Ein derartiges formalisiertes „Standortformular" erleichtert es auch dem Gründer, Standorte zu vergleichen.

Von essentieller Bedeutung für eine Unternehmensgründung sind der Zugang zu Kredit, Boden, Beratung, Förderung und Kaufkraft. Diese Informationen könnten dem potentiellen Gründer gegen eine Schutzgebühr in Form eines **Standortberichts** zur Verfügung gestellt werden. Die geringe Kenntnis von förderberatenden Stellen oder Software bei den Kommunen fordert geradezu, den Informationsfluß zu verändern. So könnten die Kommunen ein landesweit einheitliches Formular ausfüllen und an eine übergeordnete Fachstelle (z.B. Regierungspräsidium) schicken. Von dort sollte innerhalb kurzer Zeit (ca.1 Woche) eine Antwort ergehen, damit die Gemeinden ihre Gründer zeitnah unterstützen können.

10.8. Engpässe und Verbesserungsmöglichkeiten

Ein weiteres Defizit bestand darin, daß den Kommunen das Profil des örtlich zuständigen Technologie- und Gründerzentrums zumeist nicht bekannt ist. Deshalb sollten die TGZ im Sinne eines örtlichen Informationsbrokers verpflichtet werden, den Gemeinden regelmäßig ansiedlungsrelevante Informationsunterlagen (zur Auslage) zu übersenden. Auch die positiven externen Effekte von TGZs (siehe hierzu das Kapitel 3) sollten betont werden, denn viele Gemeinden sehen sich eher in Konkurrenz mit einem TGZ und wollen deshalb keine Informationen über das TGZ vorhalten. Um dies zu ändern, könnte das bei den TGZs vorhandene Know how über Unternehmensgründungen auch den Gemeinden z.B. in Form von Schulungen zugänglich gemacht werden. Außerdem sollten die spill overs zur Veränderung der Einstellung gegenüber den TGZs bekannt gemacht werden.

Mit Hilfe von unbekannten Testgründern, durch deren möglichen Besuch bereits die Anstrengung seitens der Gemeinde erhöht wird, kann ein Bundesland mittels des im vorherigen Kapitel beschrieben Kochmützentest ein Standortprofil seiner Gemeinden dokumentieren. Darin wird auch das Stärken-Schwächen-Profil der Kommune sichtbar. Auf der Grundlage des eigenen Stärken-Schwächen-Profils und das der „Wettbewerber" können die Kommunen geeignete Maßnahmen zum Infrastrukturausbau (nach einer Perspektive/Vision) ableiten und ein umfassendes Marketingkonzept für den Standort erarbeiten. Der Test müßte dann allerdings auch auf die wirtschaftlichen (harten) Erfolgsfaktoren der Kommunen ausgedehnt werden.

Durch die Analyse wurde im wesentlichen Anstrengung und Engagement vor Ort gemessen, nicht aber das vorhandene wirtschaftliche Potential. Diese beiden Seiten müßten kombiniert werden. In einem ersten Schritt könnte das wirtschaftliche Potential von bestimmten Schwerpunktregionen analysiert werden. Anschließend könnten dann zu den regionalen Schwerpunkten passende Unternehmensprofile entwickelt werden, mit denen die Wirtschaftsförderer konfrontiert werden. In diese Profile muß eingehen, welche Informationen von Gründern häufig gefordert/gewünscht werden. Dies läßt sich mit einer Befragung von Gründern oder der Aufarbeitung der bestehenden Literatur zur Gründungsforschung (siehe hierzu insbesondere die Ausführungen in Kapitel 3) ermitteln. Die sich aus dem „Test" ergebenden Schwachpunkte (fehlende Daten, Marktanalysen, Informationsbroschüren über den Standort, ...) könnten anschließend in den Gemeinden ausgemerzt werden.

Zum Abschluß soll noch die persönliche Meinung der „Gründer" kurz dargestellt werden. Diese beurteilten im Anschluß an das Gespräch, ob sie dem Investor eine Unternehmensgründung vor Ort empfehlen könnten. 40 % konnten sich nach ihren Gesprächen noch nicht endgültig entscheiden. Während im Falle des Maschinenbaus allerdings 55 % eine Ansiedlung in der jeweiligen Gemeinde befürworteten und nur eine Gemeinde gänzlich abgelehnt wurde, so waren es im Einzelhandel nur 30 %, die eine Ansiedlung für realisierbar hielten, und 30 %, die sie ablehnten. Die Gründe dafür sind sehr breit gestreut.

10.9 Zusammenfassung der wesentlichen Aspekte

Die wesentlichen Aussagen dieser empirischen Untersuchung lassen sich wie folgt auf den Punkt bringen:

- Mit zwei Gründungsprofilen (Einzelhandel sowie Maschinenbau) wurde im wesentlichen Anstrengung und Engagement der Wirtschaftsförderer vor Ort gemessen.
- Bei der erwarteten Unterstützung seitens der Unternehmen durch die Gemeinden (nach der Einschätzung der Gemeinden) nimmt der Bereich Grund und Boden eine dominante Stellung ein. Sowohl für die Hilfe bei der Förderung, Vergabe, Verfügbarkeit, Bereitstellung von Grund und Boden als auch Baugenehmigungen werden jeweils Spitzenwerte bei einer niedrigen Varianz erzielt. Dem folgt die Beratung zur Investitionsförderung. Erst an dritter Stelle werden Informationen über den Standort eingeordnet.
- Es gab keine Probleme, einen dann auch zuverlässig eingehaltenen Termin zu vereinbaren. Zumeist fühlten sich die „Gründer" als willkommene Besucher. In nur wenigen Fällen wurde das Gespräch als nicht ausreichend gewertet. Die Ansprechpartner waren sowohl fachlich kompetent als auch kooperativ.
- Statistiken zum Markt waren nur selten in zufriedenstellendem Maß zu erhalten, ganz im Gegensatz zum umfangreichen Material zum Standort im allgemeinen. Weitaus schwieriger erwies sich die Bereitstellung von Informationsmaterial speziell für Unternehmen, obwohl die bayerischen Kommunen letzteren Informationen einen höheren Stellenwert als dem allgemeinen Informationsmaterial zum Standort zugestanden haben. Insgesamt kann gesagt werden, daß der Großteil der untersuchten Kommunen über unzureichendes, auf Existenzgründer zugeschnittenes Material verfügt.
- Zu den Strukturvariablen des Standortes wie Wirtschafts-, Bevölkerungs- und Arbeitskräftestruktur sowie zu Bildungsniveau und Bevölkerungsentwicklung wurden häufig nur vage und grobe Einschätzungen gegeben.
- Neben der Unterstützung beim Erwerb von Grund und Boden, die absoluten Vorrang hat, sehen die Kommunen nur noch einen Handlungsbedarf bei den standortspezifischen Fördermitteln, der Beantragung von Subventionen, der direkten Unterstützung durch die Kommune und dem Entgegenkommen bei lokalen Steuern. Bei der Einzelhandelsgründung wurde bei der Hälfte aller Kommunen keinerlei Hilfe bei der Beantragung von Subventionen zugesagt. Im Maschinenbau gewähren 90 % der Gemeinden eine direkte Unterstützung, die von der Betreuung über investorengerechte Bebauungspläne bis zu verbilligten Bodenpreisen reicht. Auch die standortspezifischen Vergünstigungen bzw. Fördermittel fallen reichhaltig aus. Es fällt jedoch auf, daß der Zeitraum für die Genehmigung zwischen 1 Monat und 6 Monaten variiert.

- Fast alle befragten Kommunen konnten Auskünfte über ihre Infrastruktur geben, wobei allerdings nur ca. die Hälfte eine schlüssige, langfristige Perspektive benennen konnte.
- Zu der Kochmützenkennzahl für den Bereich Wirtschaftsförderung werden acht Bereiche bewertet und zusammengefaßt. Insbesondere gehen die Kooperationsbereitschaft (Gewichtung 9 %), die Qualität des Informationsmaterials (20 %), die Strukturdaten & Netzwerk (20 %), die Standortfaktorenbeschreibung (15 %), die Unterstützung durch die Kommune (20 %), die Vermittlung von Ansprechpartnern (8 %) und die Qualität der Informationen über Infrastruktur (8 %) ein. Diese Kennzahl mißt jedoch nicht die Qualität eines Standortes, sondern das Engagement und die Qualität der Wirtschaftsförderung vor Ort.

10.10 Literatur

Bade, F.-J., 1980, Kurzvortrag über die Mobilität von Industriebetrieben, in: Funck, R. (Hrsg.), 1982, Öffentliche Finanzen und regionale Entwicklung, Heidenheimer Schriften zur Regionalwissenschaft August Lösch in Memoriam, Heft 6, Stadt Heidenheim, S. 33-37.

Bertelsmann Stiftung, 2000a, Verwaltungsmodernisierung und lokale Demokratie, online im Internet, URL: http://www.stiftung.bertelsmann.de/projekte/bereiche/refkommv.htm, 16.11.00

Bertelsmann Stiftung, 2000b, Endergebnisse sowie alle Einzelergebnisse der Unternehmensbefragung, online im Internet, URL: http://www.stiftung.bertelsmann.de/projekte/bereiche/download/tabelle_1_dus.pdf, 16.11.00

Bertelsmann Stiftung, 2000c, Die unternehmerfreundliche Stadt, online im Internet, URL: http://www.stiftung.bertelsmann.de/projekte/bereiche/download/praesentation3.ppt, 16.11.00.

Blum, U.; Gleißner, W.; Leibbrand, F.; Mauerer, F.; Schaller, A.; Veltins, M., 1997, Engpaßanalyse bei Unternehmensgründungen II, Gutachten im Auftrag des Sächsischen Staatsministeriums für Wirtschaft und Arbeit.

Blum, U.; Kläske, G.; Gleißner, W.; Schaller, A.; Schaub, H.; Veltins, M., 1996, Engpaßanalyse bei Unternehmensgründungen I, Gutachten im Auftrag des Sächsischen Staatsministeriums für Wirtschaft und Arbeit.

Impulse, 2000, 25 Großstädte im Test, Heft September 2000, S. 38-46.

Teil V: Rechtliche Aspekte für den Entrepreneur

Michael Veltins

11. Gesellschafts- und Vertragsrecht

11.1 Einleitung und Einordnung in das Entrepreneurship

Die nachfolgenden Ausführungen befassen sich in vier Abschnitten mit Themen, die bei der Gründung von Unternehmen für die Gesellschafter, Geschäftsführer und leitenden Mitarbeiter in rechtlicher Hinsicht relevant sind. Der erste Themenkreis behandelt die Rechtsformen, die für Unternehmer zur Verfügung stehen. Ferner werden die Entscheidungskriterien für eine konkrete Rechtsform dargestellt. Weitere Ausführungen beschäftigen sich mit der Haftung der Gesellschafter und Geschäftsführer bei der Gründung der gewählten Rechtsform. Die Beziehungen zwischen den Gesellschaftern werden in den Ausführungen über Gesellschaftsverträge behandelt. Ist das Unternehmen gegründet, stellt sich häufig infolge eines schnellen Wachstums der Gesellschaft, eines Wechsels des Gesellschafterkreises oder einer Generationennachfolge die Frage von Unternehmensan- und -verkäufen.

Ein zweiter Themenkreis beschäftigt sich mit "wettbewerbsrechtlichen Aspekten". Hier werden die wesentlichen Regelungen des Kartellgesetzes (GWB - Gesetz gegen Wettbewerbsbeschränkungen) dargestellt. Für das Auftreten des Unternehmens am Markt ist ferner das Gesetz gegen unlauteren Wettbewerb (UWG) zu beachten. Durch dieses Gesetz sollen die Wettbewerber und Verbraucher gegen Irreführung bewahrt werden. Zu diesem Themenkomplex gehört ferner der Schutz von Patenten, Gebrauchs- und Geschmacksmustern und Marken, sowohl im nationalen als auch internationalen Rahmen. In diesem Zusammenhang werden die Folgen fehlerhafter Produkte aufgrund des Produkthaftungsrechts erörtert.

Ein dritter Themenkreis befaßt sich mit dem Arbeits- und Sozialrecht. Hier wird unter anderem auf Arbeitsverträge, Mitbestimmung, Betriebsratsbildung und die Verbindlichkeit von Tarifverträgen eingegangen. Jeder Unternehmer, der Arbeitnehmer beschäftigt, wird nicht umhin kommen, sich mit dem Arbeits- und Sozialrecht auseinanderzusetzen. Inwieweit dieses bei Unternehmenskäufen Bestand hat, wird im Rahmen der Betriebsübergänge behandelt.

Der vierte Themenkreis beschäftigt sich mit der Erleichterung von Unternehmensgründungen. Dieses Thema ist insbesondere durch die Privatisierung von öffentlichen Unternehmen wie Lufthansa und Telekom aktuell geworden. Tendenziell ziehen sich viele Großunternehmen auf ihr sogenanntes Core-Business zurück. Dieses hat zur Folge, daß kleinere Unternehmenseinheiten bzw. Betriebsabteilungen verkauft oder Dienstleistungen durch Outsourcing vergeben werden. Weitere Ausführungen beschäftigen sich mit öffentlichen und privaten Förderungsmöglichkeiten bei Unternehmensgründungen oder -erweiterungen. Nicht zu vernachlässigen ist allerdings auch der Aspekt der Insolvenz. Ein erheblicher Teil der neu gegründeten Unternehmen geht innerhalb der ersten fünf Jahre nach der Gründung wieder aus dem Markt.

11.2 Rechtsformen

Grundsätzlich wird zwischen Personen- und Kapitalgesellschaften unterschieden. Unter Personengesellschaften sind im allgemeinen solche Rechtsformen zu verstehen, bei denen mehrere einzelne Personen gemeinsam ein Unternehmen betreiben und es nicht primär auf die kapitalmäßige, sondern auf die persönliche Beteiligung ankommt. Die Gesellschafter teilen sich Verantwortung und Risiko und nehmen dafür – jeder für sich – eine Einschränkung der Selbständigkeit in Kauf. Die Stärke der Personengesellschaft liegt in dem persönlichen vollen Einsatz der Gesellschafter, in der engen Verbundenheit der Gesellschafter untereinander, dem vollständigen Haftungsrisiko, der breiten Kreditbasis und der dadurch erzeugten Elastizität, Anpassungsfähigkeit und Krisenfestigkeit.

Bei den Kapitalgesellschaften steht demgegenüber die kapitalmäßige Beteiligung im Vordergrund. Bei diesen juristischen Personen sind nicht die Gesellschafter, sondern die Kapitalgesellschaften als solche Subjekt und Inhaber aller Rechte und Pflichten. Nur die juristische Person und deren Vermögen ist den Gläubigern gegenüber haftbar. Haben die Gesellschafter ihre Einlageverpflichtung erfüllt, so ist ihre Haftung grundsätzlich erloschen; sie können für Schulden der Gesellschaften nicht verantwortlich gemacht werden. Das Risiko liegt damit ausschließlich bei der juristischen Person.

Zu den Personengesellschaften gehören die

- GbR - Gesellschaft bürgerlichen Rechts
- Einzelhandelsgesellschaft
- OHG - offene Handelsgesellschaft

- KG - Kommanditgesellschaft
- stille Gesellschaft
- KG auf Aktien
- GmbH & Co. KG und
- Partnerschaftsgesellschaft für freie Berufe.

Die Einzelhandelsgesellschaft, die OHG, KG und die GmbH & Co. KG setzen jeweils ein vollkaufmännisches Unternehmen voraus. Kaufmann im Sinne von § 1 HGB ist derjenige, der ein Handelsgewerbe betreibt. Ein Handelsgewerbe ist jeder Gewerbebetrieb, es sei denn, daß das Unternehmen nach Art und Umfang einen in kaufmännischer Weise eingerichteten Geschäftsbetrieb nicht erfordert.

11.2.1 GbR – Gesellschaft bürgerlichen Rechts

11.2.1.1 Rechtliche Grundlage

Bei der Gesellschaft bürgerlichen Rechts (GbR) verpflichten sich zwei oder mehrere Gesellschafter gegenseitig, die Erreichung eines gemeinsamen Zwecks in der durch den Vertrag bestimmten Weise zu fördern, insbesondere die vereinbarten Beiträge zu leisten. Als Beispiele für eine GbR können eine Lottogemeinschaft, die Bildung von Fahrgemeinschaften oder die Errichtung oder der Erwerb eines Hauses durch Ehegatten genannt werden. In Ermangelung einer anderen Vereinbarung haben die Gesellschafter gleiche Beiträge zu leisten.

11.2.1.2 Rechte und Pflichten der Gesellschafter

Die Führung der Gesellschaft steht den Gesellschaftern gemeinschaftlich zu. Für jedes Geschäft ist die Zustimmung aller Gesellschafter erforderlich. Die Beiträge der Gesellschafter und die durch die Geschäftsführung für die Gesellschaft erworbenen Gegenstände werden gemeinschaftliches Vermögen der Gesellschafter (Gesellschaftsvermögen). Damit kann ein Gesellschafter nicht über seinen Anteil an dem Gesellschaftsvermögen und an den einzelnen dazugehörenden Gegenständen verfügen. Vor Auflösung der Gesellschaft ist er nicht berechtigt, Teilung zu verlangen. Soweit nicht anderweitiges bestimmt ist, sind die Gesellschafter am Gewinn und Verlust nach Köpfen beteiligt. Jeder Gesellschafter haftet mit seinem Vermögen unbeschränkt und persönlich. Nach einer Änderung der Rechtsprechung des Bundesgerichtshofes kann eine GbR nunmehr selbst, d.h. nicht nur die einzelnen Gesellschafter verklagt werden. Die Gesellschaft kann, sofern sie nicht für eine bestimmte Zeit eingegangen ist, von jedem Gesellschafter jederzeit gekündigt werden. Bei der Auseinandersetzung sind aus dem Gesellschaftsvermögen die gemeinschaftlichen Schulden zu berichtigen. Aus dem nach der Berichtigung der Schulden übrig bleibenden Gesellschaftsvermögen sind die Einlagen zurückzuerstatten. Verbleibt danach ein Überschuß, so gebührt er den Gesellschaftern nach dem Verhältnis der Anteile am Gewinn.

Der Betrieb eines vollkaufmännischen Handelsgewerbes ist für eine GbR ausgeschlossen. Dennoch kommt der GbR im Wirtschaftsleben eine nicht zu unterschätzende Bedeutung zu. Sie findet vor allem für den Zusammenschluß von kleinen Handwerksbetrieben oder von Angehörigen freier Berufe, z.B. Sozietäten von Rechtsanwälten oder Steuerberatern, Anwendung. Darüber hinaus werden GbRs bei sogenannten Gelegenheitsgesellschaften im Wirtschaftsleben gegründet. Als Beispiele können Bankenkonsortien zur Emission von Wertpapieren oder Finanzierung von Großprojekten, Arbeitsgemeinschaften zur Durchführung von Bauvorhaben durch mehrere Baufirmen, Grundstücksverwaltungsgesellschaften, Gesellschaften zum Halten von Unternehmensbeteiligungen etc. genannt werden. Sofern die GbR nicht im Außenverhältnis auftritt, kann sie auch als Innengesellschaft für Unterbeteiligungen verwendet werden. In diesem Fall haftet der „Innengesellschafter" den Gläubigern des Außengesellschafters nicht, da ausschließlich der Außengesellschafter gegenüber Dritten auftritt.

Eine Unterbeteiligung liegt vor, wenn sich eine Person nicht unmittelbar an einer Gesellschaft, sondern an Gesellschaftsanteilen einer anderen Person beteiligt. Gründe hierfür können neben der Geheimhaltung der Beteiligung vor allem in der Finanzierung der Hauptbeteiligung zu sehen sein. Darf nach dem Gesellschaftsvertrag zum Beispiel eine bestimmte Beteiligungsquote nicht unterschritten werden oder möchte ein Anteilseigner einen prozentualen Anteil an einer Gesellschaft erreichen, den er selbst nicht in vollem Umfange finanzieren kann, so bietet sich die Unterbeteiligung als Form der Finanzierung des Anteils an. Die Unterbeteiligung wird ferner bei Familiengesellschaften häufig zur Vorwegnahme von Erbregelungen verwendet. Eine Unterbeteiligung kann auch an allen Arten von Gesellschaftsanteilen bestehen, z.B. an Anteilen an einer OHG, KG, GmbH, an einem Aktienpaket, an einer stillen Beteiligung oder auch an einem Recht, das keine Gesellschaftsbeteiligung ist, z.B. einer Darlehensforderung.

11.2.2 Der Einzelhandelskaufmann

11.2.2.1 Rechtliche Grundlage

Kaufmann im Sinne von § 1 HGB (Ist-Kaufmann) ist, wer ein Handelsgewerbe betreibt. Seit dem Inkrafttreten des Handelsrechtsreformgesetzes (HRefG) am 22.06.1998 geht das Handelsgesetzbuch von einem einheitlichen Kaufmannsbegriff aus. Unter Beibehaltung des Kaufmannsbegriffs gemäß § 1 Abs. 1 HGB wurde Abs. 2 dahingehend geändert, daß nunmehr jeder Gewerbebetrieb ein Handelsgewerbe ist, es sei denn, daß das Unternehmen nach Art oder Umfang einen in kaufmännischer Weise eingerichteten Gewerbebetrieb nicht erfordert. Die Eintragung des unter § 1 HGB fallenden Gewerbe-

11.2. Rechtsformen

betriebes in das Handelsregister ist für die Kaufmannseigenschaft lediglich deklaratorisch.

Mit dieser Neuregelung wurden die Vorschriften der ehemaligen §§ 1, 2 und 4 HGB zusammengefaßt. Eine Unterscheidung zwischen Muß-, Soll- und Minderkaufmann wird vom Handelsgesetzgeber damit nicht mehr getroffen. Die in § 1 Abs. 2 HGB gewählte negative Formulierung führt dazu, daß der Unternehmer beweisen muß, daß sein Unternehmen einen in kaufmännischer Weise eingerichteten Geschäftsbetrieb nicht erfordert. Unter diesen Voraussetzungen fallen Kleinunternehmen nach wie vor nicht unter die Handelsgewerbe.

Der Betrieb eines Grundhandelsgewerbes setzt jeweils einen nach Art und Umfang in kaufmännischer Weise eingerichteten Geschäftsbetrieb voraus. Hierfür gab es vor Inkrafttreten des HRefG verschiedene Kriterien, auf die laut Beschlußfassung des Referendenausschusses zum HRefG auch weiterhin zurückgegriffen werden kann. Als Merkmale gelten u.a.

- Anzahl der Betriebsstätten
- Umsatz
- Höhe des eingesetzten Kapitals
- Vielfalt der Erzeugnisse
- Anzahl der Beschäftigten
- Umfang der Buch- und Kontenführung
- Art und Umfang der Geschäftsbeziehungen.

Nach dem neuen § 2 HGB besteht nunmehr für jedes gewerbliche Unternehmen die Möglichkeit, die Firma in das Handelsregister eintragen zu lassen (Kann-Kaufmann), soweit nicht bereits ein Handelsgewerbe im Sinne von § 1 HGB vorliegt. Die Eintragung des Unternehmens ist gemäß § 2 Satz 1 HGB für die Geltung als Handelsgewerbe konstitutiv. Gemäß § 2 Satz 2 HGB ist jeder Unternehmer berechtigt aber nicht verpflichtet, die Eintragung nach den für die Eintragung kaufmännischer Firmen geltenden Vorschriften herbeizuführen.

Durch die Streichung der §§ 4, 351 HGB entfällt nach der neuen Fassung des Handelsgesetzbuches die Rechtskonstruktion des Minderkaufmanns. Soweit der ehemals unter die Gruppe der Minderkaufleute fallende Gewerbetreibende sich nicht gemäß § 2 HGB im Handelsregister eintragen läßt, sind die Vorschriften des Handelsgesetzbuches auf ihn grundsätzlich nicht anwendbar. Jedoch wird vom Rechtsausschuß des Referendenentwurfs zum HRefG ausdrücklich darauf hingewiesen, daß eine analoge Anwendbarkeit verschiedener Vorschriften des Handelsgesetzbuches in Betracht kommt.

Die Betreibung eines land- und forstwirtschaftlichen Unternehmens gilt auch unter Berücksichtigung des HRefG nicht als Grundhandelsgewerbe im Sinne von § 1 HGB. Erfordern die Art und der Umfang eines Land- und Forstbetriebes einen in kaufmännischer Weise eingerichteten Geschäftsbetrieb, so ist der Unternehmer berechtigt, aber nicht verpflichtet, die Eintragung in das Handelsregister herbeizuführen (Kann-Kaufmann). Dieser Kann-Kaufmann steht im wesentlichen dem des § 2 HGB gleich. Der einzige Unterschied besteht darin, daß nach erfolgter Eintragung in das Handelsregister eine Löschung der Firma ausschließlich nach den allgemeinen Vorschriften stattfindet, welche für die Löschung kaufmännischer Firmen gelten.

11.2.2.2 Firmierung

Gemäß § 17 HGB ist die Firma eines Kaufmanns der Name, unter dem er im Handel sein Gewerbe betreibt und die Unterschrift abgibt. Die Firma muß zur Kennzeichnung des Kaufmanns geeignet sein und Unterscheidungskraft besitzen. Die Firma darf keine Angaben enthalten, die geeignet sind, über geschäftliche Verhältnisse, die für die angesprochenen Verkehrskreise wesentlich sind, irrezuführen. Im Verfahren vor dem Registergericht wird die Eignung der Irreführung nur berücksichtigt, wenn sie ersichtlich ist. Bei Einzelkaufleuten muß die Firma die Bezeichnung „eingetragener Kaufmann", „eingetragene Kauffrau" oder eine allgemein verständliche Abkürzung dieser Bezeichnung, insbesondere „e.K.", „e.Kfm." oder „e.Kfr." enthalten.

Jeder Kaufmann ist verpflichtet, gemäß § 29 HGB seine Firma und den Ort seiner Niederlassung bei dem Gericht, in dessen Bezirk sich die Niederlassung befindet, zur Eintragung in das Handelsregister anzumelden. Jede neue Firma muß sich von allen an demselben Ort bereits bestehenden und in das Handelsregister eingetragenen Firmen deutlich unterscheiden. Gegebenenfalls ist es erforderlich, einen Zusatz beizufügen, durch den sich die neue Firma von der bereits eingetragenen Firma deutlich unterscheidet. Bei einem unzulässigen Firmengebrauch kann das Registergericht den Unternehmer zur Unterlassung des Gebrauchs der Firma durch Festsetzung von Ordnungsgeld anhalten. Darüber hinaus kann derjenige, der in seinen Rechten dadurch verletzt wird, daß ein anderer eine Firma unbefugt gebraucht, von diesem die Unterlassung des Gebrauchs der Firma verlangen. Weitere Ansprüche des geschädigten Unternehmers auf Schadensersatz bleiben durch die Vorschriften des Handelsgesetzbuches unberührt.

11.2.2.3 Haftung

Der Einzelunternehmer haftet für seine Verbindlichkeiten grundsätzlich allein und unbeschränkt. Dieses bedeutet, daß er nicht nur mit seinem, in den Betrieb eingelegten Teil seines Vermögens, sondern auch mit seinem sonstigen Privatvermögen unbeschränkt haftet.

11.2.2.4 Gründung

Die Gründung eines Einzelunternehmens erfolgt formlos. Eines Gesellschaftsvertrages bedarf es nicht. Gemäß § 29 HGB ist allerdings die Anmeldung der Firma zum Handelsregister in Abteilung A vorzunehmen. Bei der Anmeldung muß der Unternehmer seine Firma zur Aufbewahrung bei dem Gericht zeichnen. Die Anmeldung muß in öffentlich beglaubigter Form vorgenommen werden.

11.2.2.5 Geschäftsführung und Vertretung

Die Leitungsbefugnis steht dem Einzelunternehmer selbst zu. Er kann jedoch auch weitere Personen mit der Leitung der Gesellschaft betrauen. Hierfür bietet sich die Erteilung der Prokura gemäß § 48 HGB an. Die Prokura kann einem einzelnen oder mehreren Personen gemeinschaftlich (Gesamtprokura) erteilt werden. Die Prokura ermächtigt zu allen Arten von gerichtlichen und außergerichtlichen Geschäften und Rechtshandlungen, die der Betrieb eines Handelsgewerbes mit sich bringt. Zur Veräußerung oder Belastung von Grundstücken ist der Prokurist nur ermächtigt, wenn ihm diese Befugnis besonders erteilt ist (Generalbevollmächtigter). Die Prokura kann im Innenverhältnis durch den Inhaber des Einzelhandelsunternehmens beschränkt werden. Die Beschränkung des Umfangs der Prokura ist Dritten gegenüber unwirksam. Dies gilt insbesondere von der Beschränkung, daß die Prokura nur für gewisse Geschäfte oder gewisse Arten von Geschäften oder nur unter gewissen Umständen oder für eine gewisse Zeit oder an einzelnen Orten ausgeübt werden soll. Die Prokura ist jederzeit widerruflich. Auch dann, wenn sie z.B. aufgrund eines Anstellungsverhältnisses zwischen dem Inhaber des Unternehmens und dem Prokuristen vertraglich vereinbart worden ist.

Die Erteilung und das Erlöschen der Prokura ist von dem Inhaber des Handelsgeschäftes zur Eintragung in das Handelsregister anzumelden. Der Prokurist hat die Firma nebst seiner Namensunterschrift zur Aufbewahrung bei dem Gericht zu zeichnen.

Von der Prokura ist die Handlungsvollmacht zu unterscheiden. Ist jemand ohne Erteilung der Prokura zum Betrieb eines Handelsgewerbes oder zur Vornahme einer bestimmten zu einem Handelsgeschäft gehörigen Art von Geschäften oder zur Vornahme einzelner zu einem Handelsgewerbe gehöriger Geschäfte ermächtigt, so erstreckt sich die Vollmacht (Handlungsvollmacht) auf alle Geschäfte und Rechtshandlungen, die der Betrieb eines derartigen Handelsgewerbes und die Vornahme derartiger Geschäfte gewöhnlich mit sich bringt. Zur Veräußerung oder Belastung von Grundstücken, zur Eingehung von Wechselverbindlichkeiten, zur Aufnahme von Darlehen und zur Prozeßführung ist der Handlungsbevollmächtigte nur ermächtigt, wenn ihm eine solche Befugnis besonders erteilt ist. Sonstige Beschränkungen der Handlungsvollmacht braucht ein Dritter nur dann gegen sich gelten zu lassen, wenn er sie kannte oder kennen mußte. Im Gegensatz zur Prokura ist die Handlungsvollmacht nicht im Handelsregister einzutragen. Die Handlungsvollmacht kann jederzeit zurückgenommen werden.

11.2.2.6 Finanzierung

Die Finanzierung eines Einzelhandelskaufmanns erfolgt in erster Linie durch Einlage bzw. durch Selbstfinanzierung im laufenden Geschäft, d.h. durch Nichtentnahme erzielter Gewinne. Damit ist die Möglichkeit zur Selbstfinanzierung bei den meisten Einzelunternehmern begrenzt, da regelmäßig die Gewinne ihrer Betriebe die Aufwendungen der persönlichen Lebensführung decken müssen. Aufgrund der begrenzten Kapitalbasis ist die Beschaffung von Kapital, insbesondere Bankkrediten, schwierig. Die Einzelunternehmer sind in der Regel auf Lieferantenkredite angewiesen. Ohne Änderung der Rechtsform ist es möglich, die Kapitalbasis durch Aufnahme von stillen Gesellschaftern zu stärken. Durch die Gewährung einer stillen Einlage bleibt der Inhaber des Unternehmens aus den in dem Betriebe geschlossenen Geschäften gemäß § 230 HGB allein berechtigt und verpflichtet, da er nur im eigenen Namen handelt. Der stille Gesellschafter ist zur Leistung seiner Einlage verpflichtet und berechtigt, im vertraglich vereinbarten Umfang Gewinne zu ziehen. Bei Beendigung des Gesellschaftsverhältnisses hat er Anspruch auf Rückzahlung seiner Einlage (siehe ausführlich B. V.).

11.2.2.7 Führung von Büchern

Der Einzelhandelskaufmann ist wie jeder Vollkaufmann zur Führung von Büchern verpflichtet. Gemäß § 238 HGB sind in diesen seine Handelsgeschäfte und die Lage seines Vermögens nach den Grundsätzen ordnungsgemäßer Buchführung auszuweisen. Die Buchführung muß so geschaffen sein, daß sie einem sachverständigen Dritten innerhalb angemessener Zeit einen Überblick über die Geschäftsvorfälle und die Lage des Unternehmens vermitteln kann. Die Geschäftsvorfälle müssen sich in ihrer Entstehung und Abwicklung verfolgen lassen. Der Kaufmann hat zu Beginn seines Handelsgewerbes und für den Schluß eines jeden Geschäftsjahres einen das Verhältnis seines Vermögens und seiner Schulden darstellenden Abschluß (Eröffnungsbilanz, Bilanz) aufzustellen. Auf die Eröffnungsbilanz sind die für den Jahresabschluß geltenden Vorschriften entsprechend anzuwenden. Er hat für den Schluß eines jeden Geschäftsjahres eine Gegenüberstellung der Aufwendungen und Erträge des Geschäftsjahres (Gewinn- und Verlustrechnung) aufzustellen. Die Bilanz und die Gewinn- und Verlustrechnung bilden den Jahresabschluß. Der Jahresabschluß ist nach den Grundsätzen ordnungsgemäßer Buchführung aufzustellen. Er muß klar und übersichtlich sein. Der Jahresabschluß ist innerhalb der einem ordnungsgemäßen Geschäftsgang entsprechenden Zeit aufzustellen. Gemäß § 264 HGB sind der Jahresabschluß und der Lagebericht von den gesetzlichen Vertretern in den ersten drei Monaten des Geschäftsjahres für das vergangene Geschäftsjahr aufzustellen. Kleine Gesellschaften im Sinne von § 267 Abs. 1 HGB brauchen den Lagebericht dagegen nicht aufzustellen. Sie dürfen den Jahresabschluß auch später aufstellen, wenn dieses einem ordentlichen Geschäftsgang entspricht, jedoch innerhalb der ersten sechs Monate des Geschäftsjahres.

11.2.2.8 Gesellschafterwechsel

Der Einzelhandelsunternehmer kann sein Geschäft veräußern und vererben. Der Erwerber des Handelsgeschäftes darf für das Geschäft die bisherige Firma, auch wenn sie den Namen des bisherigen Geschäftsinhabers enthält, mit oder ohne Beifügung eines das Nachfolgeverhältnis andeutenden Zusatzes fortführen, wenn der bisherige Geschäftsinhaber oder dessen Erben in die Fortführung der Firma ausdrücklich einwilligen. Der

11.2. Rechtsformen

Erwerber haftet für alle im Betrieb des Geschäfts begründeten Verbindlichkeiten des früheren Inhabers. Die in dem Betrieb begründeten Forderungen gelten den Schuldnern gegenüber als auf den Erwerber übergegangen, falls der bisherige Inhaber oder seine Erben in die Fortführung der Firma eingewilligt haben. Eine abweichende Vereinbarung ist einem Dritten gegenüber nur wirksam, wenn sie in das Handelsregister eingetragen und bekanntgemacht oder von dem Erwerber oder dem Veräußerer dem Dritten gegenüber mitgeteilt worden ist. Wird die Firma dagegen nicht fortgeführt, so haftet der Erwerber eines Handelsgeschäftes für die früheren Geschäftsverbindlichkeiten nur, wenn ein besonderer Verpflichtungsgrund vorliegt, insbesondere wenn die Übernahme der Verbindlichkeiten in handelsüblicher Weise von dem Erwerber bekannt gemacht worden ist. Der frühere Geschäftsinhaber oder dessen Erben haften für Verbindlichkeiten des früheren Geschäftsinhabers nur, wenn sie vor Ablauf von fünf Jahren fällig und deren Ansprüche gegen ihn gerichtlich geltend gemacht worden sind. Das gleiche gilt, wenn ein zu einem Nachlaß gehörendes Handelsgeschäft von den Erben fortgeführt wird. Die unbeschränkte Haftung gemäß § 25 Abs. 1 HGB tritt allerdings nicht ein, wenn die Fortführung des Geschäfts vor dem Ablauf von drei Monaten nach dem Zeitpunkt, in welchem der Erbe von dem Anfall der Erbschaft Kenntnis erlangt hat, eingestellt wird.

Tritt jemand als persönlich haftender Gesellschafter oder als Kommanditist in das Geschäft eines Einzelkaufmanns ein, so haftet die Gesellschaft, auch wenn sie die frühere Firma nicht fortführt, für alle im Betriebe des Geschäftes entstandenen Verbindlichkeiten des früheren Geschäftsinhabers. Die Forderungen des Betriebes gelten den Schuldnern gegenüber als auf die Gesellschaft übergegangen. Eine abweichende Vereinbarung ist einem Dritten gegenüber nur wirksam, wenn sie in das Handelsregister eingetragen und bekanntgemacht oder von einem Gesellschafter dem Dritten mitgeteilt worden ist. Wird der frühere Geschäftsinhaber Kommanditist, d.h. wird der Neueintretende persönlich haftender Gesellschafter des Unternehmens, so bleibt hiervon die Haftung des früheren Geschäftsinhabers für Verbindlichkeiten des Handelsgeschäfts unberührt. Für Verbindlichkeiten haftet der frühere Geschäftsinhaber nur, wenn sie vor Ablauf von fünf Jahren fällig und daraus Ansprüche gegen ihn gerichtlich geltend gemacht worden sind. Die Frist beginnt insoweit mit dem Tag, an dem die Gesellschaft in das Handelsregister eingetragen wird.

11.2.3 OHG – offene Handelsgesellschaft

11.2.3.1 Rechtliche Grundlage

Gemäß § 105 HGB ist der Zweck einer offenen Handelsgesellschaft auf den Betrieb eines vollkaufmännischen Handelsgewerbes unter gemeinschaftlicher Firma gerichtet. Weitere Voraussetzung ist, daß die Gesellschafter den Gesellschaftsgläubigern unbeschränkt mit ihrem gesamten Vermögen haften. Die OHG entsteht im Innenverhältnis mit Abschluß eines Gesellschaftsvertrages gemäß § 109 HGB, sofern nicht ein späterer Anfangstermin vereinbart worden ist. Im Außenverhältnis beginnt die OHG mit deren Auftreten im Rechtsverkehr, d.h. mit Aufnahme des Betriebes des Handelsgewerbes oder spätestens mit Eintragung in das Handelsregister (HR -A) aufgrund Anmeldung sämtlicher Gesellschafter.

11.2.3.2 Firmierung

Die Firma einer offenen Handelsgesellschaft muß die Bezeichnung „offene Handelsgesellschaft" oder eine allgemein verständliche Abkürzung dieser Bezeichnung enthalten, welche die Haftungsbeschränkung kennzeichnet.

Die OHG als Ist-Kaufmann im Sinne von § 1 HGB ist im Handelsregister als solche einzutragen. Sie ist keine juristische Person, Rechtsträger sind vielmehr die einzelnen Gesellschafter als Gemeinschaft zur gesamten Hand, für die ergänzend die Vorschriften des bürgerlichen Gesetzbuches über die Gesellschaften gemäß §§ 705 ff. BGB Anwendung finden. Die OHG kann vor Gericht klagen und verklagt werden. Das Gesellschaftsvermögen selbst ist ein gebundenes Vermögen (Sondervermögen), das allen Gesellschaftern gemeinschaftlich als Gesamthandsvermögen zusteht. Alle Gesellschafter sind gemeinschaftlich Gesamthandsgläubiger bzw. Gesamthandsschuldner. An den einzelnen Vermögensgegenständen der Gesellschaft besteht Gesamthandseigentum und kein Bruchteilseigentum. Demzufolge kann die Zwangsvollstreckung in das Gesamthandsvermögen der OHG erfolgen.

11.2.3.3 Rechte und Pflichten der Gesellschafter/ Gewinnverteilung

Aufgrund des Gesellschaftsvertrages werden die Gesellschafter regelmäßig verpflichtet, Beiträge im vertraglich vereinbarten Umfang zu erbringen. Besteht eine Geldeinlagepflicht, so schuldet der Gesellschafter für nicht zur rechten Zeit eingezahltes Kapital Zinsen. Gemäß § 120 HGB wird am Schluß eines jeden Geschäftsjahres aufgrund der Bilanz der Gewinn und Verlust des Jahres ermittelt und für jeden Gesellschafter sein Anteil daran berechnet. Hieraus folgt, daß wertmäßig der Kapitalanteil mit dem Anteil am Gesamtvermögen regelmäßig nur zur Zeit der Gründung übereinstimmt. Später weichen beide Werte meist voneinander ab, sei es, daß infolge stiller Reserven der Anteil am Gesellschaftsvermögen über oder auch infolge stiller Verluste unter dem Kapitalanteil liegt. Die Summe sämtlicher Kapitalanteile der Gesellschafter (abzüglich eventuell negativer Kapitalkonten) stellt das buchmäßige Gesellschaftskapital dar. Der Kapitalanteil, der den gesetzlichen Maßstab für die wirtschaftliche Beteiligung am Gesellschaftsvermögen, also lediglich eine Rechnungsziffer darstellt, ist die Grundlage für die Verteilung von Gewinn und Verlust. Gemäß § 121 HGB gebührt von dem Jahresgewinn jedem Gesellschafter zunächst ein Anteil in Höhe von 4 % seines Kapitalanteils. Reicht der Jahresgewinn hierzu nicht aus, so bestimmen sich die Anteile nach einem entsprechend niedrigeren Satz. Bei der Berechnung des verteilungsfähigen Gewinnes werden Einlagen und Entnahmen berücksichtigt. Der verteilungsfähige Teil des Jahresgewinns sowie der Verlust eines Geschäftsjahres wird unter die Gesellschafter, soweit nicht anderweitig vereinbart, nach Köpfen verteilt. Jeder Gesellschafter ist berechtigt, aus der Gesellschaftskasse Geld bis zum Betrag von 4 % seines für das letzte Geschäftsjahr festgestellten Kapitalanteils zu seinen Lasten zu entnehmen und, soweit es nicht zum offenbaren Schaden der Gesellschaft gereicht, auch die Auszahlung seines übersteigenden Anteils am Gewinn des letzten Jahres zu verlangen. Im übrigen ist ein Gesellschafter nicht befugt, ohne Einwilligung der anderen Gesellschafter seinen Kapitalanteil zu vermindern. Neben dem Anspruch auf eine 4 %ige Verzinsung des eingesetzten Kapitals und etwaiger Gewinnentnahmen stehen den Gesellschaftern keine Geschäftsführervergütungen zu.

11.2.3.4 Wettbewerbsverbot

Die Gesellschafter der OHG unterliegen einem gesetzlichen Wettbewerbsverbot. Gemäß § 112 HGB darf ein Gesellschafter ohne Einwilligung der anderen Gesellschafter weder in dem Handelszweig der Gesellschaft Geschäfte betreiben noch in einer anderen gleichartigen Handelsgesellschaft als persönlich haftender Gesellschafter teilnehmen. Die Gesellschafter können Befreiung von dem gesetzlichen Wettbewerbsverbot erteilen. Verletzt ein Gesellschafter das Wettbewerbsverbot, so kann die Gesellschaft Schadensersatz fordern. Anstelle des Schadensersatzes kann die OHG von dem Gesellschafter verlangen, daß er die für eigene Rechnung gemachten Geschäfte als für Rechnung der Gesellschaft eingegangen gelten läßt und die aus Geschäften für fremde Rechnung bezogene Vergütung herausgibt oder seinen Anspruch auf die Vergütung abtritt. Über die Geltendmachung dieser Ansprüche beschließen die übrigen Gesellschafter. Die Ansprüche verjähren gegenüber dem Gesellschafter, der gegen das gesetzliche Wettbewerbsverbot verstößt, in drei Monaten von dem Zeitpunkt an, in welchem die übrigen Gesellschafter von dem Abschluß des Geschäfts oder von der Teilnahme des Gesellschafters an einer anderen Gesellschaft Kenntnis erlangt haben. Sie verjähren ohne Rücksicht auf diese Kenntnis in fünf Jahren von ihrer Entstehung an.

11.2.3.5 Geschäftsführung

Innerhalb der Gesellschaft sind alle Gesellschafter zur Führung der Geschäfte berechtigt und verpflichtet. Im Gesellschaftsvertrag kann das Recht zur Geschäftsführung einem Gesellschafter oder mehreren Gesellschaftern übertragen werden, so daß die übrigen Gesellschafter von der Geschäftsführung ausgeschlossen sind. Steht die Geschäftsführung allen oder mehreren Gesellschaftern zu, so ist jeder von ihnen gemäß § 115 HGB berechtigt, allein zu handeln. Widerspricht jedoch ein anderer geschäftsführender Gesellschafter der Vornahme einer Handlung, so muß diese unterbleiben. Ist im Gesellschaftsvertrag jedoch bestimmt, daß die Gesellschafter, denen die Geschäftsführung zusteht, nur zusammen handeln können, so bedarf es für jedes Geschäft der Zustimmung aller geschäftsführenden Gesellschafter, es sei denn, daß Gefahr im Verzug besteht.

Die Befugnis zur Geschäftsführung erstreckt sich auf alle Handlungen, die der gewöhnliche Betrieb des Handelsgewerbes der Gesellschaft mit sich bringt. Bei außergewöhnlichen Geschäften ist demgegenüber ein Beschluß sämtlicher Gesellschafter erforderlich. Soweit nicht anders vertraglich geregelt, kann die Befugnis zur Geschäftsführung einem Gesellschafter auf Antrag der übrigen Gesellschafter durch gerichtliche Entscheidung entzogen werden, wenn ein wichtiger Grund vorliegt. Ein solcher Grund ist insbesondere grobe Pflichtverletzung oder Unfähigkeit zur ordnungsgemäßen Geschäftsführung.

Soweit Beschlüsse von den Gesellschaftern zu fassen sind, bedarf es gemäß § 119 HGB der Zustimmung aller zur Mitwirkung bei der Beschlußfassung berufenen Gesellschafter. Im Gesellschaftsvertrag kann abweichendes vereinbart werden. Hat nach dem Gesellschaftsvertrag die Mehrheit der Stimmen zu entscheiden, so ist die Mehrheit im Zweifel nach der Zahl der Gesellschafter zu berechnen.

Jedem Gesellschafter steht ein Kontrollrecht zu. Er kann auch, wenn er von der Geschäftsführung ausgeschlossen ist, sich von den Angelegenheiten der Gesellschaft persönlich unterrichten, die Handelsbücher und die Papiere der OHG einsehen und sich aus ihnen eine Bilanz und einen Jahresabschluß fertigen.

11.2.3.6 Vertretung

Im Gegensatz zum Geschäftsführungsrecht aller Gesellschafter im Innenverhältnis ist im Außenverhältnis zur Vertretung der Gesellschaft jeder Gesellschafter ermächtigt, sofern er nicht gemäß § 125 HGB durch den Gesellschaftsvertrag von der Vertretung ausgeschlossen ist. Im Gesellschaftsvertrag kann auch bestimmt werden, daß alle oder mehrere Gesellschafter nur in Gemeinschaft zur Vertretung der Gesellschaft ermächtigt sein sollen (echte Gesamtvertretung). Die zur Gesamtvertretung berechtigten Gesellschafter können einzelne von ihnen zur Vornahme bestimmter Geschäfte oder bestimmter Arten von Geschäften ermächtigen. Ist der Gesellschaft gegenüber eine Willenserklärung abzugeben, so genügt die Abgabe gegenüber einem der zur Mitwirkung bei der Vertretung befugten Gesellschafter. Im Gesellschaftsvertrag kann auch eine sogenannte unechte Gesamtvertretung vorgesehen werden. Nach dieser Regelung sind die Gesellschafter, wenn nicht mehrere zusammen handeln, nur in Gemeinschaft mit einem Prokuristen zur Vertretung der Gesellschaft ermächtigt. Inwieweit die OHG von ihren Gesellschaftern im Außenverhältnis vertreten wird, ist im Handelsregister von sämtlichen Gesellschaftern zur Eintragung anzumelden.

Die Vertretungsmacht der Gesellschaft erstreckt sich auf alle gerichtlichen und außergerichtlichen Geschäfte und Rechtshandlungen einschließlich der Veräußerung und Belastung von Grundstücken sowie der Erteilung oder des Widerrufs einer Prokura. Im Innenverhältnis können die vertretungsberechtigten Geschäftsführer verpflichtet sein, vor Abschluß bestimmter Geschäfte die Zustimmung aller Gesellschafter einzuholen; sie unterliegen insoweit im Innenverhältnis der Weisung der übrigen Gesellschafter. Diese Einschränkung des Umfangs der Vertretungsmacht ist Dritten gegenüber im Außenverhältnis jedoch unwirksam. Dies gilt insbesondere für eine Beschränkung, nach der sich die Vertretung nur auf gewisse Geschäfte und Arten von Geschäften erstrecken oder sie nur unter gewissen Umständen oder einer gewissen Zeit oder an einzelnen Orten stattfinden soll.

Die Vertretungsmacht kann wie die Geschäftsführung einem Gesellschafter auf Antrag der übrigen Gesellschafter durch gerichtliche Entscheidung entzogen werden, wenn ein wichtiger Grund vorliegt. Ein solcher Grund liegt insbesondere bei grober Pflichtverletzung oder Unfähigkeit zur ordnungsgemäßen Vertretung der Gesellschaft vor.

11.2.3.7 Haftung

Die Gesellschafter haften für Verbindlichkeiten der Gesellschaft den Gläubigern als Gesamtschuldner persönlich, unbeschränkt und mit ihrem gesamten Vermögen. Abweichende Vereinbarungen im Gesellschaftsvertrag sind Dritten gegenüber gemäß § 128 HGB unwirksam. Die Gläubiger einer OHG sind berechtigt, neben oder anstelle der Gesellschaft jeden Gesellschafter persönlich in Anspruch zu nehmen. Der betroffene Gesellschafter kann insoweit die der OHG zustehenden Einwendungen[242] erheben und bei der Inanspruchnahme geltend machen. Hat ein Gesellschaftsgläubiger einen rechtskräftigen Titel gegen die OHG erstritten, so kann aus diesem Titel eine Zwangsvollstreckung in das Vermögen des Gesellschafters nicht unmittelbar erfolgen. Es ist demgemäß üblich, daß in gerichtlichen Verfahren sowohl die Gesellschaft als auch die Gesellschafter persönlich verklagt werden. Scheidet ein Gesellschafter aus der Gesellschaft aus, so haftet er für ihre bis dahin begründeten Verbindlichkeiten, wenn sie vor Ablauf von fünf Jahren nach dem Ausscheiden fällig und daraus Ansprüche gegen ihn gerichtlich geltend gemacht worden sind. Die Frist beginnt mit dem Ende des Tages, mit dem das Ausscheiden in das Handelsregister des für den Sitz der Gesellschaft zuständigen Gerichts eingetragen wird. Das gleiche gilt gemäß § 160 Abs. 3 HGB, wenn die OHG zur KG wird und der ausscheidende OHG-Gesellschafter die Stellung eines Kommanditisten in der KG einnimmt.

11.2.3.8 Auflösung

Die OHG wird gemäß § 131 Abs. 1 HGB aufgelöst, wenn sie nur für eine bestimmte Zeit eingegangen worden ist. Sie kann ferner durch Beschluß der Gesellschafter und durch die Eröffnung des Insolvenzverfahrens über das Vermögen der Gesellschaft aufgelöst werden. Auf Antrag eines Gesellschafters kann die Auflösung der Gesellschaft auch durch gerichtliche Entscheidung ausgesprochen werden, wenn ein wichtiger Grund vorliegt. Ein solcher Grund ist insbesondere vorhanden, wenn ein anderer Gesellschafter eine ihm nach dem Gesellschaftsvertrag obliegende wesentliche Verpflichtung vorsätzlich oder aus grober Fahrlässigkeit verletzt oder wenn die Erfüllung einer solchen Verpflichtung unmöglich wird. Ein außenstehender Privatgläubiger eines Gesellschafters

---

242 Unter einer Einwendung versteht man das Geltendmachen von Gegenrechten, die geeignet sind, den behaupteten Anspruch eines anderen zu Fall zu bringen.

kann die OHG mit einer Frist von sechs Monaten vor dem Ende eines Geschäftsjahres für diesen Zeitpunkt kündigen, wenn er innerhalb der letzten sechs Monate eine Zwangsvollstreckung in das Vermögen eines Gesellschafters ohne Erfolg versucht hat. Der Privatgläubiger kann sich den Anspruch des OHG-Gesellschafters auf ein etwaiges Auseinandersetzungsguthaben pfänden und zur Einziehung überweisen lassen. § 131 Abs. 2 HGB sieht weitere Auflösungsgründe für Gesellschaften vor, bei denen kein persönlich haftender Gesellschafter eine natürliche Person ist. Danach wird die OHG zum einen aufgelöst mit Rechtskraft des Beschlusses, durch den die Eröffnung des Insolvenzverfahrens mangels Masse abgelehnt worden ist und zum anderen durch die Löschung wegen Vermögenslosigkeit nach § 141a FGG. Davon wiederum wird für die Fälle eine Ausnahme gemacht, bei denen zu den persönlich haftenden Gesellschaftern eine OHG oder KG gehört, bei der ein persönlich haftender Gesellschafter eine natürliche Person ist.

Fehlt es an abweichenden vertraglichen Bestimmungen, führen folgende Gründe gemäß § 131 Abs. 3 Satz 1 HGB zum Ausscheiden eines Gesellschafters:

- Tod des Gesellschafters,
- Eröffnung des Konkurses über das Vermögen des Gesellschafters,
- Kündigung des Gesellschafters,
- Kündigung durch den Privatgläubiger des Gesellschafters,
- Eintritt von weiteren im Gesellschaftsvertrag vorgesehenen Fällen,
- Beschluß der Gesellschafter.

Die durch § 131 Abs. 3 Satz 1 HGB geregelte Fortsetzung der Gesellschaft hat zur Folge, daß die Erben von Gesetzes wegen aus der Gesellschaft ausscheiden. Ihnen bleibt lediglich die Vereinbarung einer Neuaufnahme in die Gesellschaft. Im übrigen haben sie die Möglichkeit, den gesetzlichen Abfindungsanspruch gemäß § 738 BGB geltend zu machen. Die Gesellschaft wird ohne entgegenstehende Vereinbarung unter den verbleibenden Gesellschaftern fortgesetzt.

Die Auflösung der Gesellschaft ist, wenn sie nicht infolge der Eröffnung des Insolvenz verfahrens über das Vermögen der Gesellschaft eintritt, von sämtlichen Gesellschaftern zur Eintragung in das Handelsregister anzumelden. Das gleiche gilt bei dem Ausscheiden eines Gesellschafters aus der Gesellschaft.

Gemäß § 145 HGB findet nach der Auflösung der Gesellschaft die Liquidation statt. Die Liquidation erfolgt, sofern sie nicht durch Beschluß der Gesellschafter oder durch den Gesellschaftsvertrag einzelnen Gesellschaftern oder anderen Personen übertragen ist, durch sämtliche Gesellschafter als Liquidatoren. Die Liquidatoren sind von sämtlichen Gesellschaftern zur Eintragung in das Handelsregister anzumelden. Die Liquidatoren haben die laufenden Geschäfte zu beenden und die Forderungen einzuziehen, das übrige Vermögen in Geld umzusetzen und die Gläubiger zu befriedigen. Zur Beendigung schwebender Geschäfte können sie auch neue Geschäfte eingehen. Die Liquidatoren vertreten innerhalb ihres Geschäftskreises die Gesellschaft gerichtlich und außergerichtlich. Sie haben bei Beginn sowie bei Beendigung der Liquidation jeweils eine Bilanz aufzustellen.

Gemäß § 155 HGB ist das nach Berichtigung der Schulden verbleibende Vermögen der Gesellschaft von den Liquidatoren nach den Verhältnissen der Kapitalanteile, wie sie sich aufgrund der Schlußbilanz ergeben, unter die Gesellschafter zu verteilen. Nach der Beendigung der Liquidation ist das Erlöschen der Firma von den Liquidatoren zur Eintragung in das Handelsregister anzumelden. Die Bücher und Papiere der aufgelösten OHG werden einem der Gesellschafter oder einem Dritten in Verwahrung gegeben. Die Gesellschafter und deren Erben behalten das Recht auf Einsicht und Benutzung der Bücher und Papiere.

11.2.3.9 Finanzierung

Ebenso wie bei der Einzelhandelsgesellschaft ist auch bei der OHG die Erweiterung der Eigenkapitalbasis durch Erhöhung der Kapitaleinlagen der Gesellschafter entweder aus vorhandenem Privatvermögen oder durch allmähliche Thesaurierung von Gewinnen möglich. Aufgrund der Haftung sämtlicher OHG-Gesellschafter für Verbindlichkeiten der Gesellschaft ist es der OHG in der Regel leichter, Fremdkapital aufzunehmen, da die Solidarhaftung der Gesellschafter eine erhöhte Sicherheit der Gläubiger begründet. Im übrigen gelten die Ausführungen zur Möglichkeit der Finanzierung bei der Einzelhandelsgesellschaft entsprechend.

11.2.4 KG – Kommanditgesellschaft

11.2.4.1 Rechtliche Grundlage

Gemäß § 161 HGB handelt es sich bei einer Gesellschaft, deren Zweck auf den Betrieb eines (vollkaufmännischen) Handelsgewerbes unter gemeinschaftlicher Firma gerichtet ist, um eine Kommanditgesellschaft, wenn bei einem oder bei einigen der Gesellschafter die Haftung gegenüber den Gesellschaftsgläubigern auf den Betrag einer bestimmten Vermögenseinlage beschränkt ist (Kommanditisten), während bei einem anderen Teil der Gesellschafter eine Beschränkung der Haftung nicht stattfindet (persönlich haftende Gesellschafter). Damit unterscheidet sich die KG von der OHG primär durch die Differenzierung der Gesellschafter in Kommanditisten, d.h. persönlich beschränkt haftende Gesellschafter, und Komplementäre, d.h. persönlich unbeschränkt haftende Gesellschafter.

11.2.4.2 Firmierung

Die Firma einer KG muß gemäß § 19 Abs. 1 Nr. 3 HGB die Bezeichnung „Kommanditgesellschaft" oder eine allgemein verständliche Abkürzung dieser Bezeichnung enthalten. Wenn keine natürliche Person persönlich haftet, muß die Firma eine Bezeichnung enthalten, welche die Haftungsbeschränkung kennzeichnet.

Soweit für die KG keine Ausnahmen bestimmt sind, sind die für die OHG geltenden Vorschriften anzuwenden. Damit entsteht die KG im Innenverhältnis mit Abschluß eines Gesellschaftsvertrages, insbesondere Benennung der Gesellschafter, die Feststellung der Einlagepflicht und der Haftsumme der Kommanditisten. Im Außenverhältnis entsteht die KG mit Tätigwerden der Gesellschaft bzw. mit der Anmeldung zum Handelsregister (HR –A). Die Anmeldung der KG muß von allen Gesellschaftern vorgenommen werden. Die Kommanditisten und die Höhe deren Einlage (Haftsumme) muß zum Handelsregister gesondert angemeldet werden. Hat die KG ihre Geschäfte bereits begonnen, bevor sie in das Handelsregister eingetragen ist, so haftet auch jeder Kommanditist, der dem Geschäftsbeginn zugestimmt hat, für die bis zur Eintragung begründeten Verbindlichkeiten der KG gleich einem Komplementär, es sei denn, daß seine Beteiligung als Kommanditist dem Gläubiger bekannt war. Hieraus folgt, daß die KG zwingend ihre Geschäfte erst nach Eintragung in das Handelsregister aufnehmen darf, um eine unbeschränkte Haftung der Kommanditisten zu vermeiden.

Für die Haftung einer bereits eingetragenen KG gilt, daß der Komplementär persönlich unbeschränkt und mit seinem gesamten Vermögen haftet. Insoweit wird auf die Ausführungen zur Haftung des OHG-Gesellschafters verwiesen. Die Haftung des Kommanditisten ist demgegenüber persönlich und bis zur Höhe der Hafteinlage entsprechend der Eintragung im Handelsregister beschränkt. Soweit die Einlage an einen Kommanditisten zurückbezahlt worden ist, gilt sie den Gläubigern gegenüber als nicht geleistet. Das gleiche gilt, soweit ein Kommanditist Gewinnanteile über seine Haftsumme hinaus entnommen hat. Tritt jemand als Kommanditist in eine bestehende KG ein, so haftet er für sämtliche vor seinem Eintritt begründeten Verbindlichkeiten der KG unbeschränkt. Die Haftungsbeschränkung tritt erst mit Eintragung der Haftsumme in das Handelsregister ein. In der Praxis wird daher bei dem Eintritt eines neuen Kommanditisten vorgesehen, daß der Eintritt erst mit Eintragung der Haftsumme des Kommanditisten in das Handelsregister wirksam wird. Durch diesen aufschiebend bedingten Eintritt wird die unbeschränkte persönliche Haftung des Kommanditisten für vor seinem Eintritt begründete Verbindlichkeiten der KG ausgeschlossen.

11.2.4.3 Geschäftsführung und Vertretung

Der Komplementär führt gemäß § 164 HGB die Geschäfte der KG. Die Kommanditisten sind von der Geschäftsführung ausgeschlossen. Sie können einer Handlung der persönlich haftenden Gesellschafter nicht widersprechen, es sei denn, daß die Handlung über den gewöhnlichen Betrieb des Handelsgewerbes der Gesellschaft hinausgeht. Da die

Kommanditisten von der Geschäftsführung grundsätzlich ausgeschlossen sind, unterliegen sie keinem Wettbewerbsverbot wie der persönlich haftende Gesellschafter.

Im Außenverhältnis wird die KG von mindestens einem persönlich haftenden Gesellschafter vertreten. Der Kommanditist ist zur Vertretung der Gesellschaft nicht ermächtigt. Er kann jedoch bei der KG beschäftigt sein. Ihm können auch Prokura oder Handlungsvollmacht eingeräumt sein, die ihn insoweit zur Vertretung der Gesellschaft berechtigen.

11.2.4.4 Kontrollrechte

Den Kommanditisten stehen lediglich beschränkte Kontrollrechte zu. Gemäß § 166 HGB ist der Kommanditist berechtigt, die abschriftliche Mitteilung des Jahresabschlusses zu verlangen und dessen Richtigkeit unter Einsicht in die Bücher und Papiere zu prüfen. Ein Einsichtsrecht in die Handelsbücher und die Papiere der Gesellschaft in laufenden Angelegenheiten, das einem von der Geschäftsführung ausgeschlossenen OHG-Gesellschafter zusteht, ist von Gesetzes wegen dem Kommanditisten nicht eingeräumt worden.

11.2.4.5 Gewinn- und Verlustbeteiligung

Für die Gewinn- und Verlustbeteiligung des Kommanditisten gelten Besonderheiten. Wie bei der OHG ist auch bei der KG am Schluß jeden Geschäftsjahres aufgrund der Bilanz der Gewinn und der Verlust des Jahres zu ermitteln und für jeden Gesellschafter der Anteil daran zu berechnen. Sofern die im Handelsregister ausgewiesene Haftsumme (Einlage) des Kommanditisten nicht erreicht ist, sind die einem Kommanditisten zuzurechnenden Gewinnanteile seinen Kapitalanteilen zuzuschreiben, bis dieser den Betrag der Haftsumme erreicht. An dem Verlust nehmen die Kommanditisten nur bis zum Betrag ihrer Kapitalanteile und einer noch rückständigen Einlage teil.

Wie bei der OHG gebührt jedem Gesellschafter zunächst ein Anteil in Höhe von 4 % seines Kapitalanteils. Darüber hinausgehende Gewinne oder Verluste werden, soweit nicht ein anderes vereinbart ist, zwischen den Gesellschaftern angemessen verteilt. Eine Auszahlung des Gewinns kann von dem Kommanditisten nur verlangt werden, solange sein Kapitalanteil nicht durch Verlust unter die Haftsumme herabgemindert ist oder die Auszahlung die Haftsumme vermindern würde. In § 169 HGB wird klargestellt, daß der Kommanditist jedenfalls nicht verpflichtet ist, den bezogenen Gewinn wegen Verlusten, die in späteren Geschäftsjahren auftreten, zurückzuzahlen.

11.2.4.6 Beendigung

Für die Beendigung der KG finden die für die OHG geltenden Rechtsvorschriften Anwendung. Gemäß § 177 HGB wird beim Tod eines Kommanditisten die Gesellschaft mangels abweichender vertraglicher Bestimmungen mit den Erben fortgesetzt. Da es für den Tod eines Komplementärs an einer Bestimmung i.S.v. § 161 Abs. 2 HGB fehlt, ist insoweit § 131 Abs. 3 Nr. 1 HGB anzuwenden; der Tod führt zum Ausscheiden des persönlich haftenden Gesellschafters. Dies ist jedoch dann problematisch, wenn es sich um den einzigen Komplementär handelt. Eine Kommanditgesellschaft kann weder ohne Komplementär fortbestehen, noch kann ein Kommanditist oder ein Erbe zwangsweise als Komplementär verpflichtet werden. Der Praxis ist, wie bisher, zu empfehlen, für diesen Fall Klauseln im Gesellschaftsvertrag vorzusehen.

11.2.4.7 Finanzierung

Die Erweiterung der Kapitalbasis einer KG ist im Vergleich zur OHG erleichtert. Durch die Aufnahme weiterer beschränkt haftender Kommanditisten ist eine Stärkung der Eigenkapitalbasis der KG im Rahmen einer Finanzbeteiligung von Anlegern möglich. Die KG wird daher häufig nicht nur für Familiengesellschaften, sondern auch für Anlagegesellschaften (Immobilien-, Film-, Schiffs-, Flugzeug-KGs) oder sonstige Objektbeteiligungsfonds in der Praxis benutzt. Die KG eignet sich auch zur Regelung von Erbfolgen für Unternehmen.

11.2.5 Stille Gesellschaft

11.2.5.1 Rechtliche Grundlage

Die stille Gesellschaft ist eine besondere Form der Personengesellschaft. Die Besonderheit ist, daß sie keine Handelsgesellschaft ist, da sie selbst keine Handelsgewerbe betreibt. Inhaber des Betriebes ist vielmehr der Hauptgesellschafter in Form des Einzelhandelsunternehmers, der Personen- oder der Kapitalgesellschaft. Als reine Innengesellschaft hat die stille Gesellschaft keine Firma. Sie kann nicht klagen und nicht verklagt werden. Alle Geschäfte werden nur im Namen des Geschäftsinhabers abgeschlossen, der daraus gemäß § 230 HGB allein berechtigt und verpflichtet wird.

11.2.5.2 Haftung

Der stille Gesellschafter ist verpflichtet, eine Einlage zu leisten. Er haftet, wie der Kommanditist, nur beschränkt mit dieser Haftsumme. Im Gegensatz zur KG haftet der stille Gesellschafter den Gläubigern nicht unmittelbar. Da die von dem stillen Gesellschafter zu leistende Einlage in das Vermögen des Inhabers des Handelsgeschäfts übergeht, können sich die Gläubiger nur an den Geschäftsinhaber selbst halten. Bei der stillen Gesellschaft gibt es kein gemeinschaftliches Gesellschaftsvermögen; infolge dessen stehen dem stillen Gesellschafter nur schuldrechtliche Herausgabeansprüche bei Beendigung des Gesellschaftsverhältnisses zu.

Die stille Gesellschaft entsteht mit Abschluß eines besonderen Gesellschaftsvertrages. Die Regeln der bürgerlich rechtlichen Gesellschaft gemäß §§ 705 ff. BGB finden Anwendung. Der Vertrag kann formlos, auch stillschweigend, geschlossen werden. Eine Handelsregistereintragung ist ausgeschlossen. In dem Vertrag wird üblicherweise geregelt, in welchem Umfang der stille Gesellschafter am Gewinn und Verlust des Handelsbetriebes beteiligt ist. Es kann auch vorgesehen werden, daß der stille Gesellschafter nicht am Verlust beteiligt werden soll. Die Beteiligung des stillen Gesellschafters am Gewinn kann nicht ausgeschlossen werden.

11.2.5.3 Kontrollrechte

Der stille Gesellschafter ist berechtigt, die abschriftliche Mitteilung des Jahresabschlusses zu verlangen und dessen Richtigkeit unter Einsicht in die Bücher und Papiere zu prüfen. Ihm stehen daher die Kontrollrechte eines Kommanditisten zu. Durch das ihm gewährte Prüfungsrecht unterscheidet sich die stille Beteiligung vom gewinnbeteiligten Darlehen. Bei dem sogenannten partiarischen Darlehen ist der Darlehensgeber, ebenso wie der stille Gesellschafter, am Gewinn beteiligt; auch beim partiarischen Darlehen haftet der Darlehensgeber nur mit seiner Einlage, ein Kontrollrecht steht ihm jedoch nicht zu. Im Gegensatz zum stillen Gesellschafter nimmt aber der partiarische Darlehensgeber niemals am Verlust teil, weil er – das folgt aus dem Wesen des Darlehensgedankens – seine Einlage immer voll zurückverlangen kann. Wenn daher eine Verlustbeteiligung vorgesehen ist, kann es sich immer nur um eine stille Beteiligung handeln. Da jedoch gemäß § 231 Abs. 2 HGB im Gesellschaftsvertrag ebenfalls vorgesehen werden kann, daß der stille Gesellschafter nicht am Verlust beteiligt sein soll, ist bei der Abgrenzung der stillen Gesellschaft vom partiarischen Darlehen darauf abzustellen, ob dem Berechtigten im Gesellschaftsvertrag gewisse Rechte eingeräumt wurden, z.B. Stimm-, Kontroll-, Aufsichts- oder Geschäftsführungsrechte. Unter diesen Voraussetzungen liegt eine stille Beteiligung vor, wohingegen dann, wenn die Gläubigerrechte im Vordergrund stehen, ein partiarisches Darlehen anzunehmen ist.

11.2.5.4 Beendigung

Gemäß § 234 HGB kann die stille Gesellschaft mit einer Frist von sechs Monaten zum Ende des Geschäftsjahres gekündigt werden. Wie bei der OHG und KG gilt, daß der Tod des stillen Gesellschafters die Gesellschaft nicht auflöst. Nach der Auflösung der Gesellschaft hat sich der Inhaber des Handelsgeschäfts mit dem stillen Gesellschafter auseinanderzusetzen und dessen Guthaben in Geld zu berichtigen. Die zur Zeit der Auflösung schwebenden Geschäfte werden von dem Inhaber des Handelsgeschäftes abgewickelt. Der stille Gesellschafter nimmt an dem Gewinn und Verlust teil, der sich aus diesen Geschäften ergibt. Er kann am Schluß des Geschäftsjahres Rechenschaft über die inzwischen beendeten Geschäfte, Auszahlung des ihm gebührenden Betrags und Auskunft über den Stand der noch schwebenden Geschäfte verlangen.

11.2.5.5 Atypisch stille Gesellschaft

Auch bei der stillen Gesellschaft haben die Beteiligten die Möglichkeit, das Gesellschaftsverhältnis weitgehend individuell, abweichend vom Gesetz zu regeln. Diese Abänderungsmöglichkeit erstreckt sich sowohl auf die objektive, vermögensrechtliche wie auf die subjektive, persönliche Seite. Es können – abweichend vom Gesetz – dem stillen Gesellschafter weitergehende Beteiligungs- und Verfügungsrechte am Gesellschaftsvermögen eingeräumt werden. Es kann z.B. vereinbart werden, daß im Fall der Auseinandersetzung bestimmte Vermögenswerte an den stillen Gesellschafter herauszugeben sind oder daß dieser auch an den stillen Reserven des Anlagevermögens beteiligt sein soll. Es können auch die persönlichen Mitgliedschaftsrechte des stillen Gesellschafters zu Lasten des Geschäftsinhabers erweitert werden. So kann dem stillen Teilhaber ein besonderes Zustimmungs-, Widerspruchs- und Weisungsrecht eingeräumt und ihm sogar die volle Geschäftsführungsbefugnis zugestanden werden. Derartige abweichende Vereinbarungen können im Falle der stillen Gesellschaft mit obligatorischer Wirkung aber nur im Innenverhältnis zwischen den Gesellschaftern wirksam werden. Wird die stille Gesellschaft also, vom gesetzlichen Typ abweichend, im Innenverhältnis wie eine offene Handelsgesellschaft organisiert, so wird sie hierdurch zu einer sogenannten atypischen stillen Gesellschaft, für welche die handelsrechtlichen und steuerrechtlichen Bestimmungen betreffend die OHG weitgehend zur Anwendung kommen.

11.2.5.6 Finanzierung

Die stille Gesellschaft kann zur Erweiterung der Kapitalbasis des Handelsgeschäfts eingesetzt werden. Da die stille Gesellschaft eine reine Innengesellschaft ist und nach außen nicht in Erscheinung tritt, liegt hierin der besondere Vorteil einerseits für den Geschäftsinhaber und andererseits für die stille Teilhaberschaft aus inneren oder äußeren, persönlichen oder sachlichen Gründen. Dabei spielen sehr oft kreditpolitische, wettbewerbsmäßige oder auch gewerberechtliche Gesichtspunkte eine Rolle. So ist z.B. eine stille Beteiligung an einem konzessionspflichtigen Betrieb auch dann möglich, wenn der stille Gesellschafter die für den Betrieb erforderliche Qualifikation nicht nachweisen kann. Bisweilen sind auch familienrechtliche Gesichtspunkte oder Gründe der Fortführung mitbestimmend. Im Einzelfall kann es durchaus richtig sein, die heranwachsenden Kinder zunächst nur in Form der stillen Beteiligung an dem Unternehmen des Vaters zu beteiligen, um so – unter Ausschluß der Öffentlichkeit – deren Einarbeitung durchführen zu können. Nicht selten sind auch steuerliche Erwägungen bei Gründung einer stillen Gesellschaft von ausschlaggebender Bedeutung. Es ist steuerlich sehr oft zweckmäßig, Kinder am Ertrag des Unternehmens zu beteiligen, um auf diese Weise durch Verteilung des Gesamteinkommens auf mehrere Einkommensträger die Progression des Einkommensteuertarifs abzumildern. Gleichzeitig lassen sich dabei erbschaftssteuerliche Ersparnisse erzielen, weil auf diesem Weg über die Gewinnbeteiligung der Kinder im Laufe der Jahre erhebliche Vermögenswerte „still" auf die Kinder übergehen können, ohne, wie es sonst meist der Fall ist, zuvor erbschaftssteuerpflichtig zu werden.

Dadurch, daß die Einlage des stillen Gesellschafters in das Vermögen des Geschäftsinhabers übergeht, erweitert auch diese Form der Beteiligung die Kreditwürdigkeit des Inhabers. Sie stärkt damit die Möglichkeit der Außenfinanzierung des Unternehmens.

11.2.6 KG auf Aktien und GmbH & Co. KG

11.2.6.1 KG auf Aktien

Obwohl der Gesetzgeber die einzelnen Gesellschaftstypen unterschiedlich geregelt hat, bestehen doch zwischen den verschiedenen Gesellschaftsformen weitgehende Querverbindungen. Dieses erklärt sich schon daraus, daß die Vorschriften über die bürgerlich-rechtliche Gesellschaft subsidiär für alle Personengesellschaften und auch für die stille Gesellschaft Geltung besitzen. Darüber hinaus sind aber nicht nur Wechselbeziehungen bei Personengesellschaften, sondern auch zwischen Personengesellschaften und Kapitalgesellschaften feststellbar. Typisch dafür ist die im Aktiengesetz geregelte Kommanditgesellschaft auf Aktien, bei der mindestens einer der Gesellschafter den Gesellschaftsgläubigern unbeschränkt haftet, während die übrigen mit Einlagen auf das in Aktien zerlegte Grundkapital beteiligt sind, ohne persönlich haftbar zu sein. Hier gelten für die persönlich haftenden Gesellschafter die Regeln über die Kommanditgesellschaft, wohingegen die Kommanditaktionäre den Vorschriften über die Aktiengesellschaft unterstellt sind. Es liegt bei der KG auf Aktien also eine Kombination zwischen Kommanditgesellschaft und Aktiengesellschaft vor. Die Firma muß die Bezeichnung „Kommanditgesellschaft auf Aktien" oder eine allgemein verständliche Abkürzung dieser Bezeichnung enthalten. Wenn keine natürliche Person persönlich haftet, muß die Firma eine Bezeichnung enthalten, welche die Haftungsbeschränkung kennzeichnet.

11.2.6.2 GmbH & Co. KG

Die vorgenannte Kombination besteht auch bei der GmbH & Co. KG, die allerdings nicht kraft Gesetzes, sondern nur aufgrund vertraglicher Vereinbarung zwischen einer GmbH und einer KG zustande kommt. Die GmbH & Co. KG ist eine Kommanditgesellschaft, bei der eine GmbH als persönlich haftender Gesellschafter fungiert. Eine sehr häufige Form ist die nicht personengleiche GmbH & Co. KG. Die Gesellschafter der GmbH und die Kommanditisten der KG sind verschiedene Personen. Von der echten oder personengleichen GmbH & Co. KG spricht man, wenn GmbH-Gesellschafter und KG-Kommanditisten identisch sind und dieselben Beteiligungsquoten in beiden Gesellschaften haben. Eine noch weitere Verzahnung läßt sich durch eine wechselseitige Beteiligung erreichen, was schließlich zu sogenannten Einheits GmbH & Co. KG führt, wenn die KG sämtliche GmbH-Anteile übertragen erhält. Schließlich findet sich noch die sogenannte „dreistufige" oder „doppelstöckige" GmbH & Co. KG, bei der der persönlich haftende Komplementär der GmbH & Co. KG wiederum eine GmbH & Co. KG ist. Die Firma unterscheidet sich grundsätzlich nicht von der einer einfachen Kommanditgesellschaft. Wenn neben der GmbH kein weiterer Komplementär besteht, muß die Firma eine Bezeichnung enthalten, welche die Haftungsbeschränkung kennzeichnet. Diesem Erfordernis ist mit der Bezeichnung GmbH & Co. KG genüge getan, obwohl der Name nicht eindeutig aussagt, ob neben der GmbH nicht noch ein zweiter Komplementär vorhanden ist.

Intern läßt sich die GmbH & Co. KG den spezifischen Bedürfnissen entsprechend strukturieren: In der kapitalistischen KG ist der Komplementär im Innenverhältnis regelmäßig weisungsgebunden. Im Außenverhältnis können die Kommanditisten aufgrund rechtsgeschäftlicher Vertretungsmacht auftreten, ohne ihre beschränkte Kommanditistenhaftung zu verlieren. Bei der körperschaftlich strukturierten KG geht es darum, eine große Zahl von Kommanditisten sinnvoll zu organisieren und ihre Rechte zu koordinieren. Hier werden Regelungen ähnlich wie bei einer Aktiengesellschaft gewählt, z.B. Abstimmung nach Kapitalbeträgen und nicht nach Köpfen, weitgehende Entscheidung durch Mehrheit und nicht nach Einheitsprinzip, Gesellschafterwechsel ohne Einfluß auf den Bestand der Gesellschaft etc. Zum Teil werden auch die Kontrollrechte der Gesellschafter gepoolt und auf Aufsichtsgremien, z.B. Beirat, Verwaltungs- oder Aufsichtsrat, übertragen.

Die GmbH & Co. KG eignet sich darüber hinaus als sogenannte Publikums- oder Massengesellschaft, die eine auf Kapitalansammlung angelegte Gesellschaft mit einer Vielzahl rein kapitalistisch beteiligter Gesellschafter ist. Hier wird Wert darauf gelegt, daß die Initiatoren oder Gründungsgesellschafter den entscheidenden Einfluß behalten. Die Kommanditisten erhalten dann nur gewisse Kontroll- oder Überwachungsrechte, die über einen Vertreter aller Kommanditisten (sog. unechte Treuhand) oder über ein Aufsichtsgremium geltend gemacht werden müssen. Noch weitergehender werden die Anleger aus der Gesellschaft bei der sogenannten echten Treuhand herausgehalten. Bei diesen ist allein der Treuhänder Kommanditist. Die Anleger sind selbst nicht Gesellschafter, sondern stehen grundsätzlich nur zum Treuhänder in rechtlichen Beziehungen.

Es sind heute vor allem gesellschaftsrechtliche Vorzüge der GmbH & Co. KG, die diese Rechtsform attraktiv erscheinen lassen. Die Haftungsbeschränkungsmöglichkeit erlaubt unternehmerische Tätigkeit bei überschaubarem persönlichen Risiko. Die aus dem Personengesellschaftsrecht sich ergebenden Gestaltungsmöglichkeiten des Innenverhältnisses bringen neben allgemeinen Vorteilen die Möglichkeit problemloser Perpetuierung des Unternehmens und den Zugang zu neuen Finanzmärkten (Abschreibungsgesellschaften). Hierdurch ist es möglich, die Kapitalbasis der KG in großem Umfang zu stärken.

11.2.7 Partnerschaftsgesellschaft für freie Berufe

Am 1. Juli 1995 ist das neue „Gesetz über Partnerschaftsgesellschaften Angehöriger freier Berufe" (PartGG) in Kraft getreten. Hiernach ist es erstmals möglich, daß sich Angehörige freier Berufe zur Ausübung ihrer Berufstätigkeit zusammenschließen, ohne die Rechtsform der Gesellschaft bürgerlichen Rechts nutzen zu müssen. Die Partnerschaftsgesellschaft übt kein Handelsgewerbe aus. Angehörige einer Partnerschaft können nur natürliche Personen sein, die einen freien Beruf ausüben, z.B. Ärzte, Heilpraktiker, Rechtsanwälte, Wirtschaftsprüfer, Steuerberater, beratende Volks- und Betriebswirte, vereidigte Buchprüfer, Steuerbevollmächtigte, Ingenieure, Architekten, Sachverständige, Journalisten, Wissenschaftler, Künstler, Lehrer und Erzieher etc. Die freien Berufe sind in § 1 Abs. 2 PartGG enumerativ aufgeführt. Der Name der Partnerschaftsgesellschaft muß den Namen mindestens eines Partners und den Zusatz „und Partner" oder „Partnerschaft" enthalten. Die Beifügung von Vornamen ist nicht erforderlich. Jedoch dürfen Namen anderer Personen als der Partner nicht in den Namen der Partnerschaft aufgenommen werden. Die Gesellschaft ist von ihren Gesellschaftern zum Handelsregister anzumelden.

Die Partner regeln ihre Beziehungen untereinander durch einen Gesellschaftsvertrag. Die Partnerschaft wird im Verhältnis zu Dritten mit ihrer Eintragung in das Partnerschaftsregister wirksam.

Für die Vertretung und Geschäftsführung der Partnerschaftsgesellschaft gelten die Regelungen der offenen Handelsgesellschaft. Die Partnerschaftsgesellschaft erwirbt unter ihrer Firma Vermögen. Für Verbindlichkeiten der Partnerschaft haften die Partner neben dem Vermögen der Partnerschaft als Gesamtschuldner. Die Vorschriften der OHG sind entsprechend anzuwenden. Die Partner können ihre Haftung für Ansprüche aus Schäden wegen fehlerhafter Berufsausübung auch unter Verwendung von vorformulierten Vertragsbedingungen auf denjenigen beschränken, der innerhalb der Partnerschaft die berufliche Leistung zu erbringen oder verantwortlich zu leiten und zu überwachen hat. Die unbeschränkte persönliche Haftung des einzelnen Berufsträgers wird damit durch das Partnerschaftsgesetz nicht reduziert. Dieses ist der Grund, warum das Partnerschaftsgesetz bisher keine weite Verbreitung gefunden hat. Seit dem 01.03.1999 ist die Gründung von GmbH`s für sozietätsfähige Berufe möglich.

Für die Auflösung der Partnerschaft gelten die Vorschriften der OHG entsprechend. Insbesondere ist die Kündigung jedes Berufsträgers mit einer Frist von sechs Monaten zum Ende eines Geschäftsjahres möglich, soweit nichts in dem Gesellschaftsvertrag anderweitig geregelt worden ist. Daß der Tod eines Partners, die Eröffnung des Insolvenzverfahrens über das Vermögen eines Partners, die Kündigung eines Partners und die Kündigung durch den Privatgläubiger eines Partners nur das Ausscheiden des Partners aus der Partnerschaft bewirkt, die Gesellschaft jedoch mit den übrigen Partnern fortgesetzt wird, ergibt sich seit Inkrafttreten des HRefG unmittelbar aus §§ 9 Abs. 1 PartGG, 131 Abs. 3 Satz 1 HGB.

11.2.8 GmbH

11.2.8.1 Gründung

Die Gründung einer GmbH erfolgt in mehreren Stadien. Zunächst beschließen ein oder mehrere Personen die Gründung einer Gesellschaft mit beschränkter Haftung. Sie schließen einen Gesellschaftsvertrag ab, der der notariellen Beurkundung bedarf. Bei der Gründung der Gesellschaft werden ein oder mehrere Geschäftsführer bestellt. Die Geschäftsführung fordert alsdann die Stammeinlagen bei den Gesellschaftern ein. Der Geschäftsführer meldet die GmbH zur Eintragung in das Handelsregister an. Nachdem das Registergericht die Unterlagen auf Vollständigkeit und Zulässigkeit geprüft hat, erfolgt die Eintragung der GmbH in das Handelsregister und deren Veröffentlichung. Im einzelnen:

11.2.8.2 Vor-GmbH

Die Gründung der GmbH beginnt mit dem sogenannten Vorgründungsstadium. Dieses beginnt mit der Willensbildung einer oder mehrerer Personen, eine GmbH zu errichten. Zwischen den Parteien besteht bereits jetzt ein vorvertragliches Vertrauensverhältnis, das die zukünftigen Gesellschafter zur gegenseitigen Rücksichtnahme verpflichtet. Im Vorgründungsstadium haften die Gründer persönlich und unbeschränkt. Das Vorgründungsstadium endet mit dem Abschluß des notariellen Gesellschaftsvertrages.

Als Vor-GmbH oder Vor-Gesellschaft bezeichnet man die errichtete, aber noch nicht eingetragene GmbH, also die GmbH im Gründungsstadium. Nach herrschender Auffassung ist die Vorgesellschaft eine Organisation sui generis, die ähnlich wie die spätere GmbH zu behandeln ist. Zweck der Vorgesellschaft ist die Herbeiführung der Entstehung der GmbH durch Eintragung. Aus diesem Zweck ergibt sich, daß die Vorgesellschaft als Durchgangsstadium mit der Entstehung der juristischen Person endet. Die Vorgesellschaft kann sich als solche bereits am Rechtsverkehr beteiligen. Mangels Rechtsfähigkeit kann die Vorgesellschaft jedoch materiell nicht selbständige Vermögensträgerin sein, die von den Gründern geleisteten Einlagen und sonstiges namens der Gesellschaft erworbenes Vermögen steht deshalb den Gründergesellschaftern zur gesamten Hand zu. Der Status der GmbH als Vorgesellschaft beginnt mit dem Abschluß und Wirksamwerden des Gesellschaftsvertrages und endet, sofern nicht die Vor-GmbH umgewandelt, liquidiert oder gelöscht wird, mit der Eintragung der GmbH im Handelsregister. Die Vor-Gesellschaft ist nicht eine von der zu gründenden GmbH verschiedene Gesellschaft, sondern sie ist GmbH im Stadium der Gründung.

Die Rechtsform dieser Vor-GmbH wird, da noch nicht die GmbH als juristische Person besteht, als Gesamthandsgesellschaft bezeichnet. Insoweit ist die Vorgesellschaft mit der später eingetragenen GmbH identisch. Die Vorgesellschaft wird als Trägerin von Rechten und Pflichten anerkannt. Sie kann bereits Trägerin eines Unternehmens sein. Sie hat bereits eine Firma bzw., wenn sie noch kein vollkaufmännisches Unternehmen betreibt, einen Namen. Bis zur Eintragung wird die Gesellschaft mit dem Zusatz „in Gründung" (i.G.) versehen. Geschieht dies nicht, so kommt eine Vertrauenshaftung wegen irreführenden Firmengebrauchs in Betracht.

Da die Vor-GmbH teilrechtsfähig ist, kann sie Eigentümer, Gläubiger und Schuldner sein. Es können daher auch Konten für eine GmbH i.G. eingerichtet werden. Die Vor-GmbH ist parteifähig, d.h. aktiv und passiv. Sie kann also, vertreten durch ihre Geschäftsführer, als Kläger oder Beklagte an Zivilprozessen teilnehmen. Die Vor-GmbH ist ebenfalls insolvenzfähig, da sie über eigenes Gesellschaftsvermögen verfügt.

Bei der Haftung für Verbindlichkeiten der Vor-GmbH, die vor allem durch Rechtsgeschäfte der Geschäftsführung im Rahmen ihrer Vertretungsmacht begründet werden, ist zwischen Haftung der Vor-Gesellschaft bzw. ihrer Gesellschafter und der sog. Handelndenhaftung zu unterscheiden, d.h. derjenigen, die für die Vor-Gesellschaft bzw. für die künftige GmbH handeln. Dieses sind vornehmlich die Geschäftsführer. Als allgemeiner Grundsatz ist für Verbindlichkeiten der Vor-GmbH die Haftung der Gesellschafter mit dem Gesellschaftsvermögen einhellig anerkannt. Sie werden als gesamthänderisch verbundene Träger durch das Handeln der Geschäftsführer als Organ der Vor-Gesellschaft gemeinsam verpflichtet. In diesem Sinne wird von der Haftung der Vor-Gesellschaft gesprochen. Nach der neueren Rechtsprechung des Bundesgerichtshofes haften die Gesellschafter persönlich als Folge der gemeinsamen Verpflichtung bis zur Höhe ihrer Einlageschuld, d.h. auch mit ihrem Privatvermögen, soweit die Einlage noch nicht in das Vermögen der Vor-GmbH geleistet worden ist. Zu einer weitergehenden Haftung sind die Gesellschafter nicht verpflichtet, da ein mit der Vor-GmbH kontrahierender Dritter nicht mit einer weitergehenden Verpflichtung der Gesellschafter rechnen kann.

Mit der Eintragung ins Handelsregister entsteht die GmbH als juristische Person in ihrer endgültigen Gestalt entsprechend Gesetz und Satzung. Gleichzeitig endet die Vor-GmbH, da sich Organisation und Mitgliedschaft in der GmbH fortsetzen. Auch das Gesellschaftsvermögen geht mit allen für die Vor-Gesellschaft begründeten Rechten und Verbindlichkeiten auf die GmbH über. Dies geschieht, ohne daß es einer besonderen Übertragung des Aktivvermögens oder einer Übernahme der Verbindlichkeiten bedarf, durch Gesamtrechtsnachfolge der als Rechtssubjekt neu entstandenen GmbH. Ausgehend von dem Identitätsgrundsatz wird auch vertreten, daß die Rechte und Pflichten der Vor-GmbH mit Eintragung der GmbH im Handelsregister ohne weiteres Rechte und Pflichten der GmbH werden. Dieser Streit ist jedoch lediglich dogmatischer Natur und hat auf die Praxis keine Auswirkungen.

11.2.8.3 Vorbelastungshaftung

Mit der Entstehung der GmbH erlischt die persönliche Haftung der Gesellschafter. Der Übergang aller Verbindlichkeiten der Vor-GmbH auf die GmbH im Zeitpunkt ihrer Entstehung entbindet jedoch nicht vom Grundsatz der Aufbringung und der Erhaltung des Stammkapitals. Dieser gebietet Sicherstellung der vollen Kapitalausstattung der GmbH zum Zeitpunkt ihrer Entstehung. Hieraus folgt die sog. Differenz- oder Vorbelastungshaftung der Gesellschafter. Soweit sich durch Verbindlichkeiten der Vor-GmbH im Zeitpunkt der Entstehung der GmbH bei Eintragung in das Handelsregister eine Differenz zwischen Stammkapital und Wert des Gesellschaftsvermögens ergibt, haften die Gesellschafter der GmbH gegenüber anteilig auf Ausgleich. Diese Haftung kann ebenso wie die restliche Einlagepflicht eine Ausfallhaftung der Mitgesellschafter gemäß § 24 GmbHG auslösen. Die Gesellschafter haften anteilig im Verhältnis der übernommenen Stammeinlagen, d.h. nicht als Gesamtschuldner. Die Haftung ist im Rahmen der Vorbelastungshaftung nicht auf die Höhe der Stammeinlagen beschränkt, sondern umfaßt auch durch Geschäftsaufnahme der Vor-Gesellschaft entstandene weitere Verluste. Nicht auszugleichen sind allerdings die gesetzlichen und satzungsgemäß notwendigen Gründungskosten, wie Notarkosten, Kosten des Handelsregisters etc., die stets zu Lasten der GmbH gehen. Zur Vermeidung der Differenzhaftung bzw. der Vorbelastungshaftung ist daher dringend zu empfehlen, keine durch die Geschäftsaufnahme vor Eintragung im Handelsregister bedingten Verbindlichkeiten einzugehen.

11.2.8.4 Handelndenhaftung

Neben der Haftung der Gesellschafter kommt zusätzlich die Handelndenhaftung gemäß § 11 Abs. 2 GmbHG in Betracht. Handelnder ist nur, wer als Geschäftsführer oder wie ein solcher für die künftige GmbH tätig wird. In Betracht kommt sämtliches Handeln im Namen der Gesellschaft. Inhalt und Umfang der Haftung des Handelnden bestimmen sich so, als wäre der Vertrag mit der Gesellschaft selbst abgeschlossen. Hierdurch sollen die Gläubiger nicht schlechter, aber auch nicht besser gestellt werden. Die Handelndenhaftung erlischt ohne Mitwirkung des Gläubigers, wenn die betreffende Verbindlichkeit bei Entstehung der GmbH durch Eintragung im Handelsregister auf die Gesellschaft übergeht. Dann haftet den Gläubigern gegenüber nur die GmbH. Die Handelndenhaftung tritt demgemäß in allen Fällen ein, in denen es nicht zur Eintragung der GmbH kommt, z.B. wegen Insolvenz oder Liquidation der Vor-GmbH. Eine Haftung bleibt auch dann bestehen, soweit der Geschäftsführer seine Vertretungsmacht überschritten oder andere Personen ohne Vertretungsmacht wie Geschäftsführer gehandelt haben.

Die Haftung der Handelnden gemäß § 11 Abs. 2 GmbHG bzw. der Gesellschafter für Verbindlichkeiten der Vor-GmbH verjährt, soweit sie nach Eintragung der GmbH noch besteht, analog § 9 Abs. 2 GmbHG in fünf Jahren nach der Eintragung der GmbH in das Handelsregister. Die Ansprüche sind durch die Geschäftsführung bzw. durch einen etwaigen Insolvenzverwalter geltend zu machen.

11.2.8.5 Stammkapital

Üblicherweise werden bei der Gründung der GmbH durch einen Notar der oder die Geschäftsführer bestellt. Das in der Satzung der GmbH ausgewiesene Stammkapital wird von der Geschäftsführung entgegengenommen. Die Geschäftsführer melden alsdann die Gesellschaft und sich selbst als die Geschäftsführer zum Handelsregister an. Die Anmeldung darf erst erfolgen, wenn auf jede Stammeinlage, soweit nicht Sacheinlagen verein-

11.2. Rechtsformen

bart sind, ein Viertel eingezahlt ist, mindestens aber die Hälfte des Mindeststammkapitals gemäß § 5 Abs. 1 GmbHG. Das Mindeststammkapital beträgt 25.000 Euro. Gemäß § 86 Abs. 2 GmbHG darf bei Gesellschaften, die zwischen dem 01.01.1999 und dem 31.12.2001 zum Handelsregister angemeldet und eingetragen werden, das Stammkapital auch auf Deutsche Mark lauten. Der Betrag muß jedoch nach dem amtlichen Umrechnungskurs vom 01.01.1999 die an die Euro-Beträge gestellten Anforderungen erfüllen. Wird die Gesellschaft nur durch eine Person errichtet, so darf die Anmeldung erst erfolgen, wenn mindestens die Hälfte des Mindeststammkapitals und der alleinige Gesellschafter zusätzlich für den übrigen Teil der Geldeinlage eine Sicherheit, üblicherweise in Form einer Bankbürgschaft, bestellt hat.

Die Stammeinlage jedes Gesellschafters muß mindestens 100 Euro betragen. Bei Gesellschaften, die zwischen dem 01.01.1999 und dem 31.12.2001 zum Handelsregister angemeldet und eingetragen werden, darf die Stammeinlage auch auf Deutsche Mark lauten. Der Betrag muß jedoch nach dem amtlichen Umrechnungskurs vom 01.01.1999 die an die Euro-Beträge gestellten Anforderungen erfüllen. Der Betrag der Stammeinlagen kann für die einzelnen Gesellschafter verschieden bestimmt werden. Er muß durch 100 Euro teilbar sein. Mit der Währungsumstellung auf den Euro vom 01.01.1999 besteht für bereits existierende GmbH's die Möglichkeit, ihr Stammkapital und die Nennbeträge der Geschäftsanteile auf den Euro umzustellen. Notwendig wird die Umstellung erst zum 01.01.2002. Bei der Umstellung entstehende ungerade Euro-Nennbeträge können durch eine Kapitalerhöhung oder eine Kapitalherabsetzung geglättet werden.

Das Stammkapital wird üblicherweise bei der Gründung in bar erbracht. Es kann jedoch auch durch Sacheinlagen geleistet werden. Soll eine GmbH-Gründung durch Sacheinlagen erfolgen, so müssen der Gegenstand der Sacheinlage und der Betrag der Stammeinlage, auf die sich die Sacheinlage bezieht, im Gesellschaftsvertrag festgesetzt werden. Die Gesellschafter haben in einem Sachgründungsbericht die für die Angemessenheit der Leistungen für Sacheinlagen wesentlichen Umstände darzulegen und beim Übergang eines Unternehmens auf die Gesellschaft die Jahresergebnisse der beiden letzten Geschäftsjahre anzugeben. Üblicherweise werden dem Sachgründungsbericht Gutachten von Steuerberatern, Wirtschaftsprüfern oder Sachverständigen beigefügt, um den Wert der eingebrachten Sacheinlage zu dokumentieren. Mängel des Sachgründungsberichts, insbesondere völliges Fehlen, aber auch Unvollständigkeit und Ungenauigkeit behindern die Handelsregistereintragung. Falsche Angaben können zur Haftung des die Sacheinlage erbringenden Gesellschafters und des Geschäftsführers gegenüber der GmbH gemäß § 9a GmbHG und zur Strafbarkeit gemäß § 82 Abs. 1 Nr. 2 GmbHG führen. Erreicht der Wert der Sacheinlage nicht den im Gesellschaftsvertrag vereinbarten Wert, so haftet der einbringende Gesellschafter für die Differenz. Ansprüche gegen diesen Gesellschafter verjähren innerhalb von 30 Jahren.

11.2.8.6 Geschäftsführer

Geschäftsführer kann nur eine natürliche, unbeschränkt geschäftsfähige Person sein. Wer wegen einer Insolvenzstraftat gemäß §§ 283-283d des Strafgesetzbuches verurteilt worden ist, kann auf die Dauer von fünf Jahren seit der Rechtskraft des Urteils nicht Geschäftsführer sein. Dieses gilt auch für denjenigen, dem durch gerichtliches Urteil oder durch vollziehbare Entscheidung einer Verwaltungsbehörde die Ausübung eines Berufes, Berufszweiges, Gewerbes oder Gewerbezweiges untersagt worden ist. Zu Geschäftsführern können Gesellschafter oder auch andere Personen bestellt werden. In der Anmeldung zum Handelsregister ist konkret anzugeben, welche Vertretungsbefugnis die Geschäftsführer haben. Die Unterschrift der Geschäftsführer ist zur Aufbewahrung bei dem Gericht zu zeichnen.

Die Zuständigkeit der Geschäftsführer und der Gesellschafterversammlung richtet sich in erster Linie nach dem Gesellschaftsvertrag gemäß § 45 GmbHG. Nur wenige Zuständigkeiten sind im Gesetz zwingend festgelegt: Die Geschäftsführer vertreten die GmbH gemäß §§ 35, 36 GmbHG. Außerdem müssen sie einzelne Geschäftsführungsmaßnahmen vornehmen, insbesondere Buchführung und Bilanzerstellung. Die Gesellschafterversammlung beschließt über die Änderung des Gesellschaftsvertrages gemäß § 53 GmbHG, die Anforderung von Nachschüssen gemäß § 26 GmbHG, soweit diese nicht ausgeschlossen sind, die Auflösung der Gesellschaft gemäß § 60 GmbHG und die Bestellung und Abberufung von Liquidatoren gemäß § 66 GmbHG. Im übrigen kann der Gesellschaftsvertrag die Zuständigkeiten verteilen, also z.B. vorsehen, daß der Beschluß über bestimmte Arten von Geschäften der Gesellschafterversammlung vorbehalten bleibt. Die Gesellschafterversammlung kann als oberstes Willensbildungsorgan der GmbH Geschäftsführungsmaßnahmen an sich ziehen bzw. Weisungen erteilen. Dadurch wird die Geschäftsführungsbefugnis der Geschäftsführer im Innenverhältnis beschränkt, ihre Vertretungsmacht im Außenverhältnis bleibt jedoch unberührt (§ 37 GmbHG). Wichtig ist, daß der Geschäftsführer im Innenverhältnis verpflichtet ist, für außergewöhnliche Geschäfte die Zustimmung der Gesellschafterversammlung herbeizuführen, um Schadensersatzansprüche der Gesellschafter gegen sich zu vermeiden.

Die Bestellung und die Abberufung der Geschäftsführer erfolgt durch die Gesellschafterversammlung gemäß § 46 GmbHG oder durch eine andere gesellschaftsvertraglich festgesetzte Stelle, z.B. einen Beirat oder einen Aufsichtsrat. Aufgrund des Prinzips der Fremdorganschaft muß der Geschäftsführer nicht Gesellschafter der GmbH sein (§ 6 Abs. 3 GmbHG). Vor dem jederzeit vornehmbaren körperschaftlichen Akt der Bestellung und der Abberufung eines Geschäftsführers ist der mit ihm zu vereinbarende Anstellungsvertrag zu unterscheiden. Dieser regelt vor allem die Vergütung und endet nicht ohne weiteres mit der Beendigung der Organstellung des Geschäftsführers (§ 38 GmbHG).

Die GmbH kann mehrere Geschäftsführer haben. Diese haben Gesamtgeschäftsführungs- und Vertretungsmacht, soweit der Gesellschaftsvertrag nichts anderes bestimmt. Bei der Passivvertretung besteht dagegen Einzelvertretung. Der Geschäftsführer haftet der GmbH gegenüber für die Anwendung der Sorgfalt eines ordentlichen Geschäftsmannes gemäß § 43 GmbHG. Über die Geltendmachung etwaiger Schadensersatzansprüche entscheidet die Gesellschafterversammlung gemäß § 46 GmbHG.

11.2.8.7 Gesellschafterbeschlüsse

Die Gesamtheit der Gesellschafter fassen ihre Beschlüsse in der Regel in Gesellschafterversammlungen, § 48 GmbHG. Sie wird von den Geschäftsführern üblicherweise einberufen. Ein Einberufungsrecht steht auch einer Minderheit der Gesellschafter von 10 % des Stammkapitals zu. Soweit nichts abweichendes beschlossen worden ist, werden Beschlüsse mit einfacher Stimmenmehrheit gefaßt. Bei Änderung des Gesellschaftsvertrages oder Auflösung der GmbH bedarf es mindestens einer ¾ Mehrheit gemäß §§ 53, 60 GmbHG. Beschlüsse sind grundsätzlich formlos wirksam, soweit nicht – wie bei Satzungsänderungen – notarielle Form erforderlich ist.

11.2.8.8 Aufsichts-, Verwaltungs- oder Beirat

Bei einer GmbH ist die Bestellung eines Aufsichtsrates oder eines Verwaltungs- oder Beirates grundsätzlich fakultativ. Er kann im Gesellschaftsvertrag vorgesehen sein oder hat dann, wenn nichts anderes bestimmt ist, die Geschäftsführung zu überwachen, § 52 GmbHG in Verbindung mit §§ 90, 111 AktG. Zwingend ist ein Aufsichtsrat in einer GmbH bei Kapitalanlagegesellschaften gemäß § 3 KAGG oder bei mitbestimmten Unternehmen (in der Regel bei mehr als 500 Arbeitnehmern gemäß § 77 BetrVG 1952).

11.2.8.9 Gewinnverwendung

Die Gewinnverwendung ist in § 29 GmbHG geregelt. Danach haben die Gesellschafter einen Anspruch auf den Jahresüberschuß zuzüglich eines Gewinnvortrages und abzüglich eines Verlustvortrages, soweit der sich ergebende Betrag nicht nach Gesetz oder Gesellschaftsvertrag oder durch Beschluß über Verwendung des Ergebnisses von der Verteilung unter die Gesellschafter ausgeschlossen ist. Grundlage für die Gewinnverteilung ist der sich aus der Bilanz ergebende Reingewinn. Nach dem Grundsatz der Gleichbehandlung der Gesellschafter erfolgt die Verteilung nach dem Verhältnis der Geschäftsanteile. Im Gesellschaftsvertrag kann ein anderer Maßstab festgesetzt werden.

11.2.8.10 Firmierung

Gemäß § 4 GmbHG muß die Firma der Gesellschaft die Bezeichnung „Gesellschaft mit beschränkter Haftung" oder eine allgemein verständliche Abkürzung dieser Bezeichnung enthalten.

11.2.8.11 Kontrollrechte

Gemäß § 51a GmbHG stehen den Gesellschaftern umfangreiche Auskunfts- und Einsichtsrechte zu. Die Geschäftsführer haben jedem Gesellschafter auf Verlangen unverzüglich Auskunft über die Angelegenheiten der Gesellschaft zu geben und die Einsicht in Bücher und Schriften zu gestatten. Die Geschäftsführer dürfen die Auskunft und Einsicht verweigern, wenn zu besorgen ist, daß der Gesellschafter sie zu gesellschaftsfremden Zwecken verwenden und dadurch der Gesellschaft oder einem verbundenen Unternehmen einen nicht unerheblichen Nachteil zufügen wird. Die Verweigerung bedarf eines Beschlusses der Gesellschafter. Im Gesellschaftsvertrag sind die Gesellschafter berechtigt, abweichende Vereinbarungen über die Kontrollrechte der Gesellschafter zu treffen.

11.2.8.12 Gesellschafterwechsel

Der Gesellschafterbestand kann sich durch Abtretung der Geschäftsanteile ändern. Zur Abtretung von Geschäftsanteilen durch Gesellschafter bedarf es eines in notarieller Form geschlossenen Vertrages gemäß § 15 GmbHG. Die Möglichkeit, den Geschäftsanteil auf einen anderen Gesellschafter oder auf außenstehende Dritte zu übertragen, kann im Gesellschaftsvertrag eingeschränkt werden. Vorerwerbsrechte anderer Gesellschafter können im Falle einer Veräußerung eines Geschäftsanteiles ebenfalls vereinbart werden. Im Hinblick auf die grundsätzlich freie Übertragbarkeit des Geschäftsanteiles ist eine Kündigung der Gesellschaft durch die Gesellschafter nicht vorgesehen. In der Praxis wird jedoch häufig von der Möglichkeit, die Gesellschaft nach einer bestimmten Zeitdauer zu kündigen, Gebrauch gemacht.

Über Austritt und Ausschließung von Gesellschaftern schweigt das GmbHG. Schrifttum und Rechtsprechung lassen jedoch die Ausschließung aus wichtigem Grunde zu. Der Grundgedanke ist derselbe wie bei Personengesellschaften (§ 737 BGB, § 140 HGB). Vor allem für die Bestimmung des „wichtigen Grundes" (ultima ratio) ist deshalb auf die dort entschiedenen Fälle zurückzugreifen. Verfahrensmäßig ist ein Beschluß der Gesellschafterversammlung mit einer ¾ Mehrheit gemäß § 60 GmbHG und die Erhebung einer Ausschlußklage notwendig. Der auszuschließende Gesellschafter hat kein Stimmrecht. Die Ausschlußklage ist von der GmbH zu erheben. Das Ausschlußurteil ist Gestaltungsurteil. Gleichfalls ist das Recht des Gesellschafters zum Austritt aus wichtigem Grunde anerkannt. Praktisch wichtig ist dies, wenn die Veräußerung des Geschäftsanteils, insbesondere aufgrund gesellschaftsvertraglicher Verfügungsbeschränkungen, nicht möglich ist. Der Austritt erfolgt durch einfache Erklärung des Gesellschafters.

Im übrigen sieht § 15 Abs. 1 GmbHG vor, daß die Geschäftsanteile vererblich sind.

11.2.8.13 Beendigung

Die Auflösung und Abwicklung der GmbH ist gesetzlich geregelt. Gemäß § 60 GmbHG wird die GmbH insbesondere durch Zeitablauf, Beschluß der Gesellschafter oder durch die Eröffnung des Insolvenzverfahrens aufgelöst. Eine Gesellschaft kann auch durch gerichtliches Urteil aufgelöst werden, wenn die Erreichung des Gesellschaftszweckes unmöglich wird, oder wenn andere, in den Verhältnissen der Gesellschaft liegende, wichtige Gründe für die Auflösung vorhanden sind. Im Fall der Auflösung sind grundsätzlich die Geschäftsführer Liquidatoren. Gemäß § 65 GmbHG sind die Auflösung der Gesellschaft und die Liquidatoren sowie ihre Vertretungsbefugnis zum Handelsregister anzumelden. Die Liquidatoren haben die laufenden Geschäfte zu beendigen, die Verpflichtungen der aufgelösten Gesellschaft zu erfüllen, die Forderungen derselben einzuziehen und das Vermögen der Gesellschaft in Geld umzusetzen. Sie haben die Gesellschaft gerichtlich und außergerichtlich zu vertreten. Die Verteilung des Vermögens darf nicht vor Tilgung oder Sicherstellung der Schulden der Gesellschaft und nicht vor Ablauf eines Sperrjahres nach der dritten Veröffentlichung der Liquidation erfolgen.

11.2.8.14 Finanzierung

Die beschränkte Haftung der juristischen Person führt dazu, daß die Finanzierung ausschließlich auf die juristische Person abgestellt wird. Soweit eine Erweiterung der Eigenkapitalbasis benötigt wird, verlangen in der Praxis Kreditgeber, d.h. Banken oder Lieferanten, Sicherheiten zusätzlich von den Gesellschaftern. Hierdurch wird die Beschränkung der persönlichen Haftung der Gesellschafter, die mit der Gründung der GmbH erreicht werden soll, häufig unterlaufen. Wie bei den Personengesellschaften kann die Erweiterung der Eigenkapitalbasis durch Kapitalerhöhungen aus Gesellschaftsmitteln erfolgen. Durch die Aufnahme weiterer Gesellschafter direkt oder durch die Aufnahme stiller Gesellschafter kann ebenfalls die Eigenkapitalbasis der GmbH erweitert werden. Auf die obigen Ausführungen wird verwiesen.

Häufig führen die Gesellschafter der GmbH Kapital in Form von Darlehen zu. Bezüglich der Rückzahlung des Darlehensbetrages können sich Probleme dann ergeben, wenn ein ordentlicher Kaufmann der Gesellschaft anstelle eines Kredits Eigenkapital zugeführt hätte, mit anderen Worten der Kredit des Gesellschafters Kapitalersatzfunktion hat. Gemäß §§ 32 a, b GmbHG wird eine Kapitalersatzfunktion insbesondere dann angenommen, wenn es sich um einen konkursabwendenden Sanierungskredit handelt oder ein Kredit zum Zeitpunkt der Kreditunwürdigkeit der Gesellschaft überlassen oder nicht zurückgefordert wird. Ein solches eigenkapitalersetzendes Gesellschafterdarlehen hat zur Folge, daß der kreditgebende Gesellschafter den Anspruch auf Rückgewähr des Darlehens im Insolvenzverfahren über das Vermögen der Gesellschaft nur als nachrangiger Insolvenzgläubiger geltend machen kann. Wurde das eigenkapitalersetzende Darlehen bereits zurückgezahlt, so hat der Gesellschafter der Gesellschaft den zurückgezahlten Betrag zu erstatten. Zwar wird gemäß § 32 b Satz 1 GmbHG eine Rückzahlung, die mehr als ein Jahr vor dem Antrag auf Eröffnung des Insolvenzverfahrens erfolgte, von der Rückerstattungspflicht nicht erfaßt, jedoch sind nach der ständigen Rechtsprechung und der herrschenden Ansicht in der Literatur auf diese Fälle die Grundsätze anzuwenden, die bereits vor der Einfügung der §§ 32 a, b GmbHG im Jahre 1980 aufgrund richterlicher Rechtsfortbildung entwickelt wurden. Nach diesen Grundsätzen über eigenkapitalersetzende Gesellschafterdarlehen gilt die Rückerstattungspflicht des Gesellschafters unabhängig von dem Zeitpunkt, zu dem das Darlehen von der Gesellschaft zurückgezahlt wurde. Dem liegt der Gedanke zugrunde, daß der Gesetzgeber mit der Einfügung der §§ 32 a, b GmbHG den Gläubigerschutz verstärken wollte. Die Anwendung der eigenkapitalersetzenden Gesellschafterdarlehen nach den neuen §§ 32 a, b GmbHG ohne eine Berücksichtigung der bereits zu §§ 30, 31 GmbHG entwickelten Grundsätze hätte jedoch den Gläubigerschutz geschwächt. Auf die Jahresfrist des § 32 b GmbHG kann daher nur dann zurückgegriffen werden, wenn der Sachverhalt von § 32 a GmbHG, nicht jedoch von den zu § 31 GmbHG entwickelten Grundsätzen erfaßt wird. Besteht die Rückzahlungspflicht sowohl gemäß § 32 a GmbHG als auch nach § 31 GmbHG, unterliegt sie der fünfjährigen Verjährungsfrist des § 31 Abs. 5 GmbHG. Die für die GmbH entwickelten Grundsätze gelten für die GmbH & Co. entsprechend.

11.2.8.15 Rechtsanwalts-GmbH

Durch die Änderung der Bundesrechtsanwaltsordnung vom 31.08.1998, in Kraft getreten am 01.03.1999, ist die Gründung einer Rechtsanwalts-GmbH möglich. Demnach können Gesellschaften mit beschränkter Haftung, deren Unternehmensgegenstand die Beratung und Vertretung in Rechtsangelegenheiten ist, als Rechtsanwaltsgesellschaft zugelassen werden. Zulassungsvoraussetzung für die Rechtsanwaltsgesellschaft mbH ist, daß Gesellschafter nur Rechtsanwälte sowie die in § 59 a Abs. 1 Satz 1 i.V.m. Abs. 3 BRAO genannten Berufstätigen (z.B. Patentanwälte, Steuerberater, Steuerbevollmächtigte, Wirtschaftsprüfer, vereidigte Buchprüfer) sein können. Sie müssen in der Rechtsanwaltsgesellschaft aktiv mitarbeiten. Es ist ihnen dabei untersagt, ihren in der Rechtsanwaltsgesellschaft ausgeübten Beruf in einem weiteren beruflichen Zusammenschluß auszuüben. Darüber hinaus muß die Mehrheit der Geschäftsanteile und der Stimmrechte Rechtsanwälten zustehen; die Geschäftsführer müssen mehrheitlich Rechtsanwälte sein. Schließlich ist Zulassungsvoraussetzung, daß die Rechtsanwaltsgesellschaft von Rechtsanwälten verantwortlich geführt wird. Sie muß an ihrem Sitz eine Kanzlei unterhalten, in der verantwortlich zumindest ein geschäftsführender Rechtsanwalt tätig ist, für den die Kanzlei den Mittelpunkt seiner beruflichen Tätigkeit bildet. Gleiches gilt auch für Zweigniederlassungen der Rechtsanwaltsgesellschaft.

Die Firma der Gesellschaft muß den Namen wenigstens eines Gesellschafters, der Rechtsanwalt ist, und die Bezeichnung „Rechtsanwaltsgesellschaft" enthalten. Die Rechtsanwaltsgesellschaft kann als Prozeß- oder Verfahrensbevollmächtigte beauftragt werden. Sie hat dabei die Rechte und Pflichten eines Rechtsanwaltes. Sie handelt durch ihre Organe und Vertreter, in deren Person für die Erbringung rechtsbesorgender Leistungen gesetzlich vorgeschriebene Voraussetzungen im Einzelfall vorliegen müssen.

Mangels Beschränkung der Rechtsformen kann wohl davon ausgegangen werden, daß auch die Gründung einer Rechtsanwalts-AG zulässig ist. Im einzelnen ist hier aber noch vieles streitig.

11.2.9 AG – Aktiengesellschaft

11.2.9.1 Rechtliche Grundlage

Die AG ist nach ihrer Rechtsnatur eine juristische Person. Für die Verbindlichkeiten der Gesellschaft haftet den Gläubigern nur das Gesellschaftsvermögen. Sie gilt gemäß § 3 Abs. 1 AktG als Handelsgesellschaft, auch wenn der Gegenstand des Unternehmens nicht im Betrieb eines Handelsgewerbes besteht. Die Firma der AG muß die Bezeichnung „Aktiengesellschaft" oder eine allgemein verständliche Abkürzung dieser Bezeichnung enthalten.

11.2.9.2 Gründung

Die Gründung einer AG erfolgt durch eine oder mehrere Personen. Das Grundkapital ist eine in der Satzung festgeschriebene Größe, die auf mindestens 50.000 Euro lauten muß und in einzelne Aktien mit einem Nennbetrag von mindestens einem Euro zerlegt ist. Die Summe der Nennwerte der Aktien ergibt somit den Nennbetrag des Grundkapitals. Seit der am 01.01.1999 begonnen Währungsumstellung können gemäß §§ 1 ff. EGAktG sowohl das Grundkapital als auch die einzelnen Aktien auf Euro lauten. Bis zum 31.12.2001 dürfen auch Aktiengesellschaften neu eingetragen werden, deren Grundkapital und Aktien auf Deutsche Mark lauten. Der Betrag muß jedoch nach dem amtlichen Umrechnungskurs vom 01.01.1999 die an die Euro-Beträge gestellten Anforderungen erfüllen. Danach dürfen Aktiengesellschaften nur eingetragen werden, wenn die Nennbeträge von Grundkapital und Aktien in Euro bezeichnet sind. Bereits bestehende Aktiengesellschaften können ihr bisher auf Deutsche Mark lautendes Aktienkapital auf Euro umstellen. Um dabei durch die Umstellung bedingte unrunde Zahlen zu vermeiden, bietet sich die Einführung von Stückaktien an. Zur Vermeidung unrunder Zahlen bei den Aktiennennbeträgen kommt auch eine Kapitalerhöhung oder -herabsetzung in Betracht. Vom Nennbetrag scharf zu trennen sind das Gesellschaftsvermögen und der wirtschaftliche Wert der Aktien. Diese sind bei einer prosperierenden AG um ein vielfaches höher als der Nennbetrag und die Nennwerte, können aber auch niedriger liegen, wenn die AG die Einlagen der Aktionäre verloren hat. Das Grundkapital hat zwei Hauptfunktionen: es dient erstens als Schlüssel für die Bemessung der Mitgliedschaftsrechte und -pflichten, z.B. Kapitalanlage, Pflichtdividende oder Stimmrechte; das Grundkapital dient zweitens der Aufbringung und Erhaltung eines ihm entsprechenden Mindestgesellschaftsvermögens. Der Grundsatz der Kapitalaufbringung und -erhaltung ist das Gegenstück für den Ausfall der persönlichen Haftung der Gesellschafter.

Die Hauptpflicht der Aktionäre ist die Leistung der Einlagen, §§ 54, 65 AktG. Aktien dürfen zwar über oder zu Nennwert, aber nicht unter Nennwert von mindestens 1 Euro ausgegeben werden, § 9 AktG (sog. Verbot der Unterpariemission). Voraussetzung für die Eintragung und damit Entstehung der AG gemäß § 29 AktG ist die Übernahme aller Aktien durch die Gründer. Die Anmeldung zum Handelsregister darf erst erfolgen, wenn mindestens ¼ der Geldeinlagen eingezahlt ist, §§ 36, 36a AktG. Einbezahlte Einlagen dürfen den Aktionären weder zurückgewährt noch verzinst werden; widrigenfalls haften die betreffenden Aktionäre und der Vorstand. Dividenden dürfen nicht ausgeschüttet werden, solange das Gesellschaftsvermögen nicht über dem Grundkapital liegt.

Das Wort „Aktie" wird im Gesetz und in der Praxis in dreifacher Bedeutung gebraucht. Erstens bedeutet Aktie einen Bruchteil des Grundkapitals gemäß § 1 AktG, der auf mindestens einen Euro lauten muß (§ 8 AktG). Aktie bedeutet zweitens die Gesamtheit der Rechte und Pflichten des Aktionärs (Mitgliedschaft). Mit Aktie ist drittens die die Mitgliedschaft verbriefende Urkunde gemeint, an deren Besitz, falls Aktien bereits ausgegeben sind, die Ausübung der Mitgliedschaftsrechte gebunden ist (Wertpapier). Die Aktien können auf den Inhaber oder auf Namen lauten. Jede Aktie gewährt ein Stimmrecht. Vorzugsaktien können nach den Vorschriften dieses Gesetzes als Aktien ohne Stimmrecht ausgegeben werden. Mehrstimmrechte sind unzulässig.

Von den Aktien, die die gesellschaftsrechtliche Mitgliedschaft verbriefen, sind die Schuldverschreibungen oder Obligationen, die Aktiengesellschaften ausgeben, streng zu trennen. Diese verbriefen lediglich ein schuldrechtliches Forderungsrecht. Insbesondere muß die AG das durch die Ausgabe von Obligationen beschaffte Kapital wieder zurückbezahlen. Besondere in § 221 AktG genannte Formen sind die Wandelschuldverschreibungen (mit Umtausch- oder Bezugsrecht auf Aktien), Gewinnschuldverschreibungen (die Gläubigerrechte stehen in bestimmter Beziehung zu den Gewinnanteilen der Aktionäre) und Genußrechte (z.B. auf Beteiligung am Gewinn oder auf sonstige Vorteile); die Aktionäre haben auf sie ein Bezugsrecht.

11.2.9.3 Vorstand

Der Vorstand der AG besteht gemäß § 76 AktG aus einer oder mehreren natürlichen Personen. Sie müssen nicht Aktionäre sein, können aber Aktien halten. Soweit nicht anderweitig geregelt, muß der Vorstand bei einer Gesellschaft mit einem Grundkapital von mehr als 3 Mio. Euro aus mindestens zwei Personen bestehen.

Die Bestellung und Abberufung des Vorstands erfolgt durch den Aufsichtsrat gemäß § 84 AktG. Die Bestellung ist für höchstens fünf Jahre möglich. Eine wiederholte Bestellung oder Verlängerung einer Amtszeit, jeweils für höchstens fünf Jahre, ist zulässig. Sie bedarf eines erneuten Aufsichtsratsbeschlusses, der frühestens ein Jahr vor Ablauf der bisherigen Amtszeit gefaßt werden kann. Werden mehrere Personen zu Vorstandsmitgliedern bestellt, so kann der Aufsichtsrat ein Mitglied zum Vorsitzenden des Vorstandes ernennen. Im Gegensatz zur GmbH kann die Bestellung zum Vorstandsmitglied und die Ernennung zum Vorsitzenden des Vorstands nur widerrufen werden, wenn ein wichtiger Grund vorliegt. Ein solcher Grund ist namentlich grobe Pflichtverletzung, Unfähigkeit zur ordnungsgemäßen Geschäftsführung oder Vertrauensentzug durch die Hauptversammlung, es sei denn, daß das Vertrauen aus offenbar unsachlichen Gründen entzogen worden ist. Vom körperschaftlichen Akt der Bestellung zum Vorstand ist der Anstellungsvertrag streng zu trennen, aufgrund dessen der Vorstand tätig wird. Beim

Abschluß des Vertrages wird die AG vom Aufsichtsrat vertreten, § 112 AktG. Der Anstellungsvertrag regelt vor allem die Vergütung des Vorstandes und eventuelle Kündigungsfristen. Eine Bindung der AG durch den Anstellungsvertrag über die Zeit der körperschaftlichen Bestellung zum Vorstand hinaus, ist nicht wirksam, da der Aufsichtsrat sonst bei der Entscheidung über eine Verlängerung der Vorstandsbestellung nicht mehr frei wäre.

Der Vorstand hat die Gesellschaft unter eigener Verantwortung zu leiten (§ 76 AktG) und vertritt sie gerichtlich und außergerichtlich. Besteht der Vorstand aus mehreren Personen, so sind, wenn die Satzung nichts anderes bestimmt, sämtliche Vorstandsmitglieder nur gemeinschaftlich zur Vertretung der Gesellschaft befugt. Ist eine Willenserklärung gegenüber der Gesellschaft abzugeben, so genügt die Abgabe gegenüber einem Vorstandsmitglied. Die Satzung kann auch bestimmen, daß einzelne Vorstandsmitglieder allein oder in Gemeinschaft mit einem Prokuristen zur Vertretung der Gesellschaft befugt sind. Die Vorstandsmitglieder unterliegen einem umfassenden Wettbewerbsverbot gemäß § 88 AktG.

11.2.9.4 Aufsichtsrat

Aufsichtsrat und Hauptversammlung können dem Vorstand in einzelnen Geschäftsführungsangelegenheiten keine Weisung erteilen. Die Satzung oder der Aufsichtsrat selbst können jedoch im Innenverhältnis bestimmte Arten von Geschäften von der Zustimmung des Aufsichtsrates gemäß § 111 AktG abhängig machen. Der Vorstand kann gemäß § 119 AktG beantragen, daß die Hauptversammlung über Fragen der Geschäftsführung beschließt. Aufgrund des Beschlusses der Hauptversammlung scheidet eine etwaige Schadensersatzpflicht aus der Geschäftsführungshandlung gemäß § 93 AktG aus.

Der Aufsichtsrat der AG besteht gemäß § 95 AktG aus mindestens drei Mitgliedern. Die Höchstzahl beträgt je nach Größe der Gesellschaft bis zu 21 Mitgliedern. Es bestehen Bestrebungen, die Anzahl der Mitglieder zu verringern. Sonderschriften gelten für Unternehmen, die den verschiedenen Mitbestimmungsgesetzen unterliegen. Mitglied des Aufsichtsrates können nur natürliche, unbeschränkt geschäftsfähige Personen sein. Ein Aufsichtsratsmitglied darf nicht zugleich Vorstandsmitglied, Prokurist oder Generalhandlungsbevollmächtigter der AG oder gesetzlicher Vertreter eines abhängigen Unternehmens sein. Auch eine Überkreuzverflechtung mit Vorständen anderer Gesellschaften ist gemäß § 100 AktG nicht zulässig.

Die Bestellung der Aufsichtsratsmitglieder erfolgt in der Regel aufgrund einer Wahl durch die Hauptversammlung bei Aktionärsvertretern bzw. durch die Arbeitnehmer bei Arbeitnehmervertretern gemäß § 101 AktG. In den Satzungen können Entsendungsrechte vorgesehen werden. Hiervon macht häufig die „öffentliche Hand" als Aktionär bei staatlichen und kommunalen gemischt-wirtschaftlichen Unternehmen Gebrauch. Die Amtszeit der Aufsichtsratsmitglieder beträgt vier Jahre gemäß § 102 AktG. Wiederwahl ist unbeschränkt möglich. Von der Hauptversammlung gewählte Mitglieder können jederzeit von ihr selbst mit ¾ Mehrheit oder bei wichtigem Grunde vom Gericht auf

Antrag des Aufsichtsrates abberufen werden. Von Aktionären entsandte Mitglieder kann der Entsendungsberechtigte jederzeit ersetzen.

Die wichtigsten Aufgaben des Aufsichtsrates sind Bestellung und Abberufung des Vorstandes gemäß § 84 AktG und die laufende Überwachung der Geschäftsführung durch den Vorstand (§ 111 AktG). Hierzu dient eine spezielle Berichtspflicht des Vorstandes sowie ein Einsichts- und Prüfungsrecht des Aufsichtsrates. Weitere Aufgaben sind bei Einberufung der Hauptversammlung die Prüfung des Jahresabschlusses gemäß § 171 AktG und die Vertretung der AG gegenüber Vorstandsmitgliedern, § 112 AktG. Der Aufsichtsrat bestimmt aus seiner Mitte einen Vorsitzenden. Die Bildung von Ausschüssen ist möglich und wird insbesondere bei größeren Aufsichtsräten häufig praktiziert.

Die Haftung der Aufsichtsratsmitglieder entspricht der der Vorstandsmitglieder gemäß §§ 116, 93 AktG. Sie haben ebenfalls die Sorgfalt eines ordentlichen und gewissenhaften Geschäftsleiters anzuwenden. Sie sind ferner gesetzlich zur Verschwiegenheit über Geschäftsgeheimnisse verpflichtet. Interessenkollisionen entlasten Aufsichtsratsmitglieder, z.B. Bankenvertreter, nicht.

11.2.9.5 Hauptversammlung

Die Aktionäre üben ihre Rechte in den Angelegenheiten der AG in der Hauptversammlung (HV) gemäß § 118 AktG aus, soweit das Gesetz nichts anderes bestimmt. Die Mitglieder des Vorstandes und des Aufsichtsrates sollen an der HV teilnehmen. Jeder Aktienwert gewährt dem Aktionär das Stimmrecht. Es steht den Aktionären nicht nach Köpfen, sondern nach Aktiennennbeträgen gemäß § 134 AktG zu. Die Satzung kann das Stimmrecht durch Festsetzung eines Höchstbetrages – auch nachträglich und gegen die Stimmen der Betroffenen – beschränken.

Der Aktionär kann sich bei Ausübung des Stimmrechts vertreten lassen. Für die Vollmacht ist Schriftform erforderlich. Praktisch besonders wichtig ist die Ausübung des Stimmrechts durch Kreditinstitute für von ihnen verwahrte Aktien (sog. Depotstimmrecht, §§ 125, 128 AktG). Das Kreditinstitut muß sich hierfür schriftlich auf gesonderter Urkunde für höchstens 15 Monate bevollmächtigen lassen. Hervorzuheben ist, daß dem Aktionär Vorschläge für die Ausübung des Stimmrechts unterbreitet werden müssen, die seinem Interesse entsprechen, und daß der Aktionär zur Erteilung von Weisungen aufgefordert werden muß. Durch diese gesetzliche Regelung wird versucht, die Machtkonzentration bei den Banken zu verringern, die vor allem in der Kumulierung des Depotstimmrechts mit Aufsichtsratssitzen, eigener Beteiligung an der AG und Geschäftsbeziehungen mit ihr liegen kann.

Die Aufgaben der HV sind in Gesetz und Satzung festgelegt. Gemäß § 119 AktG beschließt die HV insbesondere über die Bestellung der Mitglieder des Aufsichtsrates, die Verwendung des Bilanzgewinns, die Entlastung der Mitglieder des Vorstandes, des Aufsichtsrats, die Bestellung des Abschlußprüfers, Satzungsänderungen, über Maßnahmen der Kapitalbeschaffung und der Kapitalherabsetzung, die Bestellung von Sonderprüfern und die Auflösung der Gesellschaft.

Die HV kann über die ihr gesetzlich zugewiesenen Kompetenzen hinaus keine Entscheidungen an sich ziehen, vor allem nicht in Angelegenheiten der Geschäftsführung, die allein dem Vorstand obliegen. Bei schwerwiegenden Eingriffen in die Rechte und Interessen der Aktionäre, z.B. bei der Ausgliederung eines Betriebes, der den wesentlichen Teil des Gesellschaftsvermögens bildet, kann der Vorstand ausnahmsweise nicht nur berechtigt, sondern auch verpflichtet sein, gemäß § 119 Abs. 2 AktG eine Entscheidung der Hauptversammlung zur Vermeidung von eigenen Schadensersatzansprüchen gemäß § 93 AktG herbeizuführen.

Die HV wird durch den Vorstand gemäß § 121 AktG einberufen, ausnahmsweise durch den Aufsichtsrat, wenn das Wohl des Unternehmens es erfordert. Mindestens einmal im Jahr findet eine ordentliche Hauptversammlung statt, die über die Verwendung des Bilanzgewinns und die Entlastung der Verwaltung zu entscheiden hat, §§ 175, 120 AktG. Die HV wird von einem Vorsitzenden geleitet. Er übt insbesondere die allgemeinen Ordnungsbefugnisse aus. Die Willensbildung der HV erfolgt durch Beschlüsse. Sie bedürfen der Mehrheit der abgegebenen Stimmen, soweit Gesetz oder Satzung nichts anderes vorschreiben, und sind notariell zu beurkunden. Sind die Aktien der Gesellschaft nicht an einer Börse zum Handel zugelassen, reicht eine vom Vorsitzenden des Aufsichtsrates zu unterzeichnende Niederschrift aus, soweit keine Beschlüsse gefaßt werden, für die das Gesetz eine Dreiviertel- oder größere Mehrheit bestimmt. Das Stimmrecht wird nach Aktiennennbeträgen gemäß § 134 AktG ausgeübt.

11.2.9.6 Auskunftsrechte

Für die Entschließung des Aktionärs über die Abgabe seiner Stimme ist das Auskunftsrecht gemäß § 131 AktG wichtig. Der Vorstand muß jedem Aktionär, auch wenn er nur eine einzige Aktie besitzt, Auskunft über Angelegenheiten der Gesellschaft geben, soweit dies zur sachgemäßen Beurteilung des Tagesordnungspunktes erforderlich ist. Auch über verbundene Unternehmen ist Auskunft zu erteilen. Die Verweigerung der Auskunft ist nur in engen Grenzen möglich, vor allem, wenn der Gesellschaft durch die Auskunft nicht unerheblicher Nachteil droht. Die Verweigerung der Auskunft unterliegt nicht mehr dem Ermessen des Vorstands, sondern ist in einem besonderen Verfahren gerichtlich voll nachprüfbar, § 132 AktG. Im übrigen sind Nichtigkeit und Anfechtbarkeit von Beschlüssen der Hauptversammlung in §§ 241 ff. AktG gesondert geregelt.

11.2.9.7 Gewinnverteilung

Nach Feststellung des Jahresabschlusses beschließt die HV gemäß § 174 AktG über die Verwendung des Bilanzgewinns. Die Anteile der Aktionäre am Gewinn bestimmen sich nach ihren Anteilen am Grundkapital, § 60 AktG. Die Satzung kann eine andere Art der Gewinnverteilung bestimmen. In § 53 a AktG ist ausdrücklich festgehalten, daß die Gesellschafter ein Recht auf Gleichbehandlung besitzen.

11.2.9.8 Beendigung

Gemäß § 262 AktG wird die Gesellschaft aufgelöst, insbesondere durch Ablauf der in der Satzung bestimmten Zeit, durch Beschluß der Hauptversammlung mit ¾ Mehrheit und durch ein Insolvenzverfahren über das Vermögen der Gesellschaft. Die Abwicklung übernehmen die Vorstandsmitglieder. Die Abwicklung, die Abwickler und deren Vertretungsbefugnis sind zum Handelsregister zur Eintragung anzumelden. Die Abwickler haben unter Hinweis auf die Abwicklung der Gesellschaft die Gläubiger der Gesellschaft dreimal aufzufordern, ihre Ansprüche anzumelden.

Die Abwickler haben die laufenden Geschäfte zu beenden, die Forderungen einzuziehen, das übrige Vermögen in Geld umzusetzen und die Gläubiger zu befriedigen. Soweit es die Abwicklung erfordert, dürfen sie auch neue Geschäfte eingehen. Im übrigen haben die Abwickler innerhalb ihres Geschäftskreises die Rechte und Pflichten des Vorstandes. Sie unterliegen wie dieser der Überwachung durch den Aufsichtsrat. Das Wettbewerbsverbot gilt für die Abwickler nicht.

Das nach der Berichtigung der Verbindlichkeiten verbleibende Vermögen der Gesellschaft wird auf die Aktionäre verteilt. Es darf nur verteilt werden, wenn 1 Jahr seit dem Tage verstrichen ist, an dem der Aufruf der Gläubiger zum dritten Mal bekanntgemacht worden ist. Ist die Abwicklung beendet und die Schlußrechnung gelegt, so haben die Abwickler den Schluß der Abwicklung zur Eintragung in das Handelsregister anzumelden. Die Gesellschaft ist zu löschen.

11.2.9.9 Finanzierung

Die Stückelung des Grundkapitals der AG in Aktien bei einem Mindestnennbetrag des Grundkapitals in Höhe von 50.000 Euro und einem Mindestnennbetrag der Aktie in Höhe von einem Euro erschließt dieser Rechtsform die günstigste Form der Erweiterung der Eigenkapitalbasis. Durch die Teilnahme einer nicht begrenzten Zahl von Aktionären mit kleinen Anteilen können sehr große Kapitalbeträge aufgebracht werden. Deshalb ist die AG in der Regel die zweckmäßigste Form für Großbetriebe. Hat ein Aktionär seinen Anteil voll eingezahlt, so hat er keine Pflichten, sondern nur noch Rechte. Hierzu zählt insbesondere das Stimmrecht in der Hauptversammlung, das Recht auf Dividende und Liquidationserlös und das Aktienbezugsrecht im Falle der Ausgabe neuer, junger Aktien im Rahmen von Kapitalerhöhungsmaßnahmen.

Handelt es sich nicht um Namens-, sondern – wie üblich – um Inhaberaktien, so bleibt der Aktionär anonym. Er kann sein Beteiligungsverhältnis jederzeit durch Verkauf der Aktie beenden. Benötigt der Gesellschafter liquide Mittel oder wird für ihn das Risiko seiner Beteiligung zu groß, so kann er ohne Kündigung ausscheiden, indem er seine Aktie verkauft. Die Kapitalausstattung der Gesellschaft wird damit nicht beeinträchtigt, da an seine Stelle ein neuer anonymer Aktionär tritt. Das Aktienkapital ist demgemäß unkündbar. Bei kleinen AGs mit beschränktem Aktionärskreis vollzieht sich der Aktienhandel über Privatplazierungen und bei großen AGs, die börsennotiert sind, über Börsen und Banken. Nur etwa ¼ der deutschen Aktiengesellschaften ist an einer deutschen Börse zugelassen. Die Börsenzulassung erfordert ein bestimmtes Mindestnennkapital, dessen Höhe von der Größe und der Bedeutung des Börsenplatzes abhängt.

11.2.10 Wahl der Rechtsform

11.2.10.1 Faktoren der Rechtswahl

Die Rechtsordnung stellt den Unternehmern eine Reihe von Rechtsformen zur Verfügung und überläßt es den Eigentümern oder Gründern, die Entscheidung für eine bestimmte Rechtsform nach betriebswirtschaftlichen, steuerlichen oder z.B. erbfolgerechtlichen Gesichtspunkten zu treffen. Die grundsätzliche Freiheit der Entscheidung bei der Wahl der Rechtsform wird jedoch in mehrfacher Weise eingeschränkt, so daß nicht jede beliebige Unternehmensform für jeden Betrieb in Frage kommt. So können z.B. freiberuflich Tätige in der Regel nur eine GbR oder eine Partnerschaftsgesellschaft und keine sonstige Personen- bzw. Kapitalgesellschaft gründen, da sie kein Gewerbe betreiben. Infolgedessen ergeben sich Beschränkungen des Wahlrechts durch gesetzliche Vorschriften, insbesondere die Gewerbeordnung, die zu beachten sind. Durch die Änderung der Bundesrechtsanwaltsordnung vom 31.08.1998, in Kraft getreten am 01.03.1999, ist abweichend davon nunmehr auch die Gründung einer Rechtsanwalts-GmbH möglich (vgl. zu den Einzelheiten die Ausführungen zu Abschnitt 11.2.8.15).

Die Wahl der Rechtsform zählt zu den langfristig bedeutsamsten unternehmerischen Entscheidungen. Die Frage, welche Rechtsform für den Betrieb eines Unternehmens wirtschaftlich zweckmäßig ist, stellt sich jedoch nicht nur bei der Gründung, sondern auch in einem späteren Stadium, wenn sich wesentliche persönliche, wirtschaftliche, rechtliche oder steuerrechtliche Faktoren ändern, die zuvor bei der Entscheidung für eine bestimmte Rechtsform den Ausschlag gegeben haben. Ist die früher gewählte Rechtsform vom wirtschaftlichen Standpunkt aus nicht mehr die zweckmäßigste, so kann ein Wechsel notwendig werden. Der Wechsel der Rechtsform erfolgt durch Umwandlung nach den Regeln des Umwandlungsgesetzes.

Wird ein Unternehmen gegründet oder soll ein bereits bestehendes in eine andere Rechtsform überführt werden, so sind die Ziele für einen Planungszeitraum zu definieren. Hier wird es entscheidend auf die Umsätze, auf die Gründe der Erweiterung und die Möglichkeiten der Finanzierung ankommen. Nach Festlegung der Ziele ist die aktuelle Situation zu beschreiben. Hier wird es auf die angestrebte bzw. vorhandene Rentabilität des Unternehmens ankommen. Ausschlaggebend ist ferner die vorhandene oder benötigte Kapitalausstattung. Bedeutsam ist ferner die Zusammensetzung der Gesellschafter im Hinblick auf Anzahl, Gewinnbeteiligungsrechte etc. Besondere Überlegungen stehen an, wenn ein Generationswechsel bevorsteht.

Unter Berücksichtigung der Ziele und der Abbildung der aktuellen Situation sind die in Betracht kommenden Rechtsformen insbesondere unter folgenden Gesichtspunkten zu vergleichen:

1. die persönliche Haftung
2. Leitungs- und Weisungsrechte der Vertreter und Inhaber
3. Überwachungs- und Prüfungsrechte
4. die Gewinn- und Verlustbeteiligung
5. die Erweiterung der Eigenkapitalbasis mit Eigen- und Fremdkapital
6. die Flexibilität bei der Änderung von Beteiligungsverhältnissen und bei Eintritt und Ausscheiden von Gesellschaftern
7. die Namensrechte
8. die gesetzlichen Vorschriften bei Umfang, Inhalt, Prüfung und Offenlegung des Jahresabschlusses
9. die Steuerbelastung
10. die Kosten für die Gründung des Unternehmens sowie besondere Aufwendungen für die Rechnungslegung

Die vorgenannten Faktoren sind bei der Wahl oder Änderung der Rechtsform gegeneinander abzuwägen. Nicht alle Entscheidungskriterien sind zu quantifizieren; im übrigen bestehen zwischen den aufgezählten Kriterien Interdependenzen. So hängen die Kreditwürdigkeit und damit die Finanzierungsmöglichkeiten in vielen Fällen vom Umfang der Haftung des Inhabers ab. Auch sind Überwachungs- und Kontrollrechte eines Gesellschafters, der sich lediglich aus Finanzierungszwecken beteiligt, gegenüber einem mitarbeitenden Gesellschafter einer Personengesellschaft stark eingeschränkt. Bei einem Vergleich der einzelnen Rechtsformen ergibt sich, daß es die Wahl einer „richtigen" Unternehmensform im Grundsatz nicht gibt. Sowohl vor dem Hintergrund der Gründung eines Unternehmens als auch in Abhängigkeit von der prospektierten Unternehmensentwicklung muß unter Berücksichtigung der subjektiven Vorstellung der Gründe eine möglichst gute Wahl getroffen werden.

Bezüglich des Vergleichs zwischen den einzelnen Rechtsformen wird bezüglich der zuvor genannten Entscheidungskriterien 1 - 7 auf die ausführlichen Erläuterungen zu den Rechtsformen verwiesen. Zu den weiteren Kriterien 8 - 10 gilt folgendes:

11.2.10.2 Jahresabschluß

Gemäß § 242 Abs. 1 HGB ist jeder Kaufmann verpflichtet, zu Beginn seines Handelsgewerbes und für den Schluß eines jeden Geschäftsjahres einen das Verhältnis seines Vermögens und seiner Schulden darstellenden Abschluß (Eröffnungsbilanz, Bilanz)

11.2. Rechtsformen

aufzustellen. Die Bilanz und die Gewinn- und Verlustrechnung bilden zusammen den Jahresabschluß. Der Begriff „Kaufmann" umfaßt die in den §§ 1-3 und 6 HGB aufgeführten Vollkaufleute (Ist-, Kann- und Form-Kaufleute) und beschränkt sich damit nicht auf Einzelunternehmen, sondern bezieht auch Personen- und Kapitalgesellschaften sowie Genossenschaften ein.

Für Kapitalgesellschaften werden die zuvor dargestellten Vorschriften des HGB in § 264 HGB dahingehend erweitert, daß diese Unternehmen den grundsätzlich aus Bilanz und Gewinn- und Verlustrechnung bestehenden Jahresabschluß um einen Anhang zu erweitern und außerdem einen Lagebericht aufzustellen haben. Zur Begründung wird auf die Haftungsbeschränkung der Gesellschafter gegenüber den Gläubigern verwiesen. Dabei werden die ergänzenden Rechnungslegungsvorschriften für Kapitalgesellschaften in ihren Anforderungen nach Größenmerkmalen differenziert. § 267 HGB unterscheidet kleine, mittelgroße und große Kapitalgesellschaften. Kleine Kapitalgesellschaften sind nicht prüfungspflichtig. Für kleine und mittelgroße Kapitalgesellschaften bestehen größenabhängige Erleichterungen, z.B. bei der Gliederung der Bilanz und der Gewinn- und Verlustrechnung, bei der Berichterstattung im Anhang und bei der Offenlegung. Die Differenzierung nach Größenmerkmalen wirkt sich einerseits auf die Aufstellungsfristen für den Jahresabschluß und den Lagebericht aus, andererseits auf die Tiefe der Gliederung von Bilanz und Gewinn- und Verlustrechnung, sowie auf den Umfang der Arbeiten im Anhang. Ferner bestehen Unterschiede im Umfang und der Form der Offenlegung des Jahresabschlusses.

Die drei Größenklassen werden folgendermaßen abgegrenzt:

Gemäß § 267 Abs. 1 HGB sind kleine Kapitalgesellschaften solche, die mindestens zwei der drei nachstehenden Merkmale nicht überschreiten:

1. 5.310.000 DM Bilanzsumme nach Abzug eines auf der Aktivseite ausgewiesenen Fehlbetrages
2. 10.620.000 DM Umsatzerlöse in den 12 Monaten vor dem Abschlußstichtag
3. im Jahresdurchschnitt 50 Arbeitnehmer

Gemäß § 267 Abs. 2 HGB sind mittelgroße Kapitalgesellschaften solche, die mindestens zwei der drei in Abs. 1 bezeichneten Merkmale überschreiten und jeweils mindestens zwei der drei nachstehenden Merkmale nicht unterschreiten:

1. 21.240.000 DM Bilanzsumme nach Abzug eines auf der Aktivseite ausgewiesenen Fehlbetrages
2. 42.480.000 DM Umsatzerlöse in den 12 Monaten von dem Abschlußstichtag
3. im Jahresdurchschnitt 250 Arbeitnehmer

Gemäß § 267 Abs. 3 HGB sind große Kapitalgesellschaften solche, die mindestens zwei der drei in Abs. 2 bezeichneten Merkmale überschreiten. Eine Kapitalgesellschaft gilt stets als große, wenn Aktien oder andere von ihr ausgegebenen Wertpapiere an einer Börse in einem Mitgliedstaat der Europäischen Wirtschaftsgemeinschaft zum amtlichen Handel oder zum geregelten Markt zugelassen sind oder die Zulassung zum amtlichen Handel oder zum geregelten Markt beantragt ist.

11.2.10.3 Steuerliche Gesichtspunkte

Steuerliche Gesichtspunkte als Entscheidungskriterien bei der Rechtswahl sollten primär ausgeklammert werden. Aus betriebswirtschaftlichen Gründen sollten steuerliche Gesichtspunkte außer Betracht bleiben, damit vermieden wird, daß wichtige sonstige wirtschaftliche Überlegungen, z.B. Haftung, Kreditwürdigkeit, Finanzierung etc. zugunsten kurzfristiger und jederzeit wechselnder Steuervorteile vernachlässigt werden. Welche Rechtsform tatsächlich die geringste steuerliche Belastung eines Betriebes und seiner Inhaber hervorruft, muß anhand von Steuerbelastungsvergleichen ermittelt werden.

11.2.10.4 Gründungskosten

Bezüglich der Gründungsaufwendungen gibt es gravierende Unterschiede zwischen Personen- und Kapitalgesellschaften. Während bei Personengesellschaften im allgemeinen nur einmalige Aufwendungen bei der Gründung für die Eintragung in das Handelsregister anfallen, verursachen Kapitalgesellschaften aufgrund der für die Gründung vorgeschriebenen notariellen Form zusätzliche Kosten. Bei der AG und KGaA treten zu den genannten einmaligen Aufwendungen noch die Kosten für den Druck und die Ausgabe der Aktien, für Prospekte und für die Gründungsprüfung hinzu. Die Gründungskosten können überschlägig mit fünf bis zehn Prozent des Gründungskapitals angesetzt werden. Laufende rechtsformabhängige Aufwendungen haben vor allem Kapitalgesellschaften im Hinblick auf ihre Prüfungspflicht zu tragen. Wie bereits dargelegt, differenziert das HGB hinsichtlich der Prüfungspflicht jedoch nach der Größe des Unternehmens, die anhand der Kriterien Bilanzsumme, Umsatzerlöse und Arbeitnehmerzahl gemessen wird. Neben den Aufwendungen für derartige Pflichtprüfungen haben die Unternehmen weitere Kosten für die Veröffentlichungen des Jahresabschlusses und des Lageberichts, für sonstige Bekanntmachungen, für Aufsichtsratssitzungen und Hauptversammlungen zu tragen.

11.2.10.5 Publizitätspflicht

Gemäß § 325 HGB haben die gesetzlichen Vertreter von Kapitalgesellschaften den Jahresabschluß, d.h. die Bilanz und Gewinn- und Verlustrechnung sowie den Anhang und den Bericht über die wirtschaftliche Lage des Betriebes nach Prüfung durch den Abschlußprüfer spätestens vor Abschluß des 9. Monats nach Beendigung des Geschäftsjahres bei dem Handelsregister einzureichen. Die gesetzlichen Vertreter haben ferner unverzüglich nach der Einreichung des Abschlusses im Bundesanzeiger bekannt zu machen, bei welchem Handelsregister und unter welcher Nummer diese Unterlagen eingereicht worden sind. Für kleine und mittelgroße Kapitalgesellschaften sind Erleichterun-

11.2. Rechtsformen

gen bei der handelsrechtlichen Publizitätspflicht vorgesehen. Von der Pflicht zur Veröffentlichung des Jahresabschlusses nach dem HGB ist die Offenlegungspflicht nach dem Gesetz über die Rechnungslegung von bestimmten Unternehmen und Konzernen vom 15.8.1969 zu unterscheiden. Das sogenannte Publizitätsgesetz sieht vor, daß Unternehmen unabhängig von der gewählten Rechtsform grundsätzlich dann öffentlich Rechnung zu legen haben, wenn für einen Abschlußstichtag und in der Regel für die zwei darauffolgenden Abschlußstichtage jeweils mindestens zwei der drei folgenden Merkmale zutreffen:

1. die Bilanzsumme übersteigt 125 Mio. DM
2. die Umsatzerlöse übersteigen 250 Mio. DM
3. es werden mehr als 5.000 Arbeitskräfte beschäftigt

Die vorgenannten Vorschriften gelten für alle Rechtsformen außer für Kapitalgesellschaften, da für diese bereits nach dem HGB eine allgemeine Publizitätspflicht besteht.

Eine vergleichende Übersicht über die Rechtsformen der Einzelkaufleute, OHG, KG, GmbH & Co. KG sowie GmbH ergibt sich in Kurzfassung aus der folgenden Übersicht.

Tab. 11.1 Die Rechtsformen der Einzelkaufleute, OHG, KG, GmbH & Co. KG, GmbH und Aktiengesellschaft

	Einzelfirma, Einzelkaufmann, Einzelkaufmännisches Unternehmen	Offene Handelsgesellschaft	Kommanditgesellschaft	GmbH & Co. KG / AG & Co. KG	Gesellschaft mit beschränkter Haftung	Aktiengesellschaft
Rechtliche Grundlagen	§§ 1 – 104 HGB	§§ 105 – 160 HGB, ergänzend: §§ 705 – 740 BGB	§§ 161 – 177a HGB, ergänzend: §§ 105 - 160 HGB und §§ 705 - 740 BGB	Vorschriften der KG und GmbH	GmbHG	AktG, mit verschiedenen Änderungen, zuletzt durch Gesetz zur Schaffung der kleinen Aktiengesellschaft und zur Deregulierung des Aktienrechts vom 02.08.1994
Rechtsnatur	natürliche Person	Personenhandelsgesellschaft / Gesamthand	Personengesellschaft / Gesamthand	Personengesellschaft / Gesamthand	Kapitalgesellschaft / juristische Person	Kapitalgesellschaft / juristische Person
Begriff	von einer Person geführtes Unternehmen. Kaufmann ist, wer ein Handelsgewerbe betreibt	Zusammenschluß von mind. zwei natürlichen oder juristischen Personen oder Personenhandelsgesellschaften zum Betrieb eines Handelsgewerbes unter gemeinsamer Firma; aber auch § 105 II	wie OHG, jedoch mind. je ein unbeschränkt haftender Komplementär und beschränkt haftender Kommanditist	Spezialfall einer KG mit GmbH als persönlich haftender Gesellschafter; Der Kommanditist kann gleichzeitig Alleingesellschafter der GmbH sein	Errichtung zu jedem gesetzlich zulässigen Zweck von mind. einer natürlichen oder juristischen Person, Personenhandelsgesellschaft oder anderen Gesamthandsgemeinschaft	Errichtung zu jeder Tätigkeit, soweit sie nicht gegen das Gesetz oder die guten Sitten verstößt, durch Einzelpersonen oder Gesellschaften möglich. Einpersonengründung zulässig.
Firma	Name, unter dem ein Kaufmann im Rechtsverkehr auftritt: eingetragener Kaufmann, eingetragene Kauffrau oder allgemein verständliche Abkürzung	offene Handelsgesellschaft oder allgemein verständliche Abkürzung dieser Bezeichnung - OHG	Kommanditgesellschaft oder allgemein verständliche Abkürzung dieser Bezeichnung - KG	wie KG, mit einem auf die Haftungsbeschränkung hinweisenden Zusatz, z.B. GmbH & Co.	Gesellschaft mit beschränkter Haftung oder allgemein verständliche Abkürzung - GmbH	Allg. Firmenrecht (Sach-, Personen- oder Fantasiefirma). Firma darf jedoch nicht irreführend sein. Zusatz Aktiengesellschaft bzw. AG erforderlich. Bei Weiterführung erworbener Unternehmen unter der bisherigen Firma, was grundsätzlich möglich ist (§ 22 HGB), muß der Zusatz Aktiengesellschaft bzw. AG in die Firma aufgenommen werden (§ 4 AktG)

11.2. Rechtsformen

	Einzelfirma, Einzekaufmann, Einzekaufmännisches Unternehmen	Offene Handelsgesellschaft	Kommanditgesellschaft	GmbH & Co. KG / AG & Co. KG	Gesellschaft mit beschränkter Haftung	Aktiengesellschaft
Gründung	keine schriftliche Fixierung der Ausrichtung der Geschäftstätigkeit notwendig	Entstehung mit Abschluß des formfrei möglichen Gesellschaftsvertrages	wie OHG	Gründung zweier Gesellschaften nötig; Insgesamt sehr aufwendige Gründung und spätere Verwaltung; für Komplementär-GmbH siehe GmbH	notariell beurkundeter Gesellschaftsvertrag; Entstehung der Rechtsfähigkeit mit Eintragung im HR (Abt. B)	Notariell beurkundete Satzung (Gesellschaftsvertrag). Errichtung der Gesellschaft mit der Übernahme aller Aktien durch die Gründer nötig. Entstehung der AG erst durch Eintragung der Gesellschaft ins HR (Abt. B), sog. konstitutive Wirkung.
Kapital/ Gesellschaftereinlage	kein festes Kapital; keine Mindesteinlage (aufgrund unbeschränkt persönlicher Haftung)	wie Einzelunternehmen; kein festes Kapital; keine Mindesteinlage;	für Komplementäre: wie Einzelunternehmen; für Kommanditisten: Einlage in beliebiger Höhe	für Komplementär-GmbH: festes Stammkapital, mind. 25.000 Euro, vergl. Abschnitt 11.2.8, keine Mindesteinlage; für Kommanditisten: keine Änderung zu KG ohne GmbH	festes Stammkapital: mind. 25.000 Euro, vergl. Abschnitt 11.2.8.; Mindesteinzahlung 1/4 auf jede Stammeinlage. Mindesteinlage eines Gesellschafters: 100 Euro, vergl. Abschnitt 11.2.8.	festes Stammkapital mindestens 50.000 Euro; Mindestnennbetrag einer Aktie ein Euro; Nennbetrag- oder Stückaktien möglich. Verbot der Aktienausgabe unter dem Nennbetrag
Haftung	unbeschränkt und unbefristet; mit Geschäfts- und Privatvermögen	unbeschränkte, unmittelbare und solidarische Haftung aller Gesellschafter mit Gesellschafts- und Privatvermögen; Nach Ausscheiden weitere 5 Jahre	Komplementäre: wie OHG-Gesellschafter; Kommanditisten: unmittelbare Haftung bis zur Höhe der Einlage; Nach Ausscheiden weitere 5 Jahre	keine Änderung zu KG ohne GmbH (keine Haftung der GmbH-Gesellschafter)	unbeschränkte Haftung der GmbH (keine Haftung der GmbH-Gesellschafter)	Das Gesellschaftsvermögen der AG haftet in voller Höhe (keine persönliche Haftung der Aktionäre nach Eintragung in das HR)

	Einzelfirma, Einzelkaufmann, Einzelkaufmännisches Unternehmen	Offene Handelsgesellschaft	Kommanditgesellschaft	GmbH & Co. KG / AG & Co. KG	Gesellschaft mit beschränkter Haftung	Aktiengesellschaft
Gewinn- und Verlustbeteiligung	Ergebnis der wirtschaftlichen Betätigung wird dem Inhaber unmittelbar und allein zugerechnet	mangels anderer Regelung im Gesellschaftsvertrag: 4 % Verzinsung der Einlagen; Aufteilung von Restgewinn und Verlust nach Köpfen	wie bei OHG, allerdings Aufteilung des Restes und von Verlusten in angemessenem Verhältnis. Verlust bei Kommanditist gemäß § 167 III, Vorschrift ist dispositiv	keine Änderung zu KG ohne GmbH, Grundsätze über die verdeckte Gewinnausschüttung sind zu beachten	entsprechend der Höhe der Geschäftsanteile	Grundsätzlich bestimmen sich die Anteile am Gewinn nach dem Verhältnis der Aktiennennbeträge. Über die Gewinnverwendung beschließt die Hauptversammlung auf Vorschlag des Vorstandes nach Feststellung des Jahresabschlusses. Mindestausschüttung nach § 254 AktG ist zu beachten.
Geschäftsführung und Vertretung	obliegt dem Einzelkaufmann allein; Erteilung von Prokura von Vollkaufleuten sowie außergewöhnlichen Handlungsvollmacht möglich	Einzelgeschäftsführungs- und Einzelvertretungsbefugnis aller Gesellschafter; bei außergewöhnlichen Geschäften und Bestellung von Prokura Zustimmung aller Gesellschafter notwendig	Komplementäre: wie OHG-Gesellschafter Kommanditisten: von organschaftlicher Geschäftsführung und Vertretung ausgeschlossen	keine Änderung zu KG ohne GmbH (die GmbH handelt durch ihre Geschäftsführer)	Geschäftsführer mit Gesamtgeschäftsführungs- und Gesamtvertretungsbefugnis; weitere Organe: Gesellschafterversammlung und ggf. Aufsichtsrat	Vorstand führt die Geschäfte der AG in eigener Verantwortung. Grundsätzlich besteht Gesamtgeschäftsführungsbefugnis, Satzung kann aber auch Einzelgeschäftsführungsbefugnis festlegen. Im Außenverhältnis gilt, soweit die Satzung nicht etwas anderes bestimmt, Gesamtvertretungsbefugnis. Weitere Organe: Aufsichtsrat, Hauptversammlung.

11.2. Rechtsformen

	Einzelfirma, Einzekaufmann, Einzekaufmännisches Unternehmen	Offene Handelsgesellschaft	Kommanditgesellschaft	GmbH & Co. KG / AG & Co. KG	Gesellschaft mit beschränkter Haftung	Aktiengesellschaft
Finanzierungsmöglichkeiten	Einlagen aus dem Privatvermögen des Inhabers; Thesaurierung von Gewinnen; Beteiligung stiller Gesellschafter; Kreditwürdigkeit abhängig vom Inhaber, weil Unternehmen mit dem Inhaber steht und fällt	Einlagen aus dem Privatvermögen; Thesaurierung von Gewinnen; Aufnahme weiterer Gesellschafter; Beteiligung stiller Gesellschafter Kreditwürdigkeit wie Einzelkaufmann (lediglich zwei Gesellschafter)	Einlagen aus dem Privatvermögen; Thesaurierung von Gewinnen; Aufnahme weiterer Gesellschafter (als Kommanditist einfacher als bei OHG, da Haftung auf Einlage beschränkt); Beteiligung stiller Gesellschafter; Kreditwürdigkeit wie OHG	keine Änderung zu GmbH; Kreditwürdigkeit wie GmbH, da nur sie haftet	effektive Erhöhung des Stammkapitals durch Einlagen der Gesellschafter oder Gewinnung neuer Gesellschafter; Beteiligung stiller Gesellschafter; geringe Kreditwürdigkeit, da keine persönliche Haftung der Gesellschafter	Kapitalerhöhung des Grundkapitals durch Ausgabe neuer (junger) Aktien gegen Einlageleistung. Teilweise Einbehaltung entstandener Gewinne. Aufnahme von Krediten durch Bank- und Hypothekarkredite, Gewährung von Darlehen durch Ausgabe von Teilschuldverschreibungen.
Besteuerung von Ertrag und Vermögen	Gewinn unterliegt der persönlichen Einkommensteuer	auf Gesellschafterebene: Einkommensteuer für die auf jeden Gesellschafter entfallenen Gewinnanteile; auf Gesellschaftsebene: Gewerbesteuer bei gewerblicher Tätigkeit	wie OHG	keine Änderung zu GmbH	auf Gesellschaftsebene: ggfls. Gewerbesteuer, Körperschaftssteuer für Gewinne der GmbH (unterschiedliche Tarifbesteuerung für ausgeschüttete bzw. einbehaltene Gewinne); auf Gesellschafterebene: Einkommensteuer für ausgeschüttete Gewinne oder Körperschaftssteuer	Auf Gesellschaftsebene: Gewerbesteuer (abzugsfähig). Körperschaftssteuer (nicht abzugsfähig). Die AG hat von Gewinnausschüttungen an Gesellschafter Kapitalertragssteuer einzubehalten und an FA abzuführen. Auf Gesellschafterebene: Gesellschafter (Aktionäre) zahlen auf Ausschüttungen Einkommensteuer bzw. Körperschaftsteuer

	Einzelfirma, Einzelkaufmann, einzekaufmännisches Unternehmen	Offene Handelsgesellschaft	Kommanditgesellschaft	GmbH & Co. KG / AG & Co. KG	Gesellschaft mit beschränkter Haftung	Aktiengesellschaft
Auflösungsgründe	freiwilliger Beschluß des Inhabers; Eröffnung des Insolvenzverfahrens; endgültige Zahlungseinstellung; Tod des Inhabers	Zeitablauf; Gesellschafterbeschluß; Eröffnung des Insolvenzverfahrens über das Gesellschaftsvermögen; besonderes Liquidationsverfahren; gerichtliche Entscheidung	wie OHG Tod eines Kommanditisten ist kein Auflösungsgrund (§ 177)	keine Änderung zur KG ohne GmbH (gesellschafterbezogene Auflösungsgründe beziehen sich auf GmbH)	Zeitablauf; Gesellschafterbeschluß; gerichtliches Urteil oder Entscheidung der Verwaltungsbehörde; Eröffnung des Insolvenzverfahrens; spezielles Liquidationsverfahren	Zeitablauf, Beschluß der Hauptversammlung, Eröffnung des Insolvenzverfahrens, Beschluß über Ablehnung der Insolvenzeröffnung mangels Masse.

11.2.11 Gesellschaftsverträge

In den Ausführungen zu den Rechtsformen und zu den Entscheidungskriterien wurde auf die Ausgestaltung der Unternehmen anhand der Gesetzeslagen hingewiesen. Beispielhaft sehen das HGB, GmbHG und AktG vor, daß die Gesellschafter, Geschäftsführer und Vorstände jeweils Gesamtgeschäftsführungs- und Vertretungsbefugnis besitzen. In der Praxis wird von dem gesetzlichen Leitbild jedoch häufig abgewichen. So ist es üblich, daß geschäftsführenden Gesellschaftern Alleinvertretungsbefugnis erteilt wird und bei der OHG nicht sämtliche Gesellschafter vertretungs- und geschäftsführungsberechtigt sind. Demgemäß werden Gesellschaftsverträge häufig Abweichungen von dem gesetzlichen Leitbild vorsehen.

Grundsätzlich ist bei der Abfassung des Gesellschaftsvertrages von einem notwendigen Inhalt aufgrund Gesetzes und fakultativen Inhalten zu unterscheiden. Bei den fakultativen Inhalten ist wiederum zwischen formbedingten und sonstigen Inhalten, d.h. sogenannten unechten/formellen Satzungsbestandteilen zu unterscheiden.

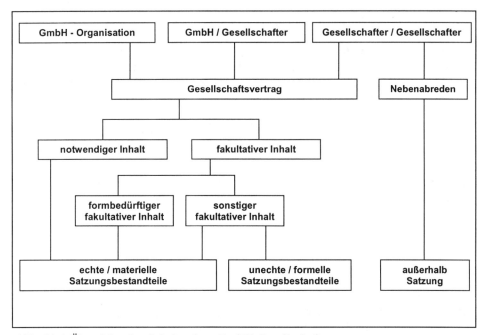

Abb. 11.1 Übersicht über Inhalte eines GmbH-Gesellschaftsvertrages

Nachfolgend sollen anhand eines Gesellschaftsvertrages einer GmbH, dessen Abfassung eines notariell beurkundeten Beschlusses der Gesellschafter bedarf, typische Regelungen in Satzungen aufgezeigt werden:

Der notwendige Inhalt des Gesellschaftsvertrages einer GmbH ergibt sich aus § 3 GmbHG. Danach muß der Gesellschaftsvertrag enthalten:

1. den Sitz der Gesellschaft

2. den Gegenstand des Unternehmens

3. den Betrag des Stammkapitals (mindestens 25.000 Euro, vergl. Abschnitt 11.2.8, erbracht durch Bar- oder Sacheinlage)

4. den Betrag der von jedem Gesellschafter auf das Stammkapital zu leistenden Einlage (Stammeinlage, mindestens 100 Euro, vergl. Abschnitt 11.2.8).

Soll die Dauer des Unternehmens auf eine gewisse Zeit beschränkt sein und sollen den Gesellschaftern außer der Leistung von Kapitaleinlagen noch andere Verpflichtungen gegenüber der Gesellschaft auferlegt werden, so bedürfen auch diese Bestimmungen der Aufnahme in den Gesellschaftsvertrag.

Zu den formbedürftigen fakultativen Inhalten, die sog. echte/materielle Satzungsbestandteile darstellen, gehören insbesondere Regelungen, die bei der Abtretung der Geschäftsanteile, d.h. bei einem Verkauf der Beteiligung zu Erschwernissen für die Gesellschafter führen. Auch eine Regelung im Gesellschaftsvertrag, die bestimmt, daß die Gesellschafter über den Betrag der Stammeinlagen hinaus die Einforderung von weiteren bestimmten oder unbestimmten Einzahlungen (Nachschüssen) gemäß § 26 und § 27 GmbHG beschließen können, bedürfen der Aufnahme in den notariellen Gesellschaftsvertrag. Dieses gilt auch, wenn bezüglich der Gewinnverwendung von § 29 GmbHG abweichende Regelungen getroffen werden. So kann bereits in der Satzung festgelegt werden, daß bestimmte Prozentsätze oder Mindestbeträge in die Gewinnrücklagen eingestellt oder als Gewinn vorgetragen werden, so daß die Ansprüche der Gesellschafter auf Auszahlung des gesamten Gewinns eines Geschäftsjahres maßgeblich eingeschränkt werden.

Typischerweise wird in Gesellschaftsverträgen der Grundsatz der Gesamtvertretung der Geschäftsführer eingeschränkt. So findet sich nahezu in allen Satzungen die Regelung, daß einem einzelnen Geschäftsführer Alleinvertretungsberechtigung erteilt werden kann. Häufig wird auch vorgesehen, daß die Geschäftsführer von dem Verbot des Selbstkontrahierens gemäß § 181 BGB befreit werden können. Diese Vorschrift besagt, daß z.B. der Geschäftsführer nicht mit sich persönlich als Privatmann Verträge abschließen kann. Die Befreiung vom Selbstkontrahierungsverbot kommt jedoch in der Praxis häufig vor, wenn die Geschäftsführer uneingeschränktes Vertrauen der Gesellschafter besitzen.

Als Auswirkung der Treuepflicht des Geschäftsführers zur Gesellschaft unterliegen die Geschäftsführer während der Dauer ihres Amtes auch ohne dahingehende Vereinbarung der Satzungsregelung einem Wettbewerbsverbot. Dieses bedeutet zum einen, daß sie kein Handelsgewerbe konkurrierender Art betreiben dürfen. Ihnen sind ferner auch einzelne Geschäfte und Geschäftszweige der Gesellschaft verboten, gleichgültig ob für eigene oder fremde Rechnung. Das Wettbewerbsverbot untersagt des weiteren, Vorstandsmitglied, Geschäftsführer oder persönlich haftender Gesellschafter einer konkurrierenden Handelsgesellschaft zu sein. Sofern von dem Wettbewerbsverbot Befreiung in der Satzung vorgesehen ist, gehört dieses zu den Vorschriften über den formbedingten fakultativen Inhalt des Gesellschaftsvertrages.

Als weitere fakultative Inhalte von Gesellschaftsverträgen befinden sich beispielsweise Regelungen über ein abweichendes Geschäftsjahr oder über besondere Ausgestaltungen des Jahresabschlusses. Auch können besondere Gesellschafterrechte und -pflichten festgelegt werden. Abweichend von den gesetzlichen Regelungen in § 51 GmbHG finden sich regelmäßig Bestimmungen über Formen und Fristen der Einberufung von Gesellschafterversammlungen. In der Praxis häufig anzutreffen sind ferner Regelungen, die von der einfachen Mehrheit für die Fassung von Beschlüssen abweichen und höhere Prozentsätze festlegen. In Satzungen können auch Verfügungs- und Vererbungsbeschränkungen oder Anforderungen an den Austritt und Ausschluß von Gesellschaftern festgelegt werden. Auch finden sich häufig Bestimmungen, die eine Bewertung von Anteilen unterhalb des Verkehrswertes im Falle des Ausschlusses eines Gesellschafters oder bei Einziehung seines Geschäftsanteils vorsehen. In der Satzung können ferner Bestimmungen über die Bildung eines Beirats oder eines Aufsichtsrates gemäß § 52 GmbHG aufgenommen werden. Diese Gremien dienen regelmäßig der Überwachung der Geschäftsführung. Bei einem größeren Gesellschafterkreis kann die Bildung eines Beirats jedoch auch dazu dienen, die Gesellschafterversammlung von Beschlußfassungen zu entlasten.

Viele Gesellschaftsverträge sehen vor, daß etwaige Streitigkeiten zwischen den Gesellschaftern untereinander und zwischen den Gesellschaftern und der GmbH nicht vor den ordentlichen Gerichten entschieden werden sollen. Soweit nicht alle Gesellschafter Vollkaufleute sind, müssen Schiedsgerichtsvereinbarungen in einer gesonderten Urkunde niedergelegt werden. Durch den Abschluß von Schiedsgerichtsvereinbarungen wird erreicht, daß Angelegenheiten der Gesellschaft und deren Gesellschafter geheim bleiben. Im Hinblick auf den zwingenden Grundsatz der Öffentlichkeit von Gerichtsverhandlungen kann bei der Beschreitung des ordentlichen Rechtsweges ein Schutz der Geheimhaltungsbedürfnisse der Beteiligten nicht gewahrt werden.

11.3 Unternehmenskäufe

11.3.1 Einleitung

Wie auf den anglo-amerikanischen Märkten werden Unternehmenskäufe in der Bundesrepublik als ein Instrument des externen Wachstums in ständig wachsender Zahl praktiziert. Als Ursachen für diese Entwicklung sind die strukturellen Veränderungen im Zuge der Einführung des Europäischen Binnenmarktes, sowie die besondere Situation der Bundesrepublik nach der Wiedervereinigung in den Vordergrund getreten. Unternehmen wurden zunehmend auch aufgrund nicht gelöster Nachfolgeproblematiken verkauft. Hierbei übernehmen häufig Manager die von ihnen (mit-)geführten Unternehmen in Form eines "Management Buy-Outs (MBO)" oder "Management Buy-In (MBI)". Unternehmenskäufe sind ebenfalls Folge der geschaffenen Liquidität von Börsengängen am "Neuen Markt".

Von entscheidender Bedeutung für die Frage, welche Rechtsnormen es bei Unternehmenskäufen im Einzelfall zu beachten gilt, ist die Definition eines übergreifenden Unternehmensbegriffes. Das bundesdeutsche Recht stellt keinen einheitlichen Rechtsbegriff eines Unternehmens zur Verfügung. Zwar gibt es vielerlei Normen, die die rechtliche Ausgestaltung der einzelnen Unternehmensformen zum Inhalt haben. Die Definition dessen, was ein Unternehmen in der jeweiligen Form umfaßt, ist jedoch immer unter Berücksichtigung des Gesetzeszweckes durch Auslegung zu ermitteln. Die jeder Unternehmensform dabei zugrunde liegenden Essentialia sind die Menschen, die materiellen und immateriellen Rechtsgüter und Geschäftswerte, die einer einheitlichen Organisation unterliegen und einem gemeinsamen wirtschaftlichen Zweck dienen. Demnach besteht also jedes Unternehmen aus einem Zusammenschluß von Personen, Sachen, jeder Art von Rechten, Know-how, einer Organisation sowie der Interaktion mit Dritten. Auf welche Weise und unter Berücksichtigung welcher Vorschriften der Erwerb solcher Unternehmen oder Teilen solcher Unternehmen möglich ist, gilt es nachfolgend zu klären.

Von erheblichem Einfluß auf den Kauf eines Unternehmens in der Bundesrepublik ist das Fehlen spezialgesetzlicher Regelungen. Unternehmenskäufe unterliegen keinen besonderen Take-over Codes, sondern richten sich weitestgehend nach den Instrumentarien, die das Bürgerliche Gesetzbuch bereithält. Dies hat einerseits den Vorteil, daß, verglichen mit anderen Rechtssystemen, die vertragliche Ausgestaltungsfreiheit bei einem Unternehmenskauf recht weit ist, andererseits aber den Nachteil, daß sich für diejenigen, die mit den Gesetzesregeln nicht vertraut sind, die Regelungsvielfalt bundesdeutscher Gesetze nicht auf Anhieb erschließt. Das BGB stellt zum einen gewohnheitsrechtlich konstituierte und gesetzliche Regularien in Bezug auf das vorvertragliche Verhältnis zwischen Verkäufer und Käufer zur Verfügung, zum anderen regelt es durch gesetzliche Vorschriften den Kauf und die Übereignung, sowie während oder nach dem

Kauf auftretende Leistungsstörungen. Vor dem Hintergrund sogenannter „feindlicher" Übernahmen von börsennotierten Unternehmen (Mannesmann/ Vodaphone) liegt der Referentenentwurf eines „Wertpapiererwerbs- und Übernahmegesetzes (WÜG)" vor, daß spezielle Regeln bei öffentlichen Angeboten zum Erwerb von Wertpapieren und von Unternehmensübernahmen aufstellt. Das Gesetz soll Ende 2001 in Kraft treten.

Die Rechtsnatur des Unternehmens und damit die Bestimmung des Unternehmensträgers legt die Möglichkeiten eines Kaufes fest. Ergibt sich aus der Rechtsnatur des Unternehmens, daß Unternehmensträger eine natürliche Person ist, so kann der Erwerb des ganzen Unternehmens oder Teilen davon nur durch Übertragung von Vermögensbestandteilen stattfinden (asset deal). Eine solche Konstellation liegt jedoch regelmäßig nur beim Kauf eines einzelkaufmännischen Unternehmens vor. Ebenfalls ist die Einzelrechtsnachfolge in Vermögenspositionen dann geboten, wenn es sich bei dem Unternehmen um eine juristische Person des öffentlichen Rechts handelt, wie etwa einem städtischen Verkehrsbetrieb, oder wenn eine Stiftung oder ein Verein das zu kaufende Unternehmen hält. Auch dann werden regelmäßig nur Vermögenswerte (assets) gekauft und übertragen. Anderes ergibt sich, wenn Unternehmensträger eine juristische Person oder eine handelsrechtliche Personengesellschaft mit sogenannter "Quasi-Rechtsfähigkeit" ist. In einem solchen Fall kommt neben dem Kauf in der Ausprägung des "Asset Deals" auch ein Kauf durch Übertragung von Unternehmensbeteiligungen in Betracht (share deal), d. h. es werden die Geschäfts- oder Gesellschaftsanteile/Aktien an den Unternehmen selbst übertragen. In der überwiegenden Zahl der Fälle von Unternehmenskäufen wird eine solche Konstellation vorliegen.

11.3.2 Das vorvertragliche Verhältnis zwischen Verkäufer und Käufer

Auch in dem Zeitraum vor Abschluß des eigentlichen Unternehmenskaufes gibt es eine Vielzahl von Rechtsinstituten, die für die Parteien in dieser Phase Rechte und Pflichten begründen. Dabei ergeben sich die Rechte und Pflichten teilweise aus Gewohnheitsrecht oder Gesetz, teilweise werden sie bewußt von den Parteien gewählt und deshalb vereinbart.

Dem eigentlichen Abschluß eines Kaufvertrages über ein Unternehmen gehen in aller Regel Vorverhandlungen voraus. Diese Vorverhandlungen sind gemäß § 154 Abs. 1 BGB für die Parteien ohne rechtliche Bindungswirkung, wenn sich nicht aus besonderen Vereinbarungen etwas anderes ergibt. Dies heißt, daß vorvertragliche Verhandlungen selber noch keine Vertragspflichten begründen. Gleichwohl entstehen für die Parteien während der Vorverhandlungen Sorgfaltspflichten, die auf dem Gedanken des vertragsähnlichen Vertrauensverhältnisses beruhen. Die Verletzung solcher Sorgfaltspflichten kann unter Umständen eine Haftung der verletzenden Partei aus dem Rechtsinstitut der "culpa in contrahendo" (cic) ergeben. So haftet die schuldhaft gegen vorvertragliche

Pflichten verstoßende Partei dem Gegner für den Schaden, der aufgrund der Pflichtverletzung entstanden ist. Die Haftung bezieht sich dabei auf das sogenannte "negative Interesse" des Gegners, d.h., er ist so zu stellen, wie er stünde, wenn die Pflichtverletzung nicht begangen worden wäre. Zwar ist eine solche Haftung aus cic nicht durch eine bestimmte Norm im BGB verankert, dennoch ist sie seit langem in Rechtsprechung und Literatur anerkannt und jedenfalls immer beim Eintritt in Vertragsverhandlungen über den Kauf eines Unternehmens zu beachten. Bei den Vorverhandlungen zu einem Unternehmenskauf kommen dabei als Sorgfaltspflichten, deren Verletzung eine Haftung aus cic begründen kann, insbesondere die Pflicht der redlichen Verhandlungsführung und Loyalitätspflichten wie die Geheimhaltung und Offenbarungspflichten in Betracht.

Ein Unternehmenskauf ist für die Beteiligten in der Regel eine besonders sensible Angelegenheit. Oft verbieten wirtschaftliche Gesichtspunkte, daß Verhandlungen, die bezüglich eines Unternehmenskaufes geführt werden, einem Personenkreis bekannt werden, der über den Kreis der Beteiligten hinausgeht. Aus diesem Grunde sind beide Parteien darauf angewiesen, daß die jeweils andere Partei keine Informationen über die Verkaufs- oder Kaufabsicht preisgibt.

Offenbarungspflichten werden bei einem Unternehmenskauf bezüglich der Angaben des Verkäufers über Ertrag, den Bilanzgewinn und den Umsatz des zu verkaufenden Unternehmens angenommen. Diese Angaben können, soweit sie nicht Eigenschaften des zu verkaufenden Unternehmens im Sinne des § 459 BGB sind, auch Grundlagen einer Haftung nach cic sein. Daneben können auch andere vom Verkäufer bei den Vertragsverhandlungen vorgelegte unrichtige Zahlenwerke eine Haftung nach den Grundsätzen des Verschuldens bei Vertragsabschluß auslösen.

Bezüglich anderer Angaben trifft den Verkäufer nur eine sehr eingeschränkte Offenbarungspflicht. Dies ergibt sich aus dem Grundsatz, daß es in den Bereich des Käufers fällt, herauszufinden, ob sich der Kauf auch wirtschaftlich tatsächlich lohnt. Der Verkäufer ist grundsätzlich nur zur Offenbarung von Tatsachen verpflichtet, die nach Treu und Glauben nicht verschwiegen werden dürfen, oder solchen, die den Vertragszweck gefährden.

Der Letter of Intent ("LOI") wird gemeinhin als eine "Absichtserklärung" verstanden, mit der die Bereitschaft signalisiert wird, mit dem jeweiligen Partner über den jeweils in Rede stehenden Vertrag unter gewissen Bedingungen in ernstliche Verhandlungen zu treten. Regelmäßig soll diese Absichtserklärung keinerlei Bindung bewirken, ihr fehlt der Rechtsfolgewillen. Deshalb löst sie weder den Zwang zur Aufnahme von Vertragsverhandlungen aus, noch läßt sich aus ihr die Notwendigkeit zum Abschluß eines Vertrages herleiten.

Die in einem LOI enthaltene Absichtserklärung bindet den Erklärenden selbst dann nicht, wenn in ihm Bedingungen für den Abschluß des Vertrages enthalten sein sollten. Er kann lediglich als Ausdruck des Erklärenden gewertet werden, Verhandlungen über den Vertrag aufnehmen zu wollen; eine rechtliche Sicherheit für den Erklärungsempfänger läßt sich daraus jedoch nicht herleiten. Insofern hat der LOI oftmals nur verhandlungstaktische Bedeutung und wird verwendet, um bei der anderen Partei Vertrauen in die Ernsthaftigkeit der eigenen Verhandlungsabsichten zu wecken oder zu bestärken. Dennoch kommt auch bei dem Vorliegen eines LOI ohne Bindungswirkung eine Haftung der Parteien aus cic in Betracht. Eine solche Haftung kommt jedoch einzig dann in Erwägung, wenn der Absender des Letters von vornherein gar nicht ernstlich daran dachte, zu einem Vertragsschluß zu kommen. Insoweit korrespondiert diese Haftung mit derjenigen aufgrund der Verletzung von Pflichten zur redlichen Verhandlungsführung.

Unmittelbare vertragliche Pflichten und ggf. Schadenersatzansprüche können sich aus einem LOI ergeben, wenn hierin bereits Pflichten konstituiert werden, die der Vorbereitung und Durchführung des eigentlichen Unternehmenskaufvertrages dienen. Beispielsweise können Offenbarungspflichten, Auskunftspflichten, Unterlassungspflichten ("Standstill - Provisions") und sonstige Pflichten in einem LOI vereinbart werden. Bei dem Kauf eines Unternehmens, das über eine unzureichende Liquiditätsausstattung verfügt, können auch Zahlungen des potentiellen Käufers an den Verkäufer bzw. an das Unternehmen für einen bestimmten Zeitraum vereinbart werden, um dieses bis zum Vertragsschluß am Leben zu erhalten. So kann der potentielle Käufer für den Verkäufer die Zahlung von Mieten, Personalkosten und sogar vertraglichen Verbindlichkeiten vornehmen, die dann im Falle des Vertragsschlusses angerechnet werden können.

Im Zuge der Vertragsverhandlungen über den Kauf eines Unternehmens besteht auch die Möglichkeit, Vorverträge abzuschließen. Als Vorvertrag bezeichnet man einen Vertrag, in dem sich die Parteien darüber einigen, einen anderen Vertrag, den Hauptvertrag abzuschließen. Damit begründet der Vorvertrag einen Abschlußzwang bezüglich des Hauptvertrages auf vertraglicher Grundlage. Dieser Vorvertrag kann eine oder beide Seiten verpflichten und ist in der Regel nicht einseitig widerruflich.

In der Regel wird ein Vorvertrag zwischen den Parteien geschlossen, um eine vertragliche Bindung der Beteiligten zu erreichen, auch wenn der Hauptvertrag aus rechtlichen oder tatsächlichen Gründen noch nicht zur Abschlußreife gelangt ist. Der Vorvertrag selber muß dabei allen Voraussetzungen eines Vertrages im allgemeinen genügen, das heißt insbesondere, daß er bestimmt genug den Inhalt des zu schließenden Hauptvertrages umreißen muß. Dieses Bestimmtheitserfordernis bezieht sich auf die objektiven Haupt- und Nebenpunkte des Hauptvertrages, soweit diese nach dem Parteiwillen im Vorvertrag geregelt werden sollen. Fehlt es an der Bestimmtheit des Vorvertrages, so sind Ansprüche auf Ersatz von Vertrauensschäden bei Abbruch der Vertragsverhandlungen nach den Grundsätzen der cic nicht ausgeschlossen. Verpflichten sich die Parteien eines Vorvertrages zur Übertragung eines Grundstücks im Hauptvertrag, so ist gemäß § 313 BGB auch der Vorvertrag notariell zu beurkunden.

11.3.3 Der Kaufvertrag

Im nachfolgenden sollen die verschiedenen Arten des Unternehmenskaufes aufgezeigt werden, ihre Besonderheiten und die dabei zu berücksichtigenden Rechtsregeln:

Die Bestimmung der Vertragsparteien bei einem Unternehmenskauf bereitet auf der Käuferseite keine Schwierigkeiten, da in der Regel klar sein wird, wer das Unternehmen zu kaufen gedenkt. Anderes gilt auf der Verkäuferseite. Hier gilt es immer sorgfältig zu prüfen, wer als Verkäufer in Betracht kommt. Grundlage dieser Prüfung ist der rechtliche Kaufgegenstand. Grundsätzlich kommt beim Unternehmenskauf durch Erwerb einzelner Vermögensgegenstände (asset deal) als Verkäufer nur in Betracht, wer Rechtsinhaber der zu veräußernden Sachen und Rechte ist. Beim Unternehmenskauf durch Beteiligungserwerb („share deal") muß neben der Rechtsinhaberschaft des Verkäufers an den Gesellschaftsbeteiligungen und anderen etwaigen Nebenrechten auch wegen der Werthaltigkeit der Beteiligung geprüft werden, ob die wesentlichen Gegenstände des Gesellschaftsvermögens der Gesellschaft selber oder Dritten gehören. Zur Prüfung der jeweiligen Verkäuferposition können unter anderem Grundbuch-, Handelsregister-, Patentrollenauszüge sowie Warenzeichenregister, Lizenzverträge und Gesellschaftsverträge herangezogen werden. Die Prüfung erfolgt in der Regel anhand einer sogenannten "due-diligence Liste". Eine due diligence Prüfung erfolgt in der Regel dergestalt, daß die beauftragten Juristen eine Prüfung der rechtlichen Verhältnisse vornehmen, hinsichtlich der wirtschaftlichen Verhältnisse, beispielsweise der Werthaltigkeit eines Lagerbestandes oder von Grundstücken, Wirtschaftsprüfer oder sonstige Sachverständige herangezogen werden. Bei dem beabsichtigten Erwerb von Geschäftsanteilen prüfen die Juristen die Entstehung der Anteile, deren Aufspaltung in Teilgeschäftsanteile und alle Übertragungen anhand aller in Betracht kommender Vertragsunterlagen. Es wird untersucht, ob die Verträge wirksam geschlossen und die sich aus ihnen ergebenden Pflichten eingehalten worden sind. Daneben prüfen die Juristen die gesellschaftsrechtliche Beteiligung der Inhaber der Geschäftsanteile und deren Rechte und Pflichten aus dem jeweiligen Gesellschafterverhältnis. Bei "asset deals" ist insbesondere wichtig, ob sich die assets im Eigentum des Verkäufers befinden und frei von Rechten Dritter sind. Sollten die assets belastet sein, beispielsweise durch Sicherungsrechte von Gläubigern des Inhabers der assets (Banken), so sind die Verhandlungen mit solchen dritten Rechtsinhabern zu führen, um die Übertragung der assets rechtlich zu ermöglichen. Ferner überprüfen die Juristen, inwiefern der Erwerber aus dem Erwerb von assets Verbindlichkeiten des Verkäufers übernimmt.

Die Wirtschaftsprüfer hingegen prüfen die Werthaltigkeit der Geschäftsanteile, der Bilanzen, der Bewertungsverfahren, die Werthaltigkeit von Forderungen, Verbindlichkeiten, Rückstellungen etc. Für die Berechnung des Verkaufspreises, insbesondere des nachhaltig erzielbaren Gewinnes des Unternehmens, kommt der „financial due diligence Prüfung" der Wirtschaftsprüfer besondere Bedeutung zu.

Als weitere Vertragsbeteiligte kommen auf der Käufer- wie auch auf der Verkäuferseite solche Personen in Betracht, von deren Zustimmung die Wirksamkeit oder die Abwicklung des Vertrages abhängt. Unter Einbeziehung der zu beteiligenden öffentlichen Stellen sind dies im besonderen Ehegatten, Mitgesellschafter, Miteigentümer, Sicherungsgläubiger, Vertragspartner der Verkäufer, Mit- oder Nacherben etc.

11.3.4 Einzelrechtsnachfolge an allen oder einzelnen Unternehmensbestandteilen (Asset Deal)

Ein Unternehmen bildet sich aus einer Gesamtheit von Sachen, Rechten und Pflichten sowie anderen relevanten Wirtschaftsgütern. Deshalb muß bei einem Unternehmenskauf in der Ausprägung des "asset deals" zunächst der Verkaufsgegenstand, also das Vermögen des Unternehmens oder Teile davon, bestimmt werden. Dem folgend sind die Erfordernisse für eine ordnungsgemäße Übertragung der Vertragsgegenstände zu berücksichtigen. Daneben sind die Vorschriften des deutschen Rechts zu beachten, die einen Übergang von Rechten und Pflichten von dem Käufer auf den Verkäufer gesetzlich bestimmen.

Bei der Bestimmung des Kaufgegenstandes ist zwischen dem bilanzfähigen und dem nicht bilanzfähigen Vermögen zu unterscheiden, ebenso spielen immaterielle Vermögenswerte des Unternehmens eine Rolle. Grundlage zur Bestimmung der zu übertragenden Sachen, Rechte und Pflichten ist bei Unternehmen, die selbständig bilanzieren, zunächst die Bilanz nebst einem Inventarverzeichnis. Dabei gilt es jedoch zu beachten, daß in der Bilanz nur rechtsgegenständlich verkörperte Wirtschaftsgüter erfaßt sind, im Gegensatz zu den ungegenständlichen Wirtschaftsgütern. Dies heißt, daß zum Teil erhebliche Vermögenswerte, deren Übertragung im Zuge des Unternehmenskaufes auf den Käufer gewünscht wird, nicht bilanzierungsfähig oder nicht bilanzierungspflichtig sind. Zu dem nicht bilanzierungsfähigen Vermögen gehören insbesondere die Gegenstände, die der Verkäufer aufgrund von Pacht-, Miet- oder Leasingverträgen in Besitz hat, darüber hinaus auch Kommissionsware oder Forderungen, die für fremde Rechnung begründet wurden. Über solche Vermögensgegenstände sind aufgrund der Tatsache, daß der Käufer nicht Eigentümer oder Rechtsinhaber werden kann, andere Vereinbarungen im Rahmen des asset-deals zu treffen, bei denen regelmäßig Dritte mit einbezogen werden müssen. Ebenso ist von erheblicher Bedeutung, daß Vereinbarungen über die Gegenstände getroffen werden müssen, die als sogenannte geringwertige Wirtschaftsgüter regelmäßig nicht bilanziert werden oder die aufgrund einer Vollabschreibung nur noch mit einem Erinnerungswert in der Bilanz erfaßt sind. Weiterhin müssen auch die immateriellen Vermögensgegenstände des zu verkaufenden Unternehmens genau ermittelt werden. Dazu gehören insbesondere das von dem zu verkaufenden Unternehmen erworbene, spezifische Know-How, Kundendateien, Lieferantendateien, Schutzrechte, Urheberrechte, Geschäftsbücher usw. Diese Aufzählung ist keineswegs vollständig, weshalb zu raten ist, jeweils im Einzelfall festzustellen, welche immateriellen Vermögensgegenstände vorhanden sind und übertragen werden sollen.

Neben der Übernahme von Sachen und Rechten des Verkäufers durch den Käufer, kann dieser auch Verbindlichkeiten des Verkäufers übernehmen oder in Verträge oder sonstige Rechtsverbindlichkeiten eintreten. Soll eine solche Vereinbarung Vertragsinhalt werden, so muß vertraglich zweifelsfrei bestimmt werden, welche Verbindlichkeiten des Verkäufers der Käufer übernimmt und in welche vertraglichen Verpflichtungen des Verkäufers er wem gegenüber eintritt. Es empfiehlt sich bei einer solchen Vertragsgestaltung, jede der Verbindlichkeiten genau zu spezifizieren. Sollte der Käufer in Verträge oder sonstige Rechtsverhältnisse des Verkäufers eintreten, so ist dazu zu raten, sämtliche Verträge oder Rechtsverhältnisse als Anlage dem Vertrag beizufügen, um jede Streitigkeit über Inhalt und Weite der Vereinbarung zu vermeiden. Soweit der Käufer in Verträge oder andere Rechtsverhältnisse eintreten soll oder Verbindlichkeiten des Unternehmens übernimmt, ist zu beachten, daß gemäß § 415 BGB die Vereinbarung einer Schuldübernahme stets der Zustimmung des Gläubigers bedarf. Gegebenenfalls ist auch zu prüfen, ob die Übertragung vertraglicher Rechte nicht durch Abtretungsverbote ausgeschlossen ist.

Ebenso wichtig ist es, exakt festzuhalten, in welche Verbindlichkeiten der Käufer gerade nicht eintreten soll. Bei Bedarf kann bei der Vertragsgestaltung eine generelle negative Abgrenzung dahingehend erfolgen, daß andere als die vertraglich bestimmten Verpflichtungen, Verbindlichkeiten oder sonstigen Rechtsverhältnisse nicht auf den Käufer übergehen. Im Falle der Übernahme von Verbindlichkeiten gilt es, § 25 HGB zu beachten. Erwirbt der Käufer ein bislang einzelkaufmännisch geführtes Unternehmen mit dem Recht zur Firmenfortführung, so haftet der Käufer gemäß § 25 Abs.1 Satz 1 HGB für alle unternehmensbezogenen Verbindlichkeiten kraft Gesetzes. Diese Regelung hat ihre Entsprechung in der oben genannten Bestimmung des § 25 Abs.1 Satz 2 HGB, die den Forderungsübergang in einem solchen Falle ebenfalls gesetzlich festlegt.

Neben der Frage der Bestimmtheit der Vertragsinhalte muß auch immer geprüft werden, inwieweit gesetzliche Formvorschriften auf die jeweils zu übertragenden Vermögensgegenstände anzuwenden sind. Zunächst sind die gesetzlichen Formvorschriften zu erwähnen, die grundsätzlich in gesellschaftsrechtlicher Hinsicht eine Rolle spielen.

Bei den Personengesellschaften gilt hinsichtlich der Übertragung von Anteilen an ihnen, daß diese grundsätzlich formfrei ist. Besonderheiten ergeben sich nur hinsichtlich der Kommanditgesellschaft ("KG"). Nach §§ 161 Abs. 2, 107 HGB besteht die Pflicht, den Eintritt eines neuen Komplementärs in die KG in das Handelsregister eintragen zu lassen. Gleiches gilt nach § 162 Abs. 3 HGB für den Eintritt eines neuen Kommanditisten in die KG. Weitere Formvorschriften sind bei der Übertragung von Anteilen an einer KG nicht zu beachten.

Hinsichtlich der Kapitalgesellschaften ergeben sich Besonderheiten für die Übertragung von Geschäftsanteilen nur bei der GmbH. In § 15 GmbHG ist die Übertragung von Ge-

11.3. Unternehmenskäufe

schäftsanteilen geregelt. Demnach bedarf es zur Abtretung von Geschäftsanteilen durch Gesellschafter eines in notarieller Form geschlossenen Vertrages. Der notariellen Form bedarf auch eine Vereinbarung, durch welche die Verpflichtung eines Gesellschafters zur Abtretung eines Geschäftsanteils begründet wird. Sowohl die schuldrechtliche Verpflichtung zur Übertragung eines Geschäftsanteils als auch die dingliche Übertragung des Geschäftsanteils sind deshalb in notarieller Form vorzunehmen. Da durch Übernahme eines oder mehrerer Geschäftsanteile auch der Gesellschaftsvertrag einer Änderung bedarf, tritt zu der Formbedürftigkeit der genannten Geschäfte auch die Pflicht hinzu, die Änderung des Gesellschaftsvertrages in der gesetzlich vorgeschriebenen Form zu beschließen und im Handelsregister eintragen zu lassen.

Bei der Übertragung von Anteilen an einer Aktiengesellschaft, den Aktien, gibt es keine besonderen Formvorschriften.

Sollten Grundstücke oder Erbbaurechte mit dem Unternehmen verkauft werden, so bedarf der Kaufvertrag nach § 313 BGB der notariellen Beurkundung. Diese Formbedürftigkeit erstreckt sich dann auf das Geschäft im Ganzen. In einem solchen Falle gilt dies auch für Abreden, die für sich genommen formlos getroffen werden könnten.

Neben dem oben bereits erwähnten § 25 HGB gibt es im deutschen Recht noch andere Normen, die im Falle eines Unternehmenskaufes Pflichten kraft Gesetzes auf den Käufer übergehen lassen. In arbeitsrechtlicher Hinsicht ist § 613 a BGB zu nennen. Gemäß § 613 a BGB gehen die mit dem veräußerten Betrieb oder Betriebsteil verbundenen Arbeitsverhältnisse auf den Erwerber über. Auf die näheren Ausführungen, unten im Abschnitt 12.4 „Arbeitsrecht", wird verwiesen.

In steuerrechtlicher Hinsicht kann § 75 Abgabenordnung ("AO") von großer Bedeutung sein. Nach § 75 AO haftet der Erwerber eines Unternehmens im ganzen für Betriebssteuern und Steuerabzugsbeträge, die seit dem Beginn des letzten, vor der Übereignung liegenden Kalenderjahres entstanden sind. § 75 AO beruht auf dem Gedanken, daß derjenige, der durch die Übernahme des Unternehmens einen wirtschaftlichen Vorteil erlangt, auch die sonst unmöglich werdende Erfüllung steuerlicher Verpflichtungen übernehmen soll.

Für die Praxis wichtig sind die Zustimmungserfordernisse, die sich aus Vorschriften des Aktiengesetzes (AktG), des Handelsgesetzbuches (HGB) und des GmbH Gesetzes (GmbHG) ergeben:

Gemäß § 179 a AktG ist ein Vertrag, durch den eine Aktiengesellschaft (AG) oder eine Kommanditgesellschaft auf Aktien (KGaA) das von ihr betriebene Unternehmen oder einen Betrieb verkauft, der ihr ganzes oder wesentliches Vermögen darstellt, nur wirksam, wenn die Zustimmung der Hauptversammlung zu diesem Vertrag vorliegt. Ob der Vertrag das wesentliche Vermögen der AG oder KGaA betrifft, ist danach zu beurteilen, ob die Gesellschaft mit dem zurückbehaltenen Betriebsvermögen noch ausreichend in der Lage bleibt, ihre in der Satzung festgelegten unternehmerischen Ziele zu verwirklichen. Dabei reicht für die Begründung eines Zustimmungserfordernisses nicht aus, daß das unternehmerische Ziel infolge des Geschäftes nunmehr lediglich eingeschränkt möglich ist. Der Zustimmungsbeschluß bedarf mindestens einer Mehrheit von 75 % des bei der Beschlußfassung anwesenden Eigenkapitals der Gesellschaft. Die aufgrund eines Vertrages vorgenommenen dinglichen Vollzugsgeschäfte sind grundsätzlich auch ohne die Zustimmung der Hauptversammlung wirksam, jedoch führt die fehlende Zustimmung zu einer Rückabwicklung nach den Grundsätzen des Bereicherungsrechtes, d. h. zu einer Rückübertragung der Gegenstände oder Rechte.

Nach neuerer höchstrichterlicher Rechtsprechung ist neben dem Zustimmungserfordernis des § 179 a AktG der Grundsatz zu beachten, daß ein Hauptversammlungsbeschluß auch in dem Falle erforderlich ist, in dem eine AG ein Unternehmen oder einen Betrieb veräußert, und dies ein so außergewöhnlicher Vorgang ist, daß der Vorstand des Unternehmens "vernünftigerweise" nicht annehmen kann, daß er ohne die Zustimmung der Hauptversammlung (§ 119 Abs. 2. AktG) handeln darf. Fehlt in einem solchen Fall die Zustimmung der Hauptversammlung, so sind zwar der Kaufvertrag und die dinglichen Vollzugsgeschäfte wirksam, dennoch kann ein jeder Aktionär von der Gesellschaft verlangen, daß diese die Rückgängigmachung der Geschäfte betreibt oder die Zustimmung der Aktionäre nachträglich einholt.

Weitere Zustimmungserfordernisse ergeben sich aus den Regeln des Handelsgesetzbuches (HGB) für offene Handelsgesellschaften (OHG) und Kommanditgesellschaften (KG). Beispielsweise geht die Veräußerung eines von einer OHG oder einer KG betriebenen Unternehmens über den Rahmen auch der außergewöhnlichen Geschäfte der Gesellschaft hinaus; da durch den Verkauf des eigenen Unternehmens die Grundlage der Gesellschaft berührt wird, es sich mithin um ein sogenanntes Grundlagengeschäft handelt, kann dieses nur nach entsprechender Änderung des Gesellschaftsvertrages vorgenommen werden. Sollte die Gesellschaft hingegen mehrere Unternehmen betreiben, jedoch nur eines davon veräußern wollen, so stellt dies in der Regel eine Handlung dar, die lediglich über den gewöhnlichen Betrieb des Handelsgewerbes der Gesellschaft hinausgeht. Eine solche Handlung dürfen die geschäftsführenden Gesellschafter gemäß § 116 Abs. 2 HGB nur dann vornehmen, wenn sie durch einen Gesellschafterbeschluß dazu legitimiert sind. Kommanditisten steht, sollten keine anderweitigen vertraglichen Regelungen getroffen worden sein, jeweils einzeln ein Widerspruchsrecht nach § 164 HGB zu.

Bei einer GmbH dagegen sind Veräußerungen, die von einem geschäftsführenden Gesellschafter vorgenommen werden und eine Überschreitung der Geschäftsführungsbefugnis darstellen, grundsätzlich unbeschränkt wirksam. Gleiches gilt für Handlungen, die die Geschäftsführung der GmbH vornimmt. Dieser Grundsatz der unbeschränkten Wirksamkeit wird nur dann durchbrochen, wenn der Dritte den Mangel der Vertretungsmacht im konkreten Fall kennt, oder er sich ihm geradezu aufdrängt. Die Geschäftsführung wird sich jedoch bei Überschreiten ihrer Kompetenz im Innenverhältnis gegenüber den Gesellschaftern schadenersatzpflichtig machen (§ 46 GmbHG).

11.3. Unternehmenskäufe

In aller Regel wird ein Unternehmen zu dem Zwecke erworben, es weiterzuführen. § 1 Gewerbeordnung (GewO) gestattet jedermann - auch Ausländern - die Aufnahme einer gewerblichen Tätigkeit, wenn nicht die Gewerbeordnung selber oder andere Bundesgesetze Beschränkungen vorsehen. Sind für den Gewerbetreibenden gesetzliche Genehmigungen erforderlich, so nennt man diese "Konzession". Bei den Konzessionen ist zwischen der persönlichen Konzession und der anlagebezogenen Konzession zu unterscheiden. Persönliche Konzessionen werden dann erforderlich, wenn die Aufnahme des Gewerbes von Voraussetzungen abhängen, die in der Person des Gewerbetreibenden liegen. Sach- oder anlagenbezogene Konzessionen sind dann einzuholen, wenn das Gesetz an Sachen oder Anlagen, die der Ausübung des Gewerbes dienen, bestimmte Anforderungen stellt. Persönliche und anlagenbezogene Konzessionen sind beispielsweise erforderlich für die Produktion, Beförderung und Lagerung von spaltbarem Material, für Gaststättenbetriebe, für Personenbeförderungs- oder Luftfahrtunternehmen, für den Abbau von Bodenschätzen und für den Betrieb von Krankenanstalten. Lediglich eine persönliche Konzession ist notwendig für die Ausübung von Betrieben im Bereich des Güternahverkehrs, des Bewachungsgewerbes, des Bank- und Versicherungsgewerbes sowie bei Makler-, Bauträger- oder Baubetreuertätigkeiten etc. Bei der Eröffnung und Führung von Handwerksbetrieben ist § 7 Handwerksordnung zu beachten, der dem Gewerbetreibenden die persönliche Voraussetzung der „Meisterprüfung" abverlangt. Diese Aufzählung ist nicht als abschließend zu betrachten, im Einzelfall gilt es immer zu prüfen, ob und inwieweit Konzessionen erforderlich sind.

Ist die Gewerbeausübung an eine persönliche Konzession des Betreibers gebunden, so kann der Erwerber das Gewerbe nur dann ausüben, wenn ihm selber eine solche Konzession erteilt wird. Ist die Ausübung des Gewerbes hingegen von einer sachbezogenen Anlagekonzession abhängig und liegt diese Genehmigung bei der Veräußerung vor, bedarf die Weiterführung durch den Erwerber und die Aufnahme der gewerblichen Tätigkeit durch ihn keiner weiteren öffentlich-rechtlichen Genehmigung. Sind beiderlei Konzessionen für die Ausübung des Gewerbes notwendig, so hat der Erwerber jedenfalls die persönliche Konzession bei der zuständigen Behörde einzuholen. Bei Vertragsschluß ist darauf zu achten, daß, sollten diesbezüglich keine vertraglichen Vereinbarungen zwischen den Parteien getroffen worden sein, der Vertrag auch dann wirksam bleibt, wenn dem Erwerber eine notwendige persönliche Konzession nicht erteilt wird.

Unternehmenskaufverträge oder Kaufverträge über einen Betrieb unterliegen nach den §§ 35 ff. des Gesetzes gegen Wettbewerbsbeschränkungen (GWB) auch der durch das Bundeskartellamt ausgeübten Fusionskontrolle. Dabei haben die Beteiligten den Zusammenschluß bei Überschreiten bestimmter Umsatzgrenzen vor dem Vollzug bei dem Bundeskartellamt anzumelden. Besteht eine Anmeldepflicht, so dürfen die Unternehmen den Zusammenschluß bis zur Freigabe durch das Bundeskartellamt nicht vollziehen. Auf die näheren Ausführungen im Abschnitt 12.2 „Wettbewerbsrechtliche Aspekte" wird verwiesen.

11.3.5 Der Beteiligungserwerb (Share Deal)

Neben dem Unternehmenskauf in Form des asset deals, kommt als zweite Grundform eines Unternehmenserwerbes der Kauf von Beteiligungen in Betracht. Ein Beteiligungskauf liegt dann vor, wenn das Unternehmen mit seinem Rechtsträger, der in der Regel eine handelsrechtliche Personengesellschaft oder eine Kapitalgesellschaft ist, veräußert wird. Rechtsgegenständlich wird damit nur die Beteiligung des Verkäufers an dem Unternehmen verkauft. Bei einer Personengesellschaft sind dies die Gesellschaftsanteile, bei einer Kapitalgesellschaft sind dies entweder die Geschäftsanteile an einer GmbH oder die Aktien einer AG. Der Rechtsträger bleibt also bestehen, lediglich die Beteiligungsverhältnisse an ihm ändern sich. Grundsätzlich ist zu unterscheiden, ob die Beteiligung an einer Personengesellschaft oder an einer Kapitalgesellschaft erworben wird, denn es gelten entsprechend verschiedene gesetzliche Regelungen.

Als Personengesellschaften, deren Beteiligungen im Wege des share deals erworben werden können, kommen die Gesellschaft des Bürgerlichen Rechts (GbR), die offene Handelsgesellschaft (OHG) und die Kommanditgesellschaft (KG) in Betracht. Werden GbR-Beteiligungen veräußert, so bedarf die Veräußerung, falls der Gesellschaftsvertrag nicht anderes vorsieht, der Zustimmung aller Gesellschafter. Dabei muß die gesellschaftsvertragliche Ausgestaltung der GbR wegen der Vielfalt der Gestaltungsmöglichkeiten und der sich daraus möglicherweise ergebenden Außenwirkung stets sorgfältig geprüft werden. Für Gesellschaftsschulden, die bis zum Übergang der Beteiligung entstanden sind, haftet der Veräußerer unbeschränkt persönlich weiter, wobei ihm jedoch die Möglichkeit offensteht, sich auf die 5-jährige Verjährungsfrist nach § 159 Abs.1 HGB zu berufen. Der Verkäufer kann jedoch vom Käufer die Freistellung der Nachhaftung verlangen, wenn dies vertraglich zwischen ihnen vereinbart worden ist. Um die Nachhaftung des Verkäufers zu begrenzen, empfiehlt es sich, Vertragspartner der GbR unverzüglich über den Gesellschafterwechsel in Kenntnis zu setzen. Als neu eintretender Gesellschafter haftet der Käufer für die bis zu seinem Eintritt entstandenen Gesellschaftsschulden beschränkt auf das Gesellschaftsvermögen. Für neu entstehende Verbindlichkeiten haftet er hingegen mit seinem ganzen Vermögen.

Das Recht der GbR ist auch anzuwenden, wenn es sich um den Erwerb einer Vorgründungsgesellschaft zu einer Personen- oder Kapitalgesellschaft handelt, solange diese kein Handelsgewerbe betreibt. Erwirbt der Käufer die Gesellschaftsbeteiligung an einer neu zu gründenden Personen- oder Kapitalgesellschaft, so sollte er bei der Vertragsgestaltung darauf achten, daß diese haftungsbeschränkten Beteiligungen nicht vor der Eintragung der Gesellschaft in das Handelsregister erworben werden, um zu verhindern, daß er der unbeschränkten Haftung nach GbR-Recht unterliegt. Erwirbt der Käufer Beteiligungen an einer Besitzgesellschaft, die aus einer Betriebsaufspaltung hervorgegangen ist und in der Regel im Handelsregister noch als KG eingetragen sein wird, so muß er darauf achten, daß die Besitzgesellschaft wegen der Aufgabe des Handelsgewerbes möglicherweise zur GbR geworden ist und er den Haftungsrisiken nach GbR-Recht ausgesetzt ist.

Auch die Gesellschaftsanteile einer OHG und einer KG lassen sich übertragen. Damit kann die Firma der Gesellschaft grundsätzlich unverändert weitergeführt werden. Dies gilt selbst dann, wenn alle Gesellschafter ausgewechselt werden. Eine diesbezügliche Einschränkung ergibt sich nur aus § 24 Abs. 2 HGB. Enthält der Name der Firma den Namen des Verkäufers, so ist dessen Zustimmung erforderlich; ist der namensgebende Gesellschafter verstorben, so ist die Zustimmung aller Erben einzuholen.

Mit dem Beteiligungserwerb werden grundsätzlich die mit den Gesellschafterrechten verbundenen höchstpersönlichen Rechte des Veräußerers nicht übertragen. Dazu gehören zum Beispiel Geschäftsführungsrechte, Mehrstimmenrechte, Entsendungs- und Bestellungsrechte für Gesellschaftsorgane und möglicherweise auch Vorabgewinnanteile. Da diese Rechte beim Übergang der Beteiligung auf den Käufer grundsätzlich erlöschen, ist zu klären, ob im Einzelfall eine andere Regelung zwischen den Parteien gewünscht ist.

Bei einem Beteiligungserwerb ist die Behandlung der mit der Beteiligung verbundenen Gesellschafterkonten jeweils zu regeln. Diese gehen beim Fehlen einer entsprechenden vertraglichen Vereinbarung im Zweifel auf den Käufer über. Deshalb ist es notwendig, eindeutige vertragliche Regelungen darüber zu treffen, ob und inwieweit Guthaben oder negative Salden auf den einzelnen Gesellschafterkonten auf den Erwerber übergehen sollen. Dies gilt jedoch nicht für das Kapitalkonto. Das Kapitalkonto muß zwingend auf den Erwerber übergehen bzw. in dessen Hand neu entstehen, da es als Haftungsmasse bei nicht persönlich haftenden Gesellschaftern erhalten bleiben muß.

Der Erwerb von Beteiligungen an Kapitalgesellschaften findet durch die Übertragung von Geschäftsanteilen statt, bei einer Aktiengesellschaft (AG) durch Aktien. Bei der Übertragung von Geschäftsanteilen an einer GmbH sind diese mit ihren jeweiligen Nennbeträgen in dem notariellen Verkaufs- und Abtretungsvertrag aufzuführen. Sollte es sich um mehrere Geschäftsanteile handeln, so dürfen diese nicht in einem Betrag zusammengefaßt werden, da jeder Geschäftsanteil für sich rechtlich selbständig ist. Wichtig bei dem Kauf eines Geschäftsanteiles ist die genaue Ermittlung der Anteilsgliederung, um feststellen zu können, ob und inwieweit die jeweiligen Stammeinlagen erbracht sind. Der Gesellschafter haftet bis zur Höhe des Nennbetrages für ausstehende oder zurückgezahlte Einlagen. Ebenso gilt es darauf zu achten, daß der Verkäufer für den zu verkaufenden Geschäftsanteil einen "Stammbaum" vorlegen kann. Dieser Stammbaum ist der lückenlose Nachweis der Kette aller Abtretungsvorgänge bis zum jeweils ersten Übernehmer. Der Nachweis ist im Hinblick darauf, daß der Geschäftsanteil einer GmbH nicht gutgläubig erworben werden kann, von großer Bedeutung.

Der Erwerb von Geschäftsanteilen kann auch unter aufschiebenden Bedingungen erfolgen, ebenso wie Geschäftsanteile, die erst künftig entstehen sollen, aufschiebend bedingt zum Entstehungszeitpunkt erworben werden können. Sollte mit der Veräußerung eines schon bestehenden Geschäftsanteiles dessen Teilung einhergehen, so bedarf dies der Genehmigung der Gesellschaft, wobei es die gesetzlichen Form- und Inhaltserfordernisse zu beachten gilt.

Nach dem GmbHG (§§ 35 Abs.2 Satz 3, 36 Abs.1) gilt nur derjenige als Erwerber, der den Erwerb und den Nachweis des Übergangs des Geschäftsanteiles bei mindestens einem Geschäftsführer anzeigt. Von besonderer Bedeutung ist diese Anzeigepflicht vor allem, wenn die GmbH einen Fremdgeschäftsführer hat, der an den Vertragsverhandlungen nicht beteiligt war und von der Übertragung keine Kenntnis hat. Um sicherzustellen, daß es bezüglich der Anzeigepflicht keine Schwierigkeiten gibt, ist es ratsam, den Erwerb und den Übergang des Geschäftsanteils auch dem Geschäftsführer anzuzeigen, der an den Vertragsverhandlungen beteiligt war. Sollte die Anzeige unterlassen werden, so gilt der Veräußerer weiterhin als Inhaber der Gesellschafterrechte und kann deshalb diese Rechte der Gesellschaft gegenüber noch ausüben.

11.3.6 Der Kaufpreis

Bei einem Unternehmenskauf ist es üblich, einen Gesamtpreis auszuhandeln. In vielen Fällen wird dieser Kaufpreis jedoch nur ein vorläufiger sein, weil er endgültig erst nach eingehender Prüfung der Bücher nach dem Übergangsstichtag festgelegt werden kann. Ein solcher, sogenannter variabler Kaufpreis erfordert klare, detailgenaue Regelungen, wenn ein späterer Streit über die Festlegung des endgültigen Kaufpreises vermieden werden soll. Zugrunde gelegt wird ein variabler Kaufpreis in der Regel dann, wenn die Bewertung erst noch von einem gemeinschaftlich oder von einem der Vertragsparteien bestimmten Sachverständigen erfolgen soll oder wenn aus einem Unternehmen ein Teilbetrieb veräußert wird, der bisher nicht selbständig bilanziert hat. In letztgenannter Konstellation kann die Gegenleistung zunächst meist nur anhand von vorhandenen stillen Reserven und immateriellen Werten, wie zum Beispiel dem Geschäftswert, vorläufig bestimmt werden. Dieser vorläufige Kaufpreis wird dann um den sich aus der Abschlußbilanz ergebenden Buchwert (buchmäßiges Eigenkapital) erhöht oder bei negativem Buchwert vermindert. Den endgültigen Kaufpreis bestimmt dann eine zum Übergangsstichtag zu erstellende Abrechnungsbilanz.

Sollte eine Einigung der Parteien über den Kaufpreis nicht möglich sein, so ist es sinnvoll, vertraglich festzulegen, daß der endgültige Kaufpreis von einem neutralen Dritten bestimmt wird. Ein solcher Dritter kann ein Wirtschaftsprüfer sein, der das Vertrauen beider Parteien genießt oder von der zuständigen Industrie- und Handelskammer oder der Wirtschaftsprüferkammer in Düsseldorf auf Antrag einer der Parteien bestimmt wird. Fehlt es an einer derartigen Regelung und geraten die Parteien über den Kaufpreis in Streit, so bleibt nur die Möglichkeit der Kaufpreisfestlegung durch den Gläubiger, also den Verkäufer, nach billigem Ermessen nach § 316 BGB oder durch gerichtliche Entscheidung. Es ist vertraglich immer klarzustellen, ob der Dritte, der zur Kaufpreisbestimmung herangezogen wird, als Gutachter, Schiedsgutachter oder als Schiedsrichter tätig wird. War der Dritte als Gutachter für eine Partei tätig, so handelt es sich um Feststellungen, die nicht für die Gegenseite verbindlich sind. Handelte der Dritte dagegen als Schiedsgutachter, so ist die Einwendung der offenbaren Unbilligkeit gegen seine Feststellungen im Rahmen des § 319 Abs. 1 Satz 1 BGB möglich. Hat er dagegen als Schiedsrichter entschieden, sind seine Feststellungen nur angreifbar, wenn in dem schiedsgerichtlichen Verfahren erhebliche Verfahrensfehler unterlaufen sind, wie zum Beispiel fehlendes rechtliches Gehör für eine der Vertragsparteien.

Die Höhe des Kaufpreises kann aber auch durch die Vertragsgestaltung selbst beeinflußt werden. Mitberücksichtigt werden die Risiken und Verpflichtungen, die der Käufer vom Verkäufer vertragsgemäß übernimmt. Darüber hinaus können auch die eintretende Haftungslage und die Vereinbarungen über die Gewährleistungen kaufpreisbeeinflussend sein. Ein höherer Kaufpreis wird festgelegt werden, wenn der Verkäufer umfangreiche Garantiezusagen macht und das volle Gewährleistungsrisiko trägt, ein niedrigerer Kaufpreis wird vereinbart werden, wenn zugunsten des Verkäufers z.B. ein Gewährleistungsausschluß vereinbart wird oder erhebliche Risiken bei dem Käufer verbleiben.

Notleidende Unternehmen werden oftmals für einen symbolischen Kaufpreis in Höhe von einer Mark übernommen, wenn der Käufer den Verkäufer dafür von bestehenden oder drohenden Verbindlichkeiten oder anderen Verlusten freistellt. Bei entsprechender Verbindlichkeiten- und Verlustübernahme kann sich sogar ein negativer Kaufpreis errechnen, d.h. der Verkäufer wird verpflichtet, an den Käufer für die Übernahme des Unternehmens noch eine festzulegende Summe zu zahlen.

Probleme können sich in zivilrechtlicher Hinsicht auf Grund der Gewährleistungsansprüche des Käufers ergeben, wenn aus steuerlichen Gründen eine Aufteilung des Kaufpreises gewählt wird. Die zum Unternehmen gehörenden materiellen und immateriellen Wirtschaftsgüter in ihrer Gesamtheit und funktionalen Zuordnung bestimmen seine Ertragskraft, aus der sich auch der Gesamtkaufpreis ergibt. Eine Einzelbewertung der Wirtschaftsgüter mit einer entsprechenden Aufteilung des Kaufpreises bringt deshalb noch keine klare Aussage über deren funktionalen Wert in Bezug auf die Ertragskraft des Unternehmens. Dies läßt sich am Beispiel eines gewerblichen Schutzrechtes demonstrieren. Fällt ein solches weg, so geht die daraus resultierende Wertminderung in der Regel weit über den isolierten Wert des Schutzrechtes selbst hinaus. Auch kann eine Beeinträchtigung vorliegen, wenn ein Umstand ein Wirtschaftsgut für ein Unternehmen wertlos erscheinen läßt, ohne den Teilwert des Wirtschaftsgutes selber zu mindern. Ein derartiger Fall kann zum Beispiel vorliegen, wenn ein gewerbliches Schutzrecht nicht ausgenutzt werden kann, weil die vorgesehene Produktion aufgrund Rohstoffmangels oder aufgrund behördlicher Auflagen eingestellt werden muß oder nicht begonnen werden kann.

Wenn sich für den Käufer nun aus der Abrechnungsbilanz oder aus Gewährleistungsansprüchen der Anspruch auf Minderung des Kaufpreises ergibt, so stellt sich die Frage, ob von einer solchen Minderung auch die Kaufpreisteile erfaßt werden, die sich auf Wirtschaftsgüter beziehen, deren Wert selber nicht beeinträchtigt wurde. Aufgrund dieser Problematik empfiehlt es sich, anstelle einer detaillierten Kaufpreisaufteilung in den Vertrag eine Aufstellung aufzunehmen, mit welchen bestimmten Mindestwerten einzelne Wirtschaftsgüter bei der Kaufpreisfindung berücksichtigt werden sollen.

Für die Abwicklung der Kaufpreiszahlung gibt es vielerlei Modelle. In der Praxis wird häufig der Kaufpreis in einer Summe oder in Raten gezahlt. Seltener werden auch Leibrenten oder ähnliche außerbetriebliche Versorgungsrenten vereinbart, die gelegentlich mit Beraterverträgen für die ausgeschiedenen Inhaber kombiniert werden. Grundsätzlich sind die Parteien bei der Wahl der Kaufpreisabwicklung frei. Deshalb ist im Einzelfall zu prüfen, welche Art der Kaufpreiszahlung sich anbietet, insbesondere auch unter steuerrechtlichen Gesichtspunkten. Sollte, was in der Praxis nicht anzuraten ist, keine Vereinbarung über die Abwicklung der Kaufpreiszahlung getroffen worden sein, so gilt im Zweifel § 271 BGB, der festlegt, daß der Kaufpreis in voller Höhe bei Vertragsschluß fällig wird. Der Käufer kann nur dann die Kaufpreiszahlung verweigern, wenn der Verkäufer seinerseits seinen Vertragspflichten nicht nachkommt und das Unternehmen nicht in der vereinbarten Form auf den Käufer überträgt.

11.4 Zusammenfassung der wesentlichen Aspekte

Für einen Unternehmensgründer ist es essentiell, sich über die ihm zur Verfügung stehenden Rechtsformen zu informieren. Die Entwicklung einer Idee oder die Neueinführung eines Produktes erfordert in der Regel neben Zeit auch den Einsatz von Finanzen. Bei einem etwaigen Fehlschlag bei der Produkteinführung stellt sich wiederum die Frage der Haftung des Unternehmensgründers. Infolgedessen greifen die Problematiken der Finanzierbarkeit des Unternehmens und der Haftung des Gründers ineinander. Zu bedenken ist ferner, daß in der Regel ohne steuerliche Nachteile Rechtsformwechsel durchgeführt werden können, das heißt, eine GmbH kann in eine Aktiengesellschaft umgewandelt werden, wenn beispielsweise beabsichtigt ist, die Gesellschaft am Neuen Markt einzuführen.

Häufig werden Unternehmen nicht von einem Gründer errichtet. Der Gesellschafterkreis setzt sich vielfach aus mehreren Personen zusammen, zum Beispiel einem Ideengeber, einem Organisator und einem Financier. Sobald mehr als eine Person an dem Unternehmen beteiligt ist, ist es notwendig, die Innenbeziehungen zwischen den Gesellschaftern zu regeln. Werden keine Regelungen über die Geschäftsführung, die Gewinnverwendung, Auskunfts- und Einsichtsrechte etc. getroffen, bleibt es bei den oben beschriebenen gesetzlichen Regelungen. In der Praxis stellt sich jedoch heraus, daß in der Regel Änderungen am gesetzlichen Leitbild vorgenommen werden, um die „Machtverhältnisse" in der Gesellschaft abzubilden.

Abhängig von der Marktdurchsetzung des Produkts oder der Geschäftsidee stellt sich die Frage der Expansionsstrategie und -geschwindigkeit. Bei ausreichender Liquidität oder Finanzierungsmöglichkeit kann das Wachstum des Unternehmens durch den Zukauf externer Kapazitäten stark beschleunigt werden. Auch die Bildung von Gemeinschaftsunternehmen zur Fortentwicklung einer Produktidee oder die Zusammenlegung von Kapazitäten können in Betracht kommen. Der Verkauf von Unternehmensteilen, zum Beispiel bei Konzentration auf das Kerngeschäft, oder der gesamte Verkauf des Unternehmens können für den Unternehmensgründer eine Möglichkeit darstellen, sich zukünftig auf andere Geschäftsfelder zu konzentrieren. Ohne die Einbindung erfahrener Juristen können und sollten komplexe Unternehmenskäufe und -verkäufe nicht vorgenommen werden.

11.5 Literatur

Baumbach, Adolf, Hopt, Klaus J., 2000, Handelsgesetzbuch, Kurzkommentar, 30. Auflage, München.

Beisel, Wilhelm, 1996, Klumpp, Hans-Hermann, Der Unternehmenskauf, 3. Auflage, München.

Flume, Werner, 1977, Allgemeiner Teil des Bürgerlichen Rechts, Bd. I, Teil 1, Die Personengesellschaft, Berlin/Heidelberg.

Flume, Werner, 1983, Allgemeiner Teil des Bürgerlichen Rechts, Bd. I, Teil 2, Die juristische Person, Berlin/Heidelberg.

Grunewald, Barbara, 1999, Gesellschaftsrecht, 3. Auflage, Tübingen.

Happ, Wilhelm, 1995, Aktienrecht, Handbuch-Mustertexte-Kommentar, Köln/Berlin.

Hölters, Wolfgang (Hrsg.), 1996, Handbuch des Unternehmens- und Beteiligungskaufs, 4. Auflage, Köln.

Holzapfel, Hans-Joachim, Pöllath, Reinhard, 1997, Unternehmenskauf in Recht und Praxis, 8. Auflage, Köln.

Hüffer, Uwe, 1999, Aktiengesetz, Kommentar, 4. Auflage, München.

Kübler, Friedrich, 1998, Gesellschaftsrecht, 5. Auflage, Heidelberg.

Müller, Welf, Hoffmann, Wolf-Dieter, 1999, Beck'sches Handbuch der Personengesellschaften, München.

Müller-Stewens, Günter, 1999, Mergers & Acquisitions, Markttendenzen und Beraterprofile, Stuttgart.

Niebel, Rembert, 1998, Der Status der Gesellschaften in Europa, Stuttgart/München.

Picot, Gerhard, 2000, Handbuch Mergers & Acquisitions, Planung, Durchführung, Integration, Stuttgart.

Schmidt, Karsten, 1997, Gesellschaftsrecht, 3. Auflage, Köln.

Scholz, Franz, 2000, Kommentar zum GmbH-Gesetz, 9. Auflage, Köln.

Sudhoff, Heinrich, 1999, Personengesellschaften, 7. Auflage, München.

Zacharias, Erwin, Hebig, Michael, 2000, Die atypisch stille Gesellschaft, 2. Auflage, Bielefeld.

Michael Veltins

12. Wettbewerbs-, Produkthaftungs- und Arbeitsrecht

12.1 Einleitung und Einordnung in das Entrepreneurship

Die nachfolgenden Ausführungen befassen sich in drei Abschnitten mit Themen, die bei der Gründung von Unternehmen für die Gesellschafter, Geschäftsführer und leitenden Mitarbeiter in rechtlicher Hinsicht relevant sind. Gerade Jungunternehmen ist nicht bekannt, in welchem rechtlichen Umfeld sie sich bei der Umsetzung ihrer Produktidee bewegen. Die nachfolgenden Ausführungen sollen den Unternehmensgründer daher vor Überraschungen schützen. Ein erster Themenkreis beschäftigt sich mit "wettbewerbsrechtlichen Aspekten". Hier werden die wesentlichen Regelungen des Kartellgesetzes (GWB - Gesetz gegen Wettbewerbsbeschränkungen) dargestellt. Für das Auftreten des Unternehmens am Markt ist ferner das Gesetz gegen unlauteren Wettbewerb (UWG) zu beachten. Durch dieses Gesetz sollen die Wettbewerber und Verbraucher vor Irreführung bewahrt werden. Zu diesem Themenkomplex gehört ferner der Schutz von Patenten, Gebrauchs- und Geschmacksmustern und Marken, sowohl im nationalen als auch internationalen Rahmen. In den sich anschließenden Ausführungen wird auf Folgen fehlerhafter Produkte aufgrund des Produkthaftungsrechts eingegangen. Ansprüche Geschädigter ergeben sich aufgrund des Produkthaftungsgesetzes und aufgrund "Richterrechtes".

Ein dritter Themenkreis befaßt sich mit dem Arbeits- und Sozialrecht. Hier wird unter anderem auf Arbeitsverträge, Mitbestimmung, Betriebsratsbildung und die Verbindlichkeit von Tarifverträgen eingegangen. Jeder Unternehmer, der Arbeitnehmer beschäftigt, wird nicht umhin kommen, sich mit dem Arbeits- und Sozialrecht auseinanderzusetzen.

Inwieweit dieses bei Unternehmenskäufen Bestand hat, wird im Rahmen der Betriebsübergänge behandelt.

12.2 Wettbewerbsrechtliche Aspekte

12.2.1 Einführung

Der Begriff „Wettbewerb" wird in dreifacher Hinsicht gebraucht, in Beziehung auf die gesamte Volkswirtschaft, auf dem Markt für ein bestimmtes Produkt oder eine Gruppe von Erzeugnissen und in Beziehung auf ein einzelnes Unternehmen, d.h. im individuellen Marktausschnitt. Hierbei sind die horizontalen Wettbewerbsbeziehungen zu Unternehmen derselben Marktstufe und die vertikalen Austauschbeziehungen zu Unternehmen der vor- und nachgeordneten Wirtschaftsstufen und zu den Endverbrauchern zu unterscheiden. Aus der Sicht des einzelnen Unternehmens besteht Wettbewerb, wenn es einen oder mehrere Mitbewerber hat, die mit ihm um den Abschluß von Geschäften mit Dritten (Marktpartner) konkurrieren. Für diese ergeben sich aus dem wettbewerblichen Verhalten der Anbieter oder Nachfrager Alternativen, zwischen denen sie wählen können. Solange die Nachfrager auf andere Anbieter treffen, kann der Wettbewerb seine Steuerungsfunktion, d.h. die Koordination der Pläne sowie die Allokation von Faktoren und Güter, effizient entfalten. Während der Verbraucher nur als Nachfrager auf einem bestimmten Markt auftritt, werden Unternehmen gewöhnlich als Anbieter und als Nachfrager auf verschiedenen Märkten tätig. Mit dem Verhalten des einzelnen Wettbewerbers auf der Anbieterseite befaßt sich, soweit es um die Verhinderung unlauterer Wettbewerbshandlungen geht, das Gesetz gegen unlauteren Wettbewerb (UWG) und, soweit es um den Schutz des Wettbewerbs vor Beschränkungen geht, das Gesetz gegen Wettbewerbsbeschränkungen (GWB).

Soweit Wettbewerb herrscht, ist der einzelne Unternehmer genötigt, die Leistungen seiner Wettbewerber zu übertreffen oder zumindest mit Ihnen Schritt zu halten. Wer mit seinen Leistungen nachläßt, fällt zurück und wird, wenn er sich nicht wieder fängt, aus dem Markt verdrängt. Unter diesem Gesichtspunkt dient der Wettbewerb der Leistungssteigerung und besitzt Steuerungsfunktion, folglich ist der Wettbewerb ein Ordnungsprinzip für die gesamte Volkswirtschaft. In der Bundesrepublik ist der Wettbewerb durch das GWB als Institution einer marktwirtschaftlich orientierten Wirtschaftsordnung rechtlich geschützt.

Die Sicherung des freien Wettbewerbs zwischen Unternehmen und die Bekämpfung unlauterer Wettbewerbshandlungen sind die beiden Zielrichtungen, die der Rechtsordnung in einer Marktwirtschaft gestellt sind. Hierzu bedarf es Mindestregeln, die die Erhaltung der wirtschaftlichen Freiheit aller Wettbewerber voraussetzt, damit ein schrankenloser Wettbewerb verhindert wird. Das Recht muß die Funktionsfähigkeit des Wettbewerbs sichern, damit die Wettbewerbsfreiheit nicht künstlich ausgeschaltet und der Markt durch kollektive oder individuelle Monopole vermachtet wird. Nur wenn Wettbewerb auf einem bestimmten Markt besteht, ergibt sich die Frage, ob eine Wettbewerbshandlung als lauter oder als unlauter anzusehen ist.

12.2.2 Gesetz gegen Wettbewerbsbeschränkungen (GWB)

12.2.2.1 Wettbewerb und Wettbewerbsbeschränkungen in historischer Sicht

Die Zusammenhänge zwischen Wettbewerb und Wettbewerbsbeschränkungen sowie die Interessenkonflikte, die den verschiedenen Arten der Wettbewerbsbeschränkungen zugrunde liegen, sind nur schrittweise als Rechtsprobleme erkannt worden. Historisch wurden Wettbewerbsbeschränkungen unabhängig davon als unvermeidlich angenommen, ob man Kartelle und Monopole für volkswirtschaftlich nützlich oder schädlich hielt oder ob man sie unter die vermeintlichen Entwicklungsgesetze des Kapitalismus subsumierte. Im Privatrecht wurde das Handeln zum Zwecke der Monopolisierung für ebenso rechtmäßig gehalten wie anderes Handeln im Wettbewerb. Gleichwohl konnte sich das Privatrecht dem Problem der wirtschaftlichen Macht nicht entziehen.

Zunächst waren es Einzelfälle, anhand derer die Rechtsprechung erkannte, daß Inhaber wirtschaftlicher Macht die allgemeinen Handlungsfreiheiten benutzen können, um „dem Verkehr unbillige und unverhältnismäßige Opfer" aufzuerlegen. Die Rechtsprechung schützte zunächst Verbraucher vor der Ausbeutung durch Monopole, soweit es sich um Güter des lebenswichtigen Bedarfs handelte. Maßnahmen des Organisationszwanges der Kartelle wurden als sittenwidrig beurteilt, wenn sie geeignet waren, die gewerbliche Existenz von Außenseitern zu vernichten.

In Deutschland gibt es ein Kartellrecht seit 1923. Bis dahin war eine rechtliche Kontrolle von Wettbewerbsbeschränkungen allenfalls über das allgemeine Zivilrecht möglich, besonders über die Nichtigkeitssanktion gegen sittenwidrige Verträge in § 138 BGB. Dem Grundsatz der Vertragsfreiheit wurde gegenüber schädlichen Auswirkungen von Wettbewerbsbeschränkungen auf Marktpartner und Wirtschaftsordnung der Vorrang eingeräumt. Die Kartellverordnung vom 02.11.1923 (Reichsgesetzblatt I. Seite 1.067, KartVO) hatte den offiziellen Titel "Verordnung gegen Mißbrauch wirtschaftlicher Marktstellungen". Sie war Bestandteil des Wirtschaftsprogrammes vom Reichskanzler Stresemann in einer Zeit äußerster wirtschaftlicher Schwierigkeiten. Ihr Ziel war nicht ein generelles Verbot der Kartelle, sondern die Bekämpfung "schädlicher Auswüchse des Kartellwesens". Kartelle sollten durch "Reinigung" dazu befähigt werden, "der Anbahnung einer lauteren Geschäftsgebahrung, der Verbreitung rationeller Produktionsmethoden und einer Vereinheitlichung der Preisbildung zu dienen". Damit war die

KartVO rechtstechnisch ganz dem Mißbrauchsprinzip verhaftet. Der Reichswirtschaftsminister übte eine Mißbrauchsaufsicht aus bei Gefährdung der Gesamtwirtschaft und des Gemeinwohls. Die Nichtigkeitserklärung oder die Untersagung der Durchführung eines Kartells konnte allein vom Kartellgericht und nur auf Antrag des Reichswirtschaftsministeriums ausgesprochen werden. Das Kartellgericht war ein besonderes Verwaltungsgericht und dem Reichswirtschaftsgericht angegliedert.

Während des Nationalsozialismus wurde die KartVO im Grundsatz beibehalten. Schon im Jahre 1933 wurde ein Gesetz zur Errichtung von Zwangskartellen erlassen, aufgrund dessen der Reichswirtschaftsminister "zum Zwecke der Marktregelung Unternehmen zu Syndikaten, Kartellen, Konventionen oder ähnlichen Abmachungen zusammenschließen" konnte, "wenn der Zusammenschluß ... unter Würdigung der Belange der Unternehmungen sowie der Gesamtwirtschaft und des Gemeinwohls geboten erscheint". Erschienen Kartelle im Rahmen der Wirtschaftsordnung als nützlich, wurden sie gefördert, andernfalls mußten sie geändert oder beseitigt werden.

Nach dem Krieg wurden in den westlichen Besatzungsgebieten alliierte Dekartellisierungsgesetze erlassen. Sie erhielten Verbote sämtlicher wettbewerbsbeschränkender Abmachungen. Sie ermöglichten auch die Auflösung von übermäßig konzentrierten Unternehmungen. Hierauf ist z.B. die Auflösung der IG-Farben in die Chemieunternehmen Bayer, Höchst und BASF zurückzuführen. Parallel mit dem Abbau der staatlichen Bewirtschaftung und dem Übergang der Wirtschaftsverwaltung in deutsche Hände wuchs das Bedürfnis, das Kartellrecht umfassend neu zu regeln. In einem Memorandum von 1949 teilten die Besatzungsmächte ihre Absicht mit, einen Teil ihrer Befugnisse auf dem Gebiet der Dekartellisierung auf deutsche Stellen zu delegieren. Die Rechte der Alliierten zur Durchführung des Dekartellisierungsrechts gingen im Mai 1955 auf das Bundeswirtschaftsministerium über. Das Gesetz gegen Wettbewerbsbeschränkungen (GWB) ist mit dem 01.01.1958 in Kraft getreten.

Die zweite, vierte und fünfte GWB Novellen versuchten, Instrumente für den "strukturellen Nachteilsausgleich" kleinerer und mittlerer Unternehmen zu schaffen und damit die Marktstrukturen zu verbessern. Die Leistungs- und damit Wettbewerbsfähigkeit kleinerer und mittlerer Unternehmen sollten gestärkt werden, u.a. mit dem Ziel, beherrschende Stellungen größerer Unternehmen zu begrenzen oder zu beseitigen. Mit der sechsten GWB Novelle, die am 01.01.1999 in Kraft trat, sollte vor allem das Wettbewerbsprinzip gestärkt und eine Harmonisierung des deutschen mit dem europäischen Recht geschaffen werden.

12.2.2.2 Horizontaler Wettbewerb

Das Gesetz gegen Wettbewerbsbeschränkungen ist in mehrere Abschnitte eingeteilt. Der erste Abschnitt des ersten Teils des Gesetzes trägt die Überschrift "Kartellvereinbarungen, Kartellbeschlüsse und abgestimmtes Verhalten". Gemeint sind damit "horizontale" Wettbewerbsbeschränkungen, die im Sinne des § 1 GWB "zwischen miteinander im Wettbewerb stehenden Unternehmen" vereinbart worden sind. Nach dem Gesetzeswort-

12.2. Wettbewerbsrechtliche Aspekte

laut sind Vereinbarungen zwischen miteinander im Wettbewerb stehenden Unternehmen, Beschlüsse von Unternehmensvereinigungen und aufeinander abgestimmte Verhaltensweisen, die eine Verhinderung, Einschränkung oder Verfälschung des Wettbewerbs bezwecken oder bewirken, verboten. Typische Beispiele für eine horizontale Wettbewerbsbeschränkung sind das Preiskartell oder Gebiets- oder Quotenabsprachen zwischen Wettbewerbern. Ihre Praktizierung ist nach § 81 Abs. 1 Nr. 1 GWB eine Ordnungswidrigkeit. Außerdem können die Unternehmen Dritten gegenüber zum Schadensersatz verpflichtet sein (§ 33 GWB).

Nach § 1 GWB sind aufeinander abgestimmte Verhaltensweisen, die eine Verhinderung, Einschränkung oder Verfälschung des Wettbewerbs bezwecken oder bewirken, verboten. Hier werden insbesondere sogenannte "Gentlemen Agreements" oder "Frühstücks-Kartelle" erfaßt. Wettbewerbswidrig sind daher beispielsweise Verständigungen zwischen Unternehmen, zu einem bestimmten Termin oder in einem bestimmten Umfang die Preise zu erhöhen oder zu senken, ohne daß ein Vertrag hierüber abgeschlossen wird, die Unternehmen dennoch die Vereinbarung aufgrund abgestimmten Verhaltens in die Tat umsetzen. Das Gesetz sieht in § 32 GWB vor, daß die Kartellbehörde abgestimmtes Verhalten untersagen kann. Verstöße gegen das Gesetz können mit Bußgeldern in Höhe bis zu 1 Mio. DM, darüber hinaus bis zum Dreifachen des durch die verbotene Abstimmung erzielten Mehrerlöses geahndet werden.

Das Kartellgesetz sieht besondere Ausnahmeregelungen vor, um die Bündnisfähigkeit kleiner gegenüber großen, marktstarken und marktbeherrschenden Unternehmen zu fördern. So enthalten die §§ 2 bis 7 GWB Ausnahmevorschriften, aufgrund derer bestimmte Kartelltypen legalisiert werden können. Es handelt sich insbesondere um Kartelle, in denen Unternehmen Konditionen vereinheitlichen, Rationalisierungs- und Spezialisierungsmaßnahmen vereinbaren oder eine Vereinbarung zur Bereinigung einer Stukturkrise treffen können. Sonderregelungen sind für Mittelstandskartelle vorgesehen. Im Rahmen der vorgenannten Voraussetzungen können bei dem Bundeskartellamt bzw. den Landeskartellämtern, sofern die Auswirkung eines Kartells die Landesgrenzen nicht überschreiten, Ausnahmeregelungen vom Kartellverbot beantragt werden.

Daneben gibt es Kooperationen zwischen Unternehmen, die grundsätzlich kartellfrei sind. Dieses gilt insbesondere bei einer Zusammenarbeit bei der Beschaffung und Auswertung von Informationen im Rahmen von Marktinformationsverfahren, der Kooperation im Einkauf, die insbesondere einem strukturellen Nachteilsausgleich kleinerer und mittelständischer Unternehmen gegenüber Großunternehmen dienen, die aufgrund ihres Einkaufsvolumens Vorteile im Einkauf verlangen können. Ferner sind Verkaufsgemeinschaften zwischen Wettbewerbern und Nichtwettbewerbern grundsätzlich zulässig.

12.2.2.3 Vertikaler Wettbewerb

Während §§ 1 ff. GWB "horizontale" Wettbewerbsbeschränkungen verbieten, d.h. Beschränkungen, die aktuelle oder potentielle Wettbewerber miteinander vereinbaren oder sonst festlegen, handelt es sich bei den im 2. Abschnitt des GWB geregelten "vertikalen"

Wettbewerbsbeschränkungen um Vereinbarungen zwischen Unternehmen verschiedener Wirtschaftsstufen. In §§ 14 - 15 GWB werden Inhaltsbindungen für Zweitverträge geregelt, also das Verbot, einem anderen Unternehmen vorzuschreiben, zu welchen Bedingungen und Preisen es seine Verträge mit Dritten ausgestalten soll. Der Hersteller darf also seinem Händler oder Abnehmer weder vorschreiben, zu welchen Preisen er die von ihm bezogenen Waren verkauft, noch derartige Bedingungen für andere Waren oder gewerbliche Leistungen vorgeben, z.B. seinem Abnehmer vorschreiben, zu welchen Preisen er den Kundendienst für die betreffenden Waren durchzuführen hat. Mithin ist auch die Festlegung von Gewinnspannen, Rabatten, Skonti, Frachtsätzen gegenüber dem Abnehmer in dessen Weiterverkaufsverträgen unzulässig. § 15 Abs. 1 GWB enthält eine Ausnahme von diesem grundsätzlichen Verbot für die Preisbindung für Verlagserzeugnisse, § 15 Abs. 3 GWB die Grundlage für eine Mißbrauchsaufsicht über die nach § 15 Abs. 1 GWB zugelassene Preisbindung.

Durch Ausschließlichkeitsbindungen im Sinne von § 16 GWB beschränkt ein Unternehmen ein anderes nicht im Inhalt seiner Vereinbarung mit Dritten, sondern darin, ob solche Vereinbarungen überhaupt mit Dritten geschlossen werden dürfen. So kann die Kartellbehörde Vereinbarungen zwischen Unternehmen verbieten, soweit sie einen Beteiligten in der Freiheit der Verwendung, im Bezug oder in der Lieferung von Waren oder gewerblichen Leistungen beschränken oder verpflichten, sachlich oder handelsüblich nicht dazugehörige Waren oder gewerbliche Leistungen abzunehmen. Erfaßt werden mithin z.B. Verbote, eine gelieferte Maschine nur für die Herstellung bestimmter Produkte zu verwenden oder die gelieferte Maschine ausdrücklich nur mit bestimmten Ersatzteilen zu versorgen oder das Verbot, bestimmte Nicht-Fachhändler oder Unternehmen der gleichen Wirtschaftsstufe nicht zu beliefern. Derartige Ausschließlichkeitsbindungen sind nach dem Gesetz nicht nichtig, sondern unterliegen nur einer Mißbrauchsaufsicht der Kartellbehörde, d.h. sie können verboten werden.

12.2.2.4 Marktbeherrschung und wettbewerbsbeschränkendes Verhalten

Für Unternehmensgründer bedeutsame Regelungen finden sich im dritten Abschnitt des ersten Teils des Gesetzes unter der Überschrift „Marktbeherrschung, wettbewerbsbeschränkendes Verhalten" im Hinblick auf verschiedenartige außervertragliche Verhaltensweisen von Unternehmen. Eine für kleine und mittlere Unternehmen bedeutsame Vorschrift findet sich in § 21 GWB. Danach dürfen Unternehmen nicht andere in der Absicht, bestimmte Unternehmen unbillig zu beeinträchtigen, zu Liefer- oder Bezugssperren auffordern. Es handelt sich hier um das sogenannte Boykottverbot. Ferner wird geregelt, daß Unternehmen gegenüber kleinen und mittleren Wettbewerbern mit überlegener Marktmacht ihre Marktmacht nicht ausnutzen dürfen, solche Wettbewerber unmittelbar oder mittelbar unbillig zu behindern. Hier geht es insbesondere um den Schutz von kleinen und mittleren Unternehmen gegenüber dem systematischen und gezielten Einsatz aggressiver Preis- und Rabattpraktiken von großen Unternehmen. Unmittelbare Behinderungen können z.B. Preiskampfmaßnahmen gegenüber kleinen und mittleren

Wettbewerbern sein. Mittelbare Behinderungen sind z.B. auch Ausnutzung der Nachfragemacht gegenüber Lieferanten, um Vergünstigungen im eigenen Einkauf zu erreichen, wenn zugleich in irgendeiner Weise kleine und mittlere Unternehmen behindert werden, etwa dadurch, daß sie von Lieferanten abgeschnitten werden. Auch ist denkbar, daß durch bevorzugte Behandlung des Einzelhandels Absatzkanäle für Konkurrenten geschlossen werden. Das Diskriminierungs- und Behinderungsverbot des Gesetzes wird darüber hinaus durch eine Beweislastregel zu Lasten des marktstarken Unternehmens verstärkt. Wenn allein aufgrund bestimmter Tatsachen nach allgemeiner Erfahrung der Anschein besteht, daß eine unbillige Behandlung von kleinen oder mittleren Wettbewerbern vorliegt, muß dieser Anschein vom marktstarken Unternehmen widerlegt werden.

12.2.2.5 Zusammenschlußkontrolle

Die Praxis zeigt, daß expansive Unternehmen vordringlich nicht intern, sondern durch Zukauf extern wachsen. Unternehmenskaufverträge oder Kaufverträge über einen Betrieb unterliegen nach den §§ 35 ff. GWB der durch das Bundeskartellamt ausgeübten Fusionskontrolle: dabei haben die Beteiligten den Zusammenschluß gemäß § 39 Abs. 1 GWB anzumelden.

Nach § 39 Abs. 1 GWB ist der Kauf eines Unternehmens im Ganzen oder zu einem wesentlichen Teil oder eines Betriebes anmeldepflichtig. Dabei muß der Erwerber nach dem Wortlaut des Gesetzes ein Unternehmer sein. Der Erwerb durch einen Nicht-Unternehmer kann den Zusammenschlußtatbestand nicht erfüllen. Hiervon macht § 36 Abs. 3 GWB jedoch dann eine Ausnahme, wenn eine natürliche Person eine Mehrheitsbeteiligung an einem anderen Unternehmen hält. Erwirbt eine solche natürliche Person durch Kauf ein anderes Unternehmen, so liegen die Voraussetzungen der §§ 35 Abs. 1, 39 Abs. 6 GWB vor, und der Erwerb unterliegt der Anzeige an das Bundeskartellamt.

Das Gesetz spricht zunächst vom Erwerb des gesamten Vermögens eines Unternehmens. Der Unternehmenserwerb erfüllt aus diesem Grunde immer den Zusammenschlußtatbestand des GWB, seine Anwendbarkeit ist nur ausgeschlossen, wenn durch den Unternehmenserwerb nicht die Voraussetzungen von § 35 Abs. 1 GWB erfüllt werden. Diese Voraussetzungen sind mehr als eine Milliarde Deutsche Mark Umsatz der beteiligten Unternehmen und mehr als fünfzig Millionen Deutsche Mark Umsatz eines der beteiligten Unternehmen im Inland.

Der Anmeldepflicht unterliegt gemäß § 37 Abs. 1 Nr. 1 GWB auch der Erwerb eines „wesentlichen Vermögensteiles". Wie dieser Begriff auszufüllen ist, bereitet in der Praxis oft erhebliche Schwierigkeiten. Das Vorliegen eines wesentlichen Vermögensteils wird jedenfalls dann angenommen, wenn die erworbene Vermögensmasse sich als eine organisatorische Einheit nach außen erkennbar präsentiert. Die Fusionskontrolle greift jedoch erst ein, wenn der Erwerb eines wesentlichen Vermögensteils oder der Vermögenserwerb die Marktstellung des Erwerbers verändert. Dabei muß der Zusammenschluß mindestens einen spürbaren Einfluß auf die Marktverhältnisse haben. Nach dieser Definition kann schon der Erwerb eines relativ geringen Vermögens sich spürbar auf die Marktverhältnisse auswirken.

Ein anmeldepflichtiger Zusammenschluß liegt gemäß § 37 Abs. 1 Nr. 2 GWB weiterhin vor beim Erwerb der unmittelbaren oder mittelbaren Kontrolle über die Gesamtheit oder Teile eines oder mehrerer Unternehmen.

Anmeldepflichtig ist daneben auch der Anteilserwerb gemäß § 37 Abs. 1 Nr. 3 GWB. Die Voraussetzungen der vorgenannten Norm sind erfüllt, wenn ein Unternehmen Anteile an einem anderen Unternehmen erwirbt und diese Anteile zusammen mit bereits früher erworbenen Anteilen oder für sich allein (1.) 50 vom Hundert oder (2.) 25 vom Hundert des Kapitals oder der Stimmrechte des anderen Unternehmens erreichen, d.h. nur beim erstmaligen Überschreiten dieser Grenzen wird der Zusammenschluß meldepflichtig. Dabei ist es gleichgültig, in welcher Rechtsform das Unternehmen betrieben wird. Bleibt der Erwerb einer Beteiligung unterhalb einer Grenze von 25 % des stimmberechtigten Kapitals, liegt nur dann ein Zusammenschlußtatbestand vor, wenn dem Gesellschafter eine Rechtsstellung eingeräumt wird, die ein Gesellschafter mit 25 % oder mehr des stimmberechtigten Kapitals innehat. Schließlich gilt gemäß § 37 Abs. 1 Nr. 4 GWB jede sonstige Verbindung von Unternehmen, auf Grund deren ein oder mehrere Unternehmen unmittelbar oder mittelbar einen wettbewerblich erheblichen Einfluß auf ein anderes Unternehmen ausüben können, als anmeldepflichtiger Zusammenschluß.

Zur Anmeldung beim Bundeskartellamt verpflichtet sind die an der Fusion beteiligten Unternehmen. Eine Anmeldung ist gemäß § 39 Abs. 4 GWB ausnahmsweise nicht erforderlich, wenn die Kommission der Europäischen Gemeinschaften einen Zusammenschluß an das Bundeskartellamt verwiesen hat und dem Bundeskartellamt die nach § 39 Abs. 3 GWB erforderlichen Angaben in deutscher Sprache vorliegen.

Der Geltungsbereich der Zusammenschlußkontrolle ist nicht eröffnet, wenn einer der drei Bagatelltatbestände gemäß § 35 Abs. 2 GWB vorliegt. Diese Bagatelltatbestände sind:

1. soweit sich ein Unternehmen, das nicht im Sinne des § 36 Abs. 2 GWB abhängig ist und im letzten Geschäftsjahr weltweit Umsatzerlöse von weniger als zwanzig Millionen Deutsche Mark erzielt hat, mit einem anderen Unternehmen zusammenschließt,

2. soweit ein Markt betroffen ist, auf dem seit mindestens fünf Jahren Waren oder gewerbliche Leistungen angeboten werden und auf dem im letzten Kalenderjahr weniger als dreißig Millionen Deutsche Mark umgesetzt wurden.

Trotzdem kann eine Unternehmensveräußerung, auch wenn die Grenzen der Bagatellklausel gemäß § 35 Abs. 2 GWB unterschritten sind, wegen eines Verstoßes gegen § 1 GWB unwirksam sein. § 1 GWB verbietet Wettbewerbsbeschränkung, wenn dadurch die Marktverhältnisse auf dem relevanten Markt spürbar beeinflußt oder vollständig beseitigt werden. Eine solche Konstellation wird, wenn die Grenzen der Bagatellklausel gemäß § 35 Abs. 2 GWB unterschritten werden, regelmäßig nur auf Regionalmärkten zu finden sein. Eine derartige Unternehmensveräußerung ist dann wegen Verstoßes gegen § 1 GWB unwirksam (siehe auch Abschnitt 12.2.2.2).

12.2.2.6 Kartellrecht der Europäischen Union

Kartellrecht ist jedoch nicht nur national, sondern insbesondere im Rahmen der Europäischen Union zu betrachten. Der EWG-Vertrag von 1957 (EWGV) enthält in den Artikeln 85 bis 90 und den auf der Grundlage dieser Artikel erlassenen Verordnungen ein umfassendes Gemeinschafts-Kartellrecht. Mit der sechsten Novelle des Kartellgesetzes wurde unter anderem eine Harmonisierung mit dem EG Recht angestrebt und auch weitestgehend erreicht.

Das Kartellverbot des Artikel 85 Abs. 1 EWGV unterscheidet nicht zwischen horizontalen und vertikalen Wettbewerbsbeschränkungen. Auch das in § 1 GWB verwendete Kriterium „zwischen miteinander im Wettbewerb stehenden Unternehmen" ist im EWG-Vertrag unbekannt. Das bedeutet, daß dem Verbot alle horizontal und vertikal vereinbarten Wettbewerbsbeschränkungen unterliegen, also im Vertikalbereich nicht nur, wie im deutschen Recht, Preis- und sonstige Inhaltsbindungen, sondern auch Abschlußbindungen, insbesondere Ausschließlichkeitsverträge und alle Arten von Exportverboten.

Artikel 85 Abs. 3 EWGV sieht die Möglichkeit vor, wettbewerbsbeschränkende Vereinbarungen, Beschlüsse oder Abstimmungen vom Kartellverbot durch "Einzel- oder Gruppenfreistellungen" auszunehmen. Die Einzelfreistellung wird durch Anmeldung bei der EG-Kommission beantragt (VO Nr. 27 vom 03.05.1962, ABl. 1962, 1118). Trotz einer umfangreichen Entscheidungspraxis konnte die Kommission bisher nur einen kleinen Teil der bei ihr vorliegenden und weiter eingehenden Anmeldungen durch Entscheidungen erledigen; deswegen hat die Erledigung von Anmeldungen durch sogenannte "Bestätigungsschreiben" (Comfort-Letters) zunehmende Bedeutung. Die angemeldeten Vereinbarungen und Beschlüsse genießen kraft der Anmeldung Freiheit vor Verfolgung durch Bußgeld und haben die Chance, mit zivilrechtlicher Wirkung rückwirkend zum Datum der Anmeldung freigestellt zu werden.

Besonderes Gewicht haben die Gruppenfreistellungsverordnungen im Bereich der Vertikalverträge, d.h. für

- Alleinvertriebsvereinbarungen (VO 1983/83 vom 22.06.1983),
- Alleinbezugsvereinbarungen (VO 1983/83 vom 22.06.1983),
- Patentlizenzvereinbarungen (VO 2349/84 vom 23.07.1984),
- Vertriebs- und Kundendienstvereinbarungen über Kraftfahrzeuge (VO 123/85 vom 12.12.1984),
- Franchisevereinbarungen (VO 4087/88 vom 30.11.1988),
- Know-how-Vereinbarungen (VO 556/89 vom 30.11.1988).

Im Bereich der Horizontalverträge gibt es inzwischen zwei Gruppenfreistellungsverordnungen, d.h. für

- Spezialisierungsvereinbarungen (VO 417/85 vom 19.12.1984),
- Vereinbarungen über Forschung und Entwicklung (VO 418/85 vom 19.12.1994).

Artikel 85 und 86 haben zur gemeinsamen Voraussetzung, daß die von ihnen verfaßten Maßnahmen geeignet sind, den zwischenstaatlichen Handel zu beeinträchtigen. Diese sogenannte Zwischenstaatsklausel wird außerordentlich weit ausgelegt. Kein Zweifel kann an ihrer Erfüllung bestehen, wenn die beteiligten Unternehmen ihren Sitz in verschiedenen EG-Mitgliedsstaaten haben. Aber auch Vereinbarungen zwischen Unternehmen aus einem Mitgliedsstaat oder mit Unternehmen aus Drittstaaten unterliegen dem EWG-Recht, wenn sie in irgendeiner Weise unmittelbar oder mittelbar den zwischenstaatlichen Handel beeinflussen können. Die Zwischenstaatsklausel ist auch anwendbar, wenn das Kartell zu einer quantitativen Ausweitung des Handelsvolumens zwischen Mitgliedsstaaten führt. Es kommt allein auf eine "qualitative" Beeinflussung der Handelsströme zwischen den Mitgliedsstaaten an, die "für die Verwirklichung der Ziele eines einheitlich zwischenstaatlichen Marktes nachteilig sein kann" (Kommission WUW/E 343 ff., 359 Continental Can). Die Beeinträchtigung muß spürbar sein, d.h. von einem quantitativen Mindestausmaß. Die Kommission hat ihre Vorstellungen über Spürbarkeitsgrenzen in einer Bagatellbekanntmachung konkretisiert.

Nach der Rechtsprechung des Europäischen Gerichtshofs kommt den Artikeln 85 und 86 ein spezifischer Vorrang vor dem nationalen Recht zu (vgl. EuGH WUW/E 201 ff. = NJW 1996, 1.000 ff. "Teerfarben-Zwischenurteil"). Nationale kartellrechtliche Vorschriften und ihr Vollzug dürfen die einheitliche Anwendung des EWG-Kartellrechts nicht beeinträchtigen. Die deutschen Kartellbehörden haben bei Anwendung ihres Kartellrechts den Vorrang des EWG-Kartellrechts und der zur Verwirklichung dieses Rechts schon getroffenen oder noch möglichen Entscheidungen oder Maßnahmen zu berücksichtigen. Der Vorrang des Gemeinschaftsrechts bedeutet nicht, daß auf denselben Sachverhalt EWG-Kartellrecht und deutsches Kartellrecht nicht nebeneinander angewendet werden dürfen. Vielmehr ist das deutsche Kartellrecht grundsätzlich neben dem EWG-Kartellrecht anzuwenden. Nur bei Konflikt zwischen Normen beider Rechte setzt sich aufgrund der Vorrangregel das EWG-Kartellrecht durch. Gleichgerichtete Entscheidungen der nationalen EWG-Behörden sind möglich.

Die EU-Kommission überprüft, inwieweit die oben genannten Gruppenfreistellungsverordnungen zukünftig aufrechterhalten bleiben. Es ist damit zu rechnen, daß insbesondere die Alleinvertriebs- und -bezugsvereinbarungen (auch für den Kfz-Bereich) abgeschafft oder erheblich modifiziert werden.

Der EWG-Vertrag enthält keine ausdrücklichen Vorschriften über Unternehmenszusammenschlüsse. Der Gerichtshof hat im Continental Can Urteil von 1973 die These der Kommission bestätigt, daß unter bestimmten engen Voraussetzungen auch Unternehmenszusammenschlüsse als Mißbrauch marktbeherrschender Stellungen nach Artikel 86 verfolgt werden können. Auf dieser Grundlage hat die Kommission kurz danach einen Entwurf einer Fusionskontrollverordnung vorgelegt, der aber vom Ministerrat nicht verabschiedet wurde. Erst am 21.12.1989 verabschiedete der Ministerrat eine wesentlich geänderte, außer auf Artikel 86 (87) auch auf Artikel 235 EWGV gestützte Verordnung (VO 4064/89 über die Kontrolle von Unternehmenszusammenschlüssen, ABl. L257 vom 21.09.1990). Die Verordnung

- erfaßt Zusammenschlüsse im Sinne von Fusionen oder des alleinigen oder gemeinsamen Erwerbs der Kontrolle über ein anderes Unternehmen,
- ist anwendbar, wenn die beteiligten Unternehmen zusammen einen weltweiten Umsatz von mehr als 5 Milliarden Euro und mindestens zwei beteiligte Unternehmen einen gemeinschaftsweiten Gesamtumsatz von jeweils mehr als 250 Mio Euro haben; dies gilt nicht, wenn die am Zusammenschluß beteiligten Unternehmen jeweils mehr als zwei Drittel ihres gemeinschaftsweiten Gesamtumsatzes in einem und demselben Mitgliedstaat erzielen.

Diese Zusammenschlüsse sind von der Kommission als mit dem gemeinsamen Markt unvereinbar zu untersagen, wenn sie unter Berücksichtigung bestimmter materieller Kriterien "eine beherrschende Stellung begründen oder verstärken, durch die wirksamer Wettbewerb im gemeinsamen Markt oder einem wesentlichen Teil desselben erheblich behindert würde". Auf die von der Verordnung erfaßten Zusammenschlüsse ist nationales Fusionskontrollrecht, d. h. in Deutschland das "GWB", nicht anwendbar.

12.2.3 Gesetz gegen unlauteren Wettbewerb (UWG)

Der Kreis der Vorschriften, die der Ordnung des Wettbewerbs durch Bekämpfung unlauterer Wettbewerbsmethoden dienen, gehört nach deutscher Rechtsauffassung zum klassischen (allgemeinen) Wettbewerbsrecht. Das grundlegende Gesetz ist das UWG vom 07.06.1906, das im Laufe der Zeit mehrfach geändert und ergänzt wurde. Es gewährt vor allem durch die Generalklausel des § 1 einen Mindestschutz gegen unlautere Wettbewerbshandlungen. § 1 UWG lautet:

„Wer im geschäftlichen Verkehr zu Zwecken des Wettbewerbs Handlungen vornimmt, die gegen die guten Sitten verstoßen, kann auf Unterlassung und Schadensersatz in Anspruch genommen werden."

Das UWG dient heute nicht nur dem Schutz der Wettbewerber untereinander, sondern auch dem Schutz der übrigen Marktbeteiligten, insbesondere der Verbraucher, und dem Schutz der Allgemeinheit vor Auswüchsen des Wettbewerbs. Die Rechtsprechung hat die soziale Funktion des Wettbewerbsrechts seit langem betont und daraus in zunehmendem Maße rechtliche Folgerungen für die Beurteilung von Wettbewerbshandlungen gezogen.

Wie die lauteren von den unlauteren Wettbewerbshandlungen abzugrenzen sind, ist seit jeher die Problematik des Wettbewerbsrechts. Mit Einzeltatbeständen läßt sich die Verwandlungsfähigkeit der Unredlichkeit im geschäftlichen Verkehr nicht regeln. Rechtsprechung und Lehre ist es gelungen, die Generalklausel des § 1 UWG wettbewerbsgerecht auszulegen. Anhand der Generalklausel hat sich eine umfangreiche höchstrichterliche Rechtsprechung entwickelt, die ihren Ausdruck in zahllosen Richtlinien und Leitsätzen gefunden hat. Dieses aus der geschickten Handhabung der Generalklausel geschaffene Richterrecht ist heute das allgemeine Wettbewerbsrecht. Hieraus folgend haben sich bei der Beurteilungen der Wettbewerbshandlungen, die unter § 1 UWG zu subsumieren sind, verschiedene Fallgruppen ergeben:

12.2.3.1 Unlautere Kundenwerbung

Der Begriff der unlauteren Kundenwerbung kennzeichnet einen Wettbewerb, der darauf gerichtet ist, die Entschließung des Kunden nicht mit Mitteln des Leistungswettbewerbs, sondern auf sachfremde Art und Weise zu beeinflussen. Richtig ist, daß die Werbung stets darauf gerichtet ist, auf den Kunden Einfluß zu nehmen. Die Werbung gehört damit zum Wesen des Wettbewerbs und ist als solche nicht grundsätzlich zu beanstanden. Hält sich die Werbung – wie ein Verschenken von Ware lediglich zu Probezwecken oder eine sonst reine Aufmerksamkeitswerbung – innerhalb angemessener Grenzen, ohne für die Entschließung des Kunden ein zu starkes Gewicht zu erlangen, ist sie grundsätzlich hinzunehmen. Bedenklich wird sie erst dann, wenn sie mit Mitteln arbeitet, die geeignet sind, die freie Willensentschließung des Kunden zu beeinträchtigen.

Wettbewerbsfremd ist jedes wettbewerbliche Vorgehen, das die Gefahr einer Täuschung des Publikums begründet. Es widerspricht den guten Sitten, Wettbewerbsvorteile durch Täuschung zu erreichen. Demgemäß müssen Anzeigen oder sonstige Veröffentlichungen in Zeitungen oder Zeitschriften zu Zwecken des Wettbewerbs den werbenden Charakter klar erkennen lassen. Aufgrund dessen wurde der Grundsatz der Trennung von Werbung und redaktionellem Teil klar definiert. Berichten die Medien in Wahrnehmung ihrer publizistischen Informationsaufgabe unentgeltlich über bestimmte Unternehmen oder Produkte, ist das Gebot der Trennung von Werbung und redaktionellem Text nicht verletzt, wenn die sachliche Unterrichtung des Lesers im Vordergrund steht und werbliche Auswirkungen lediglich zwangsläufige Folge der Berichterstattung sind. Der Grundsatz der Trennung von Werbung und redaktionellem Teil gilt auch für Werbemaßnahmen im redaktionellen Programm von Rundfunk und Fernsehen.

Wettbewerbswidrig ist auch die Ausnutzung der Rechtsunkenntnis der Verbraucher, beispielsweise durch Verwendung von Vertragsformularen, die den gesetzlichen Vorschriften über die Widerrufsbelehrung bei Abzahlungs- und Haustürgeschäften nicht entsprechen, aber geeignet sind, den die Rechtslage nicht überblickenden Käufer vom Widerruf abzuhalten. Gleiches gilt, wenn nicht ordnungsgemäß über das Widerrufsrecht belehrt wird, so bei der Bestellung von Zeitschriften und Zeitschriften im Abonnement, ungeachtet des Rechts zur jederzeitigen Kündigung.

12.2. Wettbewerbsrechtliche Aspekte

In wettbewerbsrechtlicher Hinsicht ist auch die Nötigung stets wettbewerbswidrig. So ist die automatische Kopplung von Gewerkschaftsmitgliedschaft und Versicherungsschutz allein aufgrund der Satzung der Gewerkschaft mit dem Wesen des Leistungswettbewerbs nicht zu vereinbaren, da der entgeltliche Erwerb des Versicherungsschutzes sachfremd überlagert und erzwungen wird von der sozialpolitischen Entscheidung, Mitglied der Gewerkschaft zu sein. Auch darf auf Eltern unter Einschaltung der Autorität von Schulen (durch Lehrer) und Kindergärten (durch Kindergärtnerinnen) kein moralischer Druck dahingehend ausgeübt werden, daß sie sich im Falle einer ablehnenden Entschließung des Vorwurfs mangelnder Hilfsbereitschaft und Solidarität aussetzen. Es ist auch unlauter, an Unfallbeteiligte noch am Unfallort unaufgefordert zwecks Abschlusses von Abschlepp-, Reparatur- oder Mietverträgen heranzutreten, ohne daß dies durch eine Notlage bedingt ist. Wettbewerbswidrig kann eine Werbung dann sein, wenn die damit verbundene Belästigung das tragbare Maß überschreitet, wenn also das Interesse des Umworbenen am Schutz seiner Privatsphäre das Interesse des Werbenden an freier gewerblicher Entfaltung überwiegt. Das ist stets der Fall, wenn die Belästigung der Gefahr der Überrumpelung, also die Gefahr einer unsachlichen Einflußnahme auf die Entscheidungsfreiheit des Umworbenen in sich birgt. Als Beispiele kann hier die Telefonwerbung genannt werden. Privatpersonen gegenüber ist Telefonwerbung unzulässig, sofern der Angerufene nicht zuvor ausdrücklich oder stillschweigend sein Einverständnis erklärt hat. Denn der zu jeder Tageszeit mögliche Anruf stellt ein unmittelbares Eindringen in die Privatsphäre des Angerufenen dar. Gegenüber Gewerbetreibenden ist die Telefonwerbung anders zu beurteilen. Denn hier scheidet der Gesichtspunkt der nicht hinnehmbaren Belästigung im privaten Bereich aus. Allerdings unterhält der Gewerbetreibende den Telefonanschluß im eigenen Interesse und nicht im Interesse der Werbenden. Daher sind Anrufe auch im gewerblichen Bereich nicht ohne weiteres zulässig, zumal die Belästigung und Störung in der beruflichen Tätigkeit und die Blockierung der Telefonleitung in Rechnung zu stellen ist.

Erfolgt die Werbung mit einer Wertreklame, die dem Kunden im Zusammenhang mit dem Abschluß eines Geschäfts über eine andere Ware oder Leistung verbilligt oder ganz unentgeltlich überlassen wird, so kann auch dieses unzulässig sein. Wertreklame ist in besonderem Maße geeignet, den Kunden gegen seinen eigentlichen Willen zum Kaufabschluß zu veranlassen, weil die in Aussicht stehende Vergünstigung den Kauf insgesamt vorteilhaft erscheinen läßt. Es gehört zum Wesen der Wertreklame, gerade durch einen so motivierten Kaufentschluß Kunden zu gewinnen. Die Wertreklame verstößt damit immer gegen § 1 UWG, wenn die Inaussichtstellung einer Vergünstigung den Umworbenen so stark beeinflußt, daß nicht mehr Qualität und Preis, sondern die sachfremden Auswirkungen der in Aussicht gestellten Vergünstigungen für die Kaufentschließung des Kunden bestimmend sind. Demzufolge sind auch Zugaben im Sinne der Zugabenverordnung und die Gewährung von Preisnachlässen nach dem Rabattgesetz unzulässig. Handelt es sich jedoch um geringwertige Gegenstände, so ist eine schlichte Aufmerksamkeitswerbung nicht wettbewerbswidrig. Die Wettbewerbswidrigkeit eines psychologischen Kaufzwanges bei unentgeltlichen Zuwendungen besteht immer dann, wenn der potentielle Kunde glaubt, aus einem Gefühl der Verpflichtung heraus, d.h. anstandshalber, bei dem die Zuwendung gewährenden Wettbewerber kaufen zu müssen. Eine solche sachwidrige Zwangslage ist grundsätzlich bei einer kostenlosen Einzelbeförderung von Kunden in Betracht zu ziehen. Anders liegt es bei der unentgeltlichen oder verbilligten Beförderung einer unbestimmten Vielzahl von Fahrgästen durch von einem Unternehmer angemietete Omnibusse, wenn die Beförderung dem Ausgleich von Standortnachteilen des Unternehmens dient und der Kunde einen Einkauf nicht als Voraussetzung für die Beförderung ansieht, seine Anonymität gewahrt bleibt, Verkaufsberatung während der Fahrt unterbleibt und der Wert der kostenlosen Beförderung und damit die Gefahr einer unsachlichen Beeinflussung des Kunden zurücktritt.

12.2.3.2 Individuelle Behinderung

Eine weitere Fallgruppe des § 1 UWG ist die individuelle Behinderung. Hierunter wird die Beeinträchtigung der wettbewerblichen Entfaltungsmöglichkeiten eines Mitbewerbers verstanden. Als Absatzbehinderung wird es angesehen, wenn ein Mitbewerber durch Einwirkung auf potentielle Kunden den möglichen Erwerb der Ware oder Leistung behindert. Unter dem Gesichtspunkt des Abfangens von Kunden wurde es als unlauter angesehen, in unmittelbarer Nähe des Geschäftslokals des Mitbewerbers gezielt Kaufinteressenten anzusprechen oder an sie Handzettel zu verteilen bzw. Werbeplakate anzubringen. Beispielhaft kann hier auf die wettbewerbliche Situation von Unternehmen, die Kfz-Schilder in unmittelbarer Nähe von Kraftfahrzeug-Zulassungsämtern herstellen, verwiesen werden. Auch das Gewähren von Kündigungshilfe zur ordnungsgemäßen Vertragsauflösung mit dem Ziel der Kundenabwerbung ist dann unzulässig, wenn hierbei unlautere Mittel eingesetzt werden, z.B. unrichtige Angaben über den Mitwettbewerber und seine Produkte gemacht werden.

Wettbewerbswidrig ist ferner die gezielte Ausschaltung durch Vernichtung, Beschädigung, Überdeckung, Beiseiteschaffen oder Auskaufen fremder Werbung, sofern kein Rechtfertigungsgrund vorliegt. Dies gilt auch dann, wenn die Fremdwerbung ihrerseits wettbewerbswidrig ist. So ist das Aufstellen einer Reklametafel mit der Folge, daß der Blick auf die Leuchtreklame eines Dritten versperrt wird, unzulässig. Auch die Ausgabe von Schutzhüllen für Fernsprechbücher mit der Folge, daß die Werbung auf der Titelseite der Fernsprechbücher nicht mehr zu erkennen ist, verstößt ebenfalls gegen § 1 GWB.

Auch das Ausnutzen des Rufs fremder Werbung oder fremder Kennzeichen verstößt gegen die guten Sitten. So darf nicht die berühmte Whiskeymarke „Dimple" als Produktnahme für ein Putz- und Fettentfernungsmittel eingesetzt werden. Auch die Benutzung eines Taxirufs unter der Nummer „4711" ist wettbewerbswidrig, da sie den guten Ruf eines alt eingeführten Parfums schädigt. Der Verkauf eines Imitats einer „Rolex" in den Ladengeschäften eines Kaffeeherstellers (Tchibo) verstößt wegen des Ausnutzens des Rufs fremder Werbung gegen § 1 UWG. Durch die Nachahmung eines Kennzeichens wird jeweils der Mitbewerber behindert, soweit dieses geeignet ist, den mit diesem

12.2. Wettbewerbsrechtliche Aspekte

Kennzeichen verbundenen Ruf oder wertvollen Besitzstand zu beeinträchtigen oder zu zerstören.

Auf eine Werbebehinderung läuft auch die bezugnehmende kritisierende oder vergleichende Werbung hinaus, bei der der Werbende seine eigene Leistung dadurch hervorzuheben oder herauszustreichen versucht, daß er entweder Mitbewerber und deren Produkte kritisierend und herabsetzend mit der eigenen Ware vergleicht oder sich mit seiner Werbung an einen Konkurrenten anlehnt, um an dessen gutem Ruf zu partizipieren. Die direkteste Form liegt in der direkten Nennung des oder der Konkurrenzprodukte. Sie ist in aller Regel unlauter. In der Praxis kommen derart plumpe Bezugnahmen jedoch nicht mehr vor. Häufiger und gebräuchlicher ist dagegen die mittelbare oder indirekte Bezugnahme. Bei ihr wird das Konkurrenzprodukt zwar nicht genannt, aber es ist für den Verbraucher erkennbar, gegen welches oder welche Konkurrenzprodukte sie sich wendet und auf welche Angebote sie abzielt. Problematisch können die Grenzfälle sein, in denen sich die Bezugnahme nicht direkt aus Art und Gestaltung der Werbung, sondern aus den konkreten Marktverhältnissen ergibt. So wird der Verbraucher in einem ologopolistischen Markt, bei dem nur wenige Wettbewerber miteinander konkurrieren, den allgemeinen Werbevergleich, insbesondere wenn er von einem marktschwächeren Wettbewerber stammt, vielfach als gegen den oder die größeren Mitbewerber gerichtet verstehen, weil er in seiner Vorstellung die Bezugnahme vornimmt. Als Beispiel kann hier die Werbung über den „Cola-Test" genannt werden, in dem ein jugendlicher Cola-Trinker einen Blindtest mit drei nicht gekennzeichneten Cola-Getränken macht und dabei blind Pepsi Cola als das Getränk herausfand, das seinen Geschmack am besten traf. Im konkreten Fall war die Werbung nicht wettbewerbswidrig, da in der Aufforderung des Werbenden an das Publikum, die eigene und die Konkurrenzware selbst zu vergleichen und zu erproben, keine Wettbewerbswidrigkeit, insbesondere keine kritisierende Aussage über die zum Vergleich stehenden Produkte enthalten waren. Unlauter ist die Werbung nur dann, wenn der Werbevergleich eine kritisierende Herabsetzung und unnötige Diskriminierung der Konkurrenzprodukte verbindet.

Eine Unlauterkeit ist auch nicht gegeben, wenn das Publikum die Werbung als nicht ernst gemeinte Übertreibung auffaßt oder ihr keine konkrete Sachaussage entnimmt. Als Beispiel kann hier die Werbung von Melitta Kaffee „es gibt keinen besseren Kaffee" genannt werden. Das gleiche gilt für die Werbung „das beste Persil, das es je gab". Auch die Werbung zwischen Alternativen wie „statt Blumen Onko Kaffee" wird nicht als unlauter angesehen.

Eine weitere Fallgruppe ist die sogenannte Preisunterbietung. Grundsätzlich zulässig sind Verkäufe unter Selbstkosten oder unter Einstands- bzw. Einkaufspreisen. Für eine solche Kalkulation können kaufmännisch vernünftige Gründe sprechen, wie die vorübergehende Abgabe einzelner Artikel im Rahmen einer zulässigen Mischkalkulation für das gesamte Warenangebot, um einen Werbeeffekt zu erzielen. Die Sittenwidrigkeit ist ebenfalls zu verneinen, wenn die Artikel zur Einführung oder Wiederbelebung des Geschäfts verkauft werden. Andere Gründe sind die Erzielung von Kostendeckungsbeiträgen in einer Absatzkrise oder die drohende Unverkäuflichkeit der Ware.

Der Verkauf unter Selbstkosten ist jedoch dann wettbewerbswidrig, wenn die Maßnahme geeignet ist, einzelne Mitbewerber zu verdrängen oder zu vernichten und dieses auch bezweckt wird. Denn darin liegt ein Mißbrauch von Marktmacht und Wettbewerbsfreiheit. Die Eignung zur Verdrängung des Mitbewerbers ist aufgrund der Umstände festzustellen. Von dem Kläger ist insbesondere nachzuweisen, daß die Preisgestaltung eine betriebswirtschaftlich vernünftige Kalkulation nicht mehr erkennen läßt. Da der Kläger in der Regel die Betriebsinterna des beklagten Unternehmens nicht kennt, ist es schwierig, die Sittenwidrigkeit eines Verkaufes unter Selbstkosten prozessual nachzuweisen.

12.2.3.3 Allgemeine Marktbehinderung

Eine weitere Fallgruppe der Generalklausel von § 1 UWG ist die allgemeine Marktbehinderung. Diese liegt nach der ständigen Rechtsprechung vor, wenn ein zwar nicht von vornherein unlauteres, aber doch wettbewerblich bedenkliches Wettbewerbsverhalten für sich allein oder in Verbindung mit den zu erwartenden gleichartigen Maßnahmen von Mitbewerbern die ernstliche Gefahr begründet, daß der Leistungswettbewerb hinsichtlich der fraglichen Warenart in nicht unerheblichem Maße eingeschränkt wird. Kennzeichnend für die allgemeine Marktbehinderung ist also die Gefährdung des Wettbewerbsbestandes. Es handelt sich hier um eine Fallgruppe, die sich mit dem Kartellgesetz (§§ 22 Abs. 4, 26 Abs. 2. 4 GWB) und der wettbewerbsrechtlichen Verhaltenskontrolle gemäß § 1 UWG überschneidet. Je größer die Marktmacht des Wettbewerbers ist, desto gefährlicher kann sein Marktverhalten für die Marktstruktur sein. Als Beispiel für diese Fallgruppe kann eine vorübergehende massenhafte unentgeltliche Abgabe von Waren oder Warengutscheinen sein. So hat der Bundesgerichtshof die Verteilung von 4,5 Millionen Gutscheinen für ¼ Liter Wein (Goldener Oktober) als wettbewerbswidrig eingestuft. Denn die Aktion führte auf dem betreffenden Markt zu Absatzverlusten von Mitbewerbern (Marktverstopfung) und zu einem Zwang für die Händler, sich mit der betreffenden Ware einzudecken. Die Rechtsprechung hat hierbei außer Betracht gelassen, ob derartige Maßnahmen betriebswirtschaftlich sinnvoll sind und ob kleinere oder mittlere Wettbewerber konkurrieren können.

12.2.3.4 Ausbeutung fremder Leistung

Die Rechtsprechung hat zu § 1 UWG eine weitere Fallgruppe unter der Bezeichnung „Ausbeutung fremder Leistung" entwickelt. Hier geht es um den Schutz gegen die unmittelbare Übernahme einer fremden Leistung einschließlich der identischen oder fast identischen Nachbildung und gegen eine nachschaffende Übernahme, bei der das fremde Leistungsergebnis als Vorbild für die Nachbildung dient. Schutzgut des wettbewerbsrechtlichen Leistungsschutzes aus § 1 UWG sind in erster Linie nicht die Allgemeininteressen, sondern die Individualinteressen des durch die Nachahmung Verletzten. Bei der Übernahme einer Herstellerleistung kann daher Leistungsschutz regelmäßig nur vom

12.2. Wettbewerbsrechtliche Aspekte

Hersteller oder einem ausschließlich Vertriebsberechtigten in Anspruch genommen werden, nicht aber von Mitbewerbern, von Verbänden oder Kammern.

Die für den Wettbewerbsschutz erforderliche Eigenart setzt ein Erzeugnis voraus, dessen konkrete Ausgestaltung oder einzelne Merkmale geeignet sind, im Verkehr auf seine betriebliche Herkunft oder auf seine Besonderheit hinzuweisen. Die Anforderungen an die wettbewerbliche Eigenart decken sich nicht mit den sondergesetzlichen Schutzanforderungen. Zwar kann die wettbewerbliche Eigenart auch in ästhetischen und/oder technischen Gestaltungen, die sonderschutzrechtlichen Anforderungen entsprechen, zu erkennen sein (Tchibo/Rolex). Entscheidend ist aber immer, daß solche Merkmale geeignet sind, auf die betriebliche Herkunft oder Besonderheit der Ware hinzuweisen. Die Übernahme eines Gesamtprogrammes oder einer Kollektion, deren Auswahl oder Zusammenstellung eine schutzwürdige Leistung darstellt (Büromöbelprogramm) kann daher sittenwidrig sein. Bei der unmittelbaren Übernahme, z.B. Nachpressen von Schallplatten oder Tonbandaufnahmen, wird daher die Wettbewerbswidrigkeit grundsätzlich zu bejahen sein. Besteht die Gefahr einer betrieblichen Herkunftsverwechslung bei übereinstimmenden Herkunftskennzeichnungen oder übereinstimmenden Merkmalen der Waren (Ausstattung, Verpackung) entfällt ein Wettbewerbsverstoß dann, wenn der Nachahmer das ihm zur Vermeidung von Verletzungshandlungen Zumutbare getan hat. Maßgebend insoweit sind der Abstand zum Ersterzeugnis und die sonst gegen Verwechslung getroffenen Vorkehrungen. Welchen Abstand der Nachahmer einzuhalten hat, muß im Streitfalle eine Interessenabwägung ergeben, die das Interesse des Verletzten an der Unterbindung der Nachahmung, der des Verletzers an freier Benutzung einer nicht oder nicht mehr unter Sonderschutz stehenden Leistung und ferner das Interesse der Allgemeinheit berücksichtigt. Gleiches gilt für die Ausnutzung des Rufs fremder Leistung, bei der es um eine Warenverwechslung, nicht aber um eine betriebliche Herkunftstäuschung geht. Ausgenutzt wird hier der mit den besonderen Merkmalen des nachgeahmten Erzeugnisses verbundene Ruf. Geht die Warenverwechslung mit der Verwechslung einer fremden Kennzeichnung einher, handelt es sich um einen Fall der Markenpiraterie.

12.2.3.5 Rechtsbruch

Eine letzte Fallgestaltung von § 1 UWG wird als Rechtsbruch bezeichnet. Verstößt ein Handeln zu Zwecken des Wettbewerbs gegen gesetzliche Vorschriften außerhalb des UWG, folgt daraus nicht zwangsläufig auch ein Verstoß gegen § 1 UWG. Gesetzwidrigem Handeln ist sittenwidriges Handeln im Sinne des Wettbewerbsrechts nicht ohne weiteres gleichzusetzen. Denn § 1 UWG knüpft an einen Sittenverstoß an, nicht an einen Gesetzesverstoß. So dürfen beispielsweise fremde Rechtsangelegenheiten nur von Personen durchgeführt werden, denen zuvor eine Erlaubnis erteilt worden ist. Bei Verstößen gegen den Erlaubniszwang des Rechtsberatungsgesetzes wurde die fehlende Zulassung regelmäßig als wettbewerbswidrig angesehen. Dieses ist auf den Schutz des Vertrauens der Allgemeinheit in die Rechtspflege zurückzuführen.

Der Sicherung der Wettbewerbsgleichheit der Angehörigen der steuerberatenden Berufe und zum Schutz der Allgemeinheit vor Irreführung dienen gleichfalls die gesetzlichen Vorschriften gegen mißbräuchliche Verwendung der Berufsbezeichnungen der Steuerberater. Werden diese verletzt, rechtfertigt auch dieses ohne weiteres das Unlauterkeitsurteil aus § 1 UWG. Auch bei Verstößen gegen den Schutz der Volksgesundheit wurde eine Sittenwidrigkeit gemäß § 138 BGB angenommen. Als Beispielsfälle können die Eröffnung einer Rezeptsammelstelle für Apotheken oder der Verstoß gegen Werbebeschränkungen für Apotheker genannt werden. Auch das Verbot der Zigarettenwerbung in Jugendzeitschriften oder der Verstoß gegen lebensmittelrechtliche Vorschriften wurden als wettbewerbswidrig eingestuft, soweit die Regelungen dem Schutz der menschlichen Gesundheit dienen oder zum Schutz des Verbrauchers vor Irreführung erlassen wurden.

12.2.3.6 Irreführende Werbung

Als Spezialtatbestand mit generalklauselartigem Charakter ist in das UWG eine Gesetzesvorschrift über irreführende Werbung in § 3 aufgenommen worden. Danach kann auf Unterlassung derjenige in Anspruch genommen werden, der im geschäftlichen Verkehr zu Zwecken des Wettbewerbs über geschäftliche Verhältnisse, insbesondere über die Beschaffenheit oder den Ursprung, die Herstellungsart oder die Preisbemessung einzelner Waren oder gewerbliche Leistungen oder des gesamten Angebots, über Preislisten, über die Art des Bezugs oder die Bezugsquellen von Waren, über den Besitz von Auszeichnungen, über den Anlaß oder den Zweck des Verkaufs oder über die Menge der Vorräte irreführende Angaben macht.

§ 3 UWG bezweckt in erster Linie den Schutz der Allgemeinheit vor irreführender Werbung. Unterbunden werden soll im Interesse aller Marktbeteiligten und im öffentlichen Interesse die Kundenbeeinflussung durch zur Täuschung geeignete unwahre Angaben. Im Vordergrund steht das Interesse der Verbraucher, der Gesamtheit der Mitbewerber und der sonst betroffenen Öffentlichkeit im Schutz vor Irreführung. Entsprechend seinem Schutzzweck untersagt § 3 UWG ein Verhalten, das zur Irreführung geeignet ist. Für ein tatbestandsmäßiges Handeln genügt die Gefahr einer Irreführung. Auf ein tatsächliches Irregeführtwerden des Verbrauchers kommt es nicht an.

Von besonderem Interesse ist der Schutz der Verbraucher bei Angaben über die geographische Herkunft einer Ware. Denn diese sind bedeutsame werbliche Kennzeichnungsmittel mit nachhaltiger Auswirkung auf die Kaufentschließung des Publikums. Wie Marke, Firma, Gütezeichen oder Sortenbezeichnung dienen sie der Individualisierung und Konkretisierung der Ware.

Gemäß § 3 UWG ist die Verwendung einer unmittelbaren oder mittelbaren Herkunfts- oder Ursprungsangabe für eine Ware, die nicht aus dem angegebenen Ort oder Gebiet stammt, irreführend. Unerheblich ist, ob die Ware an diesem Ort mit einer besonderen Eigenschaft, Eigenart oder Güte hergestellt werden kann oder ob sie gleichwertig oder besser ist als eine Ware mit zutreffendem Ortsbezug. Wer eine bestimmte Ware wünscht,

12.2. Wettbewerbsrechtliche Aspekte

braucht sich keine andere, auch keine preiswertere oder qualitativ bessere, unterschieben zu lassen. Die ganz überwiegende Auffassung der Marktteilnehmer/Verbraucher (Verkehrsauffassung) entscheidet allein und unbeschränkt darüber, ob in einer Bezeichnung eine Herkunftsangabe liegt, wie diese zu verstehen ist und ob sie die Vorstellung weckt, daß das so bezeichnete Erzeugnis aus einem bestimmten geographischen Ort oder Bereich stammt. Neben geographischen Herkunftshinweisen kann ein Schutz auch auf eine Gruppe von Herstellern ausgedehnt werden, die mit dem in Rede stehenden Ort traditionell verbunden sind. Unter diesen Voraussetzungen ist ortsvertriebenen Unternehmen gestattet worden, ihre nach der Vertriebsverlagerung bzw. dem Wiederaufbau der Produktionsstätte in der Bundesrepublik hergestellten Erzeugnisse unter Anknüpfung auf den früheren Herstellungsort ohne weiteren Zusatz zu benennen (Rügenwalder Teewurst).

Die Verkehrsauffassung kann jedoch auch einem Wandel unterliegen. Dieser kann dazu führen, daß sich eine geographische Herkunftsangabe zu einer Gattungsbezeichnung, z.B. einem Warennamen, einer Beschaffenheitsangabe oder einer Sortenbezeichnung entwickeln kann. So sind beispielsweise die ursprünglich geographischen Herkunftsangaben „Steinhäger", „Stonsdorfer", „Kölnisch Wasser" oder „Dresdner Stollen" (letzterer für das Gebiet der Bundesrepublik Deutschland bis zur Wiedervereinigung) zur Gattungsbezeichnung geworden.

In dem Markengesetz vom 25.10.1994 sind der Schutz geographischer Herkunftsangaben sowohl von den Schutzvoraussetzungen als auch dem Schutzinhalt spezialgesetzlich geregelt. Auf die bisherige Rechtsprechung zum Schutz geographischer Herkunftsangaben nach § 3 UWG und dazu entwickelten Auslegungsgrundsätzen kann für das neue Markengesetz uneingeschränkt zurückgegriffen werden. Dieses enthält im wesentlichen lediglich eine Zusammenfassung und Qualifikation des bisher geltenden Rechts, aber keine sachliche Abkehr davon.

12.2.3.7 Strafvorschriften

Gemäß § 4 UWG wird derjenige mit Freiheitsstrafe bis zu zwei Jahren oder Geldstrafe bestraft, wer in der Absicht, den Anschein eines besonders günstigen Angebots hervorzurufen, in öffentlichen Bekanntmachungen oder in Mitteilungen, die für einen größeren Kreis von Personen bestimmt sind, über geschäftliche Verhältnisse, insbesondere über die Beschaffenheit, den Ursprung, die Herstellungsart und die Preisbemessung von Waren oder gewerblichen Leistungen, über die Art des Bezugs oder die Bezugsquelle von Waren, über den Besitz von Auszeichnungen, über den Anlaß oder den Zweck des Verkaufs oder über die Menge der Vorräte wissentlich unwahre und zur Irreführung geeignete Angaben macht. Werden die vorgenannten unrichtigen Werbeangaben in einem geschäftlichen Betrieb von einem Angestellten oder Beauftragten gemacht, so ist der Inhaber oder Leiter des Betriebs neben dem Angestellten oder Beauftragten strafbar, wenn die Handlung mit seinem Wissen geschah. Im Fall der strafbaren irreführenden

Werbung ist der insoweit Getäuschte gemäß § 13 a UWG zum Rücktritt vom Vertrag berechtigt.

12.2.3.8 Anspruchsberechtigte

Unterlassungs- und Schadensersatzansprüche aufgrund unlauteren Wettbewerbs können gemäß § 13 UWG von Mitbewerbern, von rechtskräftigen Verbänden zur Förderung gewerblicher Interessen, von Verbraucherverbänden und von den Industrie- und Handelskammern oder Handwerkskammern geltend gemacht werden. Zur sofortigen Durchsetzung der Unterlassungsansprüche werden üblicherweise gemäß § 25 UWG einstweilige Verfügungen auf Antrag erlassen. Damit wird das unlautere Verhalten des Anbieters bis zur endgültigen Entscheidung der Gerichte vorläufig untersagt.

12.2.4 Schutz von Patenten, Gebrauchsmustern und Marken

Die Rechtsgebiete, die dem gewerblichen Rechtsschutz zugeordnet werden, beruhen auf zwei verschiedenen Wertungsgedanken: dem Schutz geistig-gewerblicher Schöpfungen und der Bekämpfung unlauteren Verhaltens im Wettbewerb. Während zur ersten Gruppe das Patent- und Musterrecht gehört, ist das Markenrecht dem UWG-Recht zuzuordnen.

Das Patent- und Musterrecht geben ein Ausschließlichkeitsrecht an einem bestimmten Schutzobjekt, dessen Eigenart darin liegt, daß es sich um ein unkörperliches Gut handelt, in dem, losgelöst von der Person seines Schöpfers, ein eigener schöpferischer Gedanke zur verkehrsfähigen Form geprägt worden ist. Patente werden für neue Erfindungen erteilt, die eine gewerbliche Verwertung gestatten (§ 1 PatG). Gebrauchsmuster dienen dagegen nur für gewisse „Raumformkombinationen", d.h. Arbeitsgerätschaften oder Gebrauchsgegenständen, soweit sie dem Arbeits- oder Gebrauchszweck durch eine neue Gestaltung, Anordnung oder Vorrichtung dienen sollen (§ 1 GebrMG). Gegenstand eines Geschmacksmusters sind gewerbliche Muster oder Modelle, wenn es sich um neue und eigentümliche Erzeugnisse handelt (§ 1 GeschmMG).

Der Inhaber eines Patents- oder Gebrauchsmusters hat das alleinige Recht, den Gegenstand der Erfindung bzw. des Musters gewerbsmäßig herzustellen, in Verkehr zu bringen, feilzuhalten und zu gebrauchen. Dem Inhaber eines Geschmacksmusters ist das ausschließliche Recht eingeräumt, das Muster oder Modell nachzubilden. Während demnach Patent- und Gebrauchsmuster den Inhaber auch gegen selbständige Neuschöpfungen schützen, also Sperrwirkung besitzen, schützt das Geschmacksmuster nur gegen Nachbildungen.

Das UWG-Recht, insbesondere das Markenrecht, gewährt grundsätzlich kein Ausschließlichkeitsrecht für das Patent- und Musterrecht. Es sorgt im Interesse der Mitbewerber und der Allgemeinheit dafür, daß sich der freie Wettbewerb in den Schranken des lauteren Wettbewerbs hält. Durch das Markenrecht werden insbesondere die Interessen

12.2. Wettbewerbsrechtliche Aspekte

der Kennzeicheninhaber durch subjektive ausschließliche Rechte an der geschäftlichen Bezeichnung gesichert (§§ 5, 14, 15 MarkenG).

Am 01.01.1995 trat das neue Markengesetz in Kraft. Dadurch wurde das Warenzeichenrecht grundlegend reformiert und die erste Richtlinie der Europäischen Union vom 21.12.1988 zur Angleichung der Markenrechte der Mitgliedsstaaten in deutsches Recht umgesetzt. Die Reform des deutschen Markenrechts ist somit Teil einer Harmonisierung der Markenrechte in den Mitgliedsstaaten der EU, parallel zur Schaffung der Gemeinschaftsmarke durch die EU-Verordnung Nr. 40/1994 vom 20.12.1993, d.h. zu einer – mit den nationalen Markenrechten der Mitgliedsstaaten koexistierenden – einheitlichen autonomen europäischen Marke. Die dafür zuständige europäische Behörde, das Harmonisierungsamt, wurde in Alicante, Spanien, errichtet.

Nach dem Gesetz werden Marken, geschäftliche Bezeichnungen und geographische Herkunftsangaben geschützt. Als Marke können alle Zeichen, insbesondere Wörter einschließlich Personennamen, Abbildungen, Buchstaben, Zahlen, Hörzeichen, dreidimensionale Gestaltungen einschließlich der Form einer Ware oder ihrer Verpackung sowie sonstige Aufmachungen einschließlich Farben und Farbzusammenstellungen geschützt werden, die geeignet sind, Waren oder Dienstleistungen eines Unternehmens von denjenigen anderer Unternehmen zu unterscheiden. Der Markenschutz entsteht durch die Eintragung eines Zeichens als Marke in das vom Patentamt geführte Register oder durch die Benutzung eines Zeichens im geschäftlichen Verkehr, soweit das Zeichen innerhalb beteiligter Verkehrskreise als Marke Verkehrsgeltung erworben hat. Geschützt sind auch sogenannte notorisch bekannte Namen im Sinne des Pariser Verbandsübereinkommens.

Nach dem Markengesetz werden weiterhin als geschäftliche Bezeichnungen Unternehmenskennzeichnungen und Werktitel geschützt. Unternehmenskennzeichen sind Zeichen, die im geschäftlichen Verkehr als Name, als Firma oder als besondere Bezeichnung eines Geschäftsbetriebs oder eines Unternehmens benutzt werden. Werktitel sind dagegen Namen oder besondere Bezeichnungen von Druckschriften, Film-, Ton-, Bühnenwerken oder dergleichen. Schutz verdienen auch geographische Herkunftsangaben, zu denen bereits bei den Ausführungen zu § 3 UWG (siehe Abschnitt 12.2.3.6 „Irreführende Werbung") Stellung genommen wurde.

Der Erwerb des Markenschutzes gewährt dem Inhaber der Marke ein ausschließliches Recht. Unabhängig vom Verschulden sind bei Rechtsverletzungen Unterlassungsansprüche begründet. Bei schuldhafter Rechtsverletzung besteht ein Anspruch auf Schadensersatz. Zur Vorbereitung des Schadensersatzes ist zunächst ein allgemeiner Anspruch auf Auskunft über die im Verletzungszeitraum erzielten Umsätze, die verkauften Stückzahlen etc. berechtigt. Bei Markenverletzungen ist ebenfalls ein Bereicherungsanspruch möglich. Es ist dann Wertersatz in Form der Zahlung einer angemessenen und üblichen Lizenzgebühr zu leisten. Der Inhaber einer Marke oder einer geschäftlichen Bezeichnung kann darüber hinaus verlangen, daß die im Besitz oder Eigentum des Verletzers befindlichen widerrechtlich gekennzeichneten Gegenstände vernichtet werden. Die Durchsetzung der Ansprüche des Markeninhabers erfolgt regelmäßig durch Unterlassungsklage. Üblicherweise beantragt der Markeninhaber auch eine einstweilige Verfügung, um bis zur endgültigen Entscheidung der Gerichte dem Verletzer die Fortsetzung seines schädigenden Handelns zu untersagen.

12.3 Produkthaftungsrecht

Die Produkthaftung wird als die Haftung des Herstellers für Folgeschäden aus der Benutzung seiner Produkte definiert. Ersetzt werden danach Personen- und Sachschäden außerhalb der Fehlerhaftigkeit des Produkts, die Verbraucher und sonstige Personen infolge eines Fehlers des Erzeugnisses beim bestimmungsgemäßen Gebrauch erleiden. In Abgrenzung zur vertraglichen Gewährleistung geht es um das Einstehen des Herstellers für Gefahren für Personen und Eigentum infolge fehlender Sicherheit des Produktes, also um das Integritätsinteresse. Davon abzugrenzen ist die Sachmängelgewährleistung, bei der es um das Äquivalenzinteresse, also das Verhältnis von der Werthaftigkeit des Produktes zu der Kaufpreiszahlung geht. Die Produkthaftung ist in Deutschland im Produkthaftungsgesetz sowie als sogenannte deliktische Produkthaftung in § 823 Abs. 1 und 2 BGB geregelt.

12.3.1 Das Produkthaftungsgesetz vom 1. Januar 1990

Das Produkthaftungsgesetz ist das Ergebnis der Umsetzung einer EG-Richtlinie; sie ist am 1. Januar 1990 in Kraft getreten. Das Gesetz regelt die Haftung des Herstellers für Körper-, Gesundheits- und Sachschäden, die durch den Fehler eines Produktes verursacht worden sind. Im Fall der Sachbeschädigung setzt dies voraus, daß eine andere Sache als das fehlerhafte Produkt beschädigt wird und diese andere Sache ihrer Art nach gewöhnlich für den privaten Ge- oder Verbrauch bestimmt und hierzu von dem Geschädigten hauptsächlich verwendet worden ist. Die Ersatzpflicht des Herstellers, geregelt in § 1 des Produkthaftungsgesetzes, ist ausgeschlossen, wenn (1) er das Produkt nicht in den Verkehr gebracht hat, (2) nach den Umständen davon auszugehen ist, daß das Produkt den Fehler, der den Schaden verursacht hat, noch nicht hatte, als der Hersteller es in den Verkehr brachte, (3) er das Produkt weder für den Verkauf oder eine andere Form des Vertriebs mit wirtschaftlichem Zweck hergestellt noch im Rahmen seiner beruflichen Tätigkeit hergestellt oder vertrieben hat, (4) der Fehler darauf beruht, daß das Produkt in dem Zeitpunkt, in dem der Hersteller es in den Verkehr brachte, dazu zwingenden Rechtsvorschriften entsprochen hat, oder (5) der Fehler nach dem Stand der Wissenschaft und Technik in dem Zeitpunkt, in dem der Hersteller das Produkt in den Verkehr brachte, nicht erkannt werden konnte. Die Ersatzpflicht des Herstellers eines Teilproduktes ist ferner ausgeschlossen, wenn der Fehler durch die Konstruktion des Produkts, in welches das Teilprodukt eingearbeitet wurde, oder durch die Anleitung des Herstellers des Produkts verursacht worden ist. Für den Fehler, den Schaden und den ursächlichen Zusammenhang zwischen Fehler und Schaden trägt der Geschädigte die Beweislast. Der Hersteller kann sich jedoch nicht darauf berufen, daß der Fehler ohne sein Verschulden aufgetreten ist.

Nach der Definition des Gesetzes hat ein Produkt einen Fehler, wenn es nicht die Sicherheit bietet, die unter Berücksichtigung aller Umstände, insbesondere seiner Darbietung, des Gebrauchs, mit dem billigerweise gerechnet werden kann, oder des Zeitpunkts, in dem es in den Verkehr gebracht wurde, berechtigterweise erwartet werden kann. Es wird klargestellt, daß ein Produkt nicht allein deshalb einen Fehler hat, weil später ein verbessertes Produkt in den Verkehr gebracht wurde. Der Hersteller haftet für Personenschäden bis zu einem Höchstbetrag von 160.000.000,00 DM. Da das Produkthaftungsgesetz den Schutz der Verbraucher bezweckt und der Gesetzgeber eine Überflutung der Gerichte mit Kleinschäden ausschließen wollte, tritt im Falle der Sachbeschädigung eine Haftung des Herstellers nur ein, wenn der Schaden einen Betrag in Höhe von 1.125,00 DM überschreitet.

Die Ansprüche nach dem Produkthaftungsgesetz verjähren in drei Jahren von dem Zeitpunkt an, in dem der Ersatzberechtigte von dem Schaden, dem Fehler und von der Person des Ersatzpflichtigen Kenntnis erlangt hat oder hätte erlangen müssen. Der Anspruch erlischt zehn Jahre nach dem Zeitpunkt, in dem der Hersteller das Produkt, das den Schaden verursacht hat, in den Verkehr gebracht hat. Es ist darauf zu achten, daß die Ersatzpflicht des Herstellers im voraus weder ausgeschlossen noch beschränkt werden kann. Entgegenstehende Vereinbarungen, zum Beispiel in Allgemeinen Geschäftsbedingungen, sind nichtig.

12.3.2 Deliktische Produkthaftungsansprüche

§ 15 Abs. 2 Produkthaftungsgesetz bestimmt, daß eine Haftung aufgrund anderer Vorschriften unberührt bleibt. Die Ansprüche aus der sogenannten deliktischen Produkthaftung gemäß § 823 Abs. 1 und 2 BGB treten demgemäß neben Ansprüche aus dem Produkthaftungsgesetz. Zur Geltendmachung von Ansprüchen gegen den Hersteller aufgrund eines fehlerhaften Produktes müssen folgende Voraussetzungen erfüllt sein: (1) Es muß eine Verletzungshandlung vorliegen, (2) die Verletzung muß an Leben, Körper, Gesundheit, Freiheit, Eigentum oder einem sonstigen Recht einer Person eingetreten sein, (3) die Verletzung muß widerrechtlich herbeigeführt sein, (4) sie muß auf Verschulden, das heißt, Vorsatz oder Fahrlässigkeit beruhen und (5) ein Schaden muß vorliegen.

Der Begriff des Produktes wird weit gelegt. Er erfaßt alle industriellen Erzeugnisse, gleich welcher Art. Grundlage der Verletzungshandlung ist immer ein Verstoß gegen eine sogenannte Verkehrssicherungspflicht. Wer eine Gefahrenquelle begründet, ist verpflichtet, im Rahmen des Möglichen und Zumutbaren die zur Abwehr der Gefahr erforderlichen Vorkehrungen zu treffen. Für den Bereich der deliktischen Produkthaftung hat die Rechtsprechung im wesentlichen vier Pflichtenkreise der Hersteller herausgearbeitet: (1) Konstruktionspflichten bei der Konstruktion der Produkte, (2) Fabrikationspflichten im Rahmen der Fabrikation der Produkte und (3) Instruktionspflichten bezüglich der Information der Verbraucher über die möglichen Gefahren im Umgang mit dem Produkt sowie (4) Produktbeobachtungspflichten in Hinsicht auf ein etwaiges Auftreten von Fehlern nach der in Verkehrbringung der Erzeugnisse.

Im Konstruktionsbereich hat der Hersteller in erster Linie die Pflicht, das Produkt nach dem Stand von Wissenschaft und Technik zum Zeitpunkt des in Verkehrbringens betriebssicher zu konzipieren. Im Fabrikationsbereich trifft den Hersteller die Pflicht, die Organisation der Herstellung und die Überwachung des Produktes so lückenlos zu gestalten, daß Fehlerquellen so weit wie möglich ausgeschlossen sind. Dabei sind sogenannte Ausreißer, also Fehler, die trotz lückenloser Überwachung vorkommen können, unter gewissen Umständen tolerierbar. Im Instruktionsbereich knüpfen die Pflichten des Herstellers an Produkte an, bei denen trotz einwandfreier Konstruktion eine gefahrlose Benutzung nicht gewährleistet ist. Der Hersteller ist dann verpflichtet, über die Handhabung des Produktes in einer Weise zu informieren, daß die Benutzer vor Gefahren geschützt sind, mit denen sie nicht rechnen und nicht zu rechnen brauchten. Im Bereich der Produktbeobachtung ist der Hersteller insbesondere von noch nicht langjährig erprobten und bewährten Produkten verpflichtet, die Auswirkung seines Produkts allein oder in Verbindung mit anderen zu beobachten und gegebenenfalls die notwendigen Konsequenzen bei der Konstruktion, Fabrikation oder Instruktion zu ziehen. Im äußersten Fall kann er verpflichtet sein, das Produkt vom Markt zurückzurufen.

Die Verletzung einer der Verkehrspflichten muß kausal sein für die Verletzung eines der genannten Rechtsgüter. Im Gegensatz zur Haftung nach dem Produkthaftungsgesetz setzt die deliktische Produkthaftung gemäß § 823 BGB ein Verschulden des Herstellers bei der Verletzungshandlung voraus. Das Verschulden wird bei der Verletzung einer Verkehrssicherungspflicht vermutet. Daher trifft den Hersteller ein Entlastungsbeweis, an den sehr hohe Anforderungen gestellt werden: Der Hersteller muß darlegen, daß er organisatorisch alle Vorkehrungen getroffen hat, um das Entstehen von Fehlern auszuschließen und entstandene Fehler zu entdecken, bevor das Produkt in den Verkehr gebracht wird.

Von der deliktischen Produkthaftung kann sich der Hersteller gegenüber den Verbrauchern und Benutzern der Erzeugnisse nicht freizeichnen. Möglich ist dies allein gegenüber dem unmittelbaren Vertragspartner, in aller Regel also nur gegenüber dem ersten Händler. Die Ansprüche der Geschädigten verjähren in drei Jahren nach Kenntnis des Schadens. Der Schadensersatz ist in Geld zu leisten. Es ist weder eine Begrenzung der Höhe noch des Zeitraums vorgesehen.

12.4 Arbeitsrecht

12.4.1 Das Arbeitsrecht im Rechtssystem

In einem modernen Rechtsstaat ist zwischen öffentlichem Recht und dem Privatrecht zu unterscheiden. Die Einordnung des Arbeitsrechts in diese Zweiteilung der Rechtsgebiete bereitet jedoch Schwierigkeiten. Denn das Arbeitsrecht ist zwar in weiten Teilen dem Privatrecht zuzuordnen, dem insbesondere das gesamte Arbeitsvertragsrecht angehört, andererseits gibt es jedoch arbeitsrechtliche Bestimmungen, die unzweifelhaft dem öffentlichen Recht zuzuordnen sind, z.B. Arbeitsrechtsvorschriften der Gewerbeordnung. Das Arbeitsrecht wird üblicherweise entsprechend seinen Regelungsbereichen in das Individualarbeitsrecht einschließlich des Arbeitsschutzrechts und in das kollektive Arbeitsrecht unterteilt. Unter dem Individualarbeitsrecht ist der Teil des Arbeitsrechts zu verstehen, der die Rechtsbeziehungen zwischen dem Arbeitgeber und den einzelnen Arbeitnehmern regelt. Er erfaßt insbesondere Entstehung, Inhalt, Störungen, Übergang und Beendigung von Arbeitsverhältnissen.

Zu den wichtigsten Gesetzen des Individualarbeitsrechts einschließlich des Arbeitsschutzrechts gehören die Gewerbeordnung, die für sogenannte gewerbliche Arbeitnehmer, gewerbliche Arbeiter und für die technischen Angestellten in einem Gewerbebetrieb sowie die gewerblichen Angestellten gilt. Wer demgegenüber in einem Handelsgewerbe zur Leistung kaufmännischer Dienste angestellt ist, ist kaufmännischer Angestellter. Hierunter fallen vor allem Verkäufer, Einkäufer, Buchhalter etc. Für Bergleute und Bergwerksangestellte gelten einige Sondervorschriften im Bundesberggesetz, ergänzend die Gewerbeordnung. Für die Behandlung der Seeleute gilt spezialgesetzlich das Seemannsgesetz.

Für alle Arbeitnehmer gelten im Rahmen ihres jeweiligen sachlichen Geltungsbereiches als die wichtigsten Vorschriften das Kündigungsschutzgesetz, das Entgeltfortzahlungsgesetz, das Arbeitsplatzschutzgesetz, das Beschäftigungsförderungsgesetz, das Bundesurlaubsgesetz, das Arbeitszeitgesetz, das Mutterschutzgesetz, das Bundeserziehungsgeldgesetz, das Jugendarbeitsschutzgesetz, das Schwerbehindertengesetz, das Arbeitnehmererfindungsgesetz, die Vorschriften des Arbeitsförderungsgesetzes über das Insolvenzausfallgeld, das Arbeitssicherheitsgesetz, das Arbeitnehmerüberlassungsgesetz und das Gesetz zur Verbesserung der betrieblichen Altersversorgung.

Für Angestellte und Arbeitnehmer sind die gesetzlichen Kündigungsfristen einheitlich in § 622 BGB geregelt. Da der Arbeitsvertrag ein privatrechtlicher Vertrag ist, gelten für alle Arbeitnehmer grundsätzlich die Bestimmungen des BGB (§§ 611 ff. BGB), sofern nicht die oben genannten spezialgesetzlichen Regelungen vorrangig sind. Außerhalb dieser Spezialgesetze gibt es sogenannte BGB-Arbeitnehmer, wie land- und forstwirtschaftliche Arbeitnehmer, Hausangestellte, Redakteure, Angestellte bei freiberuflich Tätigen, z.B. Ärzten, Rechtsanwälten, beratenden Berufen.

Das kollektive Arbeitsrecht ist der Teil des Arbeitsrechts, der die Rechtsbeziehungen der arbeitsrechtlichen Koalitionen (Gewerkschaften, Arbeitgeberverbände) und Belegschaftsvertretungen (Betriebsräte, Personalräte) zu ihren Mitgliedern sowie zwischen ihnen regelt. Zu den wichtigsten Gesetzen des kollektiven Arbeitsrechts gehören Art. 9 Abs. 3 Grundgesetz (Koalitionsfreiheit), Tarifvertragsgesetz, Betriebsverfassungsgesetz, Sprecherausschußgesetz, Personalvertretungsgesetz des Bundes und der Länder, Mitbestimmungsgesetz, Montanmitbestimmungsgesetz und Mitbestimmungsergänzungsgesetz.

Die letztgenannten Gesetze regeln die Beteiligung der Arbeitnehmer an den Entscheidungsprozessen im Unternehmen. Insbesondere das Betriebsverfassungsgesetz sichert den Mitarbeitern weitreichende Einflußmöglichkeiten auf die Geschäftsführungen, wenn ein Betriebsrat gewählt worden ist. Allerdings bedeutet die Entscheidung der Arbeitnehmer, keinen Betriebsrat zu bilden, nicht, daß sie von Mitbestimmungsrechten ausgeschlossen sind. Tatsächlich ist das Verhältnis zwischen Arbeitgeber und Mitarbeitern in nicht betrieblich organisierten Unternehmen viel kooperativer und mangels der Pflicht, gesetzliche Form- und Fristvorschriften einzuhalten, weniger formalisiert. In neueren Industrien und Dienstleistungen nimmt der Einfluß und Organisationsgrad der Gewerkschaften stetig ab, demgemäß auch die Einrichtung von Betriebsräten und mitbestimmten Gremien, sofern sie nicht bei der Erreichung bestimmter Mitarbeiterzahlen gesetzlich vorgeschrieben ist.

Da der Inhalt des Arbeitsverhältnisses im Einzelfall von unterschiedlichen arbeitsrechtlichen Gestaltungsfaktoren abhängig sein kann, ergibt sich die Frage nach deren Reihenfolge. Das ranghöchste anwendbare Recht ist das Europäische Gemeinschaftsrecht. Zu dem primären EG-Recht gehört das in den drei Gründungsverträgen (Europäische Gemeinschaft für Kohle und Stahl = EGKS bzw. Montanunion, Europäische Atomgemeinschaft = EURATOM und Europäische Wirtschaftsgemeinschaft = EG, jetzt Vertrag über die Europäische Union = EG-Vertrag - nachfolgend EGV -) und ihren Änderungen gesetzte Recht. Von unmittelbarer Bedeutung für das Arbeitsrecht sind insbesondere im EGV die Regelungen in Art. 48 f. (Freizügigkeit der Arbeitnehmer in der EG einschließlich des Diskriminierungsverbots) und Art. 119 EGV (Lohngleichheit für Mann und Frau).

Unter dem sekundären EG-Recht versteht man die zum Zweck der Rechtsangleichungen in der EG von deren Organen in Form von Verordnungen und Richtlinien erlassenen Bestimmungen. Die EG-Verordnungen enthalten gem. Art. 189 Abs. 2 EGV ohne innerstaatliche Transformation in jedem Mitgliedstaat unmittelbar geltendes Recht, z.B. VO Nr. 1612/68, die ein umfassendes Gleichbehandlungsgebot der Arbeitnehmer aus allen Mitgliedsstaaten statuiert. Als ebenfalls höchstrangiges Recht gelten völkerrechtliche Vereinbarungen, insbesondere die Europäische Menschenrechtskonvention und die Europäische Sozial-Charta.

12.4. Arbeitsrecht

Das Arbeitsrecht ist als Schutzrecht der Arbeitnehmer in besonderer Weise dem Sozialstaatsprinzip des Grundgesetzes in Art. 20 Abs. 1 und Art. 28 Abs. 1 GG verpflichtet. Sämtliche staatlichen und kollektivrechtlichen Rechtsnormen sind nichtig, wenn sie gegen das vorrangige Verfassungsrecht, insbesondere die Grundrechte verstoßen.

Zwischen den Tarifvertragsparteien werden häufig Verträge geschlossen. Hierbei handelt es sich um einen schriftlichen Vertrag zwischen einem Arbeitgeber oder Arbeitgeberverband und einer Gewerkschaft zur Regelung von Rechten und Pflichten der Vertragsschließenden und zur Regelung von Inhalt, Abschluß und Beendigung von Arbeitsverhältnissen sowie von betrieblichen und betriebsverfassungsrechtlichen Fragen. Die auf Grundlage des Tarifvertragsgesetzes abgeschlossenen Verträge besitzen in der Praxis eine außerordentlich große Bedeutung. Durch Tarifverträge werden Mindestarbeitsbedingungen festgelegt. Während sich auf der Ebene des Einzelarbeitsvertrages Arbeitgeber und Arbeitnehmer gegenüberstehen und infolge der tatsächlichen Überlegenheit des Arbeitgebers keine Gewähr dafür besteht, daß ein ausgehandelter Vertrag auch den Interessen des Arbeitnehmers gerecht wird, ist dieses auf der Ebene der Verbände anders. Dort stehen sich der einzelne Arbeitgeber und der Arbeitgeberverband und die Gewerkschaften als im wesentlichen gleichstarke Partner gegenüber. Demzufolge besitzen Tarifverträge eine Schutzfunktion zugunsten des Arbeitnehmers, eine Ordnungsfunktion für bestimmte Arbeitsbedingungen, eine Friedensfunktion, weil während der Laufzeit des Tarifvertrages keine Arbeitskämpfe stattfinden dürfen und eine Verteilungsfunktion, da sie die Beteiligung der Arbeitnehmer am Sozialprodukt sicherstellen und zwischen ihnen nach Lohn- und Gehaltsgruppen unterschieden wird.

In einem Tarifvertrag werden üblicherweise Rechte und Pflichten der Vertragsparteien geregelt. Als Beispiele können die Verpflichtung gelten, nach Ablauf des Tarifvertrages ein Schlichtungsverfahren durchzuführen, die Verpflichtung, Schadensersatzansprüche nicht geltend zu machen, oder die Verpflichtung, bei einem Streik auflösend ausgesperrte Arbeitnehmer wieder anzustellen. Ein weiterer Regelungsbereich von Tarifverträgen sind Rechtsnormen, die den Inhalt, den Abschluß und die Beendigung von Arbeitsverhältnissen sowie betriebliche und betriebsverfassungsrechtliche Fragen ordnen. Hierzu gehören insbesondere Lohnhöhe, Lohnformen, Zulagen, Urlaub, Arbeitszeit, Nebentätigkeiten, Haftungsbeschränkungen, Fragen der Befristung oder Kündigung von Arbeitsverhältnissen, Regelungen der betrieblichen Ordnung (z.B. Torkontrolle) und der Betriebsgestaltung (z.B. Klimaanlagen), ferner die Schaffung von Pensionskassen, Erholungsheimen, Ausbildungszentren etc.

Der persönliche Anwendungsbereich eines Tarifvertrages ist grundsätzlich auf die tarifgebundenen Vertragsparteien beschränkt. Tarifgebunden sind danach Mitglieder der Tarifvertragsparteien und der Arbeitgeber, der selbst Partei des Tarifvertrages ist. Ausnahmsweise entfaltet ein Tarifvertrag trotz fehlender beiderseitiger Tarifbindung normative Wirkung, wenn er für allgemeinverbindlich erklärt worden ist. Die Allgemeinverbindlichkeitserklärung nach § 5 TVG ersetzt insoweit die fehlende Tarifgebundenheit der Vertragsparteien. Zuständig für die Allgemeinverbindlichkeit ist der Bundesminister für Arbeit und Sozialordnung, der die Entscheidung auf die zuständige Landesbehörde übertragen kann. Ist ein Tarifvertrag für allgemeinverbindlich erklärt worden, kann sich ein Arbeitgeber der Tarifbindung durch einen Austritt aus dem Arbeitgeberverband nicht entziehen.

Zusätzlich können Vereinbarungen auf betrieblicher Ebene zwischen dem Arbeitgeber und dem Betriebsrat über Angelegenheiten, die zum Aufgabenbereich des Betriebsrates gehören, in Form von Betriebsvereinbarungen geschlossen werden. Die praktische Bedeutung der Betriebsvereinbarungen ist sehr groß. Denn sie dienen der generellen Regelung der Frage der betrieblichen und betriebsverfassungsrechtlichen Ordnung sowie der Gestaltung der Rechtsbeziehungen zwischen dem Arbeitgeber und den Arbeitnehmern, wofür in der betrieblichen Praxis im beiderseitigen Interesse ein großer Regelungsbedarf besteht, z.B. Betriebsvereinbarungen über die Einführung von Gleitzeit, Sonderurlaubstage, Anordnung von Überstunden, Werksferien, Arbeitszeiten etc. Betriebsvereinbarungen können nur über solche Fragen abgeschlossen werden, die zum Aufgabenbereich des Betriebsrates nach dem Betriebsverfassungsgesetz (BetrVG) gehören, da dieses Gesetz die Grundlage für die Tätigkeit des Betriebsrates ist. Demzufolge können Betriebsvereinbarungen, die die Verpflichtung der Arbeitnehmer begründen, bestimmten Organisationen beizutreten und Beiträge abzuführen, oder die die Verwendung der Vergütung oder der Freizeit der Arbeitnehmer betreffen, nicht abgeschlossen werden. Unzulässig sind auch Betriebsvereinbarungen, die die Arbeitnehmer verpflichten, anteilige Kosten für die im Interesse des Arbeitgebers eingeführte einheitliche Kleidung zu übernehmen. Inhalt einer Betriebsvereinbarung kann grundsätzlich alles sein, was auch Inhalt eines Tarif- bzw. Arbeitsvertrages sein könnte, soweit nicht eine Regelungssperre zum Schutz der Tarifautonomie eingreift (§ 77 Abs. BetrVG). Danach können Arbeitsentgelte und sonstige Arbeitsbedingungen, die durch Tarifvertrag geregelt sind oder üblicherweise geregelt werden, nicht Gegenstand einer Betriebsvereinbarung sein. Dies gilt allerdings nicht, wenn ein Tarifvertrag den Abschluß einzelner Betriebsvereinbarungen ausdrücklich zuläßt.

Bei abweichenden Vereinbarungen zwischen einem Individualarbeitsvertrag und einer Betriebsvereinbarung gilt zugunsten des Arbeitnehmers das sogenannte Günstigkeitsprinzip. Demzufolge überlagert eine nachfolgend günstigere freiwillige Betriebsvereinbarung über materielle Arbeitsbedingungen, z.B. übertarifliches Weihnachtsgeld, eine frühere ungünstigere einzelvertragliche Vereinbarung. War demgegenüber die einzelvertragliche Vereinbarung für den Arbeitnehmer günstiger als die Betriebsvereinbarung, so besteht dieser vertragliche Anspruch aufgrund des Günstigkeitsprinzips auch neben dem Anspruch aus der Betriebsvereinbarung.

Im Arbeitsrecht gilt zwischen Arbeitgeber und Arbeitnehmer grundsätzlich das Prinzip der Vertragsfreiheit. Dieser Grundsatz ist aber im Arbeitsrecht durch zahlreiche zwingende gesetzliche Vorschriften, z.B. die im Benachteiligungsverbot gem. § 611 a BGB, dem Grundsatz der gleichen Bezahlung gem. § 612 Abs. 3 BGB, ferner den Vorschriften des Arbeitszeitgesetzes und des Bundesurlaubsgesetzes neben den Regelungen der Tarifverträge, Betriebsvereinbarungen und den durch das Richterrecht aus Gründen des Arbeitnehmerschutzes gesetzten Vorschriften erheblich eingeschränkt. In der Praxis werden allerdings die einzelnen Vertragsbedingungen mit Ausnahme der Verträge für leitende Angestellte, Geschäftsführer, Vorstände etc. nicht im einzelnen ausgehandelt. Es werden vielmehr häufig nur die Mindestregelung, der Zeitpunkt der Arbeitsaufnahme, die Art der Tätigkeit, der regelmäßige Arbeitsumfang sowie die Höhe der Grundvergütung festgelegt. Alle übrigen Vertragsbedingungen ergeben sich dann aus Gesetzen, Tarifverträgen, Betriebsvereinbarungen, den sonstigen betrieblichen Gepflogenheiten im Unternehmen und dem einseitigen Direktionsrecht des Arbeitgebers (vgl. weiterführend SCHAUB, 2000).

Um einer Tarifbindung zu entgehen, gewinnt auf der Arbeitgeberseite die sogenannte OT-Mitgliedschaft zunehmend an Bedeutung. OT-Mitgliedschaft bedeutet Mitgliedschaft in einem Arbeitgeberverband ohne Tarifbindung. Dies ist konstruktiv dadurch möglich, daß innerhalb eines Arbeitgeberverbandes zwischen Mitgliedern mit und ohne Tarifbindung unterschieden wird (sogenanntes Stufenmodell) oder daß neben dem herkömmlich organisierten Arbeitgeberverband ein solcher ohne Tarifbindung besteht (sogenanntes Aufteilungsmodell). Für die Arbeitgeber hat die OT-Mitgliedschaft den Vorteil, daß alle Vorzüge eines Arbeitgeberverbandes genutzt werden können, ohne der Tarifbindung zu unterliegen. Der Arbeitgeberverband muß zudem weniger befürchten, daß zu viele Arbeitgeber aus dem Verband austreten. Gerade in letzter Zeit geht der Organisationsgrad der Arbeitgeber erheblich zurück. Da dies vor allem auf die Unzufriedenheit über die bestehenden und zu erwartenden Flächentarifverträge zurückzuführen ist, ist die Einführung der OT-Mitgliedschaft ein geeignetes Mittel, die Verbandsflucht und damit den Beitragsrückgang zu stoppen. Bei der Umwandlung der herkömmlichen Mitgliedschaft ist lediglich zu berücksichtigen, daß eine einmal bestehende Tarifbindung nicht beseitigt, sondern nur auf dem bestehenden Niveau festgeschrieben werden kann.

Seit Beginn der Diskussion über die OT-Mitgliedschaft wird von Teilen der Literatur deren Zulässigkeit in Frage gestellt. Eine obergerichtliche Entscheidung dazu gibt es noch nicht. Während die Zulässigkeit des Aufteilungsmodells mittlerweile in der Literatur allgemein anerkannt ist, wird gegen das Stufenmodell vor allem vorgebracht, daß den Verbänden die Tariffähigkeit fehle und daß unzulässig in das verfassungsrechtlich bezweckte Kräftegleichgewicht zwischen Arbeitgeber- und Arbeitnehmerseite eingegriffen werde. Nachdem das Stufenmodell bereits vom Landesarbeitsgericht Rheinland-Pfalz und vom Arbeitsgericht Ludwigshafen für rechtmäßig erklärt wurde, bleibt abzuwarten, wie diese Frage vom BAG bzw. BVerfG entschieden wird.

12.4.2 Individualarbeitsrecht[243]

Arbeitnehmer ist, wer aufgrund eines privatrechtlichen Vertrages unselbständig Dienste leistet. Voraussetzung ist also zunächst der Abschluß eines privatrechtlichen Vertrages. Demzufolge sind keine Arbeitnehmer insbesondere Beamte, Richter, Soldaten, da zwischen ihnen und dem Staat öffentlich-rechtliche Beziehungen bestehen. Weitere Voraussetzung ist, daß die Dienstleistung für einen anderen gegen Entgelt geschuldet wird. Es wird insofern ein Dienstvertrag zwischen Arbeitgeber und Arbeitnehmer im Sinne von § 611 BGB geschlossen. Der Arbeitnehmer schuldet danach nur eine Tätigkeit, nicht jedoch einen Tätigkeitserfolg. Wird demgegenüber lediglich ein Werk geschuldet, liegt nicht ein Dienst-, sondern ein Werkvertrag vor. Beispielsweise ist ein Vertrag zwischen einem Architekten und dem Bauherrn in der Regel Werkvertrag, da insoweit der Architekt neben der Schaffung von Entwürfen, die Erarbeitung der Bauunterlagen, die Bauleitung und die Bauaufsicht bei einem Bauwerk schuldet. Für das Vorliegen eines Dienstvertrages ist nach der herrschenden Meinung nicht Voraussetzung, daß für die Dienstleistung ein Entgelt geschuldet wird.

Arbeitnehmer kann nur sein, wer unselbständig Dienstleistungen erbringt. Entscheidend ist nicht die wirtschaftliche, sondern die persönliche Abhängigkeit vom Dienstherrn. Ob eine Dienstleistung selbständig oder unselbständig erbracht wird, kann nur einzelfallbezogen anhand von Indizien, insbesondere Weisungsgebundenheit bezüglich Ort, Zeit, Dauer sowie Art und Weise der Tätigkeit, Eingliederung in den Betrieb und anhand des Umfangs der zu leistenden Arbeitskraft, abgegrenzt werden. Sogenannte freie Mitarbeiter, die nur Weisungen unterliegen, die sich auf das Arbeitsprodukt beziehen, gelten mithin nicht als Arbeitnehmer.

Aufgrund der wirtschaftlichen Abhängigkeit von einem Unternehmer finden arbeitsrechtliche Bestimmungen ausnahmsweise auch auf arbeitnehmerähnliche Personen (Scheinselbständige) Anwendung, wenn und soweit dies gesetzlich ausdrücklich angeordnet ist. Der Arbeitnehmerbegriff wird demgemäß im Anwendungsbereich des Arbeitsgerichtsgesetzes ausgedehnt auf Auszubildende, Heimarbeitnehmer, Einfirmenhandelsvertreter i.S.v. § 84 Abs. 1 Satz 2 HGB sowie sonstige Personen, die wegen ihrer wirtschaftlichen Unselbständigkeit als arbeitnehmerähnliche Personen anzusehen sind. Sind demzufolge freie Mitarbeiter von einem Unternehmer wirtschaftlich abhängig und auch der gesamten sozialen Stellung nach einem Arbeitnehmer vergleichbar sozial schutzbedürftig, so sind auch sie als Arbeitnehmer einzuordnen. Als Arbeitgeber gilt, wer mindestens einen Arbeitnehmer beschäftigt.

Nicht als Arbeitnehmer i.S.v. § 5 ArbGG gelten Personen, die kraft Gesetzes, Satzung oder Gesellschaftsvertrages zur Vertretung einer juristischen Person oder einer Perso-

---

243 Checklisten, Musterverträge und weitere Informationen erhält man online bei UB MEDIA (2000a).

nengesamtheit berufen sind. Hierzu zählen typischerweise Geschäftsführer und Vorstände. Die juristische Person bzw. die Personenhandelsgesellschaft ist Vertragspartner des Arbeitnehmers und damit Arbeitgeber im Rechtssinne (sogenannter abstrakter Prinzipal). Da jedoch die juristischen Personen selbst handlungsunfähig sind, werden die Arbeitgeberfunktionen im Verhältnis zu den Arbeitnehmern von den Organen, d.h. von den Geschäftsführern und Vorständen, ausgeübt, so daß die Organe der konkrete Prinzipal des Arbeitnehmers sind. Wegen der Ausübung der Arbeitgeberfunktionen wäre es daher nicht gerechtfertigt, die Organe als Arbeitnehmer und den der Organbestellung zugrunde liegenden Anstellungsvertrag als ein Arbeitsverhältnis zu qualifizieren. Für diesen Personenkreis ist damit nicht der Zuständigkeitsbereich der Arbeitsgerichte eröffnet. Streitigkeiten mit Organen werden daher dem Zivilrechtsweg zugewiesen.

Alle Arbeitnehmer sind entweder Arbeiter oder Angestellte, wobei die Abgrenzung vom Begriff des Angestellten her erfolgt. Angestellter ist nach der maßgeblichen Verkehrsauffassung, wer kaufmännische, büromäßige oder sonst vorwiegend geistige Arbeit leistet. Arbeiter ist dagegen, wer überwiegend körperliche Arbeit verrichtet. Die Abgrenzung wird angesichts der fortschreitenden technischen Entwicklung immer schwieriger. Sie verliert aber wegen der Angleichung der Rechtsstellung der beiden Arbeitnehmergruppen immer mehr an Bedeutung. Leitende Angestellte nehmen eine Sonderstellung innerhalb der Gruppe der Arbeitnehmer ein. Sie üben teilweise Arbeitgeberfunktionen aus. Für sie gelten zum Teil Sonderregelungen nach dem Arbeitszeit-, Kündigungsschutz-, Sprecherausschuß- und Betriebsverfassungsgesetz.

12.4.2.1 Begründung und Mangel des Arbeitsverhältnisses

Die Parteien können grundsätzlich darüber frei entscheiden, ob und mit wem sie ein Arbeitsverhältnis begründen. Insofern besteht für den Abschluß eines Arbeitsverhältnisses Abschlußfreiheit. Arbeitnehmer und Arbeitgeber können auch über den Inhalt des Arbeitsverhältnisses frei entscheiden. Die sogenannte Inhaltsfreiheit ist jedoch durch zahlreiche Arbeitnehmerschutzbestimmungen eingeschränkt. So unterliegt der Inhalt des Arbeitsvertrages einschränkend den Regelungen des Arbeitszeitgesetzes, Mutterschaftsgesetzes, Schwerbehindertengesetzes oder Jugendarbeitschutzgesetzes. Das Arbeitsverhältnis wird nach der heute ganz herrschenden Meinung nicht erst durch die tatsächliche Einstellung des Arbeitnehmers, sondern bereits durch den Abschluß des Arbeitsvertrages begründet (Vertragstheorie). Für das Zustandekommen und für die Durchführung des Arbeitsverhältnisses gelten grundsätzlich die allgemeinen Regelungen des BGB, es sei denn, daß besondere gesetzliche oder kollektivrechtliche Bestimmungen eingreifen. Das Arbeitsverhältnis kann bereits vor Dienstantritt gekündigt werden. Im Regelfall beginnt die Kündigungsfrist mit dem Zugang der Kündigungserklärung. Im Arbeitsvertrag kann jedoch vorgesehen werden, daß eine Kündigung vor Dienstantritt ausgeschlossen ist. In diesem Fall beginnt die Kündigungsfrist erst im Zeitpunkt der vorgesehenen Arbeitsaufnahme.

In der Praxis wird nicht jeder Arbeitsvertrag zwischen Arbeitgeber und Arbeitnehmer wirksam geschlossen. Wird zum Beispiel ein Arbeitnehmer von einem für die Einstellung nicht berechtigten Arbeitnehmer eingestellt, so liegt ein unwirksamer Arbeitsvertrag vor. In rechtlicher Hinsicht wird zwischen den Parteien für die Dauer der Vollziehung ein sog. faktisches Arbeitsverhältnis begründet. Dieses wird wie ein wirksames Arbeitsverhältnis behandelt. Für die Zukunft kann das faktische Arbeitsverhältnis von beiden Vertragsparteien durch einseitige Erklärung mit sofortiger Wirkung beendet werden, ohne daß die Voraussetzungen einer fristlosen Kündigung vorliegen müssen.

Das Arbeitsverhältnis kann auch durch eine Anfechtung beendet werden, allerdings abweichend von § 142 Abs. 1 BGB grundsätzlich nur mit Wirkung der Erklärung (Jetztwirkung). Mit Wirkung für die Vergangenheit kann das Arbeitsverhältnis nur insoweit beendet werden, als es nicht in bzw. wieder außer Vollzug gesetzt worden ist. Die Anfechtung durch einen Arbeitgeber wegen arglistiger Täuschung setzt die bewußte Falschbeantwortung einer zulässigen Frage bzw. bewußtes Verschweigen einer offenbarungspflichtigen Tatsache voraus. Ein Anfechtungsrecht des Arbeitgebers ist z.B. dann begründet, wenn ein Bewerber nach Vorstrafen gefragt worden ist und er die Frage verneint, obwohl die Unbescholtenheit Voraussetzung für die Einstellung als Kassierer ist. Eine Einschränkung des Anfechtungsrechts wird jedoch gemacht, wenn der Anfechtungsgrund seine Bedeutung für das Arbeitsverhältnis verloren hat, insbesondere wenn das Arbeitsverhältnis längere Zeit unbeanstandet durchgeführt worden ist. Dann ist die Anfechtung wegen Verstoßes gegen § 242 BGB unzulässig. Als nicht vorbestraft darf sich ein Bewerber dann bezeichnen, wenn seine Vorstrafen nach §§ 51, 53 Bundeszentralregistergesetz zu tilgen sind.

Im Hinblick auf Art. 1 und 2 GG ist das Fragerecht des Arbeitgebers eingeschränkt. Unzulässig sind insbesondere Fragen, die in die Intim- bzw. Privatsphäre des Arbeitnehmers eindringen. Die Falschbeantwortung einer unzulässigen Frage stellt keine arglistige Täuschung des Arbeitgebers dar. So ist die Frage nach der Schwangerschaft einer Bewerberin nach heute ganz herrschender Meinung grundsätzlich unzulässig. Zwar hat der Arbeitgeber im Hinblick auf die finanziellen Belastungen und die Beschäftigungsverbote nach dem Mutterschutzgesetz ein erhebliches Interesse zu erfahren, ob die Bewerberin schwanger ist. Die Frage nach der Schwangerschaft kann aber naturgemäß nur weibliche Bewerberinnen betreffen, so daß sie mit dem geschlechtsbezogenen Diskriminierungsverbot des § 611 a BGB in der Regel unvereinbar ist. Die falsche Beantwortung einer unzulässigen Frage stellt mithin keine rechtswidrige arglistige Täuschung i.S.v. § 123 BGB des Arbeitgebers dar. Infolgedessen ist die Kündigung einer Schwangeren, die bei der Einstellung die Frage nach einer Schwangerschaft bewußt falsch beantwortet hat, ausgeschlossen. Dem Arbeitnehmer steht daher ein sogenanntes Recht „zur Lüge auf unerlaubte Fragen" zu.

Nach herrschender Meinung ist die Schwangerschaftsfrage ausnahmsweise jedoch dann zulässig, wenn die Schwangerschaft mit der zu verrichtenden Tätigkeit im Hinblick auf die Beschäftigungsverbote nach dem Mutterschaftsgesetz unvereinbar ist oder die Frage objektiv dem gesundheitlichen Schutz der Schwangeren und des ungeborenen Kindes dient. So wurde vom Bundesarbeitsgericht eine Anfechtung des Arbeitsvertrages zugelassen, sofern die Arbeitnehmerin infolge der Schwangerschaft außerstande war, die übernommene Arbeit auszuführen, z.B. bei einer Tänzerin oder Sportlehrerin.

Vor Abschluß des Arbeitsvertrages hat der Arbeitgeber ein Interesse daran, sich möglichst umfassend über die Person des Stellenbewerbers zu erkundigen. Anderseits ist der Arbeitnehmer daran interessiert, seine persönlichen Belange nicht gegenüber einer ihm fremden Person zu offenbaren, so daß sich insoweit das Aufklärungsinteresse des Arbeitgebers und das Interesse des Arbeitnehmers an der Wahrung seiner Menschenwürde und seines allgemeinen Persönlichkeitsrechts gegenüberstehen. Als zulässig wurde die Frage nach dem Bestehen einer Schwerbehinderung angesehen. Auch die Frage nach einer Aidserkrankung ist zulässig. Inwieweit die Frage nach der Aidsinfektion zulässig ist, ist dagegen umstritten. Ein Fragerecht des Arbeitgebers wird auch zum Thema „Alkohol" bejaht, ebenso zur Stasitätigkeit im öffentlichen Dienst. Psychologische Tests, genetische Analysen und graphologische Gutachten sind nach herrschender Meinung mit Zustimmung des Arbeitnehmers zulässig.

Bei der Anfechtung gelten die besonderen Kündigungsschutzbestimmungen des Mutterschutzgesetzes und des Schwerbehindertengesetzes nicht. Eine Anhörung des Betriebsrates ist nicht erforderlich.

Die Hauptpflicht des Arbeitnehmers ist die Arbeitspflicht, die im Gegenseitigkeitsverhältnis gem. §§ 320 ff. BGB zur Vergütungspflicht des Arbeitgebers steht. Der Arbeitnehmer ist jedoch grundsätzlich vorleistungspflichtig gem. § 614 BGB.

Die Art der geschuldeten Arbeitsleistung richtet sich nach dem Arbeitsvertrag. Dieser wird durch das Direktionsrecht des Arbeitgebers konkretisiert. Der Umfang der nach dem Arbeitsvertrag, Tarifvertrag bzw. nach einer Betriebsvereinbarung maßgeblichen Arbeitszeit darf die nach dem Arbeitszeitgesetz zulässige Höchstarbeitszeit nicht überschreiten. Diese beträgt werktäglich 8 Stunden und wöchentlich 48 Stunden. Nach § 3 S. 2 ArbZG darf die werktägliche Arbeitszeit bis 10 Stunden nur verlängert werden, wenn innerhalb von 6 Monaten oder 24 Wochen im Durchschnitt 8 Stunden werktäglich nicht überschritten werden. Als Arbeitszeit gilt die Zeit vom Beginn bis zum Ende ohne Pausen. Der Weg von der Wohnung und zurück gehört nach einhelliger Ansicht nicht zur Arbeitszeit. Finden Arbeitszeitkontrollen durch Arbeitszeiterfassungssysteme statt, dann beginnt und endet die Arbeitszeit in der Regel bei Durchschreiten der Kontrollstellen. In dem ArbZG wird für die Überschreitung der werktäglichen Arbeitszeit nicht geregelt, welche Vergütung der Arbeitgeber zu zahlen hat. Der Vergütungsanspruch richtet sich vielmehr nach dem Arbeitsvertrag, Tarifvertrag oder Betriebsvereinbarungen. In der Praxis wird für Überstunden häufig ein Überstundenzuschlag gezahlt. Grundsätzlich kann auch eine Pauschalvergütung für die regelmäßige Arbeitszeit und die Überstunden vereinbart werden, die über dem normalen Lohn bzw. Gehalt liegt. Die Abgeltung der Überstunden in Freizeit wird ebenfalls häufig vorgesehen. Bei leitenden Angestellten sind dagegen die über die regelmäßige Arbeitszeit hinausgehenden Arbeitsstunden mit dem vereinbarten Gehalt grundsätzlich abgegolten.

Der Anspruch des Arbeitgebers auf Arbeitsleistung ist einklagbar. § 888 Abs. 2 ZPO schließt jedoch die Vollstreckung bei einer Verurteilung zur Leistung von Diensten aus einem Dienstvertrag aus. Dem Arbeitgeber steht nach Maßgabe des § 61 Abs. 2 ArbGG eine pauschalierte Entschädigung zu. Die Nichtleistung der Arbeit löst Schadensersatzansprüche des Arbeitgebers gem. § 325 BGB oder Ansprüche aus positiver Vertragsverletzung aus. Danach kann der Arbeitgeber den Gewinn verlangen, der ihm entgangen ist, etwa weil er Aufträge nicht hat rechtzeitig ausführen oder nicht hat übernehmen können. Ebenfalls sind Mehrkosten zu ersetzen, die dem Arbeitgeber dadurch entstehen, daß er zum Zwecke des Ausgleichs der ausgefallenen Arbeitsleistung an andere Arbeitnehmer Zuschläge zahlen oder teurere Ersatzkräfte einstellen muß. Die Ansprüche des Arbeitgebers sind jedoch immer nur bis zum nächstmöglichen Kündigungszeitpunkt begrenzt. Vertragsstrafenvereinbarungen zwischen Arbeitgeber und Arbeitnehmern sind zur Regelung des vorgenannten Sachverhaltes zulässig.

Während der Dauer des Arbeitsverhältnisses steht dem Arbeitnehmer grundsätzlich ein Beschäftigungsanspruch zu. Die Rechtsprechung leitet den Anspruch aus dem Persönlichkeitsschutz des Art. 1 und 2 GG ab; der Arbeitnehmer sei daran interessiert, sich am Arbeitsplatz zu entfalten, sich ggf. weiter auszubilden und seine Leistungsfähigkeit zu erhalten. Die Literatur verweist zum Teil auf das Sozialstaatsprinzip oder deutet die Beschäftigungspflicht als Abnahmeverpflichtung des Arbeitgebers.

Der Beschäftigungsanspruch besteht nach Ausspruch einer ordentlichen Kündigung zunächst nur bis zum Ablauf der Kündigungsfrist. Ob der Anspruch darüber hinaus bis zum rechtskräftigen Abschluß des Kündigungsprozesses weiterbesteht, ist zweifelhaft, da seine Grundlage nunmehr zwischen den Parteien im Streit ist. Der Große Senat des Bundesarbeitsgerichts hat eine Weiterbeschäftigungspflicht nicht nur bei offensichtlich unwirksamer Kündigung, sondern auch dann bejaht, wenn ein Arbeitsgericht die Unwirksamkeit der umstrittenen Kündigung erstinstanzlich durch Urteil festgestellt hat und überwiegende schützenswerte Interessen des Arbeitgebers der während des Prozesses tatsächlich möglichen Weiterbeschäftigung nicht entgegenstehen. Unter den gleichen Voraussetzungen besteht der allgemeine Weiterbeschäftigungsanspruch, wenn um die Beendigung des Arbeitsverhältnisses durch Ablauf einer Befristung oder durch den Eintritt einer auflösenden Bedingung gestritten wird. Im Verlaufe eines Kündigungsschutzverfahrens kann dieser Weiterbeschäftigungsanspruch wieder untergehen, wenn z.B. das erstinstanzliche Urteil auf die Berufung hin aufgehoben wird, oder der Arbeitgeber, gestützt auf einen neuen Lebenssachverhalt, eine weitere nicht evident unwirksame Kündigung ausspricht bzw. einen Auflösungsantrag nach §§ 9, 10 KSchG stellt. Bei einer Änderungskündigung i.S.v. § 2 KSchG, die der Arbeitnehmer unter Vorbehalt angenommen hat, wird der Weiterbeschäftigungsanspruch ausgeschlossen.

Wird der Arbeitnehmer auf Verlangen vom Arbeitgeber z.B. im Hinblick auf einen wirksamen Widerspruch des Betriebsrats gem. § 103 Abs. 5 BetrVG nach Ablauf der Kündi-

12.4. Arbeitsrecht

gungsfrist weiter beschäftigt, dann besteht das bisherige Arbeitsverhältnis kraft Gesetzes mit allen Rechten und Pflichten zunächst fort. Es wird erst durch die rechtskräftige Abweisung der Kündigungsschutzklage aufgelöst. Fordert der Arbeitgeber den Arbeitnehmer trotz Festhaltens an der Wirksamkeit der Kündigung auf, die Arbeitsleistung bis zur Entscheidung des Rechtsstreits zu erbringen, und erklärt sich der Arbeitnehmer damit einverstanden, so bedeutet diese einvernehmliche Vertragsfortsetzung im Zweifel, daß das bisherige Arbeitsverhältnis bis zur rechtskräftigen Abweisung der Bestandsschutzklage fortgesetzt werden soll. Wird der Arbeitnehmer jedoch im Hinblick auf das Vorliegen eines Urteils weiterbeschäftigt, so liegt der Weiterbeschäftigung – nach insoweit umstrittener Rechtsprechung – weder eine gesetzliche noch eine vertragliche Rechtsgrundlage zugrunde, mit der Folge, daß auf diese aufgezwungene Weiterbeschäftigung die Grundsätze des faktischen Arbeitsverhältnisses keine Anwendung finden. Vielmehr ist die Rückabwicklung der tatsächlichen Weiterbeschäftigung nach den Grundsätzen der ungerechtfertigten Bereicherung vorzunehmen. Der Arbeitnehmer erhält in diesem Fall für die geleistete Arbeitsleistung einen Wertersatz gem. §§ 812 Abs. 1, 818 Abs. 2 BGB, für den die übliche Vergütung (in der Regel Tariflohn) maßgebend ist. Demgemäß sind Gratifikationen nur dann, ggf. anteilig zu zahlen, wenn sie eine Gegenleistung für tatsächlich erbrachte Arbeitsleistung darstellen, insbesondere keine künftige Betriebstreue voraussetzen. Urlaubsabgeltung für nicht genommenen Urlaub kann der Arbeitnehmer nicht verlangen, da insoweit der Arbeitgeber nichts erlangt hat.

Die Vergütungshöhe ergibt sich in der Regel aus dem Arbeits- bzw. Tarifvertrag. Bei beiderseitiger Tarifvertragsbindung darf der tarifliche Mindestlohn nicht unterschritten werden. Der Lohn kann als Zeitlohn (Stundenvergütung, Festgehalt) oder Leistungslohn (Akkordlohn, Prämienlohn) geschuldet sein. Häufig werden den Arbeitnehmern auch Zusatzleistungen wie Gratifikationen, Gewinnbeteiligung, Betriebsrenten gewährt. Da die Gratifikationen teilweise Anerkennung für geleistete Dienste und teilweise Anreiz für weitere Dienstleistungen sind, sind Rückzahlungsvereinbarungen für den Fall des Ausscheidens aus dem Betrieb üblich. Die Lohnansprüche sind nach Maßgabe der §§ 850 ff. ZPO pfändbar.

Jedem Arbeitnehmer steht nach §§ 1, 3 BUrlG ein Anspruch auf Mindesturlaub in Höhe von 24 Werktagen pro Jahr zu, der nach einmaliger Erfüllung der Wartezeit des § 4 BUrlG am Anfang eines jeden Jahres als Anspruch auf Vollurlaub entsteht. Im Ein- und Austrittsjahr besteht Teilurlaubsanspruch. Abweichende Vereinbarungen zugunsten des Arbeitnehmers sind zulässig und vielfach üblich. Zu Lasten des Arbeitnehmers kann vom BUrlG nur durch Tarifvertrag abgewichen werden.

Der Urlaubsanspruch ist nach heutiger herrschender Meinung auf Beseitigung der Arbeitspflicht für die Dauer der Urlaubszeit gerichtet. Er ist höchstpersönlicher Natur und daher weder abtretbar, pfändbar noch vererblich. Der Urlaubsanspruch ist auf das Kalenderjahr befristet und erlischt spätestens mit Ablauf des 31. März des Folgejahres. Hat der Arbeitgeber die Unmöglichkeit der Urlaubsgewährung zu vertreten, schuldet er Schadensersatz. Krankheit und Urlaub schließen sich aus. Kann der Urlaub wegen Beendigung des Arbeitsverhältnisses nicht genommen werden, so ist er von dem Arbeitgeber abzugelten. Der Abgeltungsanspruch ist zwar ein Surrogat des Urlaubsanspruchs, aber ebenso wie der Urlaubsgeldanspruch pfändbar, verpfändbar und abtretbar. Gesetzliche Mindesturlaubsansprüche sind unabdingbar und unverzichtbar. Der Ausschluß von Doppelurlaubsansprüchen gem. § 6 BUrlG bezieht sich nur auf das neue Arbeitsverhältnis. Der bisherige Arbeitgeber darf daher den Urlaubsabgeltungsanspruch, der an die Stelle des bei ihm entstandenen Urlaubsanspruchs tritt, weder kürzen noch den Arbeitnehmer an den neuen Arbeitgeber verweisen. Dieses gilt auch dann, wenn der neue Arbeitgeber dem Arbeitnehmer aufgrund vertraglicher Abweichung Urlaub gewährt.

12.4.2.2 Der Vergütungsanspruch des Arbeitnehmers

Es gilt der Grundsatz „ohne Arbeit kein Lohn". Aufgrund des Fixschuldcharakters der Arbeitspflicht führt der Zeitablauf bei Nichtleistung zur Unmöglichkeit. Der Arbeitnehmer ist zur Nachholung der ausgefallenen Arbeitsleistung grundsätzlich verpflichtet.

Bei ausgefallener Arbeitsleistung bedarf der Vergütungsanspruch des Arbeitnehmers einer besonderen Rechtfertigung. Die wichtigsten Fälle, in denen „Lohn ohne Arbeit" zu zahlen ist, sind der Erholungsurlaub und die Fortzahlung bei Feiertagen. Eine Fortzahlungspflicht ist auch bei der Krankheit des Arbeitnehmers sowie bei Maßnahmen der medizinischen Vorsorge und Rehabilitation gegeben. Der Geldfortzahlungsanspruch wird jedoch dann versagt, wenn den Arbeitnehmer an dem Eintritt der Krankheit ein grobes Verschulden trifft. Dieses ist z.B. bei Unfällen aufgrund von Drachenfliegen, den Folgen eines mißglückten Selbstmordversuches, Unfall nach Alkoholmißbrauch, Bungee Springen und Verwicklung in eine Schlägerei bejaht worden.

Kann der Arbeitnehmer die Arbeitsleistung nicht erbringen, weil der Arbeitsausfall auf einer vom Arbeitgeber zu vertretenden Unmöglichkeit der Arbeitsleistung beruht, so bleibt der Arbeitgeber zur Zahlung des Lohns verpflichtet (z.B. ein Chauffeur kann nicht tätig werden, da sich das Kfz in der Werkstatt befindet und ein Ersatzwagen nicht zur Verfügung steht). Ist die Betriebsstörung von keiner Partei zu vertreten (z.B. Brand), muß grundsätzlich der Arbeitgeber die Vergütung analog § 615 BGB weiterzahlen. Dieses beruht auf der Verteilung des Betriebsrisikos. Danach trägt ausschließlich der Arbeitgeber das Betriebsrisiko, sofern die Gründe für die Störung in der betrieblichen Sphäre liegen.

12.4.2.3 Innerbetrieblicher Schadensausgleich

Der Arbeitgeber ist grundsätzlich auch bei schuldhafter Schlechtleistung des Arbeitnehmers zur Lohnkürzung nicht berechtigt. Es kann ihm aber unter Berücksichtigung der Pfändungsfreigrenzen gem. §§ 850 ff. ZPO mit dem Nettolohnanspruch ein aufrechenbarer Gegenanspruch auf Schadensersatz aus positiver Vertragsverletzung des Arbeitsvertrages bzw. aus unerlaubter Handlung zustehen. Grundsätzlich ist die Arbeitnehmerhaftung für Schäden, die durch betrieblich veranlaßte Tätigkeiten verursacht wurden, eingeschränkt. Es besteht Einigkeit darüber, daß eine uneingeschränkte Anwendung der zivil-

12.4. Arbeitsrecht

rechtlichen Haftungsgrundsätze auf die Haftung des Arbeitnehmers gegenüber dem Arbeitgeber nicht sachgerecht ist. Um eine angemessene Begrenzung der Haftung des Arbeitnehmers gegenüber dem Arbeitgeber zu erreichen, sind von der Rechtsprechung zunächst die Grundsätze über gefahrengeneigte Arbeit entwickelt worden. Danach ist eine Arbeit schadensgeneigt, wenn sie es ihrer Art nach mit sich bringt, daß auch dem sorgfältigsten Arbeitnehmer gelegentlich Fehler unterlaufen, die zwar – für sich allein betrachtet – jedesmal vermeidbar gewesen sind, mit denen aber angesichts der menschlichen Unzulänglichkeit erfahrungsgemäß zu rechnen ist. So können typischerweise Unfälle bei Kraftfahrern im Straßenverkehr nicht ausgeschlossen werden.

Nach der geltenden Rechtsprechung des Bundesarbeitsgerichts und des Bundesgerichtshofs sowie der ganz herrschenden Lehre ist die Gefahrengeneigtheit keine Voraussetzung für eine Beschränkung der Arbeitnehmerhaftung. Ausreichend und erforderlich ist, daß eine betrieblich veranlaßte Tätigkeit des Arbeitnehmers vorliegt. Bezüglich der Haftung des Arbeitnehmers für Schäden, die in Ausführung der betrieblichen Tätigkeit verursacht worden sind, gilt abhängig vom Verschuldensgrad eine unbeschränkte Haftung bei Vorsatz und grober Fahrlässigkeit. Im letzteren Fall kommt ausnahmsweise eine Haftungsbegrenzung im Einzelfall in Betracht, wenn der Verdienst des Arbeitnehmers im deutlichen Mißverhältnis zum Schadensrisiko der Tätigkeit steht. Bei normaler Fahrlässigkeit wird eine Schadensersatzpflicht angenommen, wobei für den Umfang der Arbeitnehmerhaftung Einzelfallumstände maßgeblich sind. Die im Einzelfall bei der Bemessung der Höhe der Haftung des Arbeitnehmers zu berücksichtigenden Umstände sind insbesondere das Verhalten in der Vergangenheit, Art und Schwierigkeit der Tätigkeit, insbesondere Gefahrengeneigtheit der Tätigkeit, Schadensrisiko, Ausbildung, Berufserfahrung, Verhalten des Arbeitgebers und vor allem Versicherbarkeit des Schadensrisikos. Dabei ist davon auszugehen, daß der Arbeitgeber nicht verpflichtet ist, eine Versicherung abzuschließen. Ist der Abschluß jedoch zumutbar, schließt er aber die Versicherung dennoch nicht ab, so ist der Arbeitgeber so zu behandeln, als ob er eine solche Versicherung hätte. Die Haftung des Arbeitnehmers ist im Hinblick auf diese Obliegenheit des Arbeitgebers auf die übliche und angemessene Selbstbeteiligung beschränkt. Bei geringer Schuld, d.h. leichteste Fahrlässigkeit, ist eine Haftung des Arbeitnehmers ausgeschlossen.

Die Haftung des Arbeitgebers und des Arbeitnehmers für Personenschäden an Arbeitnehmern desselben Betriebs einschließlich Schmerzensgeld und Beerdigungskosten infolge von Arbeitsunfällen ist nach Maßgabe der §§ 104, 105 SGB VII ausgeschlossen. Der Grund für diese Vorschrift ist darin zu sehen, daß der Geschädigte einen Anspruch auf Leistungen aus der gesetzlichen Sozialversicherung (Unfallversicherung oder Krankenkasse) hat. Die für die Unfallversicherung erforderlichen Beiträge werden von dem Arbeitgeber aufgebracht. Deshalb soll den Arbeitgebern das Risiko einer weitergehenden Haftung aus Arbeitsunfällen abgenommen werden. Andererseits ist dem Arbeitnehmer zuzumuten, auf weitergehende Ersatzansprüche, z.B. Schmerzensgeld, zu verzichten, weil ihm für die von der Sozialversicherung gedeckten Schäden in der Gestalt eines öffentlichrechtlichen Versicherungsträgers ein leistungsfähiger und sicherer Schuldner zur Verfügung gestellt wird.

Gegenüber Dritten, d.h. nicht im selben Betrieb Tätigen, kann sich der Arbeitnehmer auf die oben genannten Haftungsbegrenzungsgrundsätze nicht berufen. Er kann jedoch unter Umständen Freistellung bzw. Erstattung der Kosten vom Arbeitgeber verlangen.

Die Haftung des Arbeitgebers für Vermögensschäden des Arbeitnehmers, z.B. die Hose eines Arbeitnehmers wird durch eine zerplatzte Flasche mit Ameisensäure beschädigt, richtet sich bei zu vertretender Pflichtverletzung nach allgemeinen Grundsätzen. Ohne Verschulden haftet der Arbeitgeber für Sachschäden des Arbeitnehmers, die arbeitsinadäquat sind oder in den Betätigungsbereich des Arbeitgebers fallen. Nicht zu erstatten sind Sachschäden des Arbeitnehmers, die er nach der Natur der Sache herkömmlicherweise hinnehmen muß, z.B. Laufmaschen der Sekretärin, Abnutzung von Kleider- und Schuhsohlen etc.

12.4.2.4 Die Beendigung des Arbeitsverhältnisses

Das Arbeitsverhältnis kann als Dauerschuldverhältnis insbesondere durch nachfolgende Tatbestände für die Zukunft aufgelöst werden:

- Aufhebungsvertrag,

- Anfechtung des Arbeitsverhältnisses,

- einseitige Lossagung vom faktischen Arbeitsverhältnis,

- Tod des Arbeitnehmers,

- ordentliche Kündigung,

- außerordentliche Kündigung,

- Auflösung des Arbeitsverhältnisses durch das Arbeitsgericht wegen Unzumutbarkeit der Vertragsfortsetzung nach Maßgabe der §§ 9, 10 bzw. 13 Abs. 1 S. 3 i.V.m. §§ 9 Abs. 2, 10 KSchG,

- Befristungsablauf,

- Eintritt einer auflösenden Bedingung,

- Verweigerung der Fortsetzung des Arbeitsverhältnisses durch den Arbeitnehmer nach Feststellung der Unwirksamkeit der Kündigung, §§ 12, 16 KSchG,

- vorläufige Einstellung ohne Zustimmung des Betriebsrates. Das Arbeitsverhältnis endet zwei Wochen nach rechtskräftiger Verweigerung der Zustimmungsersetzung durch das Arbeitsgericht, §§ 100, 101 BetrVG,

- in Ausnahmefällen (lösende) Aussperrung durch den Arbeitgeber im Arbeitskampf.

Keine Beendigungsgründe sind dagegen:

- Tod des Arbeitgebers,
- Veräußerung des Betriebes oder Betriebsübergang iSd § 613 a BGB,
- Insolvenz des Arbeitgebers bzw. Stillegung des Betriebes,
- Einberufung zum Wehrdienst, zur Eignungsübung oder zum zivilen Ersatzdienst.

Aufgrund der Vertragsfreiheit können die Vertragsparteien das Arbeitsverhältnis einvernehmlich aufheben. Soweit der Aufhebungsvertrag zur Arbeitslosigkeit des Arbeitnehmers geführt hat, ist der Arbeitslose für den Bezug von Arbeitslosengeld grundsätzlich für 12 Wochen gesperrt. Vor Abschluß eines Aufhebungsvertrages ist der Arbeitgeber grundsätzlich nicht verpflichtet, den Arbeitnehmer auf mögliche Nachteile, insbesondere auf die vorgenannte Bezugssperre, hinzuweisen.

Das Arbeitsverhältnis kann grundsätzlich von beiden Parteien des Vertrages ordentlich gekündigt werden. Die Kündigung ist eine einseitige, empfangsbedürftige Willenserklärung, mit der der Wille eines Vertragspartners zur Beendigung des Arbeitsverhältnisses zum Ausdruck gebracht wird. Eine bestimmte Form ist für die Kündigung im Gesetz nicht vorgeschrieben, so daß sie auch mündlich wirksam erklärt werden kann, es sei denn, im Tarifvertrag, in der Betriebsvereinbarung oder im Arbeitsvertrag ist abweichendes vereinbart worden. Ist die Kündigung einem Anwesenden erklärt worden, gilt sie als zugegangen. Bei einem Abwesenden geht die Kündigung dem Empfänger erst zu, wenn sie in seinen Machtbereich gelangt ist, so daß bei Annahme gewöhnlicher Umstände damit zu rechnen war, daß er von ihr Kenntnis nehmen konnte. Dies gilt auch dann, wenn sich der Empfänger, z.B. wegen Urlaubs oder eines Krankenhausaufenthaltes nicht an seinem gewöhnlichen Aufenthaltsort aufhält. Versäumt der Arbeitnehmer wegen vorübergehender Ortsabwesenheit die Klagefrist gem. § 4 KSchG, kann regelmäßig auf Antrag die Kündigungsschutzklage nachträglich wieder zugelassen werden. Das Kündigungsschreiben gilt jedoch als zugegangen, wenn der Empfänger die Annahme grundlos verweigert.

Für eine ordentliche Kündigung des Arbeitsverhältnisses ist ein besonderer Kündigungsgrund nicht erforderlich. Allerdings ist eine Kündigung dann ausgeschlossen, wenn das Arbeitsverhältnis zeitlich oder durch einen bestimmten Zweck befristet ist. Unzulässig sind allerdings Regelungen, die einseitig zum Nachteil des Arbeitnehmers das Kündigungsrecht einschränken. Bei einer ordentlichen Kündigung muß die bestehende Kündigungsfrist eingehalten werden, so daß das Arbeitsverhältnis nicht sofort, sondern erst mit Ablauf dieser Frist beendet wird. Gem. § 622 Abs. 1 BGB kann das Arbeitsverhältnis eines Arbeitnehmers unter Einhaltung einer Frist von 4 Wochen zum 15. oder zum Ende eines Monats gekündigt werden. Diese Frist gilt sowohl für Arbeiter als auch für Angestellte. In § 622 Abs. 2 BGB sind für den Arbeitgeber längere Kündigungsfristen vorgesehen, wenn der Arbeitnehmer zwei und mehr Jahre im Betrieb beschäftigt ist. Die Vorschrift stellt eine Schutzbestimmung zugunsten der Arbeitnehmer dar, so daß sie auf

Eigenkündigungen der Arbeitnehmer nicht anwendbar sind. Abweichende Vereinbarungen sind aufgrund der Vertragsautonomie zulässig, sofern für die Kündigung durch den Arbeitnehmer keine längere Kündigungsfrist vereinbart wird, als für die Kündigung durch den Arbeitgeber.

Sofern in dem Arbeitsvertrag Erschwerungen der Kündigung vorgesehen sind, ist zu differenzieren. Der Grundsatz der Kündigungsfreiheit und damit das Grundrecht des Arbeitnehmers auf freie Berufswahl gem. Art. 12 GG darf nicht unzulässig beeinträchtigt werden. Demzufolge sind Abfindungsverpflichtungen zu Lasten des Arbeitnehmers unzulässig, soweit dieser dadurch gezwungen wird, sich von seinem Arbeitsplatz, auch im Falle einer zulässigen Kündigung freizukaufen. Die Vereinbarung einer Abfindungszahlung durch den Arbeitgeber ist demgegenüber zulässig, da Abfindungen für den Arbeitgeber, wie §§ 9, 10 KSchG zeigen, eine normale Erscheinung des Arbeitslebens sind.

Werden in einem Betrieb mehr als 5 Arbeitnehmer regelmäßig beschäftigt und besteht ein Beschäftigungsverhältnis mit einem Arbeitnehmer länger als 6 Monate, kann eine ordentliche Kündigung durch einen Arbeitgeber sozialwidrig und gem. § 1 Abs. 1 KSchG unwirksam sein. Bei der Ermittlung der Beschäftigungszahl zählen Auszubildende nicht, Teilzeitbeschäftigte werden anteilmäßig berücksichtigt. Behauptet ein Arbeitnehmer die Sozialwidrigkeit der Kündigung, so muß er Kündigungsschutzklage gem. § 4 Satz 1 KSchG innerhalb von 3 Wochen nach Kündigungszugang erheben, da anderenfalls dieser Mangel gem. § 7 KSchG geheilt wird.

Gem. § 1 Abs. 2 KSchG ist eine Kündigung nicht sozial gerechtfertigt, wenn sie nicht durch Gründe, die in der Person oder in dem Verhalten des Arbeitnehmers liegen oder durch dringende betriebliche Erfordernisse, die einer Weiterbeschäftigung des Arbeitnehmers in diesem Betrieb entgegenstehen, bedingt ist. Dementsprechend ist im Einzelfall jeweils zu prüfen, ob eine Kündigung durch personenbedingte, verhaltensbedingte oder betriebsbedingte Gründe gerechtfertigt ist, die so gewichtig sein müssen, daß dem Arbeitgeber eine Weiterbeschäftigung des Arbeitnehmers nach Ablauf der Kündigungsfrist nicht zumutbar ist. Ob dies der Fall ist, ist nach einer umfassenden Interessenabwägung festzustellen (vgl. weiterführend: SCHAUB, 2000).

Als personenbedingte Gründe kommen neben der Krankheit eines Arbeitnehmers einschließlich der Suchtkrankheiten insbesondere die fehlende Arbeitserlaubnis bei Ausländern, die fehlende fachliche oder persönliche Eignung oder die Arbeitsverhinderung wegen Haft in Betracht. Zusätzlich ist zu prüfen, ob die Kündigung bei Interessenabwägung unter Berücksichtigung des Verhältnismäßigkeitsprinzips sozial gerechtfertigt ist. Dies ist nicht der Fall, wenn auch eine anderweitige Beschäftigungsmöglichkeit, ggf. auch zu schlechteren Bedingungen, besteht. Eine Änderungskündigung hat demgemäß Vorrang vor der Kündigung zur dauerhaften Beendigung des Arbeitsverhältnisses. Bei der Änderungskündigung ist zu berücksichtigen, daß der Arbeitgeber zur Schaffung neuer Arbeitsplätze oder zu einem Ringtausch der Arbeitnehmer nicht verpflichtet ist.

12.4. Arbeitsrecht

Die Kündigung kann auch auf verhaltensbedingte Gründe gestützt werden. Dies sind insbesondere Vertragspflichtverletzungen, wobei grundsätzlich schuldhaftes Verhalten des Arbeitnehmers erforderlich ist. Als verhaltensbedingte Gründe kommen insbesondere die Arbeitsverweigerung, unentschuldbares Fehlen, Verletzung der Anzeige- und Mitteilungspflichten im Krankheitsfall, Nebentätigkeit trotz Vorlage einer ärztlichen Arbeitsunfähigkeitsbescheinigung, Alkoholmißbrauch ohne Alkoholabhängigkeit, Beleidigung der Vorgesetzten und des Arbeitgebers, Störung des Betriebsfriedens, ausländerfeindliche Äußerungen im Betrieb, Tätlichkeiten im Betrieb, Straftaten, eigenmächtiger Urlaubsantritt etc. in Betracht. Auch wiederholte schuldhafte Unpünktlichkeiten des Arbeitnehmers stellen schuldhafte Pflichtverletzungen dar.

Liegen verhaltensbedingte Gründe vor, ist eine im Einzelfall ausgesprochene Kündigung gleichwohl nur dann wirksam, wenn sie einer Interessenabwägung unter Berücksichtigung des Verhältnismäßigkeitsprinzips standhält. Aus dem ultima-ratio-Prinzip im Kündigungsschutzrecht folgt, daß vor Ausspruch einer fristgerechten bzw. außerordentlichen Kündigung aus Gründen, die im Verhalten des Arbeitnehmers liegen, grundsätzlich eine einschlägige Abmahnung als milderes Mittel ausgesprochen werden muß. Für die Abmahnung ist die Einhaltung einer bestimmten Form nicht erforderlich, ebenfalls ist ein ggf. bestehender Betriebsrat vor Ausspruch einer Abmahnung nicht zu beteiligen. Wird eine Abmahnung in eine Personalakte aufgenommen, steht dem Arbeitnehmer grundsätzlich das Recht zur Aufnahme einer Gegendarstellung gem. § 83 Abs. 2 BetrVG zu. Dem Arbeitnehmer steht ferner ein gerichtlich durchsetzbarer Anspruch auf Entfernung einer unwirksamen Abmahnung aus der Personalakte zu.

Eine betriebsbedingte Kündigung ist zulässig, wenn außerbetriebliche (Auftragsrückgang, Absatzschwierigkeiten, Rohstoffmangel) oder innerbetriebliche Faktoren (z.B. Stillegung eines Betriebes, organisatorische oder technische Rationalisierungsmaßnahmen) den Wegfall eines oder mehrerer Arbeitsplätze zur Folge haben und keine anderweitigen Beschäftigungsmöglichkeiten in demselben oder einem anderen Betrieb des Unternehmens bestehen. Ist die Unternehmensentscheidung sachlich gerechtfertigt, kann sie von den Gerichten auf ihre Zweckmäßigkeit hin nicht überprüft werden.

Wird einem Arbeitnehmer aus dringenden betrieblichen Erfordernissen an sich berechtigterweise gekündigt, so ist die Kündigung trotzdem sozial ungerechtfertigt, wenn der Arbeitgeber bei der Auswahl des Arbeitnehmers soziale Gesichtspunkte nicht oder nicht ausreichend berücksichtigt hat. Zu berücksichtigen sind insbesondere soziale Gesichtspunkte. Diese sind mit den Verhältnissen anderer Arbeitnehmer des Beschäftigungsbetriebes zu vergleichen. Es gilt der Grundsatz der betriebsbezogenen Sozialauswahl, für den in erster Linie arbeitsplatzbezogene Merkmale maßgeblich sind. Bei der vom Arbeitnehmer bestrittenen sozialen Auswahl gilt eine sogenannte abgestufte Darlegungs- und Beweislast. Der Arbeitgeber muß dem Arbeitnehmer auf Verlangen die Gründe vollständig mitteilen, die zu der getroffenen sozialen Auswahl geführt haben. Nach Erfüllung der Auskunftspflicht muß dann der Arbeitnehmer darlegen und beweisen, welche vom Arbeitgeber in die soziale Auswahl einbezogenen Arbeitnehmer weniger schutzbedürftig sind oder welche anderen Arbeitnehmer zusätzlich zu berücksichtigen waren. Die in der Praxis üblichen Punktetabellen für die soziale Auswahl haben die Funktion einer Vorauswahl, an die sich stets eine einzelfallbezogene Gesamtbewertung anschließen muß, z.B. Lebensalter, Dauer der Betriebszugehörigkeit, Familienstand, Unterhaltsverpflichtungen etc. (siehe hierzu UB MEDIA, 2000b)

Gem. § 626 Abs. 1 BGB kann das Arbeitsverhältnis von beiden Vertragsteilen nur dann ohne Einhaltung einer Kündigungsfrist gekündigt werden, wenn Tatsachen vorliegen, aufgrund derer dem Kündigenden die Fortsetzung des Arbeitsverhältnisses nach Abwägung aller Einzelfallumstände selbst bis zum Ablauf der Kündigungsfrist bzw. zu einem früheren Beendigungstermin nicht zugemutet werden kann. In der Praxis wird eine außerordentliche Kündigung regelmäßig fristlos, d.h. mit sofortiger Wirkung ausgesprochen. Die Kündigungsgründe sind auf Verlangen mitzuteilen.

Gründe zur außerordentlichen Kündigung eines Arbeitnehmers sind beispielsweise Vermögensdelikte zum Nachteil des Arbeitgebers bzw. am Arbeitsplatz zum Nachteil von Arbeitskollegen, Tätlichkeiten im Betrieb, grobe Beleidigungen von Vorgesetzten oder des Arbeitgebers, beharrliche Arbeitsverweigerung, eigenmächtiger Urlaubsantritt, wiederholte Unpünktlichkeiten bzw. unentschuldigte Fehlzeiten trotz Abmahnung, Vortäuschung einer Arbeitsunfähigkeit, Konkurrenztätigkeit, vorsätzliches Einbringen von Computerviren, Androhung künftiger Erkrankungen, Nebentätigkeit während ärztlich attestierter Arbeitsunfähigkeit etc. Liegt ein Grund zur außerordentlichen Kündigung vor, so ist zusätzlich eine Interessenabwägung unter Berücksichtigung aller Umstände des Einzelfalles vorzunehmen. Auch hier gilt, daß eine außerordentliche Kündigung nur die unausweichlich letzte Maßnahme (ultima ratio) für den Kündigungsberechtigten sein muß. Zu prüfen ist demgemäß, ob mildere Mittel, z.B. Abmahnung, Versetzung, außerordentliche Änderungskündigung, ordentliche Beendigungskündigung zumutbar sind. In Sonderfällen ist eine außerordentliche Kündigung auch bei Verdacht eines außerordentlichen Grundes möglich. Eine fristlose Verdachtskündigung ist dann wirksam, wenn der Verdacht so dringend ist, daß sich bei kritischer Prüfung eine auf Indizien gestützte große Wahrscheinlichkeit der Tatbegehung durch den zu kündigenden Arbeitnehmer ergibt. Der Arbeitnehmer muß alles ihm Zumutbare zur Sachverhaltsaufklärung getan haben, wozu auch gehört, daß dem Arbeitnehmer die Möglichkeit zur Stellungnahme eingeräumt wird.

In der Praxis wird die außerordentliche Kündigung regelmäßig mit einer hilfsweisen, ordentlichen Kündigung verbunden. Grund hierfür ist, daß das Arbeitsgericht ggf. einen außerordentlichen Grund zur sofortigen fristlosen Beendigung des Arbeitsverhältnisses nicht annimmt.

Im betrieblichen Alltag kommen häufig sogenannte Änderungskündigungen vor. Eine Änderungskündigung i.S.v. § 2 KSchG liegt dann vor, wenn der Arbeitgeber unmißverständlich zum Ausdruck bringt, daß das Arbeitsverhältnis zu einem bestimmten Zeitpunkt, sei es außerordentlich bzw. ordentlich, beendet wird, wenn der Arbeitnehmer die Fortsetzung des Arbeitsverhältnisses zu den angebotenen geänderten Bedingungen ab-

12.4. Arbeitsrecht

lehnt bzw. die Annahme des Änderungsangebotes nicht innerhalb der Frist von 3 Wochen gem. § 2 Abs. 2 KSchG erklärt. Die Änderungskündigung ist damit eine echte Kündigung in dem Sinne, daß sie die Beendigung des Arbeitsverhältnisses bewirken kann, wenn sie sozial gerechtfertigt ist und der Arbeitnehmer das Angebot nicht annimmt. Bezweckt der Arbeitgeber mit seiner Änderungskündigung eine Versetzung des Arbeitnehmers, ist die gem. § 99 Abs. 1 BetrVG erforderliche Zustimmung des Betriebsrats nur Wirksamkeitsvoraussetzung für die Versetzung, nicht dagegen auch für die Kündigung. Bis zur Erteilung bzw. ggf. gerichtlichen Ersetzung der Zustimmung des Betriebsrates, kann der Arbeitnehmer die Erbringung der neuen Arbeit verweigern und bei Nichtbeschäftigung am alten Arbeitsplatz den Lohn verlangen. Der Arbeitnehmer kann die Änderungskündigung auch unter dem Vorbehalt annehmen, daß die Änderung der Arbeitsbedingungen sozial gerechtfertigt ist, d.h., daß die Kündigung sich als wirksam erweist. In einem solchen Fall muß der Arbeitnehmer das Angebot unter Vorbehalt annehmen und Kündigungsschutzklage fristgerecht erheben. Während des Kündigungsschutzprozesses muß der Arbeitnehmer zu den geänderten Bedingungen weiterarbeiten. Gewinnt der Arbeitnehmer die Kündigungsschutzklage, bleibt das alte Arbeitsverhältnis bestehen. Verliert der Arbeitnehmer, fällt der Vorbehalt weg, und es besteht zwischen den Parteien ein abgeändertes Arbeitsverhältnis. Durch die Annahme der Änderungskündigung unter Vorbehalt geht der Arbeitnehmer daher nicht das Risiko ein, seinen Arbeitsplatz ganz zu verlieren.

Für bestimmte Arbeitnehmer sind gesetzlich Kündigungsschutzbeschränkungen vorgesehen. So besteht ein Kündigungsschutz von Mitgliedern oder Wahlbewerbern der Betriebsverfassungsorgane gem. § 15 KSchG. Besonderen Kündigungsschutz genießen Frauen während der Schwangerschaft und bis zum Ablauf von 4 Monaten nach der Entbindung. Gem. § 9 MutterschutzG ist eine Kündigung unzulässig, wenn dem Arbeitgeber zur Zeit der Kündigung die Schwangerschaft oder Entbindung bekannt war oder innerhalb von 2 Wochen nach Zugang der Kündigung mitgeteilt wird. Gem. § 18 BErzGG darf der Arbeitgeber ab dem Zeitpunkt, von dem der Erziehungsurlaub verlangt wird, spätestens jedoch 6 Wochen vor Beginn des Erziehungsurlaubes und während des Erziehungsurlaubes nicht kündigen. Besonderer Kündigungsschutz wird gem. § 15 SchwerbehG gewährt. Danach bedarf die ordentliche Kündigung des Arbeitsverhältnisses mit einem Schwerbehinderten der vorherigen Zustimmung der Fürsorgestelle. Eine Kündigungsbeschränkung gilt auch für Ausbildungsverhältnisse gem. § 15 BBiG.

In vielen Unternehmen der deutschen Wirtschaft bestehen Betriebsräte. Wie bereits ausgeführt, können Betriebsräte gegründet werden, wenn mindestens fünf Arbeitnehmer beschäftigt werden. Vor jeder, also auch vor einer außerordentlichen Kündigung des Arbeitsverhältnisses mit einem Arbeitnehmer, der kein leitender Angestellter i.S.v. § 5 Abs. 3 BetrVG ist, ist gem. § 102 Abs. 1 Satz 1 BetrVG der Betriebsrat ordnungsgemäß anzuhören. Eine ohne ordnungsgemäße Anhörung des Betriebsrates ausgesprochene Kündigung ist unwirksam, ohne daß es auf das Vorliegen eines Kündigungsgrundes ankommt. Anders als bei der ordentlichen Kündigung beträgt jedoch die Anhörungsfrist nicht eine Woche, sondern lediglich 3 Tage. Abweichend von der Anhörung des Betriebsrates im Fall der ordentlichen Kündigung gilt bei der außerordentlichen Kündigung das Schweigen des Betriebsrates zu der beabsichtigten Kündigung nicht als Zustimmung. Für leitende Angestellte enthält § 31 Abs. 2 SprecherausschußG eine dem § 102 BetrVG vergleichbare Regelung. Allerdings gilt hier das Schweigen des Sprecherausschusses auch bei einer außerordentlichen Kündigung als Zustimmung.

12.4.2.5 Arbeitsgerichtsbarkeit

Die Zuständigkeit der Arbeitsgerichte ist in §§ 2, 2a ArbGG in einem umfangreichen Katalog aufgeführt. In der Praxis betreffen die meisten Fälle Streitigkeiten zwischen Arbeitnehmern und Arbeitgeber über Rechte und Pflichten aus dem Arbeitsverhältnis sowie dessen Bestand. Arbeitsgerichte gibt es in drei Instanzen, d.h. das Arbeitsgericht, das Landesarbeitsgericht und das Bundesarbeitsgericht.

Abweichend von den üblichen Regelungen in Zivilsachen hat die obsiegende Partei gemäß § 12a ArbGG keinen Anspruch auf Erstattung von Kosten wegen Zeitversäumnisses und wegen Zuziehung eines Prozeßbevollmächtigten. Die Vorschrift hat zur Folge, daß auch derjenige, der in erster Instanz obsiegt, die Kosten seines Rechtsanwaltes selbst bezahlen muß.

Der wichtigste Fall vor den Arbeitsgerichten ist die Kündigungsschutzklage. Sie ist eine Feststellungsklage, für die das Arbeitsgericht gem. § 2 Abs. 1 Nr. 3b ArbGG zuständig ist. Will der Arbeitnehmer die Sozialwidrigkeit einer ordentlichen Kündigung gem. § 1 Abs. 1 KSchG bzw. das Fehlen eines wichtigen Grundes bei einer außerordentlichen Kündigung gem. § 626 Abs. 1 BGB oder die Nichteinhaltung der zweiwöchigen Kündigungsfrist gemäß § 626 Abs. 2 BGB geltend machen, ist die dreiwöchige Klagefrist des § 4 KSchG einzuhalten. Nach Fristablauf gelten diese Mängel als geheilt. Das KSchG findet nur Anwendung, wenn das Arbeitsverhältnis mit dem Arbeitnehmer in demselben Betrieb oder Unternehmen ohne Unterbrechung länger als 6 Monate bestanden hat und in dem Betrieb mehr als 5 Arbeitnehmer dauerhaft beschäftigt sind. Stellt das Gericht fest, daß das Arbeitsverhältnis durch die Kündigung nicht aufgelöst ist, jedoch dem Arbeitnehmer die Fortsetzung des Arbeitsverhältnisses nicht zuzumuten ist, so wird das Gericht auf Antrag des Arbeitnehmers das Arbeitsverhältnis auflösen und den Arbeitgeber zur Zahlung einer angemessenen Abfindung verurteilen. Die gleiche Entscheidung hat das Gericht auf Antrag des Arbeitgebers zu treffen, wenn Gründe vorliegen, die eine den Betriebszwecken dienliche weitere Zusammenarbeit zwischen Arbeitgeber und Arbeitnehmer nicht erwarten lassen.

Als Abfindung ist ein Betrag bis zu 12 Monatsverdiensten festzusetzen. Hat der Arbeitnehmer das 50. Lebensjahr vollendet und hat das Arbeitsverhältnis mindestens 15 Jahre bestanden, so ist gem. § 19 Abs. 2 KSchG eine höhere Abfindung festzusetzen. Als Monatsverdienst gilt, was dem Arbeitnehmer bei der für ihn maßgebenden regelmäßigen Arbeitszeit in dem Monat, in dem das Arbeitsverhältnis endet, an Geld und Sachbezügen zusteht. Besteht nach der Entscheidung des Gerichts das Arbeitsverhältnis fort, ist jedoch der Arbeitnehmer inzwischen ein neues Arbeitsverhältnis eingegangen, so kann er binnen einer Woche nach der Rechtskraft des Urteils durch Erklärung gegenüber dem alten Arbeitgeber die Fortsetzung des Arbeitsverhältnisses bei ihm verweigern. Mit dem Zugang der Erklärung erlischt das Arbeitsverhältnis.

Die Vorschriften über sozial ungerechtfertigte Kündigungen und deren Folgen gem. §§ 1 ff. KSchG gelten gem. § 14 KSchG nicht für Organe juristischer Personen, Geschäftsführer, Betriebsleiter und ähnliche leitende Angestellte, soweit diese zur selbständigen Einstellung oder Entlassung von Arbeitnehmern berechtigt sind.

12.4.2.6 Zeugniserteilung

Jedem Arbeitnehmer steht bei Beendigung des Arbeitsverhältnisses ein Anspruch auf die Erteilung eines Arbeitszeugnisses gem. § 630 BGB zu. Der Anspruch auf Erteilung eines Arbeitszeugnisses ist unabdingbar, so daß der Arbeitnehmer während des Arbeitsverhältnisses darauf nicht verzichten kann. Der Arbeitnehmer kann ein Zeugnis über die Art und Dauer der Beschäftigung verlangen. Aus diesem muß die Person des Arbeitnehmers mit Namen, Vornamen und Beruf zweifelsfrei hervorgehen. Weitere Angaben, z.B. der Entlassungsgrund, darf das sog. einfache Arbeitszeugnis nicht ohne Zustimmung des Arbeitnehmers enthalten. Das Zeugnis muß auf einem Firmenbogen ausgestellt werden und entweder vom Arbeitgeber selbst, von seinem gesetzlichen Vertreter oder einer erkennbar ranghöheren Person als der Arbeitnehmer selbst unterschrieben sein.

Gem. § 630 Abs. 2 BGB ist auf Verlangen des Arbeitnehmers ein Zeugnis zu erstellen, das sich auf die Führung und Leistung erstreckt (vgl. weiterführend SCHAUB, 2000). Das sog. qualifizierte Arbeitszeugnis, dessen Wortlaut grundsätzlich im Ermessen des Arbeitgebers steht, muß über den Inhalt des einfachen Arbeitszeugnisses hinaus eine Gesamtbewertung des Charakterbildes und der Leistung des Arbeitnehmers während der Dauer des Arbeitsverhältnisses enthalten. Der Arbeitnehmer, der ein qualifiziertes Zeugnis verlangt, muß daher auch mit negativen Aussagen bezüglich der Leistungs- bzw. Führungsbeurteilung rechnen. Zwar hat die Wahrheitspflicht jedes Arbeitszeugnisses absoluten Vorrang, jedoch soll das unter Beachtung des Wahrheitsgebots ausgestellte Zeugnis auch von einem verständigen Wohlwollen gegenüber dem Arbeitnehmer getragen sein und darf ihm das berufliche Fortkommen nicht unnötig erschweren. Der Beendigungsgrund darf gegen den Willen des Arbeitnehmers nur dann in das Zeugnis aufgenommen werden, wenn er für die Beurteilung von dessen Gesamtpersönlichkeit charakteristisch ist. Einmalige Vorfälle dürfen dagegen nicht erwähnt werden, es sei denn, daß deren Auslassung „unverantwortlich" wäre, z.B. Entlassung eines Jugendheimleiters wegen strafbarer sittlicher Verfehlung an einem Heimbewohner.

Bei bewußt unrichtigem Dienstzeugnis trifft den Aussteller neben der deliktischen Haftung aus § 826 BGB eine stillschweigend vereinbarte vertragliche Einstandspflicht dafür, daß ein künftiger Arbeitgeber nicht im Vertrauen auf das Zeugnis zu Schaden kommt. Der Arbeitgeber muß sich daher an der im Zeugnis zum Ausdruck gebrachten Beurteilung des Arbeitnehmers in einem Kündigungsschutzprozeß oder in einem Schadensersatzprozeß grundsätzlich festhalten lassen.

12.4.2.7 Der Betriebsübergang gem. § 613 a BGB

Geht ein Betrieb oder Betriebsteil durch Rechtsgeschäft auf einen anderen Inhaber über, so tritt dieser in die Rechte und Pflichten aus den im Zeitpunkt des Übergangs bestehenden Arbeitsverhältnissen ein. Die Regelung des § 613 a BGB dient dem Schutz der Arbeitnehmer und kann deshalb durch Vereinbarung zwischen Veräußerer und Erwerber nicht ausgeschlossen werden. Dabei ist der Begriff des Betriebes bzw. Betriebsteils aus Gründen des Arbeitnehmerschutzes weit auszulegen. Der Betriebsübergang setzt nicht den Übergang aller Wirtschaftsgüter, sondern nur der wesentlichen Betriebsmittel voraus, d.h. derjenigen rechtlichen und immateriellen Betriebsmittel, mit denen der Erwerber bestimmte arbeitstechnische Zwecke verfolgen kann. Bei Produktionsbetrieben ist dabei regelmäßig die Übernahme der sächlichen, bei Handels- und Dienstleistungsbetrieben die der immateriellen Betriebsmittel, z.B. Kundenstamm, Kundenlisten, Geschäftsbeziehungen, Know how entscheidend. Maßgeblich für den Betriebsübergang ist der Zeitpunkt, zu dem der Erwerber rechtlich nicht mehr gehindert ist, die Leistungs- und Organisationsgewalt anstelle der Betriebsveräußerer auszuüben.

Im Hinblick auf den Schutz der bestehenden Arbeitsverhältnisse ist eine Kündigung wegen des Betriebsübergangs gem. § 613 a Abs. 4 Satz 1 BGB nichtig. Das Recht zur Kündigung des Arbeitsverhältnisses aus anderen Gründen bleibt unberührt. Dem Arbeitnehmer steht ein Widerspruchsrecht gegen den Betriebsübergang zu. Um das Erlöschen des Widerspruchsrechts durch Zeitablauf zu verhindern, muß der Widerspruch innerhalb einer angemessenen Frist, in der Regel spätestens innerhalb von 3 Wochen nach ausreichender Unterrichtung gegenüber dem Übernehmer oder dem Betriebsveräußerer erklärt werden. Widerspricht der Arbeitnehmer dem Übergang des Arbeitsverhältnisses, so wird häufig eine betriebsbedingte Kündigung ausgesprochen werden, da der Veräußerer oftmals nicht mehr in der Lage sein wird, den Arbeitnehmer weiterzubeschäftigen.

§ 613a BGB sichert die Kontinuität des amtierenden Betriebsrates. Darüber hinaus tritt der Erwerber in die arbeitsrechtlichen Verbindlichkeiten des Veräußerers ein. Der bisherige Arbeitgeber haftet neben dem neuen Inhaber für Verpflichtungen aus bestehenden Arbeitsverhältnissen, soweit sie vor dem Zeitpunkt des Übergangs entstanden sind und vor Ablauf eines Jahres nach diesem Zeitpunkt fällig werden, als Gesamtschuldner. Werden solche Verpflichtungen nach dem Zeitpunkt des Übergangs fällig, so haftet der bisherige Arbeitgeber für sie jedoch nur in dem Umfang, der dem im Zeitpunkt des Übergangs abgelaufenen Teil ihres Bemessungszeitraums entspricht.

12.4.3 Kollektives Arbeitsrecht

12.4.3.1 Recht der Koalitionen

Zum kollektiven Arbeitsrecht zählen alle Rechtsnormen, die sich auf die kollektive Gestaltung von Arbeitsbedingungen und deren Voraussetzungen beziehen. Es umfaßt das Recht der Koalitionen (Arbeitsverbände), das Tarifvertragsrecht, das Arbeitskampf- und Schlichtungsrecht, das Betriebsverfassungs- und Personalvertretungsrecht sowie das Mitbestimmungsrecht.

Wichtigste Vorschrift des kollektiven Arbeitsrechts ist das Grundrecht der Koalitionsfreiheit gem. Art. 9 Abs. 3 GG. Dieser gewährleistet das Recht, zur Wahrung und Förderung der Arbeits- und Wirtschaftsbedingungen Vereinigungen zu bilden, und zwar für jedermann und für alle Berufe. Das Grundgesetz sichert darüber hinaus das Recht auf Arbeitskämpfe, die zur Wahrung und Förderung der Arbeits- und Wirtschaftsbedingungen von Vereinigungen dienen.

Der Schutzbereich der Koalitionsfreiheit gem. Art. 9 Abs. 3 GG umfaßt die sog. individuelle Koalitionsfreiheit, die sich in eine sog. positive Koalitionsfreiheit, d.h. dem Beitritts- und Betätigungsrecht der Arbeitnehmer, und in eine sog. negative Koalitionsfreiheit, d.h. das Recht eines Arbeitnehmers, einer Gewerkschaft fernzubleiben, untergliedert. Darüber hinaus wird eine Bestandsgarantie der Koalitionen gewährleistet. Verfassungsrechtlich wird zusätzlich der Kernbereich der koalitionsmäßigen Betätigung, d.h. die Förderung der Arbeits- und Wirtschaftbedingungen geschützt.

Der Streik wird als grundgesetzlich geschütztes Arbeitskampfmittel der Arbeitnehmerseite anerkannt. Begrifflich setzt der Streik eine vorübergehende Arbeitsniederlegung durch eine größere Anzahl von Arbeitnehmern voraus, die planmäßig und gemeinsam zum Zwecke der Erreichung eines bestimmten Regelungszieles durchgeführt wird. Nach herrschender Meinung ist der Streik nur dann rechtmäßig, wenn kein Verstoß gegen die tarifliche Friedenspflicht vorliegt, der auf Durchsetzung von Tarifforderungen gerichtet ist, von der Gewerkschaft durchgeführt wird und nicht gegen das Verhältnismäßigkeitsprinzip verstößt. Politische und nichtgewerkschaftliche wilde Streiks sind unzulässig. Ebenfalls sind Solidaritätsstreiks grundsätzlich nicht zulässig.

Die Rechtsfolgen eines rechtswidrigen, durch Gewerkschaften organisierten Streiks sind Unterlassungs- und Schadensersatzansprüche gegen die Gewerkschaften. Als Anspruchsgrundlagen kommen regelmäßig der Tarifvertrag oder deliktische Ansprüche gem. §§ 823 ff. bzw. 1004 BGB in Betracht. Die Streikteilnehmer haften auf Schadensersatz gem. § 325 BGB und § 823 Abs. 1 BGB wegen Eingriffs in den eingerichteten und ausgeübten Gewerbebetrieb. Daneben kommen fristlose und ordentliche Kündigungen in Betracht. Die Teilnahme an einem rechtmäßigen Streik führt zur Suspendierung der Arbeitspflicht und zum Wegfall des Lohnanspruchs. Bei Betriebsstörungen in Folge von Streiks in anderen Abteilungen desselben Betriebes oder in anderen Betrieben aufgrund sogenannter Fernwirkungen wird das Lohnrisiko abweichend von den allgemeinen Grundsätzen der Betriebs- bzw. Wirtschaftsrisikolehre nach den Grundsätzen über das Arbeitskampfrisiko beurteilt, d. h., es besteht Lohnfortzahlungspflicht des Arbeitgebers. Dieses gilt nach herrschender Meinung auch bei mittelbaren Folgen eines rechtmäßigen Streiks.

Die Aussperrung ist das grundgesetzlich geschützte Arbeitskampfmittel auf der Arbeitgeberseite. Begrifflich ist die Aussperrung die von der Arbeitgeberseite planmäßig vorgenommene Nichtzulassung einer Mehrzahl von Arbeitnehmern zur Arbeit unter Verweigerung der Lohnzahlung. Die Art der Aussperrung ist eine Reaktion der Arbeitgeber auf einen Streik. Die Angriffsaussperrung dient der Eröffnung des Arbeitskampfes durch die Arbeitgeberseite. Nach herrschender Meinung sind beide Aussperrungsformen zulässig. In der Praxis findet die Angriffsaussperrung jedoch keine Anwendung. Nach herrschender Meinung ist grundsätzlich sowohl eine suspendierende (d. h., das Arbeitsverhältnis ruht) als auch eine lösende (d. h., das Arbeitsverhältnis wird aufgelöst) Aussperrung zulässig, letztere allerdings nur als Abwehraussperrung, die allerdings gegenüber Personen, die besonderen Kündigungsschutz genießen, ausgeschlossen ist. Die Abwehraussperrung kann nach herrschender Meinung auch eine Reaktion auf einen rechtswidrigen Streik darstellen. Der zulässige Umfang der Abwehraussperrung richtet sich nach dem Umfang des Angriffsstreiks der Gegenseite. Wann eine Aussperrung unverhältnismäßig ist, ist sehr umstritten. Die rechtmäßige suspendierende Aussperrung hat ebenso wie der Streik suspendierende Wirkung.

12.4.3.2 Betriebsverfassungsrecht

Der Betriebsrat nimmt als Repräsentant der Belegschaft die Beteiligungsrechte auf der Betriebsebene nach dem Betriebsverfassungsgesetz (BetrVG) im eigenen Namen als Träger eines freien Mandats wahr. Ein Betriebsrat kann gebildet werden, wenn in dem Betrieb mindestens 5 wahlberechtigte Arbeitnehmer beschäftigt sind, § 1 BetrVG. Während der Amtszeit ist der Betriebsrat von Weisungen der Belegschaft bzw. der Betriebsversammlung nicht abhängig. Die Betriebsversammlung kann dem Betriebsrat nur Anregungen geben und innerhalb des durch § 45 BetrVG festgelegten Zuständigkeitsbereichs Anträge stellen. Der Betriebsrat ist kein Gewerkschaftsorgan, auch wenn seine Mitglieder oft der Gewerkschaft angehören. Er ist an keine Weisungen der Gewerkschaft gebunden, allerdings nach § 2 BetrVG zur Zusammenarbeit mit ihr verpflichtet. Interessen der Gewerkschaft werden im Betrieb vor allem durch die gewerkschaftlichen Vertrauensleute wahrgenommen.

Gem. § 2 BetrVG arbeiten Betriebsrat und Arbeitgeber unter Beachtung der geltenden Tarifverträge vertrauensvoll und im Zusammenwirken mit den im Betrieb vertretenen Gewerkschaften und Arbeitgebervereinigungen zum Wohl der Arbeitnehmer und des Betriebes zusammen. Aus dem Grundsatz der vertrauensvollen Zusammenarbeit folgt, daß „Kooperation" zwischen den Betriebsverfassungsparteien gefordert wird. Deshalb sind gem. § 74 Abs. 2 Satz 1 BetrVG Arbeitskampfmaßnahmen aufgrund der sog. ständigen absoluten Friedenspflicht unzulässig.

Die durch die Tätigkeit des Betriebsrats entstehenden Kosten hat gem. § 40 Abs. 1 BetrVG der Arbeitgeber zu tragen, der auch die für Betriebsratssitzungen, Sprechstunden und die laufende Geschäftsführung erforderlichen sachlichen Mittel und Büropersonal zur Verfügung stellen muß. Zu den vom Arbeitgeber zu tragenden Geschäftsführungskosten gehören auch die Kosten einer Prozeßvertretung durch einen Rechtsanwalt, soweit der Betriebsrat bei pflichtgemäßer und ständiger Interessenabwägung die Hinzuziehung eines Rechtsanwalts für notwendig erachten konnte. Darüber hinaus hat der Arbeitgeber die Kosten einer erforderlichen Betriebsratsschulung zu tragen.

Die Betriebsratstätigkeit selbst ist ehrenamtlich und unentgeltlich. Der Arbeitgeber hat die Betriebsratsmitglieder von ihrer Arbeit ohne Minderung der Vergütung freizustellen, soweit es zur ordnungsgemäßen Durchführung ihrer Aufgaben erforderlich ist. Für diese Zeit ist die Vergütung zu zahlen, die das Betriebsratsmitglied erzielt hätte, wenn es während der Zeit gearbeitet hätte, § 37 Abs. 2 BetrVG. Die Betriebsratsmitglieder genießen besonderen Kündigungsschutz gem. § 15 KSchG, der auch noch während des ersten Jahres nach Ablauf der Amtszeit besteht. Eine ordentliche Kündigung ist danach grundsätzlich ausgeschlossen, eine außerordentliche Kündigung nur mit Zustimmung des Betriebsrats gem. § 103 Abs. 1 BetrVG möglich. Verweigert der Betriebsrat seine Zustimmung, kann diese auf Antrag des Arbeitgebers vom Arbeitsgericht ersetzt werden.

Das Betriebsverfassungsgesetz regelt Mitwirkungs- und Mitbestimmungsbefugnisse des Betriebsrats auf den Sachgebieten soziale Angelegenheiten (§§ 87 ff. BetrVG), Gestaltung von Arbeitsplatz, Arbeitsablauf und Arbeitsumgebung (§§ 90 ff. BetrVG), personelle Angelegenheiten (§§ 92 ff. BetrVG) und wirtschaftliche Angelegenheiten (§§ 106 ff. BetrVG). Hierbei stehen dem Betriebsrat abgestufte Beteiligungsrechte zu. Sie lassen sich in sog. Mitwirkungs- und Mitbestimmungsrechte unterscheiden. Zu den Mitwirkungsrechten gehören Informationsrechte gem. § 80 Abs. 2 BetrVG und insbesondere Anhörungsrechte, d.h. der Arbeitgeber muß dem Betriebsrat die Gelegenheit einräumen, Anregungen und Einwendungen vorzubringen, die zu berücksichtigen sind. Der praktisch wichtigste Fall ist das Anhörungsverfahren vor einer Kündigung gem. § 102 BetrVG, die bei fehlender ordnungsgemäßer Anhörung unwirksam ist (§§ 82 Abs. 1, 85 BetrVG). Darüber hinaus stehen dem Betriebsrat Vorschlagsrechte, z.B. § 92 Abs. 2, und Beratungsrechte gem. §§ 90, 91 BetrVG zu.

Soweit dem Betriebsrat eine Kompetenz zur Mitentscheidung eingeräumt wird, werden die Beteiligungsrechte des Betriebsrats als sog. Mitbestimmungsrechte bezeichnet. Dazu gehört das Recht auf Verweigerung der Zustimmung zu einer bestimmten Maßnahme, die aber auf Antrag des Arbeitgebers vom Gericht ersetzt werden kann. Den in der Praxis wichtigsten Fall bildet § 99 Abs. 2 und 3 BetrVG für personelle Maßnahmen, d.h. bei Einstellung, Ein- und Umgruppierung sowie Versetzung von Arbeitnehmern in Betrieben mit in der Regel mehr als 20 wahlberechtigten Arbeitnehmern. Ein Recht auf Verweigerung der Zustimmung steht dem Betriebsrat auch bei der fristlosen Kündigung eines Betriebsratsmitgliedes zu.

Die stärkste Form der Betriebsratsbeteiligung bildet die Mitbestimmung im engeren Sinne. Diese gilt bei Mitbestimmung in sozialen Angelegenheiten gem. § 27 BetrVG, insbesondere im Fall der Anordnung von Überstunden, ferner bei der Ausgestaltung von Personalfragebögen gem. § 94 Abs. 1 BetrVG, der Feststellung der Auswahlrichtlinien bei personellen Maßnahmen gem. § 95 BetrVG und bei der Festlegung eines Sozialplanes gem. § 112 BetrVG. Die fehlende Einigung zwischen Betriebsrat und Arbeitgeber wird in diesen Fällen durch einen Spruch der Einigungsstelle ersetzt. Die Einigungsstellen treffen ihre Entscheidung unter Berücksichtigung der Interessen der Beteiligten nach billigem Ermessen gem. § 76 BetrVG. Die gerichtliche Kontrolle des Einigungsstellenspruchs ist auf Ermessensfehler beschränkt.

In beschränktem Umfange steht dem Betriebsrat ein sog. Initiativrecht zu, aufgrund dessen er vom Arbeitgeber eine Entscheidung verlangen kann. So kann gem. § 93 BetrVG der Betriebsrat innerbetriebliche Arbeitsplatzausschreibungen verlangen, nicht aber erzwingen. Ein Mitbestimmungsrecht hinsichtlich der Form und des Inhalts ist vom Bundesarbeitsgericht abgelehnt worden. Indirekt wird jedoch auf den Arbeitgeber Zwang durch das Zustimmungsverweigerungsrecht des Betriebsrates gem. § 99 Abs. 2 Nr. 5 BetrVG ausgeübt, wenn die vom Betriebsrat verlangte Ausschreibung unterlassen worden ist. Verweigert der Betriebsrat die Zustimmung für die beantragte personelle Maßnahme, ist diese auf Antrag des Arbeitgebers vom Gericht zu ersetzen. Das Arbeitsgericht kann auf Antrag des Betriebsrats eine personelle Einzelmaßnahme grundsätzlich aufheben. Unter den Voraussetzungen des § 100 BetrVG kann der Arbeitgeber die Maßnahme jedoch vorläufig durchführen. Einstellungen ohne Zustimmung des Betriebsrates berühren die Wirksamkeit des Arbeitsvertrages nicht, jedoch darf der Arbeitnehmer im Betrieb nicht beschäftigt werden. Der Arbeitgeber muß jedoch die vereinbarte Vergütung bis zur Beendigung des Arbeitsvertrages zahlen.

In allen Unternehmen mit in der Regel mehr als 100 ständig beschäftigten Arbeitnehmern ist ein Wirtschaftsausschuß zu bilden, der die wirtschaftlichen Angelegenheiten mit dem Unternehmer zu beraten und den Betriebsrat zu unterrichten hat. Dem Wirtschaftsausschuß steht ein Unterrichtungsanspruch gegen den Arbeitgeber nach Maßgabe des § 106 Abs. 2 BetrVG zu. Nach der Auffassung des Bundesarbeitsgerichts stehen in Unternehmen mit weniger als 100 Beschäftigten die Unterrichtungsansprüche dem Betriebsrat nicht zu. Allerdings kann der Betriebsrat gem. § 80 Abs. 2 BetrVG Auskunft über wirtschaftliche Angelegenheiten verlangen, soweit dieses zur Durchführung konkreter Betriebsratsaufgaben erforderlich ist.

Gem. § 111 Abs. 1 BetrVG hat der Arbeitgeber in Betrieben mit in der Regel mehr als 20 wahlberechtigten Arbeitnehmern den Betriebsrat über geplante Betriebsänderungen rechtzeitig und umfassend zu unterrichten und sie mit ihm zu beraten. Kommt die geplante Betriebsänderung und ein Interessenausgleich zwischen dem Betriebsrat und dem Arbeitgeber nicht zustande, kann der Arbeitgeber die Betriebsänderung durchführen. Der

Interessenausgleich ist nicht erzwingbar. Weicht allerdings der Arbeitgeber von einem vereinbarten Interessenausgleich ohne zwingenden Grund ab oder führt er die Betriebsänderung durch, ohne das Verfahren gem. § 112 BetrVG ordnungsgemäß durchgeführt zu haben, stehen den aufgrund der Betriebsänderung bzw. Abweichung vom Interessenausgleich entlassenen Arbeitnehmern grundsätzlich Ansprüche auf Abfindungen gem. § 113 BetrVG zu. Demgegenüber kann der Betriebsrat einen Sozialplan, d.h. eine Einigung über einen Ausgleich oder die Milderung der wirtschaftlichen Nachteile für die Arbeitnehmer aufgrund der Betriebsänderung durch Anrufung einer Einigungsstelle erzwingen. Der Spruch der Einigungsstelle gem. § 112 BetrVG ersetzt die fehlende Einigung zwischen den Parteien.

12.4.3.3 Die Mitbestimmung in den Unternehmensorganen

Die Mitwirkung und Mitbestimmung nach dem Betriebsverfassungsgesetz eröffnet den Arbeitnehmern eine Beteiligung an Entscheidungen auf der Ebene des Betriebes. Hierbei geht es vorwiegend um arbeitstechnische Fragen und Maßnahmen. Die wirtschaftlichen Entscheidungen fallen auf der Ebene des Unternehmers und obliegen dort den Unternehmensorganen, d.h. dem Vorstand bei Aktiengesellschaften oder den Geschäftsführern bei GmbHs. Es lassen sich folgende Mitbestimmungsmodelle unterscheiden:

Die Montanmitbestimmung nach dem Montan-Mitbestimmungsgesetz hat heute nur noch eine untergeordnete Bedeutung. Sie betrifft Aktiengesellschaften, GmbHs und bergrechtliche Gewerkschaften, deren überwiegender Betriebszweck im Kohlebergbau oder in der Erzeugung von Eisen und Stahl liegt. Weitere Voraussetzung ist, daß in der Regel mehr als 1.000 Arbeitnehmer beschäftigt werden. Hier sieht das Montan-Mitbestimmungsgesetz vor, daß der Aufsichtsrat mit Vertretern der Anteilseigner und der Arbeitnehmer sowie einem zusätzlichen neutralen Mann paritätisch besetzt wird. Zum Vorstand gehört ein Arbeitsdirektor, der nicht gegen die Stimmen der Mehrheit der Arbeitnehmervertreter im Aufsichtsrat bestellt oder abberufen werden kann.

Weite Verbreitung findet die Mitbestimmung in Großunternehmen nach dem Mitbestimmungsgesetz von 1976. Gem. § 1 MitbestG betrifft die Mitbestimmung Aktiengesellschaften, KGaAs, GmbHs, bergrechtliche Gewerkschaften und Genossenschaften, wenn das Unternehmen in der Regel mehr als 2000 Arbeitnehmer beschäftigt. Ausnahmen bestehen bei sog. Tendenzunternehmen. Zu den Tendenzunternehmen gehören politische, koalitionspolitische, konfessionelle, karitative, erzieherische, wissenschaftliche oder künstlerische Betriebe oder Betriebe, deren Zweck unmittelbar oder überwiegend der Berichterstattung oder sonstigen Meinungsäußerung dient. Der Aufsichtsrat ist mit Vertretern der Anteilseigner und der Arbeitnehmer paritätisch zu besetzen. Im Streitfall wählen die Anteilseigner den Vorsitzenden des Aufsichtsrates, der wiederum bei Abstimmungen im Aufsichtsrat, bei denen Stimmengleichheit besteht, eine zweite Stimme hat und damit den Ausschlag gibt. Damit ist ein Übergewicht der Anteilseigner gewährleistet. Zum Vorstand gehört jeweils ein Arbeitsdirektor, der jedoch – im Gegensatz zum Montan-Mitbestimmungsgesetz – auch gegen den Willen der Arbeitnehmerseite bestimmt werden kann.

Eine weitere Mitbestimmungsform ist in dem Betriebsverfassungsgesetz von 1952 geregelt. Die Mitbestimmung betrifft Aktiengesellschaften, GmbHs und ähnliche Rechtsformen, wenn weder Montan-Mitbestimmung noch das Mitbestimmungsgesetz von 1976 eingreifen. Ausnahmen bestehen bei GmbHs und Familienaktiengesellschaften mit weniger als 500 Arbeitnehmern sowie Tendenzunternehmen. Der Aufsichtsrat muß zu einem Drittel aus Vertretern der Arbeitnehmer bestehen. Alle übrigen Unternehmen sind mitbestimmungsfrei. Dies gilt insbesondere für Unternehmen, deren Inhaber eine Einzelperson oder Personenhandelsgesellschaft, z.B. offene Handelsgesellschaft oder Kommanditgesellschaft ist.

12.5 Zusammenfassung der wesentlichen Aspekte

Nach der Gründung des Unternehmens hat sich die Gesellschaft dem Wettbewerb zu stellen. Der Begriff „Wettbewerb" bezieht sich auf die gesamte Volkswirtschaft, auf den Markt für ein bestimmtes Produkt oder einer Gruppe von Erzeugnissen und in Beziehung auf ein einzelnes Unternehmen, das heißt, im individuellen Marktausschnitt. Hierbei sind die horizontalen Wettbewerbsbeziehungen zu Unternehmen derselben Marktstufen und die vertikalen Austauschbeziehungen zu Unternehmen der Vor- und Nachwirtschaftsstufen und zu den Endverbrauchern zu unterscheiden. Das Gesetz gegen Wettbewerbsbeschränkungen (GWB) befaßt sich mit der Aufrechterhaltung des Wettbewerbs zwischen den einzelnen Marktteilnehmern. Danach sind horizontale Wettbewerbsbeschränkungen zwischen miteinander im Wettbewerb stehenden Unternehmen verboten, zum Beispiel Preiskartelle, Gebiets- oder Quotenabsprachen zwischen Wettbewerbern. Das GWB enthält jedoch auch Ausnahmevorschriften für bestimmte Kartelltypen. So sind Kartelle, in denen Unternehmen Konditionen vereinheitlichen, Rationalisierungs- und Spezialisierungsmaßnahmen festlegen oder eine Vereinbarung zur Bereinigung einer Strukturkrise treffen, zulässig. Auch sind Sonderregelungen für mittelständische Unternehmen, zu denen insbesondere Neugründungen gehören werden, vorgesehen.

Das GWB befaßt sich ferner mit vertikalen Wettbewerbsbeschränkungen. Hier sind insbesondere Inhaltsbindungen für sogenannte Zweitverträge verboten, nach denen es einem Abnehmer vorgeschrieben wird, zu welchen Bedingungen und Preisen er seine Verträge mit Dritten ausgestalten soll. Dieses betrifft zum Beispiel die Festlegung von Gewinnspannen, Rabatten, Skonti, Frachtsätzen gegenüber dem Abnehmer in dessen Weiterverkaufsverträgen. Eine grundsätzliche Ausnahme gilt nur für die in Deutschland zulässige Preisbindung für Verlagserzeugnisse.

12.5. Zusammenfassung der wesentlichen Aspekte

Die Praxis zeigt, daß expansive Unternehmen vordringlich nicht intern, sondern durch Zukauf extern wachsen. Verfügen die an dem Unternehmenskauf beteiligten Unternehmen über einen Umsatz von mehr als einer Milliarde Deutsche Mark oder beträgt der Umsatz eines der beteiligten Unternehmen mehr als 50 Millionen Deutsche Mark im Inland, so unterliegt der Zusammenschlußvertrag gemäß §§ 35 ff. GWB der durch das Bundeskartellamt ausgeübten Fusionskontrolle. Insoweit sind die Beteiligten nach der Gesetzeslage verpflichtet, den Zusammenschluß bei dem Bundeskartellamt vor dessen Vollzug anzumelden. Den Zusammenschlußkontrollen unterliegen sowohl der Kauf des Unternehmen im Ganzen als auch von wesentlichen Teilen. Hierbei ist es unbeachtlich, ob aufgrund eines Vertrages Geschäftsanteile oder sonstige wesentliche Vermögensteile, zum Beispiel ein Teilbetrieb, erworben werden.

Stellt sich der Gründer mit seinem Unternehmen im Außenverhältnis dem Wettbewerb, so hat er das Gesetz gegen unlauteren Wettbewerb (UWG) zu beachten. Denn das UWG dient nicht nur dem Schutz der Wettbewerber untereinander, sondern auch dem Schutz der übrigen Marktbeteiligten, insbesondere der Verbraucher, und dem Schutz der Allgemeinheit vor Auswüchsen des Wettbewerbs. Das generalklauselartig aufgebaute Gesetz ist durch eine kaum zu überblickende Anzahl von gerichtlichen Entscheidungen strukturiert worden. Ziel ist es zu verhindern, daß ein Unternehmen durch Werbeaussagen, Irrtum erregende Herkunftsbezeichnungen, täuschende Zusätze etc., die Entschließung (Entscheidung) der Marktgegenseite nicht mit Mitteln des Leistungswettbewerbs, sondern auf sachfremde Art und Weise beeinflußt. An dieser Stelle kann aufgrund der obigen Darstellung für den Jungunternehmer lediglich die Empfehlung gegeben werden, seinen Marktauftritt, sei es in Form von Werbeanzeigen, Verpackungshinweisen, Internetseiten etc. von einem in diesem Metier erfahrenen Juristen vor deren Verwendung überprüfen zu lassen.

Hat der Unternehmer seine Produkte in dem Markt eingeführt, so kann niemals ausgeschlossen werden, daß einzelne Produkte fehlerhaft sind. Entsteht durch den Einsatz fehlerhafter Produkte ein Schaden bei dem unmittelbaren Abnehmer, so sind diese im Rahmen der vertraglichen Gewährleistung zu ersetzen. Daneben ist die Produkthaftung zu beachten, die die Haftung des Herstellers für Folgeschäden aus der Benutzung seiner Produkte beinhaltet. Ersetzt werden danach Personen- und Sachschäden außerhalb der Fehlerhaftigkeit des Produkts, die Verbraucher oder sonstige Personen infolge eines Fehlers des Erzeugnisses beim bestimmungsgemäßen Gebrauch erleiden. In Abgrenzung zur vertraglichen Gewährleistung geht es also bei der Produkthaftung um das Einstehen des Herstellers für Gefahren für Personen und Eigentum infolge fehlender Sicherheit des Produktes. Die Produkthaftung ist in Deutschland im Produkthaftungsgesetz geregelt. Zusätzlich werden produkthaftungsrechtliche Ansprüche aufgrund eines stark strukturierten Richterrechtes gemäß §§ 823 Abs. 1 und 2 BGB gewährt. Während für Ansprüche nach dem Produkthaftungsgesetz vom 1. Januar 1990 ein Verschulden des Herstellers nicht vorausgesetzt wird, verlangt die Anwendung der sogenannten deliktrechtlichen Produkthaftung gemäß § 823 BGB ein Verschulden des Produzenten. Das Verschulden wird bei der Verletzung einer Verkehrssicherungspflicht vermutet. Daher trifft den Hersteller ein Entlastungsbeweis, an den sehr hohe Anforderungen gestellt werden: Der Hersteller muß darlegen, daß er organisatorisch alle Vorkehrungen getroffen hat, um das Entstehen von Fehlern auszuschließen und entstandene Fehler zu entdecken, bevor das Produkt in den Verkehr gebracht wird. Dem Unternehmer wird insoweit geraten, sämtliche Maßnahmen zu treffen, um das in Verkehrbringen fehlerhafter Produkte auszuschließen, insbesondere wenn Personen und Sachschäden außerhalb der Fehlerhaftigkeit eines Produktes erwartet werden können.

Jeder Unternehmensgründer wird sich mit zunehmendem Wachstum seines Unternehmens mit Arbeitsrecht beschäftigen müssen. Als wichtigste Vorschriften des Arbeitsrechts gelten das Kündigungsschutzgesetz, das Entgeltfortzahlungsgesetz, das Arbeitsplatzschutzgesetz, das Beschäftigungsförderungsgesetz, das Bundesurlaubsgesetz, das Arbeitszeitgesetz, das Mutterschutzgesetz, das Bundeserziehungsgeldgesetz, das Jugendarbeitsschutzgesetz, das Schwerbehindertengesetz, das Arbeitnehmererfindungsgesetz, das Arbeitnehmerüberlassungsgesetz und das Gesetz zur Verbesserung der betrieblichen Altersversorgung. In dem sogenannten Individualarbeitsrecht, zu dem die vorgenannten Vorschriften gehören, werden die Rechtsbeziehungen zwischen dem Arbeitgeber und dem einzelnen Arbeitnehmer geregelt. Von ausschlaggebender Bedeutung für den Unternehmensgründer sind insbesondere die Bestimmungen des BGB, in dem Fragen des Arbeitsvertrages und die gesetzlichen Kündigungsfristen für Angestellte und Arbeitnehmer geregelt sind.

Neben dem Individualarbeitsrecht regelt das kollektive Arbeitsrecht die Rechtsbeziehungen der arbeitsrechtlichen Koalitionen (Gewerkschaften, Arbeitgeberverbände) und Belegschaftsvertretungen (Betriebsräte, Personalräte) zu ihren Mitgliedern sowie zwischen ihnen. Zu den wichtigsten Gesetzen des kollektiven Arbeitsrechts gehören Art. 9 Abs. 3 GG (Koalitionsfreiheit), Tarifvertragsgesetz, Betriebsverfassungsgesetz, Sprecherausschußgesetz und das Mitbestimmungsgesetz. Während die Mitbestimmungsgesetze erst beim Erreichen gewisser Größenordnungen relevant werden, regelt das Betriebsverfassungsgesetz die Mitbestimmungsrechte der Arbeitnehmer im Betrieb. Der Betriebsrat nimmt als Repräsentant der Arbeitnehmer die Beteiligungsrechte auf der Betriebsebene nach dem Betriebsverfassungsgesetz im eigenen Namen als Träger eines freien Mandates wahr. Ein Betriebsrat kann bereits gebildet werden, wenn in einem Betrieb mindestens fünf wahlberechtigte Arbeitnehmer beschäftigt sind. Nach der Gesetzeslage sollen Betriebsrat und Arbeitgeber unter Beachtung der geltenden Tarifverträge vertrauensvoll und im Zusammenwirken mit den im Betrieb vertretenen Gewerkschaften und Arbeitgebervereinigungen zum Wohl der Arbeitnehmer und des Betriebs zusammenarbeiten. Diese vertrauensvolle Zusammenarbeit zwischen Arbeitgeber und Arbeitnehmer setzt jedoch nicht die Bildung eines Betriebsrates voraus. Gerade im Dienstleistungsbereich und bei neugegründeten Unternehmen sind sehr häufig keine Betriebsräte anzutreffen. Durch eine vertrauensvolle Zusammenarbeit zwischen allen Beteiligten im Betrieb können die mit dem Betriebsverfassungsrecht intendierten Ziele ohne die Beachtung gesetzlicher Formen- und Fristvorschriften in gleicher Weise herbeigeführt werden.

12.6 Literatur

Ackermann, Brunhilde, 1997, Wettbewerbsrecht, Berlin, Heidelberg.

Adams, Heinz W., 2000, Produkthaftung – können Qualitätsmanagementsysteme helfen, Bergisch-Gladbach.

Baron, Michael, 1998, Das neue Kartellgesetz, Köln.

Baumbach, Adolf; Hefermehl, Wolfgang, 1999, Wettbewerbsrecht, Kurzkommentar, 21. Auflage, München.

Bechtold, Rainer, 1999, Kartellgesetz, Kommentar, 2. Auflage, München.

Bodewig, Theo, 1999, Der Rückruf fehlerhafter Produkte, Tübingen.

Brede, Günter, 1995 Arbeitsrecht, 7. Auflage, Herne, Berlin.

Brox, Hans; Rühters, Bernd, 1999, Arbeitsrecht, 14. Auflage, Stuttgart.

Bunte, Hermann-Josef, 1998, Kommentar zum deutschen und europäischen Kartellrecht, 8. Auflage, Neuwied.

Däubler, Wolfgang, 1999, Betriebsverfassung in globalisierter Wirtschaft, 1. Auflage, Baden-Baden.

Däubler, Wolfgang, 1975, Das Grundrecht auf Mitbestimmung, 3. Auflage.

Dietborn, Christof, 2000, Produzentenhaftung – Güterschäden – Vermögensschaden, Frankfurt.

Dütz, Wilhelm, 2000, Arbeitsrecht, Grundrisse des Rechts, 5. Auflage, München.

Eichhorn, Heinz-Josef, 1998, Handbuch Betriebsvereinbarung, 2. Auflage, Frankfurt.

Ekey, Friedrich L., 2000, Wettbewerbsrecht, Heidelberger Kommentar, Heidelberg.

Emmerich, Volker, 1995, Das Recht des unlauteren Wettbewerbs, 5. Auflage, München.

Emmerich, Volker, 1999, Kartellrecht, 8. Auflage, München.

Engelbert, Volker, 2000, Die Mitbestimmung, Kissing.

Fitting, Karl, 1978, Mitbestimmungsgesetz, 2. Auflage.

Fitting, Karl, 2000, Betriebsverfassungsgesetz, Handkommentar, 20. Auflage, München.

Glassen, Helmut, 1999, Frankfurter Kommentar zum Gesetz gegen Wettbewerbsbeschränkungen, Losebl., 44 Lfg., Köln.

Gloy, Wolfgang, 1997, Handbuch des Wettbewerbsrechts, 2. Auflage, München.

Halberstadt, Gerhard, 1996, Das Recht der Betriebsräte, 3. Auflage, Freiburg.

Hanau, Peter; Adomeit, Klaus, 2000, Arbeitsrecht, 12. Auflage, Neuwied.

Hanau, Peter; Ulmer, Peter, 1981, Mitbestimmungsgesetz, Kurzkommentar, München.

Hill-Arning, Susanne, 1995, Produkthaftung in Europa, Heidelberg.

Höland, Armin, 2000, Mitbestimmung in Europa, Frankfurt, New York.

Hromadka, Wolfgang, 1996, Recht und Praxis der Betriebsverfassung, Stuttgart.

Kißler, Leo, 2000, Die Mitbestimmung in Deutschland, 3. Auflage, Hagen.

Köhler, Helmut; Piper, Henning, 1995, Gesetz gegen den unlauteren Wettbewerb, München.

Köstler, Roland, 1999, Aufsichtsratspraxis, Frankfurt.

Kullmann, Hans Josef; Pfister, Bernhard, 1980, Produzentenhaftung, mehrbändig, Loseblatt, Berlin.

Leinemann, Wolfgang, 2000, Kasseler Handbuch zum Arbeitsrecht, Bd. 1 und 2, 2. Auflage, Neuwied.

Meilicke, Heinz; Meilicke, Wienand, 1976, Kommentar zum Mitbestimmungsgesetz 1976, 2. Auflage, Heidelberg.

Micklitz, Hans-Wolfgang, 1995, Internationales Produktsicherheitsrecht, 1. Auflage, Baden-Baden.

Nettelbeck, Beate Ilona, 1995, Produktsicherheit, Produkthaftung, Berlin, Heidelberg, New York.

Niedenhoff, Horst-Udo, 2000, Mitbestimmung in der Bundesrepublik Deutschland, 12. Auflage, Köln.

Nordemann, Wilhelm, 1994, Wettbewerbsrecht, 7. Auflage, Baden-Baden.

Raiser, Thomas, 1998, Mitbestimmungsgesetz, 3. Auflage, Berlin, New York.

Rittner Fritz, 1999, Wettbewerbs- und Kartellrecht, 6. Auflage, Heidelberg.

Sadowski, Dieter, 2000, Gesetzliche Mitbestimmung in Deutschland, Trier.

Schaub, Günter, 2000, Arbeitsrechts-Handbuch, 9. Auflage, München.

Schirmer, Michael, 1998, Die Konkretisierung des Auswirkungsprinzips im internationalen Kartellrecht, Frankfurt.

Siebert, Gerd; Becker, Kurt, 1999, Betriebsverfassungsgesetz, Kommentar, 8. Auflage, Bonn.

Teplitzky, Otto, 1997, Wettbewerbsrechtliche Ansprüche, 7. Auflage, München.

UB Media, 2000a, Arbeitsrecht4free, Navigation, online im Internet, URL: http://www.arbeitsrecht4free.de/i4f/ubmedia/_navig/navig.htm, 29.11.2000.

UB Media, 2000b, Arbeitsrecht4free, Checkliste: Betriebsbedingte Kündigung auf der Grundlage der Neuregelung, online im Internet, URL: http://www.arbeitsrecht4free.de/i4f/ubmedia/pools/arbeitsrecht4free/arcche5-/arcche5.dummy.htm, 29.11.2000.

Vogt, Stefan, 1994, Lexikon des Wettbewerbsrechts, München.

Wesch, Susanne, 1994, Die Produzentenhaftung im internationalen Rechtsvergleich, Tübingen.

Westphalen, Friedrich Graf von, 1997, Produkthaftungshandbuch, Bd. 1 und 2, 2. Auflage, München.

Wiedemann, Gerhard, 1999, Handbuch des Kartellrechts, München.

AUTORENVERZEICHNIS

Acs 5, 131
Albach 119, 254
Alchian 13
Aldrich 117
Allais 194, 204
Almus 131
Amit 372
Anderson 199
Ansoff 169, 238
Assenmacher 166
Audretsch 5, 131

Bade 428
Baetge 270, 388
Bain 241
Barreto 10, 15
Battmann 200
Bauer 383
Baumol 17, 40, 48, 194, 208
Bayes 218
BBE Unternehmensberatung 182, 184
BDA 65
Beck 175, 180
Becker 189
Behrendt 148, 151, 153
Bernoulli 192, 193, 194
Bertelsmann 197
Bertelsmann Stiftung 426

Bertrand 208, 209, 210, 211, 227, 399, 428
Birch 113, 115
Blanchflower 23
Blum 163, 173, 209, 241, 243, 244, 245, 323, 400, 402, 404, 411, 412, 414, 419, 423
BMWi 91, 93, 94, 123
Bock 254
Bögenhold 116
Böhmer 43
Bökemann 400
Braun 197
Brink 328, 347
Brüderl 65, 119, 252
Budd 381
Bühler 143
Buzzel 249
BVCA 340
BVK 340, 354, 356, 357

Cabral 131
Cantillon 9, 11, 14, 15
Casson 9, 12, 13, 14, 15, 16, 17, 20, 30, 256
Chaganti 253
Chandler 225
Coase 31, 173
Coopers 322
Cournot 207, 208, 209, 210, 211, 219, 223, 226

Covin 17
Cramer 192
Creditreform 68, 69, 70, 91, 95, 96, 97, 98, 99, 101

Daschmann 248, 251
Deeks 43, 44
Demsetz 13
Deutsche Bundesbank 36, 99, 100, 338, 340, 341, 384
Deutsche Gesellschaft für Wertpapiersparen 172
Deutscher Bundestag 409
Dickwach 145, 146
Dingee 333
DIW 85, 125
Donckels 15
Dörner 42, 197, 199, 244, 256
Dreher 65
DtA 124
Dudley 173

Economist 175
Eschenbach 264
Esser 202, 203
EVCA 322, 341

Fishburn 203, 244
Fleischhauer 357
Ford 193
Forschungsverbund Lebensraum Stadt 165
Fosler 351
Franke 371

Frese 38
Fritsch 121
Fry 116
Furubotn 173
Füser 164, 169, 385

Gabler 20
Galanter 200
Gale 249
Gälweiler 255
Gartner 15, 23, 25
Geigenberger 332, 333, 347, 348, 349, 354
Gerlach 119
Ghemawat 225, 242, 243, 255
Gibbons 215
Gilbrats 131
Gleißner 164, 169, 238, 244, 264, 275, 277, 279, 282, 283, 311, 365, 374, 376, 385, 387
Göbel 135, 136, 140
Gossen 192
Granger 114
Greenhut 206
Greiner 412
Grether 194
Grüner 43

Hacker 199
Hamel 178, 239, 242, 246, 256
Hamer 35
Harhoff 65
Hartmann-Wendels 262
Hauschildt 28

Hax 371
Hayek 11, 120, 399
Haynes 400
Hébert 14, 15
Heil 134
Herron 17, 39
Heuss 17
Hinz 143
Hisrich 23, 43, 44
Hoffmeister 197
Hogarth 203
Hotelling 206
Hung 206
Hunsdiek 118, 119, 238, 254

Impulse 426, 427
Institut der Deutschen Wirtschaft 147
Institut für Mittelstandsforschung 82, 83
Itami 246

Jenner 239, 250, 252, 257, 261
Jensen 13
Jevons 192
Jungbauer-Gans 145, 146

Kahn 164, 165
Kahneman 194, 203, 204, 205, 226, 244
Karlsson 400
Kay 225
Kent 15
Kirzner 11, 12, 14, 17

Klandt 22, 39, 43, 113, 114, 116, 117, 119, 120, 238, 253, 254
Knight 11, 14, 17, 190
Kommission für Zukunftsfragen 180
Kortum 322
Krech 200
Kreditanstalt für Wiederaufbau 36, 153
Krüger 248
Kruse 323
Kunesch 264

Lageman 85, 119, 120
Landtag Nordrhein-Westfalen 119
Langenscheidt 7
Leibbrand 188, 246
Leibenstein 36, 37
Leiner 63, 64, 65, 66, 71
Leontief 414
Lerner 322, 342
Lewin 200
Lichtenstein 194
Lindblom 195
Link 14, 15
Lösch 206
Lück 43
Lybrand 322

Maaß 412
Mackewicz & Partner 355
Maier 353
March 195, 204
Marshall 10, 17, 189
Mason, 241
May 119, 253, 254

May-Strobl 118, 119, 238
Meckling 13
Media 556, 568
Meier 376, 385, 387
Menger 192
Meyer-Schönherr 165
Miettinen 15
Mill 9
Miller 200, 335
Mintzberg 225
Mischon 116, 254
Mises 11
Modigliani 335
Mönius 163, 209, 243
Morgenstern 193, 194, 244
Mortsiefer 116, 254
Mrzyk 272
Mueller 221
Müller-Böling 22, 39, 113, 116, 117, 119, 238, 253

Nash 207, 209, 215, 217, 218, 219, 221, 222
Nathusius 87, 118, 254
Nelson 196, 197, 198, 204, 205, 226
Nerlinger 131
Neumann, v. 193, 194, 243
Norman 206
North 31
NVCA 340, 357

OECD 59
Ohta 206
Ossola-Haring 311

Oster 225
Oswald 23
Oxford Dictionary 7

Panzar 208
Pareto 192, 204
Perridon 332
Peters 23
Pfeiffer 130, 131
Pfirrmann 342
Piattelli-Palmanini 281
Pindyck 242
Plaschka 22
Plott 194
Porter 38, 235, 239, 241, 251, 311
Prahalad 178, 239, 242, 246, 256
Preisendörfer 112, 118, 119, 253
Pribram 200

Radermacher 197
Radke 250
Raschle 333
Rauch 38
Reither 244
Reize 130, 131
Richter 173
Ripsas 15, 25, 30, 43
Roberts 353
Robinson 17, 39
Ronen 15
Ross 113, 131

Savage 194
Say 9, 11

Autorenverzeichnis

Schaller 7, 16, 24, 311
Scharfe 411
Schaub 244, 335, 336, 555, 566, 571
Schefczyk 326, 327, 333, 334, 336, 337, 339, 341, 350, 352, 353, 354
Scherer 113, 131
Schmalensee 131
Schneider 12, 20, 23
Schoemaker 194
Schönpflug 199, 201
Schoppe 14, 15, 18, 31
Schubert 43, 44, 45, 47
Schumpeter 5, 7, 8, 10, 11, 12, 14, 17, 40, 214, 408
Schütz 202, 203
Schween 342
Seeger 148, 151, 153
Sell 412
Selten 218
Sexton 15
Shapley 207
Sharpe 377
Shleifer 336
Shubik 207
Sigusch 323, 324
Simon 195, 204, 205, 226, 243, 244, 248
Slevin 17
Slovic 194
Smilor 15
Smithies 206
Smollen 333
Stackelberg 209, 210, 227
Stedler 330
Steil 65

Steiner 332, 383
Sternberg 148, 149, 150, 151, 153
Stevenson 24
Stoner 116
Storey 113, 120, 253
Streim 198
Strobl 254
Struck 62, 71, 118
Szyperski 39, 43, 87, 117, 118, 254

Tamásy 148, 151, 153
Timmons 333
Tirole 215, 216, 217, 218, 223
Tversky 194, 203, 204, 205, 226, 244

Utsch 141, 142, 143

Vesper 15, 43
Vishny 336

Wagner 119, 131, 132, 133
Wallis 31
Walras 192
Warnke 254
Weber 166
Weihe 43
Weissman 365
Weitzman 407
Welzel 7, 10, 15, 18, 25
Wendland 311
Wernerfelt 372
Wieandt 19
Wiener 164, 199

Wilkie 43, 44
Williamson 31, 173, 335
Willig 208
Wilmes 250
Winter 196, 197, 198, 204, 205, 226
Wupperfeld 342

Zentner 165
ZEW 129
Ziegler 119, 253
Zimmer 117

SACHWORTVERZEICHNIS

Abschlußprüfer 494

Absichtserklärung 512

Absorptionsquote
 marginale 413

Absprache 215

Abtretung der Geschäftsanteile 488

AG *Siehe* Aktiengesellschaft

Agency-Theorie 336

Akademiker
 selbständiger 129

Aktie 491, 492

Aktiengesellschaft 89, 90, 491
 Anzahl 78
 Beendigung 496
 kleine 90
 Neuerrichtung 78

Allianz
 strategische 221

Allokation
 Ressourcen 4

Änderungskündigung 568

Angestellte 557

Anpassungsziel 405

Ansiedlung
 Test-E-Mail 427

Ansiedlungshilfe
 Bodenpreis 444
 Grund und Boden 454

Ansprechpartner
 Vermittlung 433

Anspruchsberechtigte 546

Anspruchsniveau 195

Anti-Dilution-Regelungen 348

Antwortfunktion
 beste 218

Arbeiter 557

Arbeitnehmer 556

Arbeitsgemeinschaften 462

Arbeitsgerichtsbarkeit 570

Arbeitslosenquote 114
 Reduzierung 452

Arbeitslosigkeit 131

Arbeitsrecht 551
 kollektives 551, 573

Arbeitsteilung 416

Arbeitsverhältnis
 Beendigung 564
 Begründung 557
 faktisches 558
 Mangel 557

Arbitrage 12, 20

Arbitragemöglichkeit 28, 31, 38
 innovative 33
 kreative 33

Arrangements
 institutionelle 163, 173

Asset Deal 511, 514, 515

Atypisch stille Gesellschaft 478

Aufgabequote 118, 155

Aufhebungsvertrag 564

Auflösung 471, 481

Aufsichtsrat 487, 493
 Abberufung 494
 Bestellung 493, 494

Ausbeutung fremder Leistung 542

Ausgleichsziel 405

Auskunftsrechte 495

Ausrichtung
  strategische 225
Außengesellschafter 462
Aussperrung 574
Auszahlung 215
Auszahlungsfunktion 217
Automatismus 203

Balanced Scorecard 168
Baugewerbe 79, 88, 89
Beanspruchungsregulation 199, 201
Beirat 487
Benachteiligungsverbot 554
Bergbau 88, 89
Beschäftigtenwachstum 119
Beschäftigungsanspruch 560
Beschäftigungswachstum 130
Best Practice 179, 409, 426
best response 218
Beteiligung
  direkte 344
Beteiligungsbörsen 354
Beteiligungsfinanzierung 332
Beteiligungsgesellschaft
  mittelständische 338
Betrachtung
  attributions-verhaltenstheoretisch 10
Betriebsänderung 103, 576
Betriebsrat 569, 572, 574
Betriebsübergang 572
Betriebsvereinbarung 554
Betriebsverfassungsrecht 574
Bewährungszeit
  siebenjährige 102

Bifurkation 197
Bilanz 466
Bilanzgewinn
  Verwendung 494
Bilanzkennzahlen 261
Bonität 364
Börsenfieber 183
Bounded Rationality 195
Branchen
  Einschätzung 78
Branchenerfahrung 119
Branchenstruktur 133
Buchführung 466
Bundesverband deutscher Kapitalbeteiligungsgesellschaften 340
Business Angels 328, 358
  Netzwerk Deutschland 328
Business-Pläne 49
Buy Back 349

Capital-Asset-Pricing-Modell 371, 377
Cashflow
  freie 365
Cash-Flow-Marge 271
Cash-Flow-Planung 323
Chance 28
chicken game 220
Commitment 225
Convenience 183
Corporate Venture Capital (CVC) 352
culpa in contrahendo 511
cut-throat-competition 215

Darlehen

eigenkapitalähnliches 344
Daumenregel 202
Deal Structure 348
Definition 32
Definitionen 23
Definitionsansatz 35
Delphi-Methode 170
Delphi-Verfahren 168
Denken
 kreativ-strategisches 47
Denkfallen 244
Denkzeug 51
Denkzeuge 34
Desindustrialisierung 410
Dienstleistung 88, 89
 öffentliche 81
Dienstleistungsgewerbe 80
Dilemma 219, 221, 227
Dilemmastruktur 215, 219
Direktionsrecht des Arbeitgebers 559
Discounted-Cashflow-Methode 365
Diversifikationseffekt 371
Divestment 344
Dominanz 203
Dominanzbedürfnis 137, 140
Dominanzstreben 119
Due Diligence 346, 514
Duopol 206, 211
Durchsetzungskraft
 hohe 18
Dynamik 8

Early Stage 343
E-Commerce 183
Economic-Value-Added 377

Eigenkapital 155, 268
Eigenkapitalbasis 420
Eigenkapitalbedarf 378
Eigenkapitalhilfe 122
Eigenkapitalkosten 378
Eigenkapitalmangelhypothese 334
Eigenkapitalquote 269
Eigenschaftsansatz 27
Einigungsstelle 577
Einkaufskooperationen 222
Einlage 474
 stille 466
Einzelhandel 89
Einzelhandelsgesellschaft 460
Einzelhandelskaufmann 462
Einzelunternehmen 89
EKH-Programm 155
empirisch 5
Energie- und Wasserversorgung 88, 89
Entrepreneur 3, 6, 7, 8, 24, 25, 26, 27,
 29, 32, 33, 34, 35, 42, 45, 154, 190
 Ausbildung 42, 47, 48
 Begründungsdruck 112
 Definition 25
 Eigenschaften 27
 erlernbare Fähigkeiten 44
 Prädikat 11, 28, 30, 33
 Qualifikationen 48
 Terminus 9
 Umfeld 81
Entrepreneurial Finance 329
Entrepreneurial Skills 41
Entrepreneurial Spirit 3, 6, 8, 40
Entrepreneurship 6, 7, 8, 26, 27, 32,
 40, 42
 Definition 9, 26, 32
 Prädikat 29

Entrepreneurship-Ausbildung 42
Entscheider 29
Entscheidung 11, 13, 32, 35
 ballistische 280
 des Entrepreneur 41
 exzeptionelle 29, 32
 komplexe 11, 49
 ökonomische 13
 Qualität 41
 rationale 28, 191
 unter Risiko 192
Entscheidungsfähigkeit 30, 33
Entscheidungsfindung 236
Entscheidungsfreude 41, 51
Entscheidungskalkül
 rationales 28
Entscheidungskompaß 282
Entscheidungsmodell
 rationales 189
Entscheidungsproblem 41
Entscheidungsqualität 33, 41
Entscheidungssituationen 33
Entscheidungstheorie 244, 273
 psychologische 203
Entscheidungsträger 20, 35
Entwertung der Arbeit 180
Erben
 Haftung 467
Erfahrungsgut 222
Erfolg 5, 12, 22, 28, 32, 35, 37, 38, 39, 48
 Gründer 117
 Unternehmen 117
 unternehmerischer 34
Erfolgs(faktoren)analyse 39
Erfolgsanalyse
 kausalanalytische 141
Erfolgsaussicht 118

Erfolgschancen 119
Erfolgsfaktor 237
 Differenzierungsfähigkeit 140
Erfolgsfaktoren 5, 34, 39, 134
 persönlich-verhaltensorientiert 39
Erfolgsfaktorenforschung 49
Erfolgsfaktorenuntersuchungen 247
Erfolgsmaßstab 31, 47
Erfolgspotential 238
Erfolgspotentiale 169, 374
Erfolgsprognose
 betriebswirtschaftliche 262
Erfolgswahrscheinlichkeit 34
Erhaltungsziel 405
ERP-Programm 122
Erwartungsbildung 191
Erwartungsnutzen 193, 194
Erwartungsnutzentheorie 243
 additive 194
 Bernoulli 193
 v. Neumann und Morgenstern 193
Erwerbstätigkeit
 selbständige 85
Erziehung und Unterricht 89
European Business Angels Network 328
Evolutionsökonomie 196
Existenzgründer 25, 263, 427
 Ost-West-Vergleich 145
Existenzgründung 134
 Anzahl 106
 Geschlechtersicht 145
 selbständig-originäre 106
 Trainingsprogramm 124
Existenzgründungsgeschehen 62
Existenzgründungsplan 261
Exit-Kohorte 132

Expansion 343
Expertensystem 276
Exportbasis 410, 422
  unterdurchschnittliche 123

Fabrikationsbereich 550
  Ausreißer 550
Fähigkeiten
  erlernbare 43
  lehrbare 43
  nicht lehrbare 43
Faktorkombinierer
  dynamischer 9
Faustregel 273
Financial Leverage 382
Finanzierung 268, 465, 473, 476, 478, 489, 496
Finanzierungsphase 342
Finanzierungsquelle 324
Finanzierungsrunden 343
Finanzierungsstruktur 324
Finanzintermediär 336
Finanzstrukturrisiko 382
Firma 464, 466, 467, 468, 473, 474, 476, 487
  flache 174
  fraktale 174
Firmeninhaber 25
Fischerei und Fischzucht 89
Flexibilität 182, 243
Fluktuationsquote 120
Fokussierung 241
Förderdschungel 121
Förderinstrument
  Mittelstand 122
Förderpolitik 400

Förderprogramm 121
  Analyse 153
Förderung
  anreizkompatible 121
  einzelbetriebliche 406
  Gründungsgeschehen 120
  staatliche 120
Forschungspark 149
Fortschritt
  technischer 4
Fragerecht des Arbeitgebers 558
Fraglosigkeit 202
Frame 203
Framing 204
Freiberufler 85
freie Berufe 481
Freiheit
  ökonomische 425
Fristenkongruenz 285
Frühaufklärung
  strategische 169
Frühaufklärungssysteme
  quantitative 169
Frühwarnsysteme 164, 167
Frustrationstoleranz 199
Führer 25
  industrieller 209
Führung 284
Führungsentscheidung 11, 28, 30
Fundamentalgleichung
  Erläuterungen 393
  Risikomanagements 383
Funktionen 14
  einzelwirtschaftliche 20
  gesamtwirtschaftliche 20

Gastgewerbe 80

GbR *Siehe* Gesellschaft bürgerlichen Rechts
Gebrauchsmuster 546
Gefangenendilemma 219
Gemeinde
 Beratung 433
 Handlungsbedarf 433
 Informationsbereitstellung 433
Gemeinschaftsaufgabe 400
Gemeinwesen
 Anreize im 429
Genußrechtskapital 344
Gesamthandsvermögen 468
Gesamtkapitalrendite 269
Gesamtprokura 465
Geschäftsfeld 283
Geschäftsführer 486
 Abberufung 486
 Bestellung 486
Geschäftsführung 465, 469, 474, 481
Geschäftslogik 370
Geschäftsplan 47, 261
Geschmacksmuster 546
Gesellschaft bürgerlichen Rechts 90, 460, 461
Gesellschaft mit beschränkter Haftung 88, 90, 482
 Beendigung 488
Gesellschafter
 persönlich haftender 467
 stiller 466
Gesellschafterbeschlüsse 487
Gesellschaftsanteile 462
Gesellschaftskapital 468
Gesellschaftstrend
 Atomisierung 175
Gesellschaftsvertrag 507

Gesetz gegen unlauteren Wettbewerb (UWG) 527, 537
Gesetz über Unternehmensbeteiligungsgesellschaften (UBGG) 350
Gestaltungspolitik 405
Gewerbeabmeldung 63, 70
 Dynamik 77
 Rechtsformen 74
 Wirtschaftszweige 74, 75
Gewerbeanmeldung 62, 63, 64, 70, 78
 Dynamik 77
 Rechtsformen 72
 Wirtschaftszweige 72, 73, 78
Gewerbeanzeigen 64
 Qualität 65
Gewerbeanzeigenstatistik 62, 68, 70
 Beurteilung 66
Gewerbemeldezettel 70
Gewerbemeldung 106
Gewerbepark 149
Gewerberegister 62, 63, 64, 69
 Abgänge 68
 Zugänge 68
Gewerbeummeldung 63
 Rechtsformen 76
 Wirtschaftszweige 76
Gewinn
 übernormaler 225
Gewinn- und Verlustbeteiligung 475
Gewinnmaximierer 189
Gewinnmaximierung 13
Gewinnung von Steinen und Erden 89
Gewinnverteilung 468, 495
Gewinnverwendung 487
Gilbrat's Law 131
Glaubhaftigkeit 223
Gläubigerautonomie 102

Gläubigerbefriedigung 102
Gläubigerversammlung 103
Gleichgewicht
  Cournot-Nash 207
  statisches 10
Globalisierung 176
Glokalisierung 177
GmbH Siehe Gesellschaft mit
  beschränkter Haftung
GmbH & Co. KG 461, 479
GmbH-Gesellschaftsvertrag 507
Goodness-Of-Fit-Test 97
Grenzproduktivität
  Kapital 179
Größenvorteile 241
Großhandel 88, 89
Growth Stage 343
Gründer 8
  Betreuung 86
  innovativer 8
  Persönlichkeitsstruktur 116, 154
  Sozialisation 126
Gründerpolitik 403
Gründerstatistik 61
Gründerzentrum 149
Grundhandelsgewerbes 463
Grundkapital 491
Grundqualifikation 48
Grundqualifikationen
  unternehmerische 41
Grundsätze
  strategische 264
Gründung 62, 464, 482, 491
  aus Arbeitslosigkeit 130
  Betriebsmerkmale 145
  Probleme 86
  selbständig-originäre 81

  tatsächliche 64
Gründungsaktivität 5, 114, 117
Gründungsdynamik 83, 106
  Branche 106
Gründungserfolg 154
Gründungsförderung
  ERP 123
Gründungsforschung 112, 252
  industrieökonomische 239
  ressourcenorientierte 238
  Überblick 113
Gründungsgeschehen 62, 63, 64, 68
Gründungsidee 263
Gründungskohorte 119
  Austrittswahrscheinlichkeit 133
  Beschäftigungseffekt 155
Gründungskosten 500
Gründungsmotiv 117
Gründungsperson
  Charakteristik 145
Gründungsplan 141
Gründungspläne 47
Gründungsrate 115
  unterschiedliche 115
Gründungsstatistik 61, 106
Gründungsturbulenzen 127
Günstigkeitsprinzip 554

habit 203
Habitualisierung 203
Haftung 464, 467, 471, 476, 483
  Aufsichtsratsmitglieder 494
Halbbewußtsein 203
Handeln
  strategisches 223
Handelndenhaftung 484

Handelsgewerbe 79, 462
  vollkaufmännisches 467
Handelsregister 62, 63, 64, 69, 463,
  464, 465, 467, 468, 470, 472, 474,
  477, 483
Handelsvermittlung 88
Handlungsanleitungen 51
Handlungsfehler 243
Handlungsmodell 191
  der Psychologie 199
Handlungsprinzip
  dynamisches 36
Handlungsregulation 199
Handlungssituation
  spieltheoretische 215
Handlungstheorie
  psychologische 279
Handlungsvollmacht 465
Handwerk 88, 89
Handwerksrolle 64
Hauptversammlung 494
Heuristik 42, 197
Hierarchie
  vertikale 174
Hit-and-Run-Entry 208
homo oeconomicus 189
Homo Oeconomicus 189, 279
Humankapital 139, 358

Imitator 209
Individualarbeitsrecht 551, 556
Individualisierung 175
Industrial Ecology 131
Ineffizienzen 404
Information 174, 222
  asymmetrische 222
  imperfekte 222
  perfekte 222
  Speicherkosten 174
  symmetrische 222
  Transportkosten 174
  unvollkommene 222
  unvollständige 222
  vollkommene 222
  vollständige 222
Informationsasymmetrie 121, 210,
  223, 401
Informationskosten 13, 175, 190
Informationsmanagement 452
Informationsmenge 216
Informations-Overkill 183
Informationsverteilung
  asymmetrische 336
Informationsvorsprung
  Staat 120
Infrastruktur 445
Infrastrukturausbau 445
Inkrementalismus 195
Inkubatoren 351
Innengesellschaft 476
Innengesellschafter 462
Innovation 4, 8, 12, 156
Innovationsbereitschaft 141
Innovationsfähigkeit 22, 256
Innovationsförderung
  Analyse 153
Innovationsfunktion 25
Innovationsprogramm
  Mittelstand 153
Innovativität
  förderbar 43
Innovator 18
Insolvenz 87, 95, 107

Sachwortverzeichnis 599

   Arbeitsplatzverlust 88
   Branche 98
   Branchenrotation 95
   Diskriminanzanalyse 99
   Interessenausgleich 104
   Kennzahl 87
   Massearmut 101
   Mindestgröße 97
   Prognose 107
   Rechtsform 94
   Überblick 88
   Umsatzklasse 98
   Unternehmensalter 98
   Unternehmensalter und Branche 98
   Wirtschaftszweige 93
Insolvenzen 91
Insolvenzgründe 99
Insolvenzordnung 100, 107
Insolvenzplan 103
Insolvenzquote 93, 99
   Beschäftigtenzahl 96
   Branche 95, 96
   Bundesländer 99
   Ostdeutschland 95, 107
   Rechtsform 92
   Umsatzklasse 97, 107
   Westdeutschland 95, 107
   Wirtschaftszweige 92
Insolvenzrecht
   Arbeitsplatzkündigung 102
Insolvenzrisiko 269, 337
Insolvenzstatistik 87
Insolvenzverfahren 102
   Eröffnung 102
Inspektionsgut 222
Institution 426
   Bedeutung 427
Interdisziplinarität 16, 41
Internal Locus of Control 22

Intrapreneur 25, 29
Invarianz 204
Investition
   spezifische 80, 358
Investitions- und Finanzierungsplanung 268
Investitionsplanung 323
Initial Public Offering 349
Irreversibilität 163, 225, 243
Ist-Kaufmann 462, 468

Jahresabschluß 466, 470, 498

Kanalkapazität 200
Kann-Kaufmann 463, 464
Kapazitätsgrenze 208
Kapitalbedarf 323
Kapitalgesellschaft 90, 460
Kapitalkosten 365
Kapitalkostensatz 377
Kapitalrisiko 4
Kapitalversorgung 119
Kartellgesetz (GWB - Gesetz gegen Wettbewerbsbeschränkungen) 527
Kartellrecht der Europäischen Union 535
Kaufkraftparitäten 412
Kaufkriterien 260
Kaufmann 462
Kausalität
   GRANGER *114*
Kausalzusammenhang 166
Kennzahlen 316
Kernkompetenz 178, 225, 256
Kernkompetenzen 239

Kernrisiko 375
KG *Siehe* Kommanditgesellschaft auf Aktien 461
KG auf Aktien 479
Koalitionsfreiheit 573
Kochmützen 447
Kochmützenkennzahl 448, 455
Kochmützentest 425
Kollusion 227
Kommanditgesellschaft 461, 473
  Beendigung 475
Kommanditist 467, 471, 473
Kommune 428
  Dienstleister für Unternehmensgründer 452
  Kompetenz 439
  Kontaktaufnahme 435
  Kontakte herstellen 446
  Stärken-Schwächen-Profil 453
  Unterstützung seitens 443
Kommunenbefragung
  Ergebnisse 435
  Vorgehensweise 429
Kompetenz
  heuristische 199
Komplementär 473
Komplexität 13
Konjunktur
  Frühindikator 79
Konkurrenz
  monopolistische 211, 212, 227
  potentielle 185, 224
  ruinöse 215
Konkurrenzunternehmen
  Kenntnis 441
Konkurs
  Entwicklung 100
Konkursordnung 100

Konkursrecht
  Fortführung des Unternehmens 101
  Gläubigerschutz 101
Konsumentenverhalten 182
KonTraG 370
Kontrollrecht 470, 475
Kontrollrechte 477, 487
Kontrollüberzeugung
  internale 136, 140, 141
Konvergenz
  Selbständigenquote 60
Konzentration 89
Koordination 13
Koordinationsentscheidungen 13
Koordinationsleistung 13
Koordinator 18, 20
Kosten
  irreversible 421
Kostenführerschaft 241
Kostenstruktur 271
Kostenstrukturrisiko 382
Kreativität 8, 43
Kredit- und Versicherungsgewerbe 80, 88, 89
Kreditbewilligung 122
Kreditwürdigkeit 364
Kreditzusage
  ERP 123
Kunden
  Zielgruppe 182, 267
Kundenwerbung
  unlautere 538
Kündigung 572
  außerordentliche 564, 568
  betriebsbedingte 567
  ordentliche 560, 564, 565
Kündigungsgrund

Sachwortverzeichnis

personenbedingter 566
verhaltensbedingter 567
Kurzzeitgedächtnis 200

Land- und Forstwirtschaft 79
Lead Investor 345
Lebenswelt 202
Lebensweltkonzept 202
Leistung
 Differenzierung 241, 284
Leistungsbilanz 412
Leistungsmotivation 18, 38, 46
Leistungsorientierung 137
Leistungsrisiko 381
Leistungsvergleich
 interkommunaler 426
Letter of Intent 346, 512
Leuchtturmeffekte 402
Liquidation 472
 selbständig-originäre 81
Lotterie 194

Macher 28
Machiavellismus 141
Management
 strategisches 224, 225, 227
Management Buy-In 510
Management Buy-Out 510
Managementwissenschaft 23, 27
Manager 10, 27
Marken 284, 547
Markenrecht 546
Marketingmix 261
Marketingplan 267
Markt

gesättigter 80, 81
Marktattraktivität 259, 311
Marktaustrittsbarriere 240
Marktaustrittsschranke 79
Marktbeherrschung 532
Marktbehinderung
 allgemeine 542
Markteintrittsbarriere 313, 329
Markteintrittshemmniss 240
Markteintrittskosten 89
Markteintrittsschranken 79
Marktintegration 419
Marktrisiko 381
Massearmut 107
Megatrends 171, 172
Mengenwettbewerb 207
 Cournot 219
Methodismus 279
mikroökonomisch 17
Minderkaufmann 463
Mindestreichweite 213
Mitbestimmung 575, 576, 577
Mitbestimmungsrechte 575
Mitnahmeeffekt 121, 407
Mittelstandspolitik 402, 403
Mobilität 177
Modell
 formales 17
 ökonometrisches 166
 prognosefähiges 17
Monitoring 170, 337
Monopol
 innovatives 214
 natürliches 89
Motivation 202
Motivationstheorie 280

muddling through 195
Multiplikator 414
Mußkaufmann 463

Nachfrageelastizität 206
Nachhaltigkeit 243
N-Achievement 22
Nash-Gleichgewicht 215, 217, 218, 219
paretoineffizientes 219, 227
Need for Achievement 22
Neoklassik 10, 13, 14, 30
Netzwerkstruktur 401
Neuerrichtung
echte 65, 66
Neugründung
Risiko 134
Nische 242
Non Disclosure Agreement 346
Normalform 217
Nutzenfunktion
Bernoulli 193
Nutzenkonzept
kardinales 192
ordinales 192
Nutzenmaximierung 189
Nutzwertanalyse 276

Offene Handelsgesellschaft 460, 467
OHG *Siehe* Offene Handelsgesllschaft
Ökologie
industrielle 131
Ökonomie
der Not 116
der Selbstverwirklichung 116
theoretische 27

ökonomisches Prinzip 189
Oligopol 206
One-Stop-Shop 452
Operating Leverage 382
Opportunitätskosten 408
Organisationsplan 265
Organisationsstruktur 178, 419
Owner-Manager 7, 25

Partnerschaftsgesellschaft für freie Berufe 461, 481
Patent 546
Personalförderung 141
personal-verhaltensorientiert 13
Personengesellschaft 460, 476
persönlich haftender
Gesellschafter 473
Persönlichkeit 135
aggressive Konkurrenz 137
Autonomie 136
Emotionale Stabilität 138
Innovation 136
Proaktive Orientierung 137
Soziale Orientierung 138
PersönlichkeitRisikobereitschaft 136
Persönlichkeitseigenschaft 135, 136
Eigeninitiative 38
erfolgreiche 155
Fehlerbelastetheit 138
internale Kontrollüberzeugung 38
Risikobereitschaft 38
Persönlichkeitseigenshcaft
Fehlerbelastetheit 140
Persönlichkeitsmerkmal 39, 141
Perspektive
einzelwirtschaftliche 17
Petersburger-Spiel 192

Pflichten
vorvertragliche 512
PIMS-Projekt 249
Plan-Bilanz 268
Porter-Ansatz 311
Portfolio 265
Positionierung
strategische 214
Präferenzordnung 189
Preisänderungsrisiko 270
Preisstrategie 210
Preisvariation 208
Preiswettbewerb 207
Bertrand 208
Prinzipal-Agent-Problem 36, 429
Prinzipal-Agent-Theorie 17
Private Equity 332
Problem
komplexes 49
Problemlösungsverhalten 244
Problemumfeld
unstrukturiertes 28
Produkt
Differenzierung 211
homogenes 206
inhomogenes 211
Qualität 267
Reichweite 212
Produktbeobachtung 550
Produktdifferenzierung 212, 215, 240
Produkte
inhomogene 212
Produkthaftungsansprüche
deliktische 549
Produkthaftungsgesetz 548
Produkthaftungsrecht 548
Produktionsfaktor 10, 17, 31

Neukombination 31
Produktionsfaktoren 13, 33, 36, 41
Produktionsfunktion 37
Produktionskapazität
beschränkte 208
Prognose 163, 166
Projekt 31, 33
Prokura 465, 470
Prokurist 470
Prospect-Theorie 203, 204, 280
Prosumer 184
Publikumsgesellschaft 480
Publizitätspflicht 500

Qualitätsindikatoren 426
Qualitätswettbewerb 177

Rahmenbedingungen
Diskontinuitäten 169
Randrisiko 376
Rating 388
Rational-Choice-Ansatz 244
Rationalität
begrenzte 196
beschränkte 204
instrumentalistische 226
Rationalitätsfalle 404
Rationalitätsfallen 422
Raumkonzept
ökonomisches 213
Reaktion 210
Realitätsnähe 16
Rechtsanwalts-GmbH 490
Rechtsbruch 543
Rechtsform 88, 89, 460

Rechtsformen 78
Regelkreis 199
Regionalabgrenzung 422
Regionenabgrenzung
   Funktionsprinzip 403
   Homogenitätsprinzip 403
   Verflechtungsprinzip 403
Regressionsanalyse 166, 169
Reichweite 213
   maximale 214
   minimale 214
Relevanz
   Thema der 202
Rendite 268
Rendite-Risiko-Portfolio 372
Rente 225, 422
Reputation 81, 337
Residualeinkommen 31, 33
Ressourcen 13
Ressourcen-Leverage 283
Restschuldbefreiung 105
Risiken 37
Risiko 8, 11, 47, 190, 370
   (un)systematisches 372
   unternehmerisches 4, 9
Risikoaggregation 379, 387
Risikoanalyse 385
Risikobereitschaft 38, 43, 46, 204
Risikobewältigung 389
Risikodeckungspotential 170, 378
Risikohandbuch 390
Risikoinventar 386, 401
Risikomanagement 49, 171, 363
   strategisches 374
Risikoprämie 377
RORAC 378

Routine 196, 202
Routineentscheidung 11

Sanierung
   Mindestquote 103
   übertragende 103
Sanierungsplan 104
satisficing 195
satisficing behavior 279
Scanning 170
Schadensausgleich
   innerbetrieblicher 562
Scheingründung 65
Scheinselbständigkeit 65, 556
Schiedsgerichtsvereinbarung 509
Schlüsselsektoren 402
Schulungsprogramm 42
Secondary Purchase 349
Seitenzahlung 215
Sekundäreffekt 413
Selbständigenquote 59, 114
   internationale 106
   Vollbeschäftigung 106
Selbständigkeit 84
   Akademiker 129
   Gründe 125
   Gründe für 85
   neue 85, 125
Selbstsicherheit 119
Selbstwertgefühl 140
Selbstwirksamkeit 140, 141
Selektionseffekte 130
share deal 514
Share Deal 511, 520
Shareholder Value 24
Shareholder-Value 31

Sicherheit 190, 191
Sicherheitsäquivalent 194
Sicherheitseffekt
  Allais 204
Sicherheitsgrad 270
Sicherungsgläubigern 101
Signal 223, 227, 243
  glaubhaftes 210, 224
  schwaches 170
Signalisieren
  strategisches Potential 224
Signalling 210, 337
  Beispiel 210
Simulationsmodell 168
Situation
  komplexe 30
  unstrukturierte 30
Skalenökonomie 173
Skill 43, 196
SOEP 85, 125
Sollkaufmann 463
Sollwertvorgabe 200
Sozialplan 105, 577
Sozietät 462
Spezifität 335
Spiel
  der Feiglinge 220
  dynamisches 216
  soziales Optimum 221
  statisches 216
Spieldarstellung
  extensive Form 216
Spieltheorie
  nichtkooperative 215
Stabilisierungsziel 405
Stabilitätsanalyse 269
Stackelberg-Krieg 209

Stammkapital 484
Standort 426
  Gesamtkennzahl 450
  Produzent 428
  ruinöse Konkurrenz 428
Standortbericht 452
Standortfaktor 421
  harter 401
  Kenntnis 441
  weicher 401
Standortformular 452
Standortprofil 453
Standortqualität 426
Standortverlagerung 428
Standortwettbewerb 399
Stärken-Schwächen-Analyse 242
Statistik
  Erwerbstätige 61
Stille Gesellschaft 461, 476
  Beendigung 477
Stillegung 62, 64
Störung
  exogene 168
Strategie 141
  Alleinentscheiden 139
  dominante 216
  dominierte 216, 220
  Eigenverantwortlichkeit 139
  gemischte 216, 218
  Gründungsplan 139
  Innovation 139
  Kundenorientierung 139
  Motivation der Mitarbeiter 139
  Nischenorientierung 139
  Personalförderung 139
  Pick-the-winner 121
  Qualitätsorientierung 139
  reine 216
  Werbung 139

Zeitmanagement 139
Zielplanung 139
Strategisches Management *siehe* Management, strategisches
structure-conduct-performance-Hypothese 239
Strukturpolitik 402
Strukturwandel 111
Strukturwissen 43, 51
Substitut
 partielles 212
Substitutionsprodukt 312
Suchraumeinengung 197
Sunk costs 335
Sunk-cost-Effekt 280
superior judgement 14
Synergie 283
System
 Entwicklungspfade 164
 kybernetisches 164
Szenario 163, 164, 281

Tacit Knowledge 197
Tarifvertrag 553
Technologie- und Gründerzentrum *Siehe* TGZ
Technologiezentrum 149
Term Sheet 348
Tertiärisierung 175
TGZ 148, 156
 Arbeitsmarkt 152
 Erfolgsanalyse 149
 Gründungsförderung 152
 Wachstumsförderung 152
 Wirkungsanalyse 151
Theorie
 formal-analytische 17

 formale 14, 16
 mikroökonomische 16, 42
 neoklassische 10
 ökonomische 9, 12, 13, 14, 16, 35
 Prognosefähigkeit 16
 Reproduzierbarkeit 16
 umfassende 12
Theorie der Entrepreneurship 16
Theorie der Unternehmung 14, 17, 31, 49
 neoklassische 3
Theorie des Entrepreneurship 49
Theorie des Unternehmers 9, 16
Theorie des Unternehmertums 18
Toleranz 22, 38
Top Manager 25, 29, 32
TOTE-Einheit 200
Trade Sale 349
Tradition
 neoklassische 12
Trägheit
 strategische 242
Trajektorie 197
Transaktion 12
Transaktionskosten 13, 17, 32, 172, 184, 190, 336
Transaktionskostentheorie 335
Transformationskosten 32
Transitivität 203
Trend 163, 184
Trial-and-error-Prinzip 196

Überbrückungshilfe 130
Überkapazität 207
Überlebenschance 81, 143
Überlebensfähigkeit 121, 124, 153, 154

Unternehmen 118
Überlebensrate 100
Überlebenswahrscheinlichkeit 119,
  127, 130, 132, 155
  Analyse 144
  Gründungsperson 144
Überschuldung 103
Überstunden 559
Umfeld
  mikrosoziales 117
Umfeld- und Branchenanalysen 257
Umsatzrendite 270
Umsatzschätzung 265
Umsatzsteuerstatistik 61, 62
Umsatzwachstum 119, 144
Umweltnutzung
  Einschränkung 442
Umweltressourcen 442
Um-zu-Motiv 202
Unbestreitbarkeit 212
Unfaßbarkeit
  konstitutionelle 40
Ungewißheit 190
Unsicherheit 11, 28, 30, 190, 192
Unsicherheitstoleranz
  überdurchschnittliche 18
Unterbeteiligung 462
Unternehmen
  Alter 132
  Einfachheit 283
  Erfolg 5
  Größe 132
  robustes 264
  technologieorientiertes 329
  Verlagerung 428
  wachstumsstarkes 134
Unternehmensausstiegsfaktor 70

Unternehmensbestand 67
  Wachstum 70, 80
Unternehmenserfolg 8, 34, 35, 38, 42,
  134
  Arbeitszufriedenheit 139
  Definition 35
  Einflußfaktoren 155
  Humankapital 135
  Kausalmodell 143
  Mediatorenmodell 141
  Persönlichkeitseigenschaft 135
  Strategie Siehe Strategie
  Strategien 135
  Unternehmensgröße 139
  Unternehmenswachstum 139
Unternehmensführung 47
  wertorientierte 24, 49
Unternehmensfunktionen
  statische 18
Unternehmensgestaltung 8
Unternehmensgröße 131
Unternehmensgründer 25, 32, 45
  innovativer 7
Unternehmensgründung 25, 81
  substantielle 62
Unternehmenskauf
  Kaufpreis 522
  Kaufvertrag 514
Unternehmenskäufe 510
Unternehmenslegende 430
Unternehmensleiter 6, 25
Unternehmensliquidationen 81
Unternehmensnachfolge 147
Unternehmensnachschubfaktor 70
Unternehmensplanung
  strategische 168
Unternehmenstheorie 42, 49
Unternehmensverhalten 35

Unternehmenswachstum 131
Unternehmenswert 331, 365
Unternehmer 3, 4, 5, 6, 7, 14, 24, 27, 28, 33, 36
 Definition 6, 18
 Definitionsansatz 6, 16, 18
 Definitionskriterien 20, 24, 27
 dynamischer 5, 6, 7, 11, 28, 36
 erfolgreicher 4, 22
 Erforschung 4
 kreativer 7
 leistungsmotivierter 4
 Nachfrage nach 115
Unternehmerangebot 115
Unternehmerausbildung 33
Unternehmereigenschaften 27
Unternehmerforschung 10, 14, 15, 22, 24, 27, 39
 begriffliche 25
 Eigenschaftsansatz 23
 empirische 39
 Formalisierung 17
 ökonomische 9, 16
Unternehmerfunktion 10, 25
 dynamische 18, 19
 Entdecken 14, 20
 funktionale 19
 Innovation 14, 20
 institutionelle 19
 Koordination 20
 Koordinieren 14
 personale 19
 Risiko 20
 Risiko tragen 14
 Risikoträger 11
 Spekulation 20
 statische 18
Unternehmerklasse
 Entwicklung 124
Unternehmermodell
 mikrofundiertes 17

Unternehmertheorie 26
Unternehmertum 4, 5, 6, 8, 27, 42, 273
 dynamisches 4
 vitales 4
Unterstützung
 Erwerb von Grund und Boden 443
Untersuchung
 empirische 22
Urlaubsanspruch 561
Ursache-Wirkungs-Beziehung 168
Urteilsfähigkeit 30
Urteilskraft 28, 30, 33
 überdurchschnittliche 30
Urteilsvermögen 13, 30, 41

Value-at-Risk 378, 380
Venture Capital 4, 321
 Finanzierung 341
Verarbeitendes Gewerbe 79, 88, 89
Verbraucherinsolvenz 105
Verdrängungseffekt 403
Verdrängungswettbewerb 80
Vergeltungsmaßnahmen 314
Vergütungsanspruch 562
Vergütungshöhe 561
Vergütungspflicht 559
Verhalten 35
 Annahme 210
 kollusives 207
 Modell 187
 rationales 226
 strategisches 187, 188, 206, 226
 Wettbewerber 206
 wettbewerbsbeschränkendes 532
Verhaltensmodell
 Alternative 226
Verhaltensmodellierung 205

Verhandlungsmacht
  Kunden 314
  Lieferanten 315
Verkaufspreisgrenze 283
Verkehr und Nachrichtenübermittlung 80, 89
Verschuldungsgrad
  dynamischer 270
Vertrag 223
Vertragstheorie 17
Vertrauensgut 223
Vertretung 465, 470, 474, 481
Verwaltungsmodernisierung 426
Vollkaufmann 466
Vorbelastungshaftung 483
Vor-GmbH 482
Vorstand 492
  Abberufung 492
  Bestellung 492
  Entlastung 494
Vorwärtsintegration 240

WACC 377
Wachstumschancen 143, 259
Wachstumsfähigkeit 153
  Eigenkapitalquote 153
Wachstumsführer 134
Wachstumspotential 131
Wachstumsziel 404
Wahl der Rechtsform 497
Währungsparitäten 412
Weil-Motiv 202
Werbung
  irreführende 544
Wertorientierung 31, 364
Wertschaffung 29, 35, 41, 47

Wertschöpfung 24, 29, 33, 35, 45
Wertschöpfungskette 402
Wertschöpfungspotentiale 24, 29
Wertsteigerung 24, 28
Werttreiber 368
Wettbewerb 528, 529
  Bertrand 208
  Cournot 215
  horizontaler 530
  individuelle Behinderung 540
  institutioneller 173
  Kommune 447
  monopolistischer 213
  nach Greenhut-Ohta 206
  nach Hotelling-Smithies 206
  nach Lösch 206
  Stackelberg 209
  vertikaler 531
Wettbewerbsanalyse 210
Wettbewerbsbeschränkungen 529
Wettbewerbsdruck 89
Wettbewerbseffekte 414
Wettbewerbskräfte 239, 259, 311
Wettbewerbsmodell
  Cournot 208
Wettbewerbsmodelle
  Übersicht 211
Wettbewerbsverbot 469
Wettbewerbsverhalten
  strategisches 205, 226
Wettbewerbsvorteile 178
Wirkungsasymmetrie 34
wirtschaftsaktiv 65, 66, 68, 70
Wirtschaftsausschuß 576
Wirtschaftsförderung
  Engagement 450
  Qualität 450
  Qualitätsbeurteilung 425

Wirtschaftsförderung
  Gesamtkennzahl 451
  Kochmützen 447
  Kontaktaufnahme 433
  Problembereich 431
  Qualität des Informationsmaterials 437
  Qualitätsbeurteilung 427
  Stichprobe 432
  Untersuchungsdesign 432
Wirtschaftsförderungsmütze 447
Wissen 185
  gründungsspezifisches 47
Wissensreproduktionskosten 174
Wissensvorsprung 214

X-Effizienztheorie 36
X-Ineffizienzen 36

Zahlungsmoral 79
Zahlungsunfähigkeit 103
Zentralreduktion 279
Zerstörer
  schöpferischer 5
Zeugniserteilung 571
Zielvorstellung
  Gemeinde 430
Zinsparität 412
Zusammenschlußkontrolle 533

AUTORENPROFILE

Prof. Dr. Ulrich Blum ist Inhaber des Lehrstuhls Volkswirtschaftslehre, insbes. Wirtschaftspolitik und Wirtschaftsforschung an der TU Dresden, wissenschaftliche Schwerpunkte liegen in der Wettbewerbstheorie, der Institutionenökonomie und der Verkehrsökonomie, die durch eine Fülle einschlägiger Publikationen in nationalen und internationalen Zeitschriften dokumentiert sind. Er ist Mitherausgeber der Reihe „Wettbewerb und Unternehmensführung" und der Reihe „Wirtschaftswissenschaften" im Teubner-Verlag. Von 1992-2000 war er Vorsitzender des Forschungsbeirats beim Sächsischen Staatsministerium für Wissenschaft und Kunst; seit 1995 ist er Mitglied im Technologiebeirat beim Sächsischen Staatsministerium für Wirtschaft und Arbeit. Im Jahr 2000 wurde er zum Vorsitzenden der Kommission „Evaluation der wirtschaftsintegrierenden Forschungsförderung" beim Bundesministerium für Wirtschaft und Technologie und zum Mitglied im wissenschaftlichen Beirat des Projektes "Dienstleistungs-Standards für globale Märkte" beim Deutschen Institut für Normung ernannt. Er ist geschäftsführender Gesellschafter des „Instituts für Angewandte Wirtschaftsforschung und Wirtschaftsberatung", das Strategieberatung für öffentliche Institutionen und private Unternehmen durchführt.

Adresse: blum@wipo.wiwi.tu-dresden.de und iaww.blum@truschenhof.de

Burkhard Danz ist Diplom-Kaufmann und war nach seinem Studium an der Technischen Universität Dresden sowie der University of Illinois at Chicago mehrere Jahre bei einer internationalen Wirtschaftsprüfungsgesellschaft sowie als Beteiligungscontroller einer mittelständischen Unternehmensgruppe tätig. Er ist Projektleiter bei der Deutschen Gesellschaft für Mittelstandsberatung mbH (DGM), einem Unternehmen der Deutsche Bank-Gruppe. Seine Arbeitsschwerpunkte liegen in den Bereichen Kostenmanagement und Controlling, Rating Advisory und Corporate Finance sowie Strategieentwicklung von Technologieunternehmen. Darüber hinaus berät er seit längerer Zeit Kommunen und Landesverwaltungen in Fragen der Modernisierung des öffentlichen Rechnungswesens und erhielt für seine Publikation „Transparenz kommunaler Finanzen" den Friedwart-Bruckhaus-Förderpreis 1997/98 der Hanns Martin Schleyer-Stiftung.

Adresse: danz@dgm-online.de

Dr. Werner Gleißner, Diplom-Wirtschaftsingenieur, ist Vorstand der Strategie-Beratungsgesellschaft FutureValue Group AG und geschäftsführender Gesellschafter der RMCE RiskCon GmbH & Co. KG. Seit der Gründung der WIMA GmbH – Unternehmensberatung im BDU – im Jahr 1990 ist er selbständiger Unternehmer. Seine Beratungsschwerpunkte sind Risikomanagement und Strategieentwicklung sowie die Entwicklung integrierter, wertorientierter Unternehmenssteuerungssysteme. In zahlreichen Fachveröffentlichungen hat er sich mit diesen Themen befaßt. Als Herausgeber betreut er die Loseblattsammlung „Risikomanagement im Unternehmen" im Kognos-Verlag. Seit dem Jahr 1993 ist er Lehrbeauftragter an der Technischen Universität Dresden.

Adresse: w.gleissner@futurevalue.de

Dr. Frank Leibbrand ist wissenschaftlicher Assistent am Lehrstuhl Volkswirtschaftslehre, insbes. Wirtschaftspolitik und Wirtschaftsforschung an der TU Dresden. Er studierte Wirtschaftsingenieurwesen mit den Schwerpunkten Operations Research und Informatik an der Universität (TH) Karlsruhe und promovierte nach einer Assistenzzeit an der Universität Bamberg und der TU Dresden im Jahre 1996. Die wissenschaftlichen Veröffentlichungen und Forschungsschwerpunkte liegen in den Bereichen Handlungs- und Wissenschaftstheorie, Verkehrswissenschaften, Kulturökonomik, Politische Ökonomie, Strategisches Management, Mitarbeiterbeteiligung und Politikbewertung. Er ist geschäftsführender Gesellschafter des „Instituts für Angewandte Wirtschaftsforschung und Wirtschaftsberatung", das Strategieberatung für öffentliche Institutionen und private Unternehmen durchführt.

Adresse: fml@wipo.wiwi.tu-dresden.de

Armin Schaller ist Diplom-Wirtschaftsingenieur und Experte für strategische Unternehmensführung. Er wirkt seit über zehn Jahren als Management-Know-How-Entrepreneur und selbständiger Unternehmer. Er hat ein umfassendes Netzwerk an unternehmensnahen Dienstleistungen aufgebaut, das von der Grundlagenforschung an Universitäten bis zu Kapitalbeteiligungsgesellschaften und Interimsmanagement reicht. So war er unter anderem Gründungspartner der wissenschaftlichen Unternehmensberatung WIMA GmbH (Mitglied im BDU), ist Senior-Projektleiter bei der FutureValue Group AG, war Gründer des auf Strategisches Controlling spezialisierten Rechenzentrums HRZ GmbH und ist designierter Vorstand eines Business Intelligence Unternehmens. Er ist an Finanzierungsgesellschaften beteiligt, von denen er eine verantwortlich leitet. Seit 1996 unterrichtet Armin Schaller als Lehrbeauftragter für Entrepreneurship an der Universität Dresden. Neben seiner wissenschaftlichen und strategischen Beratungstätigkeit für Unternehmen, Verbände und staatliche Einrichtungen nahm Armin Schaller Geschäftsführungs- und Vorstandsmandate als Interimsmanager in verschiedenen Branchen wahr und bekleidet zahlreiche Beirats- und Aufsichtsratsmandate – unter anderem im Ausland und im Bankgewerbe.

Adresse: as@enjoyit.de

Prof. Dr. Michael Veltins ist Gründungspartner und Geschäftsführer der PricewaterhouseCoopers Veltins Rechtsanwaltsgesellschaft mbH Frankfurt. Das Anwaltsbüro wurde zusammen mit der weltgrößten Wirtschaftsprüfungs-, Steuer- und Unternehmensberatungsgesellschaft im Jahre 1998 gegründet. Es zählt mit mehr als 250 Mitarbeitern zu den führenden Kanzleien in Deutschland. Seit 1981 ist Prof. Dr. Veltins beratend auf dem Gebiet des Wirtschafts- und Gesellschaftsrechts, einschließlich des Unternehmenskaufs (Mergers & Acquisitions) unter Beachtung steuerlicher Aspekte tätig. Darüber hinaus ist er als Obmann, Beisitzer und Einzelschiedsrichter in zahlreichen Schiedsgerichtsverfahren (national und international) tätig. Prof. Dr. Veltins gehört dem International Court of Arbitration (ICC), dem London Court of International Arbitration (LCIA) sowie dem Deutschen Institut für Schiedsgerichtswesen (DIS) als Mitglied an. Er ist Co-Autor des Kommentars von Kullmann/Pfister zur Produkthaftung und Autor der im Beck Verlag München erschienenen Publikation „Der Gesellschaftsvertrag der Kommanditgesellschaft". Ferner ist er neben weiteren zahlreichen Veröffentlichungen Co-Autor des „E-Commerce Handbuchs" und des Beck'schen Bilanzkommentars. Prof. Dr. Veltins ist seit 1998 Honorarprofessor an der Technischen Universität Dresden, Fakultät Wirtschaftswissenschaften.

Adresse: michael.veltins@de.pwcglobal.com

Management/Unternehmensführung/Organisation

Ingolf Bamberger (Hrsg.)
Strategische Unternehmensberatung
Konzeptionen - Prozesse - Methoden
2., erg. Aufl. 2000. XIV, 323 S.
Br. DM 89,00 / € 46,00
ISBN 3-409-23065-3

Gabler Wirtschafts-Lexikon
15., vollst. überarb. u. akt. Aufl. 2000.
XX, 3.642 S. Geb. DM 348,00 / € 174,00
ISBN 3-409-32998-6

Wolfgang Korndörfer
Unternehmensführungslehre
Einführung - Entscheidungslogik -
Soziale Komponenten
9., akt. Aufl. 1999. 311 S.
Br. DM 84,00 / 42,00
ISBN 3-409-38172-4

Hartmut Kreikebaum
**Organisationsmanagement
internationaler Unternehmen**
Grundlagen und neue Strukturen
1998. XVI, 190 S. mit 34 Abb., 8 Tab.
Br. DM 51,00 / € 25,50
ISBN 3-409-13147-7

Klaus Macharzina
Unternehmensführung
Das internationale Managementwissen
Konzepte - Methoden - Praxis
3., akt. und erw. Aufl. 1999.
XXXVIII, 922 S. mit 250 Abb.
Geb. DM 98,00 / € 49,00
ISBN 3-409-43150-0

Klaus Macharzina,
Michael-Jörg Oesterle (Hrsg.)
Handbuch Internationales Management
Grundlagen - Instrumente - Perspektiven
1997. XXVI, 975 S. mit 160 Abb. Geb.
DM 248,00 / € 124,00
ISBN 3-409-12184-6

Klaus North
**Wissensorientierte
Unternehmensführung**
Wertschöpfung durch Wissen
2., akt. u. erw. Aufl. 1999. XIV, 290 S.
Br. DM 64,00 / € 32,00
ISBN 3-409-23029-7

Arnold Picot, Ralf Reichwald,
Rolf T. Wigand
Die grenzenlose Unternehmung
Information, Organisation und Management. Lehrbuch zur Unternehmensführung im Informationszeitalter
4., vollst. überarb. und erw. Aufl. 2000.
XXII, 634 S., Geb. DM 74,00 / € 37,00
ISBN 3-409-42214-5

Georg Schreyögg
Organisation
Grundlagen moderner Organisationsgestaltung. Mit Fallstudien
3., überarb. u. erw. Aufl. 1999.
XVI, 626 S. mit 103 Abb.
Br. DM 72,00 / € 36,00
ISBN 3-409-37729-8

Horst Steinmann, Georg Schreyögg
Management
Grundlagen der Unternehmensführung
Konzepte - Funktionen - Fallstudien
5., überarb. Aufl. 2000. XVIII, 766 S.
Geb. DM 89,00 / € 44,50
ISBN 3-409-53312-5

Änderungen vorbehalten
Stand: Juli 2001
Die genannten Euro-Preise sind gültig ab 1.1.2002.

Gabler Verlag · Abraham-Lincoln-Str. 46 · 65189 Wiesbaden · www.gabler.de

Die MIS AG ist ein führender europäischer Anbieter von Business-Intelligence-Lösungen mit wachsender Präsenz in Amerika und Asien. Das Unternehmen konzipiert und implementiert Lösungen für Planung, Reporting, Konsolidierung und Analyse. Die Lösungen basieren auf der unternehmenseigenen Software, MIS DecisionWare. Darauf abgestimmte betriebswirtschaftliche Beratung sowie ein eigenes Training- und Support-Center runden das Angebot ab und garantieren ein optimales Return-on-Investment. Mehr als 3.000 Anwender in 900 Unternehmen, wie z.B. Aventis, DaimlerChrysler, Deutsche Telekom, Fiat, Hewlett Packard, 3Com und Samsung, profitieren von der Betreuung durch 650 MIS Mitarbeiter an mehr als 30 Standorten weltweit. Die MIS AG unterhält strategische Partnerschaften zu Marktführern wie Microsoft, und SAP. Die MIS Aktie (MIX) ist am Neuen Markt in Frankfurt notiert.

Weitere Informationen erhalten Sie unter:

Telefon: **06151 / 866 610**
E-mail: **info@misag.de**
oder: **www.misag.de**

Business Intelligence @ Work

MIS AG · Landwehrstraße 50 · 64293 Darmstadt

Warum sind manche Unternehmer erfolgreicher als andere?

Weil sie Chancen und Risiken abwägen und dann die richtigen Risiken eingehen! Der Wert eines Unternehmens – als wichtiger Erfolgsmaßstab – hängt sowohl von künftigen Erträgen als auch von den damit verbundenen Risiken (Kapitalkosten) ab. So ist ganzheitliches Risikomanagement wie wir es verstehen, unverzichtbarer Baustein jedes zukunftsorientierten Managements. Wir unterstützen Sie bei der systematischen Analyse und Aggregation der Risiken, bei der Optimierung der Risikoposition und den Ratings. Intelligentes RiskManagement ist ein Schlüsselkonzept, um Erfolgspotenziale zu sichern, die Qualität der Unternehmensplanungen zu verbessern und zusätzlichen Unternehmenswert zu schaffen.

RMCE RiskCon GmbH
Obere Gärten 18, 70771 Leinfelden-Echterdingen
Tel. 0711/797 358 50,
Neuwieder Str. 15, 90411 Nürnberg, Tel. 0911/95 996 0
E-mail info@rmce.de, www.rmce.de

FutureValue Group   …we create value

Wir, die FutureValue Group AG, verstehen uns als Systemhaus für wertorientierte Unternehmensführung. Getreu unserem Motto „we create value" steht unser Denken und Handeln unter dem Primat der nachhaltigen Steigerung des Unternehmenswertes unserer Kunden. In einer komplexen, dynamischen Umwelt helfen dabei keine einfachen „Patentrezepte", sondern nur situationsadäquate, objektiv nachvollziehbare und methodisch fundierte Konzepte und Vorschläge. So leistet die FutureValue Group AG einen Beitrag für bessere und sicherere unternehmerische Entscheidungen. Die Beratungsleistungen der FutureValue Group AG stützen sich dabei auf einen einzigartigen strategischen Beratungsansatz, den FutureValue™-Ansatz, der verschiedene bewährte Instrumente des strategischen und operativen Managements unter einem wertorientierten Dach miteinander verbindet.

FutureValue Group AG,
Obere Gärten 18, 70771 Leinfelden-Echterdingen, Tel. 0711/797 358-30,
Sulzbacher Str. 70, 90489 Nürnberg, Tel. 0911/58 677-0
E-Mail info@futurevalue.de, www.futurevalue.de

Konzepte für das neue Jahrtausend

Unternehmensführung als wertegeleitetes Handeln

Moderne Unternehmensführung ist in zunehmendem Maße neuartigen Herausforderungen ausgesetzt, die sich in solch vielfältigen Begriffen wie Normenanalyse, Anreizsysteme, Netzwerkstrukturen, Internationalisierung oder Sustainability niederschlagen. Ihre Entsprechung finden diese Entwicklungen in innovativen Konzepten betriebswirtschaftlicher Forschung und Lehre.

Gerd Rainer Wagner (Hrsg.)
Unternehmungsführung, Ethik und Umwelt
1999. XI, 624 S.
mit 69 Abb., 16 Tab.
Geb. DM 168,00 / € 84,00
ISBN 3-409-12306-7

Aktuelle Beiträge bedeutender Autoren

Namhafte Experten aus Wissenschaft und Praxis beschäftigen sich mit ganzheitlichen Fragen der Unternehmensführung, ihren ethischen Grundlagen sowie ihrer Verankerung in der Gesellschaft.

Harald Hungenberg, Bernhard Schwetzler (Hrsg.)
Unternehmung, Gesellschaft und Ethik
Erfahrungen und Perspektiven
1999.X, 185 S. mit 29 Abb.,
Br. DM 58,00 / € 29,00
ISBN 3-409-11431-9

Die ganze Welt der Wirtschaft

Sie haben Fragen zu Betriebswirtschaft, Volkswirtschaft, Recht oder Steuern? Das Gabler Wirtschaftslexikon lässt keine Fragen offen. Mit seinen 25.000 Stichwörtern ist es das umfangreichste Werk seiner Art in Deutschland. Hier können Sie nachschlagen, verstehen und anwenden.

Gabler Wirtschafts-Lexikon
15., vollst. überarb. u. akt.
Aufl. 2000. XX, 3642 S.,
Geb. DM 348,00 / € 174,00
ISBN 3-409-32998-6

Änderungen vorbehalten. Stand: Juli 2001.
Die genannten Euro-Preise sind gültig ab 1.1.2002.

Gabler Verlag · Abraham-Lincoln-Str. 46 · 65189 Wiesbaden · www.gabler.de

GABLER